지은이 **아르트휘르 데르베뒤언**(Arthur der Weduwen)
세인트앤드루스대학교 영국학술원 박사후연구원이자 앤드루 페테그리가
창립한 USTC의 부소장이다. 세인트앤드루스대학교에서 박사학위를
받았으며, 영국 왕립역사학회의 펠로 연구원으로 선출됐다. 주로 '미디어의
역사'를 연구했으며, 2017년 출간한 저서 『17세기 네덜란드와 플랑드르
신문, 1618–1700(Dutch and Flemish Newspapers of the Seventeenth Century,
1618-1700)』은 저지대 국가의 초기 신문에 대한 최초의 학술적 연구이다.
근대 초기 유럽에서 가장 발전된 정치문화 중 하나인 뉴스 시장을
면밀히 분석했다는 점에서 학계에서 높은 평가를 받으며, 도서사 분야
네덜란드 최고 권위의 멘노헤르츠버거상(Menno Hertzberger Prize)을 수상했다.
　이 외 저서로 『네덜란드공화국과 현대 광고의 탄생(The Dutch Republic
and the Birth of Modern Advertising)』이 있다.

이 책 『도서관의 역사』에서 두 저자는 때로는 경탄의 대상이었고 때로는
수탈의 대상이었던 도서관이 어떻게 시대적·문화적 흐름에 적응하며
발전해 왔는지를 방대한 자료를 통해 흥미롭게 풀어냈다. 이 외 『세계의
서점(The Bookshop of the World)』을 공동집필했다.

옮긴이 **배동근**
영어 전문 번역가. 영화 번역과 방송 번역을 했고 학원에서 영어를 가르치다가
지금은 책을 번역한다. 리베카 긱스의 『고래가 가는 곳』을 옮겼고,
이 책으로 제62회 한국출판문화상 번역 부문 후보에 올랐다. 역서로 데니스
덩컨의 『인덱스』, 니클라스 브렌보르의 『해파리의 시간은 거꾸로 간다』,
나오미 배런의 『쓰기의 미래』가 있다.

옮긴이·해제 **장은수**
읽기 중독자, 출판평론가, 편집문화실험실 대표. 서울대학교 국어국문학과를
졸업하고, 민음사에서 책을 편집하며, 대표이사를 역임했다. 현재 읽기와 쓰기,
출판과 미디어 등의 주제에 대한 생각의 도구들을 개발하며 학생을 가르치고
있다. 저서로 『출판의 미래』『같이 읽고 함께 살다』등이 있고, 역서로 로이스
로리의 『기억 전달자』, 앤서니 브라운의 『고릴라』가 있다.

도서관의 역사

036
Philos

도서관의 역사

지식을 향한 욕망의 문화사

앤드루 페터그리·아르튀르 데르베뒤언 지음
배동근·정은수 옮김, 정은수 해제

a

The
LIBRARY

A Fragile
History

Andrew Pettegree &
Arthur der Weduwen

arte

036
Philos

도서관의 역사

지식을 향한 욕망의 문화사

앤드루 페터그리·아르튀르 데르베뒤언 지음
배동근·정은수 옮김, 정은수 해제

a

펠러시티 브라이언(Felicity Bryan, 1945–2020)과의
추억을 기리며

차례

일러두기

— 국립국어원의 한글맞춤법과 외래어표기법을 따르되, 일부는 현실발음과
  관용을 고려하여 표기했다.
— 책은 겹낫표(『 』), 정기간행물은 겹화살괄호(《 》), 논문·소책자·보고서 등
  짧은 글은 홑낫표(「 」), 영화·음악·방송프로그램 등은 홑화살괄호(〈 〉)로
  묶었다.
— 원문에서 이탤릭으로 강조한 부분은 밑줄을 쳤다.
— 원주는 원문과 같이 후주로 두었다.
— 역주는 본문 내 해당 설명부 다음에 괄호로 묶고 설명했으며,
  말미에 옮긴이 부연인 점을 표기했다.
— 본문에 언급된 인명, 지명, 도서명은 최초 언급 시 원어를 병기했다.
  도서의 경우 우리말로 번역된 작품은 해당 번역 제목을 그대로 옮겼고,
  번역되지 않은 작품은 원제를 직역해 옮겼다.
— 찾아보기에서 밑줄로 구분해 표시한 용어는, 배동근 역자가 원작에 더해
  보충한 표제어로 주요한 '사건' '개념어' '단체명' 등을 담았다.

도서관 5000년, 서가에 쌓인
책에 대한 사랑과 증오

2024년 서울 용산 국립중앙박물관에서 '메소포타미아 문명전'이 열렸다. 고대 오리엔트문명의 높은 수준을 보여 주는 아름다운 장식들도 눈길을 끌었으나, 내 관심은 온통 수메르문명이 남긴 크고 작은 점토판에 쏠려 있었다. '인류 최초의 책'을 내 눈으로 직접 살피고 읽을 수 있는 기회가 찾아온 것이다. 쐐기문자가 가득 새겨진 점토판은 사진을 보면서 머릿속으로 상상했던 것보다 훨씬 작았다. 대부분 손바닥 한두 개만 했고, 대학 노트 크기를 넘어가는 점토판은 별로 없었다. 그중에는 문학작품도 있었고, 행정 문서도 있었고, 신탁 문서도 있었다. 후세에 전할 여러 가지 기술을 담은 실용 문서도 있었다.

　　문서들은 대개 고대의 파괴된 신전이나 부서진 왕궁터에서 한꺼번에 발견됐다. 길게는 약 6000년 전부터 인류는 문자를 사용해 기록을 남겼다. 왕이나 사제는 그 기록들을 널리 수집하고, 한곳으로 모아들인 후 체계적으로 분류해 보관했다. 문서고가 있던 유적지 중 우리에게 가장 잘 알려진 곳은 약 2650년 전 아시리아 제국의 아슈르바니팔(Ashurbanipal)이 니네베에 지은 왕궁도서관이었다. 당대에 '기록물실' 또는 '두루마리의 집'으로 불린 이 도서관 면적은 약 50~60제곱미터 정도였다. 쐐기문자 점토판이 그곳에 가득 차 있었다. 왕국이 멸망할 때 모든 게 불 탔는데도 파괴되지 않고 발굴된 점토판만 약 3만 5000점에 달했다.[1] 도서관의 알려진 역사는 모두 이 니네베 도서관에서 시작된다.

처음에 책에 대한 사랑, 즉 기록을 수집하고 보관해서 지식과 정보의 흐름을 독점하고 지배하려는 열망은 왕과 사제, 장군과 상인 같은 권력층의 욕망에 속했다. 니네베 도서관의 신탁 문서가 보여 주듯, 도서관은 과거 유산을 보전하기 위한 시체들의 집이 아니라 미래를 내다보고 창조하려는 열망으로 가득한 생성의 공간이었다. 장서 소유자인 권력층은 도서관에 과거와 미래를 이어 주는 신탁 문서뿐 아니라 통치에 필요한 행정 문서나 거래 자료를 보관하고, 자신에게 불멸성을 불어넣는 이야기나 노래를 새로 기록해서 영구히 보존하고 싶어 했다.

새로운 지배자인 바빌로니아 왕이 니네베 도서관을 불태운 건 당연했다. 도서관을 무너뜨리고 문서를 불사르는 일은 아시리아의 미래를 빼앗고, 그 지배자들의 불멸성을 파괴하며, 그 통치를 부인하는 고도의 정치적 행위였다. 도서관 파괴가 단순히 피의 열망과 약탈의 희열에 지배된 반문명적, 비이성적 광기였던 적은 거의 없었다. 이 책의 저자들이 이야기하듯이, "도서관은 국가 또는 지배층이 중시하는 가치를 말해 주는 권력의 상징물이었다. 권력이 도전받을 때마다 도서관은 문화적, 지적 반란의 예봉을 피할 수 없었다".

    따라서 지금껏 수많은 학자가 폐허와 재건이 반복되는 회귀 서사로 도서관의 역사를 기술한 건 우연일 수 없다. 장서의 수집과 폐기를 지배하는 도서관의 법칙이 시간의 지평선 위에서 거듭해서 그러한 흐름을 이룩했기 때문이다. 도서관의 영원한 이상으로 여겨지는 고대 이집트 알렉산드리아 도서관도, 고대 희랍 문명의 정화가 담겼다는 아테네 공식 기록보관소도, 식민지 곳곳에서 약탈한 책들로 가득했던 로마의 황제도서관 등도 똑같은 운명을 맞이했다. 1524년 독일농민전쟁이 일어났을 때 민중들은 자신들을 오랫동안 괴롭혀 온 교회와 수도원의 책들을 용서하지 않았다. 책을 장식한 금은보석을 뜯어내 챙긴 다음, 나머지 부분은 모조리 내던지고 짓밟고 불태웠다. 그 속에 농민들을 억압해 온 언어들이 가득한 걸 생각하면 당연하다.

    도서관 5000년 역사를 다룬 이 책도 '폐허를 딛고 재건하다'라는 회귀 서사와 함께 이야기를 시작한다. 그동안 국내에서 도서관의 역사를 다룬 책들은 수없이 많았다. 그러나 이 책에는 다른 책들과 구별되는 선명한 특징이 있다. 기존의 책들은 모두 거대한 국가도서관이나 공공도서관 중심으로 도서관 역사를 기술한다. 그러나 이 책은 인간의 바탕 욕망인 수집 욕구와 인정 욕구에 날카롭게 주목하면서 공공도서관과 개인도서관(서재)을 따로 구분하지 않고 하나로 엮어서 흥미롭게 이야기를 펼쳐낸다.

    책과 문서를 모아 장서를 구축하고, 이를 다른 사람들과 나누려면 막대한 돈과 오랜 시간, 넓은 공간과 세심한 관리가 필요하다. 특히, 사람들에게 찬탄을 일으킬 만한 보물 도서를 소장하려면 이를 알아볼 만한 감식안과 끈질긴 노력을 피할 수 없다. 이 힘겹고 귀찮고 고통스러운 과정을 견디게 하는 인간의 내적 동기는 인류 문명의 정화(精華)를 영원히 보존하고 이를 모두와 나누겠다는 고귀하고 이타적인 마음이 아니다. 그보다는 더 세속적이고 현실적인 욕망, 즉 귀중품(독점 정보, 채식 필사본, 회귀 초판본 등)을 모으고, 사람들을 불러들여 자기 위엄과 명예를 자랑하며, 급할 때는 되팔 수 있는 자산으로 삼고 싶은 마음이다. 저자들은 말한다. "역사적으로 장서는 지적 자산이기보다 금융자산이었다. 부자들만 서재를 꾸렸다. 그들은 친구, 구경꾼, 그리고 어쩌다 후손까지 감탄하게 만들고자 했다."

거대한 건물을 지어서 수많은 책을 소장할 수 있는 막강한 권력자든, 소금 동굴 속 항아리 하나에 두루마리 몇 권을 말아서 넣어 두던 사제든, 작은 책 상자에 평생 반복해 읽을 책 십여 권을 담아 둔 학자든, 책에 대한 사랑과 집착, 책 한 권이라도 더 모아 곁에 두고 싶은 마음은 별다르지 않다. 그중에는 아리스토텔레스처럼 책을 읽고 지적 소양을 쌓으려는 사람도 있었고, 크리스티나 여왕처럼 실제로 책을 읽지 않으면서도 희귀본으로 가득한 자기 도서관을 우쭐해 자랑하고 싶어 하는 사람도 있었다. 그러나 그러한 개인적 동기와 상관없이 이 책은 수집 욕구와 명예 욕구가 다채로운 책의 저장소를 이룩했다 스러지는 모습을 반복해 보여 준다. "전시(戰時)에, 사회적 격변기에, 손버릇 나쁜 애서가 탓에 책들이 이 장서에서 저 장서로 예기치 못한 경로로 떠돌듯 도서관 진화 과정도 단순하지 않다." 때로는 왕궁도서관에서, 때로는 귀족 저택에서, 때로는 수도원 도서관에서, 때로는 대학도서관에서, 때로는 개인 서재에서 책들은 안식처를 발견했고, 수난과 망각의 세월을 견디며 살아남았다.

이 책에 따르면, 오늘날 우리가 떠올리는 공공도서관 이미지는 대부분 근대 이후 개인 소장 도서를 일반 시민과 공유하는 과정에서 생겨났다. 로마제국은 거대하고 부유했으나, 그 기나긴 역사 동안 공공도서관이 단 한 곳도 없었다. 이전까지는 도서관을 소유한 왕이나 귀족이 허락하는 가족, 친지, 관리, 학자 등 특별한 자격을 갖춘 사람들만 소장 도서를 읽고 즐길 수 있었다. 권력자들은 책을 사랑하고 현자들을 좋아한다는 이미지를 얻으려고 제한적으로 책을 공개했고, 때때로 (위험하게도) 빌려주기도 했다. 학자들은 새로운 지식을 얻어 호기심을 충족하려고, 또는 후원을 받으면서 마음 편히 서로 대화하고 탐구하려고 도서관 주변에 모여들었다. 로마의 아우렐리우스 황제나 독일의 아우구스트 소군주 같은 예외를 제외하면, 자기가 읽으려고 도서관을 세운 권력자는 극히 드물었다. 대부분 '우와!' 하는 동료들의 감탄사를 듣거나 책이 들어찬 웅장하고 아름다운 건물을 세워서 사람들의 존경을 얻고 명예를 남기려고 도서관을 지었다.

애써 모은 책들이 들어찬 서재를 개방해서 동네 사람들과 함께 책을 돌려보면 작은 도서관이 되고, 왕과 귀족을 위한 도서관의 접근권을 해방해서 모든 시민에게 부여하면 공공도서관이 된다. 한마디로, 도서관의 공적 역사는 책 수집벽에 빠져 마련한 개인 서재의 역사와 떼어 놓고 생각할 수 없다. 저자들이 헝가리의 마차시 1세, 피렌체의 코시모 데 메디치, 우르비노 공작 페데리코 같은 군주들의 방대하고 화려한 도서관, 또는 지성과 영성을 갖춘 대학이나 수도원의 도서관과 똑같은 무게로 아리스토텔레스, 플리니우스, 에라스무스 같은 학자들의 서재, 그리고 이름 없는 전문가 시민들의 서재 이야기를 다루는 이유일 테다.

구텐베르크 혁명 이후 책은 소수를 위한 귀중품에서 점차 중산층의 일상품으로 변해 갔다. 더 이상 명예욕을 충족할 만한 자랑거리가 되지 못하자 왕들과 귀족들의 소장 욕구는 빠르게 사라졌다. 수많은 도서관이 방치됐고, 후원자를 잃은 대학도서관은 텅텅 비어 갔다. 이제 '호기심의 방'을 채운 것은 책보다는 전 세계에서 들여온 희귀 동식물들이나 보물들이었다. 이 때문에 초창기 인쇄본은 대체로 개인 수집가의 서재에 모여 있었다. 책에 관한 정보가 넘쳐 나고 가격이 저렴해짐에 따라 돈 있는 시민들도 쉽게 책을 구해서 수천 권에 달하는 장서를 구축할 수 있었다. 인쇄본은 이들에게 축복이었다. 이 때문에 역사상 처음으로 변호사, 의사, 상인, 성직자 등 중간계급들이 책 수집에 열정을 불태웠다. 우리가 흔히 떠올리는 책에 미친 인간, 즉 애서가 이미지가 이 무렵에 비로소 생겨났다.

더욱이 희귀본과 귀중본을 경매로 되팔 수 있는 시장이 열리면서 귀족계급이 필요할 때 조상 장서를 팔아 짭짤한 자금을 마련했듯, 장서 구축은 이들에게 재산의 축적이자 후대를 위한 장기 투자 수단이 됐다. 그것은 잘 만들어진 보석이나 좋은 미술품을 사서 간직하는 일과 같았다. 저자들은 말한다. "책이 단지 지식 획득 수단일 뿐만 아니라 상품 가치를 띠는 시대가 도래했다. 도서 경매 같은 책 구매 방식의 혁신으로 수집가는 자신이 죽은 후 가족이 책을 팔더라도 그 실제 가치에 버금가는 이익을 얻을 것을 확신하고 지속적으로 책을 구매할 수 있었다. 수집가는 자기 취미에 몰두하면서 유산까지 마련하는 일거양득을 누렸다." 이로부터 중세 시대에는 왕실도서관에서나 간신히 가능했던 수백 권 또는 수천 권 이상 책을 쌓아 둔 개인 서재가 수없이 나타났다.

반복해서 말하지만, 도서관의 역사를 대표하는 건 시립도서관이나 대학도서관 같은 곳이 아니다. 오늘날과 같은 대학도서관이나 시립도서관은 대부분 근대 이후 왕족이나 귀족, 학자나 전문가(의사, 변호사 등)의 도서 기증과 기부금, 도서관 건물 및 운영비 기부와 일반 시민들에 대한 공개 정책 덕에 간신히 시작됐다. 그나마 초기에는 신분이나 재산, 성별이나 나이에 상관없이 시민 전체가 자유롭게 드나들 수 있는 도서관은 아무 곳에도 존재하지 않았다. 가령, 피렌체의 코시모 데 메디치는 아름다운 필사본 장서로 가득한 도서관을 모든 시민에게 활짝 개방했다. 그러나 이때의 시민, 즉 도서관에서 책을 읽을 수 있는 사람은 "학문에 관심 있고 문해력을 갖춘 남성"만을 가리켰다.

19세기 이전에 현대 공공도서관과 유사한 도서관은 기껏해야 청교도 이주민이 죽거나 떠나면서 남긴 유류품 책들을 모아서 만든 미국의 마을도서관뿐이었다. 그러나 이 도서관들 역시 대부분 코시모 도서관처럼 특정 회원에게만 출입 자격을 부여하는 방식으로 운영됐다. 저자들이 말하듯, "회원 자격은 17세기부터 자기 장서를 수집해 온 전문가 계층의 지지를 받는 소수의 상업적 엘리트에게만 허용되는 경우가 많았다". 여성이나 어린이, 하층민이나 노예 등이 자유롭게 드나들면서 책을 읽을 수 있는 도서관은 존재하지 않았다. 미국의 여성 또는 흑인의 소설이나 에세이에 자주 나오는 고백, 즉 도서관에서 읽은 책이 나를 전혀 다른 세계로 이끌고, 다른 존재로 만들었다는 감격 넘치는 고백은 어쩌면 미국의 도서관들이 오랫동안 남성 엘리트만을 위한 특권 공간이었기 때문일지도 모른다.

우리가 생각하는 공공도서관은 철저하게 현대의 산물이다. 근대국가가 수립된 후, 의무교육을 받고 문해력을 깨친 대중들은 읽을거리를 원했다. 이들의 독서 욕구를 채우기 위해 무료로 이용할 수 있는 공공도서관을 건립하자는 '급진적' 아이디어는 19세기 중반 이후, 그나마 유럽과 그 이주민이 정착한 곳에서 간신히 실현됐다. 그 촉매로 작용한 역사적 성취가 1850년에 영국에서 공공도서관법이 통과된 일이다.

저항도 심했다. 도서관의 가장 큰 적은 술집이었다. 책에 여가를 **빼앗겨** 매출 감소를 우려한 양조업자들은 수시로 로비를 벌여서 의회의 도서관 예산 배정을 방해했다. '철강왕' 카네기가 엄청난 돈을 기부해서 미국과 영국에 그의 이름이 새겨진 도서관 수천 곳을 지어 주지 않았다면, 공공도서관의 역사는 한참 뒤로 밀렸을 것이다. 아시아, 중동, 아프리카 대륙에서는 여전히 특권 엘리트들만 책을 수집할 수 있었고, 인쇄술이 널리 보급된 20세기 중반 이후에야 비로소 공공도서관이 들어섰다. 누구나 언제든 원할 때 공짜로 읽을 수 있도록 세금을 사용해 도서관을 짓고 운영하게 된 일은 도서관의 역사 전체를 놓고 보면 그야말로 한순간에 지나지 않는다.

도서관 이용권이 시민에게 개방된 공공도서관이라고 다 똑같지는 않다. 누구의, 누구에 의한, 누구를 위한 공공인가를 물어야 한다. 같은 공공도서관이라도 회원 자격, 유료 여부, 수서 규칙, 금지 도서 등을 둘러싸고 숱하게 다른 도서관들이 존재한다. 저자들이 도서관 운영과 관련한 원칙을 둘러싸고 벌어진 논쟁과 분란에 지속해서 관심을 기울이는 이유일 테다. 도서관 역사는 서가에 들어갈 만큼 가치 있는 책이 무엇이고, 도대체 누가 그 책에 접근할 자격이 있는가를 결정하는 권력의 역사와 분리해 생각할 수 없다. 이는 역사상 모든 도서관이 다 똑같았다. 게다가 우리가 흔히 잘못 아는 것과 달리, 화재와 전쟁 같은 재난으로 사라지는 책보다 권력자나 시민들의 관심이 끊긴 후 관리 예산이 부족해서 없어지는 책들이 압도적으로 더 많았다. 저자들에 따르면, "사람들이 도서관을 유용하다고 생각하는 만큼만 도서관은 존속할 수 있었다". 책을 지키고 관리하는 데는 언제나 돈이 필요했기 때문이다.

　　어떤 기록매체도 완전하지 않다. 점토는 깨어져 흙이 되고, 파피루스는 썩어서 없어지며, 양피지는 벌레의 습격을 받아 갉아먹히고, 종이는 분해돼 흩어진다. 오늘날 정보유통의 기본 수단인 전자매체도 태양에서 갑자기 불어닥칠 한 차례 자기폭풍에 그 안의 데이터가 모두 증발할 수 있다. 그 무엇도 시간의 흐름을 견디지 못하므로 모든 지식과 정보는 일정 시간이 지나면 반드시 막대한 비용과 커다란 노고를 들여 새로운 기록매체로 옮겨 적어야 한다.

　　아시리아 제국의 점토판 문서는 파피루스가 등장했을 때 아주 일부만이 살아남았다. 사람들은 계속 필요하다고 생각한 건 옮겨 적어 보존했고, 나머지는 버려두어 흩어져 사라지게 놔두었다. 로마제국에서도 같은 일이 벌어졌다. 도서관의 이상형인 알렉산드리아 도서관을 무너뜨린 건 전쟁으로 인한 화재나 지진이 아니었다. 파피루스 두루마리는 습기에 취약했다. 아무리 잘 관리해도 한두 세대가 지나기 전에 다시 옮겨 적어 새로운 문서에 보관해야 했다. 아무리 인심 좋은 군주라도 아버지가 떠넘긴 장서 수십만 권을 위해 막대한 돈을 무한정 쓰지는 않았다. 더욱이 그중 많은 책은 더 이상 아무도 찾지 않는 책이었다. 이 문제는 "모든 시대, 모든 도서관의 골칫거리"였다. "미래 세대를 위해서 과거의 기록으로 물려줘야 할 것인가, 아니면 새 책을 들여놓기 위해 처분해야 할 것인가?" 제목만 전하고 내용은 잊힌 책 대부분은 권력의 무관심과 지식인들의 외면 끝에 매체 이주에 실패하면서 시간의 늪 속에 영원히 잠겼다.

저자들은 오늘날에도 자주 책과 도서관이 위기에 처한다고 말한다. 수많은 도서관이 "예산 감소, 낡은 유지비 증가, 새로운 서비스 요구, 전통 장서에 관한 관심 부재 등" 4중고를 견디지 못해 문을 닫고, 책들 역시 존재가치를 입증하려는 애처로운 노력이 실패할 때마다 대량으로 폐기된다. 이런 의미에서 현재진행 중인 기록매체 전환(종이에서 전자 매체로)과 그에 따른 독서에 관한 관심 저하는 책들의 대멸종을 가져올 우려가 크다.

"어떤 시대든 이전에 물려받은 장서들을 탐탁지 않게 여겼"고, 무자비할 정도로 잔혹한 "장서의 파기와 방치"는 후대의 누군가가 눈길을 줄 때까지 수많은 책을 썩게 했다. 중세 유럽에서 책들은 수도원 도서관 속에서 안식처를 얻었다. 그러나 수도사들이 수장된 서적 전체를 정성스럽게 돌보지는 않았다. 현대적 의미의 사서는 17세기 초반 가브리엘 노데와 함께 등장했고, 중세 때까지 장서 관리는 솔직히 귀찮고 따분한 업무에 가까웠다. 기독교 신앙과 관련 있는 책들은 수도사들의 일상 공간에서 비치되어 세심한 관심을 받았으나, 고대 그리스와 로마의 책들처럼 이단적이거나 별 가치 없다고 여겨진 책들은 목록도 없이 창고에 방치됐다. 이 책들은 먼지가 잔뜩 쌓이고, 좀이 슬어 파먹히고, 뒤엉긴 채 썩어 갔다. 수많은 공공도서관과 대학 도서관이 폐쇄되고 귀중한 학술서가 무분별하게 폐기되는 오늘날에도 분명히 이런 일들이 벌어지고 있을 게 틀림없다.

르네상스 시대의 책 사냥꾼들은 수도원 구석의 더러운 서고에 들어가서 분노와 한탄을 한바탕 늘어놓은 후 서가를 샅샅이 훑어 가면서 고대의 보물들을 찾아 나섰다. 아리스토텔레스, 루크레티우스, 키케로, 타키투스 등 그리스, 로마 시대의 서적 필사본을 발견하는 행운이 찾아오면 갖은 협박을 일삼으면서 그 책을 헐값에 사들이거나, 때때로 수도원 허락도 받지 않고 슬쩍 집으로 가져가곤 했다. 르네상스 인문주의는 프란체스코 페트라르카, 조반니 보카치오 같은 책 도둑들이 열어젖힌 세계였다. 그들은 사람들 기억에서 사라졌던 옛 책들을 발굴해 읽고, 그 책들을 거울삼아 자기 시대의 정치적, 사회적, 정신적 문제를 돌파하고자 했다. 읽기의 힘을 통해 현실을 고쳐 쓰려는 지적인 전통, 그것이 르네상스 인문주의였다.

권력이 배제하고 방치해 사라져 가는 책들을 누군가 자기 서재로 가져와서 다시 읽고 고쳐 읽을 때, 그로부터 새 시대가 열릴 가능성이 생긴다. 일찍이 아우구스티누스가 환상 속에서 "집어 들고 읽으라"라는 목소리를 듣고 로마제국을 뿌리째 바꿀 비전을 성경에서 얻었듯이, 르네상스 책 사냥꾼들도 그리스와 로마의 고전을 읽으면서 자기 세계를 혁신해서 인간의 시대를 열 수 있었다. 르네상스에 부활한 것은 지금껏 읽지 않은 책, 방치된 채 썩어 가는 책이었다.

르네상스 때처럼 읽기가 학생들과 지식인들 사이에서 영적 수련과 지적 단련의 필수 행위로 유행하고, 그래서 사람들에게 더 많은 책이 필요해지면 자연스레 출판 활동이 활발해진다. 덕분에 이탈리아의 피렌체, 나폴리, 로마, 베네치아, 밀라노 등에서는 인문주의자들과 협력하면서 고전들을 기획하고 편집하고 제본해서 판매하는 카르톨라이라는 필사본 업자가 출현했다. 피렌체의 카르톨라이였던 베스파시아노는 약 50명에 달하는 필경사들을 고용해 유럽 전역에서 책을 주문받아 고전 작품의 채식 필사본을 만들었다. 가장 비싼 책은 당시 피렌체 서기장의 석 달 치 월급에 가까웠다. 그는 "서재 구축이 당대 통치자와 고위 성직자의 최고 미덕인 용맹, 지혜, 관용, 충절에 버금가는 미덕"이며, 책과 학문에 대한 사랑을 보여 주는 훌륭한 도서관이 필요하다고 찬미했다.

예나 지금이나 허영의 자극은 유한계급의 소비를 촉진한다. 과연, 그의 주 고객이었던 우르비노의 페데리코 공작, 피렌체의 코시모 데 메디치, 크리스토퍼 콜럼버스의 아들 콜론은 사람들 감탄을 자아내는 멋진 도서관을 구축했다. 충분히 시장이 갖추어지자, 그에 대응해서 기계를 이용해서 책을 대량으로 생산하려는 시도가 나타났다. 독일 마인츠의 기술자 구텐베르크는 포도주 압착 기술과 활자를 결합한 인쇄기를 발명해서 마침내 책 생산과 보급에 획기적 변화를 가져왔다.

앞에서 이미 말했지만, 인쇄본 시대는 책 수집의 역사에 거대한 변화를 가져왔다. 책이 점차 일상품에 가깝게 변해 가자 왕족과 귀족은 점차 수집품에서 책을 빼내기 시작했다. 누구도 부러워하지 않는 물건은 그들의 명예욕과 과시욕을 충족할 수 있는 명품이 아니었기 때문이다. 인쇄라는 악마의 기술이 등장하자, 인류 역사상 가장 비싸고 아름다운 책을 만들었던 한 필경사는 울면서 호소했다. "인쇄업자들은 와인을 마시면서 주지육림에 빠져 웃고 떠들고 조롱합니다. 그들 때문에 이탈리아 출신의 불쌍한 이 필경사는 외양간의 짐승처럼 살고 있습니다."

출판업자들은 시장변화에 빠르게 대응했다. 문해력이 있는 사람이면 누구나 책에 쉽게 접근할 수 있고 읽을 수 있게 되자, 인쇄 기술을 이용해서 시장의 힘이 지배하고 대중적 취향을 반영하는 상품을 대량으로 쏟아 냈다. '책 같지 않은 싸구려'가 시장에 넘쳐 나기 시작한 것이다. 그에 따라 소장 도서를 둘러싼 도서관의 문화전쟁이 더욱더 선명한 형태를 띠었다. 대중은 시간을 재미있게 흘려보낼 수 있는 대중소설과 당장 도움이 되는 가벼운 실용서를 원했으나, 도서관 운영을 장악한 완고하고 엄숙한 지식인들(나중엔 사서들)은 이를 검질기게 거부했다. 이는 공공도서관이 생기고 100년 이상 세월이 지난 오늘날에도 여전하다.

특별 자격을 갖춘 자들만 이용할 수 있었던 과거의 도서관처럼, 공공도서관 운영진은 도서관에는 "역사, 과학, 농업, 지도, 도감 등 유익한 책을 우선"으로 비치하고, 신학이나 철학이나 고급 문학 같은 우아하고 엄정한 자기 계발을 북돋우는 책들이 소장돼야 한다고 생각했다. 도서관 운영을 맡은 사서들 역시 "지식과 취향의 중재자라는 역할"을 포기할 생각이 없었다. 저자들은 이야기한다. "모든 도서관은 사려 깊은 선택 과정을 거쳐 만들어진다. 이는 당연하다. 선택이란 장서 수집의 역사 전체를 통틀어 변함없이 이어 온 도서관 구축의 자연스러운 한 부분인 까닭이다." 지식인들과 사서들은 언제나 대중의 독서 습관을 비웃었다. 중세 기사문학에 대한 반발, 근대소설에 대한 비판, 여성 취향 로맨스 작가에 대한 비난 등 싸구려 읽을거리에 대한 비아냥은 이들의 단골 메뉴였다.

그런데 여가를 즐기기 좋은 흥미로운 책들이 도서관에 존재하지 않자 대중들은 곧바로 새로운 형태의 도서관으로 눈을 돌렸다. 18세기 영국에서 생겨난 대여도서관이었다(조선에서는 이를 '세책방'이라고 불렀다). 약국이나 화장품 가게와 붙어 있는 대여점에 가면 푼돈만 내고도 원하는 소설(탐정소설, 로맨스 소설, 모험소설)을 마음껏 읽을 수 있었다. 중세 후기의 독자들이 아무리 이단적이라고 비난해도 수많은 기사소설을 구해서 아낌없이 즐겼듯이 말이다. 우리는 도서관과 대여점을 구분하지만, 저자들은 두 형태 모두 도서관 범주로 묶어서 이야기한다. 장서를 모아 두고 대중이 읽을 수 있게 공개하되, 유료로 빌려줄 것인가, 무료로 빌려줄 것인가만 둘은 차이 날 뿐이다(물론, 도서관의 공공성 확보에서 이 차이는 무척 중요하다).

"유익하지는 않더라도 시간 가는 줄 모르게 읽을 수 있는 재미있는 책을 대중에게 어느 정도 허용해야 하는가"라는 질문은 오늘날 도서관 운영에도 그대로 적용된다. 아이들은 학습만화를, 청소년들은 라이트노벨(Light Novel)을, 어른들은 웹툰이나 웹소설 또는 가벼운 에세이나 재테크 서적을 요구하고, 도서관 막내 사서들은 이런 책들이 도서관에 비치되지 않는 이유를 변명하느라 땀을 뻘뻘 흘린다. 진지한 사서들은 "공공도서관이 '가벼운' 소설을 선호하는 대중의 취향에 부응하려 드는 것보다 더 치명적인 잘못은 없다"라고 말한다. 그러나 도서관이 대중들이 읽고 싶어 하는 가벼운 소설을 소장하지 않으면, 대중들은 그 대안을 찾아서 도서관 바깥의 다른 곳을 떠돈다. 도서관은 이용자 감소와 노령화로 고통받는데, 웹소설이나 웹툰, 구독제 전자책 서비스에는 청년들이 바글바글한 이유다.

'심심풀이 잡서'를 거부하고 신학과 철학 중심의 라틴어 책만 소장하려 했기에 영국 옥스퍼드 보들리 도서관은 기증된 셰익스피어 초판본을 싼값에 팔아 치웠다. 그러나 영어로 쓰인 책이 점차 서가를 메우는 걸 막을 수 없었고, 뒤늦게 실수를 알아차린 도서관은 결국 셰익스피어 초판본을 되사느라 엄청난 예산을 들였다. 돈키호테의 딸은 그가 평생 모았던 기사소설을 남김없이 불태웠다. 그러나 책을 불태우는 것만으로 소설의 시대가 오는 걸 막을 순 없었다. 오늘날 소설은 시민사회의 고민과 희망을 반영하는 근대의 서사시로 자리 잡아 독자들이 가장 사랑하는 양식이 됐다. 공공도서관이 생긴 이후에도 오랫동안 소설은 감히 도서관 서가에 발을 들여놓을 수 없었으나, 이제 전

세계 어느 도서관에서도 독자 대여 1순위 장르는 소설이다. "억압된 것은 반드시 되돌아온다"라는 프로이트의 말처럼 서가에서 쫓겨났던 "하찮은 책들은 되돌아온다".

민주주의사회에서는 대중의 읽기가 자주 전문가의 읽기를 이긴다. 도서관 운영 예산이 이들 세금에서 나오는 까닭이다. 그렇다고 해서 다수결의 우상화는 곤란하다. 시간이 흐르면서 소수의 안목 있는 시선이 헤게모니 싸움에서 이겨 대중 전체를 설득하는 일도 넘쳐 난다. 프리드리히 니체의 『차라투스트라는 이렇게 말했다』는 작가 생전에 일곱 부만 팔렸고, 누구나 배척하는 책이었으나 이제는 모든 도서관의 필수 소장 도서가 됐다. 반대로 역사상 가장 인기를 끌었던 시드니 셸던의 작품은 작가 사후 30년도 안 됐으나 어느새 도서관 장서에서 사라질 운명에 처했다. 어쨌든 도서관 역사에서는 파괴와 재건만 반복되지 않고, 취향의 문화전쟁이 가져오는 갈등과 탈출, 수용과 극복도 꾸준히 반복된다. 그러므로 감식안 있는 이들이 세심히 선별해서 '추천 도서 목록'을 짜는 일은 여전히 중요하다.

오늘날 도서관이 위기에 빠져 있는 것은 분명하다. 20세기 내내, 책보다 대량으로, 빠르게, 대규모로 정보를 주고받을 수 있는 매체가 차례로 출현했다. 1930년에는 라디오방송이 나왔고, 1950년대에는 텔레비전방송이 나왔으며, 1990년대에는 인터넷이 출현했다. 사람들의 여가를 빼앗고 주의를 홀리는 이 매체들은 독서를 위협하고, 도서관의 존재 의미를 시험했다. 특히 스마트폰과 소셜미디어가 등장한 2010년대 이후 전 세계에서 독서율 감소 추세는 매우 심각하다. 저자들 말처럼 "기술 진보가 책을 따라잡기 전에 책이 세상의 진보를 따라잡을 수 있을지는 아직 답을 얻지 못했다". 디지털 기술을 도입하고, 전자도서관을 설치하면서 종이책 없는 도서관을 상상하고, 회의실과 강연장을 도입해 이른바 '미디어테크'로 변신하는 등 시대 변화에 발맞추어 도서관 역시 많은 것을 시도 중이다.

이런 식의 빠른 적응이 도서관을 살아남게 할 수 있을까. 섣부른 시도는 오히려 실패 사례만 늘릴 뿐이다. 기술 진화 속도가 갈수록 빨라지면서 어제의 혁신이 오늘의 폐기물이 되는 일이 숱하게 벌어졌다. 마이크로필름은 예산만 낭비한 채 대부분 폐기됐고, 플로피디스크와 시디롬도 역사 속으로 사라졌다. 엄청난 돈을 들여 투자했던 와이파이는 거의 무용지물이 될 예정이고, 호들갑 떨면서 서둘러 흉내 냈던 메타버스도서관은 방문객 하나 없는 적막한 장소로 바뀔 가망성이 높다.

그래서 저자들은 도서관이 디지털혁명을 좇는 데 힘쓸 것이 아니라 도서관의 고유한 강점을 살리는 데 더욱 애써야 한다고 주장한다. 가령, 훌륭한 도서 목록을 마련해 시민들에게 제안하는 일, 그러니까 "사서들이 자기 지식과 취향과 안목을 통해 이용자들의 책 선택을 도울 수 있는 권리"를 강화하는 일은 시간이 갈수록 중요해진다. 잡다한 정보가 쏟아져서 우리를 주의력 결핍에 시달리게 하는 시대일수록 도서관은 "독자들이 좋은 책을 고를 수 있도록 돕는 조력자"가 되어서 시민들을 느리고 깊은 생각으로 이끌어야 한다. 그러나 이렇듯 시대를 거슬러서 이용자들의 즉각적 만족을 지연시키는 데에는 언제나 사서들의 커다란 용기가 필요하다.

저자들은 또한 도서관 특유의 다양성을 강조한다. 갈수록 영향력을 키워 가는 소셜미디어에는 생각이나 취향이 비슷한 사람들이 끼리끼리 어울려서 집단사고와 확증편향을 일으키는 속성이 있다. 사악한 기술회사들이 의도적으로 알고리즘을 조정해 이런 인식론적 편향을 부추긴다는 것은 이미 잘 알려져 있다. 이런 시대에 도서관은 자기와 생각이 다른 이들을 만나서 이야기하게 하고, 서가를 훑어보면서 한 번도 관심을 둔 적이 없었던 책들과 우연히 만나는 기쁨을 누리게 한다. 세렌디피티, 즉 우발적 만남이 가져오는 창조성이야말로 인간을 성장시키는 강력한 동력이고, 도서관이 주는 최대의 혜택이다. 도서관에 이런 힘이 있는 한, 디지털 기술이 도서관을 완전히 살해하는 세계는 절대 존재하지 않을 것이다.

국립중앙도서관 장서 목록에 따르면, 국내에서 도서관 역사를 다룬 책이 처음 나온 건 1968년이다. 한국도서관협회에서 A. 헤셀의 『서양도서관사』[2]를 번역 출판하면서 관련 책들이 드문드문 출간되기 시작했다. 이어서 『한국 도서관사 연구』[3]가 출간되었고, 1973년에는 『국립중앙도서관사』가 나왔다. 국내 필자가 쓴 도서관사가 처음으로 출판된 건 1980년대다. 김세익의 『도서-인쇄-도서관사』,[4] 박영준의 『도서관 약사』[5]가 첫 책들이었다. 1991년에는 박상균의 『세계 도서관학 사상사』[6]도 출간됐다.

도서관의 역사를 다룬 책이 활발하게 출판되기 시작한 건 2000년대 들어서이다. 류부현,[7] 남태우,[8] 이용재,[9] 윤희윤,[10] 송승섭[11] 등 국내 필자들의 역작이 출간됐을 뿐만 아니라 라이오넬 카슨의 『고대 도서관의 역사: 수메르에서 로마까지』[12]를 시작으로 해외의 최신 연구 성과를 담은 책들도 꾸준히 번역되어 나왔다. 그동안 국내에 나온 도서관사 관련 책들은 크게 다섯 가지로 나누어 볼 수 있다.

첫째, 국내외 도서관의 형성과 발전, 과거와 현재와 미래를 통사적으로 서술한 책이다. 송승섭의 『한국 도서관사』, 『문명의 뇌, 서양 도서관의 역사』, 윤희윤의 『도서관 지식 문화사』, 곽철완의 『도서관의 역사』,[13] 매튜 배틀스의 『도서관, 그 소란스러운 역사』,[14] 스튜어트 A. P. 머레이의 『도서관의 탄생』[15] 등이 여기에 속한다. 이 책들은 약 6000년 동안 이루어진 도서관의 역동적 변화 과정을 일목요연하게 정리해 보여 준다. 국립중앙도서관, 국회도서관, 하버드 옌칭 도서관, 알렉산드리아 도서관, 느티나무 도서관 등 크고 작은 도서관의 역사를 다룬 책도 함께 넣을 수 있다.

둘째, 책을 금지하고 불태우는 등 책의 수난사를 다루면서 도서관 역사를 부분적으로 다루는 책이다. 이 책들은 사상 검열을 통해 표현의 자유를 억압하려는 정치적 운동과 전쟁이 가져온 비극의 역사를 이야기한다. "이 문서는 능력이나 지식이 있는 자가 능력 있는 자에게만 보여 주어야 하고, 무지한 자에게 보여 주면 안 된다." 니네베 도서관 시대, 점토판에 적혀 있던 글이다. 어떤 책을 도서관에 넣고, 누구에게 읽혀야 하며, 무슨 책을 허용하고 또 금지할 것인가를 둘러싼 문제는 그 이후 현재까지 모든 도서관의 중심에 놓인 질문이었다. 주명철의 『서양 금서의 문화사』,[16] 뤼시앵 폴라스트롱의 『사라진 책의 역사』,[17] 리처드 오벤든의 『책을 불태우다』,[18] 크리스티아네 인만의 『판도라의 도서관』[19] 등이 여기에 속한다.

셋째, 애서가들의 수집벽과 서재에 관한 역사를 다루는 책이다. 앨리슨 후버 바틀릿의 『책을 너무 사랑한 남자』,[20] 쯔안의 『책 도둑의 최후는 교수형뿐이라네』,[21] 옥타브 위잔의 『애서광들』,[22] 에드워드 브룩-히칭의 『이상한 책들의 도서관』[23] 등이 여기에 속한다. 이 책들은 책에 대한 광적인 열정에 빠져들어 책을 사들이고 빌리고 훔치는 등 갖은 노력을 다해 독특하고 특이한 책을 수집하는 애서가들 이야기와 그들이 꾸민 서재를 다룬다.

넷째, 세계 각국 도서관을 그 배경, 역사, 특징 등과 함께 소개하는 도서관 안내서, 도서관 기행 등이 있다. 고혜련 외의 『도서관으로 문명을 읽다』,[24] 유종필의 『세계 도서관 기행』,[25] 제임스 W. P. 캠벨의 『세계의 도서관』,[26] 스튜어트 켈스의 『더 라이브러리』[27] 등이 여기에 속한다. 이 책들은 어느 편집자의 말처럼 "활자와 영혼이 만나는 매혹의 공간, 도서관에서 찾아낸 놀라운 이야기들"을 다룬다.

다섯째, 책과 읽기의 역사를 다루면서 도서관 역사를 부차적으로 다루는 책들이 있다. 강명관의 『조선시대 책과 지식의 역사』,[28] 뤼시앵 페브르와 앙리 장 마르탱의 『책의 탄생』,[29] 알베르토 망구엘의 『독서의 역사』,[30] 스티븐 로저 피셔의 『읽기의 역사』[31] 등이 여기에 속한다. 이 책들은 도서관과 긴밀하게 결합해 있는 책과 읽기의 역사를 다루면서 그 한복판에 놓인 도서관의 변화무쌍한 풍경들을 그려 낸다.

이 책은 첫 번째 부류에 속하지만 그동안 나왔던 책들과 달리 평면적이지 않고 입체적이다. 저자들은 이 책에서 소장욕과 인정욕구라는 근원적 인간 욕망을 디딤돌 삼아 책을 수집하고 소장하며, 보관하고 되팔며, 빌려주고 돌려받고, 훔치고 약탈하는 등 도서관을 둘러싼 장대한 역사를 총체적으로 펼쳐 낸다. 지식과 정보의 소유와 배포는 언제나 권력의 문제였으므로, 도서관의 역사는 곧바로 인류의 역사 그 자체이기도 했다. 정치나 종교를 둘러싼 투쟁이 벌어지고, 부와 지위를 향한 갈망이 일어서며, 새로운 가치와 질서가 정립되고 퍼져 나가는 모든 곳에 도서관이 존재했다. 덕분에 우리는 이 책에서 인류 문명 전체를 꿰뚫는 밑바닥 욕망의 생생한 움직임을 역동적으로 체험할 수 있다.

독자분들께 장서들, 즉 책에 관한 작은 책을 한 권
내놓습니다. 세상에서 항상 이용하는 것보다 우리에게
더 귀한 주제가 어디 있겠습니까?

— 유스투스 립시우스(Justus Lipsius),

　　『데 비블리오테키스(De Bibliothecis)』(1602)

프롤로그

폐허를 딛고 재건하다

1575년 신성로마제국 황제 막시밀리안 2세(Maximilian II)의 황실 도서관장으로 임명됐을 때, 네덜란드 학자 후고 블로티우스(Hugo Blotius)는 인생 경력의 절정을 맞았다고 생각했다. 그러나 빈에 도착해 새 직무에 착수하려던 순간 그는 눈 뜨고 보기 힘든 참상을 맞이했다. 탄식과 함께 그는 이런 기록을 남겼다.

> 오랫동안 방치된 탓에 도서관 전체가 완전히 황폐했다. 사방에 곰팡이가 슬고, 두루두루 썩어 있었다. 죽은 나방과 좀 천지에다 거미줄은 빽빽했다. 창문은 오랫동안 열린 흔적이 없고, 불운한 책들은 빛 한 줄기 쬐어 보지 못한 채 생기를 잃어 가고 있었다. 책을 펼치면 독한 공기가 자욱이 흘러나왔다.[1]

이런 곳이 황제의 궁정도서관이었고 장서 7379권을 갖추고 있었다(블로티우스의 첫 임무는 그 도서 목록을 작성하는 것이었다). 게다가 도서관 위치는 궁궐이 아니라 프란치스코 수도회 소속 수녀원 1층이었다. 주인 잃은 장서들이 황제의 문화적 관심거리에 끼지 못한 채 쫓겨나 피난한 곳이었다.

블로티우스가 빈에 도착한 해는 인쇄술이라는 수많은 유럽 시민에게 책 소유의 기쁨을 준 경이로운 기술이 발명된 지 100년 넘게 흐른 뒤였다. 그러나 바야흐로 문자 문화의 거대한 홍수가 흘러가는데도 유럽 제일의 도서관으로 손꼽히던 빈 궁정 도서관조차 커다란 먼지 왕릉이 되어 있었다. 이런 현상은 예외가 아니었다. 첫 번째 서적 수집 시대에 사람들의 수많은 감탄을 자아냈던 헝가리 왕 마차시 1세(Matthias Corvinus)의 경이로운 서재는 완전히 파괴됐다. 피렌체의 코시모 데 메디치(Cosimo de' Medici)가 모은 희귀하고 귀중한 책들 역시 흩어져 다른 장서에 흡수됐다. 크리스토퍼 콜럼버스의 아들 페르난도 콜론(Fernando Colon)이 고대 알렉산드리아 도서관을 능가해 보겠다는 야심으로 꾸몄던 찬란한 장서들조차 시간이 지나면서 훼손되고 흩어졌으며 종교재판소에 의해 금서로 묶이고 스페인 왕에게 약탈까지 당했다.

우르비노(Urbino) 공작 페데리코(Federico)는 자기 소유 필사본 장서들을 인쇄기로 찍어 낸 책 따위로 오염시키지 않겠노라고 호언장담했으나 그 도서관은 결국 돌보는 이 없이 방치됐다. 1630년대에 저명한 도서관학자 가브리엘 노데(Gabriel Naudé)가 방문했을 때 우르비노의 도서관은 "열람자가 책을 찾다 지쳐 포기할 정도로 처참한" 상태였다. 젊을 때 노데는 역사상 최초로 책 수집가를 위한 안내서를 써서 이름을 얻었다. 그 책은 서재를 마련할 정도로 부유한 엘리트 고객을 정조준해 출판됐다. 그 서재들은 노데에게 풍족한 수입을 보장하는 일자리를 제공할 것이었고 그는 그 일을 맡아서 적절히 수행했다.[2]

그 책에는 노데가 언급하지 않은, 모든 시대를 아우르는 도서관에 대한 불편한 진실이 있었다. 어떤 시대든 이전에 물려받은 장서들을 탐탁지 않게 여겼다는 것이다. 이 책에서 살펴보겠지만, 도서관의 역사에서는 연구자들이 한탄했던 아름다운 문화유산에 대한 무자비한 파괴행위보다는 책과 장서의 방치와 파기 행위로 한 세대가 책을 통해 다음 세대에 전하려던 관심과 가치가 단절되는 사례가 더 많았다. 많은 장서가 버려진 창고나 폐허만 남은 건물 속에서 썩어 갔다. 그러나 그것은 또한 전혀 예기치 않게 책과 장서가 발견되어 재생하고 부활할 것을 예고하는 일이기도 했다.

노데의 책에 담긴 이탈리아의 빛바랜 영광의 시기를 지나서 400년을 내려오면 7000권 정도의 장서는 대단치 않은 현재의 도서관에 이른다. 그러나 도서관은 여전히 존재가치를 입증해야 하는 실존적 위기를 겪고 있다. 오늘날 공공도서관은 예산 감소, 낡은 건물 유지비 증가로 골치를 썩는 한편 새로운 서비스 요구, 전통 장서에 관한 관심 부재라는 4중고에 맞닥뜨려 있다. 이 책을 쓰기 위해 여러 가지를 조사하면서 우리는 영국 런던 램버스구 케닝턴에 있는 더닝 공공도서관을 커뮤니티센터로 전환하려는 지방의회에 맞서 시민들이 투쟁하는 모습을 직접 목격했다(도서관 지원을 중단하고 자원봉사자가 도서관을 운영하게 하자는 의원 발언이 있었다). 도서관 유지를 바라는 시민들은 의회 계획에 거세게 항의했다. 그 항의는 공동체의식에 바탕을 둔 이타성의 발현일까, 아니면 시대 흐름에 뒤처져 이미 돌이킬 수 없는 것에 대한 향수의 표현에 불과할까?

공동체 내부의 부유하고 지적인 시민들은 정부가 공적 자금을 이용해 시민 여가를 위한 독서 시설이나 예술을 지원할 의무가 있다고 여긴다. 그러나 세금을 써서 공공도서관을 만들고 누구나 원할 때 책을 공짜로 읽을 수 있게 하자는 발상은 19세기 중반에야 생겨났고, 이는 도서관 역사 전체를 놓고 보면 한순간에 지나지 않는다. 수십 세기에 걸친 도서관 역사가 가르쳐주는 바가 있다면 사람들이 도서관을 유용하다고 생각하는 만큼만 도서관이 존속할 수 있다는 사실이다.

지금까지 생존을 위해 변화를 거듭해 왔듯 현재의 도서관도 살아남으려면 변해야 한다. 최근 프랑스 도서관은 막대한 공공기금을 쏟아부어 미디어테크 망을 갖춘 도서관으로 변신했다. 한때 성당처럼 적막해 과거의 유물 취급을 받던 대학도서관도 학생들 요구를 수용하면서 연구 공간이자 만남의 광장으로 변했다. 도서관의 이런 변화는 르네상스 시대에 시도된 초기 도서관 모델을 떠올리게 한다. 당시 도서관은 활발한 만남의 장이었다. 책은 그림, 조각, 동전, 골동품과 함께 전시돼 구경꾼 눈길을 사로잡기 위해 경합했다.

도서관 역사는 몇 세기에 걸쳐 이루어진 순탄한 과정의 이야기도, 사라진 도서관들에 대한 기나긴 탄식의 이야기도 아니다. 도서관이 주기적으로 흥망성쇠를 거듭한 것은 역사의 순리였다. 도서관 자료는 끝없는 관리를 필요로 했고, 아무리 소중히 여겨졌던 장서라도 때때로 계속 보관할지, 처분할지를 놓고 힘든 결정을 내려야 했다. 도서관은 흔히 최초 건립자가 관리할 때는 번성하다가 그의 손을 떠나면 쇠락하고는 했다. 의도적 파괴보다 습기와 먼지, 나방과 좀이 서서히 도서관을 허물어뜨리는 일이 더 많았다. 그러나 성세와 쇠퇴가 반복되듯 복구도 어김없이 거듭됐다. 1556년 옥스퍼드대학교 도서관의 소장 도서는 크게 훼손됐고, 대학 당국은 도서관 책장까지 팔아 치웠다. 그러나 50년 후 토머스 보들리(Thomas Bodley)는 이후 300년간 가장 큰 대학도서관이 될 도서관을 그 자리에 건립했다. 도서관은 놀라울 정도로 자주 화재로 잿더미가 됐지만 결국 재건됐다. 시장에서 살 수 있는 책이 갈수록 급증하면서 재건은 더욱 쉬워졌다.

　이 책은 도서관에서 숱하게 일어났던 예기치 못한 우여곡절을 담았다. 도서관의 정의는 세대마다 대폭 새로워져야만 한다. 이 책에서 소개할 도서관에는 사적 취향을 보여 주는 사사롭고 평범한 서재도 있고, 국가 명예를 걸고 기념비적 사업으로 추진된 도서관도 있고, 심지어 인간 지식을 최대한 모으려고 했던 알렉산드리아 도서관에 도전하는 엄청난 노력의 산물도 있다. 어떤 도서관은 화려한 궁전에 자리 잡았고, 어떤 도서관은 데시데리우스 에라스무스(Desiderius Erasmus)의 책들처럼 한곳에 자리 잡지 못한 채 수레에 실려서 주인 거처를 따라 떠돌았다. 전시(戰時)에, 사회적 격변기에, 손버릇 나쁜 애서가 탓에 책들이 이 장서에서 저 장서로 예기치 못한 경로로 떠돌듯 도서관 진화 과정도 단순하지 않다.

옮겨 다니는 책들

거대한 알렉산드리아 도서관은 후대의 모든 책 수집가에게 열망의 원천이 됐다. 그러나 로마제국의 도서관이 그 찬란함을 계승하지 못하고 역사에 바친 공헌이 미약하다는 사실은 상당히 놀랍다. 이 호전적 민족은 수로의 용도는 잘 알았으나 도서관의 용도는 미처 몰랐던 것처럼 보일 정도다. 로마의 방대한 장서는 개선하는 장군의 전리품 형태로 들어왔다. 그중에는 아리스토텔레스의 방대한 장서도 있었다.

후대의 많은 모방꾼은 지식재산에 관한 로마식의 난폭한 약탈을 본받았다. 19세기 초에 나폴레옹은 프랑스 국립도서관을 살찌우려고 소설가 스탕달을 고용했다. 이탈리아와 독일의 도서관에서 귀중본만 골라내기 위해서였다.[3] 그보다 두 세기 전인 30년 전쟁 때 스웨덴인들은 효율적 행정절차를 마련해서 독일 점령지에서 서적들을 강탈했다. 이때 스웨덴으로 운송된 책 중 다수는 여전히 웁살라대학교 도서관에 있다. 이와 대조적으로 1814년 빈회의에서 프랑스 국립도서관은 나폴레옹의 약탈 도서를 반환하도록 강요당했는데, 도서관 관계자들은 책을 다시 제본하는 데 많은 시간과 비용을 들였다는 이유로 적잖게 분노했다.[4]

제국 몰락과 함께 단 한 곳도 살아남지 못했으나 로마제국 도서관들은 파피루스에서 양피지로 기록매체의 점진적 이행을 주도했다. 동물 가죽으로 만든 양피지 표면은 파피루스보다 훨씬 더 탄력이 있었고, 양피지에 기록된 로마의 가르침은 유럽 곳곳의 기독교 수도원에서 그다음 1000년을 살아남았다. 이 탁월한 필사본들은 넋을 잃을 정도로 아름다운 중세 문화유산을 우리에게 전해 준다. 오늘날 필사본 소장 도서관에서 그것들은 가장 귀한 장서가 됐다.[5] 14세기에 필사본은 유럽의 군주가 문화적 소양을 과시하는 확실한 수단이었고 수도원 필경사와 사본 채식사(彩飾師)들은 아름다운 책을 구하는 세속 시장의 요구에 떠밀려 점점 바빠졌다.

바그다드, 다마스쿠스, 코르도바, 카이로를 다스리던 칼리프들도 필사본을 수집했는데, 그 엄청난 규모로 이슬람 전역에 이름을 떨쳤다. 칼리프들은 최고의 필경사를 초청해 컬렉션을 키워 나갔고 학자들을 초빙해 그 문학적 재능의 산물로 궁전을 풍요롭게 했다. 페르시아, 인도, 중국의 군주와 황제에게 우아한 장식, 화려한 색깔, 아름다운 글씨로 꾸며진 사본 수집은 인기 있는 취미 생활이었다.

15세기 중반, 요하네스 구텐베르크(Johannes Gutenberg)를 비롯한 인쇄업자들이 새로운 인쇄술의 도입에 착수한 것은 더 많은 책을 공급해 달라는 교회와 학자와 안목 있는 수집가들 요청에 충실히 부응하기 위해서였다. 구텐베르크의 인쇄 책은 그 기술적 세련됨으로 첫 번째 독자 세대들을 사로잡았다. 그러나 기존 필사본 수집가들은 우중충한 흑백 텍스트가 그들이 아끼던 채식 필사본을 대체할 가치가 있을지 여전히 의심했다. 게다가 유럽 전역에 한 번에 인쇄된 책 수천 권을 배포할 방법도 미지수라 인쇄술의 초기 투자자들은 안절부절못했다. 그러나 사업 초기 난관들이 해결되면서 점점 인쇄 서적들의 수요가 늘어났고 사람들은 인쇄본 책들로 개인 서재를 조성하기에 이르렀다. 그 서재가 고상한 과시 수단으로서 책 수집이 갖는 매력을 충족시키진 못했지만 말이다.

금속활자 인쇄술은 다른 의미에서 결정적 분기점이 됐다. 필사본 문화가 활발했던 아프리카, 중동, 동아시아는 대량 출판 인쇄술을 채택하지 않았기 때문이다. 특히 오스만제국은 인쇄술을 철저히 거부했다. 최초로 인쇄한 『코란』을 제국에 바친 한 베네치아인은 신성모독이라는 비난만 받았다. 중국은 일찍이 탁월한 목판인쇄술을 선보였지만 주로 기술적 이유로 금속활자를 널리 수용하지 않았다. 중국과 이슬람 문화권은 서양에 더욱더 놀라운 선물인 종이를 전한 후에도 목판인쇄나 필사를 고집했다. 허드레 천으로 만든 종이는 양피지보다 훨씬 값쌌고 인쇄와 궁합도 잘 맞았다. 그러나 인쇄기 성능이 고도화하기 전까지 유럽과 그 식민지 바깥에서는 여전히 특권 엘리트나 책을 수집할 수 있었다. 인쇄술이 도입되고 300년이 흐르는 동안 개인도서관 또는 공공도서관이 널리 설립되며 독자들의 늘어나는 갈증을 해소해 준 것은 거의 유럽이나 유럽인이 정착한 지역에서만 나타난 현상이었다.

책 소장의 확산은 문해력의 꾸준한 상승과 함께 이뤄졌다. 처음에는 상인, 사무원, 변호사, 관리, 의사, 성직자처럼 특정한 필요 또는 업무상 이유로 책을 읽어야 하는 계층이 앞서 나갔다. 인쇄 책은 떠오르는 야심 찬 전문가 계층에게 책을 수집하고 소장할 기회를 주었다. 얼마 지나지 않아서 이들은 수백 권 정도 되는 상당한 규모의 장서를 축적했다. 필사본 시절에는 사회 최상류층들이나 가능한 일이었다. 한때 희귀하고 비쌌던 물건을 많은 사람이 소유하는 사치품의 민주화(democratisation of luxury)는 인류사에서 시대마다 반복되는 현상이었다. 그러나 책 수집은 종종 값비싼 대가를 치렀다. 300권 정도 되는 장서들을 포목상도 소장할 수 있다면 귀족들의 소장 장서가 예전 같은 찬사를 얻는 건 불가능했다. 따라서 많은 귀족이 책보다는 조각품, 그림, 아니면 사자 같은 맹수로 눈길을 돌렸다. 막시밀리안 2세가 이목을 끄는 전시물로서 가치가 없어진 자기 장서들을 창고로 보내 버린 이유였다.

인쇄와 권력

사치품의 민주화에 대한 불만과 더 많은 대중이 격조 있는 책 세상으로 진입하는 추세는 인쇄술 도입 후 300년 내내 지속됐다. 지식 축적의 욕망은 지식 접근권을 통제하려는 욕망 또는 독자 '계몽'을 위해 지식을 사용하려는 욕망과 경합했다. 이는 16세기 기사도문학에 대한 반발, 소설에 대한 비판, 여성의 독서 성향과 여성작가에 대한 비난 등 새로운 독자층의 취향 비판에서 명백히 드러났다. 옥스퍼드대학교 도서관을 재건한 보들리의 업적은 칭송받아 마땅하다. 그러나 그는 '심심풀이 잡서'가 도서관 장서 목록에 포함되는 것을 용납지 않았다. 이때 '심심풀이 잡서'는 모든 영어 텍스트를 말했다. 옥스퍼드는 유명한 셰익스피어의 2절판 초판본을 기부받았으나, 몇십 년도 안 돼 팔아 치웠다. 그러나 1905년 옥스퍼드는 미국인 수집가 헨리 폴

저(Henry Folger)에게 넘어가는 것을 막으려고 막대한 비용을 들여 그 책을 되사들였다.[6]

인쇄술 발명 이후 새로운 세기가 될 때마다 새로운 독자들이 책 소장층에 합류했다. 전쟁을 방불케 하는 토론이 똑같이 재연됐고, 그때마다 도서관은 정치적 공간으로 자리매김했다. 19세기에 처음 문을 연 공공도서관은 독자가 원하는 책을 들여놓아야 하는지, 독자의 교양이나 수준을 끌어올릴 책을 갖춰야 하는지를 놓고 토론을 벌였다. 이 토론은 20세기 중반 미국 공공도서관을 위한 '추천' 도서 목록을 지정할 때도 여전했다. 대체로 더 진지한 책으로 가는 징검다리 구실을 할 때를 제외하면 소설을 천박하게 여기는 편견도 한결같았고(실은 징검다리 구실을 못 했다), 로맨스물 같은 특정 장르에 대한 저주에 가까운 비판도 마찬가지였다. 20세기 중반까지도 런던 바깥에서는 '부츠 애서가도서관[Boots Booklovers Library: 영국의 약국 체인 부츠 더 케미스트(Boots the Chemist)가 운영하는 순환도서관―옮긴이]'이 길티플레저(guilty pleasure, 죄의식을 동반하는 즐거움―옮긴이)를 맛보고자 하는 귀부인들에게 아지트를 제공했다. 1969년 런던 헤링게이구의 전직 도서관장은 한탄하듯 이렇게 말했다. "공공도서관이 '가벼운' 소설을 선호하는 대중의 취향에 부응하려 드는 것보다 더 치명적인 잘못은 없다."[7]

엘리트층의 전유물이었던 책이 가벼이 여겨지는 경향에 대한 반발이 나타나며 15세기에 도서관의 역사는 큰 혼란에 빠졌다. 군주나 왕의 도서관 설립이 일시 퇴조하면서 공립도서관 장서는 시련을 맞았다. 밀라노의 암브로시아나 도서관(Biblioteca

Ambrosiana) 같은 최초의 대형 공립도서관은 주로 저명한 개인 소장가들의 기부로 세워지거나 많은 대학도서관처럼 다양한 경로의 소소한 기부를 모아 세워졌다. 19세기 이전에는 거의 모든 공립도서관이 신간 구매 예산을 짜지 못했고, 낡아 빠진 수업 교재를 수십 권 받더라도 전적으로 기부에 의존할 수밖에 없었다.

장서의 운명은 역사적으로 도서관이 아무 곡절도 없이 순조롭게 성장하지 않았음을 보여 준다. 인쇄술이 도입되고 두 세기가 지나는 동안 공립도서관 장서 대부분은 쇠퇴의 길로 들어섰다. 대학이 중세 교과과정과 절연하면서 많은 도서가 쓸모를 잃었다. 종교개혁으로 촉발된 갈등, 신교와 구교의 대립으로 인한 분열 탓에 유럽 도서관의 기존 소장 도서들은 그 이단성 여부를 놓고 고통스러운 검열을 거쳤다. 영국 대학도서관의 전면적 폐관은 극단적이고 드문 일이었지만 다른 곳의 공립도서관은 소리 소문 없이 사라져 갔다. 1603년 코펜하겐에서 대학도서관 소장 도서는 고작 700권이었다. 레이던대학교를 제외하면 네덜란드의 어떤 신흥 대학도 사정은 똑같았다. 교수 개인의 수집 도서가 대학 장서 규모보다 서너 배 큰 경우도 드물지 않았다. 오늘날에는 상상하기 힘든 주객전도 현상이었다.[8]

실제로 16세기에서 17세기까지 도서관 역사는 대체로 개인 수집을 통해 면면히 이어졌다. 책이 변호사, 의사, 교회 성직자의 전문 경력에 필요했을 뿐만 아니라 구매에 지장 없을 정도로 저렴해졌기 때문이었다. 17세기 중반이 되면서 많은 전문가가 수천 권 장서를 자랑할 정도가 됐다. 외딴 수도원과 교회를 돌아다니며 책을 구하던 필사본 시대의 르네상스 시대 책 사냥꾼들과는 달리 이들은 수월히 책을 수집했다. 그들의 편지는 책에 관한 수다로 넘친다. 책을 빌려주고 빌리고, 새 책 관련 정보를 주고받고, 자신의 책을 선전하거나(많은 수집가는 작가이기도 했다) 지인의 책을 추천하기도 했다. 책이 단지 지식획득 수단일 뿐만 아니라 상품 가치를 띠는 시대가 도래했다. 도서 경매 같은 책 구매 방식의 혁신으로 수집가는 자신이 죽은 후 가족이 책을 팔더라도 그 실제 가치에 버금가는 이익을 얻을 것을 확신하고 지속해서 책을 구매할 수 있었다. 수집가는 자기 취미에 몰두하면서 유산까지 마련하는 일거양득을 누렸다.

도서관 역사는 지금껏 거대 도서관, 특히 시대적 참화에도 오랜 세월을 버텨 낸 도서관에만 주목해 왔다. 이유는 명백하다. 이들이 종종 빼어난 혹은 역사적 건물에 자리 잡은 도서관 세계의 압도적 공룡이기 때문이다. 누가 18세기에 오스트리아 바로크를 대표하는 건물에 들어선, 앎의 정수를 집대성한 전당에 이의 제기를 할 수 있겠는가? 그러나 이 건물들은 지식의 전당이기만 한 것이 아니라 (보스턴이나 뉴욕의 공공도서관처럼) 시민 자부심이나 새로운 지배층의 가치를 퍼뜨리기 위해 혹은 (17~18세기의 예수회 도서관처럼) 선교를 위한 열망을 공표하려고 세운 건축물이었다. 파리의 마자랭 도서관(Bibliothèque Mazarine)은 동료를 따돌리고 왕의 총애받는 신하가 된 것을 기념하기 위해, 현재 인도 국립도서관이 된 콜카타 제국도서관(Imperial Library)은 동양에 대한 서양의 지배를 기념하기 위해 세워졌다.

도서관은 국가 또는 지배층이 중시하는 가치를 보여 주는 권력의 상징물이었다. 그래서 권력이 도전받을 때마다 도서관은 문화적, 지적 반란의 예봉을 피할 수 없었다. 1524~1525년 독일농민전쟁(der Deutsche Bauernkrieg) 때 농민 반란군은 자신들이 증오했던 성직자들의 상징인 수도원 도서관을 약탈 표적으로 삼았다. 성직자들이 가혹한 세금을 부과하고 노역까지 시키면서도 농민을 위해 기도하기보다 재물만 모시는 모습을 보였기 때문이다. 그로부터 400년 후 20세기에 벌어진 여러 전쟁에서도, 또 그 이후에도 도서관은 문화자본이라는 가치 탓에 파괴를 면할 수 없었다. 스리랑카 자프나(Jaffna)시의 공공도서관은 아시아에서 손꼽는 도서관으로, 타밀 문화에 대한 문자 기록의 보고(寶庫)였다. 1981년 5월 31일 밤 도서관은 신할리즈족(Sinhalese) 군중의 손에 완전히 잿더미가 됐다. 종족 간의 반목이 부른 20세기의 대표적인 분서 사건이었다.[9] 1992년 사라예보에서 그에 못지않은 사태가 터졌다. 이번에는 보스니아 국립도서관이 사라예보를 공격하던 세르비아 민병대의 주요 목표물이 됐다. 150만 부에 달하던 도서와 필사본이 민병대 포격으로 지옥 불의 제물이 됐다.

근대가 처한 위험

1800년에서 1914년 사이에 유럽 인구는 1억 8000만 명에서 4억 6000만 명으로 증가했다. 미국의 경우에도 같은 시기에 인구가 500만 명에서 1억 6000만 명으로 상상을 뛰어넘는 속도로 급증했다. 늘어난 인구 중 대부분은 이민자였고 이들은 산업화를 위한 노동력을 제공했다. 새로운 시민을 사회구성원으로 편입하기 위해 교육시설을 제공하고 확충하는 일이 시급해졌다. 그 결과 모든 시민이 적어도 기초 교육과정을 끝낼 수 있는 의무교육을 받도록 초당적 노력을 기울였다. 20세기 초, 서구 사회는 남녀 모두 기본적 읽고 쓰기가 가능한 상태인 보편적 문해력에 가까워졌다. 이에 발맞추어 광범위한 대중의 독서 욕구를 채울 수 있도록 무료로 이용할 수 있는 공공도서관들을 건립하자는 급진적 아이디어가 제기됐다.

이 대담한 계획이 실현되는 데는 긴 시간이 걸렸다. 미국에서는 인구밀도가 높은 뉴잉글랜드가 앞서갔다. 영국에서는 1850년 공공도서관법(Public Libraries Act)이 통과돼 지방자치단체에 지역도서관 건립 권한이 생기면서 결정적 계기가 마련됐다. 통계수치만 보아도 그 효과가 엄청났음을 알 수 있다. 1914년까지 영국 전역에 도서관 5000곳이 설립돼 매년 도서 4000~5000만 권이 대출됐다. 1903년 미국은 공공도서관 4500곳에 장서량 총 5500만 권을 갖추었다고 자랑했다. 도서관 성장 신화는 이어졌다. 1933년 무렵 독일 도서관은 9000곳을 넘어섰고 미국 도서관 전체 소장 도서는 1억 4000만 권 이상이었다.[10]

급격한 상승 곡선이 보여 주는 이러한 성취의 이면에는 어려운 싸움이 있었다. 19세기에 산업화로 치닫던 세계에서 많은 사람이 여전히 빈곤, 열악한 주거환경, 끔찍한 노동조건으로 고통 받았기에 도서관을 공공자금 투여의 우선순위에 놓아야 한다고 생각한 사람은 많지 않았다. 영국의 경우 지역 도서관에서 세금 투여를 요청했을 때 처음부터 이를 받아들인 곳은 무척 드물었다. 일단 수용되더라도 양조업자들의 강력한 후원을 받아 벌어진 적대적 캠페인에 좌절되기 일쑤였다. 스코틀랜드계 미국인 철강 재벌 앤드루 카네기(Andrew Carnegie)가 대서양 양안에서 적극적으로 나서지 않았다면 도서관 확산은 훨씬 더뎠을 것이다. 전 세계적 변화의 바람을 타고 그러한 개인적이며 강박에 가까운 선구적 열정에 힘입어 도서관의 역사는 추진력을 얻었다.

공동체 구성원들은 도서관이 자랑스러웠기에 마을 중앙 요지를 기꺼이 내놓았다. 그러나 개관식 테이프를 자르고 밴드 축하 연주가 끝나고도 풀어야 할 숙제는 여전히 남아 있었다. 도서관 주요 고객을 누구로 해야 할까? 어린이에게 열람을 허용해야 할까? 도서관을 몸을 녹이며 신문 뒤적이는 곳으로 생각하는 사람들도 받아야 할까? 이런 문제들이 복잡해진 것은 카네기가 미국과 영국 여러 곳의 도서관 건립 기금을 위해 거액을 투자했기 때문도, 영국 공공도서관법에 도서 구매비의 법적 근거를 마련해 두었기 때문도 아니었다. 그 결정이 도서관위원회 마음에 달린 것이 진정한 문제였다. 폐쇄적으로 운영되던 옛 회원제 도서관의 단골인 지역 유지들이 새로운 도서관위원회를 장악했기 때문이다.

지역 유지로 이루어진 검열관이 도서관에 어떤 책, 어떤 사람을 허용할 것인가를 결정하면서 문화전쟁에 불을 붙였다. 19세기 인쇄산업의 기술혁명 덕분에 읽을거리 범주가 크게 확장되면서 새 독자층을 유인했다. 출판계는 새로운 독자들을 겨냥한 책, 즉 교양 함양이 아니라 흥미 유발을 위한 책을 재빨

도판 1. 도서관 역사에서 대중들의 천박한 독서 성향을 조롱하는 것은 항시 있던 일이었다. 제임스 길레이(James Gillray)의 그림 〈놀라운 이야기(Tales of Wonder!)〉에서 볼 수 있듯 주요 조롱 대상은 여성들의 독서 취향이었다. 특히 가벼운 소설에 관한 관심이 비판 대상에 올랐다. 그러나 20세기가 오기도 전에 사서들은 벌써 그 정도 책은 거의 문제 삼지 않게 됐다.

리 내놓아 새로운 시장을 열었다. 문학적 가치는 내던지고 노골적 모험, 범죄, 유혈극으로 얼룩진 이 책들은 전통 도서 업계를 놀라게 했다. 그러나 이는 또한 출판업자들의 자업자득이었다. 상업적 도서 대여점, 특히 찰스 에드워드 무디(Charles Edward Mudie)의 도서 대여 제국에 대한 출판업자의 안이한 대응은 새 책 가격을 너무 높게 끌어올렸고, 그 때문에 부유한 중산층 이외에는 누구도 새로운 소설 작품에 접근할 수 없었다.

사서나 문단의 유력 인사에게 통속소설은 하찮은 인간이나 읽는 이야기일 뿐이었다. 그러나 정확히 누가 그 부류에 속하는지 특정하기란 생각보다 어려웠다. 범죄로 얼룩진 암흑가의 밑바닥 삶을 다루는 이야기는 물론 저급하다. 하지만 비슷한 대상을 다루는 탐정 스릴러는 급속도로 20세기 소설의 총아가 되어 갔다. 도서관에서 책임 있는 자리에 있던 사람들은 정기적으로 양서 목록을 발표해 사서들이 소용돌이치는 출판물의 바다에서 표류하지 않게 애썼다. 처음엔 너무 불온하게 비쳤던 스티븐 크레인(Stephen Crane)의 『붉은 무공훈장(The Red Badge of Courage)』 같은 작품은 시간이 흐르며 고전 반열에 올랐다. 왜 읽고 싶은 책을 비치하지 않았는지 따지는 시민에게 답변하는 곤란한 업무는 전적으로 초보 사서의 몫이었다.

새로운 독서 대중을 비판하는 이들은 많은 20세기 유력 문인들로부터 예기치 못했던 지원을 받았다. 올더스 헉슬리(Aldous Huxley), 조지 무어(George Moore), D. H. 로런스(D. H. Lawrence)는 일반 대중들의 독서 취향을 입 모아 비판했다. 로런스(그는 니체 책을 무척 많이 읽은 사람이었다)는 "단번에 모든 학교를 폐쇄해야 한다. …… 대중들은 절대로 읽고 쓰기를 배우면 안 된다."[11] 대중교육을 원수처럼 여긴 T. S. 엘리엇(T. S. Eliot) 같은 말이었다. 그러나 아이러니하게도 로런스가 처음 니체를 접한 곳은 대중에게 약간이나마 배움의 과실을 맛보게 하려고 세운 크로이던 공립도서관(Croydon Public Library)이었다.

새로운 독자층에 대한 경멸은 그들에게 문학 읽기의 중대함을 알리는 데 조금도 도움이 되지 않았다. 19세기 중엽 기자이자 사회평론가인 헨리 메이휴(Henry Mayhew)가 소형 서점

판매 현황을 조사했을 때 노동자들은 이미 서점의 단골이었다. 그들은 대체로 확고한 고전으로 자리 잡은 전통 문학작품을 선호했다. 셰익스피어는 말할 것도 없고, 골드스미스(Goldsmith), 헨리 필딩(Henry Fielding), 월터 스콧(Walter Scott)의 소설, 알렉산더 포프(Alexander Pope), 로버트 번스(Robert Burns), 조지 바이런(George Byron)의 시까지 좋아했다.[12] 디킨스는 확장일로에 있던 새로운 시장 흐름을 파악해 큰돈을 벌었다. 때맞춰 출판업자들은 저작권 만료 소설의 리프린트를 시리즈물로 만들어 1실링만 받고 팔아서 떼돈을 벌었다.

새로운 독자에게 부족했던 것은 열정과 지식이 아니라 시간이었다. 19세기의 노동시간 단축 법안은 도서관 운동을 대대적으로 촉진했고, 전시와 경제불황기에 오히려 사람들은 도서관 출입이 잦았다. 전쟁으로 불가피하게 여가 활동 기회가 차단되면서 전선의 병사들과 후방의 시민들 할 것 없이 더 많이 책을 찾게 됐다. 20세기의 기계화한 전쟁의 최전선에서도 도서관은 필수였다. 전쟁은 도서관 생존의 밑바탕을 이루는 독서 습관을 들이는 데 크게 기여했다.

결국 도서관 역사는 숱한 역설과 헛된 기대, 독서 대중을 육성하려는 고된 분투로 이루어진다. 책만큼이나 도서관의 죽음도 자주 예언되지만 이제 우리는 그 생존을 얘기하려 한다. 2020년 봄 코로나19의 세계적 유행으로 모든 도서관이 문을 닫으면서 사람들은 그 상실감을 느꼈다. 그러나 도서관을 꾸린 이들이 도서관을 낭만화하지 않았듯이 우리 또한 도서관을 낭만화하면 안 될 것이다. 역사적으로 도서관은 지적 자산이자 주로 금융자산이었다. 부자들만이 인형의 집을 꾸미듯 서재를 꾸렸고 친구들, 구경꾼들 그리고 어쩌다 후손들까지 감탄하게 만들고자 했다. 물론 과시용 서재의 그럴싸한 물질적 외관이 장서의 충실성까지 담보하지는 않는다. 그러나 개인 장서도 공립도서관만큼이나 도서 문화의 활력 유지에 큰 역할을 했다. 상실과 시련의 시기에 우리가 반복해서 확인했던 것처럼 이는 앞으로도 그럴 것이다. 그것은 또한 파괴와 재건의 끝없는 순환 속에서 도서관이 늘 살아남은 이유이기도 하다. 이 사회에 유산을 남기고 싶다는 마음은 우리 유전자 속에 새겨져 있다. 그러나 미래를 위해 우리가 남기고 싶은 것을 후손들 또한 가치 있게 여겨 줄지는 미리 가늠할 수 없다.

1부

시작과 생존

1장
두루마리의 운명

2002년 10월 16일 전 세계 고위인사들이 이집트 알렉산드리아에 모였다. 한 바닷가 도서관의 개관을 위해서였다. 전체 공사 기간 30년이 걸린 이 도서관은 고대문명의 불가사의 중 하나를 되살린 것으로, 현대의 가장 놀라운 협력적 문화사업으로 손꼽힌다. 도서관 건립 계기는 1974년 리처드 닉슨(Richard Nixon) 미국 대통령의 이집트 방문이었다. 국내에서 탄핵 위기에 몰린 닉슨은 이집트 정부 관계자에게 전설로 남은 알렉산드리아 도서관이 있던 곳을 방문할 수 있는지 물었다. 관계자들은 당혹스러웠다. 정확한 위치를 아무도 몰랐기 때문이다. 건물과 수많은 두루마리는 물론이고 도서관 위치 관련 정보도 시간의 모래 속으로 가뭇없이 사라져 버린 것이다.

닉슨은 두 달 후 사임할 처지였다. 그러나 알렉산드리아의 학자들은 기회라고 생각했다. 가말 압델 나세르(Gamal Abdel Nasser)의 범아랍주의와 반식민주의 탓에 알렉산드리아의 영향력이 카이로에 뒤처진 것에 실망한 그들은 문화적 상징이자 지성의 요람이었던 이 도시의 지위를 되살릴 호기를 잡았다고 여겼다. 고대 알렉산드리아 도서관이 구현했던 보편적 문명 가치를 인정한 유네스코가 사업 지원을 위해 나섰고, 이는 1990년 세계를 놀라게 한 아스완 선언(Aswan Declaration)으로 이어졌다. 아스완 선언에서 유럽 여러 나라와 미국 그리고 아랍 세계는 새로운 도서관을 만들어서 '보편적 지적 탐구를 위한 여정'으로 가는 기념비를 세우는 데 열과 성을 다하기로 약속했다. 사우디아라비아 등 걸프만의 다른 국가도 기부금을 냈지만 사담 후세인(Saddam Hussein)이 2100만 달러를 내 가장 큰 선심을 베풀었기에 2002년 개관식에서 이라크가 맨 앞자리에 섰다.[1]

이집트의 한물간 항구에 큰돈을 들여 꼭 필요해 보이지도 않는 도서관을 세우겠다는 발상이었는데도 엄청난 국제적 지원 열기에 아무도 이의를 제기할 수 없는 분위기였다. 도서관 말고도 이집트 국민의 삶을 향상하기 위해서 2억 1000만 달러라는 거금을 지출할 방법은 얼마든지 있었을 것이다. 아스완 선언에서 도서관 개관식에 이르는 12년 동안 국민 피땀으로 세우는 이 도서관을 '무바라크의 피라미드'라고 비판하는 사람들도 적지 않았다. 이집트는 높은 문맹률에 지적 자유를 억압하는 나라였기 때문이다. 약속된 지원 중 많은 양이 도서 기부 형태로 이루어졌다. 프랑스는 50만 권을 기증했는데 그중 많은 책이 쓸모가 없어 폐기됐다. 알렉산드리아대학교는 기부 이후 기존 장서에서 많은 책을 팔아 치울 생각이었으나 아쉽게도 김칫국부터 마신 꼴이 됐다.

개관 후 20년 동안 알렉산드리아 도서관은 아랍의 봄과 그 여파로 인한 격동뿐 아니라 부족한 예산, 직원들의 불만, 부패

사건 등으로 숱한 우여곡절을 겪었다. 그러나 국제 문화외교의 뒤틀린 정치 역학이 낳은 기형적 기념물로 여기든, 인류 지성사에서 유례없던 실험이 이룩한 예지적 기념물로 여기든, 이 도서관 건물은 도서관 역사에서 고대 알렉산드리아 도서관이 차지한 위치가 얼마나 대단한지만큼은 확고히 보여 준다. 한편으로는 전설로, 한편으로는 역사적 사실로 고대 알렉산드리아 도서관은 책 수집의 역사를 통틀어 지적 열망의 강력한 상징이었다. 로마제국 전성기에 로마 도서관들이 잿더미가 됐을 때 도미티아누스 황제(Emperor Domitian)가 도서관 복구를 위해 필경사를 보내 새로운 필사본을 만들도록 한 곳이 바로 알렉산드리아였다. 16세기에 페르난도 콜론이 전 세계 지식을 집대성하겠다고 마음먹었을 때 그는 알렉산드리아 도서관에서 영감을 얻었다고 고백했다.[2] 르네상스의 박식한 천재들은 디지털 시대의 총아들만큼이나 자주 알렉산드리아 도서관을 상기했다. 이런 의미에서 위키피디아와 구글과 아마존의 선조들은 모두 알렉산드리아의 제자를 자처한 셈이다.

　서구 문명은 그리스, 로마의 성취와 거기서 얻은 영감을 기초로 일어났다. 따라서 우리가 도서관 건립의 본보기나 책 수집 문화의 뿌리를 그리스, 로마에서 찾으려 하는 건 놀라운 일이 아니다. 그리스와 로마에 대한 이런 기대는 얼마만큼은 무리가 없다. 그리스인들은 아리스토텔레스 시대의 지적 성취를 이어받을 수단을 탐색하고 고민했으며, 로마인들은 그리스의 문화유산을 그들 특유의 무자비한 효율성을 동원해 독차지했다. 그러나 [수도, 도로 등] 주요 기반시설 구축에 재능을 보였던 로마인조차도 장차 2000년 동안 책 수집의 역사에서 골칫거리가 될 문제를 해결하는 데 골머리를 앓았다. 어떻게 믿을 만한 텍스트를 제공할까, 누가 그 텍스트에 접근할 수 있는지를 어떤 원칙으로 결정할까, 지식 축적을 위한 가장 좋은 수단은 무엇일까, 무엇보다 세대를 넘어 전할 수 있는 장서를 어떻게 안정적으로 구축할까 등의 문제였다. 가장 재능 있는 문명 건설자인 로마인들조차 이 문제들에 대한 답을 찾지 못했다. 어쨌든 후대 학자들은 그리스, 로마로부터 지식의 권능과 책 수집의 잠재 가치에 대해 영감과 안목을 배웠다. 또한 이런 안목을 구현하려는 시도가 어떻게 쉽게 잿더미로 돌아가는지에 대한 교훈도 얻었다.

알렉산드리아를 보라

최초의 도서관을 세운 것은 그리스가 아니다. 현재 이라크 지역인 메소포타미아의 아시리아 제국은 상당한 규모의 문서를 축적했다. 그들이 발명한 독특한 쐐기문자를 점토판에 꼼꼼히 새겨 넣은 문서였다. 구운 점토판은 놀라울 정도로 잘 보존된 상태로 발견됐다. 불과 습기에 잘 견뎠기 때문이다. 그러나 점토판은 공간을 많이 차지해 보관이 까다롭고 너무 무거워 휴대하기 불편했다. 쐐기문자 점토판 기록물은 왕궁이나 사원에 보관됐고 학자들과 왕족들만 접근할 수 있었다. 대중들은 접근할 수 없었는데 한 텍스트의 마지막 부분에 새겨진 말이 그 사실을 명확히 알려 준다. "이 문서는 능력이나 지식이 있는 자가 능력 있는 자에게만 보여 주어야 하고 무지한 자에게 보여 주면 안 된다."[3] 물론 지배계층과 그들의 신하와 성직자에게만 문자가 허용된 사회에서 이런 기록물에 접근하려는 사람은 거의 없었을 것이다.

아시리아 제국 지배층의 도서관 중 몇 곳은 꽤 방대했다. 점토판 700~800장을 보유한 수장고도 있었고, 니네베의 왕궁 도서관은 점토판 3만 5000장을 보관하고 있었다. 기원전 614년에서 기원전 612년 사이에 바빌로니아 제국에게 정복당했을 때 아시리아 제국의 모든 도서관은 파괴됐다. 바빌로니아 제국에서는 기존 문자보다 더 실용적인 알파벳 철자 체계로 바뀌었고, 점토판이 더 편리하고 새로운 매체인 양피지와 파피루스로 대체되면서 점토판 기록물은 점차 그 쓸모를 잃고 사라졌다.

파피루스는 나일강 삼각주에서 풍부하게 자랐고, 그 줄기를 쪼개고 엮어 종잇장으로 만드는 기술은 습득하기 어렵지 않았다. 쓰기 매체로 장점이 많았기에 파피루스는 고대 세계의 압도적 기록 매체로 등극했다. 이집트로부터 그리스로 (나중에는 로마로) 수출됐고, 새로 등장한 그리스 문화를 구술이 아닌 문자 형태로 전달하는 데 필수품이 됐다. 또한 지식습득의 역사에서 유례없는 실험이었던 알렉산드리아 도서관을 가능하게 했다.

기원전 4세기 무렵 그리스인들의 문해력은 적어도 엘리트 계층에서는 무척 높았다.[4] 도서의 상업적 거래도 활발해 문학 고전과 수업용 교재는 자유로이 살 수 있었고 직업상 책이 필요한 사람도 파피루스 두루마리 형태의 책을 쉽게 구할 수 있었다. 아리스토파네스(Aristophanes)는 에우리피데스(Euripides)를 "희곡 아이디어를 남의 책에서 짜내는" 수습 작가라고 조롱했다.[5]

기원전 338년 아테네는 시중에서 판매되는 희곡의 품질을 심각하게 염려한 끝에 정본 텍스트를 위한 공식 기록보관소를 세웠다. 알렉산드로스대왕의 스승으로, 그 용감한 젊은이에게 책으로 배우는 기쁨을 가르쳤던 아리스토텔레스는 상당한 장서를 소장했다. 감탄을 자아내는 그의 소장 도서는 알렉산드리아 도서관의 체계를 세우는 데 일조했고, 그 후 기원전 84년 그리스를 정복한 술라(Sulla) 장군에 의해 아테네에서 로마로 옮겨졌다.

이집트 북쪽 해안에 그리스 도시를 세우는 것은 알렉산드로스가 구상한 대제국의 청사진에서 핵심과제였다. 그러나 그는 거대한 항구도시와 그 도서관이 완성되는 것을 못 보고 죽었다. 알렉산드로스 사후에 부하 장군들 사이의 권력 다툼으로 제국이 쪼개진 후 프톨레마이오스가 이집트 지역을 차지했다. 그 왕조에서 처음 두 왕을 거치고 난 후에야 공사가 마무리됐다.

알렉산드리아 도서관은 최초이자 최고의 학문 아카데미였다. 도서관은 재빨리 소장 도서를 늘려 갔고 학문 연구의 터전이 됐다. 학문 공동체에 초빙된 학자들은 어느 곳에서도 생각지 못할 특혜를 누렸다. 평생 고용에 숙식은 무료였으며 급여는 넉넉하고 세금은 면제됐다. 유혹에 넘어간 학자 중에는 유클리드(Euclid), 스트라보(Strabo), 아르키메데스(Archimedes)도 있었다. 이들의 이름을 통해 우리는 알렉산드리아 도서관에는 문학 고전만이 아니라 수학, 지리학, 물리학, 의학 분야의 텍스트도 소장되어 있었음을 짐작할 수 있다. 책 수집 속도는 어지러울 정도로 빨랐다. 수집 담당자가 그리스 전역을 다니며 대규모로 책을 구매했다. 항구에 진입하는 배는 남김없이 뒤져 두루마리를 강제 수거했다. 필사본을 만든 후 돌려주겠다고 약조했으나 실제로 지켜지기는 힘들었다. 원본을 되돌려받기 전에 많은 배가 다음 교역을 위해 항구를 떠나야 했을 것이기 때문이다.[6]

이 도서관에 얼마나 많은 텍스트가 있었는지 확인할 방법은 없다. 두루마리로 20만 묶음 정도라는 학자도 있고, 50만 묶음이나 된다고 주장하는 학자도 있다. 어느 쪽이든 인류가 19세기에 이를 때까지 다시는 수집하지 못했던 양이다. 이 정도로 방대한 장서는 세밀하고 체계적인 관리가 필수였다. 두루마리는 체계적으로 분류된 다음 각각의 무더기로 묶여 움푹하게 들어간 벽감에 보관됐다. 도서관 규모가 워낙 거대했기에 두루마리들은 체계적 분류 작업을 거쳐 각각 다른 방에 나뉘어 보관됐다. 자료는 알파벳 순서뿐 아니라 추측건대 장르별로도 분류됐을 것이다. 이 방식은 이후 모든 공공도서관의 유력한 분류 원칙이 됐다.

알렉산드리아 도서관의 특징은 최고의 학자들이 사서로 일했다는 점이다. 그중 한 사람인 키레네의 칼리마쿠스(Callima-chus of Cyrene)는 작가별 도서 목록 사전을 완성했다. 알렉산드리아와 관련된 많은 문서와 마찬가지로 이 사전도 전하지 않는다. 또한 알렉산드리아의 학자들은 다양한 사본들을 확인할 수 있었기에 주요 텍스트에 대한 권위 있는 정본을 만들었다. 수도원 도서관에 묻혀 있던 고전 텍스트를 발굴했던 르네상스 시대에도 이와 똑같은 일이 벌어졌다.[7] 정본을 만들려는 시도는 르네상스 시대와 마찬가지로 알렉산드리아에서도 학문적 주석이라는 또 다른 중요한 장르를 낳았다.

지중해 지배권이 로마로 넘어가자 알렉산드리아의 학문적 위세도 추락했다. 이 도서관의 장서 목록은 도서관 역사에서 최대 미스터리 중 하나로 남았다. 『플루타르코스 영웅전』에 따르면 알렉산드리아 도서관은 율리우스 카이사르(Julius Caesar)가 연인 클레오파트라를 지키기 위해 전쟁을 벌이던 와중에 우발적으로 발생한 비극적인 사건으로 파괴됐다고 전한다. 카이사르가 항구에 있는 이집트 해군을 불사르라고 명령했을 때 부둣가 창고에서 시작된 불이 수많은 책까지 삼켰다는 것이다. 그러나 이 책들은 도서관에 보관된 책이 아니라 새로 습득해 미분류 상태로 대기 중이던 책이었을 가망성이 높다. 서기 79년 화재로 로마 도서관이 파괴됐을 때 도미티아누스 황제는 알렉산드리아 도서관 책을 참고해 소실된 도서를 복구했기 때문이다.

더 믿을 만한 건 272년 아우렐리아누스 황제(Emperor Aurelian)의 이집트 정벌 기록이다. 이때 알렉산드리아 궁궐이 초토화되면서 도서관도 제물이 됐다고 전한다. 확고한 교권 반대주의자였던 18세기 영국 작가 에드워드 기번(Edward Gibbon)은 391년 기독교도인 테오도시우스 황제(Emperor Theodosius)가 이교도 건물을 없애려고 벌인 전쟁으로 도서관이 파괴됐다는 논쟁적 주장을 펼쳤지만, 이는 대체로 근거가 빈약하다. 7세기경 아랍이 이집트를 정복한 후 오마르 칼리프(Caliph Omar)가 책을 파괴하라고 명령했다는 주장도 근거가 없다.[8]

이 모든 이야기 중 어느 것이 진실인지는 별로 중요하지 않다. 정보 저장용으로 탁월한 매체인 파피루스 두루마리의 최대약점은 습기에 취약하다는 것이다. 잘 관리하더라도 한두 세대가 지나기 전에 다시 필사해 보관해야 한다. 알렉산드리아 도서관의 엄청난 규모만 고려해도 도서관의 지속가능성은 회의적이다. 이 책을 읽어 가면서 저절로 알게 되겠지만, 도서관에는 전쟁이나 악의보다 방치가 더 무서운 적이다.

로마

도로, 수로, 우편시스템을 비롯한 여러 행정체계, 법전 등 서구 문명의 기틀을 놓는 데 로마가 이바지한 공로는 너무나 크다. 따라서 사람들은 공공도서관 발달에도 로마가 큰 공헌을 했으리라고 짐작한다. 그러나 로마는 도서관에서는 그 기대에 못 미친다. 거대 제국의 통치는 막대한 부(富)를 창출했고, 그에 따른 고도의 행정 관리 체계도 요구했다. 활력 넘치는 상업 도서 시장 덕분에 손쉽게 방대한 규모의 장서를 축적할 수 있었다. 정치인, 작가, 철학자 모두 많은 도서를 소장했고 심지어 별장이나 휴양지에 따로 서재를 둘 정도였다.

대단한 책 사랑에도 로마는 자랑할 만한 공공도서관이 단 한 곳도 없었다. 로마에서 가장 유명하고 눈에 띄는 도서관들은 아우구스투스(Augustus)를 필두로 한 황제들이 설립한 도서관이었다. 최초로 황제도서관을 구상한 것은 율리우스 카이사르였다. 그러나 그가 암살되면서 무산됐다가 나중에 그 설계를 바탕으로 세워졌다. 그가 로마 설계에 도서관을 포함한 이유는 로마를 "치장하여 더 멋지게" 만들기 위해서였다. 아우구스투스 황제는 아폴로 신전에 도서관을 설립하면서 그리스와 라틴의 텍스트를 분리해 비치했는데, 이는 후대의 황제가 널리 따르는 관행이 됐다. 아우구스투스 도서관처럼 황제의 명으로 세운 도서관 대부분은 궁궐이나 신전에 있었다. 따로 건물을 마련하고 도서를 비치하는 경우는 거의 없었다.

도서관 설립은 로마 시인들을 크게 고무했다. 그들은 카이사르의 계획을 실현할 그의 친구 아시니우스 폴리오(Asinius Pollio)에게 찬사를 퍼부었다. 대(大) 플리니우스(Pliny the Elder)는 아시니우스의 업적이 "인간 천재성을 공공 자산으로 만든 최초의 경우"라고 격찬했다. 이는 수에토니우스(Suetonius)가 도서관을 "공공에 개방된 곳"이라고 설명한 것과 일맥상통한다.[9] 그러나 공공이란 단어에 주의해야 한다. 키케로(Cicero)와 대 플리니우스 같은 로마 작가들은 이 단어를 자신들 같은 엘리트를 염두에 두고 사용했다. 소(小) 플리니우스(Pliny the Younger)가 고향 코뭄(Comum)에 도서관을 세워 공직 생활의 성공을 기념했을 때, 그 개관식에 지역 시민을 위한 검투사 결투나 축하공연 등은 없었다. 소 플리니우스의 개관 기념사는 의회 건물에서 최상류층 손님을 대상으로 이루어졌다. 도서관 설립의 주된 취지가 설립자를 위한 기념물이었기 때문이었다. 마을 사람들은 도서관 앞을 지날 때마다 감탄하면서 고향 출신의 유명인사가 누렸던 찬란한 공적 경력을 상기하면 그만이었다. 나중에 살펴보겠지만 19세기 미국의 부유한 박애주의자들이 종종 고향 마을에 로마식 열주가 늘어선 도서관을 다투어 기증한 동기도 소 플리니우스와 별다르지 않았다.[10]

그렇지만 황제도서관은 중요한 공공시설물이기도 했다. 도서관은 종종 저명한 시민을 초대해 시 낭송회를 벌이곤 했다. 또한 도서관은 위대한 작가의 텍스트를 선택해 정본을 확정하는 역할도 했다. 가장 출중한 작가들은 때때로 도서관 안에 흉상을 세워 칭송했다. 주목받지 못한 작가들은 어떻게든 자신이 쓴 자칭 걸작을 세칭 걸작 목록에 끼워 넣으려 안달복달했다. 아우구스투스 황제가 자기 조상 율리우스 카이사르가 젊은 시절에 썼던 작품 세 편을 배포 금지했듯, 다른 황제들도 개인적으로 거북한 이야기를 다룬 작품이나 논란 많은 텍스트의 유통을 금지하는 데 거리낌이 없었다. 그중에는 터무니없는 경우도 있었다. 도미티아누스 황제는 불쾌했던 책의 저자이자 출판업자를 처형하고 필사본을 제작한 노예 필경사를 십자가형에 처했다.[11]

반드시 책에 접근할 필요가 있었던 극히 제한적 직업의 사람들보다 훨씬 많은 사람이 황제도서관에서 벌어진 행사에 참석했다. 정기 이용자는 황제를 모시는 몇몇 관리들, 황제의 눈길을 끈 시인들, 제국의 법률 전문가들과 지배계층으로 제한됐다. 그러나 후원자 인맥을 쌓는 데 도서관은 왕궁 출입만큼이나 큰 역할을 했다. 승전 후 약탈 서적을 갖고 돌아온 술라 같은 장군들이나 정치인들도 황제들의 사례를 본받았다. 루쿨루스(Lucullus) 장군의 거대한 도서관은 미트리다테스 전쟁(Mithridatic War)의 전리품이었는데, 이는 그리스 학자들을 로마로 끌어들이는 유인책으로 작용했다. 심지어 거주지 여러 곳에 수준 높은 장서를 소장했던 키케로조차 자신에게 없는 책은 루쿨루스 장군의 도서관 신세를 졌다.[12] 야심 있는 명망가들은 방문객들에게 장서를 개방하면서 개인적인 추종자를 키우는 동시에 식자(識者, men of letters)로서 명성을 높일 수 있었다. 물론, 정치인과 장군의 경우 도서관 보유만으로는 반드시 책과 친숙하다고 보긴 어려웠다. 세네카(Seneca)는 당대 시류를 따라 집에 서재를 마련해야 한다고 생각했으나, 개인적으로 비치만 하고 읽지는 못하고 있는 소장 도서에 불편한 감정을 토로하곤 했다. 성마른 비평가 사모사타의 루키아노스(Lucian of Samosata)에 따르면 2세기 무렵에는 많은 정치인이 집에 서재를 마련했다. 유명한 애서가인 마르쿠스 아우렐리우스 황제의 총애를 받고 싶어서였다.[13]

슬픔을 달래다

로마시대에 책은 다목적용이어서 읽는 행위는 부차적일 수 있었다. 그런데도 축적된 학식이 많아지면서 책들이 서서히 수많은 개인 서재를 채워 갔다. 이는 키케로, 플리니우스, 갈레노스(Galenos) 등 저명한 학자들 서재에서만 일어난 일은 아니었다. 79년 베수비오 화산 폭발로 땅에 묻힌 헤르쿨라네움(Herculaneum, 이탈리아 베수비오산 기슭에 있던 고대도시. 79년 베수비오산 분화구 폭발로 폼페이와 함께 멸망했음—옮긴이)의 폐허 속에서도 이러한 경향은 확인됐다. 고고학자들은 커다란 별장의 작은 서고에서 1700묶음이나 되는 두루마리 장서를 발견했다. 이는 행정 기록이나 재산 기록이 아니라 에피쿠로스학파의 철학을 모아 놓은 것이었다.[14] 정황 증거에 따르면 장서 주인은 카이사르의 장인이었던 칼푸르니우스 피소 카이소니누스

(Calpurnius Piso Caesoninus)였다. 그는 가다라의 철학자 필로데무스(Philodemus of Gadara)의 후원자였는데, 이 때문에 장서 중 필로데무스의 저술이 많았다. 별장이 화산재에 파묻혔을 당시에 장서 대부분은 이미 100년 넘게 보관 중이었다. 책이 있던 곳은 독서하기에는 너무 좁았다. 주인이 원하면 장서 관리를 맡은 노예가 집 안의 밝은 곳으로 책을 갖다주었을 것이다.

이 정도 규모로 서재를 짓고 유지하려면 큰돈이 들었다. 로마의 시장에서 책을 구하는 일은 어렵지 않았지만 내용의 정확성을 중시하는 진지한 수집가라면 별도로 필경사를 고용해서 믿을 만한 사본을 만들었다. 좋은 텍스트에 접근하려면 권력이나 금력 있는 친구가 필요했다. 키케로가 도움받은 사람은 연줄이 든든한 데다 로마 출판산업에 깊게 관여했던 귀족 아티쿠스(Atticus)였다. 이들을 설득해 훌륭한 텍스트를 구하는 데 성공해도 사본을 필사하려면 큰돈이 들었다. 숙달된 필사 능력을 갖춘 노예를 구하기 쉽지 않았기 때문이다. 희랍어와 라틴어를 모두 베낄 수 있는 노예 필경사를 사려면 작은 서재를 꾸밀 만한 돈이 들었다.[15] 그런 까닭에 은퇴한 장군이나 황제의 과시용 도서관을 제외하면 대개 갈레노스와 같은 전문가, 키케로와 같은 변호사, 두 플리니우스처럼 공직에 있으면서도 철학 탐구를 놓치지 않았던 이들 정도가 훌륭한 장서를 마련할 수 있었다.[16] 이들의 삶에서 책은 떼려야 뗄 수 없는 존재였다.

192년 자신의 장서 상당량을 보관하던 평화의 신전이 불탔을 때 갈레노스는 비탄에 잠겨서 「슬픔을 겪지 않으려면(On the Avoidance of Grief)」이라는 글을 남겼다.[17] 이 글에서 갈레노스는 미어지는 심정을 표현하면서 자신이 얼마나 공들여 장서를 채웠는지를 고통스레 복기했다. 그의 장서는 로마의 수많은 도서관에서 텍스트를 조사해 때로는 사본을 만들고, 때로는 발췌하거나 편찬하는 과정을 거쳤다. 편찬의 유연성, 다시 말해 여러 작품에서 텍스트를 모아 맞춤형 텍스트를 창조할 수 있다는 점에서 필사본은 구매자 손에 들어오기 전에 텍스트 순서와 내용이 확정되는 인쇄본과 크게 달랐다. 15세기에 필사본에서 인쇄본으로 이행했을 때 기존 필사본 수집가들은 책 제작의 이러한 자율성을 잃었다는 점을 가장 유감스럽게 여겼다.[18]

갈레노스는 어떤 책은 구매했고, 어떤 책은 선물로 받았으며, 어떤 책은 자신이 쓴 방대한 저작에 대한 답례로 얻었다(그의 저작은 700두루마리에 달했다). 이러한 수집 방식은 16~19세기에 개인 서고를 마련하려 애썼던 전문직 종사자들의 경험과 닮았다.[19] 책 구매 재원이 충분하지 않았는데도 대다수 의사, 변호사, 성직자, 교수 들이 이 최후의 책 수집 시대에 상당한 규모의 장서를 갖출 수 있었던 것은 갈레노스처럼 온갖 곳을 샅샅이 훑고 다니면서 발품을 팔고 친구에게 책을 빌린 사실을 일부러 잊는 망각술까지 발휘했기 때문이었다.

보존될 수 있었다면 로마제국의 문학작품들도 그리스 유산과 함께 서구 문명의 모습을 바꾸었을 테다. 해안가 휴양지였던 헤르쿨라네움의 도서관이 이웃한 폼페이를 덮쳤던 재앙으로 오히려 보존된 경우를 제외하면 로마의 도서관과 개인 서재 중 어떤 곳도 시간의 참화를 견디지 못했다. 역사 기록이 불완전하고 로마인이 어떤 식으로 책을 읽고 보관했는지 알려진 것은 많지 않지만 로마시대 도서관 형성의 초기 단계는 도서 수집에서 흔히 마주치는 온갖 딜레마를 적나라하게 보여 준다. 또한 이는 그 후 2000년 동안 생겨날 도서관 모습에 큰 영향을 미쳤다.[20]

도서관이란 무엇인가? 책은 과시를 위한 것인가, 아니면 연구나 작업의 도구인가? 수집가는 알렉산드리아 도서관처럼 모든 분야의 책 수집을 목표로 해야 하는가, 아니면 갈레노스나 키케로처럼 특정 분야 책을 집중해서 수집해야 하는가? 공공 도서관이라고 할 때 공공은 누구를 말하는가? 도서관을 건립할 때 가장 중요한 고려사항은 접근성인가, 특권층의 권력 과시인가? 도서관은 사교를 위한 곳인가, 고독을 위한 곳인가? 만남의 장소인가, 연구의 장소인가?

로마시대 도서관의 두루마리들은 대개 도서관 또는 더 공개적인 장소에서 펼쳐 읽기 전까지 따로 보관되는 경우가 많았던 것으로 보인다. 황제도서관의 운영방식을 엿볼 수 있는, 얼마 되지 않는 당시의 기록을 보아도 로마시대 도서관에서 방대한 소장 도서를 조용히 훑어볼 공간을 따로 마련했다는 증거는 없다. 그러나 로마인은 도서를 분류하고 색인화하는 작업에는 큰 진전을 보였다. 또 경매를 통해 책을 팔기도 했다. 도서 경매는 17세기에 되살아났는데 이는 도서관 장서의 구비 방식을 완전히 바꾸었다.

로마인들 역시 '더 이상 찾지 않는 책을 어떻게 처리할 것인가'라는, 모든 시대 모든 도서관의 골칫거리를 피할 수 없었다. 미래 세대를 위해서 과거의 기록으로 물려줘야 할 것인가, 아니면 새 책을 들여놓기 위해 처분해야 할 것인가? 파피루스 시대에 이 문제는 특히 긴급한 해결이 필요했다. 그대로 방치하면 책이 모두 썩어 버리기 때문이었다. 양피지나 종이책이라면 선반에 방치된 채 몇 세기가 흘러도 상관없지만 파피루스 두루마리로는 그런 여유를 누릴 수 없었다. 책 시장이 활성화되었을 때 정보 흐름을 어떻게 통제할 수 있을까? 우리는 이미 불온하거나 불편한 문학을 제거하려고 로마인들이 때때로 잔인한 조처를 했다는 사실을 살펴보았다. 인쇄술 발명 이전에도 권력자들은 텍스트에 대한 무제한 접근을 허용하는 일이 얼마나 위험한지 잘 알았다.

로마인들은 다른 문제에도 직면했다. 황제도서관은 무척 화려했으나 정작 도서관 본연의 역할을 하거나 공공 담론의 주된 통로가 된 곳은 개인도서관이었다. 공공도서관이 너무 빈약하고 편협하다고 로마 시민들이 생각했기 때문이다. 이런 경향은 19세기 말까지 이어졌다. 한마디로 신화 속 괴수처럼 그 실체가 막연한 알렉산드리아 도서관이나 제국의 공공도서관보다는 로마제국 전역에 걸쳐 별장과 저택을 중심으로 산재해 있던 개인도서관이 미래의 책 수집가들에게 더 유망한 청사진을 제공했다.

마지막으로 우리는 로마의 책 세계를 지켜 낸 두 부류의 이름 없는 영웅들에게 경의를 표해야 한다. 필사를 통해 텍스트를 보존해 준 노예 필경사들, 처음에는 배척당했으나 결국 로마 문화 구원자로 남은 교회다. 기독교 탄생 후 첫 100년 동안 로마인들은 콜로세움에서 기독교도들이 맹수들에게 찢겨 나가는 것을 구경거리로 즐겼다. 많은 기독교도가 [십자가형 등] 그보다 덜 잔인하지만 그만큼 고통을 받으며 죽어 갔다. 로마 문명의 과실이 궁극적으로 기독교 신앙의 복원력에 힘입어 전해졌다는 사실은 역사의 아이러니다. 반달인(Vandal), 고트인(Goth), 동고트인(Ostrogoth)이 로마 문명을 폐허로 만들고 약탈 잔치를 벌이는 동안 로마 문화는 기독교 수도원을 최후의 피난처로 삼았다. 이곳에서 키케로와 세네카의 저작은 기독교 텍스트 사이에 조용히 자리 잡아 일시적으로 시간과 약탈의 재앙으로부터 안식처를 구했다가 르네상스 시대에 다시 발굴돼 도서관 문화의 초석이 됐다. 어떤 텍스트는 완전히 소멸하는 반면, 어떤 텍스트는 외딴 수도원에 치워지는 바람에 살아남는 변덕스러운 운명의 장난은 앞으로 우리가 살펴볼 많은 사례의 하나일 뿐이다. 역사의 거센 힘이 로마의 영광을 쓸어 가 버렸을 때 이 놀라운 문명의 지적 자산을 덮쳤던 운명이 바로 거기에 속했다.

2장
안식처

14세기 중엽, 이탈리아 작가이자 시인인 조반니 보카치오(Gio-vanni Boccaccio)는 몬테카시노(Monte Cassino) 수도원을 방문했다. 로마에서 남서쪽으로 약 130킬로미터 떨어진 아펜니노(Apennino)산맥의 한 봉우리에 자리 잡은 이 대수도원은 로마에서 나폴리로 이어지는 주요 길목인 라티나 계곡 너머 탁 트인 경관을 내려다보는 자리에 있다. 이 수도원의 두꺼운 벽 안에는 엄청난 보물이 있었다. 어마어마한 양의 고대 필사본들이었다.

당시 보카치오는 라틴어 고전 연구에 전념하던 학생이었다. 계곡의 비탈진 꼭대기를 향해 한발 한발 오르는 것은 그가 꿈에 그리던 일이었다. 보카치오로부터 수도원 방문 사연을 직접 들었던 인문학자 벤베누토 다 이몰라(Benvenuto da Imola)는 이렇게 이야기했다. "도착하자마자 보카치오는 한 수도사에게 자신에게 도서관을 보여 주는 은혜를 베풀어 줄 수 있는지 정중하게 물었다."

가파른 계단을 가리키며 수도사가 무뚝뚝하게 말했다. "올라가시오. 열려 있으니." 보카치오는 기쁘게 올라갔다. 그러나 그렇게 귀한 보물을 품고 있는 곳에 자물쇠는커녕 문조차 없었다. 휑히 트인 출입구로 들어섰을 때 그의 눈에 들어온 것은 충격 그 자체였다. 풀이 창문까지 나 있었고 모든 책과 의자에 먼지가 수북했다. 놀라움을 억누르고 책 한 권 한 권을 넘겨 보면서 보카치오는 고대로부터 내려오고 외국으로부터 전해진 다양한 책들이 갖가지 형태로 파손되어 있음을 발견했다. 어떤 책은 여러 장이 사라졌고 어떤 책은 본문 주변이 온통 잘리거나 베여 있었다. 탁월한 이들의 수고와 노력의 결과가 이런 태만하고 무지몽매한 사람들의 손에 전해졌다는 사실에 한탄하면서 보카치오는 억장이 무너지는 슬픔으로 눈물을 흘리며 방에서 나왔다. 회랑으로 간 그가 앞서 보았던 수도사를 만나 왜 귀한 책들이 저렇게 낯부끄러울 정도로 훼손됐는지 물었다. 솔디 (soldi: 이탈리아어로 돈—옮긴이) 몇 푼 버는 재미에 수도 사들이 책장을 잘라 내 시편을 만드는 데 썼다고 수도사는 말했다.[1]

후고 블로티우스가 궁정도서관에 들어섰을 때 남긴 글과 마찬가지로 보카치오가 수도원을 방문해 남긴 기록에도 과장된 느낌이 있다. 블로티우스가 자신의 도서관 재건 업적을 강조하고 싶었던 것처럼 르네상스 시대 인문학자인 보카치오도 자신의 새롭고 과감한 지적 문제의식과 고리타분한 중세 수도원의 몽매주의(Obscurantism: 자유로운 지적 활동을 억누르고 무비판적으로 전통이나 관습 등 주어진 가르침만을 따르도록 강제하는 사상이나 태도—옮긴이)를 차별화하고 싶어 했다.

그러나 1370년대에 기록된 이 야박한 묘사로는 수도사들이 품었던 불굴의 정신을 조금도 훼손할 수 없다. 보카치오가 방문하기 몇 해 전 수도원은 지진으로 황폐해졌고, 당시 교황, 프랑스 왕, 아라곤 왕이 이탈리아 남부의 패권을 놓고 정치적 체스 게임을 벌이는 동안 수비대 병사가 많은 수도사를 내쫓고 그곳을 차지하기도 했다. 사라진 것으로 추정되는 타키투스(Tacitus)와 아풀레이우스(Apuleius)의 저작 사본을 포함해 도서관에서 가장 귀중한 장서 중 일부는 이미 오래전에 다른 영민한 방문객들이 챙겨 가 수도원장이나 외교관이나 학자의 개인 서가에 보관됐다.

몬테카시노 수도원의 역동적 역사는 우리에게 많은 가르침을 준다. 529년, 후에 성 베네딕트로 추대되는 누르시아의 베네딕트(Benedict of Nursia)가 세운 이 수도원은 로마제국의 폐허를 딛고 생겨나는 수많은 수도자 공동체의 모태가 됐다. 그러나 세운 지 50년도 못 되어 수도원은 랑고바르드인(Lombard)의 침입으로 완전히 폐허로 변했다. 간신히 재건된 수도원은 9세기 말 무렵 사라센인(Saracen)의 침공으로 다시 파괴됐다. 11세기에서 13세기까지는 부흥 기간이었다. 그동안 수도원은 순례 성지로, 활발한 저술의 요람으로 막대한 부를 쌓았다. 그러나 1239년 프리드리히 2세가 수도사들을 추방한 후 수도원에는 불행한 사건이 끊이지 않았고, 한 세기 후에 보카치오가 방문했을 때는 곯아 버린 달걀처럼 최악의 상황에 부닥쳐 있었다.[2]

그러나 이 모든 우여곡절을 겪으면서도 몬테카시노 수도사들은 수많은 필사본을 몇 번에 걸쳐 장만하고 잃어버리기를 반복했다. 그 수는 필적할 곳이 없을 정도였다. 5세기 중엽, 로마제국이 몰락한 후 몇 세기 동안 책 제작과 수집은 기독교 선교사들이 유럽 전역에 세운 수도자 공동체를 통해서 이루어졌다. 수도자들은 세심하게 문헌을 관리함으로써 서양의 문자 문화유산 전승에 핵심 역할을 했다. 외딴곳에 영적 사색을 위한 작은 근거지를 세운 수도자들은 경건한 신앙 행위의 하나로 성경들을 필사할 수 있는 안식처를 제공했다. 더 나아가 그들은 대작가들의 고전적 저작을 비롯한 많은 사본을 필사함으로써 로마 문화유산을 보존하는 데도 핵심 역할을 했다. 현존하는 고전 문헌 대부분은 그들의 손을 거쳐 우리에게 전해진 것이다.

책의 안전한 피난처였던 수도원은 또한 도서관 부활의 기반이기도 했다. 몬테카시노가 보여 주는 가슴 아픈 이야기는 동시에 벅찬 승리의 이야기이기도 하다. 유럽 수도원은 400년경에서 1400년경 사이에 번성했다. 이 기간에 틈틈이 격렬한 정치적 동요가 일어났는데 그때마다 수도원은 [사라센인, 데인인(Dane), 색슨인(Saxon), 마자르인(Magyar) 등의] 침략자들에게 먹음직한 목표물이었다.[3] 전리품 넘쳐 났기 때문이다. 그러나 최악의 역경을 만나더라도 수도원이 면면히 이어 온 전통은 수도자들에게 굳건한 신앙을 지킬 것을 요구했다. 한 수도원이 무너지면 다른 곳이 그 역할을 대체했다. 책이 찢기고 불타고 버려지면 끝내 이를 복원했다. 몬테카시노도 똑같은 방식으로 14세기의 폐허를 딛고 일어섰고, 제2차세계대전으로 파괴되기 전까지 별일 없이 제 몫을 해 나갔다. 이후에도 또 다른 참화를 겪었지만 몬테카시노는 재건됐고 여전히 순례자들과 애서가들의 길잡이 역할을 하고 있다.

두루마리가 가고 코덱스의 시대가 오다

고전 유산의 보호자를 자처했으나 도서관 파괴를 불러왔던 폭력의 악순환에서 기독교도 자유롭지 않았다. 몬테카시노에 수도원을 설립하려고 베네딕트 수도사와 그 추종자들은 먼저 아폴론 신전 유적지의 제단을 박살 냈다. 로마제국 황혼기에 이교도 신전이 폐허로 변하자 기독교 교회와 수도원이 그 자리를 대체했다. 로마의 신전은 도서관 역할도 했기에 열성 기독교 신도들은 그곳에 있던 많은 책을 짓밟았다. 303~312년 사이 마지막 기독교 대박해기 동안에는 특히 기독교 서적과 도서관, 그 소유주가 목표물이 되었으나 이제 기독교 신은 정화된 공간에서 경배받게 됐다.

초기 기독교 신도들의 삶에서 도서관은 주요한 역할을 했다. 전도를 위해 끊임없이 이동했던 사도들과 그 신도들은 경전을 약간 갖고 다녔다. 바울로(Paul)는 트로아스(Troas)에 두고 온 "책들을 갖고 오라"라고 디모테오(Timothy)에게 부탁했다.[4] 이 책들은 전도 목적의 책으로, 구약 경전들과 나중에 신약으로 인정받을 몇몇 문서로 이루어졌다.[5] 신도들은 로마제국 전역에서 설교와 전도에 필수적 도구인 구약과 신약을 필사했다. 경전 사본을 만드는 일은 기도 행위였다. 기독교 신도들은 성경에 따라 살기 위해 노력하면서 경전을 암송하는 일종의 명상 행위를 통해 그 가르침을 깊이 새기려 했다. 로마제국 몰락기에 이집트 사막에 자리 잡았던 최초의 기독교 수도원들에서 성경 필사는 기본적인 명상 행위로 여겨졌다.[6]

지중해 유역에 수도원이 건립되는 것과 함께 책 생산도 가속화됐다. 415년경 마르세유 근처에 수도원을 세운 요하네스 카시아누스(Johannes Cassianus)는 영적 명상에 집중하기 위해 수사들이 할 만한 유용한 노동에 책 필사를 포함했다. "노동하는 수사는 한 악마에게만 괴롭힘당하지만, 게으른 수사는 많은 악마에게 괴롭힘당하기 때문"[7]이었다. 제도화된 수도원 체계는 기도에 바치는 금욕적 삶에 대한 의무를 신성시했다. 수도원이 확장되면서 규율의 필요성도 점차 커졌다. 카시아누스가 글을 쓸 당시에 새로 건설된 수도원들은 교리 문제로 분열돼 있었다. 따라서 수사들이 신학 논쟁으로 여가를 보내게 한다면 언제든 수도원은 이단의 온상으로 떨어질 위험이 있었다.

누르시아의 성 베네딕트를 포함한 많은 사람은 수도원 조직화와 규율에 대한 카시아누스의 재능에 영감을 받고 그에게서 배우고자 했다. 베네딕트는 몬테카시노 수도원에서 『규칙(Rule)』을 집필함으로써 베네딕트회 수사들이 어떻게 하루를 관리하고 생활을 규제할 것인지를 밝혔다. 베네딕트의 『규칙』은 중세 시대 내내 수도회 조직을 위한 기본적인 지침으로 사용됐다.

『규칙』에서는 '매일의 육체노동'이라는 소제목 아래 넉넉한 독서 시간을 허용했다. 수도사들은 매일 몇 시간을 함께 또는 홀로 성경을 읽어야 했다. 일요일에는 훨씬 더 많은 독서 시

도판 2. 1130년경에 쓰인 『규칙』의 사본에 그려진 채식화(彩飾畵).
성 베네딕트가 제자들에게 『규칙』을 건네는 장면을 묘사하고 있다.
『규칙』에는 도서관이 언급되지 않았지만 책 읽기를 강조한 것을 보면
서방 수도원이 책 생산과 수집의 주역이었던 것은 분명하다.

간이 주어졌다. 베네딕트는 말했다. "만약 어떤 이가 너무 부주
의하거나 게을러 명상이나 독서에 뜻이나 능력이 없다면, 그가
헛되이 시간을 보내지 못하도록 일을 하게 하라."[8] 『규칙』에서
베네딕트는 필사를 직접 언급하지는 않았다. 그러나 그는 책 베
끼는 일을 가치 있고 고귀한 행동이라면서 암묵적으로 격려했
다. 저녁 시간에 함께 읽기 위해서도, 그리고 자기 방에서 공부
하기 위해서도 수도사에게는 많은 책이 필요했기 때문이었다.
　　로마제국 귀족 출신으로 베네딕트와 동시대인이었던 카시

오도루스(Cassiodorus)는 더 노골적으로 책 제작을 장려했다. 동고트인인 테오도리크(Theodoric)왕 밑에서 고관을 지냈던 카시오도루스는 538년경 공직에서 물러나면서 이탈리아 남부에 비바리움(Vivarium) 수도원을 세웠다. 카시오도루스는 수도사들에게 공들인 필사가 얼마나 중요한지 누누이 강조하면서, 특히 틀리지 않게 하라고 독려했다. 수도원의 핵심 과제는 기독교 문헌을 충실히 복제하는 것이었지만 비바리움 수도사들은 고전 문헌도 필사했다. 이런 점에서 카시오도루스는 동시대 수도사들과 달랐다. 박학한 학자였던 세비야의 이시도루스(Isidore of Seville)는 이렇게 경고했다. "수도사들이 이교도와 이단의 서적을 읽지 못하도록 해야 한다. 해로운 교리를 읽지 않는 것이 그것을 접하고 오류에 빠지는 것보다 낫다."[9]

카시오도루스가 죽은 후 비바리움 수도원은 사라졌으나 그가 남긴 원칙은 후세에 전해졌다. 이교도 문헌에 적대적이었던 이시도루스와 같은 독실한 기독교도조차 딜레마에 빠졌다.[10] 서로마제국의 유산을 물려받은 기독교도들은 그 당시 국제 공용어(lingua franca)인 라틴어와 불가분의 관계를 맺고 있었다. 수도원 교과과정도 라틴 고전교육의 전례를 따를 수밖에 없었다. 달리 대안이 없었기 때문이다. 수도원장과 학자와 수도사는 고전 저자들의 다신교적 신앙, 음란한 풍속, 화려한 문체에는 눈을 흘겼지만 읽기와 쓰기를 가르치고 배우려면 로마의 수사학자, 철학자, 역사가 들이 필요했다. 키케로의 고전적 수사에 큰 영향을 받았던 암브로시우스(Ambrose)와 아우구스티누스(Augustine) 같은 위대한 교부들의 저작도 고대 라틴어 문체에 깊이 침윤해 있다.

3세기에서 6세기 사이에 일어난 또 다른 중대한 변화로 이교도 문헌을 필사하고 수집하는 일과 관련한 논쟁이 벌어졌다. 고대 저술에서 으뜸 기록매체였던 파피루스 두루마리로부터 개별 책장을 묶어 책 한 권을 만드는 양피지 코덱스로 이행이 일어난 것이다. 이는 도서관 전체를 완전히 바꿔 버릴 변화였다. 양피지는 새로운 발명품은 아니었다. 동물 가죽을 처리해 글을 쓸 수 있게 만드는 기술은 예부터 있었다.

양피지(parchment)라는 이름은 고대 그리스의 도시 페르가몬(Pergamum)에서 비롯됐다. 페르가몬은 짐승 가죽을 물에 적신 후 표면을 긁어내고 틀에 넓찍하게 널어 팽창시키는 기술을 처음 개발한 곳이다. 그러나 이 기술은 파피루스 수급이 달릴 때를 제외하면 널리 쓰이지 않았다. 값싼 파피루스가 넉넉한 곳에서는 당연한 일이었다. 양피지는 처리하는 데 시간이 많이 들고 값도 훨씬 비쌌다. 두꺼운 양피지 책 한 권을 만들려면 100마리가 넘는 송아지나 염소나 양의 가죽이 필요했다. 그러나 양피지에는 두 가지 이점이 있었다. 내구성이 좋아 이집트 나일강 삼각주의 기후보다 추운 곳에서도 쉽게 훼손되지 않았고, 한 면에만 쓸 수 있는 파피루스와 달리 양면에 모두 쓸 수 있었다.

로마제국의 몰락으로 지중해 전역의 파피루스 수급 체계가 급속히 무너졌다. 이 틈을 타고 양피지가 기록매체의 표준이 됐다. 문헌의 재료가 바뀌자 그 형태도 바뀌었다. 얇고 넓찍한 조각 여러 장을 함께 겹쳐 놓은 다음 한쪽 끝을 깁거나 꿰맨 코덱스 역시 예부터 사용됐다. 고대 로마에도 코덱스가 있었으나 거의 필기장이나 연습장으로만 쓰였다. 3세기 무렵부터 두루마리 대신 코덱스가 텍스트 보존을 위한 보편적 방식으로 자리 잡았다. 이는 분명 기독교 선교와 긴밀한 관련이 있었다. 기독교 텍스트들은 일찍부터 대부분 코덱스로 만들어졌기 때문이다. 6세기에 이르러서는 코덱스가 확실한 대세가 됐고, 오늘날까지 책의 표준 형태로 살아남았다.

코덱스의 이점은 두루마리보다 월등했다. 코덱스는 텍스트의 어느 부분이든 마음대로 펼 수 있었다. 반면에 두루마리는 특정 부분을 찾으려면 양손으로 펼쳐 들고 그 부분을 찾는 수고를 크게 들여야 했다. 또한 코덱스에는 더 많은 정보를 담을 수 있었다. 양피지 코덱스 한 권에는 구약과 신약 전체를 담을 수 있었으나, 두루마리에는 대개 성경의 여러 책 중 한 책씩만 담겼다. 보관도 편리했다. 많은 두루마리를 개별 텍스트를 찾기 좋게 쌓는 일은 늘 어려웠다. 그러나 코덱스는, 특히 나무나 가죽 표지로 양면을 묶으면, 확실히 눈에 띄었다. 물론 책꽂이에 수직으로 빽빽이 꽂아 책을 전시하는, 현재 우리가 자연스레 여기는 방법을 고안하기까지는 상당한 시간이 걸렸다. 로마제국이 무너진 후 1000년이 지날 때까지도 책은 탁자 위에 쌓아 두거나 커다란 궤에 넣어 보관했다.

파피루스를 포기하고 두루마리를 코덱스로 대체하는 과정에서 상당한 문화유산이 상실됐다. 두루마리 문헌을 모두 다시 코덱스에 옮겨 적어야 했고, 그 과정은 주로 기독교 수도원에서 진행됐다. 따라서 어떤 문헌을 필사할지, 또 어떤 문헌을 썩게 내버려둘 것인지는 책임자인 수도원장 자질에 따라 결정됐다. 어떤 텍스트를 보존하도록 했더라도 반드시 오랫동안 같은 원칙이 지켜지리라는 보장도 없었다. 6세기부터 8세기까지는 복기지(複記紙, palimpsest) 필사본의 시대였다. 복기지는 양피지에 적혀 있던 기존 텍스트를 문지르거나 씻어 지우고, 더 가치 있다고 판단되는 저술을 그 위에 필사한 것을 말한다.[11] 고전 텍스트의 삭제는 로마 고전에 대한 적대감 때문만은 아니었다. 지워진 텍스트 중에는 이교도 문서보다 기독교 문서가 더 많았다. 양피지는 시의성 잃은 텍스트를 보존하기에는 너무 귀했다. 또한 필사 행위가 경건한 신앙심의 발로였던 시대에 기독교 저술을 재활용하는 일은 그리 문제가 되지 않았다. 그것 또한 구원을 위해 애쓰는 공동체의 영적 필요 충족에 필수적인 과제를 수행하는 일일 뿐이었다.

필사실

첫 세대 수도원은 특별히 부유하지 않았다. 수도원 대부분은 수도사들 스스로 건물을 세우고 땅을 개간했다. 삶은 고달프고 식사는 거칠었다. 수도원의 삶은 기도와 명상에 바치는 것이면서 동시에 고된 노동의 의무를 수반했다. 교황 그레고리우스 1세(Pope Gregory I, 약 540~604)는 『대화(Dialogues)』에서 수도사가 해야 하는 고귀한 노동에 집짓기, 제빵, 청소, 정원일과 함께 경작이 있다고 밝혔다.[12] 필사본 만들기는 경건한 노동으로 여겨졌지만 실제로 수도원 초창기에는 몸 약한 수사들이 주로 맡았다.

7세기에서 9세기 사이에 외딴 은신처였던 수도원은 종교적·교육적·문화적 권위의 중심지로 탈바꿈했다. 변화를 초래한 첫째 요인은 아직 기독교 신앙을 받아들이지 않은 유럽 지역을 개종하려는 수도자들의 열렬한 선교 행위였다. 그레고리우스 1세가 앵글로색슨 왕 켄트의 애설버트(Aethelberht)를 개종하기 위해 아우구스티누스를 보냈듯, 때때로 로마가 이러한 선교 행위를 주도했다. 그러나 선교 열정은 주로 아일랜드와 스코틀랜드 서부지역에서 나왔다. 약 600년경부터 켈트족 선교사들이 영국, 프랑스, 독일, 스위스, 이탈리아 등으로 사방팔방 흩어졌다. 그들은 지역 통치자를 개종하고, 수도원 땅을 약속받고, 소박한 배움 공동체를 세운 후 다른 지역으로 향했다. 이런 선교방식은 큰 소득을 남겼다. 설립자와 문화를 공유하는 신앙공동체 간에 우애를 바탕으로 소식이나 자원이나 책을 공유하는 국제 소통망이 생긴 것이다. 스위스 보덴호수 남서쪽 해안에 있는 장크트갈렌(St. Gallen)을 비롯한 몇몇 수도원은 확장일로에 있는 이 소통망의 핵심 고리가 되어 수사와 다른 순례객들의 방문이 빈번했다.[13]

7세기와 8세기를 거쳐 우후죽순 구축된 수도원 소통망은 서책의 생산과 배포를 기반으로 작동했다. 영국의 수사 성 보니파티우스(St Bonifatius)는 꽤 많은 책을 지닌 채 독일과 베네룩스 지역에서 선교했다. 프리지아(Frisia: 현재 네덜란드 지방)에서 그가 살해됐을 때 살인자들은 보니파티우스 일행으로부터 책 여러 상자를 빼앗아 파기했다. 예배 규정 등 선교에 꼭 필요한 책은 앞서 설립된 아일랜드, 스코틀랜드, 영국의 신앙 공동체에서 지원했다. 대륙에 세운 공동체 규모가 커지면 그곳에서 성경, 미사경본, 기도서 등의 제작과 배포를 맡았다. 잉글랜드

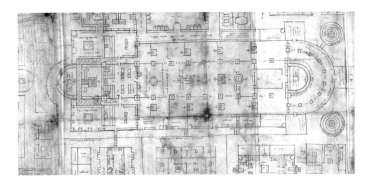

도판 3. 9세기 초 장크트갈렌 수도원 설계도. 도면 왼쪽 아래를 보면
필사실 위로 도서관이 계획돼 있다. 비록 설계대로 짓진 않았으나, 필사실과
도서관이 계획됐다는 사실은 이들이 수도원의 주요 시설로 인식되기
시작했음을 시사한다.

의 린디스판(Lindisfarne)과 재로(Jarrow), 알자스(Alsace)의 뮈르
바크(Murbach), 헤센(Hessen)의 풀다(Fulda), 스위스의 장크트
갈렌 같은 수도원들이 책 제작 중심지로 성장했다.

번창하던 새 수도원의 재산은 정치적 지원에 좌우됐다. 메
로빙거왕조 때 프랑스 선교에 나선 수사들은 지역 통치자들이
자신들을 환영하는 이유가 기독교 신앙심 때문만이 아님을 잘
알았다.[14] 지역 권력자는 종종 그들이 허가한 수도원의 원장 지
명권을 행사했다. 수도원 땅은 국왕의 과세대상에서 제외됐기
에 그들은 이를 탈세 구실로 활용했다. 또한 수도원과 수녀원은
상속받지 못하는 자식들이 향하는 목적지가 됐다. 이는 가문의
유산을 유지하는 한편 영향력이 커지고 있는 성직자 권력을 흡
수해 가문의 영향력을 키우는 수단이 됐다.

샤를마뉴대제(Charlemagne, 742~814)의 후원 아래 수도원은 정치적 영향력을 크게 키웠고 책 제작에서도 더 활발한 역할을 맡게 됐다. 샤를마뉴는 긴 통치 기간 중 유럽 중부와 서부지역 대부분을 정복했다. 군사와 행정에 진력했기에 이런 업적을 쌓을 수 있었다. 로마제국의 몰락 이후 유럽 최초의 황제가 된 샤를마뉴는 기독교 기반의 통치를 통해 분열된 영토와 백성을 혁신적 행정과 사법과 신앙 아래 통합하려 했다.[15] 이런 담대한 과업을 성취하려면 샤를마뉴 정도의 재능과 비전이 있어야 했다. 하지만 수도원을 중심으로 한 성직자 소통망의 도움이 없었다면 그런 업적을 성취하는 건 불가능했을 것이다.

기독교 교회는 샤를마뉴대제의 제국에 정체성을 부여했고 라틴어는 제국을 단합할 유일한 언어로 올라섰다. 샤를마뉴의 주된 관심은 언어가 정확한가, 자기 사제, 행정관, 신하가 적절한 언어를 사용하는가에 있었다. 이는 단지 언어학적 현학 취미가 아니었다. 신앙 기초를 다지는 교회 교리와 의식을 정확히 행하려면 언어의 정확성은 중요했다. 또 원활한 의사소통 없이는 효율적 통치도 기대할 수 없었다. 샤를마뉴의 거대한 제국에서 소통은 점점 문서로 이루어졌고, 그에 따라 표준 언어에 관한 요구도 커졌다.[16] 784년 샤를마뉴는 제국의 모든 수도원과 그 주교에게 서신을 보내 의견을 전했다. "라틴 고전을 연구하고 가르치는 일이 절실하다." 먼저 그는 수도원의 열정을 치하했으나, 곧바로 그들의 서신 내용에서 라틴어가 미숙하다는 점을 지적했다. 5년 후 내린 포고령에서 샤를마뉴는 어린이들에게 읽기를 가르칠 좋은 학교가 있어야 하고 수도원은 더 좋은 책을 제작할 필요가 있다고 밝히면서 그 이유를 구체적으로 적시했다. "흔히 신에게 적절한 기도를 올리려 하지만 오히려 잘못된 기도를 올리는 경우가 있는데, 이는 잘못된 책을 보고 배웠기 때문이다."[17]

'잘못된 책'의 범람을 이유로 샤를마뉴는 로마제국 이후 처음으로 책 생산과 배포를 장려했다. 출판 활성화의 초점은 초대 기독교 교부들의 저작, 예배 소책자, 성인의 삶과 설교, 성경 발췌문 등 기독교 관련 서적에 의도적으로 맞춰졌다. 교육적·도덕적·역사적인 그리스·로마의 고전 저작들을 필사하는 것도 유용하게 여겨졌다. 당대 작가들보다 베르길리우스, 키케로, 아리스토텔레스 등이 더욱 인기를 끌었다.[18] 카롤링거왕조의 교과과정을 지배했던 아엘리우스 도나투스(Aelius Donatus)와 마르티아누스 카펠라(Martianus Capella) 등 로마 후기의 저자들을 다룬 교과서가 최고 인기를 누렸다.

정확한 문헌을 요구했던 샤를마뉴가 엄청나게 많은 책을 소장한 것은 우연이 아니다. 일부는 수도원이나 궁궐의 재능 있는 필경사들이 바친 책이었다. 호화롭기 짝이 없는 책들도 있었다. 샤를마뉴 궁전 교회를 위한 예배용 서적인 『고데스칼크의 전례용 복음서(Godescalc Evangelistary)』는 보라색 양피지에 금과 은으로 만든 잉크로 제작됐다.[19] 다른 많은 호화본, 즉 갖가지 보석과 금은으로 표지를 장식한 책은 충성스러운 신하에게 하사하기 위해 샤를마뉴의 지시로 만들어졌다. 물론 신하들도 하사품에 걸맞은 금은보화나 말 또는 토지를 그에게 바쳐야 했다.[20]

카롤링거 르네상스 때 제작된 책들은 대부분 엄청난 공을 들여서 채식하고 장정하고 치장한 호화찬란한 책이 아니었다. 일반적으로 수도원은 함부로 다루어도 괜찮은 실용적인 책들을 만들었다. 수도원은 주로 자주 사용하기 위한 소박한 책을 제작했는데, 이런 관행은 카롤링거 제국이 분열돼 결국 붕괴한 후에도 유지됐다. 책 제작 중심지가 궁궐이 아니라 수도원이 된 것은 샤를마뉴의 공이었다. 그 덕분에 그가 사망한 후 정치적으로 불안정한 시기에도 학문과 필사본 제작은 계속될 수 있었다.

수도원과 수녀원을 서로 다른 교단으로 조직해 교회를 유럽 대륙 전역으로 퍼뜨리면서 텍스트 순환을 위한 자연스러운 연결망이 만들어졌다. 다른 수도원으로부터 책을 빌리는 것은 수도원이 책을 습득하는 가장 중요한 수단이었다.[21] 책은 서로 빌려서 필사하는 것이었다. 때로는 수도원의 수사 한 명을 다른 교회에 보내 필사해 오기도 했고, 때로는 수도원끼리 엄선한 책을 서로 교환해 필사하기도 했다. 그러나 여행이 불안하고 위험한 시대였기에 후자는 별로 바람직하지 않았다. 빌려준 책을 반드시 돌려받기 위해 어떤 수도원은 이 책을 반환하지 않으면 파문의 저주를 내리겠다고 협박했다. 시토 수도회(Cistercian order) 수도원장이었던 클레르보의 베르나르(Bernard of Clairvaux, 1090~1153)는 다른 묘안을 냈다. 책을 빌렸다가 반납할 때는 원본에 필사본을 덤으로 반환하게 했고 덤으로 받은 책을 다른 책과 물물교환을 하는 데 쓰도록 했다.[22]

수도원 생활에서 책이 얼마나 중요한지는 책의 역사에 새롭게 등장한 '필사실(scriptorium)'이라는 용어가 상징적으로 보여 준다. 이 말은 커다란 책 앞에서 입 다물고 고개 숙인 채 작업하는 수사들로 가득한 넓은 방을 떠올리게 한다. 중세 배경 영화나 소설 속 수도원에 자주 등장하는 장소이다. 책 필사만 하는 방을 따로 마련했던 수도원도 실제 있었다. 풀다 수도원은 한때 수사들 40여 명을 필사실에 고용하기도 했다. 그러나 필경 사들은 대개 일반 작업실 또는 자기 방에서 작업했다. 12세기에 카르투시오 수도회(Carthusians Order) 소속의 최고 수도원인 그랑드샤르트뢰즈(Grande Chartreuse)의 5대 부원장은 수사들이 자기 방에 두어야 할 필수 작업 도구로 필사 장비들을 일일이 지정했다.[23] 어떤 수사들은 아예 하루 최고 여섯 시간을 필사만 하도록 고용됐다. 그리고 수사들은 필사본의 본문 옆이나 아래에 종종 자신들의 고된 작업을 토로한 흔적을 남기곤 했다. "아마의 성 패트릭(St Patrick of Armagh)이시여, 이 고역으로부터 저를 구하소서" 혹은 "아, 포도주 한 잔이 지금 내 앞에 놓여 있다면".[24] 수도원장의 명으로 많은 작업을 했다면 우리도 그런 기분을 이해할지 모른다. 그러나 많은 수사들은 자신을 위해, 동료 수사를 위해, 수도원 밖 가족을 위해 필사를 했다.

많은 수도원에서 책을 쓰고 필사하는 일은 일상의 한 부분이었다. 일부의 경우에는 신앙생활의 핵심이었다. 중세 독일의 수녀원에는 400명이 넘는 여성 필경사가 활약했다. 그중 일부는 전문가여서 주요 프로젝트를 위해 늘 불려 다니는 귀한 몸이었다. 그러나 대부분은 자신의 영적 성취를 위해 평생 책 한두 권을 제작했을 따름이다.[25] 책 제작은 전적으로 개인적인 작업인 동시에 협력적·공동체적인 작업이었다. 책 한 권을 필사하는 데 한 해가 걸렸다. 나눠서 작업을 하면 훨씬 적게 걸리기도 했다. 수도원의 역사나 연대기와 같은 문헌은 매년 증보되어 방대해졌다.[26] 몇몇 필경사가 특수 기술을 습득하도록 허용하는 초대형 수도원을 제외하면 호화 특별본을 장식하기 위해 채식사를 따로 고용하는 일도 드물지 않았다.

수도원은 주로 원내 수요를 위해, 즉 공동체나 개별 수도사를 위해 책을 만들었다. 따라서 많은 수도원 도서관의 규모는 원천적으로 제한됐다. 양피지 값이 엄청나다는 점까지 고려하면 왜 거의 모든 중세 수도원에서 500~600권 이상 장서를 보유하지 못했는지 알 수 있다. 9세기 말에 장크트갈렌 수도원의 장서는 약 400권이었다. 12세기경 유럽에서 가장 부유한 쪽에 속했던 클뤼니(Cluny) 수도원은 장서 570권을 소유했다. 13세기 전까지 수도원 도서관 서고는 일반적으로 100~200권을 넘기지 못했다. 어떤 수도원은 장서 수가 너무 보잘것없어 따로 목록을 만들 필요도 없을 정도였다. 때로는 책은 가구, 잔, 은 식기와 함께 귀중품 목록에 올라 있기도 했다.

물론 도서관마다 장서 규모는 유동적이었다. 수도원 책은 손때 탈 정도로 사용하는 실용적 자원이었기에 낡은 책은 정기적으로 교체해야 했다. 악의적인 사태가 도서관 운명을 바꿔 놓을 수도 있었다. 9세기경 장크트갈렌은 헝가리 침략자에게 약탈당했고, 또 다른 항시적 위협인 화마에 손상당하기도 했다. 오토 대제 같은 정치적 후원자이자 권력자의 방문은 후한 기부를 가져올 수도, 재앙을 부를 수도 있었다. 권력자가 수도원 책을 탐내서 욕심을 채우려고 책을 징발할 수도 있었기 때문이다.[27] 유럽 대륙의 교회에 수많은 책을 제공했던 영국 수도원들은 9세기 내내 빈번하게 바이킹에 약탈당했다. 수많은 프랑스 수도원도 비슷한 처지였다. 이 모든 경우를 고려할 때 도서관 파괴는 한나절로 충분했으나 손실된 책을 다시 채우고 복구하려면 족히 100년이 걸리곤 했다.

벽감, 궤짝 그리고 사슬

수도원 공간에 도서관이 자리 잡는 데에는 오랜 시간이 걸렸다. 많은 수도원은 따로 서고를 마련하지 않았다. 처음에 수도원은 대부분 벽감에 책을 비치했다.[28] 벽감에는 나무 내벽이 있어서 석벽의 찬 기운을 받아 책에 습기가 차지 않게 해 주었다. 난방이 안 되는 석조건물에서 습기는 책의 무서운 적이었다. 벽감에 책을 두는 것은 끊임없이 책과 접해야 하는 교회 공동체가 만든 실용적인 안배였다.

수도원의 책은 용도에 따라 건물 전체에 골고루 배치됐다.[29] 정기적으로 사용되는 책들, 즉 전례서, 미사경본, 복음서들, 성가집, 교송집, 시편 등 수도원 일상에서 가장 중요한 책은 성물 안치소나 예배당에 두었다. 이들은 대체로 교회 공동체가 소유한 책 중 가장 크고, 가장 호화찬란하게 채식한 책이었다. 공동체 예배의 중심에 놓여 그 장엄한 아름다움으로 신의 영광을 찬양하는 책들이었다. 인문주의자 방문객들이 도서관 책 상태를 보고 실망했다는 기록을 대할 때 먼저 이런 점을 염두에 두어야 한다. 그들이 접한 책들은 근본적으로 더 이상 정기적으로 사용되지 않는 참고 문헌들이었을 것이다.

사제단 회의장은 흔히 함께 읽을 만한 책을 놔두는 장소였다. 그곳은 공동체가 공식 회합을 위해서 모이는 곳으로, 주로 수도원 규범집, 순교자 열전, 성인의 생애 등이 놓였다. 수도원 식당에는 식사하는 동안 나눠 보기 좋은 설교집이나 초대 기독교 교부의 저작이 비치됐을 것이다. 식사 시간에는 대개 이런 책을 함께 읽도록 돼 있었다.

사서의 감독 아래 개인 독서가 가능했던 회랑에는 책 상자나 진열장인 아르마리움(armarium)이 있었을 테고, 열쇠를 가진 사서가 원하는 책을 일일이 확인한 후 수사들에게 건넸다. 도미니크회 수녀원의 경우 사서는 칸막이로 나눈 진열장에 책을 주제에 따라 분류해 보관하도록 지시를 받았다.[30] 진열장에는 일반적으로 수도원의 모든 구성원이 공통으로 사용하는 책을 보관했다. 성 베르나르는 시토회 수도원에서 "미사를 위한 책, 복음서와 사도행전, 기도서, 교송집, 시편집, 종규(宗規)와 역서"는 모든 수도사가 자유로이 볼 수 있도록 해야 한다고 정했다.[31]

바바리아(Bavaria: 현재의 독일 바이에른 지역—옮긴이)의 테게른제(Tegernsee) 수도원에서는 저녁이면 난방이 되는 공동 회의실에서 독서의 즐거움을 누렸다.[32] 더 일반적으로 수사와 수녀는 자기 방에서 더 많이 독서했다. 이때 책은 아르마리움에서 빌려 왔다. 또 그들은 스스로 만든 책도 소지할 수 있었고 선물 받은 책이나 수도원에 들어오면서 가져온 책도 보유할 수 있었다. 13세기에서 14세기 사이에 수도사 개인 소유의 책은 평균 열 권에서 스무 권 정도였다. 책 주인이 사망하면 책은 수도원에 기증됐고, 그런 식으로 공동도서관의 책은 불어났다.

수도원의 도서 보관 전략은 주로 접근 용이성에 방점을 두었다. 수도사들의 시급한 영적 필요를 위한 책 이외에도 상당한 양의 책을 소지했던 수도원들만이 도서 저장공간을 따로 마련할지를 놓고 고민했다. 서고는 수도사의 영적 수련에 적절치 않은 역사, 철학, 의학, 과학에 관한 책들을 두는 공간이었고, 이런 책은 자연스레 서고에 넣은 후 굳게 닫아 놓고 사서 감독 아래 두었다. 서고는 흔히 성물 안치소나 필사실 위에 있었다. 이런 식의 배치를 언급한 최초의 문헌은 9세기 장크트갈렌 수도원에서 나왔다. 다른 관련 문헌은 12세기 이후에나 찾아볼 수 있다. 닫힌 도서관 서고 안에서도 책들은 자물쇠로 잠긴 진열장이나 궤 속에 보관됐을 것이다.

도서관 공간을 따로 만드는 실험은 수도원 밖에서 시작됐다. 12세기 이후 수도원은 책의 생산, 배포, 수집에 관한 주도권을 서서히 빼앗겼다.[33] 이탈리아, 프랑스, 독일, 영국 등의 번창하는 도시에 설립된 새로운 기관, 예컨대 주교좌성당 참사회 (cathedral chapter: 개별 성당에 속하는 성직자로 구성되는 합의체 조직—옮긴이), 학교, 대학이 수도원이 갖고 있던 주도권을 잠식했다.[34] 도시 공동체로 성직자, 귀족, 상인이 몰려들면서 중세 유럽의 학습 지도가 바뀌었다. 주교좌성당 참사회와 그들이 운영하는 (나중에 최초의 대학교로 발전하게 되는) 칼리지는 구원을 염원하는 사람들과 칼리지 졸업생들의 기부를 받아 크게 성장했다. 대성당과 그 학교들이 교회와 세속의 후원을 더 많이 빨아들이는 데 발맞추어, 수도원이 부를 축적하는 현상에 대한 비판이 교회 내에서도 쏟아졌다. 이에 수도사의 청빈이라는 초심을 환기하는 탁발수도회(mendicant order)가 새로 등장했다. 이런 변화는 수도원과 필사실의 경제적 기반을 앗아 가는 결과를 초래했다.

수도원 장서는 대체로 현상 유지에 머물렀으나 새로 설립된 기관들은 활발히 책을 수집했다. 솔즈베리 성당도서관은 설립된 지 50년이 채 못 된 1075년에 장서 100권을 넘겼다고 자랑했다. 그중 많은 책은 자체 필사실에서 제작했다.[35] 14세기에는 최고의 대학도서관들이 최고의 수도원 도서관들을 능가했다. 1257년 세워진 파리 소르본대학교의 장서량은 1338년에 이르자 2000권을 넘어섰다. 15세기 초 에르푸르트대학교(University of Erfurt)는 한꺼번에 필사본 600권을 기증받았다. 그것만으로도 최상급 수도원의 장서에 버금갈 정도였다.[36] 옥스퍼드의 칼리지들은 후원자들로부터 상당한 양의 책을 기부받았다. 칼리지 설립자들은 능력껏 도서관에 책을 기증할 의무가 있었다.[37] 1350년경 머튼칼리지는 장서 500여 권을 보유하고 있었다. 이후 50여 년 동안 몇몇 옥스퍼드 칼리지는 일곱 차례 대규모 기증으로만 장서 2000권을 더 늘렸다. 또한 대학들은 학자들에게 돈을 빌려줄 때 돌려받지 못할 경우를 대비해 책을 담보로 잡기도 했다.

대학이 수도원보다 재정적으로, 또 지적으로 영향력이 커졌으나, 대학 소속 학자들은 수도원의 핵심적 책 수집 원칙을 지켰다. 몇몇 옥스퍼드 칼리지들은 같은 책을 두 권 수집했는데, 한 권은 연구자들이 참고하도록 정해진 공간에 비치하고, 다른 한 권은 연구자들에게 일 년 또는 그 이상 빌려주었다. 대출 도서는 교회법이나 민법 관련 책들, 아리스토텔레스나 기독교 초대 교부의 저작들이었다. 옥스퍼드 올솔스칼리지(All Souls College) 창립자들은 핵심 교재 9종 101권을 기증했는데, 그중 83권은 대출용이었고, 나머지 18권은 도서관 비치용이었다.[38]

대학의 개별 열람실에서 큰 변화가 일어났다. 수도원식으로 튼튼한 궤짝에 넣어 책을 모시던 방식을 버리고 학자들이 책을 꺼내 연구하는 방식이 생겨났다. 열람실 안에 긴 의자가 딸린 독서대가 줄지어 들어선 모습이 처음 나타난 것이다. 최고급 독서대는 독서대 위나 아래에 책 보관을 위한 평평한 선반을 붙여 놓았다. 소르본대학교 도서관에는 이런 독서대가 스물여덟 대나 놓여 있었다. 독서대가 놓인 열람실은 창문 열아홉 개를 통해 자연채광을 했는데, 촛불 사용이 금지됐던 연구자들에게 창문의 중요함은 이루 말할 필요가 없었다.[39] 책을 궤나 장에 고이 모셔 두지 않고 공공연히 펼쳐 두는 것은 중요한 진전이었다. 덕분에 독자들은 짧은 시간에 많은 텍스트를 참조할 수 있게 됐다. 이는 원문에 충실해야 한다는 학문 발전 조건을 충족하려는 조처였다. 대신 책 분실 가능성은 훨씬 커졌다. 1338년까지 소르본대학교에서는 2000권 중에서 이미 300권 이상이 분실됐다.

폐쇄 공동체였던 수도원들은 비교적 쉽게 책에 대한 접근을 통제할 수 있었다. 수도사들은 서로 잘 알았고 수도원 공간을 거의 떠나지 않았다. 그러나 도시의 성당과 교회와 수도원들, 특히 새로 설립된 대학교와 칼리지에는 방문객이 잦았고 누가 누군지 잘 몰랐다. 해결책은 비싼 돈을 들여서 책에 족쇄를 채우는 것이었다. 도서관들은 책을 쇠사슬에 채워 독서대나 선반에 고정했고, 이는 큰 도서관일수록 더욱더 필요하다고 여겨졌다. 쇠사슬 채운 책이 일반화된 것은 13세기 소르본대학교에서 비롯한 것으로 보인다. 1271년 이 대학교에 도서 300권을 기증한 아브빌의 제라르(Gerard of Abbeville)는 쇠사슬을 채워 책들을 잘 보존해 달라고 요구했다.

도판 4. 쇠사슬을 채워 독서대에 고정해 놓은 헤리퍼드(Hereford) 성당 도서관 책들. 처음에 이런 대책은 책을 궤에 보관하지 않고 보여 주는 데 필요한 적절한 보안 조치로 여겨졌다. 그러나 쇠사슬은 도서관 이용자들을 불편하게 했으나 책 도둑들은 어떻게든 사슬을 끊고 책을 들고 사라졌다.

쇠사슬 채우기는 분명 불편한 점이 있었다. 같은 독서대에 묶여 있지 않은 다른 텍스트와 대조하거나 검토할 필요가 있을 때는 특히 난감했다. 도서관 규모가 커지고 점점 번잡해지면서 많은 기관은 쇠사슬 채우기를 포기했고, 개인 소장자는 애초에 그런 지나친 보안 조처를 고려하지도 않았다. 하지만 성당, 교회, 대학도서관에서 쇠사슬 관행은 놀라울 만큼 오래 지속됐다.[40] 18세기 중엽에도 몇몇 도서관에서는 여전히 새 쇠사슬을 구매했다. 옥스퍼드 머튼칼리지는 1792년에야 도서관에서 쇠사슬을 제거했다. 13세기와 14세기에 옥스퍼드와 파리에서 최초로 쇠사슬로 독서대에 책을 고정했을 때, 그것은 합리적 예방조치로 보였고 지적 자산인 책의 가치에 대한 적절한 존중으로 여겨졌다. 방문객은 원하는 책이 분실되지 않았으리라는 확신을 품고 도서관을 찾을 수 있었다. 책이 있고, 원하면 언제든 독서대에 놓고 볼 수 있으리라 생각했다. 학자들에게 대학도서관의 개방성은 수도원장 눈치를 봐야 하는 수도원 도서관의 폐쇄성과 놀라울 정도로 대조적이었을 것이다. 권위적이라는 점에서 두 기관은 별다르지 않았으나 유럽의 분주한 도심에서는 한때 학문의 수호자였으나 시대 흐름을 읽지 못하고 내리막길에 들어선 것처럼 보이는 수도원에 대한 불만이 조금씩 부글대고 있었다.

도둑도 수준 나름

도시로 돈이 몰리면서 많은 수도회도 들어왔다. 15세기 무렵이면 도시 수도원 숫자가 산속 수도원보다 많아졌다. 이런 변화 탓에 오래된 대형 수도원들 사정은 더 나빠졌다. 신자들의 헌금 대상으로 주목받지 못하면서 이들은 거꾸로 그 기회를 틈탄 주교나 군주의 수탈적 탐욕에 더욱 취약해졌다. 카롤링거 시대에 세워졌던 장크트갈렌 수도원, 뮈르바크 수도원 등은 13~14세기 무렵에는 쇠락 정도가 심각해서 필사할 수 있는 수도사가 거의 남지 않았을 정도였다. 당시 수도원에서 나오는 모든 책은 고용된 평신도 필경사들이 제작했다. 16세기에 출간된 풀다 수도원의 도서관 목록은 10~16세기 사이에 책이 단 한 권도 추가되지 않았다는 사실을 보여 준다.[41]

많은 수도원이 대량으로 책을 잃었다. 가장 많은 피해를 입은 것은 도심 또는 도심 가까운 곳에 있던 수도원들이었다. 베로나(Verona)의 카피툴라(Capitular) 도서관은 400년간 보존해 왔던 필사본 중 4분의 3을 분실했다.[42] 수도원 도서 컬렉션이 최초로 황폐해지기 시작한 곳은 이탈리아반도였다. 수도사들이 보카치오 같은 새로 등장한 게걸스러운 책 수집가와 경쟁해야 했기 때문이다. 13세기 후반 이후 이탈리아 도시국가들은 줄곧 제1세대 인문학자들의 근거지였다. 이 당시 인문학이란 무엇보다도 고전을 연구하고 모방하는 문필 행위였다. 초기에 인문학 활동을 주도한 이들은 외교관, 사무관, 공증인 등에 종사하는 정부 또는 법률 관련 전문가였다. 직업적 성공을 위해 능란한 웅변과 화려한 필력이 필요했기 때문이었다.

고전을 재발견하려는 지식인들 노력은 르네상스 개화에 핵심적으로 기여했다. 고전은 예술과 건축에 대한 안목을 높여 주었을 뿐 아니라 공학, 과학, 정치, 전쟁 등에서 성과를 내는 데도 중대한 영향을 미쳤다. 그러나 인문학 운동의 본질은 문헌 탐구였다. 개별 텍스트 중 원본에 제일 가깝고 완전해 보이는 사본을 찾으려고 필사본을 서로 대조하는 것은 인문학자들이 가장 중요하게 여긴 일이었다. 그러려면 널리 보급된 작품의 공통 내용에 정통할 뿐 아니라 그 작품들에서 무엇이 부족한지, 즉 다른 자료와 비교해 어떤 텍스트가 빠졌거나 불완전한지 파악할 수 있어야 했다. 고전의 부활 과정에서 인문학자들이 이룩한 가장 주목할 만한 기여라면 이들이 최초의 뛰어난 개인도서관 탄생으로 이어질 최고 지침을 제공했다는 점이다. 이를 바탕

으로 유럽의 군주들, 공작들, 통치자들이 진지하게 도서관 설립을 고려하기 시작했기 때문이다.[43]

페트라르카(Petrarch), 단테, 보카치오 등 르네상스 최초의 대가들은 수도원이 고전의 보고(寶庫)라는 사실을 일찍부터 눈치챘다. 수도원 도서관을 체계적으로 탐색한 이 책 사냥꾼들은 쇠락한 수도원에서 마주한 서책의 처참한 보관상태를 이구동성으로 비난했다. 수도원이 거의 1000년 동안 수많은 고전에 피난처를 제공한 사실엔 한마디 감사의 말도 없었다. 당대 제일의 문헌 수집가는 교황 비서 출신의 명석한 학자 포지오 브라치올리니(Poggio Bracciolini, 1380~1459)였다. 그는 고전 문헌을 찾아서 알프스를 넘어 프랑스, 스위스, 독일 등 유럽 각지의 수도원을 떠돌았고, 루크레티우스(Lucretius), 키케로, 비트루비우스(Vitruvius), 쿠인틸리아누스(Quintilianus) 등 많은 작가의 사라졌던 작품을 재발굴했다. 그는 편지를 써서 그 책들에 관해 친구들과 의견을 나누었다. 특히 피렌체의 열렬한 책 수집가 니콜로 데 니콜리(Niccolò de' Niccoli)와 많은 편지를 주고받았다. 두 사람의 서신을 통해 우리는 이 해박하면서도 탐욕스러웠던 인문학자들이 어떤 태도로 문헌을 탐색했는지에 관해 귀중한 통찰을 얻을 수 있다.[44]

1416년 브라치올리니는 인생 최대의 월척을 낚아 올려 그의 명성을 공고히 했다. 당시 그는 친구인 킨키우스 데 루스티키스(Cincius de Rusticis)와 바르톨로메우스 데 몬테폴리티아노(Bartholomeus de Montepolitiano)와 함께 콘스탄츠공의회에 참석 중이었다. 그들은 근처에 있던 장크트갈렌 성당을 방문했다.

그리고 루스티키스의 말에 따르면, "죄수들처럼 갇혀 있는 ……
수많은 책을" 발견했고, 그것들이 "먼지, 벌레, 검댕 등 책을 훼
손할 모든 악조건에 노출된 채 방치된 것"에 경악했다. (그들 주
장에 따르면) 그들은 울음을 터뜨렸고 분노를 억누를 수 없었
다. "수도원 원장과 수도사는 문헌에 완전 무지했다. 라틴어에
대한 이런 야만적 적대행위라니, 저주받을 인간쓰레기들이 아
닌가!"[45] 이런 매도는 책 사냥꾼 사이에서 낯설지 않았다. 브라
치올리니는 이곳에서 쿠인틸리아누스 전집 한 질을 습득했는
데, 책을 전해 받은 친구는 "야만인들의 길고 잔인한 감금으로
부터" 그 책을 해방한 것에 대해 찬사를 보냈다.[46]

　　브라치올리니 일행은 쿠인틸리아누스 전집이라는 최고의
보물뿐 아니라 열 명 넘는 고전 저술가들의 귀한 책도 건졌다.
브라치올리니가 감행한 장크트갈렌 고전 구출 기습작전은 이
후에 그가 벌일 수많은 구출 작전의 서막이었다. 그는 그럴듯한
구실을 대고 수도원에 들어가 도서관 책을 필사하거나 구매했
다. 그를 비롯한 이탈리아 인문주의자들은 수도원 보물을 박식
한 방문객들과 공유하겠다는 수도원 관계자들의 호의를 철저히
이용했고, 때로는 비양심적이거나 정직하지 못한 방법으로 악
용도 했다. 브라치올리니가 방문한 곳마다 책을 한 아름씩 챙겨
떠난 것은 아니었다. 영국 방문의 성과는 처참했다. 1420년 6월
13일 그는 니콜리에게 보낸 편지에 이렇게 썼다. "나는 유서 깊
은 곳으로 알려진 수도원 몇 곳의 도서 목록을 구했으나 가치
있을 법한 책을 한 권이라도 보유한 곳은 없었네." 다섯 달 뒤
편지에서도 브라치올리니는 영국을 "참된 학문보다 사소한 논

쟁에 매달리거나 트집 잡기나 잘하는 야만의 땅"이라며 실망을 표명했다. 그러고는 덧붙였다. "고전 저작 몇 권이 있으나, 이미 고국에 더 나은 판본이 있는 것들이었네."[47]

책 사냥꾼들은 경멸이란 말로도 부족한 족속으로 여기며 알프스 북쪽의 수도사들을 멸시했고, 무지에 빠져 가톨릭 전통을 모욕하는 이탈리아 수도사들에게도 비난을 아끼지 않았다. 한 인문학자가 그리스어 장서를 수도원에 기증했다는 사실을 들었을 때, 브라치올리니는 그런 귀한 책을 "라틴어 한 줄도 못 읽는 다리 둘뿐인 당나귀"에게 바쳤다며 조롱했다.[48] 그는 또한 몬테카시노 수도원의 '야만인들'을 비난했다. 그들이 율리우스 프론티누스(Julius Frontinus)의 저작을 안내하는 데에는 관심이 없고 오로지 돈만 밝혔다는 것이다. 고전에 관심 있는 수도사들조차 그의 인정을 받기에는 미흡했다. 테르툴리아누스(Tertullian)의 저술 한 권을 구하는 데 도움을 주었던 클뤼니 수도원의 수도사 정도는 돼야 "전혀 나빠 보이지 않는다"라고 평가했다. 그러나 브라치올리니 역시 그때까지는 수도사 신분이었다.[49]

르네상스 시대 책 사냥꾼들이 중세의 전통을 고수하는 선배 수도사들에게 좋은 감정을 품지 않은 것은 분명하다. 사냥꾼들의 협박을 견디면서 수도사들이 소장한 필사본을 넘겨주지 않을 때 특히 그랬다. 열렬하고 조급한 수집가들에게 수도원 장서는 그 가치를 인정받지 못하고 쓰여야 할 곳에 쓰이지 못하는 물건의 상징으로만 보였다. 그러나 이런 완고한 도서관 문화는 도서관 발달에 필요한 몇 가지 중요한 원칙을 물려주었다. 도서관이란 문화의 보고이자 성소이고, 보유 자료를 끈질기게 지켜 내는 곳이며, 과거 복원에 혁혁한 역할을 해내는 곳일 뿐 아니라, 연구와 고요한 명상을 위한 장소라는 원칙이다. 이탈리아 도시국가들의 새롭고 화려한 궁궐 또는 부국강병을 원하는 군주국가에서 개인적 성공을 갈망하는, 초기 르네상스 시대의 반지빠르고 성마른 젊은 무뢰한에게는 이 모든 원칙이 거추장스럽기만 했을 것이다. 그러나 낡아 보였던 근엄한 중세적 원칙은 당대에는 이런 식으로 폄하되었으나 그 이후에는 꾸준히 중요한 역할을 하게 된다.

3장
작은 원숭이들과 금박 글자

멀리 떠나는 자식에게 돈을 두둑이 챙겨 준 부모는 하루도 마음 편할 날이 없다. 오늘날에도 그렇지만, 13세기라고 다를 바 없었다. 여기 파리 대학으로 자식을 유학시키느라 재산 절반을 털어 넣은 프랑스 아버지의 딱한 사정에 귀 기울여 보자. 그가 돈을 풍족히 보낸 것은 필요한 책을 구매하라는 뜻이지 아들이 자기 애서가 취향에 투자하라는 뜻은 아니었다. 그러나 그의 자식은 대학 구내 서점에서 쉽게 구할 수 있는 교재는 안 사고, 화려한 금박 치장에 흥미로운 여백 그림으로 눈부시게 꾸민 필사본을, 분노한 아버지 말대로라면 "금박 글자에 작은 원숭이가 그려진" 책을 탐했다.

　　이 일화는 1250년경 북부 이탈리아 볼로냐대학교 법학과의 한 강사가 전한 것이다. 자녀들이 남쪽의 출중하고 검소한 이탈리아를 마다하고 화려한 프랑스 파리를 선택하면 도덕적 해이에 처할 수 있음을 경고하려던 의도였다. 그러나 이 일화는 또한 수도원과 수녀원 밖에서 상업적 책 시장이 활발해졌음을 알려 준다.[1] 젊은 신학도나 법학도는 스스로 필사하거나 대학과 연계된 출판업자로부터 책을 구매해야 했다. 구매 행위가 너무 흔해져서 여유 있는 학생들은 자잘한 교재 이외에 눈길을 끄는 책을 사들여 자기 장서를 돋보이게 하고 싶은 유혹에 빠지곤 했다.

파리 대학생의 소규모 장서 마련은 책 생산이 조금씩 산업화하면서 생긴 결과였다. 13~14세기에 필사본 제작에 엄청난 변화가 몰아쳤다. 프랑스, 베네룩스 지역, 이탈리아 도시 등에 자리 잡은 필사 작업장들이 상업적 규모로 책 제작 사업을 시작하면서 대형 수도원 필사실을 능가하기 시작했다. 수도사가 공동체 교화와 자신의 영적 성장을 위해 책을 만들었다면, 도시 작업장의 평신도 필경사는 상인 겸 출판업자의 주문에 맞추려고 일했다. 상업적으로 작업장을 운영하는 출판업자들은 박식하고 신심이 깊더라도 그들에게 책 제작은 포목상이나 주류상의 일과 별다르지 않은 돈벌이였을 뿐이다.

공부나 직업적 필요를 위해 혹은 부를 과시하기 위해 책을 소유하려는 욕망이 급증하면서 평신도 필경사에 대한 수요도 증가했다. 여기에서 유의할 점은 인쇄술 발명으로 책의 수요가 증가하지 않았다는 사실이다. 도시의 꾸준한 성장, 세속인들의 신앙심 심화, 학교와 대학의 경쟁적 설립이 이러한 수요를 촉진했다. 특히 도시의 성장으로 [새로운 책 수요층인] 부르주아 계급이 귀족과 성직자의 권력에 도전하는 중요한 경제적·정치적 세력으로 떠올랐다. 수요에 따라 어디에서든 볼 수 있던 기도서뿐만 아니라 신앙 서적, 학교 교재 등도 대량생산체제에 포함되면서 개인이 책을 소유하는 시대를 예고했다. 이 흐름이 15세기 중반 인쇄술 발명을 위한 실험에 나서도록 길을 터 주었다.[2]

도시 필사실에서 대규모로 필사본을 제작한 일이 비슷비슷한 책의 대량생산을 초래하지는 않았다. 인쇄술 발명 한 세기 전, 책은 소유자의 주문에 맞춰 제작되는 화려한 미적 과시물로 여겨졌다. 카롤링거 시대 이래 유럽 수도원과 궁궐의 도서관에는 붉은색, 푸른색, 녹청색 잉크를 마음껏 사용하고, 금박으로 장식하며, 표지를 보석으로 두른 호화로운 책이 주종을 이루었다. 그러나 책 제작 기술을 절정으로 끌어올린 곳은 파리, 브뤼주(Bruges), 피렌체였다. 책 생산 과정의 전문화와 분업에 성공한 데다 귀족계층이 돈을 마음껏 뿌렸기 때문이다. 잘나가는 작업장은 최상급 채식사와 큰돈을 요구하는 화가들을 고용할 정도였다. 이 짧은 시절 동안 책은 시각예술을 표현하는 최고의 대상이었고, 집 안의 다른 귀중품에 버금가는 가치를 갖거나 그 이상이었다.

경건한 내용에 휴대할 수 있고 미적 아름다움까지 겸비한 서적이 과시 대상일 수 있다는 점은 즉각 유럽 궁중의 귀족 남녀들 마음을 사로잡았다. 책은 귀족 집안 어디에든 있었다. 그것은 경건함의 상징이요, 다른 귀족과 주고받는 선물이며, 모여서 함께 낭송하는 텍스트였다. 책은 정치적 목적을 이루는 데에도 활용됐다. 군주들은 왕권을 정당화하거나 자신들 업적을 기념하려고 새 책을 주문했다. 책 애호가라는 평판을 얻는 일은 마상 창 시합에서 용맹을 뽐내는 일만큼 중요했다. 열성적 수집가들은 로마제국 몰락 이후 유럽에서 처음으로 수도원 아닌 곳에 큰 도서관을 조성하기 시작했다. 그 도서관들은 규모와 수준에서 수도원 장서와 경쟁할 정도가 됐다.

책 공장

새로 만난 친구에게 멋있게 보이기를 원하는 젊은 학생이 '금박 글자'의 매력에 빠지는 이유는 쉽게 이해가 간다. 대학 교재는 대부분 장식도, 삽화도 없이 필기장을 겸한 형태였으며, 아리스토텔레스와 토마스 아퀴나스 또는 교회법을 암송하는 교수 강의가 주석과 함께 담겨 있었다. 볼품은 없어도 이 책들은 젊은 학생을 학자, 변호사, 사무관 등 좋은 직업으로 인도하는 텍스트였다.[3] 13세기 유럽 전역에 대학이 늘어나면서 교재 공급은, 특히 이탈리아 북부, 프랑스, 영국, 스페인에서 시급하게 해결해야 할 과제였다.

대학이 유럽에서 부상하던 전문가 계층을 위한 주요 입문 센터로 발전하면서 양피지와 펜, 잉크와 책을 파는 일을 업으로 하는 새로운 장인, 즉 출판업자들이 등장했다. 그들은 혁신적 책 제작 방식인 페키아(pecia) 체계를 작업장에 도입했다.[4] 페키아 방식은 목표 텍스트를 부분부분 나눠서 동시에 제작하는 것을 일컫는다. 책 한 권을 통째로 필사하면 반년이 걸릴지 모를 일이었지만, 출판업자는 텍스트를 한 첩(흔히 8쪽)을 기본으로 각각 나누었고, 그런 식으로 나뉜 부분을 학생들에게 길지 않은 기간 동안 대여했다. 학생은 약속된 기간에 그 부분을 필사하고 돌려주면서 다음 부분을 대여해 갔다. 페키아 방식은 책을 필사하는 데 필요한 비용과 시간을 절약해 주었고, 텍스트 한 권을 많은 학생이 동시에 이용하도록 해 주었다. 페키아 방식으로 필사하기를 원하지 않는 학생들은 출판업자가 전문 필경사를 시켜 제작한 책을 직접 구매할 수 있었다. 이 시스템은 대학가 시장에서 특히 잘 돌아갔는데, 매년 교과과정이 비슷했고 양도 많지 않았기 때문이었다. 1275년 페키아 시스템이 성숙한 국면에 진입했을 때 파리의 출판업자는 책을 최대 138권 공급했다.[5]

페키아 방식은 13세기 초반 볼로냐에서 비롯됐는데, 머지않아 유럽 전역의 대학으로 퍼졌다. 출판업자들이 주요 텍스트 가격을 멋대로 올릴까 봐 염려했던 대학들은 페키아 필사본 가격이 낮게 유지되도록 애썼다. 그것은 넉넉지 못한 많은 학생에겐 고마운 조처였지만, 출판업자들이 페키아 방식만으로는 먹고살 수는 없다는 뜻이기도 했다. 그래서 출판업자들은 대학에 부업을 해도 좋다는 허락을 받았다. 새로운 규정 덕분에 그들은 학교의 틀을 벗어나 더 넓은 비학술 도서 시장 개발에 나설 수 있었다. 약소한 돈을 받고 학생들한테 고만고만한 교재를 팔던 출판업자들은 귀족이라는 완전히 다른 고객이 전혀 다른 유형의 책을 사려고 백 배나 더 많은 돈을 낼 수도 있다는 사실을 알게 됐다.

파리에서 이런 현상이 가장 두드러졌다.[6] 13세기 말 알프스 북쪽 지역에서 가장 빼어난 대학의 본고장이자 상업의 중심이었던 파리에서는 책을 만들고 장식하는 일은 하나의 업종이 됐다. 파리는 또한 프랑스 왕국의 사법과 입법의 수도이기도 했다. 상업은 두 곳의 다른 지역에 집중됐다. 한쪽은 센강 왼쪽 강둑, 즉 좌안에 조성된 대학지구였고, 한쪽은 노트르담대성당 주변 지역이었다. 좌안 지구에서 가장 진취적인 출판업자였던 제프리 데 생레저(Geoffrey de St Leger) 같은 사람들은 두 여왕을 후원자로 모셨는데, 헝가리의 클레멘스(Clemence of Hungary)와 부르고뉴의 잔(Jeanne of Burgundy)이었다. 노트르담 지구의 동업자 토마 드 모뵈주(Thomas de Maubeuge)는 잔의 모친 아르투아의 마오(Mahaut of Artois) 여백작(1268~1329)에게 주로 성인의 생애와 일화, 기도서, 성무일도서, 성경과 경건한 이야기 선집 등의 책을 공급했다. 이로 미루어 보면 귀족 집안에서는 가내 예배당에서 쓸 전통 라틴어 전례서를 갖추고 있었음을 알 수 있다. 그러나 마오 백작은 프랑스어 역사책, 로맨스 소설, 기도서 등도 의뢰했다. 시간이 지나면서 노트르담 주변 서적상들은 개인 장서를 원하는 그 지역 최고 부자들과 권력자들에게 주문을 받아서 이런 유형의 불어책을 도맡아 공급했다.

학자와 성직자의 세계가 아니라 귀족의 후원과 궁정생활이 책 생산의 표준을 세웠다. 행정 중심지로서 궁정의 역할이 커지면서 문필 활동도 활발해졌다. 행정은 문해력과 달필을 요구했다. 따라서 13~14세기 사이에 출간된 세속의 역사, 로맨스와 시 작품 중에 상당수가 프랑스, 브르고뉴, 영국의 궁정 소속 사무관이나 관료의 펜에서 나온 것은 조금도 이상하지 않다. 그중 가장 유명했던 인물로 장 프루아사르(Jean Froissart, 약 1377~1405)가 있었다. 그는 성직자였다가 당시 위세를 떨치던 영국 왕후, 브라반트(Brabant) 공작, 블루아(Blois) 공작 등의 궁정에서 역사가이자 시인으로 활동했다. 프루아사르가 쓴 『백년전쟁 연대기』는 15세기에 가장 인기를 누렸던 역사서였고, 호화 장정한 책이 약 100여 권 정도 오늘날까지도 살아남았다. 궁정은 최고의 부와 고상함을 뽐내는 경연장이었다. 자신을 흉내

내고 싶어 안달하는 신하들과 환호를 보내는 관중들이 있는 한 군주에게 아름다운 책의 가치는 충분했다. 궁중도서관을 꾸미는 것은 공공사업이었다. 책을 영구 전시하거나 대중들이 볼 수 있어서는 아니었다. 책을 구상하고, 구성하고, 필사하고, 채식하고, 공개하는 모든 행위가 지배자와 그 일족의 후원 아래 이루어지기 때문이었다. 또한 책은 재담가의 입담, 가수와 연주자들의 기예와 함께 오랫동안 궁중생활의 활력소를 담당했다. 재능 넘치는 만담가들과 음유시인을 궁으로 모셔 와 이야기를 시키거나 직접 책을 읽도록 해서 통치자뿐 아니라 그 중신들까지 함께 즐겁고 유익한 시간을 보냈다.[7]

중세 궁궐은 유목 생활방식을 유지했다. 군주의 장서들은 끊임없이 옮겨 다녔다. 책은 대부분 궤 속에 보관됐다. 안전할 뿐 아니라 언제든 이전할 수 있기 때문이었다. 책들은 종종 여러 성에 흩어져 있었고 다양한 왕족들 손에 있었다. 책은 또한 도서관 안팎을 들락거리며 돌아다녔다. 다른 귀중품처럼 책은 대출 담보로 쓰이기도 하고, 동료 군주나 시종에게 답례로 주는 선물도 됐기 때문이다. 저자나 필경사가 바치는 공물로 많은 책이 궁정도서관 장서에 올랐다. 어떤 책은 단지 군주가 선물하려고 구하기도 했다. 이 시기에 책은 그림, 은식기, 예복, 보석류의 걸쇠, 브로치, 주단 등과 함께 궁궐의 품위를 지켰던 수많은 호화품 중 하나였다. 표지에 보석을 두르거나 사치스러운 벨벳으로 많은 책을 장정한 것은 궁에서 감탄 대상이었던 다른 찬란한 전시품과 격을 맞추기 위한 것이었으니 놀랄 일도 아니다.

귀족들이 소유했던 가장 호사스러운 책은 가장 많은 사람이 보는 기도서였다. 1215년 제4차 라테란공의회(Fourth Lateran Council) 이후 가톨릭교회가 세속인의 신앙심 진작 운동을 주도 했을 때 만들어진 것이다. 점점 많은 평신도들이 세속적 소유의 거부(수도사에게 반드시 요구된) 없이도 종교적 삶을 추구하기 를 갈망했다. 수도원에서 전통적 예전 예배(Liturgical Service) 시 간에 사용되는 유명한 기도 문구와 성가와 묵상을 엄선해서 실 은 기도서는 성직자의 영적 일상에 어느 정도 접근할 수 있는 수 단이 됐다. 수도사들과 수녀들은 성무일도서와 미사경본에 따 라 복잡한 전례를 거행했지만 평신도들은 간략한 기도서를 반 복해서 낭송했다. 기도서 내용은 융통성 있게 구성됐지만 대부 분 종교 달력, 간단한 복음 일과, 찬송가, 위령 시간 전례, 성모에 대한 기도와 엄선된 성인전이 포함됐다.[8] 궁중문헌 기록에는 모 국어인 프랑스어를 선호했으나, 이런 전통적 명상록은 모두 라 틴어로 되어 있었다. 그러나 라틴어에 서툴거나 능숙하지 못해 도 소유주가 기도서 속의 기도문 전체를 암송하는 데 방해되지 는 않았다.

우리는 책의 역사에서 전환점에 진입했다. 이 무렵부터 책 이 훨씬 더 흔해지고, 책 제작도 능률적으로 이루어졌다. 이것 은 세속인의 문해력이 점차 높아지는 시점과 일치했다. 그러나 아직은 책을 소유했다고 수집가라 불릴 수는 없었다. 기도서는 어떤 집에서 매일 펼쳐 보고 머리맡에 두거나 아니면 제일 큰 탁자에 두는 유일한 책이었을지 모른다. 학생들이 구매했던 페 키아 방식 교재는 대개 대학을 졸업하는 순간 폐기하거나 (불법 으로) 신입생에게 팔아넘겼다. 이는 장서라 할 수 없다. 개인 장서 구축과 관련하여 출판업자들이 새로 익힌 책 제작 능력을 발휘하게 할 수 있는 이들은 여전히 중세사회의 전통적 책 수집 계층들, 즉 군주를 비롯한 왕족들, 귀족들, 고위 성직자들이었다. 변한 것이 있다면 중세사회의 정점에 있던 그들이 더 거대한 장서를 장만할 능력을 갖게 됐다는 점이다.

14세기 초엽에 부르고뉴의 블랑슈(Blanche of Burgundy) 같은 왕실 여성들은 기도서를 궁중 패션의 인기 필수품으로 만드는 데 핵심 역할을 했다. 주문자 요구에 맞추어 개성화한 점이 인기 요인이었다. 블랑슈는 자기 기도서를 주문할 때 텍스트 주변을 화려한 세밀화로 장식하고 세밀화 사이사이로 스물다섯 점에 달하는 자기 그림을 넣도록 했다.[9] 맞춤 삽화를 넣는 것이 호화 기도서의 핵심 요소였다. 가령 가문 문장을 곳곳에 넣는다든지 한 쪽 전체에 소유주와 그 가족의 초상화, 기왕이면 모두 무릎 꿇고 기도하는 모습으로 넣는다든지 하는 식이었다. 이런 섬세하고 호화로운 세밀화가 더해지면서 기도서는 귀중품이 됐고, 직계 자식이나 통치 왕조 안의 구성원에게 대물림하는 것이 됐다.[10]

내 것이라는 소유의식과 함께 독실한 신앙과 교양을 과시할 수도 있다는 점에 이끌린 왕가 여성들 덕분에 궁궐에서 책을 애호하는 분위기가 조성됐다. 왕실 여성들이 유명한 시인과 예술가를 후원하자 남편들도 관심을 보이기 시작했다. 프랑스 왕 샤를 5세(King Charles V, 1338~1380)와 그의 세 형제인 베리 공작 장(Duke John of Berry), 앙주의 루이(Louis of Anjou), 브루고뉴의 용담공 필리프(Philip the Bold of Burgundy)가 덕분에 당대 최대 책 수집가가 됐다. 베리 공작은 적어도 기도서 열여덟 권을 보유했는데, 그중 몇몇은 그 시대의 가장 아름다운 기도서로 손꼽힐 정도였다. 용담공 필리프는 70권 정도 필사본을 소유했는데 대부분 역사와 로맨스물이었고 하나같이 화려하게 채식한 책이었다.[11] 1400년대의 기준에서 볼 때 그 양과 질에서 모두 탁월한 편이었지만, 루브르박물관을 새로 개장하면서 확정된 910권에 달하는 샤를 5세의 장서들에 비하면 소소했다.

그러나 프랑스 백성들이 백년전쟁의 참화로 고통스러워할 때 그렇게 엄청난 장서를 마련했다는 것은 터무니없었다.[12] 샤를 5세가 죽은 후 전쟁이 그의 도서관을 덮쳤다. 1420년 파리가 영국 손에 넘어갔을 때 샤를 5세의 거대한 장서를 챙긴 자는 영국 랭커스터의 존(John of Lancaster) 공작이었다. 존은 장서를 런던으로 옮겼고, 1435년 그가 죽으면서 장서들도 흩어졌다.[13] 파리 점령 기간에 많은 영국 귀족들은 프랑스 출판업자의 작업장에 있는 귀한 책들을 알게 됐다. 1430년 랭커스터의 존 공작과 그의 아내 브루고뉴의 앤(Anne of Burgundy)은 영국의 젊은 왕 헨리 6세(Henry VI)에게 파리에서 만들어진, 1200개가 넘는 장식들로 여백을 원형 돋을새김으로 요란하게 치장한 기도서를 바쳤다.[14] 존 공작의 동생 글로스터의 험프리(Humphrey of Gloucester) 공작도 라틴 학술서적 및 프랑스 문학 관련 뛰어난 필사본을 무더기로 획득했다. 험프리는 옥스퍼드대학교 중앙도서관 창립에 보탬이 되라고 두 번에 나눠서 모두 학술서 281권을 기증했다. 감사해 마지않던 대학 당국은 귀한 책을 보관하려고 디비니티 스쿨(Divinity School) 위에 따로 도서관 홀 건축을 의뢰했다.[15] 몇십 년 동안 험프리 공의 도서관은 옥스퍼드의 자랑거리였다. 하지만 이제 곧 보게 되겠지만 이 도서관은 건축된 지 겨우 100년 만에 불행한 종말을 맞는다.[16]

해협 건너 고향으로 보내려고 영국 점령군이 전리품으로 호사스러운 책을 주문했지만, 파리 출판업자들은 전쟁 참화로 고통받았다. 파리가 국제적 책 공급지의 명성을 잃으면서 상업 출판업자들은 다른 대학 도시나 상업과 권력의 중심지로 옮겨 갔다.[17] 가장 큰 덕을 본 곳은 부르고뉴 공작의 통치 영역인 플랑드르(Flanders)와 브라반트(Brabant)였다. 그 지역은 부르고뉴 공작과 프랑스 왕 사이에 벌어진 권력다툼으로 백년전쟁 동안 영국의 동맹이었던 곳이었다.

북유럽의 중계무역항 구실을 했던 브뤼주와 겐트(Ghent) 같은 도시는 새로운 고급 필사본 생산의 근거지가 됐다. 플랑드르 도시의 작업장들은 부르고뉴 공작과 그 지역의 고위 귀족들에게 눈부신 서책을 제공했다. 브루고뉴의 용담공 필리프의 아들 용맹공 장(John the Fearless)은 장서 250권을 갖췄다. 그의 후계자인 선량공 필리프(Philip the Good, 1396~1467)는 거의 모든 책을 궁중 언어인 불어로 새로 제작해 공국 장서를 900권에 근접할 정도로 늘렸다.[18] 가장 놀라운 점은 필리프 공의 도서를 꾸민 세밀화와 채식의 양과 질이 대단해 일찌감치 르네상스 유럽의 문화적 보배로 인정됐다는 점이다. 부르고뉴 궁정에서 채식 필사본을 수집하는 것은 선택의 여지가 없는 관심사가 됐다.[19] 플랑드르에 몰아친 호화 필사본의 유행은 선량공 필리프의 사후 20년 후인 1480년대까지 계속됐다. 어떤 수집가도 그 양에서 부르고뉴 공작들의 컬렉션을 능가하지 못했으나, 귀족 중의 귀족인 로드베이크 판흐뤼트휘서(Lodewijk van

Gruuthuse)와 같은 이는 화려한 채식본 200권을 소장하는 정도까지 갔다.

플랑드르에서 생산된 필사본 품질은 국제적 인정을 받았다. 브뤼주에서 제작된 기도서는 포르투갈 리스본(Lisbon) 궁정까지 수출됐다. 네덜란드와 플랑드르 망명 기간에 영국의 에드워드 4세(Edward IV)는 판흐루트휘서의 식객으로 있으면서 부르고뉴 필사본을 상당히 많이 주문했다. 왕권을 되찾고 난 후에 그는 망명 중 구매했던 책값으로 240파운드라는 거금을 지불했다.[20] 플랑드르와 브라반트의 장인들은 더 다양한 고객을 맞이하기 시작했다. 야심만만한 도시 엘리트들은 지체 높은 귀족들의 책 수집벽을 흉내 내고 싶어 했고, 그 수요에 맞추려고 출판업자들은 대량생산이 가능한 새 기도서를 개발했다. 새 기도서에는 주문에 맞춰 호화롭게 그려 넣은 세밀화나 여백의 수많은 장식은 없었다. 페이지에 맞춰 미리 그려 놓은 삽화를 별도 페이지로 기도서에 끼워 넣었을 뿐이었다.[21] 이런 규격화된 기도서가 부르고뉴 공 궁궐에서 자랑삼던 호화본과 비교될 수는 없었으나, 여전히 화려한 이런 기도서를 소유하는 것은 넉넉함의 상징이었다. 많은 가정에서는 그 정도 기도서도 상당한 부담이었다. 요크 지방의 제빵업자 토머스 오버두(Thomas Overdo)가 1444년에 구매했던 기도서 값은 9실링이었는데, 당시에는 거의 암소 한 마리 값이었다.[22] 지금까지 살아남은 이런 기도서들은 많은 경우 온갖 개인적 주석과 기도가 기록돼 있어서 그 책이 대대로 귀하게 사용됐음을 입증한다. 많은 이에게 집 안에 유일한 책이었으니, 분명 귀한 재산이었을 것이다.

르네상스 시대의 천직: 카르톨라이

북유럽의 군주들이 모았던 인상 깊은 장서는 공적 쓸모보다는 과시용이었다. 책 구매에 쏟은 막대한 비용은 때로 군주의 과세 수입으로 충당됐으나 책을 공적으로 이용하는 문화를 북돋우지는 못했다. 군주가 죽고 나면 책은 후계자에게 상속되거나 일족에게 분배됐다. 의도적으로 더 많은 대중이 이용할 수 있도록 만들어진 도서관의 출현을 보려면 르네상스 시대 이탈리아의 도시국가로 시선을 돌려야 한다. 이곳에서는 완전히 다른 유형의 책 소유자들이 경쟁적으로 책 수집에 나섰다. 죽느냐 사느냐의 게임이었던 이탈리아 정치판에서 권력을 놓고 쟁투하던 용병 장군들, 상인들, 은행가들이었다.

앞에서 봤듯이 이탈리아에서 책 수집의 유행은 인문학자들이 주도했다. 인문학 운동은 책을 중심으로 이루어졌고, 책 소유를 문화적 품위의 지표로 만들었다. 인문학자라면 누구든 친구나 소식통으로부터 책을 구하고, 필사하고, 무엇보다도 그 내용을 공부했다. 이런 활동은 고대 저작을 가능한 한 광범위하게 재건하기 위한 것이었다. 이들의 장서에 성경이나 초대 교부의 저술 같은 종교 저작이 없지는 않았으나, 우선순위에서 프랑스나 부르고뉴의 군주들과 근본적으로 다른 성향을 보였다. 이탈리아 인문학자들이 수집한 장서는 주로 라틴어 저작으로 구성됐다. 희랍어 사본까지 구하려는 몇몇 권위자도 있었다.

이 인문학자들이 책을 얼마나 소중히 여겼는지는 수집한 책에 기초한 문필 활동을 위해 따로 개인 서재를 마련한 사실을 보면 명백하게 알 수 있다.[23] 수도사의 독방을 뜻하는 라틴어 스투디움(studium)에서 비롯된 스튜디오(studio)를 장만한다는 것은 문헌 수집과 연구에 전념하겠다고 선언하는 것이나 다름없었다. 14~15세기에 집 안에 개인 용도를 위해 따로 공간을 마련하는 경우는 극히 드물었다. 책이 가득하고 책상과 필기도구가 비치된 이런 방을 갖는다는 것은 교양의 절대치를 보여 주는 일이었다. 베네데토 코트룰리(Benedetto Cotrugli)는 현명한 상인이라면 사무실과 분리된 서재를 따로 마련해야 한다고 주장했고, 기왕이면 침실 곁에 두어서 이른 아침과 늦은 시간에도 공부할 수 있다면 더 이상적이라고 했다.[24] 굳이 책을 둘 수 있을 정도로 공간이 넉넉한 서재를 마련할 필요는 없었다. 한 인문학자는 친구에게 쓴 편지에서 말했다. "나한테 사세티(Sassetti)나 메디치(Medici) [가문]이 갖춘 도서관은 없네. 하지만 나는 어떤 귀한 장신구보다 더 아끼는, 작은 선반 한 줄을 가득 채운 수정본 텍스트를 갖고 있네."[25]

개인 서재의 등장은 도서관 공간 발달에서 중요한 계기가 됐다. 어떤 서재는 기존의 방을 쪼개어 상자만 한 최소 공간으로 마련되기도 했다. 작은 나무 칸막이로 공간을 분리하고, 붙박이로 맞춘 책상, 책과 필기도구를 놓을 선반과 의자가 전부였다. 시간이 지나면서 이런 칸막이 서재는 방 한 칸을 당당히 차지했다. 그 방은 독서만을 위한 공간으로, 취지에 맞게 필요한 것을 갖추었는데 때로는 사용자가 책 여러 권을 동시에 편하게 참조할 수 있도록 세심히 만든 회전 책상이나 '책물레'도 있었다. 책을 놓을 수 있는 선반을 갖춰 놓기도 했다. 이 선반을 이용해 책을 전시할 수도 있었는데, 책 선반을 옮기는 것이 궤에 보관된 책을 옮기는 것보다 훨씬 번거롭다는 점에서 연구에 안정감을 느낄 수 있었다. 모든 수집가가 서재를 바람직하게 생각한 것은 아니었다. 페라라(Ferrara) 후작 레오넬로 데스테(Leonello d'Este)는 다음과 같이 훈계했다.

> 다른 사람들처럼 책을 장이나 궤에 보관해 먼지 끼지 않도록 하라. 그리고 한 번에 한 권 이상을 꺼내 읽거나 넣거나 하지 마라. 개인 비밀 서고 안에 보관하라. 보이는 곳이나 친구들 앞에 책을 두지 마라. 아무리 자주 바닥을 청소하더라도 책을 꺼내거나 넣을 때 지겨울 정도로 책에 때가 탄다. 그래서 손 씻는 일은 그 문제에 대처하는 우선 과제이고, 청결 문제는 더 세심하게 신경 써야 한다. …… 심지어 어떤 사람들은 때 타지 않도록, 그리고 직사광선과 공기 중의 먼지까지 막아 보겠다고 유리나 얇은 판 뒤에 책을 보관하기도 한다.[26]

이런 조처를 하는 것은 책을 깨끗하게 보관하는 데는 감탄할 만하나 서재가 활발한 연구 공간이라는 생각과 배치된다. 이런 곳에서 서재 주인의 지성은 단지 책만이 아니라 그 주변을 둘러싼 흉상과 항아리, 동전과 온갖 진귀한 물건, 특히 골동품을 통해 드러난다. 서재는 조용한 숙고를 위한 사적인 공간이지만 책 수집과 학문은 본질적으로 사회적 활동이었다. 최고의 책을 수집하려면 비슷한 생각을 공유하는 친구들의 광범위한 인맥이 있어야 했다. 우리는 이미 사라진 필사본을 찾아 사방팔방으로 서신을 보냈던 브라치올리니와 니콜리의 경우를 살펴보았다.[27] 브라치올리니가 악명 높은 책 사냥꾼이었다면, 수집가였던 니콜리는 피렌체를 떠나지 않고도 최고 수준의 도서관을 구축했다. 니콜리는 평생에 걸친 노력과 전 재산을 서재에 바쳐서 800권 가량 장서를 수집했다. 그는 사람들이 못 보도록 책을 감추지 않고 학자들, 친구들, 관심 있는 시민들을 모두 서재로 초대해서 책을 평가하고 책에 관해 토론했다. 심지어 책을 빌려주기도 했는데 1437년 그가 죽었을 때 무려 200권 정도가 대출 중이었다고 한다.

넉넉한 책 대출로 니콜리에 견줄 만한 사람은 드물었으나, 인문학자들이 자기 서재를 다른 사람에게 개방하는 것은 일상적이었다.[28] 이것은 인문주의자들이 후원자였던 정치가들과 성직자들에게 전해 준 책 수집의 주요 전통이었다. 인문학자들은 로마의 장군과 황제가 공공 장서를 마련하기 위해서 얼마나 많은 공을 들였는지를 많은 사례를 통해 보여 주었다. 자신들의 세계가 로마시대의 재현이라고 믿었던 이탈리아 군주들은 위대한 도서관을 세운다는 숙제를 기꺼이 받아들였다. 그러나 로마 도서관의 폐쇄성까지 받아들이지는 않았다.[29]

학자이며 수집가였던 인문주의자들은 서재에 있는 많은 책을 스스로 필사했다. 특히 니콜리는 독특한 인문적 필체로 이름을 떨쳤는데, 그것은 나중에 이탤릭체와 필기체의 원조가 됐다. 이 서체는 펜을 더 빨리 움직일 수 있어 필사에 매우 효율적이었다. 그들과 대조적으로 군주나 고위 성직자는 외주로 필사했는데, 학자뿐 아니라 출판업자의 작업실에 고용된 필경사 집단은 점점 그 일에 많이 매달렸다. 그 결과 책 수집에 특별한 관심을 품기 시작한 교황, 추기경, 주교, 장군, 정치인의 욕구를 채워주기 위해 새로운 부류의 책 판매상인 카르톨라이(cartolai)가 등장했다. 본래 양피지 상인을 뜻했던 카르톨라이는 이제 출판업자, 제본업자, 판매업자, 서지학자, 발행인, 도서와 저자 발굴업자 등의 업무를 전부 해내는 팔방미인이 됐다. 그들은 필경사와고객 사이의 중계업무를 주로 맡았으나 대형 프로젝트를 맡기위해 필경사와 채식사를 직접 고용해서 제작에 손대기도 했다. 오직 이탈리아 도시에만 부유한 고객들이 있었고, 그들이 요구하는 규모의 책 제작에 필요한 일을 조직적으로 하는 데 필요한, 언제라도 부릴 수 있는 능숙한 장인들 다수가 모여 있었다. 피렌체, 나폴리, 로마, 베네치아, 밀라노 같은 인문학자가 넘쳐나던 도시의 책 시장이 가장 선진적이었다. 이 도시들은 이탈리아 최초의 대학들이 들어섰던 도시가 아니라 상업과 정치의 중심지였다. 15세기 중엽에 들어서며 이들 도시는 귀한 도서를 구할 수 있는 곳으로 국제적 명성을 얻었다. 외국인들이 이들 도시에서 몇 년씩 살면서 자신 또는 자국의 후원자나 기관을 위해 책을 주문하고 수집했다.[30]

최고의 카르톨라이들은 피렌체공화국에 있었다. 그중 가장 많은 책을 유통한 사람은 베스파시아노 다 비스티치(Vespasiano da Bisticci)였다.[31] 1420년에 피렌체 교외의 한 마을에서 태어난 베스파시아노는 제본업자 겸 책 판매상으로 정평이 난 미켈레 구아르두치(Michele Guarducci)의 작업장에서 도제를 받아서 출판업자가 됐다. 공식적인 고전 교육을 받지 못했지만, 베스파시아노는 피렌체 안팎에서 고객들에게 가장 탁월한 필사본 공급자로 떠올랐다. 많은 카르톨라이가 중고 필사본을 중계하고 있을 때, 베스파시아노는 최고 50명에 달하는 필경사들을 고용해 군주의 주문에 맞춰 대규모로 책을 제작했다. 기민한 사업적 안목에 최고 부유층 수집가들을 능수능란하게 대하는 사교성까지 갖춘 베스파시아노의 사업은 갈수록 번창했다. 그의 성공 비결은 모든 수집가가 같은 종류의 책을 원하거나 구매할 형편이 안 된다는 점을 포착한 데 있었다. 베스파시아노 공방은 어떤 고객에게는 송아지나 염소로 만든 최고급 가죽으로 장정하고, 멋진 권두 삽화와 빠짐없이 여백을 채운 채식 장식으로 눈을 홀리는, 호화 공예품 같은 제품을 선사했고(하지만 같은 수고를 들여 필사의 정확함을 기하지는 않았다), 어떤 고객에게는 채식 장식은 머리글자를 채색해 처리하는 정도로 소박하게 꾸미더라도 필사의 정확함에 방점을 둔 내실 있는 책을 권했다.

베스파시아노 공방 제품의 가격은 최상의 부자가 아니면 자주 구매하지 못할 정도로 비쌌고, 그나마 저렴한 축에 속하는 책도 마찬가지였다. 베스파시아노 공방의 한 해 임대료는 금화 15플로린이었는데, 이는 그가 파는 중간 정도 수준의 책 한 권 가격에 불과했다.[32] 숙련된 채식사는 1년에 60플로린을 벌기도 했으나 카르톨라이 견습생은 겨우 10~15플로린을 벌었다. 호화판 권두 삽화를 넣으면 25플로린을 더 받았다. 채색 안료는 터무니없을 정도로 비쌌다. 금과 은으로 아로새기고 찬란한 보석을 온통 박아 놓은 초호화 장정 중에 어떤 것은 100플로린을 훌쩍 넘겼다. 1483년에 공화국 공직자 서열 1위였던 피렌체 서기장의 연봉이 겨우 432플로린이었다.[33] 연봉 말고 다른 많은 과외 수입이 있었겠으나, 그런 공직자조차도 작은 서재 하나를 꾸리려면 분명 엄청난 노력이 필요했다. 더욱이 어떤 수집가가 자기 장서를 공개하기를 원한다면 싸구려로 보이게 할 수는 없었다. 방문객들에게 자신이 학문과 책을 사랑한다는 깊은 인상을 남기기 위해서라도 수집가는 가문의 문장과 수많은 채식으로 치장된 가능한 한 최고의 필사본 구매에 투자를 아낄 수 없었다.

1478년에 베스파시아노는 은퇴한 후 고향 시골집으로 돌아갔다. 그곳에서 그는 당대의 저명한 인사에 관한 일련의 전기 기록을 남겼다. 그중 많은 사람들이 그의 고객이었다. 대부분 이탈리아인이었지만 우스터 백작(Earl of Worcester)과 일리 주교(Bishop of Ely)와 같은 영국인도 있었다.[34] 이 풍부하고 멋진 기록에서 100명 넘게 통치자, 추기경, 주교, 정치인, 저명 작가 들을 묘사하면서 베스파시아노는 고객인 그들이 책 수집과 관련해 보였던 특징을 애정 어린 필치로 상세히 서술했다. 책 수집이라면 그의 전문 분야였으니 별로 어렵지도 않았다. 베스파시아노는 서재 구축이 통치자와 고위 성직자의 최고 미덕인 용맹, 지혜, 관용과 충절에 버금가는 것이라고 주장했다. 베스파시아노의 설명에 따르면 비정한 장군이자 아낌없는 예술 후원자였던 페데리코 우르비노 공작은 "역사상 최고의 도서관"을 세우기를 염원했다. 그래서 "그는 돈과 수고를 조금도 아끼지 않았다. 좋은 책이 있다는 소식을 들으면 이탈리아든 아니든 사람을 보내 책을 구하게 했다." 우르비노는 피렌체 등 여러 도시에 대략 30~40명의 필경사를 고용해서 모든 고전 작가의 필사본 제작을 의뢰했다. 그가 소유했던 두 권짜리 성경은 "최고로 섬세하게 채식하고, 금란(金襴: 황금실을 짜 넣어 화려하게 짠 직물—옮긴이)으로 장정한 후 은을 넉넉히 써서 마감했다". 그가 갖고 있는 아리스토텔레스와 플라톤의 저작은 "최고급 염소 가족"에 필사한 것이었고 다른 많은 책은 주홍색이나 은색으로 장정됐다.[35]

이탈리아에서 최고라고 얘기되는 공작의 장서는 우르비노에 있는 그의 궁전 1층 잠긴 방에 보관돼 있었다. 우르비노는 그곳에서 책을 펼쳐 보지는 않았다. 그는 보통 서재와 차원이 다른, 근사하게 꾸며 놓은 자신의 스투디올로(Studiolo)로 책을 가져갔다. 편안하게 담소하거나 음악 감상도 할 수 있는, 사사로운 응접실 구실도 하는 곳이었다. 이곳에서 그는 자기 보물을 방문객들과 함께 감상했다.[36] 스투디올로는 로마시대 빌라 구조를 본뜬 건물로, 먼 미래인 우리 시대 공공도서관 서고 시스템의 전조라 부를 만하다.

인문주의자의 이상에 공감했던 베스파시아노는 부자 고객들이 컬렉션을 대중들과 공유했으면 하는 기대를 품었다. 비록 그가 전기에서 고객들에게 이런 의도가 있었다고 되풀이해서 언급했으나, 실제로 그랬다는 기록은 거의 남기지 못했다.[37] 하지만 고객 중에 엄청난 성공을 거둔 이가 있었다. 이탈리아에서 가장 부유한 은행가로 꼽힐 뿐 아니라 피렌체를 사실상 지배했던 코시모 데 메디치(1389~1464)였다. 베스파시아노는 젊은 시절부터 그와 친했을 뿐만 아니라 그의 총애를 받는 카르톨라이였다. 두 사람의 인연은 망명을 끝내고 돌아온 코시모가 피렌체인의 인기를 되찾고자 하면서 시작됐다. 가장 먼저 코시모는 당시 새 수도회에게 수여된, 폐허만 남은 산마르코 성당의 후원자가 됐다.[38] 수도사들이 성당을 접수하러 도착했을 때, 건물은 쓰러져 가는 데다 세간살이도, 미사 용구도, 전례용 서적도 없었다. 코시모는 당대 최고 건축가 반열에 오른 미켈로초 미켈로치(Michelozzo Michelozzi)에게 수도원을 완전히 재건축하도록 의뢰했다. 도서관 홀까지 따로 마련한 새 수도원은 1444년에 완공됐다. 코시모가 글자를 읽을 수 있는 모든 시민을 위한 자료실로 구상했던 그 도서관은 교회의 구조를 따라서 통로 세 개와 궁륭형 아케이드 형태의 천장으로 이루어져 있었다. 그리고 삼나무 독서대 64대가 궁륭 아래로 통로 두 개를 차지했다.

산마르코에 도서관 공간은 생겼지만 책은 없었다. 때맞춰 코시모에게 도서관을 최고의 장서로 채울 기회가 왔다. 위대한 수집가 니콜리가 자기 장서를 공공에 기부하겠다는 결심을 유언으로 남긴 것이다. 그 결심을 실행할 기금도 남기려 했으나 사망 당시 그의 재무 상태는 거의 파산지경이었다. 그래서 그는 자기 장서를 코시모와 그 동생 로렌조가 이사로 있는 신탁이사회에 넘겼다. 1441년에 이사회는 코시모가 니콜리의 채무를 탕감해 준다는 조건으로 그 장서를 산마르코 도서관에 비치하도록 재가했다. 채무의 절반 이상이 메디치 가문에 빚진 터여서 별로 어려운 조건이 아니었다. 코시모는 단번에 최고 수준의 라틴어와 희랍어 고전 필사본으로 구색을 갖춘, 이탈리아에서 가장 훌륭한 도서관을 구축했다.

산마르코 도서관은 장서 400권을 갖추고 개관했다. 모든 장서는 사슬로 채워 64대 독서대에 고정됐다. 열람이 허용된

도판 5. 미켈로초가 설계한 피렌체 산마르코 도서관 내부.
중앙 복도 양쪽으로 각각 별개의 창문으로 빛을 받는 독서대가 나란하다.
피렌체 백성에게 바친 코시모의 선물은 고전 학문의 중심지라는
피렌체의 명성을 더욱 확고히 해 주었다.

사람은 피렌체 시민으로, 학문적 관심과 문해력을 갖춘 남성으로 한정됐다. 하지만 15세기 피렌체에 그런 자격을 갖춘 이는 1000명에 달했다. 개관 후 18년 동안 코시모는 장서 120권을 추가했는데, 그중 많은 책을 베스파시아노에게 주문했고, 대부분 광범위하게 수집된 종교 관련 필사본이었다. 코시모는 이상적 고객이었다. 계약대로 정확히 값을 치렀을 뿐만 아니라(모든 큰손 수집가들이 그랬던 것은 아니었다), 중계 수수료로 400플로린을 주었다.[39] 더욱이 코시모는 산마르코에만 책을 들여 놓은 것이 아니었다. 피렌체 외곽 지역 피에졸레(Fiesole)의 바디아 수도원(Badia monastery)에 비치한 모든 책의 값도 치렀다. 이 대규모 프로젝트도 베스파시아노에게 맡겨졌는데, 그의 기록에 따르면 필경사 45명을 동원해 22개월 동안 필사본 200권을 작업했다.[40]

1464년에 코시모가 사망한 후에도 메디치 가문은 여전히 피렌체 권력의 핵심이었으나 공공도서관에 대한 열정은 빠르게 사라졌다. 베스파시아노의 조카 로렌조 다 비스티치(Lorenzo da Bisticci)와 같은 피렌체 시민이 산마르코 도서관에 책을 기증했으나 코시모의 후계자들은 개인 장서를 키우는 데 더 관심을 쏟았다. 코시모의 손자인 위대한 로렌조(Lorenzo the Magnificent, 1449~1492)는 피렌체 시민과 토스카나 수도사를 위해서 책을 수집하지 않았다. 단지 자신을 위해서만 모두 필사본 1000권을 쌓았다.[41] 그가 가장 아끼던 책은 미사경본이었는데 순은과 수정으로 장정한 이 책을 만드는 데 200플로린이 들었다. 이 책은 교양 있다는 평판을 받고자 골몰하는 영리한 은행가가 수집할 만한 책이 아니라 군주를 위한 책이었고, 메디치 가문이 금융업자에서 정치적 거물로 변신했음을 만천하에 드러내는 증거였다.

보편적 가치

부르고뉴의 공작이나 위대한 로렌조와 비슷한 지위의 군주들이 장서를 마련하려고 애쓴 것은 그것이 자기 지위에 걸맞은 일이라 생각했기 때문이었다. 책은 비싸고 귀한 물건이어서 많은 책을 갖춘다는 것은 그 자체로 특권적 행위였다. 전체 인구에 비해서 일상에서 책을 접할 수 있는 사람들은 상대적으로 드물었고 주로 궁궐 관리, 성직자, 의사, 학자 같은 사람들에게나 가능한 일이었다. 군주가 갖춘 좋은 장서는 이런 사람들이 자기 궁궐로 찾아오게 하고 자신의 총애를 구하게 하는 수단이었다. 책의 가치를 평가하기 위해 스스로 박식한 군주가 될 필요도 없었고 책의 신비한 힘을 이해하기 위해 교양을 함양할 까닭도 없었다.

이러한 모든 점에서 14~15세기 유럽의 거대 도서관들은 유럽 밖의 도서관들과 다를 바 없었다. 페르시아의 이미르(emir: 왕, 토후)와 술탄(sultan), 바그다드, 카이로, 코르도바의 칼리프도 모두 장서를 장만했고, 그 주변에는 예술가와 학자가 붐볐다. 안달루시아, 이집트, 레반트, 메소포타미아 땅의 거대 도시에서도 노트르담 주변 또는 브뤼주 작업장의 필경사만큼이나 재능 있는 장인들을 육성했다. 글 솜씨, 채식, 그림은 이슬람 세계에서 최고의 예술이었다. 엄청나게 공들여 만든 화려하게 장식된 책은 엘리트 계층의 빼놓을 수 없는 수집품이었다. 책의 주제는 신학을 포함해 과학, 수학, 천문학, 그리고 필요한 지식의 집대성인 백과사전에 이르기까지 모든 분야를 망라했다.[42] 비슷한 규모의 다른 유럽 도서관들처럼 책에 대한 접근은 통치자와 그를 보좌하는 자들에게만 허용됐다.[43]

다마스쿠스(Damascus) 같은 도시에도 신학교와 다른 교육기관이 설립되면서 상업적 책 시장도 생겨났다. 그곳에서 출판업자들, 필경사들, 학자들(한 사람이 이 세 가지 업을 겸하기도 했다)이 학생들에게 텍스트를 공급했고, 다른 학자들, 궁궐 관리들, 그리고 아바스(Abbasid), 파티마(Fatimid), 맘루크(Mamluk) 왕조의 특권층에게도 책을 공급했다. 책 수집으로 유명했던 도시 중에는 니제르(Niger) 강둑을 따라 조성된 무역중심지 팀북투(Timbuktu)가 있었다. 14~16세기에 이 도시는 가장 해박한 이슬람 학자들의 본고장으로 이름이 높았고, 그들이 내리는 신성한 율법에 관한 판결은 북아프리카 전역의 공동체에서 깊이 존중받았다.[44] 이들 학자는 대부분 이슬람 신학, 법학, 역사, 과학, 의학에 관한 필사본으로 가득한 자신만의 서재가 있었다. 서재는 박학의 중요 지표였고, 학자들이 갖는 권위의 정당성을 입증하는 근거였다. 어떤 학자의 장서는 수백 권에 달했다. 학자들은 넘쳐 나고 책 제작 능력이 미흡한 도시에서라면 이런 서재는 그 소유자의 가장 귀한 재산이었다.

팀북투의 학문적 명성은 1591년 모로코의 침공으로 인한 대참화로 사실상 끝났다. 학자들은 살해당하거나 포로가 되거나 망명길에 올랐다. 도시 전체의 책은 버려지고 덧없이 흩어졌다. 이슬람 세계의 다른 거대 장서들에도 비슷한 불운이 닥쳤다. 13세기 몽골의 침공으로 바그다드가 완전히 폐허가 됐을 때, 스페인에서 기독교도의 레콩키스타(Reconquista: 8~15세기 이베리아반도 내 이슬람 점령지를 탈환하려던 기독교도의 국토 회복 운동—옮긴이)로 인한 파괴가 자행됐을 때, 똑같은 만행이 벌어졌다. 중세 시대의 이슬람 도서관에 대한 파괴행위가 가져온 가장 안타까운 결과는 장서 피해 규모에 대하여 믿을 만한 세부사항을 밝히는 것이 극히 막막하다는 점이다. 후대의 추정으로는 수십만 권에서 심지어 수백만 권에 달한다고 하나, 이는 고대 알렉산드리아 도서관의 장서 규모를 추정하는 것만큼이나 막연한 수치다.[45] 카이로와 바그다드의 거대한 장서 관련 정보는 중국, 한국, 일본의 중세 시대 장서 규모와 마찬가지로 추정에 불과할 뿐이다. 이들 아시아 국가들에서도 황제와 왕과 쇼군이 궁정에서 업무를 보는 학자들과 관료들의 참고 자료로 상당한 규모의 도서관을 구축했던 것으로 알려져 있다.[46]

확실한 것은 중국과 그 뒤를 이은 아랍 사회가 종이 제작 기술로 도서관 발전의 중대한 혁신에 기여했다는 사실이다. 일찍이 동아시아에서는 대나무 같은 식물 섬유조직을 이용해 종이를 만들었고, 두루마리와 책자를 둘 다 만들어 썼다. 800년경 이 기술이 이슬람 세계로 전파됐다. 그곳에서는 못 쓰는 누더기 옷감이 종이의 원료가 됐다. 종이는 동물 가죽으로 만드는 양피지보다 훨씬 싸고 유용했다. 제지공장에서 필요한 것은 두 가지였다. 원료는 리넨, 면, 대마섬유 같은 천 누더기를 넉넉히 구할 수 있으면 충분했고, 동력은 강물만 있으면 됐다. 강물의 힘으로 물레방아를 돌리고, 물레방아로 육중한 해머를 구동해 천 누더기를 때려 펄프로 만들었다.[47] 13세기경 이탈리아와 스페인에 최초의 제지공장이 세워졌다. 프랑스, 독일, 저지대 국가들도 그 뒤를 따랐다. 종이가 훨씬 싸고 흔한 재료라는 사실은 매우 분명했다. 하지만 종이의 내구성은 양피지에 비할 수 없이 약했다. 처음에 종이는 아랍과 유럽 양쪽 모두 필기용 또는 장부 정리용으로 쓰일 뿐 책 제작을 위해서는 사용되지 않았다. 종이로 책 제작을 하는 것은 15세기가 되어야 본격화한다.

중국에서 비롯한 또 다른 중요한 기술적 혁신은 목판인쇄의 도입이었다. 그 기술은 곧 한국과 일본으로 전파됐다. 목판에 텍스트와 이미지를 새겨 찍어 내는 방식은 7세기에 보편화됐는데, 19세기까지도 동아시아의 지배적인 인쇄술이었다. 동아시아는 한자문화권이었는데, 한자는 수도 많고 복잡했기에 금속활자나 도자기 활자보다 목판활자가 더 널리 사용됐다.[48] 근대까지도 목판인쇄술은 주로 왕실의 필요에 부응하기 위해서 혹은 불교 사원 및 사원에서 목판으로 기도문과 경전을 복사하는 영적 활동의 하나로 사용됐다. 불교 사원에서 막대한 규모의 장서를 축적했다는 사실은 20세기 초반 중국 서부 둔황에서 거대한 지하 수도원 단지의 일부였던 '장경동(藏經洞, 도서관 동굴)'이 발견되면서 입증됐다. 11세기 이래 폐쇄돼 있던 이 동굴에는 4만 점에 달하는 필사본이 보관돼 있었다. 대부분 불교 서적이었으나, 언어학에서 의학에 이르는 희랍어 필사본을 비롯해서 다양한 장르에 속하는 온갖 서적도 함께 발견돼 실크로드의 주요 교차로에 있던 이 수도원 공동체의 학문적, 지적 호기심이 어느 정도였는지를 보여 주었다.[49] 동굴이 발굴된 후 수많은 필사본이 서양과 중국의 방문객에게 팔려 나갔다. 오늘날에도 전 세계에서 이 경이로운 동굴에서 나온 장서 중 일부가 발견됐다는 소식은 끊이지 않고 있다.

둔황석굴은 또한 아시아 지역 대부분에서 필사본이 장서의 주축임을 입증해 주었다. 이슬람 세계에서는 대체로 책의 인쇄에 부정적이었던 데다 아름다운 서체는 최고급 시각예술로 손꼽혔고 신의 언어를 영광스럽게 만드는 적절한 수단으로 여겨졌다. 그래서인지 활판인쇄술이 중국에서 유럽으로 전해졌다는 증거는 거의 찾을 수 없다. 15세기 중엽에 등장한 구텐베르크 인쇄술은 외부 유입이 아니라 독자적 발명이었다.[50] 책의 생산과 유통에 가장 근본적 영향을 미쳤고, 도서관 구축의 면모를 영원히 바꾼 것은 유럽의 인쇄술이었다. 그것은 유럽, 이슬람, 동아시아를 통틀어 확인됐던 보편적 도서관 구축 방식의 토대 중 몇 가지를 뿌리째 흔들어 놓았다. 새로운 인쇄술로 만들어진 대량 책 판매 시장을 통해 유럽에서 새로운 수집가 집단이 출현했고, 그들은 책을 소유하는 기쁨과 고난을 동시에 느꼈다. 그것이 또한 도서관에 예기치 못했던 문제를 던져 주었다.

2부

출판의 위기

4장
악마 같은 인쇄기

1455년 3월 12일 나중에 교황 비오 2세(Pope Pius II)로 불릴 아이네아스 피콜로미니(Aeneas Piccolomini)는 후안 데 카르바할(Juan de Carvajal) 로마 추기경에게 편지로 놀라운 소식을 전했다. 그는 프랑크푸르트에서 '기적을 부른 사내'가 만든 성경을 보았다. 이 남자는 150권이 넘는 성경을 팔려고 내놓았는데 한 개인이 소지하기에는 믿기지 않을 정도로 많은 양이었다. 피콜로미니는 추기경에게 책이 금방 팔려 나가서 한 권도 구하지 못해 죄송하다고 말했다. 피콜로미니가 특히 송구했던 것은 그 책이 "철자가 매우 깨끗하며 정확하고 실수가 보이지 않는 데다 각하께서 안경을 쓰지 않고도 어렵지 않게 읽으실 수 있을 것"이라는 이유였다.[1]

피콜로미니가 편지에서 언급한 것은 그 유명한 구텐베르크 성경이었다. '기적을 부른 사내'는 활자를 이용한 인쇄술을 발명한 마인츠(Mainz)의 대장장이 요하네스 구텐베르크였다. 이 발명으로 그가 큰돈을 벌지는 못했지만 도서관의 미래에, 즉 어떤 방식으로 도서관이 세워질 것인지, 누가 책을 수집할 수 있을지에 엄청난 영향을 미쳤다. 그러나 이 모든 일이 당시에 곧장 일어난 것은 아니다. 1450년대 중반 인쇄술이 발명된 후 적어도 20년 동안은 필사본 생산 규모가 오히려 증가했다. 인쇄술 탄생이 곧장 필사본 제작의 붕괴를 초래하지 않았다. 다양한 필사본 문서가 여전히 정부 업무에, 소식 전달에, 문필 활동에 의미 있게 사용됐다. 그러나 인쇄술은 13세기 이후 프랑스와 이탈리아에 등장한 상업적 필사본 생산에는 부정적 영향을 미쳤다. 새로운 인쇄매체가 자리 잡으면서 베스파시아노 같은 출판업자의 책은 엄두도 낼 수 없던 사람들조차 책 수집가가 될 가능성이 열렸다. 유럽에서 단지 책을 소유했다는 이유로 사회적, 정치적 엘리트의 일원으로 여겨지는 시대도 저물고 있었다.

이것이 인쇄술 발명이 도서관에 미친 가장 즉각적인 충격이었을 것이다. 한 세기 또는 그 이상의 기간 동안 책 수집은 유럽 사회 지도층의 관심사에서 멀어졌다. 부르고뉴의 공작들과 메디치가의 실력자들이 장서를 쌓는 데 투자한 정도의 거금을 쓸 곳은 (태피스트리, 조각, 회화를 주문하거나 전쟁을 벌이는 등) 얼마든지 있었다. 책 수집과 달리 이런 일은 군주 말고는 넘보기 힘든 영역이었다. 필사본 시대의 거대한 장서들은 갑자기 방치됐고 황폐해졌다. 도서관 생존은 다시 중세 시대 내내 책을 지켜 온 수도사와 탁발수도사의 손에 맡겨졌다. 르네상스 시대 지식인들이 그들을 그토록 경멸한 것을 생각하면 아이러니가 아닐 수 없다. 그러나 16세기 초, 종교개혁의 시대가 닥치면서 수도원은 가혹한 비판 대상으로 전락했고 수도원이 꾸준히 이어 왔던 책 수집도 비판을 벗어나지 못했다. 인쇄술의 도입으로 새로운 수집가 계층이 생겨날 터전이 서서히 닦이는 동안 궁궐과 대학과 수도원에 구축됐던 전통적 의미의 도서관은 잠시 빛을 잃었다.

책 공장

피콜로미니가 인쇄된 성경에 경탄을 금치 못한 지 1년도 안 되어서 구텐베르크는 곤경에 처했다. 옛 동업자 요한 푸스트(Johann Fust)와 송사에 휘말린 것이다. 푸스트는 '책 공장'의 필요자금 중 많은 부분을 부담했고, 구텐베르크가 자신에게 2026길더를 갚아야 한다고 고소했다. 그 돈이면 당시 마인츠에서 저택스무 채를 살 수 있었다. 법원은 구텐베르크에게 그 절반만 갚으라고 판결했으나 그 정도로도 그를 파산시키기에 충분했다.[2] 인쇄업자로 성공하려면 늘 재정상태에 유의해 사업체를 운영하라는 엄혹한 경고를 구텐베르크의 후배 출판업자들이 귀담아들은 것 같지는 않다.[3] 구텐베르크 성경이 나온 지 50년 후, 적어도 1000명의 인쇄업자들이 유럽 도시 240곳에서 인쇄소를 설립했으나, 그중 대부분이 겨우 몇 년을 지탱했을 뿐이다. 큰돈을 번 사람은 드물었다.

기술에 대한 호기심이 인쇄술 확산의 가속화에 커다란 역할을 했다. 사람들은 인쇄기가 책을 복제하는 속도에 아연실색했다. 필경사가 작업하면 1년 정도 걸리는 상당한 두께의 2절판서적을 인쇄기 한 대에 한 팀이 매달려 작업하면 8~10개월 만에 1000권을 생산할 수 있었다. 그러나 인쇄기가 매일 책을 몇 권씩 생산한 건 아니었다. 인쇄는 한 쪽 단위로 엄격한 공정을 거쳐서 진행됐다. 식자판 하나에 금속활자 세팅이 끝나면, 그 판으로 정해진 매수를 찍어 낸다. 그러고 나서 식자판의 활자를 해체하고 활자를 씻은 후 다음 쪽에 맞게 다시 식자하고, 동일 작업을 반복한다. 책 한 권은 인쇄기 위에 보통 6개월 정도를 머문다. 마지막 쪽이 인쇄될 때까지 책이 완성 상태가 아니기에 인쇄업자는 단 한 권도 팔 수 없었다. 그런데도 그동안 드는 종이 비용, 식자공과 인쇄공의 임금, 인쇄한 책의 보관비까지 감당해야 했다.

인쇄술 발명은 출판업계의 전통적 리듬을 깨 버렸다. 필경사는 책을 필사할 때 보통 마음속으로 고객을 염두에 둔다. 실제로 필경사 대부분은 직접 고객에게 주문을 받았다. 책이 완성돼 필경사가 돈을 받으면 거래가 끝났다. 인쇄업자는, 비록 그가 몇몇 고객을 떠올릴 수 있더라도, 300권, 500권, 1000권의 구매자들이 나타날지, 또 그들이 어디에 있을지를 예측해야 했다. 한 도시에서 구매자 수백 명을 찾을 가능성은 희박했다. 상당한 숫자의 라틴어 서적을 소화하려면 유럽 전역의 시장에 책을 풀어야 판매가 가능했다. 책 수요를 너무 적게 예측하면 추가 이익을 놓쳤고, 거꾸로 너무 많이 예측하면 팔리지 않은 책에 투자비용이 매몰되면서 재정적 치명타를 입었다.

이것은 인쇄업계의 많은 개척자들이 힘들게 배운 뼈아픈 교훈이었다. 그러나 재정과 유통의 새로운 문제에 조금도 개의치 않는 사람들이 있었다. 인쇄술 발명으로 가장 큰 이득을 보았던 책 구매자들이었다. 전통적으로 책을 가장 많이 구매하고 사용했던 수도사, 탁발수도사, 성직자가 새 인쇄술로 제작된 책에 대해 보인 관심은 놀라울 만큼 열정적이었다. 인쇄술의 발명은 우연히도 광범위하게 퍼져 나갔던 영적부흥운동과 같은 시기에 일어났다. 부흥운동은 도시와 시골의 모든 수도원이 열렬히 책 장서를 새로 구축하거나 보충하도록 부추겼다.[4] 인쇄술은 가장 긴급히 필요할 때 세상에 전해진 거룩한 발명품처럼 보였다. 브레시아의 주교는 다음과 같이 말했다.

> 자비로운 하느님께서 이 시대의 인간에게 새로운 기술을 전하셨다. 활판인쇄 덕분에 …… 세 명이 석 달 만에 그레고리우스 1세(Gregory the Great)의 2절판 주석집 300부를 인쇄했다. 만약 펜이나 철필로 작업을 했다면 그들이 평생을 바쳐도 이루지 못했을 작업량이었을 것이다.[5]

성직자들이 새 인쇄술로 찍은 책에 감탄한 것은 자연스러웠다. 최초의 인쇄업자들이 인쇄물을 모양과 스타일과 내용에서 필사본과 비슷하게 만들려고 애썼기 때문이다. 이것은 우연은 아니었다. 초창기 인쇄업자 중 일부는 필경사 출신이거나 필사본 업종과 깊은 관련이 있던 이들이었다. 게다가 이들은 책 세상을 혁명적으로 바꿔 보겠다는 생각 따위는 없었다.[6] 이런 이유로 수도원 필사실은 새 인쇄술을 자신들 직업에 대한 도전으로 여기지 않았다. 사실 인쇄술 도입 초기에 필사실의 작업량은 과거 어느 때보다 많았다. 최초의 인쇄 책자들은 일반적으로 마지막에 필사실에서 머리글자와 붉은 글자를 직접 써 넣고 채식 작업을 한 뒤에야 작업이 끝났다.

어떤 수도원 공동체는 인쇄술의 편리함에 매료돼 직접 인

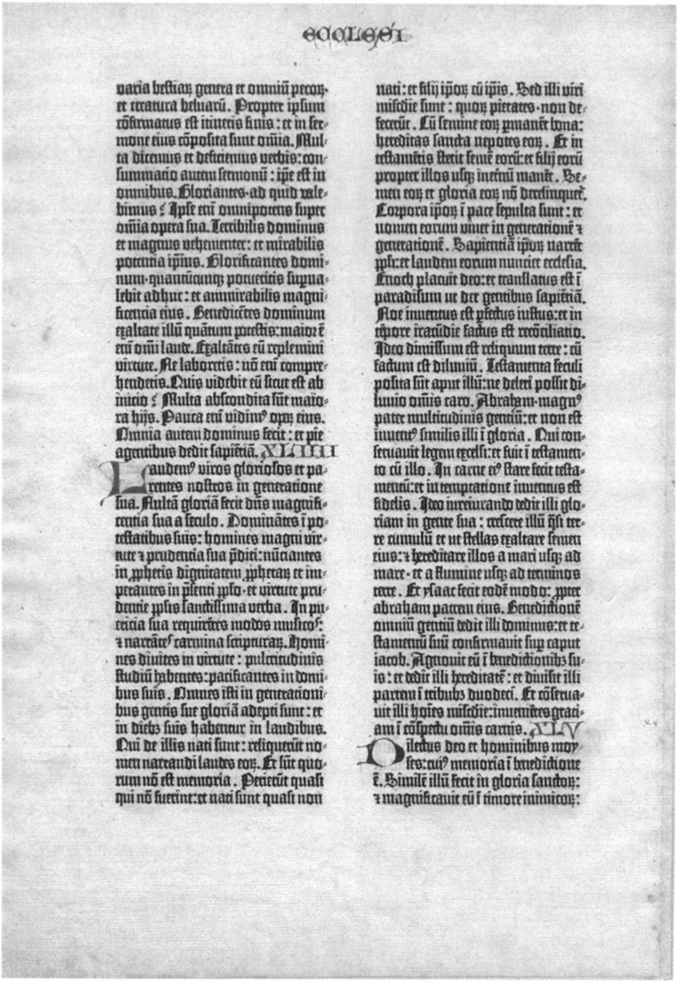

ECCLESI

varia bestiaȝ genera et omniū pecoȝ
et creatura beluarū. Propter ipsum
cōfirmatus est itineris finis: et in ser-
mone eius cōposita sunt om̄ia. Mul-
ta dicemus et deficiemus verbis: con-
summatio autem sermonū: ipse est in
omnibus. Gloriantes ad quid vale-
bimus? Ipse enī omnipotens super
om̄ia opera sua. Terribilis dominus
et magnus vehementer: et mirabilis
potentia ipsius. Glorificantes domi-
num quantūcunqȝ potueritis supva-
lebit adhuc: et ammirabilis magni-
ficentia eius. Benedicētes dominum
exaltate illū quātum potestis: maior ē
enī om̄i laude. Exaltātes eū replemini
virtute. Ne laboretis: nō enī compre-
hendetis. Quis videbit eū sicut est ab
initio? Multa abscondita sūt maio-
ra hiis. Pauca enī vidim⁹ opeȝ eius.
Omnia autem dominus fecit: et pie
agentibus dedit sapiētiā. XLIIII
Laudem⁹ viros gloriosos et pa-
rentes nostros in generatione
sua. Multā gloriā fecit dn̄s magnifi-
centia sua a seculo. Dominātes ī po-
testatibus suis: homines magni vir-
tute ꝛ prudentia sua p̄diti: nūciantes
in ꝓphetis dignitatem ꝓphetaȝ et im-
perantes in p̄senti ꝓplo et virtute pru-
dentie ꝓplis sanctissima verba. In pu-
ericia sua requirētes modos musicos:
ꝛ narrātes carmina scripturaȝ. Homi-
nes divites in virtute: pulcritudinis
studiū habentes: pacificantes in domi-
bus suis. Omnes isti in generationi-
bus gentis sue gloriā adepti sunt: et
in dieb; suis habentur in laudibus.
Qui de illis nati sunt: reliquerūt no-
men narrandi laudes eoȝ. Et sūt quo-
rum nō est memoria. Perierūt quasi
qui nō fuerint: et nati sunt quasi non
nati: et filij ipsoȝ cū ipsis. Sed illi viri
misericordie sunt: quoȝ pietates non de-
fecerūt. Cū semine eoȝ ꝑmanēt bona:
hereditas sancta nepotes eoȝ. Et in
testamētis stetit semē eorū: et filij eorū
propter illos usqȝ ineternū manēt. Se-
men eoȝ et gloria eoȝ nō derelinquet̄.
Corpora ipsoȝ ī pace sepulta sunt: et
nomen eorum vivet in generationē ꝛ
generationē. Sapientiā ipsoȝ narrēt
ꝓpli: et laudem eorum nunciet ecclesia.
Enoch placuit deo: et translatus est ī
paradisum ut det gentibus sapiētiā.
Noe inventus est ꝑfectus iustus: et in
tēpore iracūdie factus est recōciliatio.
Ideo dimissum est reliquum terre: cū
factum est diluviū. Testamenta seculi
posita sūt apud illū: ne deleri possit di-
luvio om̄is caro. Abraham magn⁹
pater multitudinis gentiū: et non est
invent⁹ similis illi ī gloria. Qui con-
servavit legem excelsi: et fuit ī testamen-
to cū illo. In carne ei⁹ stare fecit testa-
mentū: et in temptatione inventus est
fidelis. Ideo iureiurando dedit illi glo-
riam in gente sua: crescere illū q̄si ter-
re cumulū et ut stellas exaltare semen
eius: ꝛ hereditare illos a mari usqȝ ad
mare et a flumine usqȝ ad terminos
terre. Et ysaac fecit eodē modo: ꝓpter
abraham patrem eius. Benedictionē
omniū gentiū dedit illi dominus: et te-
stamentū suū confirmavit sup caput
iacob. Agnovit eū ī benedictionib; su-
is: et dedit illi hereditatē: et divisit illi
partem ī tribub; duodecī. Et cōserva-
vit illi hoīes misericordie: invenientes grati-
am ī cōspectu om̄is carnis. XLV
Dilectus deo et hominibus moy-
ses: cui⁹ memoria ī benedictione
ē. Similē illū fecit in gloria sanctoȝ:
ꝛ magnificavit eū ī timore inimicoȝ:

도판 6. 인쇄술로 만든 최초의 책들은 가능하면 필사본과 유사해 보이도록 제작됐다. 구텐베르크 성경은 두 가지 색으로 머리글자를 꾸몄다. 다른 모든 장식과 마찬가지로 머리글자도 손으로 작업했다.

쇄소를 차리기도 했다. 1470년대 초 아우크스부르크(Augsburg)에 위치한 성 울리히와 아프라(Saints Ulrich and Afra) 수도원의 멜키오르 슈탄하임(Melchior of Stanheim) 수도원장은 책 인쇄는 "게으름을 예방하는 유용한 노동"이 될 것이라면서 동료 성직자들을 설득하려 했다. 그는 또한 지역에 인쇄소를 차리면 "많은 책을 도서관에 들여오게 될" 것이라고 주장했다.[7] 인쇄술에 열광한 사람은 그만이 아니었다. 인쇄소가 독일 전역의 수도원과 수녀원에 생겼을 뿐만 아니라 스웨덴, 이탈리아, 영국, 스페인에도 들어섰다. 슈탄하임 수도원장의 언급이 보여 주듯 인쇄술에 대한 수도원 공동체의 첫 번째 생각은 자기 수도원 또는 같은 수도회 소속 다른 수도원만을 염두에 두었을 뿐이다. 새미사경본과 성무일도서를 만들려면 인쇄소를 가까이 두는 것이 합당했다. 그 책들은 상당히 공을 들여야 하는 복잡한 일이어서 성직자의 엄격한 감독이 필요했기 때문이다.

　다른 많은 동시대인들처럼 수도사들은 인쇄기를 필사 작업의 기계적 연장으로 생각했다. 어떤 작업에서 인쇄기는 매우 효율적이었다. 카탈로니아(Catalonia)의 몬세라트(Montserrat) 소재의 베네딕트회 수도원에 인쇄 책임자로 초빙된 요한 루슈너(Johann Luschner)는 자기 후원자들을 위해 면죄부 19만 부를 제작했다.[8] 몇 장 안 되는 이러한 인쇄물을 찍는 것은 손으로 작업하는 것보다 비교할 수 없을 정도로 간단했다. 그러나 두꺼운 책을 사업적 동기로 인쇄하는 것은 늘 간단하지 않았다. 1476년에 인쇄기를 들였던 피렌체의 산 자코포 디 리폴리(San Jacopo di Ripoli) 수도원은 13개월 동안 온갖 애를 써서 보카치오의

『데카메론(Decameron)』을 400권 제작했으나 그것을 팔기 위해 훨씬 더 오랫동안 분투해야 했다.[9] 리폴리 수도원은 다른 책으로는 더 수지맞는 장사를 했다. 대부분 독실한 신앙이나 고전 학문 관련 필독서였는데 주로 다른 수도원에서 구매했다.

1490년대 무렵 초기 수도원 소속 인쇄소는 대부분 폐업했다. 그들과 연계돼 있던 인쇄업자들이 고객에 대한 인내심을 잃었거나 수도사들이 흥미를 잃었기 때문이다. 수도원 자체 인쇄소에서 책 수백 권을 제작해서 팔거나 물물교환으로 자기네 수도원에 필요한 다른 책을 구하는 것보다 대도시 서점에서 필요한 책을 구매해서 도서관을 채우는 것이 더 쉬웠다. 이런 변화는 책값이 크게 하락하는 것과 동시에 일어났다. 최초의 인쇄 책자들은 비슷한 필사본보다 그리 싼 편이 아니었다. 구텐베르크 성경은 극히 비쌌기에 군주들, 주교들, 수도원들 정도나 구매할 수 있었다. 그러나 그로부터 40년이 지난 1491년, 프랑켄탈의 빌헬름 폰 펠데(Wilhelm von Velde of Frankenthal)라는 아우구스티누스 교단 소속 수사 신부는 다음과 같이 말했다.

엄청나게 많은 책이 이미 우리 시대에 만들어졌고 매일 새 책이 그 수를 보태고 있다. 스승의 구술을 기록한 책이나 과거처럼 필사한 책뿐만 아니라 놀라운 기술인 새로운 인쇄술로 만든 책도 있다. …… 요즘은 책값이 너무나 헐해서 과거에는 한 번 듣거나 읽는 데 지불하던 비용으로 책을 구매할 수 있을 정도이다.[10]

이 다소 뜬금없는 언급은 궁궐이나 수도원에서 재미로 또는 영적 치유를 위해 책을 크게 낭송했던, 널리 퍼진 관행을 말하는 것이었다. 16세기에 책이 흔해지면서 같은 텍스트를 함께 공유하는 행위는 일부러 하는 일이 아니면 점점 그 쓸모를 잃어버렸다. 중세의 텍스트 공유 행위는 20세기에 라디오와 텔레비전의 탄생으로 마침내 다시 재현된다.

1490년대쯤에는 새 책이 엄청난 양으로 유통되면서 가격 하락을 몰고 왔다.[11] 1500년까지 책 900만 권이 인쇄기에서 쏟아지고, 그 후 매년 더 많은 책이 생산됐다. 몇몇 분야에서는 이미 시장은 포화상태였다. 수도원은 엄청나게 범람하는 새 책을 마음껏 향유했다. 하지만 신학적 주석과 교회법에 관한 방대한 책을 찾는 구매자의 수요에는 한계가 있었다.

양피지가 아니라 종이가 책의 원료로 선호되면서 가격도 하락했다. 변화는 필연적이었다. 양피지로는 늘어 가는 출판 수요를 절대 충족할 수 없었다. 구텐베르크 성경 30부를 양피지로 제작하려면 적어도 송아지 5000마리 가죽이 필요했다.[12] 종이는 여전히 비싼 상품이었으나, 양피지보다는 쉽게 생산을 늘릴 수 있었다. 인쇄기가 발명된 후 제지공장이 유럽 전역에 우후죽순 생겨났다. 우퍼 바바리아(Upper Bavaria) 행정구에 속한 테게른제 소재 베네딕트회 수도원의 한 사서는 성 암브로시우스의 세 권짜리 저서를 단 3플로린에 구입하고는 기쁨을 감추지 못했는데, 이는 수도원에서 제조한 양피지 열세 장을 팔아서 벌 수 있는 정도의 금액이었다.[13]

비슷한 시기에 케임브리지에서는 양피지 서적과 달리 종이로 만든 책은 담보물로 잡을 수 없다는 판결문이 공표됐다.[14] 이 판결은 인쇄술 발명이 책과 도서관의 지위에 나쁜 영향을 미칠 수 있음을 암시한 최초의 결정이었다. 인쇄술은 옥스퍼드대학교 링컨칼리지의 전공 교수 존 베이시(John Veysy)에게는 의심할 바 없이 횡재였다. 그는 1470~1480년대에 비교적 쉽게 85권 가량 책을 수집했다. 오덴세(Odense) 성당의 한스 우르네(Hans Urne) 수도원장도 마찬가지였다. 1503년 그가 죽었을 때 가족과 친구들은 유품으로 책 268권을 물려받았다.[15] 이러한 흐름은 지난 200년 동안 학자들의 신실한 기증으로 세심하게 서가를 키워 온 대학도서관에 더 치명적인 영향을 미쳤다. 책이 더 싸지고 흔해지면서 공동 장서에 관한 학자들의 절박성이 떨어졌고 그 결과 기증도 사라졌다. 옥스퍼드의 머튼칼리지 도서관은 구텐베르크가 인쇄술을 발명한 지 90년이 넘은 1540년에도 여전히 인쇄술로 만든 책이 없다시피 했다.[16]

바람결에 울다

구텐베르크의 기술을 배운 자들이 유럽 곳곳으로 사방팔방 흩어졌다. 인쇄기를 다룰 줄 아는 누추한 차림의 장인들에게 새로운 기술로 자기가 속한 도시, 교구, 수도원의 명성을 드높이려는 시장, 주교, 수도원장이 보낸 초대장과 주문의뢰서가 쇄도했다. 말뫼(Malmö)에서 리스본에 이르기까지, 이 경이로운 새 기술로 만든 책을 경험해 본 자존심 강한 도시 지배층들은 누구도 이 흐름에서 뒤처지기를 원하지 않았다. 그러나 과열된 추세는

40년도 못 갔다. 빚이 쌓이고 기대가 실망이 되자 인쇄업자들은 안정을 도모해 유럽 최대 상업도시로, 특히 상업적 도서 시장이 이미 형성된 곳으로 꾸역꾸역 몰려들었다. 이런 곳이어야 적정 규모의 도서 판매자와 구매자를 찾을 수 있었고 모험 자본의 개념을 이해하는 상인 투자자도 만날 수 있었다. 이들 상인 투자자는 대륙 전체로 책을 유통하는 데 필요한 물류 인프라를 구축하고 이용할 수 있었다. 그러므로 북유럽에서 파리가 인쇄업의 최대 중심지가 된 것은 조금도 놀랍지 않다. 남유럽에서는 베네치아가 그 역할을 했고 15세기가 채 끝나지도 않은 시점에는 150명이나 되는 인쇄업자들의 근거지가 됐다.

인쇄업자들이 베네치아에 몰리는 것이 대세가 된 것을 보고 도미니크 수도회 수도사 겸 필경사였던 필리포 데 스트라타 (Filippo de Strata)는 격분했다. 베네치아에 첫 인쇄업자가 나타난 지 겨우 4년이 지난 1473년, 데 스트라타는 베네치아 총독에게 새롭지만 혐오스러운 인쇄업을 금지해 달라는 (실패로 끝난) 청원을 했다.

> 파렴치하게도 그들은 감수성 예민한 젊은이들의 욕정을 활활 타오르게 할지 모르는 인쇄물을 헐값에 찍어 내고 있습니다. …… 워낙 싼값이라서 누구라도 그 책들을 얼마든지 구매할 수 있을 정도입니다. …… 그렇게 번 돈으로 이 인쇄업자들은 와인을 마시면서 주지육림에 빠져 웃고 떠들고 조롱합니다. 그들 때문에 이탈리아 출신의 불쌍한 이 필경사는 외양간의 짐승처럼 살고 있습니다.[17]

그는 견문 넓은 유명 설교자였다. 노여움을 토하는 설교를 닮은 독설이 청원서 가득 배어 있다. 데 스트라다는 청원서에서 1세기 전 브라치올리니와 그의 동료 인문학자들이 그랬던 것처럼 외국인 혐오 정서를 불러일으켜 더 유능한 경쟁자를 만나 곤경에 처한 자기 처지를 위장했다. 이탈리아 사람들은 인쇄술을 독일인의 발명품으로 여겼고 실제로 주로 독일 이민자들이 이탈리아에서 인쇄업을 떠맡았다. 야만인들이 책이라는 가치 있는 물건에 기여하는 것은 터무니없었고, 그들 때문에 고상한 이탈리아 필경사들이 자기 필사본을 유통하려고 출판업자들에게 잘 보여야 한다는 것은 굴욕적이었다.

데 스트라타의 주장은 대체로 "감수성 예민한 젊은이들"을 자극하려고 음탕한 시를 찍어 대는 출판사의 도덕적 악덕에 초점을 맞추었다. 새로운 출판물이 낯 뜨거운 노래만을 쏟아 낸다는 주장은 사실과 거리가 멀었다(앞에서 보았듯 인쇄물의 고객은 대부분 독실한 신앙인이었다). 그러나 무지한 무리에게 악덕을 경고하는 것은 설교자의 의무였다. 18~19세기에 공장노동자와 여성을 향해 소설을 읽으며 아까운 시간을 낭비하지 말라고 경고할 때도 같은 주장이 되풀이됐다.[18] 데 스트라타는 또한 인쇄소에서 기계를 작동하는 노동의 천박함에도 시비를 걸었다. 인쇄 과정은 시끄럽고 땀과 기름으로 범벅이 되는 일이었다. 인쇄공은 끝없이 잉크를 바르며 기름을 뒤집어쓰고 인쇄기를 돌리며 땀을 쏟아야 했다. 이제 책 만드는 일은 필경사들이 글솜씨를 뽐내던 필사본 시절보다 훨씬 더 육체를 많이 써야 하는 일이 됐다.

데 스트라타는 인쇄업을 향해 독설을 쏟아 냈다. 그러나 그 중 많은 부분이 상업적으로 운용되는 필사본 작업장에도 적용될 수 있었다. 모든 필경사가 독실한 수도사도 아니었고, 전적으로 경건한 책만 필사하지도 않았다. 문해력 없는 인쇄공이 많은 책을 오류투성이로 만들 것이라는 주장은 성급하고 부주의한 필경사의 책에도 해당했다. 책 구매자들은 그들이 구하는 책이 인쇄기가 찍어 냈든, 펜으로 썼든 개의치 않았다. 인쇄술 발명 후 십여 년 동안 책 판매상들은 같은 가게에서 인쇄기로 찍어 낸 책과 필경사가 쓴 책을 기꺼이 함께 팔았다. 이 시절의 물품명세서를 보아도 둘 사이를 구별했다는 기록은 없다.

필리포 데 스트라타의 청원은 각하됐다. 그러나 그 탁발수도사는 포기를 몰랐다. 그는 몇 번이나 더 베네치아 정부를 향해 인쇄업에 개입하고 규제하라고 촉구했다. 총독은 그 주장을 일고의 가치도 없다고 생각했다. 데 스트라타의 주장과 달리 인쇄업은 베네치아에 부와 명성을 가져다주었다. 그의 주장 중 옳다고 입증된 것은 인쇄물 값이 하락했다는 점과 더 많은 사람이 인쇄물에 접근할 수 있다는 점뿐이었다. 그가 청원서를 작성한 것과 거의 같은 시기인 1480년쯤 상업적 필사본 생산이 곤두박질치기 시작한 것은 우연이 아니다. 거대 필사본 출판업자였던 베스파시아노 다 비스티치는 1478년에 은퇴했다. 그는 인쇄물을 곱게 여기지 않았고, 그의 최대 고객에 속했던 페데리코 우르비노 공작의 서재에는 인쇄물이 단 한 권도 없었으며, "만약 필사본과 인쇄본이 함께 있으면 그것은 수치스러운 일"이라고 말했다.[19] 그러나 이 말은 사실이 아니었다. 페데리코도 인쇄

본 책자를 가지고 있었고, 베스파시아노 본인도 인쇄본을 필사본 샘플로 사용했다.[20]

인쇄본을 대놓고 얕잡아 보는 수집가들은 거의 없었다. 그렇지만 인쇄본이 늘어나면서 지배층의 서재 구축 의욕은 점점 식어 갔다. 책 가치의 하락은 제쳐 두고라도 책을 자유롭게 구매할 수 있다는 사실은 공들여 구축한 개인 인맥을 통해 구매하는 필사본과 그 가치를 감식할 수 있는 고객 사이의 끈끈한 유대를 깨 버렸다. 베스파시아노의 공방에서 주문받은 책은 고객의 주문에 맞춰 제작된 것이었다. 필경사가 같은 책을 수십 번 필사했더라도 구매자는 자신이 주문한 대로 제작된 책을 구매했다고 생각했다. 그러나 인쇄물은 필사본과 달리 본래부터 결과물 모습이 미리 정해져 있었다. 텍스트를 배열하고 책의 모습을 결정하는 것은 인쇄공 몫이었다. 필사본이라면 구매자가 원하는 도안을 삽입한다든지 다양한 저자의 글을 추가로 발췌 수록한다든지 하는 식으로 구매자가 원하는 대로 텍스트 배열이 이루어졌을 것이다. 재원만 넉넉하면 필사본은 개성 넘치고 화려한 작품이 되기도 했다. 인쇄본도 2색도 또는 3색도로 만든 실험적 도서가 나왔지만 대부분 검정 잉크로만 찍어 냈다.

점점 많은 사람이 책을 수집하기 시작하면서 필사본 시대의 위대한 도서관들은 빛을 잃어 갔다. 코시모 데 메디치가 구축했던 피렌체의 산마르코 도서관은 쇠락기에 접어들었다. 책은 사라지거나 훼손되거나 도난당했다. 초대 토스카나 대공(Grand Duke of Tuscany) 코시모 1세(Cosimo I) 같은 메디치가의 후계자들은 산마르코 도서관의 필사본 일부를 개인 장서로 빼돌리기도 했다.[21] 피렌체 시민에게 귀한 고전과 종교 문헌을 제공하자는 취지로 도서관이 건립됐지만, 16세기 중반에 이르면 시민이든 지도자든 성직자든 간에 그런 취지를 지키는 데 흥미를 잃었다. 1486년 공공도서관의 기반을 놓기 위해 바실리오스 베사리온(Basilios Bessarion) 추기경은 다수의 희귀한 희랍어 문헌을 포함한 600권 넘는 엄청난 장서를 베네치아에 기증했다. 그 책들은 고맙게 접수됐으나, 거의 한 세기가 지나도록 총독 관저에서 상자 속에 방치됐다가 도서관 건물이 선 후에야 제자리를 찾았다.

이탈리아 밖의 한 수집가는 인쇄술이 발명되고 수십 년이 흘렀는데도 여전히 엄청난 규모의 필사본 도서관을 구축하고 있었다. 그의 이름은 헝가리 왕 마차시 1세였다. 1490년 그가 죽었을 때에도 피렌체에서는 부다페스트 소재 마차시 1세의 도서관으로 보내려고 그가 주문한 책들을 제작하고 있었다.[22] 르네상스 시대 이탈리아의 예술적 성취를 흠모했던 마차시 1세는 이탈리아에서 필사한 고전과 인문학 문헌을 가득 채운 웅장한 도서관을 건립해 헝가리 수도 부다페스트가 위대한 이탈리아 도시에 버금가는 위상을 획득하기를 원했다. 그는 장서 2500권을 모았는데, 그중 많은 책이 왕이 직접 거금을 들여 특별히 주문한 것이었다. 최고의 책들은 금은보석과 뱀 가죽으로 치장된 호화로운 삼각대에 얹어 전시했다. 그가 세운 도서관 규모를 전해 들은 이탈리아 학자들은 왕의 지혜와 관대함을 칭송하는 글을 바쳤다. 그러나 헝가리에서는 칭찬 소리가 별로 들리지 않았다. 마차시 1세가 죽은 뒤 그가 도서관에 쏟아부은 억만금에 대해 백성들이 억눌렀던 분통을 터뜨리면서 비로소 그 이유가 밝혀졌다. 백성들의 원성을 사면서 부다페스트에 자리 잡았던 그 책들은 1526년 오스만 군대가 이 도시를 점령한 후 대부분 이스탄불로 실어 갔다. 남은 책은 병사들 차지가 됐는데 호화 장정은 뜯어내 챙기고 나머지는 그냥 짓밟았다.

오늘날 마차시 1세의 도서관은 거의 신화적 지위를 누리고 있다. 도서관이 그렇게 망가지지 않았더라면 아마도 엄청난 명성을 얻지 못했을 것이다. 지나치게 과열된 수집 열기를 이용해 일부 비양심적 딜러들은 마차시 1세에게 오류투성이이거나 별 가치 없는 필사본을 귀한 책인 양 속여 팔기도 한 것으로 보인다. 비록 당시 유럽 국가들이 헝가리와 그 도서관의 약탈 소식에 참담해했지만, 헝가리 왕의 수집벽을 모방하려는 통치자가 아무도 없었다는 사실은 시사하는 바가 있다. 부르고뉴 공작들의 도서관도 궁정에 찬란함을 더하며 칭송받는 문화적 상징이었다. 그러나 1467년 선량공 필리프가 죽은 후에 어떤 후계자도 인쇄술 발명으로 얻은 기회를 이용해 장서를 키우려 들지 않았다. 1506년 선량공의 증손자인 미남공 필리프(Duke Philip the Fair)가 죽었을 때, 그는 어떤 인쇄본도 가지고 있지 않았다.[23] 책을 기피한 사람이 미남공만은 아니었다. 늘 그랬듯이 왕국 귀족들은 패션과 취향에서 군주를 좇았다. 1528년 합스부르크 네덜란드의 귀족이었던 클레베의 필리프(Philip of Cleves)는 장서 175권을 소유했으나 그중 인쇄본은 다섯 권밖에 없었다.[24] 크로이 공작(Duke of Croÿ) 샤를(Charles) 같은 이들은 자기 소유의 필사본 장서 상당 부분(화려한 채식 필사본 총 78권)을 팔아 치웠다.[25]

크로이 공작의 책 78권은 미남공 필리프의 누이이자 합스부르크 네덜란드의 통치자였던 오스트리아 여대공 마르가레테(Margaret of Austria, 1480~1530)가 구매했다. 그는 도서관 구축에 적극적이고 꾸준히 힘쓴 몇 안 되는 북유럽 군주였는데 거의 400권을 수집했고 대부분 필사본이었다. 그의 삶은 신산했다. 어린 나이에 어머니와 형제를 잃었고, 프랑스 왕세자와 약혼했으나 파혼당했으며, 두 번 결혼했으나 스물다섯에 과부로 남았다. 급변하는 유럽 정세 속에서 외로이 자란 그에게 필사본으로 채워진 궁궐도서관은 부르고뉴의 옛 영화로웠던 시절을 그리는 도피처가 됐다. 그는 엄청난 거금을 들여 크로이 공작의 필사본을 구매했다. 호화로운 필사본을 새로 제작할 만한 곳이 사실상 사라졌기에 과거에 필사본을 주문했을 때 치렀을 가격과 비슷한 금액을 지불했다.[26] 그러나 한동안 가장 호화로운 필사본이었던 기도서는 위신을 세우고 싶은 사람들은 누구든 구매할 수 있는 책이 됐다. 기도서 거래 시장은 엄청난 규모로 커졌다. 1528년 파리의 서적상 루이 루아예(Louis Royer)의 창고에는 9만 8529권에 달하는 기도서가 있었다.[27]

유럽의 왕과 군주에게 도서관의 찬란했던 매력이 빛바랜 것은 사실일지 모르나, 그들이 책 수집을 아예 멈춘 것은 아니었다. 책이 끊이지 않고 그들에게 왔다. 특히 궁정 시인이나 사료 편찬위원 같은 돈 되는 일자리를 구하거나 승진을 바라는 저자들의 증정 도서가 많았다. 점성술사 윌리엄 패런(William Parron)은 헨리 7세에게 수많은 사건에 관한 자신의 예언을 담은 책을 증정했다.[28] 그가 런던 인쇄공이 생산한 수많은 인쇄본 중 한 권이 아니라 화려하게 채식된 필사본을 기증했다는 사실은 주목할 만하다. 패런에 따르면, "아무리 고상하고 멋진 기술로 만든 인쇄본"도 왕에게 견주면 그 빛을 잃어버릴 정도라는 것이다.

헨리 7세의 아들이자 후계자인 헨리 8세(Henry VIII)는 근본적으로 다르게 책을 대했다. 젊은 나이에 이미 박식했던 왕은 가톨릭과 프로테스탄트의 논쟁에 깊은 관심을 보였다. 그에게 책은 전시용 공예품의 가치보다 실용적 가치를 지녔다. 왕의 장서는 리치먼드(Richmond), 웨스트민스터(Westminster), 그리니치(Greenwich), 햄프턴코트(Hampton Court), 윈저(Windsor), 뉴홀(New Hall) 같은 거주지 전역에 골고루 흩어져 장 속에 잠긴 채 보관되다가 왕이 필요할 때면 언제든 마차에 실렸다.[29] 말년에 왕은 이런 책에 흥미를 잃은 것으로 보였다. 몇몇 책 궤짝은 완전히 잊혔다가 17세기 초반에 발견되기도 했다. 캔터베리 대주교 리처드 밴크로프트(Richard Bancroft)는 그중 500여 권을 멋대로 챙겨서 장정을 바꾸고 자기 가문의 문장을 찍었다. 헨리 8세의 책이 대부분 그가 휘두른 잔인한 권력 정치의 결과물로 얻은 것임을 생각하면 밴크로프트의 도둑질은 정의의 구현일지도 모른다. 헨리 8세가 반역죄를 씌운 자기 부인들의 서재에서 몰수한 많은 책들, 역시 반역도로 몰아넣은 신하들의 영지에서 압류한 그보다 훨씬 더 많은 책들, 쇠락하던 수도원에서도 꾸준히 흘러나온 책들이 그의 장서를 구성했기 때문이다.[30]

헨리 8세와 그 후계자들은 선조들이 상상했던 것보다 훨씬 더 많은 책을 수집할 수 있었다. 그러나 망명지 브뤼주에서 플랑드르 필사본에 매료돼 거액을 약속하고 50권에서 100권 정도의 책을 구매했던 에드워드 4세와 달리 그들은 더 이상 책을 구하지 않았다. 인쇄술의 발명은 도서관의 새로운 가능성을 예고하는 소식이었지만 또한 과거의 필사본들을 망각되고 방치될 운명으로 몰아넣기도 했다. 그로부터 100년은 좋이 흐른 뒤 필사본이 상대적으로 희귀해진 뒤에야 그것은 귀한 수집 대상으로서 지위를 되찾았다.

5장
성숙기에 이르다

1506년 가을, 요하네스 트리테미우스(Johannes Trithemius)는 그가 평생 사랑했던 곳을 떠났다. 23년 동안 베네딕트회에서 주목받는 수도사였던 그는 독일 마인츠 남서쪽의 작은 수도원 슈폰하임(Sponheim)의 수도원장을 역임했다. 그는 계율에 엄격한 사람이어서 자기 휘하의 수도사들뿐만 아니라 인근 수도원에 속한 수도사들까지 바로잡으려 했다. 슈폰하임 시절에 트리테미우스는 많은 업적을 쌓았다. 유럽 인문학자들 사이에서 규율이 엄정한 곳으로서 슈폰하임의 명성은 높아만 갔다. 그가 떠날 때 그 능력이야 함께 갔겠지만 그가 공들여 세운 것은 슈폰하임에 남았다. 트리테미우스는 이곳에 엄청난 장서를 구축했고 그것은 중세 최후의 위대한 수도원 도서관으로 꼽히게 된다.

　트리테미우스가 슈폰하임에 부임했을 때 도서관에 있는 책은 겨우 48권뿐이었다. 1506년 그가 떠날 때 도서관 장서가 2000권이나 된다는 소문이 자자했고 유럽 최대 도서관 목록에 올랐다.[1] 메디치 가문이나 부르고뉴 공작들의 장서와 맞먹는 수준이었다. 신성한 교단의 성직자가 어떻게 그렇게 많은 책을 수집했는지는 검토할 만한 가치가 있다. 수집가로 명성을 날린 모든 이는 무자비했다. 트리테미우스의 최대 무기는 다른 수도원을 방문할 수 있는 권한이었다. 많은 수도원은 음악, 시, 역사, 의학, 철학 등 수도와 관련 없는 책을 쌓아 두고 있었다. 트리테미우스 수도원장이 의심스럽다는 듯 눈썹을 치켜뜨기만 해도 수도사들은 그런 불온한 책들을 있는 대로 그의 기꺼워하는 품에 안겼다. 세월이 흐르면서 슈폰하임의 기적은 인문학자들의 입소문을 탔고, 콘라트 켈티스(Conrad Celtis), 요하네스 로이힐린(Johannes Reuchlin), 야코프 빔펠링(Jacob Wimfeling)과 같은 학구파 귀족이 제 발로 책꾸러미 선물을 들고서 수도원을 방문했다.

트리테미우스에게는 또 다른 비장의 무기가 있었다. 휘하에 있는 수도사들의, 늘 자발적이지는 않았던 노동이었다. 1482년 트리테미우스의 부임 당시 슈폰하임 수도원의 상황은 다시 잊어버리기 힘들 정도로 처참했다. 건물이 재건축되면서 수도사들의 기강도 잡혀 갔는데, 여기에는 끝없는 필사 작업의 역할이 컸다. 결코 겸손한 사람은 아니었던 트리테미우스는 1492년 『필경사 예찬(In Praise of Scribes)』이라는 소책자를 출간하며 이 업적을 의기양양하게 자랑했다.[2]

너무 많이 오해받은 이 책은 흔히 인쇄물을 증오하고 낡은 질서를 고집하는 자들의 마지막 단말마 정도로 여겨졌다. 그러나 트리테미우스는 새 인쇄술로 찍은 책이 젊은이를 타락에 빠뜨린다면서 대책 없는 증오를 내뿜었던 필리포 데 스트라타와는 다른 사람이었다. 트리테미우스는 동물 가죽으로 만든 양피지가 종이보다 오래갈 것이라는 당연한 말로 양피지를 옹호했으나 그렇다고 인쇄본을 증오하지는 않았다. 1492년 무렵에 벌써 그는 많은 책을 출간한 저자였는데 그의 명성은 친구들의 칭송만큼이나 새로운 인쇄술로 찍은 책 덕분에 얻은 것이었다. 그래서 트리테미우스가 필경사의 솜씨에 보내는 찬사를 인쇄물로 출간한 것은 당연한 일이었고 깔끔하게 인쇄된 이 소책자는 큰 성공을 거뒀다. 당시로 보면 많은 숫자인 1000부를 발행했는데 적어도 30부 정도는 여전히 현재의 도서관에도 비치돼 있다.[3]

트리테미우스는 인쇄본이 나쁜 것이 아니라 단지 필사가 훌륭하고도 경건한 행위라는 입장이었다. "우리가 필사하는 것들은 우리 마음에 가장 깊은 인상을 남긴다." 슈폰하임의 필경사들이 일을 멈추고 쓰라린 손가락을 달래면서 수도원장의 새 책을 읽었다면 그들은 자신들이 신의 전령으로 묘사됐다고 기뻐했을 것이다. 필경사들은 "교회를 살찌우고 신앙을 지키고 이교도를 물리치며 악을 격퇴하고 도덕을 고취하면서 덕성을 함양한다".[4] 그러나 모든 필경사가 그 말에 설득당하지는 않았다. 1505년 트리테미우스가 베를린 여행을 떠났을 때 고역을 견디지 못한 수도사들이 그의 권위에 반기를 들었다. 모두가 그의 필사 노동에 대한 헌신 또는 서적열(bibliomania)을 공유하지는 않았다. 트리테미우스가 부주의하게 표현한 대로, 장서 구축은 "고대인들(심지어 이교도들인)의 모범"을 따르는 것이었다. 그래서 많은 이들이 이단을 물리치는 데 나섰다. 1506년 그가 수도원으로 돌아왔을 때 상황은 돌이킬 수 없을 정도로 나빠진 상태였다. 결국 상처받은 수도원장은 원한을 품은 채 다른 곳에서 집필 작업을 이어 가려고 슈폰하임을 떠났다. 슬프게도 이후에 썼던 책들이 그의 명성을 되살려 주지는 않았다. 그가 모아들였던 엄청난 참고도서를 더 이상 참조할 수 없어서 그저 기발한 상상력과 가물거리는 기억에만 너무 많이 의존했기 때문이었다. 후세 학자들은 그가 위대한 도서관 설립자였다는 사실은 잊어버린 채 그가 썼던 역사책의 오류에 대해서만 조롱을 퍼부었다.[5] 그것은 재능 있고 의욕이 넘쳤던 한 인간의 슬픈 결말이었다. 그러나 학자들의 조롱에도 그의 책이 한 세기를 넘기도록 계속 재판(再版)을 거듭한 일은 트리테미우스의 이름이 쉽게 잊히진 않을 것임을 확인해 주었다.

우리에게 슈폰하임 수도원 도서관은 필사본 제작과 인쇄본의 새로운 잠재력이 교차하던 시기에 책 세상의 모습을 엿볼 수 있게 해 준다. 트리테미우스의 주도로 세워진 그 거대한 도서관에는 수도사들이 필사한 책들이 다른 경로로 들어온 인쇄물 또는 필사본과 뒤섞여 있었다. 필사본과 인쇄본은 서로를 배척하지 않았다. 그 후 오랜 세월이 지나도록 학자들과 수집가들은 계속해서 인쇄본을 기본으로 하고 스스로 필사를 하거나 중고책으로 구매한 필사본을 보태면서 자신들의 장서를 늘려 나갔다.

유명하지도 않은 독일의 한 수도원에서 2000권 규모인 장서가 탄생한 것은 그 자체로 놀라운 일이다. 그 이후로도 3세기 동안 종교개혁과 그로 인한 갈등의 격동 속에서도 종교기관은 책 수집의 중심지로서 중요한 역할을 계속했다. 그러나 무게중심이 확연히 옮겨 가고 있었다. 책 수집은 그 어느 때보다

도 더 분명히 인쇄물이란 신세계로, 그 엄청난 생산력으로, 그리고 교회 기관이 아닌 곳에서 연구하는 새롭고 과감한 생각으로 무장한 학자들에게로 옮아갔다. 넉넉하고 성미 급한 수집가들은 돈을 쏟아부어 엄청나게 짧은 시간에 꽤 놀랄 만한 장서를 모을 수 있었다. 돈이 넉넉지 않은 학자들조차 한 세기 전에 기울여야 했던 노력과 노심초사에 비하면 훨씬 적은 공을 들이고도 괜찮은 장서를 구축할 수 있었다. 이 장에서 우리는 책 구매에 대조적인 태도를 보였던 유명인사 두 사람을 통해서 새롭게 펼쳐진 책 수집의 세계를 탐구할 예정이다. 한 사람은 위대한 작가였으나 놀라울 정도로 소장 도서가 적었던 에라스무스(1466~1536)이다. 그러나 그전에 우리는 크리스토퍼 콜럼버스의 아들이자 당대의 위대한 수집가였던 페르난도 콜론(1488~1539)과 함께 항해에 나설 것이다. 콜론이야말로 책 수집에 몰두했던 사람들을 고무하고 매료했던 신기루 같은 알렉산드리아 도서관, 즉 모든 것을 망라한 도서관을 되살리는 데 가장 가까이 다가갔던 사람이었다. 그가 궁극적으로 실패했다는 사실은 세비야의 과달키비르 강둑에 그가 이룩했던 경이로운 도서관의 독창성을 조금도 깎아내리지 못한다.

새로운 세상
―――

콜론과 에라스무스는 지리적으로도, 교육 정도로도, 인생 경험으로도 서로 너무 달랐다. 그러한 두 사람이 책에 대한 사랑으로 만난 것은 운명의 교묘한 장난이었다. 1520년 콜론이 신성로마제국의 외교관으로 봉직할 때, 그리고 에라스무스가 학자로서 명성이 절정이었을 때, 두 사람은 단 한 차례 만났다. 콜론에게 이 만남은 생존과 인정을 향한 긴 투쟁이 옳았음을 입증받는 자리였다. 어린 시절 그는 많은 시간을 아버지가 성공적으로 여행을 끝내고 돌아오기를 애타게 기다리면서 보냈다. 아버지가 돌아온 후 콜론은 궁궐에 불려가 살았다. 뒤이은 여행이 실패로 끝나자 그는 곧장 으스스한 냉대를 느끼기도 했다. 나중에는 카리브해를 지나다가 배가 난파된 탓에 구조의 가망도 없이 버려진 채 아버지와 함께 고난에 찬 한 해를 보내기도 했다.[6] 수도원에 의탁해 어린 시절을 보냈던 에라스무스도 모험은 없었으나 고된 삶을 산 것은 마찬가지였다.

성인이 된 콜론은 재능과 활달함으로 누구에게든 깊은 인상을 남겼다. 카를 5세가 스페인 왕(1516)과 신성로마제국의 황제(1519)로 즉위하고 난 후에야 콜론은 아버지의 복잡했던 재정적 유산을 지키는 한편 자기 경력을 쌓을 준비에 나설 수 있었다. 카를 5세는 이 청년의 흥미로운 과거에 관심을 보였고 르네상스 시대의 궁궐에서 늘 유용한 자질이었던 그의 다재다능함에 매료됐다. 황제는 그에게 행정관, 외교관뿐 아니라 측량사 역할도 맡겼는데, 그때 그는 처음으로 카스티야(Castile) 지역의 지도를 완성했다.

1512년 콜론은 이탈리아에서 친형의 결혼이 파탄에 이른 후 형의 재산을 되찾으려고 길고도 지루한 시도를 하면서 처음으로 국제 도서 시장에 뛰어들었다. 로마는 그에게 책 수집 기술을 가르쳐 주었다. 또한 콜론은 이 도시에서 도서 수집과 줄

곧 병행했던 목판화와 동판화 수집의 기초를 다졌다.[7] 그러다 황제가 맡긴 외교 업무를 처리하면서 비로소 그는 북유럽 주요 시장을 마음껏 탐사할 기회를 얻었다. 첫 번째로 방문한 곳은 저지대 지역의 대도시였던 안트베르펜(Antwerp)이었다. 그다음 그는 황제의 대관식을 위해 아헨(Aachen)을 훑었고, 라인강을 따라서 긴 여행을 했다. 그는 인쇄술의 요람인 마인츠를 비롯해 스트라스부르(Strasbourg)와 바젤(Basel)을 들러서 책을 샀다. 독일에서 그는 이후에 유럽을 격동으로 몰아넣을 논쟁, 즉 가톨릭 교회와 루터가 벌일 싸움에 관련된 책들을 마주쳤다. 가톨릭 신앙에 대한 그의 신념이 흔들린 적은 없었으나 콜론은 논쟁의 양 당사자들 책을 어느 쪽이든 개의치 않고 구매했다. 그가 수집했던 광범위한 루터의 저작 컬렉션은 그의 후손들을 당혹스럽게 만들었고, 결국 스페인 종교재판소에 몰수당해 도서관 서가에서 사라졌다.

　이 여행에서 콜론은 루터의 용기에 대해 경외심은 약간 있었지만 교황권에 대한 통렬한 비난에는 동의하지 않았던 에라스무스를 만났다. 콜론은 에라스무스의 책을 적어도 185권을 구매했다. 이 책들이 목적지인 세비야까지 무사히 도착한 덕분에 에라스무스는 한 작가만을 위한 별도 서가가 도서관에 마련된 유일한 작가가 됐다. 그러나 콜론이 세비야에서 그 책들을 만난 것은 더 나중의 일이다. 일단 그는 국제 도서 시장의 심장부였던 베네치아로 가서 7개월을 머물면서 책 1674권을 쓸어 담았다. 책은 배를 통해서 스페인으로 보내졌다. 그런 다음 콜론은 저지대 지역으로 되돌아갔다. 그다음 뉘른베르크(Nuremberg)를, 그리고 다시 마인츠를 찾았고, 그 독일 도시들에서 또 책 1000여 권을 보탰다.

이런 식의 대규모 구매는 무분별한 구매에 지나지 않는다고 치부하기 쉽다. 하지만 콜론에게는 분명 계획이, 그것도 야심 찬 계획이 있었다. 콜론은 세비야에 구축할 도서관이 세상의 모든 지식을 아우르는 것이어야 한다고 마음먹었다. 이제 인쇄본 세상이 왔으니 이룰 수 있는 과업이라는 생각이 든 것이다. 콜론은 아버지의 상상력에다 좀 더 실용적인 정신을 겸비한 사람이었다. 그는 공직자의 정신으로 황제의 임무를 똑바로 수행했고 같은 마음으로 도서 수집에도 임했다. 초기 단계에서부터 그는 장서 목록을 알파벳 순서로 정리했다. 이런 선진적 목록 정리 방식은 그 자체로는 감탄스러운 일이지만 장서를 정리하는 수단으로 그 방식을 따르는 수집가는 거의 없었다. 당대 수집가들 대부분은 여전히 학문 분과에 따라 책을 배열하는 중세 도서관의 원칙, 그리고 프랑크푸르트 도서전 카탈로그에 의해 규범화된 원칙을 따르고 있었다. 신학을 첫 번째로 놓고, 법학과 의학 순서로 배치했고, 문학과 철학과 과학은 보통 나머지 모든 잡다한 범주에 할당됐다. 카탈로그 목록이 약간 확장된 것을 제외하면 이 분류 방식은 18세기까지 책과 카탈로그를 배열하는 가장 주도적인 방식으로 이용됐다.

알파벳 순서로 정리하는 방식에 덧붙여서 콜론은 구매품에 대한 상세한 기록도 따로 직접 정리했다. 어떤 책이 어디에서 인쇄된 것인지, 그것을 어디에서 구매했는지, 얼마나 지불했는지를 시시콜콜 기록했다. 그 상세한 기록 덕분에 우리는 당대 국제 도서 시장의 전모를 놀라울 정도로 소상하게 알게 됐다. 황제는 인생 대부분을 프랑스와 전쟁을 벌였다. 그래서 콜론에게 파리의 거대한 도서 시장은 금역이었다. 그런데도 그는 유럽 전역의 35개 도시를 통해 파리의 인쇄본으로만 장서 약 1000권을 모았다.

합스부르크-발루아(Habsburg–Valois) 전쟁 중 드문 휴지기를 틈타서 콜론은 리옹(Lyon)을 방문해 책 530권을 끌어모았다. 비텐베르크(Wittenberg)와 라이프치히(Leipzig)로부터 로마와 팔레르모(Palermo)에 이르기까지 무려 45군데 도시에서 인쇄된 것들이었다. 반대로 리옹에서 인쇄된 책 250권은 그가 뉘른베르크, 런던, 세비야 등 다른 25군데 도시들에서 구매한 책 속에 있었다. 파리와 리옹은 거대 상업도시였고, 확고한 국제 도서 시장의 중심이었다. 그러나 1435년 콜론이 마지막으로 대규모 책 구매 여행에 돌입했을 때 그는 서로 다른 도시 35곳에서 인쇄된 책을 무려 434권이나 몽펠리에(Montpellier)라는 작은 프랑스 마을에서 구매했다. 명문 대학이 하나 있기는 했으나 인쇄소는 단 한 곳도 없는 마을이었다.[8] 국제 도서 거래가 점점 더 원활하게 이루어지면서 콜론처럼 여행을 즐기지 않는 구매자라도 자기 동네 서점에서 전 세계 도서 시장의 책을 구매할 수 있다는 것을 보여 주는 사례였다.

콜론이 체계적으로 기록한 구매 자료를 살펴보면 그가 베네치아에서 흥청망청 돈을 아끼지 않고 구매했던 책들의 행방을 쫓을 수 있다. 그 책들은 세비야에 도착하지 못했다. 책을 싣고 떠났던 배는 악랄하고 변덕스러운 지중해의 바람과 파도에 희생됐고, 그 속에 실린 모든 화물도 소실됐다. 베네치아 컬렉션은 콜론 도서관의 백미가 될지도 모를 자원이었다. 그 규모만으로도 당시 대부분 도서관의 장서량을 능가할 정도였다. 책만 사라진 것이 아니었다. 왕의 기부를 받아 콜론이 장서에 투자했던 거금 2000크라운도 사라졌다. 그러나 인쇄본은 값비싸기는 했지만 쉽게 재구매가 가능했다. 콜론의 장서가 당대의 다른 거대 도서관과 차별화되는 점은 그의 관심이 단지 학문적 서적에만 머무르지 않았다는 것이다. 그는 팸플릿, 음악, 싸구려 신앙서적, 여러 가지 실용서 따위의 그 시대에 잠시 인기를 끌다가 잊힌 책들에도 관심이 있었다.

독학자로서 힘들게 쌓아 올린 학문에 자부심이 가득했던 콜론이 왜 속된 인쇄물을 열심히 수집했는지는 확실하지 않다. 게다가 콜론이 모방하고 싶고 능가하기를 원했던, 대단한 장서를 소유한 수집가로부터 그런 수집방침을 고수하라는 격려도 없었다. 어쩌면 아버지가 겪은 절체절명의 순간에서 그 이유의 단서를 찾을 수 있을지도 모른다. 첫 번째 항해에서 분투하면서 돌아오던 길에 콜롬버스의 배 니냐(Niña)호는 항해할 만한 상태가 아니었고 선원들도 턱없이 부족했다. 항해 성과를 보여줄 만한 대단한 물품도 별로 없었다. 금도 거의 없었고 풍문으로 전하던 동인도제도의 풍요를 보여 줄 물건들도 없었다. 게다가 항해의 주요 목적이었던 아시아로 가는 서쪽 항로 개척에도 명백하게 실패했다. 콜롬버스는 자신이 비난받을 처지인 데다 형편없는 성과 탓에 왕실 후원자들의 변덕스러운 총애도 사라지리라는 것을 잘 알았다. 게다가 리스본에 상륙하는 바람에 포르투갈의 왕에게 구금당할지 모를 신세가 되면서 더 곤란한 처지에 빠졌다. 콜럼버스는 급히 공개편지를 써서 자신의 고통에 찬 항해를 스페인 군대의 승리였다고 과장하고, 새로운 땅들을 정복하고 그곳을 스페인 땅으로 선포했으며, 땅들의 이름을 각각 왕과 여왕, 예수와 동정녀 마리아의 이름으로 바꾸어 그곳을 명예롭게 했노라고 자랑했다. 콜럼버스의 허풍 어린 주장에 따르면, 이 땅들은 상상하기 힘든 귀하고 경이로운 것들로 가득해 장래 가능성이 무궁무진했다.

팸플릿 형태로 재빨리 출간한 이 편지가 콜럼버스는 물론이고 가족 재산도 지켜 주었다. 편지를 쓸 때 콜럼버스는 선단의 두 번째 선박인 핀타(Pinta)가 가까스로 스페인에 상륙했음을 알지 못했다. 그 배의 선장 마르틴 알론소 핀손(Martín Alonso Pinzón)은 성공을 자기 몫으로 만들려고 궁궐로 가던 참이었다. 그러나 페르디난드 왕과 이사벨라 여왕은 콜럼버스의 말을 믿었고 핀손을 거부했다. 유럽의 주요 인쇄 도시에서 찍어 낸, 새로 발견된 영토가 스페인 영토라는 콜럼버스의 선언이 실린 팸플릿 『최근 발견된 서인도제도의 섬들에 관하여(De insulis nuper in mari Indico repertis)』가 대륙 전체로 퍼져 나가며 큰 반향을 일으켰다. 그에 따라 콜럼버스는 신세계 제독으로서 자신의 지위를 확고히 했고, 가족들 미래에도 청신호가 켜졌다.[9] 콜론이 다른 어떤 책 수집가들보다 팸플릿의 위력을 더 잘 이해했던 것에는 이런 사연이 있었다.

에라스무스

1520년에 콜론이 에라스무스를 만났을 때 이 위대한 인문주의자는 학자로서, 저술가로서, 현자로서 절정에 올라 있었다. 1516년의 대업적, 즉 희랍어 신약성경과 히에로니무스판 라틴어 신약성경을 대조하면서 볼 수 있도록 편집해 번역한 논쟁적 저작을 출판하면서 에라스무스는 르네상스 정신의 국제적 옹호자라는 명성을 단단히 굳혔다. 그는 또한 다재다능한 저술가였다. 『기독교 전사(戰士)를 위한 소책자(Enchiridion militis christiani)』에서 진지한 종교 저술가의 면모를 보였다면 베스트셀러가 됐던 『우신예찬(Moriae Encomium)』에서는 인문주의자로서 해학을 마음껏 풀어냈다. 『격언집(Adages)』은 희랍과 라틴의 고전에서 뽑아낸 경구와 역설의 모음집인데 그는 그 책을 평생 개정을 거듭했다. 1520년쯤에는 600가지 판본이 넘는 그의 저작이 북유럽의 모든 주요 인쇄소에서 출판되고 있었다. 그는 당대 최고의 베스트셀러 작가였다.

에라스무스는 재능 있는 저자라면 인쇄본이 만든 새 시장에서 돈을 벌 수 있음을 보여 주었고 마음만 먹었다면 얼마든지 더 많은 돈을 벌 수 있었을지도 모른다. 그는 카를 5세와 프랑수아 1세 양쪽으로부터 경쟁적으로 초대를 받았다. 다른 많은 일에서 경쟁한 것과 마찬가지로 두 사람은 에라스무스를 초빙해 궁궐의 품위를 높이는 데에도 다툼을 벌였다. 이러한 모든 정황을 고려하면 에라스무스가 엄청난 장서를 가졌으리라 생각하겠지만 사정은 정반대였다. 1536년에 세상을 떠났을 때 그의 장서는 겨우 500권에 불과했다. 책궤 세 짝만 있으면 모두 채워 넣을 정도였다.[10] 완전히 적다고 할 수는 없지만 이미 인쇄술이 도입된 지 80년이 흐른 시점이라 애서가 상인이나 변호사 같은 이들도 이 정도 장서를 소장할 수 있었다. 그러나 에라스무스는 유럽 최대의 명망가였고, 책 속에 평생 살았으며, 심지어 책 세상의 흐름을 바꾸었고, 출판업까지 잘 이해했던 사람이었다.

에라스무스는 왜 서재를 구축하지 않았을까? 아마도 그 이유는 그가 어린 시절 고아라는 불행한 처지에 신세 졌던 수도원을 떠나면서 정처 없는 시민으로 출발했기 때문일지도 모른다. 저술로 얻은 때 이른 성공으로 그를 초청하는 곳이 많았다. 이는 의지할 유산이 없던 그에게는 다행스러운 일이었지만 진지한 장서가로서는 약점이 됐다. 3개 국어 칼리지(Trilingual College)를 설립하는 일을 돕기 위해 지역의 한 대학교에서 머물렀던 루뱅, 그의 성숙기를 함께했던 호의 넘치는 출판업자 요한 프로벤(Johann Froben)의 도시 바젤에 오랫동안 체류할 때도 에라스무스는 집을 소유하지 않았다. 짐을 가볍게 해서 여행하는 데 익숙했던 그에게 책은 이동할 때마다 생기는 골치 아픈 문젯거리였다.

친구들이 자청해서 도움을 주었으나 한계가 있었다. 에라스무스가 이동 중이거나 여러 집을 전전하면 인내심 높은 친구이자 안트베르펜 시청 사무관이었던 피터르 힐러스(Pieter Gilles)가 그의 책을 관리해 주었다. 에라스무스가 머물 곳을 잡았다고 연락하면 힐러스는 그가 마지막으로 머물렀던 곳의 주인과 협의해 책을 보내 줄 방안을 마련하거나 지역 서적상에게 수레를 수배해 달라고 요청해서 책을 보내 주었다. 이 방식은 책의 무사 도착을 보장하지는 않았다. 모트레이크(Mortlake)에서 토머스 모어(Thomas More)와 함께 머물던 에라스무스는 책이 도착하지 않았다고 투덜거렸다. 그러나 종종 책이 도착하자마자 다시 떠나기도 했다.

1521년 바젤에서 프로벤이 제공한 안락한 집에 살면서 어느 정도 정착할 마음이 생긴 뒤에야 에라스무스는 진지하게 책수집을 고려했다. 그러나 집도 있고 돈도 넉넉했던 그때에도 그는 이상하게도 책을 조금씩만 사들였다. 선물로 들어온 책이 구매한 책보다 훨씬 많을 정도였다. 그의 서신에서 책 구매에 관한 얼마 안 되는 언급들은 모두 북유럽에서는 구하기 쉽지 않지만 그에게는 필요한 희랍어 책과 관련된 것이었다. 책을 살 때 그의 기준은 구매의 용이성이었다. 만약 친구를 통해 구할 수 있거나 프로벤 서점에 재고가 있다면 그 책을 살 이유가 없다고 생각했다. 그에게 책 소유는 중요하지 않았다. 프로벤을 통해서 그리고 학술 출판에서는 최상급이었던 바젤 책 시장의 연줄을 동원하면 그가 원하는 책을 대부분 구할 수 있었다. 다른 책은 친구를 통해서 받거나 에라스무스에게 눈도장이라도 찍어 두고 싶은 젊은 학자들이 선물로 보내왔다.

학자들이 늘 손님을 호의적으로 맞을 상태에 있지는 않았다. 특히 마감 시간에 쫓긴다면 더 그랬다. 국제 도서 시장은 16세기에 이미 한 해에 두 차례 유럽 전역의 출판업자들이 책도 전시하고 거래도 하는 (오늘날에도 계속되고 있는) 프랑크푸르트 도서전을 중심으로 돌아갔다. 에라스무스는 이런 시장의 리듬을 잘 이해하고 있었다. 프로벤의 책 마차가 프랑크푸르트를 향해 떠나기 몇 주 전에 에라스무스는 종종 새 책을 마감하려고 전력을 기울였다. 그럴 때 에라스무스는 책의 저자들을 직접 만나서 그들과 생각을 나누기보다 그들의 책을 받아 홀로 검토하기를 원했다. 그런 상황에서도 교묘히 에라스무스에게 호감을 얻어 가까이 머물렀던 사람이 있었다. 젊은 폴란드 학자 요하네스 알라스코(Johannes à Lasco)[또는 얀 와스키(Jan Łaski, 1499~1560)]였다. 명문 귀족 가문의 후계자였던 그 젊은 인문주의자는 에라스무스에게 유리하기 짝이 없는 거래를 제안할 수 있었다. 알라스코는 에라스무스의 장서를 대신 사 주되, 생전에 에라스무스가 그 책들을 계속 이용할 수 있도록 해 주겠다고 약속했다. 에라스무스가 그 거래를 받아들이는 데는 오랜 시간이 걸리지 않았다. 그에게도 당장 쓸 수 있는 돈은 중요했다. 그리고 알라스코는 에라스무스에게 도움을 준다는 명예를 위해 기꺼이 책 소유권을 미룰 준비가 되어 있었다.

물론 그런 계약은 문제가 생길 공산이 컸다. 책은 계속 들어왔고 에라스무스는 자신이 너무 싼값에 책을 넘겨주기로 약속한 것이 아닌가 하는 생각이 들기 시작했다. 아마도 그 때문이겠지만, 엄밀히 말하면 더는 자기 책이 아닌 장서에서 그는 망설임 없이 책을 골라 꾸준히 선물했다. 애초부터 책 목록도 기록하지 않았다. 장서라고 해봐야 보잘것없어서 어디에 뭐가 있는지 다 기억할 수 있었다. 그러나 자신이 죽은 후 폴란드의 알라스코에게 책과 함께 보낼 책 제목 리스트는 만들어 놓았다. 이 리스트로부터 우리는 폴란드로 보낸 500권 중 100권이 에라스무스의 저서임을 알 수 있다(이상하게도 에라스무스는 자기 책도 다 갖고 있지 않았다). 나머지 책 중 4분의 1은 프로벤의 출판사에서 나온 책이었는데 아마 공짜로 얻었을 것이다. 그 외에 필요한 기본서들과 작은 책이 몇 권 더 있었는데 아마 그를 흠모하는 젊은이가 방문하면 그의 손에 뭔가를 쥐여 주고 내쫓을 만한 것을 찾았을 때 어찌어찌 선택되지 않아서 남은 것으로 보인다.

검시(檢屍)

1536년이면 장서 총 1만 5000권이 콜론의 새로운 도서관을 빛내게 된다. 도서관에는 콜론의 현대적 감각을 보여 주는 선반 책꽂이가 있었다. 수직으로 선반이 늘어선 책꽂이는 우리에게는 너무 당연하고도 상식적인 도서 비치 방식이라 그것이 표준이 되는 데 왜 그렇게 오랜 세월이 걸렸는지 의아스럽다. 르네상스 시대 도서관은 책을 각각 따로 전시하는 경사진 탁자나 책상을 선호했고 개인 소장자들은 여전히 궤를 고수했다. 벽에 선반을 설치할 공간이 있는 경우가 거의 없었기에 심지어 장서 수백 권을 수집한 이들도 궤에다 책을 수납하고 기억에 의존해 원하는 책을 찾았다. 궤는 또한 방에서 다른 방으로 또는 집에서 다른 집으로 이동할 때도 편리했다. 콜론이 선반을 선택했던 부분적 이유는 그의 도서관 규모 때문이었을 것이다. 그렇게 엄청난 규모라면 책을 책꽂이에 비치하고 책꽂이마다 순서를 부여하는 것이 책을 잃어버리지 않기 위해 불가피한 선택이었다. 어쩌면 알렉산드리아 도서관의 후계자임을 자처했기에 두루마리를 쌓는 대신 책을 세워 꽂는 방식으로라도 그때의 자료 보관 관행으로 돌아가려고 생각했기 때문일지도 모른다.

계획도 섰고 건물도 확보했다. 강가에 있는 품위 있는 장소였다. 그러나 아메리카와의 교역을 위한 국제무역의 요지였던 세비야가 콜론에게는 세상의 새로운 중심이었는지는 모르지만, 학문적 도서관으로서 이상적인 장소는 아니었다. 세비야는 서인도제도나 아메리카 대륙으로 가는 사람들의 중간 경유지였을 뿐이다. 그들 중에서 그의 책에 관심 있는 학자가 있을 확률은 거의 없었다. 세비야를 지나는 사람 중에 파리나 베네치아를 향하는 떠돌이 애서가 여행객이 포함될 가능성도 별로 없었다. 비슷한 이유로 바젤에 가서 에라스무스 집의 문을 두드릴 사람이 또는 슈폰하임을 방문할 사람이 있을 가능성도 희박했다.

현대 의학이 베푸는 치료법이 없었던 시절이라 16세기 사람들은 죽음의 그림자를 늘 의식하고 살았다. 남은 세월이 길지 않다고 생각했던 콜론은 자신의 거대한 구상을 불후의 것으로 만들기 위해 열정적으로 계획을 세우기 시작했다. 그의 야심적 계획은 지나치게 이상적이었으나, 그의 안배를 보면 그가 당대의 책 시장을 얼마나 잘 이해했는지를 알 수 있다. 매년 다섯 도시(로마, 베네치아, 파리, 뉘른베르크, 안트베르펜)의 서적상들이 리옹으로 12두카트(ducat: 중세에서 근세까지 유럽에서 사용된 베네치아 화폐—옮긴이)의 가치가 있는 새 출판물을 보내기로 했다. 리옹에 있는 여섯 번째 서적상은 같은 규모의 돈을 지출해 그 출판물을 거대한 시장 도시 메디나 델 캄포(Medina del

Campo)로 보냈다. 그곳에서 책은 세비야로 운송됐다. 6년마다 도서관 직원 한 명이 순례길에 올라서 더 작은 도시들을 한 곳도 거르지 않고 순서대로 방문했다. 놀랍게도 서적상들은 팸플릿 문헌을 더 우선시하는 콜론의 방식을 따르도록 지시받았다. 지시에 따라 구매할 수 있는 팸플릿을 모두 수집한 뒤에야 남은 자금으로 더 중대한 서적을 살 수 있었다. 콜론은 도서관은 "기독교 세상과 그 밖의 세상에서 발견되는 모든 주제에 관한 모든 언어로 된 모든 책을" 수집해야 한다는 자신의 대원칙이 반드시 집행되도록 했다.[11] 이것은 매우 급진적 원칙이었다. 18세기 중반까지도 도서관은, 개인도서관이든 공공도서관이든, 라틴어 서적이나 다른 학문 언어로 된 권위 있는 책들을 지속적으로 선호했다. 어떤 도서관은 자국어로 된 서적을 금지하기도 했다. 자국어 서적 대부분은 수집을 위한 것이 아니라 한 번 읽고 버리는 것이라 여겨졌다. 이런 측면에서도 콜론의 생각은 시대를 앞서 있었다.

콜론의 후계자들은 서구 기독교 세계가 통합된 한 가족이 아니라 서로 맞선 두 교파가 서로의 책에 대해 전쟁을 벌이는 중이라는 엄연한 사실도 고려해야 했다. 직계 후손을 남기지 못했기에 콜론의 도서관과 그의 유지는 조카에게 전해졌다. 그러나 조카는 그의 뜻을 따를 생각이 없었다. 책은 산페드로(San Pedro) 성당으로 이전됐고, 거기서 기나긴 법적 다툼을 거친 후에 세비야 성당으로 넘어갔다. 이곳은 안전지대가 결코 아니었다. 성당은 책에만 신경을 쓰는 곳이 아니었다. 책은 찬밥 신세가 되어 성당 위층과 지하실로 보내졌다. 콜론의 책은 참고도서로 신청하면 구해 볼 수는 있었다. 그러나 그조차도 콜론의 절충주의를 존중하지 않고, 불온해 보이는 책을 모두 없애 버린 종교재판소 시대가 지나서야 가능해졌다. 스페인 왕은 멋대로 마음에 드는 필사본과 비싼 2절판 책을 골라서 챙겼고, 오늘날까지 남은 책은 겨우 4000권이다. 지금은 세비야에서 적절한 곳에 보관 중이고 이용도 가능하다. 아이러니하게도 이 속에는 콜론이 1535~1536년 사이 마지막 책 사재기 순례에서 구했던 꽤 많은 불어 팸플릿이 남아 있다. 훔치기에는 너무 싸구려고, 종교재판소에서 태워 버리기에는 가톨릭 신앙에 충실한 것들이어서 오랜 세월 살아남았고 재발굴돼 목록화 작업까지 완료됐다. 이 팸플릿 중에는 작은 가톨릭 신앙 수양서로는 유일하게 남은 것으로 드러난 것이 종종 있다.[12] 귀하게 여길 가치가 있는 유산이다.

콜론의 거대한 구상에는 결코 미칠 수 없었으나, 콜론만큼 세심했던 에라스무스의 책 처분 계획이 틀어지는 데는 오랜 시간이 걸리지 않았다. 에라스무스와 계약을 성사시킨 지 11년도 안 돼 요하네스 알라스코의 처지가 급변했다. 그 젊은 인문주의자는 프로테스탄트로 개종했고, 전통적인 가톨릭 신앙을 고수하는 부유한 친척들과 불화를 겪었다. 알라스코는 이제 책을 살 여유가 없었고 인문학자로서의 명성보다 더 급한 걱정거리가 생겼다. 1539년에 그도 떠돌이 삶을 시작했다. 처음에는 독일로 가서 엠덴(Emden)과 프리슬란트(Friesland) 동부에 있는 지역 교회들의 교구 감독으로 지명됐다. 그리고는 런던으로 가서 새로 설립된 네덜란드와 프랑스 망명자 교회의 초대 교구 감독이 됐다.[13] 1553년 메리 튜더(Mary Tudor)가 즉위하면서 망명자들과 함께 쫓겨난 뒤에 알라스코는 독일과 발트해 연안국가를 떠돌며 3년을 보내다가 고국으로 돌아가지 못한 채 1560년에 폴란드에서 객사했다.

이런 상황은 좋은 장서를 관리하기에 최적의 조건이라고는 말할 수 없다. 게다가 알라스코는 에라스무스의 책을 온전히 챙기려고 조금도 애쓰지 않았다. 에라스무스 사후에 장서 일부를 독일에 있는 그에게 배달되도록 한 것은 그것을 팔아서 돈을 챙기기 위함이었다. 하지만 책을 파는 것도 쉬운 일은 아니었다. 에라스무스 컬렉션에서 주요 신학서들 대부분은 이미 많이 판매돼 구하기 쉬운 것이었다. 그리고 유명한 작가의 장서라는 것이 오히려 구매 의욕을 떨어뜨리는 것으로 보였다. 16세기 중반즈음 에라스무스의 명성은 추락하는 중이었다. 그의 교회 일치 정신(ecumenical spirit)은 당시 양극화된 교회의 역학관계에 끼어 양쪽 모두에서 비난을 받았다. 에라스무스의 책을 산 사람이라면 그가 소유주였다는 흔적을 꼼꼼히 지우려 들었을지도 모른다. 오늘날이라면 거의 생각하기 힘든 고의적 지우기라 하겠다. 결과적으로 폴란드로 보내진 그의 소장 도서 중에서 그가 함께 보낸 책 목록을 기준으로 지금까지 살아남아 에라스무스 장서의 일부로 명확히 파악된 것은 겨우 25권에 불과하다.[14]

마지막으로 트리테미우스가 아무 대가 없이 평생을 바쳐 세웠던 슈폰하임의 도서관은 어떻게 됐을까? 슬프게도 이곳 역시 에라스무스나 콜론의 도서관과 형편이 크게 다르지 않았다. 트리테미우스가 떠나고 수도원 문을 닫자마자 책이 사라지기 시작했다. 수도사들은 추위에 떨어 가며 고되게 일했던 기억만 떠올리게 하는 이 수많은 책을 귀하게 여길 생각이 전혀 없었다. 팔리기도 하고 훼손되기도 하면서 대부분이 곧 사라졌다. 1564년 수도원이 문을 닫았을 때 책은 조금밖에 남지 않았다. 새로운 소유주 중 횡재를 귀하게 여겼던 사람들이 조금은 있었던 모양이다. 슈폰하임에서 제작된 것으로 명확히 파악된 필사본들이 적어도 열여섯 개의 주요 소장 목록에서 확인됐다.[15]

나중에 더 명확히 드러나겠지만 도서관의 역사에서 이런 일은 예사로웠다. 한 사람의 열정적 프로젝트는 뒤에 관리 책임을 지는 후계자에게 그저 짐 덩어리였을 뿐이다. 다행스럽게도 인쇄본의 시대가 도래하면서 어떤 실패도 종말을 뜻하지는 않았다. 책은 버려지고 사라지고 태워지고 약탈당했지만, 놀라운 속도로 복구됐다. 인쇄술의 기적이었다. 점점 많은 책이 산더미처럼 쏟아져 나오는 데다가 그것을 싼 가격에, 이따금 최저 가격에 구매할 수 있는 시대가 되면서 열정과 결심만 있다면 누구라도 장서를 꾸릴 수 있게 됐다. 한동안은 공공도서관이 아니라 개인 수집가들이 주로 이런 시도를 하게 되는데, 이후로도 200년 동안 도서관의 운명은 학자, 공직자, 변호사, 의사, 상인의 손에 달려 있었다. 그 시대는 전문가의 시대였다. 그리고 그들이 도서관의 미래를 만들어 나간다.

6장
종교개혁

프로테스탄트 종교개혁은 도서관의 역사에서도 중대한 순간이었다. 교황제도에 맞선 마르틴 루터(Martin Luther)의 맹렬한 항의는 엄청난 양의 출판물과 함께 시작됐고, 루터의 대담한 교회 체제 부정은 놀랄 만한 대중의 관심을 불러일으키며 출판업에도 큰 변화를 일으켰다. 루터가 독일 비텐베르크의 모든 성인의 성당(All Saints' Church) 정문에 95개 조항을 써 붙였던 1517년 이후 몇십 년 동안 이전에는 활발한 인쇄업을 유지할 수 없었던 많은 지역에 인쇄기가 들어섰다. 변화를 부른 가장 큰 요인은 루터가 무슨 말을 했는지를 놓고 사람들 사이에 의사소통이 폭발적으로 늘어났기 때문이었다. 전직 수도사였던 루터는 인쇄물의 개척자였다. 그는 라틴어가 아닌 독일어로 간결하게 중요한 신학적 쟁점을 다룬 짧은 팸플릿을 만들어서 대중에게 직접 호소하는 방식을 택했다. 루터는 쉼 없이 글을 썼고 그의 글은 신성로마제국 전역으로 빠르게 퍼지면서 그의 생각에 동의하는 동시에 그처럼 글쓰기를 갈망하는 지지자들이 속속 나타났다. 그리고 루터의 글에 대한 대중의 끊이지 않는 요구에 부응할 준비가 된 인쇄업자도 충분했다.[1] 이 새로운 시장에 편승하지 못한 출판업자들은 사업에 어려움을 겪었다. 종교개혁 이전에 독일 출판업의 중심이었던 라이프치히의 출판업자들은 1521년 작센의 공작 게오르게(Duke George of Saxony)가 루터의 글에 대한 인쇄금지령을 내렸을 때 파산에 직면했다.[2] 16세기 중반에는 작은 도시였던 비텐베르크가 독일 전체에서 가장 중요한 인쇄업 중심지가 됐다.

종교개혁은 책의 특성에도 서서히 변화를 가져왔다. 더 싸졌고 더 짧아졌고 덜 현학적으로 변했다. 이런 변화는 책을 살 법하지 않던 많은 사람이 자기 책을 소장하고 싶게 만들었다. 개인이 서점을 출입하고 팸플릿을 읽는 일이 일상이 되면서 그들은 더 많은 정보를 찾아 다시 서점을 방문했고, 곧 작은 서고를 갖게 됐고, 그 속에는 라틴어 책뿐 아니라 독일어 책도 나란히 놓였다. 루터의 팸플릿은 하나씩 장정하기에는 너무 짧았지만 20~30편을 묶으면 상당한 규모의 책이 됐다. 이런 장정 덕분에 루터의 저서는 오늘날까지도 많이 전해진다. 루터의 항의와 그것이 초래한 변화로 많은 사람들이 책 소유의 기쁨을 알게 됐다. 그러나 다른 많은 측면에서 프로테스탄트 종교개혁은 유럽 도서관에 재앙을 불러왔다는 사실도 잊어선 안 된다.

종교개혁은 서구 기독교 세계의 단일성을 산산조각 냈다. 로마에 충성하는 곳은 루터와 그의 추종자들을 이단이라 비난했다. 반면에 루터는 서서히 가톨릭교회의 제도적 구조 전반을 향해 전방위적으로 공세의 화살을 날리기 시작했다. 신학적 계율과 문헌을 비롯해 교회가 신성시하던 토대부터 문제 삼기 시작한 것이다. 이런 식으로 사태가 진전되면서 프로테스탄트 개혁가에게는 유럽이 역사적으로 축적해 온 많은 책이 쓸모없게 됐다. 반면 독일, 스위스, 그리고 나중에는 영국과 네덜란드의 인쇄소에서 찍어 낸 새로운 출판물들은 가톨릭교회가 볼 때 저주스러운 것이었다. 유럽이 특정 종파에 따라 갈라지면서 대륙의 많은 지역에 참혹한 결과를 초래했다. 유럽 도서관은 이후 200년 동안 그 불화의 충격을 겪었다.

불난 데 부채질하기

1520년 마르틴 루터를 공식적으로 정죄했을 때, 교황 레오 10세 (Pope Leo X)는 루터의 불순한 책도 불태워야 한다고 포고했다. 루터는 오히려 교황의 교서를 태우며 맞불을 놓았다. 비텐베르크에서 교서는 불길 속으로 던져졌다. 교회법을 비롯해 가톨릭교회의 주요 텍스트들과 적대자들이 쓴 몇몇 팸플릿도 함께 그 불길 속에 있었다. 서로 주고받는 보복이 이어졌다. 책은 유럽 전역에서 논쟁의 불쏘시개가 됐다. 이따금 불운한 저자나 인쇄업자가 책과 함께 불길에 던져지기도 했다. 저자가 도망가고 없으면 처형 집행관은 대신 책을 태웠는데 어쩌다 구경꾼들이 화염에 던져진 책을 구하려고 하면 대부분 어릿광대 극 같은 소동으로 변절되기도 했다.

서로 보복을 일삼는 행위는 어느 쪽에게도 득이 되지 않았을 뿐 아니라 단지 불만스럽다는 이유로 책을 태워서 없애는 나쁜 관행을 세웠고, 그런 야만은 유럽 사회에서 20세기까지 지속해서 반복됐다. 불온서적으로 지정된 책은 대체로 새로 출간된 것이었으나 유럽의 유명 도서관이 소장하던 책이라도 굳건했던 종파가 무너질 때 터져 나오는 흥분의 희생물이 되지 말라는 보장은 어디에도 없었다.

다가올 시련은 1524년 독일 농민의 반란으로 시작됐다. 농민전쟁의 주된 원인은 척박한 독일 농민의 삶이었다. 증오 대상이던 지주들이 첫 번째 표적이 됐다. 이들은 대부분 성직자들로, 오랫동안 영생을 갈망하는 독실한 신자들의 기부를 통해 수많은 농지를 축적한 부유한 성당참사회나 수도회 소속이었다. 교회는 지주 역할을 해야 할 때는 성직자의 본분을 망각하고 귀족 지주들과 그다지 다름없이 굴었다. 많은 독일 농민들은 여전히 봉건시대의 신분관계에 묶여 있었다. 대가 없이 노역을 제공했고, 생산한 농산물을 원하는 곳에 팔 자유도 없었다. 마르틴 루터나 그의 급진적 사상에 공감한 성직자들이 퍼뜨리는 종교개혁의 가르침을 전해 들은 농민들은 새로운 세상에 대한 희망을 품게 됐다.

무리를 이룬 농민 집단의 명백한 목표물은 독일 농촌에 산재한 무방비상태의 수도원이었다.[3] 인쇄술 발명 이후 수도원 장서는 급격히 늘어났다. 새로운 인쇄술로 책을 구하기 수월해진 환경을 적극적으로 활용해서 수도원이 전례 또는 학술적 목적을 위한 서적 구매에 공격적으로 나섰기 때문이었다. 수도원 문을 부수고 들어섰을 때 농민들은 예배당과 곡물창고와 부엌뿐만 아니라 도서관과 필사실도 약탈했다. 특히 포도주 저장실을 약탈한 후 종종 걷잡을 수 없는 분노가 폭발할 때 더욱 그러했다. 많은 수도원이 완전히 파괴됐다. 튀링겐(Thuringia)주에서만 수도원 70곳이 사라졌고 책은 화염 속에서 불타올랐다.

약탈과 나란히 파괴도 이루어졌다. 귀중품을 찾던 농민들은 호화롭게 장식된 책에서 은(銀) 걸쇠와 장정을 뜯어낸 후 나머지는 내버렸다. 스위스의 헤렌알브(Herrenalb)에 있는 시토 수도회 소속 수도원에서는 너무 많은 책과 필사본이 찢겨 나가서 짓밟힌 책장을 밟지 않고는 수도원에 들어설 수 없을 정도였다.[4] 한 약탈자는 책을 수거해서 노점상에게 포장지용으로 팔기도 했다. 이팅겐(Ittingen)의 한 농부는 수도원 부원장에게 몰매를 가한 뒤 빼앗은 미사경본을 태워 생선 요리를 만들었다.[5] 몇몇 농민 무리에는 과격한 성직자들도 있었는데 이들은 책을 훔쳐서 자기 장서에 보태기도 했다. 프랑켄탈 수도원은 1493년에 출간된 『뉘른베르크 연대기(Nuremberg Chronicle)』를 약탈당했지만, 솅크 에버하르트 추 에어바흐(Schenk Everhard zu Erbach)라는 귀족이 페데르스하임(Pfeddersheim) 전투에서 그 책을 회수해서 돌려주었다.[6]

농민전쟁의 여파로 약탈당한 수도원은 모두 도서 손실 정도를 기록으로 남겼다. 마이힌겐(Maihingen)에서는 3000권이, 아우하우젠(Auhausen)에서는 1200권이 사라졌다. 옥센하우젠(Ochsenhausen)과 라인하르츠브룬(Reinhardsbrunn)은 3000플로린 가치에 해당하는 책을 잃었다. 심지어 9세기에 수집된 책들을 포함해 오랜 세월 거두어 모은 책과 필사본이 농민들의 묵은 원한을 푸는 데 부수적 희생양이 됐다. 그러나 때때로 고의적 동기로 약탈이 벌어지기도 했다. 명상과 기도라는 경건한 삶에 자신을 바치겠다고 표방하면서도 무자비한 지주 노릇을 하는 수도사들의 표리부동에 분노해 수도원을 파괴할 기회만을 노리던 농민들도 있었다. 게다가 수도원 도서관에는 흔히 교회 재산에 대한 권리와 봉토에 대한 노역을 요구할 권리가 있음을 입증하는 양도증서와 권리증서를 모아 놓은 곳도 있었다. 바이센부르크(Weissenburg) 수도원에서는 농민들이 시장 공터에서 마차 한 대 분량의 기록 문서들을 태우며 축제 분위기에 젖었다. 라인하르츠브룬의 농민들은 수도원 안뜰에 큰 화톳불을 놓고서 모든 문서를 확실히 태워 없앴다. 밤베르크(Bamberg)에서는 농민들이 주교 저택을 급습한 뒤 "책과 기록물과 서신, 특히 회계 기록과 다른 많은 법률 조례와 기록을 완전히 찢어 버렸다."[7] 기록물을 고의로 파기한 사건으로부터 우리는 왜 농민 반란군들이 귀족들 또는 수도원장과 주교들의 훨씬 더 작은 개인 서재까지 약탈의 표적으로 삼았는지 알 수 있다. 밤베르크에서만 귀족 가문 26곳이 소장 도서를 훼손당했다고 주장했다.

농민전쟁은 종교개혁으로 야기된 참화의 가장 극단적 예라 하겠지만 그 기간은 짧았다. 장기적으로 훨씬 더 큰 영향을 미친 것은 프로테스탄트 지역에서 가톨릭 종교기관을 해체하면서 그 책을 몰수하고 아무렇게나 처리한 경우이다. 독일의 군주와 공작과 도시정부가 구교를 버리면서 수도원과 수도원의 재산을 압수했다. 건물은 다른 용도로 쓰면 되고 동전은 국고로 귀속하면 그만이지만 많은 책은 완전히 다른 골칫거리였다. 1524년 마르틴 루터는 수도원 도서를 학교도서관이나 프로테스탄트 교회도서관을 구축하는 데 재활용하라고 권했다. 그러나 개혁교회에 어울리지 않는 저자나 책은 주의 깊게 걸러내야 한다고 경고했다. 만약 훌드리히 츠빙글리(Huldreich Zwingli)가 취리히(Zurich)에서 주도한 것처럼 꼼꼼한 검열이 이루어졌다면 살아남을 책이 별로 없었을 것이다. 종교개혁 지도자 하인리히 불링거(Heinrich Bullinger)에 따르면 그들은 취리히 교회에 소속된 도서관 책들을 샅샅이 검열했고 "좋은 책을 찾아낸" 후 나머지는 시장의 노점상, 약방, 제본소에 팔아 넘겼다.[8] 너무 많은 책이 제본업자에게 팔려서 그 후 한 세기가 지난 후에도 몇몇 제본업소에서는 1525년 교회도서관에서 처리한 책을 여전히 사용하고 있었다. 취리히에서 나온 채식 필사본들은 금세공인에게도 팔려 나갔는데 그들은 금박을 녹여 재활용했다.

취리히보다 4년 뒤에 종교개혁이 일어난 바젤에서는 수도원 책의 대부분이 지역의 대학도서관으로 옮겨졌다. 이 책들의 기구한 팔자는 거기서 끝나지 않았다. 이후 100년 동안 대학 이 사회는 프로테스탄트 학문에 무용한 것으로 여겨지는 많은 가톨릭 서적을 팔아 치웠다. 1600년 무렵에도 대학은 여전히 양피지 필사본을 팔아 넘겼는데 이사회는 사서들에게 양피지 책장을 순서와 무관하게 잘라 내어 뒤죽박죽 섞어 처리하라고 지시했다. 혹시 필사본이 다시 가톨릭교회의 손에 들어가더라도 별 쓸모가 없도록 말이다.[9] 가톨릭에 맞선 싸움은 이렇게 전방위적으로 전개됐다.

유사한 파괴와 몰수 과정이 오랫동안 지속됐다. 모든 지역이 즉시 종교개혁의 취지를 수용한 것은 아니지만, 수용하는 순간 이전 도시들의 본보기를 따라 상당한 양의 책을 포함해 모든

도판 7. 종교개혁은 유럽 도서관 문화에 재앙이 됐다. 특히 프로테스탄트 지역에서 벌어진 수도원 파괴를 통해서였다. 역사적으로 이름난 수도원 도서관들은 대개 수도원과 함께 파괴됐고 파괴가 쓸고 간 자리에는 이 네덜란드 도시 델프트(Delft) 근처의 코닝스벨트(Koningsveld) 수도원처럼 아무것도 남지 않았다.

수도원의 재산을 몰수했다. 신성로마제국의 부유한 도시국가들에서처럼 좀 더 신중한 통치자들은 압수한 도서관을 새로운 기관으로 바꾸려고 지속적으로 노력했다. 그런 곳을 제외하면 강탈된 수도원 서적이 그 지역 백성들에게 쓸모 있는 도서관 장서로 변하는 경우는 거의 없었다.[10]

선반을 벗겨 내다

영국에서 수도원의 붕괴는 독일제국 혹은 스위스 자치주들과는 다른 양상으로 전개됐다. 이곳에서는 오랜 세월 세심하게 관리됐던 문헌적 기록뿐 아니라 수도원이 상징했던 삶의 방식도 깡그리 지워졌다. 고대부터 내려온 가르침의 성소였던 수도원이 당대까지 영국의 문화적 유산에 미친 영향은 심오하고도 유서 깊었다. 처음에는 이 전통이 그렇게 끝장날 것이라고는 누구도 예상하지 못했다. 루터를 가장 신랄하게 비판한 왕으로 손꼽힌 헨리 8세는 가톨릭 진영에서 신앙의 수호자로 환호를 받았다. 영국에서 처음으로 불태워진 책은 루터의 저작이었다. 헨리가 첫 번째 부인인 아라곤의 왕녀 카탈리나(Catherine of Aragon)와 이혼만 결심하지 않았더라면 그 이후로도 루터의 저작이 계속 불탔을 것이다.

1534년의 수장령(Act of Supremacy)은 헨리를 영국 국교의 수장으로 인정했고, 그에게 수도원을 해체하고 탁발수도사와 수녀원을 해산하고 그 수입을 압류할 권한을 주었다. 결국 가장 작고 가난한 수도원부터 시작해서 대략 800개 수도원이 폐쇄됐다. 1536년 은총의 순례(Pilgrimage of Grace)라는 유명한 반란이 일어났으나, 헨리와 그 신하들에게 수도원이 비국교도의 온상이라는 확신만 주어 더욱 강력한 탄압이 신속하고 무자비하게 감행되는 빌미가 됐다. 1540년대 중반이면 수도원 해체가 완료된다.

수도원 해체와 함께 1066년 노르만정복 이후 최대 규모의 토지 이전이 진행됐다. 이는 왕립위원회 위원들이 진두지휘한 엄청난 과업이었다. 그들은 수도원을 순회했고, 몰수 재산 관리를 위해서 설립한 재무 기관인 환수재산처리법원(Court of Augmentation)의 담당자들을 관리감독했다. 최초의 위원들은 1535년 첫 번째 순회를 하면서 수도원 재산을 팔아 치우기 위해 그것을 평가하고 그 과정을 감독하는 업무를 개시했다. 놀라운 것은 이 위원회가 책을 전혀 언급하지 않았다는 사실이다. 더 이상한 것은 이 시점에는 영국 내에서 수도원이 최대의 장서를 소유하고 있었다는 사실이었다.[11] 베리세인트에드먼즈(Bury St. Edmunds)에 있던 베네딕트회 수도원은 대략 장서 2000권을 소장했는데 필사본과 인쇄본이 적절히 섞여 있었다. 캔터베리 수도원도 비슷한 규모의 책을 소장했고 캔터베리 대수도원 도서관에는 1800권이 있었다.[12] 그러나 철저히 효율성만 추구했던 환수재산처리법원에 이들 책에 관한 기록은 거의 없었다. 은식기 하나도 놓치지 않았고, 종과 납 지붕 하나도 빼먹지 않고 기록했는데도 도서관에 대해서는 도서관 나무 가구의 가치에 대한 평가 보고서만이 있을 뿐이었다.

왕립위원들은 수도원 부동산 권리증서와 필사본 양도증서에 관심이 있었는데, 이는 자기들 재산과 권리의 기록에 필요한 문서들이었다. 남은 문헌과 필사본과 인쇄본의 운명은 제멋대로 뒤엉켰다. 많은 책은 제자리를 지켰고, 어떤 책은 실려 갔고, 어떤 책은 파괴됐다. 책들의 운명은 대체로 수도원을 차지한 새 주인의 처분에 맡겨졌다. 1540년대에 많은 귀족이 기회를 틈타 왕으로부터 과거 수도원 건물을 구매했고 자연히 그 장서 또한 그들의 수중에 들어갔다.[13] 예를 들어 웨일스 사람 존 프라이스(John Prise)는 헤리퍼드에서 성 구틀락(St Guthlac) 수도원을 사들여 시골집으로 변모시켰고, 영국 서부 수도원의 약탈물로 그 서재를 채웠다. 시간이 지나면서 수도원에서 온 귀한 책들의 진가를 깨달은 귀족들은 필사본 수집의 묘미를 알았다. 이 시기에 우리는 수집가들 사이에서 상업적 이유로 필사본을 교환하기 시작했다는 단초를 발견할 수 있다. 이렇게 시작된 교환은 나중에 감식업이라는 전문 분야로 자리매김한다.[14] 그러나 희귀 필사본을 소유했다는 이유로 모두가 그것의 문화적 가치를 인식한 것은 아니었다. 현존하는 최초의 영어 성경 세 가지 중 하나인 체올프리드(Ceolfrid) 성경 일부는 1982년 킹스턴 레이시 하우스(Kingston Lacy House)에서 발견됐을 때 부동산 서류에 싸여 있었다.[15] 윌리엄 시드니(William Sidney) 경은 로버츠브릿지(Robertsbridge) 대수도원에서 나온 기도서와 예배서 종이로 자신이 운영하던 제철소의 회계장부를 묶었다.[16]

수도원 소유의 전례서는 큰 가치가 있었다. 하지만 장정을 장식하던 금은과 다른 보석류의 가치만 귀하게 여겼을 뿐이다. 책의 새 주인들은 이 장식물을 제외한 나머지는 쓸모없다고 생각했고, 그냥 버리거나 폐품으로 팔아 치웠다. 1549년 프로테스탄트 학자이며 성직자인 존 베일(John Bale)은 다음과 같이 탄식했다.

도서관을 보유한 미신적 저택[수도원 재산]을 구매했던 많은 사람은 보유 도서를 얼마간은 옥외 변소 밑씻개로, 얼마간은 촛대 청소용으로, 얼마간은 부츠 닦는 데 썼다. 또 그들은 얼마간을 식료 잡화상과 비누 장인에게 팔았고, 얼마간은 해외 제본 업자에게 팔아넘기기도 했는데 그럴 때는 조금이 아니라 종종 배를 꽉꽉 채울 정도여서 그 나라 사람들을 놀라게 했다.[17]

베일은 나중에 "도서관 장서들만큼 더 빨리 처분되던 물건이 없었던, 부주의하고 사려 깊지 못했던 시절"에 대해서 곰곰이 돌이켜 보았다.[18] 베일과 같은 이들이 수도원 해체를 규탄한 것은 아니었다. 영국이 축적해 온 문헌 유산을 그렇게 무자비하게 처리해 버리는 일에 좌절했을 뿐이었다. 독립적인 영국국교회의 등장을 정당화할 근거 자료를 찾기 위해 나섰던 프로테스탄트 학자들은 가톨릭 일탈로 오염되기 이전에 존재했던, 고대 앵글로색슨 교회 시절에 뿌리를 둔 필사본 자료에서 그 증거를 찾고자 했다. 베일은 이렇게 주장했다. "영국에는 모든 시대마다 이적그리스도[교황]의 신성모독적 협잡질을 간파하고 탐지했던 독실한 저술가들이 있었다."[19]

다른 학자들은 영국의 역사와 그 유서 깊은 내력을 입증하는 고서를 찾고자 했다. 1533년 고서 연구가 존 릴런드(John Leland)는 왕립위원회 위원들과 함께 영국 역사에 중요 의미가 있는 저작을 찾아 수도원 장서 탐색 여행에 나섰다. 몇몇 수도원에서 그는 자기 앞에 놓인 책이 사라진 책으로 추정됐던 필사본임을 감정하고는 경이로운 감정에 사로잡히기도 했다. 그러나 그는 또한 수도원이 무위도식을 일삼던 곳이며, 일자무식의 수도사들로 붐볐던 곳이며, 귀한 책은커녕 그냥 책을 관리할 능력도 없었던 곳이라는 의혹을 강화하는 데 일조하기도 했다. 옥스퍼드에 있는 프란치스코 수도회의 도서관을 보고 그는 이렇게 설명했다. "맙소사! 보고도 믿을 수가 없구나. 먼지, 거미줄, 좀 벌레, 나방, 간단히 말해서 더럽고 최악의 상태이다. 책 몇 권이 보이기는 하나 그것을 사기 위해 단 한 푼도 쓰고 싶지는 않다."[20]

고서 연구가였기에 릴런드는 무슨 책이 가치가 있는지 잘 알았다. 수도원 해체가 한창일 때 만났던 많은 책에 대해 전적으로 냉담했으나 그는 어떤 수도원에 귀한 도서가 있으며 어떤 도서관의 도서는 뿔뿔이 흩어져도 상관없는지를 잘 알았다. 1536년에 그는 수석장관 토머스 크롬웰(Thomas Cromwell)에게 외국 학자들이 해체된 수도원에 침입해 책을 약탈하거나 훔쳐간다고 보고한 후, 자신에게 책 약탈을 막을 권한을 달라고 촉구했다.[21] 릴런드는 그 후 많은 필사본과 책을 건져냈다. 그 일부는 헨리 8세의 왕궁도서관에 자리 잡거나 웨스트민스터, 햄프턴 코트, 그리니치 궁에 골고루 비치됐다. 베리세인트에드먼드 수도원의 많은 도서를 비롯해 다른 책들은 릴런드가 직접 챙겼다.[22]

1547년 에드워드 6세가 즉위한 후 수도원 장서의 파괴는 가속화됐다. 1550년에 "혹세무민하는 도서를 금지하는" 법령이 제정되면서 "지금까지 교회 의식에 사용됐던 교송집, 미사경본, 전례용 시편, 행렬 성가집, 예절 정식서, 기도서 같은 모든 책을 이 땅에서 완전히 없애고 더 이상 사용도, 소지도 금지한다"라고 선포했다.[23] 종교개혁의 첫 번째 국면이 과거 수도원 장서를 대체로 불필요한 것으로 취급하는 것이었다면, 1550년 법은 거론된 책을 소지하는 것도 의법 조처하겠다는 선언이었다. 이 법으로 그런 도서의 시장가격은 붕괴했고 해산된 수도원에서 나온 책은 휴지나 양피지로만 거래될 수 있을 뿐이었다.

'혹세무민도서금지법'의 제정으로 수도원 밖을 벗어나서 여전히 살아남았던 가톨릭 서적도 전면적으로 폐기될 운명에 처했다. 심지어 헨리 8세가 남긴 책까지도 무사하지 못했다.

1551년 왕립위원회는 왕의 장서에서 미사경본, 교송집, 다른 신앙서 등을 찾아내 금이든 은이든 장식물을 제거한 뒤 장서에서 제외했다.[24] 그 법은 교구도서관까지 적용됐는데 그곳에는 무려 한 세기 전부터 도서관에 있던 책도 적지 않았다. 랭커셔(Lancashire) 지역 카트멜(Cartmel)의 한 성직자는 비망록에 "그 모든 책을 내가 다 태웠다"라고 냉담하게 기록했다.[25] 이 파괴의 파고는 의도했던 것보다 훨씬 더 많은 책을 희생했다. 분서 작업에 임했던 모든 사람에게 가톨릭 신학서와 종교와 무관한 역사적으로 중요한 필사본을 감식할 능력이 없었다는 사실을 생각하면 충분히 납득이 가는 일이다.

많은 교회도서관이 분서로 홍역을 치렀다. 종교개혁 정신을 퍼뜨리기 위해 1530~1540년대에 왕은 교구마다 프로테스탄트 성경과 에라스무스의 라틴어와 희랍어 대역 신약성경을 적어도 한 권씩 구매하라고 훈령을 내렸다. 1553년 에드워드 6세가 죽고 가톨릭을 믿는 그의 의붓누이 메리가 왕권을 승계하면서 거꾸로 이들 교구가 구매했던 프로테스탄트 서적이 탄압의 표적이 됐다. 이런 반전에 반전은 공공도서관 장서에 재앙적 참화를 불렀고 옥스퍼드와 케임브리지대학교 도서관도 예외일 수 없었다.

유럽 전역의 대학이 종교개혁의 격동기를 맞아 엄격한 검열을 받았다. 성직자 교육기관으로서 대학이 맡았던 역할이 중대했기 때문이다. 영국에서 종교개혁이 시작됐을 때, 메리 여왕 치하에서 거꾸로 가톨릭 세상이 됐을 때, 엘리자베스 여왕 시대에 다시 프로테스탄트로 복귀했을 때, 그때마다 옥스퍼드와 케임브리지 모두에서 이전의 강의계획서와 교재가 비판적 검열의 대상이 됐다. 검열을 위해 세 번에 걸쳐 두 대학에 당국자들이 방문했다. 헨리 9세, 에드워드 6세, 메리 여왕 시대에 각각 한 번씩이었다. 이 방문은 수도원 해체만큼 파괴적이지는 않았지만 수백 년이나 자리를 지켰던 대학 장서들을 갈아 치워야 할 정도로 큰 충격을 주었다.

　1535년에 대학 교과과정을 검토한 뒤에 제출된 보고서는 이전까지 학문의 중추 역할을 하던 존 던스 스코터스(John Duns Scotus)의 저술을 비롯한 많은 중세의 학술 텍스트를 금지해 둘 것을 국왕에게 요청했다. 요크대학교 학장 리처드 레이턴(Richard Layton)은 토머스 크롬웰에게 보낸 편지에서 이제 "마침내 얼간이(Dunce)들이 사라졌다"라고 기쁘게 밝혔다[얼간이라는 뜻의 던스(Dunce)와 저술가 던스(Duns) 사이의 음성적 유사성을 이용한 말장난—옮긴이]. 레이턴은 어떤 칼리지에서는 "던스의 책장들이 마당에 잔뜩 흩어져 있었는데 바람이 불어서 구석구석 날려 가는 것을 보았다"라고 기록했다.[26] 1549년 더 많은 책이 폐기됐고 1557년 메리 여왕 통치기에는 더 광범위한 방문 검열이 실시됐다. 검열이 수월하게 진행되도록 모든 대학은 소유 도서목록을 제출하도록 지시받았다. 프로테스탄트 책을 갖고만 있어도 불법이었기에 어떤 대학도 그 책들을 목록에 올리지 않았다. 오늘날에도 옥스퍼드의 칼리지 중에서 엘리자베스 시대 이전에 습득했던 프로테스탄트 서적은 단 한 권도 없다. 아마도 검열관 도착 전에 다 없애 버렸기 때문일 것이다.[27]

　반복적으로 벌어졌던 검열 이전과 이후의 도서관 장서 규모를 검토해 보면 검열이 도서관에 미친 폐해가 명백히 드러난다. 1529년 케임브리지대학교의 장서는 500~600권이었지만, 1557년 마지막 검열 후에는 겨우 175권만 남았다.[28] 그 뒤로도 제자리걸음을 하다가 1570년대가 되어서야 증가세로 돌아섰다. 15세기 중엽 글로스터의 험프리 공작이 기증했던 필사본 281권을 자랑했던 옥스퍼드대학교 도서관은 더 지독한 참화를 겪었다. 1480년대 험프리가 기증한 도서만을 위해 세운 건물에 보관됐던 책들은 몇 번에 걸친 검열로 거의 사라지다시피 했다. 1556년 1월 옥스퍼드는 도서관의 책을 보관했던 가구를 팔아치우기 위해 위원회를 만들었을 정도였다. 오늘날 옥스퍼드에는 험프리가 기증했던 책 중에 고작 세 권만 남아 있다.

격동의 16세기 중반을 겪은 뒤 대학들은 도서관을 키울 엄두를 내지 못했다. 새로 즉위하는 왕의 정책이 바뀔 때마다 책을 몰수하고 불태운다면 대학이 책 구매에 돈을 쓸 이유가 없지 않은가? 옥스퍼드의 트리니티칼리지가 1576년 8월 2일 우스터의 주교를 위한 축연에 쓴 돈이 그 이전 45년 동안의 전체 도서 구매비보다 많았을 정도였다.[29] 공공도서관 성장의 주요 동력이었던 도서 기증도 19세기 전까지는 거의 말라붙었다. 그것은 엘리자베스 시대가 시작되고 몇십 년이 흐른 후에도 많은 대학에 프로테스탄트 도서가 거의 없었다는 말이다. 옥스퍼드와 케임브리지의 중앙도서관뿐 아니라 많은 다른 대학도 한 세기 전과 비교하면 장서 규모가 크게 줄었다. 옥스퍼드대학이 갈등의 시대에 입은 상처를 치유하고 재활에 성공한 것은 16세기 말 무렵 토머스 보들리라는 선견지명 있는 도서관 설립자가 등장한 이후였다.[30]

불온서적 정화작업

유럽에서 가톨릭에 끝까지 충실했던 지역에서조차 종교개혁이 몰고 온 재앙은 뚜렷이 느껴졌다. 복음주의 혁명은 개혁 반대파에게 권위의 실종을 불러왔으며, 심지어 대대로 전해 온 전통의 정당성조차 의심하게 했다. 가톨릭 신앙에 충직했던 사람들은 교회를 지키려고 최선을 다했지만 이런 혼란 속에서 흔들리지 않고 신학적 정통성 대한 확신을 유지하기란 쉬운 일이 아니었다. 가톨릭교회는 쇄신이 필요했고, 트렌트공의회(Council of Trent, 1545~1563)라는 거의 20년간의 심사숙고를 통해 혁신의 밑그림을 그린 후 가톨릭의 제도적 미래를 위한 확고한 지침을 마련했다. 이런 혁신은 책 산업에도 직접적 영향을 미쳐서 유럽 도서 시장을 완전히 일신하고 대륙 전체의 도서관 발전에 지속적 여파를 끼쳤다.

가톨릭교회가 인쇄물에 대한 간섭과 검열에 지속적 관심을 보인 것은 아니다. 책 시장에 대한 통제는 맨 먼저 인쇄업자와 도서 판매업자의 청원으로 시작됐다. 투자 보호의 일념으로 그들은 출판 서적 중에 서로 중복되는 판본에 대한 우선권을 인정해 줄 것을 간청했다. 출판업이 신생 사업이라는 점과 유럽의 많은 지역에서 전통적인 길드식 규제가 적용되지 않는다는 점을 감안하면 청원의 성사 여부는 그들에게 사활이 걸린 문제였다. 에라스무스의 지적은 그들에게 뼈아픈 것이었다. "제빵업자가 되려고 허가받을 필요가 없듯이, 누구든 책 사업을 하겠다면 그 또한 자유로이 허용되어야 한다."[31] 비록 1477년에 교황이 교회의 기본 원칙에 반하는 도서의 출판을 금지하는 교지를 내렸지만 루터가 반기를 들기 전까지는 도서에 대한 실질적 통제는 각 지역 통치자의 몫이었다.

루터의 반발에 가장 맹렬히 맞대응한 사람은 네덜란드 지역의 황제 카를 5세(Charles V)였다. 종교개혁이 독일 전역으로 퍼지는 것을 막지 못했다는 자격지심까지 품었던 카를 5세는 선조의 모국인 네덜란드에까지 이단의 사상이 퍼지는 것을 용납할 수 없었다. 1520년 3월 20일 교황의 교지가 공표되기 3개월 전에 이미 카를 5세는 네덜란드에서 모든 루터교회 책자를 "잿더미로 만들라"라고 명령했다. 1521년 루터가 공식 파문당하자 카를 5세는 책 거래를 통제하겠다는 칙령을 선포했다. 인쇄본과 필사본을 가리지 않고 모든 프로테스탄트 문헌이 공공연하게 불쏘시개가 됐다. 1521년 3월 칙령이 선포된 후에 안트베르펜에서 책 400권이 화염에 휩싸였다. 대부분은 판매상으로부터 압수한 책이었고 일부는 겁먹은 시민이 스스로 내놓은 책이었다.[32] 이런 공개적인 탄압에도 책이 타는 것을 보던 시민들은 아우성을 치며 야유를 보냈다고 전한다. 다른 기록에 따르면 종교개혁에 호의적으로 보이는 일단의 시민이 책을 태우지 말고 차라리 팔아서 그 돈으로 로마에 있는 성직자들을 태울 장작개비를 사는 게 어떠냐고 소리쳤다고 한다.

처음에는 그런 농담도 던질 수 있는 분위기였다. 그러나 분서는 그칠 줄을 몰랐다. 1523년 7월 1일에는 아우구스티누스 교단의 수도사 두 명이 불타오르는 책더미 속에 던져졌다. 이후 수십 년 동안 인쇄업자 몇 명이 프로테스탄트 서적을 제작했다는 이유로 생명을 잃었다. 탄압의 파고가 출판업계를 사정없이 덮쳤다. 이단으로 의심되는 사람을 체포해 심문할 때 취조의 핵심은 먼저 불온한 책의 소지 여부였다. 심문자는 책이 이단시되는 믿음을 퍼뜨리는 원흉이라고 인식했다. 하지만 책은 프로테스탄트 무리를 색출하는 단서이기도 했다. 책 판매상과 판매책을 다그치면 고객 신상을 파악할 수 있었기 때문이다.[33] 서점은 종종 불시에 단속받았고 불온서적은 없는지 조사당했다. 단속반은 특히 불온서적 출판의 온상인 비텐베르크에서 출판된 책을 중점적으로 적발했다. 이런 단속을 피하려고 출판업자들은 책 표지에 출처를 엉뚱하게 표기하거나 아예 밝히지 않기도 했다. 시간이 흐를수록 종교적 불화의 골은 깊어졌고 출처가 수상한 책들을 다른 시장에서는 차라리 들여놓지 않았다. 이는 국가 간의 책 공급망을 완전히 망가뜨렸다. 대체로 책 수입에 의존했던 스페인은 원래는 책에 소비세를 부과하지 않았다. 그러나 1558년이 되자 허가 없이 스페인어 서적을 수입하다 적발되면 사형에 처할 것이라는 협박성 엄포가 내려왔다.[34]

　　이탈리아는 유럽에서 핵심적인 책 시장으로 손꼽혔다. 이 충격은 이곳의 출판시장을 근본적으로 바꾸었다. 변화는 서서히 누적되는 위기로 나타났다. 네덜란드 책 판매상들이 목숨을 위협받은 지 한참 지난 후에도 이탈리아에서는 프로테스탄트 서적의 유통이 계속됐다. 모로네 추기경(Cardinal Morone)의 대리는 모데나(Modena)를 "프라하와 같이 전염병 같은 이단적 믿음에 감염되고 오염된 도시다. 가게와 거리 곳곳, 가정에까지 퍼져서 모든 사람이 신앙, 자유의지, 정죄, 성찬과 예정설 등에 대해 논쟁을 벌인다"라고 묘사했다. 다른 비판자는 무지한 자들조차 "과장되게 신학적 논리를 전개하는 것"을 볼 수 있다고 전했다.[35] 대략 1542년까지도 이탈리아에서는 프로테스탄트에 대한 동정 여론이 있었다. 그러나 그즈음 신교와 구교의 봉합 가능성이 없음이 명백해졌고 지도적 위치에 있던 몇몇 신학자, 예를 들면 베르나르디노 오키노(Bernardino Ochino) 같은 이들은 칼뱅주의가 득세하던 스위스로 망명했다. 가톨릭교회의 대응도 경직돼 갔다. 1559년 트렌트공의회가 진행되는 동안 교황 바오로 4세는 최초로 『금서와 금지 작가 목록(Index Auctorum et Librorum Prohibitorum)』을 발표했다. 이 목록은 이후로 이어질 기나긴 목록 중 맨 앞자리를 차지했고, 장래 스페인의 종교 재판소, 가톨릭 대학인 루뱅과 파리 소르본에서 그 목록을 보완하고 세분화한다.[36]

목록들은 도서 유통과 도서 수집에 중대한 장애가 됐다. 목록에는 금서 저자들의 명단과 이단으로 여겨지는 책이 들었을 뿐 아니라 이단적 언급으로 물들었다고 판단된 정통 텍스트의 특정 판이 포함됐다. 로마에서 발표된 최초 목록에는 이단으로 의심되는 인쇄업자 61명의 이름도 포함돼 있었다. 내용을 확인하지 않고도 단지 그들의 출판물 전체가 의심이 간다는 이유였다. 참된 기독교인들이라면 자진해서 그들 도서에서 금서를 골라내 제출할 것이 요청됐다. 그리고 목록에 오른 모든 도서에 대해 제작과 판매와 소유가 일절 금지됐다.

교황이 최초로 금서목록을 발표하고 나서 대대적 분서 사태가 이어졌다. 하지만 대부분 로마에 국한됐다. 로마가 아닌 다른 지역의 통치자는 목록에 따라 본격적으로 분서를 집행하기를 망설였다. 피렌체의 코시모 데 메디치 공작은 산마르코 수도사들에게 자기 전임자가 기증했던 책을 단 한 권도 태우지 말라고 명령했다. 나중에 발표되는 목록은 엄격한 금지를 완화하는 방향으로 흘렀고 지역의 주교와 심문관에게 특정인의 불온서적 소지를 예외적으로 허용하는 권한을 부여하는 데 더 많은 신경을 썼다. 책을 정화(부적절한 부분을 삭제하는 것 —옮긴이)하는 것도 고려됐다. 텍스트에 있는 몇 가지 교리적 오류만 제거하면 출판을 허용하는 것이 가능해졌다. 이탈리아에 있던 에라스무스의 저작 중에 일부를 특별한 검열과 삭제를 거친 판본으로 만들어 출판하는 것도 고려했으나 그 작업이 너무 어려운 것으로 드러나자 결국 교황은 수집가들에게 각자 알아서 자기 책을 정화하도록 했다.[37] 오늘날까지 전하는 많은 도서가 텍스트 일부를 펜으로 덧칠됐거나 다른 방식으로 지워졌다. 1597년과 1603년 사이에 종교재판소는 이탈리아 수도원에 있는 모든 도서를 검열해서 금서들을 솎아 내는 작업을 했다. 대략 9500곳에 달하는 도서관에 대한 체계적 조사를 통해 심지어 작고 가난한 수도원에도 도서관 문화가 단단히 자리 잡았다는 사실과 함께 공공도서관의 장서 구축에 교회 권력이 간섭하고 영향을 줄 힘이 있음을 명백히 확인해 주었다.[38]

　　금서목록의 영향은 가톨릭 세계 전역에 미쳤다. 스페인의 새로운 식민지인 멕시코, 과테말라, 니카라과, 필리핀도 예외는 아니었다.[39] 지역적으로 너무 가혹한 지침을 회피하려는 노력을 기울였으나 알프스 너머의 책 시장과 밀접한 관계를 맺고 있던 베네치아에 금서목록이 미친 충격은 파국적이었다. 1564년

도판 8. 프로테스탄트의 위협에 맞대응하기 위해 내놓은 비장의 무기였던
『금서목록』(1758)의 권두 그림. 이단 서적들을 불길 속으로 던져 넣는 장면을
묘사한 것이다.

에 갱신된 리스트는 이단 서적에 대한 집중 단속을 불러왔다.[40] 그러나 책 시장에 가장 심각한 충격파를 던진 것은 프로테스탄트에 속한 주요 인쇄 도시에서 출판된 서적에 대한 금수조치였다. 이 조치로 주요 국제 도서 시장과 거래하던 이탈리아의 출판업자들은 자신이 만든 책과 다른 지역에서 나온 책을 교환할 수 없게 됐고, 그 여파는 도서 시장의 존립을 위태롭게 할 정도였다. 금서목록이 등장하기 전인 17세기 초까지만 해도 프랑크푸르트 도서전에 가장 많은 참관인을 파견했던 베네치아는 아예 참석 자체를 포기했고 그로 인해 북유럽 출판 중심지에서 출간되던 과학 서적과 학술 서적에 대한 접근도 끊어졌다.[41]

종교개혁에 대한 교황의 무자비한 대응 탓에 도서관은 예기치 못한 방식으로 화를 입었다. 16세기 후반의 억압적 분위기에서 유대교 도서관도 피해를 받았다. 이탈리아에는 상당한 규모의 유대 공동체가 형성돼 있었다. 그중에서도 베네치아가 가장 활발했고 16세기 유대교 서적 제작의 세계적 구심점이 됐다. 가톨릭이 세력을 잡은 곳에서 유대인들은 이단 세력으로 인식됐고 알프스 너머의 과격한 독일 프로테스탄트보다 손쉬운 제물이 됐다. 1553년 8월 12일에 내려진 교황의 칙령은 유대교에 신성한 법과 신학에 중요한 근거 자료를 제공했던 『탈무드』를 금서로 선언했다. 이탈리아 전역에서 분서가 있었고 저 멀리 지중해 동쪽의 베네치아 지역도 마찬가지였다. 거의 모든 유대인의 집이나 서점에서 몰수한 수많은 책이 참화를 당했다. 기독교인이어도 『탈무드』를 읽거나 소지할 수 없었고 유대인이 그 책을 출판하는 것을 도울 수도 없었다. 적발되면 파문을 무릅써야 했다. 1559년 이탈리아 북부 도시 크레모나(Cremona)의 유서 깊은 유대인 학교가 급습당했고 책 1만 2000권이 잿더미가 됐다. 유대인 박해는 오스만제국과 대결 국면에 있던 베네치아에서도 벌어졌는데, 그 구실은 이 지역 유대인이 튀르크 첩자로 의심된다는 것이었다. 1568년에 약 8000권의 책이 불길에 타올랐고 다른 책들은 강제로 수출됐다.

파괴의 광풍으로 유대 서적의 거래가 격감했고 유대인 출판업자는 조용히 베네치아를 떠나 더 안전한 곳으로 향해 암스테르담과 폴란드-리투아니아 연방에 가장 많이 자리 잡았다. 가톨릭 출판업자에게 분서는 새로운 기회를 제공했다. 트렌트 공의회가 내놓은 최종 결론은 가톨릭의 성무일도서, 기도서와 교리문답서를 개정하라는 것이었다. 이 책들은 가톨릭 신앙과 전례의 핵심서여서 가톨릭 세계 전역에서 팔렸다. 베네치아의 알디네(Aldine) 출판사는 1572년 한 해에만 『기도서(Officium Beatae Mariae Virginis)』 2만 부를 찍어 냈다.

인쇄업자와 도서업자를 만족시키려면 상업적 동기를 부여하는 것이 핵심이었다. 도서관은 쉽게 약탈 대상이 됐다. 특히 종교적으로 이단시됐던 크레모나의 유대인 학교도서관 같은 경우에는 더 그러했다. 도서관의 운명은 흔히 변덕스럽고도 격렬한 정치 환경의 우여곡절에 휩쓸려 갔다. 명성 높은 프로테스탄트 저술가이자 정치인이며, 소뮈르(Saumur)에 있는 위그노 학교(Huguenot Academy)의 창립자인 필리페 뒤플레시스모네이(Philippe Duplessis-Mornayr)가 구축한 서재의 운명은 많은 이에게 본보기가 됐다. 1621년 프랑스의 루이 13세가 뒤플레시스

모네이를 해임한 후 왕의 군사들은 그의 성을 약탈했다. 그의 엄청난 장서들도 짓밟혔고 책은 장정에 달린 은걸쇠를 모두 떼어 낸 뒤에 성을 에워싼 해자에 수장됐다. 가톨릭교도였던 어떤 왕의 신하는 다음과 같은 이죽거리는 기록을 남겼다.

> 이단의 논리와 불경스러운 주장으로 가득한 이 책들을 일부는 루아르(Loire)강으로 던졌고, 일부는 성 주변과 거리에서 태웠고, 날렸고, 흩뜨렸다. …… 거리는 훼손된 책으로 가득해 온통 책과 종이밖에 보이지 않았다. 이제 이것들을 왕의 신민들과 주민들이 마저 처분할 것이다. …… 책을 이런 식으로 처분하는 것이 뒤플레시스모네이에게는 가슴 아픈 일이고 위그노 교도들에게는 무섭기도 하고 분노하기도 할 일이었겠지만 우리 가톨릭교도에게는 그저 기쁘기만 한 일이었다.[42]

공공도서관이나 뒤플레시스모네이의 서재 같은 준공공도서관들은 손쉬운 표적이 되어 크게 훼손당했다. 잘 단속된 문 안에 꽁꽁 감춰 놓은 수많은 작은 개인 서재들에 대한 탄압은 그보다 까다로웠다.[43] 프로테스탄트도 가톨릭도 공공도서관을 약탈했다. 그들 모두 도서관에 투자됐던 상징적 자본을 인식하고 있었기 때문이었다. 이들 도서관은 기록물의 보관소이자 지식의 보고이자 만남의 장 역할을 했다. 도서관은 경쟁 관계이던 가톨릭과 프로테스탄트 교회가 서로의 모습을 구체화하도록 했고, 구성원의 영성 함양을 도왔다. 도서관 파괴는 모든 교파의 궁극적 목표인 기독교 세계의 통합을 위한 것이었다. 하지만 모든 파괴가 분서같이 노골적일 필요는 없었다. 도서관을 폐쇄하거나 내용물 일부를 휴지로 처리하거나 책을 정화하는 방법도 있었다. 시간이 지나면 신교와 구교가 각각 열정적 선교에 나서면서 도서관 구축의 새로운 시대가 도래하면서 놀라운 성과를 이룩해냈다. 그러나 초기 종교개혁에서 두 세대가 흐르는 동안에는 그것은 여전히 미래의 일일 뿐이었다. 당대 사람이 볼 때 16세기는 위대한 도서관에 친구보다 적이 더 많았던 시절이었다.

3부

새로 등장한 수집가들

7장
전문가들

1550년 인쇄술이 발명된 지 100년이 흐른 유럽에는 책이 넘쳐 났다. 그 이전에 나온 책을 통틀어도 지난 100년간 제작된 책을 따라잡지 못했다. 공적 시설로서, 그리고 사회적 축적물로서 도서관의 미래가 하필 이 시점에 지독히 암울해 보였다는 것은 최대 아이러니라 할 수밖에 없다. 유럽의 통치자들은 다른 긴급한 관심사에 정신이 팔려 도서관 관리 따위에는 신경 쓸 겨를이 없었고, 그 틈에 필사본 시대의 주요 장서들은 흩어지고 훼손됐다. 새로운 인쇄물 시대를 맞아 알렉산드리아 도서관의 영광을 자기 힘으로 되살리고자 했던 페르난도 콜론의 도서관은 폐쇄 됐고 텅 비어 버렸다. 북유럽의 많은 지역에서 기원후 첫 번째 천년기의 암흑시대 내내 책의 성소 역할을 했던 수도원은 약탈 당하거나 황폐화했고 책은 멋대로 처분되거나 파손됐다. 심지어 수도원이 여전히 존중받던 가톨릭 지역에서조차 전통적 교단들이 예수회 같은 새로 설립된 탁발수도회의 도전에 직면했다. 더 나쁜 상황은 인문주의와 종교개혁의 영향으로 전통적인 대학의 교과과정까지 반발에 직면하면서 기존 도서 중 많은 것이 쓸모없어 보이는 지경에 처한 것이다.

이런 세상에서 공공도서관이 제 역할을 찾는 데는 얼마간 시간이 필요했다. 유럽의 몇몇 지역, 가령 프랑스 등에서는 19세기까지도 대학이 그 취지에 맞는 도서관을 구축하지 않았다. 그러나 언제나 그랬듯 도서관은 한쪽이 허물어지면 다른 쪽에서 새로운 역할을 찾아냈다. 떠오르던 유럽의 전문가 계층이 기꺼이 도서관 구축의 역할을 떠맡았다. 유럽의 책 시장에 넘쳐나던 새로운 책들을 변호사, 공직자, 의사, 교수와 교회 성직자들의 개인 장서가 기꺼이 빨아들였다.

이들에게 책 소유의 기쁨은 종종 새로운 경험이었다. 한 세기 전만 해도 의사와 변호사는 필사본 장서를 구축할 만한 인맥도, 재력도 갖추지 못했다. 기껏해야 의사라면 '처방전'에 관한 책 한 권, 변호사라면 유스티니아누스 법전 한 권 정도를 갖추었을 것이다. 도저히 서재라고는 할 수 없는 수준이었다. 이제 새로운 인쇄술의 시대가 만들어 낸 경이로운 세상이 그들의 문턱에 다가와 있었다. 이것이 도서관의 중심을 바꾸어 버렸다. 이 새로운 책 소유주들은 도시 거주자였고, 도서관 구축은 도시적 현상이 됐다. 가문 대대로 전해진 자료와 서신과 재무 관련 서류들을 기록물로 만드는 데 골몰한다든지, 고전의 세계를 탐구한다든지, 호기심의 방(cabinets of curiosities: 16세기 무렵부터 유럽인에게 진귀한 것들로 방을 채우는 취미가 생겼다. 이런 전통이 박물관으로 발전했다—옮긴이)을 꾸미려는 광적 열풍으로 자연의 세계에 매료된다든지 하는 식으로 지적 호기심의 부산물로 도서관을 구축하기도 했다.[1] 이 모든 일에는 더 많은 공간과 돈이 있어야 했다.

수많은 개인 장서의 등장 때문에 도서관은 새로운 도전을 맞이하게 됐다. 책 소유주들은 도시에서 와글대면서 업무를 수행해야 했기에 먼지 낀 성채도 수도원의 필사실도 없었다. 가족과 함께하는 가정에 책을 보관하고 전시하려면 긴급하게 건축적으로 새로운 해결책을 모색해야 했다. 그런데도 1550~1750년 사이 서재는 도시에 거주하는 전문가들의 집 어디에서든 자리 잡았다. 이곳이 책들의 새로운 안식처가 됐고, 그것은 책 세상에 바야흐로 혁명적 변화를 불러왔다.

시장의 힘

필사본 시대에 도서관을 구축했던 사람들 대부분은 이탈리아의 로마나 피렌체 또는 북유럽의 파리나 브뤼주 같은 준 산업적 생산 규모를 갖춘 주요 거점지역에 크게 의존해야 했다. 원칙적으로는 어디서든 필사본을 만들 수 있었다. 그러나 상당한 규모의 장서를 장만하려면 돈도 필요했고 그만한 규모의 텍스트에 접근할 수도 있어야 했다. 15세기에 영국으로 건너온 찬란한 필사본 중 많은 책이 이탈리아를 방문했던 수집가의 보따리를 거쳐 전해진 것이다. 브뤼주 같은 도시의 작업장은 다른 지역의 책 공급원이었다.[2]

1550년이 되면 출판시장은 완전히 새로운 유통망을 갖추고 국제적 규모의 시장을 통해 유럽의 주요 생산기지에서 찍어낸 모든 인쇄본을 순환했다. 유럽 책 시장의 최변방이었던 런던 같은 곳에서 이런 변화가 끼친 영향은 놀라웠다. 그전까지만 해도 영국 출판산업은 비교적 소규모로, 국내시장만을 대상으로 몇몇 연감, 왕이 선포한 법령집, 영어 기도서 정도를 출판했다. 큰 규모의 라틴어 법학 텍스트나 학술 텍스트 쪽에서는 런던 출판업자가 파리, 리옹, 쾰른, 바젤 같은 곳의 출판업자와 상대가 될 수 없었다. 그러나 책이 수입되기만 한다면 영국 수집가들은 책이 어디에서 제작되었든 상관할 이유가 없었고, 런던과 옥스퍼드와 케임브리지의 판매상들은 수집가들의 필요에 부응하면서 이윤을 얻는 데 매우 만족했다.

전하는 기록에 따르면 영국 수집가들이 영국해협을 건너는 위험을 무릅쓰지 않고도 상당한 규모의 서재를 구축할 수 있었음은 명백하다. 이런 사실은 16세기에 기록된 수많은 사후 재산 목록 명세서를 통해서 확인된다. 데이비드 톨리(David Tolley)라는 의사는 1558년 사망 당시 68권의 책을 모았다. 모두 라틴어 서적이었고, 모두 유럽 대륙에서 인쇄된 것이었다. 30년 후 현역 의사로 케임브리지 의대 흠정교수였던 토머스 로킨(Thomas Lorkin)은 엄선된 라틴어·희랍어 고전과 함께 당대에 인기 있던 의화학(醫化學)의 창시자 파라셀수스(Paracelsus)의 저서를 포함해 장서 총 589권을 구축했다. 이들의 놀라운 특징은 장서의 분야였다. 케임브리지에 유언을 남긴 사람들의 장서 목록을 보면 다양한 의학 저자들의 책을 350권이 넘게 소유했음을 확인할 수 있다. 그 시대 사람들은 자기 건강에 대해 끝없이 염려했고 책 소유자들은 대부분 자기 전문분야와 상관없이 적어도 몇 권씩 의학서적을 구비하고 있었다.[3]

16세기에 옥스퍼드와 케임브리지에 살았던 사람들은 상대적으로 더 많은 장서를 축적했을 가능성이 크다. 그러나 이런 전반적인 상승세는 전체적으로 영국인들이 좀 더 광범위하게 책을 구매했기 때문일 것이다. 1592년에 세상을 떠난 보통 시민 모트(Mote)는 훌륭한 장서 500권을 남겼다. 모트와 거의 동시대에 살았던 런던의 잡화상 에드워드 발로(Edward Barlow)는 장서 약 200권을 모았는데 대부분이 그의 약방에 도움이 되는 의학 텍스트였다.[4] 에드워드 6세(Edward VI)가 재위했던 짧은 기간 중 1549년 여름 학기에 학생 자격으로 케임브리지에 왔던 애서가 토머스 바커(Thomas Barker)는 두 달도 안 돼 죽었다. 그러나 그는 희랍어 사전, 히포크라테스의 저작들, 에라스무스의 『우신예찬』 등 책 75권을 남겼다. 케임브리지대학교에서 그해 유언장을 남기고 사망한 사람 중 서른한 명이 『우신예찬』을 가지고 있었다.[5] 책을 제외하면 그의 유품은 보잘것없었는데 책 보관에 사용한 것으로 보이는, 자물쇠와 열쇠가 딸린 커다란 궤와 옷 몇 벌이 전부였다.

장서가들은 대부분 대학교육을 받은 학자이거나 전문직 종사자였다. 상인들도 배움의 세계로 뛰어들었다. 특히 야심 찬 작가 제러드 맬린스(Gerard Malynes)처럼 주장하고 싶은 바가 있으면 언제든 책을 펴낼 준비가 돼 있었다. 국제무역에서 영국 정부의 정책에 영향을 주고 싶었던 맬린스의 책은 다양한 고전 저자뿐 아니라 중세 법률가의 책에서 발췌한 인용으로 가득했다. 그는 지리학자 프톨레마이오스(Ptolemy)와 스트라보, 로마의 역사가들뿐만 아니라 아리스토텔레스의 저작에도 해박했다. 그는 프랜시스 드레이크(Francis Drake: 영국의 항해가―옮긴이)와 토머스 캐번디시(Thomas Cavendish: 영국의 항해가—옮긴이)의 항해 관련 서적뿐 아니라 토머스 모어의 『유토피아』와 초서(Chaucer)의 시를 읽었다. 또한 코페르니쿠스(Copernicus)를 알았지만 당시 사람들 대부분처럼 그의 논리를 "상상에서나 존재하는 수학"이라면서 무시했다.[6]

15세기 필사본의 시대와 비교할 때, 적어도 책 수집에 관해서는 새로운 세상이 열렸다. 한 세기 전에는 생각지도 못했던 도서관들이 생겨나고 있었다. 그러나 100년이 더 흐른 후 영국해협 너머에서 우리는 완전히 다른 수준의 도서관과 마주친다. 17세기 중엽 합스부르크 왕가 소유였던 폐허의 땅 네덜란드에서 새로운 강대국 네덜란드공화국이 부상했다. 이 나라는 유럽에서 가장 도시화한 국가였다. 시민 문해력은 최고 수준이었고, 경제는 활력에 넘쳤다. 기존 출판 강국이었던 프랑스와 이탈리아와 독일에게는 당황스러운 일이었지만 이 나라는 국제 도서 시장의 중심으로 빠르게 부상했다. 온 유럽의 도서가 암스테르담에 들어와 굶주린 네덜란드인의 지식욕을 채우고 영국과 스코틀랜드로 운반됐다. 유럽에서 가장 활기찬 신생 프로테스탄트 대학인 레이던대학교는 학술 출판의 중심지가 됐다. 네덜란드에 새로 구축된 선진적인 국내 운송시스템인 운하망 덕택에 이제 책은 네덜란드 어디서든 제작됐고 곧장 고객에게 공급됐다. 1인당 도서 구매량과 출판량과 독서량에서 네덜란드는 유럽의 어떤 나라보다도 우위에 있었기에 당연히 가장 탁월한 도서관으로 손꼽히는 도서관도 몇 곳이나 설립됐다.[7]

네덜란드공화국의 수집가들은 중세 말기의 수집가들과 완

전히 다른 패턴을 선보였다. 지역에서 으스대는 귀족들도 별로 없었고, 설령 있더라도 별 영향력이 없었다. 오래지 않아 이 무역과 어업의 나라에는 똑똑한 변호사, 의사, 공직자 등으로 구성된 교양 있는 전문가 계층이 급증했고, 그들 중 대다수는 책을 수집했다. 영국에서 그랬듯이 처음에 장서들은 대부분 직업적 도구였다. 그러나 이들은 고등교육에서 전수하던 당대의 고전 학문도 외면하지 않았다. 그 덕분에 네덜란드공화국은 고전의 새로운 융성기를 맞았고 암스테르담과 레이던의 출판업자들은 희랍의 철학자, 로마의 역사가와 수사학자의 저작을 매년 새로운 판으로 거듭 찍어 냈다. 시장은 온갖 크기의 다양한 판본을 요구했다. 거대한 2절판은 도서관용, 실용적 4절판은 연구용이었고, 작은 포켓판은 여행 가방에 넣어 다니거나 운하를 오가는 배 위에서 변호사가 농부나 산파와 서로 어깨를 부딪으며 읽기에 좋을 크기였다.[8]

　　새로 등장한 전문가 집단은 놀라운 규모의 장서를 장만했다. 네덜란드공화국의 뛰어난 학자였던 다니엘 하인시우스(Daniel Heinsius)는 장서 4000권을 보유했으나 당시로는 특별히 놀랄 만한 수준은 아니었다. 그런데도 1656년의 경매에서 그의 장서는 성직자의 30년 연봉에 해당하는 1만 5000길더에 팔렸다. 이는 17세기 중반 기준으로 최고가였다. 더욱더 놀라운 사실은 그의 아들 니콜라스 하인시우스(Nicolaas Heinsius)가 그 이후 25년 동안 아버지의 장서보다 세 배가 넘는 장서를 구축했다는 사실이다. 이 장서들 또한 1682년에 경매에 부쳐졌는데 낙찰가가 2만 4708길더였다. 이는 조금도 놀라운 일이 아니었다.

도판 9. 네덜란드의 성직자이자 신학자인 야코부스 타우리누스(Jacobus Taurinus, 1576~1618)가 서재 앞에서 자랑스럽게 서 있다. 17세기 네덜란드공화국에서는 성직자가 수천 권까지는 아니어도 수백 권 정도 장서를 보유하는 일은 낯설지 않았다. 이런 서재는 종종 지역 공공도서관보다 규모가 컸고 개인 서재였으나 공공도서관 역할도 했다.

1만 3000권의 장서라면 당대 네덜란드에 있는 다섯 대학교의 장서를 모두 합친 것에 버금갈 정도였다.

여러 가지 측면에서 가장 놀라운 경우는 암스테르담 시장의 아들 코르넬리스 니콜라이(Cornelis Nicolai)의 장서였다. 니콜라이는 1698년 스물네 살의 나이로 생애를 비극적으로 마감했지만 그의 장서는 4300권에 달했고 낙찰가 1만 1000길더를 기록했다. 이러한 수집가들은 국제적 학문 엘리트들과 굳건한 인맥을 확보한 사람들이었다. 그러나 단순히 직업적 필요를 위해 수집하는 사람들도 이전 세기에는 상상할 수 없던 규모로 책을 수집했다. 17세기 네덜란드공화국에서 의사나 변호사였던 이들 중에서 적어도 340명의 장서를 재구성할 수 있는 자료가 현재까지 남아 있다.[9] 도르드레흐트(Dordrecht)에서 개인병원을 운영했던 이사크 판베버르(Isaac van Bebber)가 보유했던 약소한 265권으로부터 헤이그의 아브라함 판데르메르(Abraham van der Meer)가 구축했던 3572권에 이르기까지 장서 규모는 무척 다양하다. 평균은 약 1000권이었다.

그들은 박식한 사람들이었다. 변호사와 의사들이 소유했던 책의 75퍼센트는 라틴어와 희랍어 책이었다. 이는 교회 성직자들보다 더 높은 비율이었다. 레이던 지역의 양조업자 요하네스 데플랑크(Johannes de Planque)는 1698년 세상을 떠났을 때 장서 1000권 이상을 남겼다. 고전어가 아니라 네덜란드어 책이 대부분이었고 포켓판이 주종을 이루었으나, 그 정도면 놀라운 규모였다. 한 세기 전이었다면 특별했을 장서 250권이 별로 대단치 않은 세상이 닥쳐 버렸다. 그리고 이 일은 네덜란드뿐 아니라 독일, 스위스, 프랑스, 이탈리아의 분주한 도시 공동체에서 공통으로 벌어졌다.[10] 이런 급속한 변화는 인쇄술만큼이나 도서관 발달에 중요한 역할을 했는데, 이는 책 시장에 경이로운 혁신을 불러왔던 도서 경매 덕분에 가능했다.

경매

15세기 이래로 책은 사망한 집주인의 가구, 옷가지 등 다른 재산과 함께 경매장에서 팔려 나갔다.[11] 그러나 책 경매를 다른 경매와 분리하고 거래를 전적으로 책 시장에 맡긴 것은 네덜란드가 최초였다. 그만큼 중요한 다른 시도도 있었는데, 초기부터 모든 경매에서 책 한 권 한 권을 별개의 경매 품목으로 구분하고 세심하게 목록화한 인쇄물 형태의 카탈로그를 제공했다는 점이다. 최초의 경매 카탈로그는 오란여 공 빌리암(William of Orange)의 친구이자 네덜란드 독립전쟁의 영웅으로 1598년에 세상을 떠난 필립스 판마르닉스(Filips van Marnix)의 책부터 시작됐다. 그 후 카탈로그는 책 경매시장에서 필수요소로 자리 잡았고, 심지어 몇몇 네덜란드 도시에서는 그것을 법적으로 강제하기도 했다. 17세기에만 네덜란드에서 책 경매가 적어도 4000번 있었고 그중 절반 이상의 카탈로그가 아직 남아 있다. 이들은 최소 200만 권에 달하는 도서의 소유와 판매 과정에 관한 정보를 담고 있다. 네덜란드에서 그리고 유럽의 다른 어느 지역에서든 반드시 카탈로그를 제공했던 경매가 책 시장에 미친 영향은 엄청났다. 그것은 책 수집가에게 훨씬 더 큰 이득으로 돌아왔다. 결정적으로 이제 책 구매를 위해 반드시 서점을 방문할 필요가 없어졌다. 유럽 전역으로 카탈로그가 배포됐고, 네덜란드공화국 밖 수집가들도 종종 친구나 서신을 통해 경매에 참여하기도 했다.[12] 카탈로그 자체가 하나의 수집 품목으로서 오래 간직됐다. 비록 경매에 참여하지는 못했더라도 카탈로

그 소유자들은 이 목록을 기준으로 자신이 이미 소유한 책과 앞으로 소유하고 싶은 책을 일일이 표시해 가면서 미래의 장서를 구축해 갔다. 열성 수집가에게 가장 귀한 카탈로그는 경매 성사 후의 액수가 기록된 카탈로그였다. 주목할 만한 점은 살아남은 네덜란드 카탈로그 2000권 중에서 현재 네덜란드 도서관에 보관된 것은 10퍼센트에도 못 미친다는 점이다. 나머지는 대륙 전역으로 흩어졌고 카탈로그 각각은 전문 감식가들과 사서들이 도서 시장의 흐름을 따라잡기 위해 다급히 구해 보는 귀한 자료였다.

경매에서 얼마나 많은 돈을 벌 기회를 얻는지를 깨닫고 나서야 책 판매상들은 책 경매를 환영했다. 판매상들은 컬렉션을 평가하고 카탈로그를 편집한 후 수수료 5~15퍼센트를 붙여서 자기 가게에서 팔았다. 심지어 그들은 치사하게도 잘 안 팔리는 책을 경매에 올라온 다른 저명한 장서의 일부인 양 끼워 팔려고도 했다. 이런 속임수는 많은 사람의 비판을 받았고 자주 금지됐으나 꾸준히 획책된 것으로 보인다.

경매는 수집가가 더 빨리, 더 명확한 목적의식으로 서재를 구축하는 데 도움이 됐다. 수집가들은 늘 탐욕스러웠고 때로 비양심적이었으며 종종 이기적이었다. 경매는 구매자들에게 책을 구할 새로운 기회를 충실히 제공했을 뿐 아니라 구매자가 죽더라도 그 후손들이 책을 제값에 쉽게 팔 수 있으리라는 믿음을 주어 큰 안도감도 느끼게 했다. 이는 명확한 사실이었다. 책은 가치를 꽤 잘 담보할 수 있는 물품이었고 종종 20~30년이 지나도 구매했을 때와 거의 비슷한 가격으로 팔렸다.[13] 특히 소유

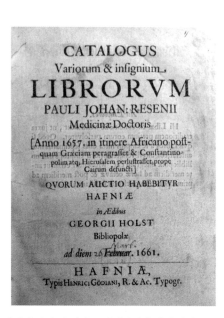

CATALOGUS
Variorum & insignium
LIBRORVM
PAULI JOHAN: RESENII
Medicinæ Doctoris
[Anno 1657. in itinere Africano poft-
quam Graciam peragraffet & Conftantino-
polim atq. Hierufalem perluftraffet prope
Cairum defuncti]
QVORUM AUCTIO HABEBITVR
HAFNIÆ
in Ædibus
GEORGII HOLST
Bibliopolæ
ad diem 26 Februar. 1661.
HAFNIÆ,
Typis HENRICI GÖDIANI, R. & Ac. Typogr.

도판 10. 1661년에 출판된 이 덴마크 인쇄본처럼 경매 카탈로그 인쇄본은 경매인과 도서 구매자 모두에게 유용한 도구였다. 그것은 개인 서재의 확산을 촉진했고 결과적으로 17세기와 18세기에 수많은 가정에 자리 잡았던 장서의 면모를 파악할 수 있는 유일한 자료가 됐다.

주가 책을 우아하게 장정을 해 놓았다면 더 높은 가격에 팔리기도 했다. 의사나 성직자들은 그들이 원하던 책에 쉽게 투자할 수 있었다. 자신이 죽더라도 비탄에 잠긴 아내와 자식들이 책에 지출됐던 돈을 빠르게 회수할 수 있음을 확신했기 때문이다. 경매는 엄격히 현금만으로 이루어졌으므로 유가족이 빠르게 현금을 확보할 수 있다는 점도 그런 확신을 더욱 강화해 주었다. 출판업은 주로 신용과 빚으로 돌아가기에 책을 살 때 투자했던 돈을 회수하는 데 큰 곤란을 겪었다. 심지어 확고히 자리 잡은 출판사조차 골머리를 앓을 정도였다. 경매제도의 도입은 책에 투자한 돈을 현금화하기 어렵다는 출판계의 고질적 문제를 해결해 주었다.[14] 책은 전문가의 삶에서 불가피한 도구가 됐고, 사려 깊은 사후 보장보험으로 여겨질 정도가 됐다.

경매시장은 실용적이었다. 성사된 거래가격으로 미루어 보아 유명인의 장서라고 특별히 더 비싼 값에 팔리지는 않은 것으로 보인다. 구매자에게 귀한 방주를 발견하는 기쁨을 줄 수 있는 다니엘 하인시우스나 니콜라스 하인시우스와 같은 탁월한 언어학자의 책처럼 예외적인 경우도 있기는 했다. 그런 경우를 제외하면 책이 특별히 오래됐다는 이유로 또는 최신판이라는 이유로 웃돈이 붙지는 않았다. 전문 수집가 집단은 특별한 크기와 품질의 책을 구하려는 움직임을 보였다. 하지만 출판의 역사에서 초판본이 갖는 중요성을 인식하고 그것을 수집 대상으로 삼으면서 형성된 희귀본 고서 시장의 등장을 보려면 여전히 많은 시간을 기다려야 했다. 1700년 무렵 경매시장이 아직 활성화하지 않았을 때는 맥주 한 병 값이면 별로 유명하지 않은 15세기 인쇄본을 두어 권 살 수 있었다.[15]

팔리지 않고 창고에서 쌓여만 가는 책더미에 압사할 지경이던 출판시장이 원활하게 돌아가게 해 준 것도 바로 경매였다. 경매는 대체로 감춰졌을 출판시장의 한 측면을 그 관계자가 아니어도 들여다볼 수 있게 하는 창문 구실도 했다. 경매 카탈로그를 통해 우리는 번창하던 도시에서 새로 등장한 부유한 엘리트 계층이 어떤 식으로 업무를 처리하고 지적 영역을 넓히며 여가를 활용했는지에 대한 광범위한 정보를 구할 수 있다. 그들은 자신들이 획득한 부에 대해서 불안해하진 않더라도 언제든 불행이 닥칠 수 있다고 여겼다. 직업적으로 유용하고, 종교적 위안을 주며, 의학적 처방도 알려 주는 책들은 그들에게 삶의 예측할 수 없는 운명에 대한 희망과 근심을 반영하는 실용적 대안 같은 것이었다.

성직자의 특권

신세대 수집가 중 매우 중요한 한 집단을 빼놓으면 안 된다. 교회의 성직자와 대학의 교수 말이다(대학이 여전히 종교기관이었기에 두 집단은 흔히 겹치기도 했다). 이들의 장서는 몇백 권에서 때로는 1000권이 넘기도 했다. 성직자 처지로 어떻게 그렇게 많은 책을 수집할 수 있었을까. 네덜란드 성직자의 급료는 넉넉하지 않았다. 한 익명의 성직자가 1658년에 자신의 딱한 처지를 한탄하는 팸플릿을 출간했다. 그는 음식과 옷을 포함한 각종 생계 비용을 꼼꼼하게 열거한 후 그 모든 비용을 정확하게 계산하고 나니 겨우 25길더가 남았다고 말했다. 이는 종이, 펜, 잉크와 책을 구매하기에 턱없이 부족한 돈이었다. 그 돈으로는 팸플릿 40권, 시편 한 권, 또는 괜찮은 2절판 책을 세 권 정도 구매할 수 있을 뿐이었다.[16]

　　팸플릿은 성직자들 사이에서 상당한 공감을 얻어 거의 즉시 재판에 돌입했다. 그러나 성직자에게는 급료를 제외한 부수적 수입이 있었다. 교구민들이 음식이나 가축을 선물로 가져다주기도 했고 텃밭과 작은 농지가 있어서 고기, 우유, 버터, 채소 비용을 절약하는 것도 가능했다. 공간이 넉넉한 쓸 만한 집에서 공짜로 숙박할 수도 있었다. 이재에 밝은 성직자는 그곳에 지역의 공립학교나 대학교 학생을 대상으로 하숙을 칠 수도 있고 개인과외를 하는 것도 가능했다. 특권은 때로 악랄할 정도로 남용되기도 해서 돈 되는 과외를 하느라고 본업인 설교에 소홀하다는 비난이 쏟아지기도 했다. 일부 도시 성직자들은 기본 급료보다 훨씬 더 많은 돈을 벌기도 했다. 기존 업무에다 지역 대학의 강의를 조금만 맡아도 그들의 연간 수익은 보통 성직자 급료의 두 배인 1000길드가 훌쩍 넘기도 했다.

성직자들은 종종 작가여서 인쇄소의 단골이었다. 많은 책이 선물로 들어왔다. 낯선 언어로 된 원고를 교정을 봐 준다든지, 친구가 특정 출판업자에게 원고를 맡기도록 설득한다든지 하는 식으로 편의를 봐 준 데 대한 대가였다. 작가 성직자의 경우 저작권 사용료를 대신해 여러 권 받은 자기 저서를 친구들의 소장 도서와 교환하기도 했다.

별도 과외 수입을 고려하면 성직자가 1000권 또는 그 이상의 장서를 소유한 것도 어느 정도 이해가 간다. 그러나 인쇄술 도입 후 첫 세대인 성직자가 이 정도 장서를 축적한 것은 여전히 엄청난 성과였다. 1489년 메헬런(Mechelen), 브뤼주, 덴보스(Den Bosch)에서 성당참사회 신부로 일했던 요하네스 드 플라테아(Johannes de Platea)가 사망했을 때, 그는 장서 69권을 남겼을 뿐이다. 그중 59권은 필사본이었고 여섯 권만이 인쇄본이었다(나머지 네 권은 불분명했다). 드 플라테아는 부유한 교구의 고위 성직자였다. 1470년대와 1480년대에 세상을 떠난 참사회의 다른 신부 두 사람은 각각 35권과 26권을 남겼다.[17] 이들 모두는 성당 소속 고위 성직자였다. 하지만 많은 교구의 성직자들은 교회에 있는 미사전례서 외에는 책을 구경조차 할 수 없던 시절이었다. 종교개혁 초기에 열광적 출판 붐이 일었다. 그러나 취리히 프로테스탄트 교회의 지도적 인물이었던 훌드리히 츠빙글리가 남긴 장서는 250권을 넘지 못했는데, 이는 그가 경솔하게 카펠전투(Kappel Wars)에 참전했다 사망하는 바람에 더 이상 책을 수집할 수 없었기 때문이다. 보잘것없는 이 장서에는 마르틴 루터의 저작도 포함됐는데, 이는 루터의 논리를 반박하기 위해 구매한 책이었다.[18] 심지어 도서 출판의 역사에 관한 최초의 책인 『일반도서총람(Bibliotheca Universalis)』의 저자인 콘라트 게스너(Conrad Gessner)조차 장서를 겨우 400권 정도 보유했을 뿐이다. 취리히의 지성인들은 긴밀한 인맥을 통해 서로 책을 빌려주었다. 게스너가 소유했던 자기 저서 『일반도서총람』속에 담긴 100권의 책 제목에는 그에게 주요 텍스트를 빌려줬던 책 주인 이름이 주석으로 적혀 있었다.[19]

그로부터 100년이 흐른 후 네덜란드에서는 사정이 매우 달라졌다. 레이던대학교 교수이자 유명한 논쟁가였던 아브라함 하이다누스(Abraham Heidanus)는 장서 3700권을 남겼고, 이는 경매에서 성직자 기본급의 스무 배에 달하는 1만 길더에 팔렸다. 앙드레 리베(André Rivet)는 다양한 직함으로 여러 곳에서 봉직했는데도 장서 4800권을 구축했다. 이는 1657년에 경매에서 9100길더에 낙찰됐다. 두 사람은 모두 유명인사였다. 리베는 오란여 공 프레데릭 헨드릭(Prince Frederick Henry of Orange)의 재위 시에 궁궐 성직자를 역임해서 상당한 급료를 받았다. 그러나 1000권 안팎의 장서는 상대적으로 흔했다. 최근 연구에 따르면 17세기 경매에서 팔린 성직자 450여 명의 장서는 평균 1144권이었다.[20] 물론 이 장서들은 개별 경매로 팔릴 만하거나 인쇄물 카탈로그에 오를 정도로 상당한 유명인사의 서재에서 나온 것이었다. 연구 조사에서 표본으로 삼은 대상들은 17세기 동안 네덜란드 개혁교회에서 설교하던 전체 성직자의 거의 10퍼센트에 달했다. 많은 성직자는 훨씬 더 적은 장서를 보유했을 것이다. 그렇다 해도 업무에 필요한 도서들을 얼마간 장만하지 않는 경우는 드물었을 것이다.

그렇다면 네덜란드 남부의 상대적으로 소규모 공동체인 아우데바터르(Oudewater)의 성직자 요하네스 리디우스(Johannes Lydius)의 경우는 어떻게 봐야 할 것인가? 리디우스는 가난한 여성과 결혼했고 자식을 셋이나 낳았다. 자신이 쓴 서신에서 그는 도저히 책을 살 형편이 안 된다고 탄식했으나 1747권이나 되는 상당한 규모의 장서를 마련했다. 그의 한탄은 형제 발타자르(Balthazar)와 조카 야코프(Jacob)가 각각 5000권 이상 방대한 서재를 꾸린 사실을 고려하지 않으면 이해하기 힘든 일이다.[21] 리디우스는 스스로 가난하다고 토로했으나, 실은 성직자 인맥을 통해 새로운 출판물을 교환하고 최신 팸플릿을 주고받으면서 서로를 대신해 경매에 참여해서 그 정도 서재를 구축할 수 있었다. 출판시장 상황을 꿰뚫고 있던 리베는 당시 유럽에서 손꼽던 출판사를 운영하던 레이던과 암스테르담의 엘제비에 가문(the

Elzeviers)을 설득해 자신을 대신해 경매에 나서도록 만들었고
해외의 친구들에게도 비슷한 부탁을 했다. 어떻게 수입이 대단
치 않은 성직자가 다른 박식한 전문가들보다 더 대단한 도서관
을 구축할 수 있었는지를 알려 주는 것은 이런 도서 세상의 긴
밀한 인맥이었다.

궤를 벗어나 책꽂이로

1580년대에 클라에스 코르넬리스(Claes Cornelisz)는 레이던에
서 다섯 손가락에 꼽히는 약제사였고 살림도 넉넉했다. 1586년
에 그가 죽고 다음 해에 그의 아내도 세상을 떠나자, 그들이 남
긴 재산 목록이 작성됐다. 목록에 따르면 부부는 '크고 작은, 상
태가 좋기도 하고 나쁘기도 한' 책 65권을 소유하고 있었다. 모
두 중국산 궤짝에 넣어 다락에 보관했다. 약방에는 따로 의학책
여덟 권, 사슬에 묶인 책 한 권, 희랍어 문법책 한 권이 있었다.
집의 거실에는 약초에 관한 책 몇 권과 키케로의 『의무론(De
officiis)』이 놓여 있었다.[22] 궤에다 책을 보관하던 중세의 관행은,
다락에까지 올려놓지는 않았더라도, 놀라울 정도로 끈질기게
지속됐다. 집에서 매일 책을 꺼내 볼 일이 드물었던 시절에 단단
한 나무 궤짝은 귀중품의 훼손과 도난을 방지하는 최선의 보안
장치였다. 종종 책은 주요 문서, 회계장부, 다른 귀중품 등과 함
께 보관됐다. 200권 정도를 궤에 보관하는 것은 어려운 일이 아
니었을 테다. 궤를 추가하면 저절로 기본 분류도 이루어졌을 것
이다. 코르넬리스의 집에서처럼 집 안의 여러 곳에 책을 흩어 놓

는 것도 흔한 일이었다. 자주 찾는 책이라면 손이 쉽게 가는 탁자 위에 계속 두는 것보다 더 편리한 방도는 없었을 것이다.

　장서가 몇백 권 정도에서 점점 늘어나 1000권에 육박하기 시작하면 궤에다 책을 보관하는 방식은 유용하지 않게 된다. 특히 책을 일상적으로 사용해야 한다면 더욱 그랬다. 1000권 이상 책을 소유했던 사람이라면 이미 재력과 지성을 모두 갖추고 있음을 입증하지만 책들을 눈에 띄게 두지 않는다면 다 소용없었다. 처음으로 이 문제를 의식한 사람들은 16세기 학자와 지식인이었다. 그들은 확고한 의지로 수집에 나섰다. 책뿐만 아니라 동전, 메달, 작은 조각상, 조개껍데기, 식물 표본, 박제 동물, 돌과 광석도 수집했다. 수집에서 책이 주요 목표인 일은 거의 없었다. 단지 멋진 호기심의 방을 구축하는 데 필요한 참고 자료로 쓸모 있었을 따름이었다. 볼로냐대학교의 자연철학과 자연사 분야 교수이자 당대 제일의 수집가로 꼽혔던 울리세 알드로반디(Ulisse Aldrovandi, 1522~1605)도 마찬가지였다. 알드로반디는 이탈리아 여행객들의 명소인 자연사 박물관을 기초한 사람이다. 알드로반디는 자기 수집 작업의 자료로 쓰려고 당대에 최고로 꼽히는 장서도 모았다. 그가 죽은 뒤 남긴 장서는 3598권이었고, 그중 992권은 2절판이었다. 그는 방 두 개에 서재를 꾸몄는데, 응접실 역할을 하는 박물관을 통해서만 출입할 수 있었다. 서재는 공공전시실이 된 집에서 방문객을 피해 자신만의 시간을 갖는 은신처 구실을 했다.[23]

　실용적이었던 네덜란드의 전문가 계층이 서재에 할애했던 공간의 실체에 대해서 우리가 아는 것은 절망적일 정도로 적다.

전하는 설계도도 거의 없어서 암스테르담의 새로운 운하 구역인 헤렌흐라흐트(Herengracht) 운하를 따라 세워진 우아한 집에서 책을 위한 공간으로 얼마만큼을 활용했는지를 파악하기도 어렵다. 네덜란드 가정을 그려 놓은 그림을 보아도 우아한 실내에서 책을 위한 공간은 눈에 잘 띄지 않는다. 서재에 있는 학자나 음침한 다락방에 있는 학생을 그린 그림을 살펴봐도 1000권이나 되는 책을 어떤 식으로 수납했을지를 보여 주는 실마리는 별로 없다. 의사와 변호사도 고객에게 깊은 인상을 주려고 책이 늘어선 서재가 필요하지는 않았다. 통상 고객의 집을 방문해서 일을 처리했기 때문이다. 아내의 침실 옆에 딸린 옷방이나 부부가 공동으로 쓰는 공간에다 글 쓰는 책상이나 가구를 겸한 책상을 두는 것이 고작이었다.

　책 보관 장소를 궤에서 선반으로 대체한 것은 그들보다는 성직자들인 것이 거의 확실하다. 손님이 늘 그들을 찾아왔다. 초상화 판화를 보면 이름난 개신교 지도자들 대부분은 책이 잘 정렬된 책장 앞에 서 있는 모습이다. 물론 판화 디자인이 일률적인 것을 보면 사실 그대로를 묘사했다기보다 학식 높음을 비유적으로 드러내는 것으로 보인다. 이런 종류 판화의 특징은 책을 잘 드러내기 위해 커튼이 절반 정도 젖혀져 있다는 점이다. 바로 이 커튼이 궤로부터 책장으로의 이행을 상징한다. 궤의 보호를 떨치고 나온 책은 커튼으로 가려서 먼지가 앉는다든지 호기심으로 책을 만져 댄다든지 하는 행위로부터 얼마간 안전을 확보했을 것이다. 호기심의 방도 흔히 이런 식으로 보호했다.

　교구에서 제공된 집은 종종 성직자 개인이 구매 가능한 것보다 더 많은 도서 공간을 제공했다. 교회 내에도 책 보관 공간을 확보할 수 있었다. 30년 전쟁 시절에 남긴 일기에서 한 루터교 성직자는 스웨덴 군대가 마을을 침탈했을 때의 고통을 기록했다. 마을 사람은 모두 숲으로 피신했다. 그들이 돌아왔을 때 마을 목사는 교회 제의실에 두고 애지중지했던 책 32권을 스웨덴군 성직자가 훔쳐 간 사실을 알았다.[24] 학교 선생들도 학생에게 책을 팔려고 책을 둘 공간을 두었는데, 아마 자기 교육에 필요했던 책도 함께 비치했을 것이다. 네덜란드의 라틴어 학교 강사들은 상당한 장서를 장만했다. 레이던의 라틴어 학교 강사 파울루스 유니우스(Paulus Junius)의 장서는 1900권이었다. 그가 죽은 후 그 책들은 경매에서 4500길더에 낙찰됐다.

결론적으로 이런 단편적 증거를 통해서 우리는 알 수 있다. 학자와 전문가는 열렬히 책을 장만했지만 저장 공간과 관련한 마땅한 해결책을 여전히 마련하지는 못한 것처럼 보인다. 그들은 접근성과 보안성을 저울질하며 처지에 따라 융통성을 발휘해 그때그때 공간을 확보했다. 영국의 두 철학자 토머스 홉스(Thomas Hobbes)와 존 로크(John Locke)가 가장 창의적인 해결책을 제시했다. 두 사람 모두 자기 연구에 필요한 장서 공간을 외부에서 마련하는, 이른바 아웃소싱(outsourcing)으로 문제를 해결했다.[25] 홉스는 뉴캐슬 백작인 캐번디시 가문의 고용인으로 생애 많은 기간을 보냈다. 그는 가정교사, 가족의 조언자, 사서, 나이 지긋한 가신으로서 가문 사람들의 전천후 해결사 역할을 하면서 성공적 경력을 쌓았다. 캐번디시 가문은 더비셔(Derbyshire)의 하드윅홀(Hardwick Hall)에 있는 저택 안에 홉스가 필요한 책 2000권을 비치해서 집안의 지적 영광까지 더했다. 로크도 귀족의 고객으로 경력을 쌓았다. 처음에는 휘그당의 유력 정치인이자 후에 샤프츠베리(Shaftesbury) 백작이 되는 귀족의 주치의로 시작해 나중에는 그의 지적 옹호자가 됐다. 로크는 샤프츠베리와 네덜란드에서 5년간 망명생활을 함께하면서 그와 영욕을 같이했다. 1688년 영국으로 돌아온 로크는 에식스(Essex)에서 몇몇 친구와 함께 머물 곳을 얻어서 기숙생활을 했다. 숙식을 제공한 마샴(Marsham) 가문은 아예 눌러살아도 된다는 인상을 줄까 봐 그랬는지 로크에게 책장을 제공하지는 않았다. 책은 그의 여생 동안 다락방과 작업실의 궤 속에 머물렀다.[26]

유산

잔 빈센조 피넬리(Gian Vincenzo Pinelli)는 16세기 최고의 책 수집가로 손꼽혔다. 그렇기에 사람들이 그의 수집물 내용보다 그의 사망 후 수집물이 어떻게 황망히 흩어졌는지에 더 주목하는 것은 유감스럽다. 식물학과 수학에 해박한 만능 지식인에, 예리한 예술적 감식안까지 겸비한 피넬리는 평생 6000권 넘는 장서에 귀중한 필사본까지 수집했다.[27] 그의 명성은 유럽 전역에 전해졌다. 안전한 고향에 머물면서 자기 서재를 구축할 수 있었다는 사실은 피넬리가 서신을 통해 맺은 인맥이 얼마나 대단했는지를 보여 준다. 피넬리에 대한 전기는 아마도 인쇄본 시대 탁월한 책 수집가에 관한 최초의 책으로 짐작된다. 이 전기가 그가 태어나서 자란 파도바(Padua)가 아니라 독일 아우크스부르크에서 출판됐다는 사실도 그리 놀랍지 않다.[28]

피넬리는 그가 죽은 후에 자신의 장서를 기반으로 나폴리 외곽 줄리아노(Giuliano)의 가족 영지 가까운 곳에 새로운 도서관이 건립되기를 희망했다. 그래서 도서관이 그의 박학함을 입증하고 괜찮은 도서관을 갖추지 못한 고향에 지식의 젖줄이 되기를 원했다. 안타깝게도 그가 원했던 것 중 어떤 것도 이루어지지 않았다.[29] 페르난도 콜론의 경우처럼, 피넬리의 상속자는 조카였고 그 또한 콜론의 조카처럼 숙부의 유지를 따르는 것에 관심이 없었다. 나폴리로 보내려고 상자에 책을 모두 담기도 전에 베네치아 당국자들이 정부 기밀 유출을 이유로 일부 필사본을 압수했다. 그리고 나서야 130상자에 달하는 책은 배 세 척에 실려서 베네치아를 떠날 수 있었다. 그러나 그중 한 척이 터키 해적들에게 강탈당했다. 노획물이 인쇄물 나부랭이에 불과하다는 사실을 확인한 해적들은 책 상자 몇 개를 배 밖으로 던져서 화풀이했다. 마침내 배가 줄리아노에 도착했으나 얼마 지나지 않아 상속자도 사망해 버렸고, 피넬리가 세우려 했던 도서관은 세상의 관심에서 멀어졌다. 그러나 밀라노에서 자기 공공도서관을 꾸미기 위해 이름난 필사본을 수소문하던 페데리코 보로메오(Federico Borromeo) 추기경의 지적 소통망을 벗어나지는 못했다. 피넬리가 남긴 책을 확보하러 파견된 추기경의 대리인은 남은 장서들이 물에 젖어 크게 훼손됐다는 사실을 확인했다. 피넬리의 친척들은 공정한 거래를 보장하라는 소송을 제기했고 판사까지 입회해 희한한 매각 협상이 벌어졌으나 거래는 성사되지 않았다. 지역 서적상이 벌인 추가 협상과 물밑 교섭을 통해서야 보로메오 추기경은 원하는 책을 얻었다. 훼손이 심하지 않은 책들은 다시 상자로 들어가 밀라노의 암브로시아나 도서관에 자리를 잡았다.

1601년 피넬리가 사망했을 때 그의 서재는 유럽 최고의 개인도서관이었다. 그 정도의 수집가조차도 사후 서재에 닥칠 운명에 무력했다는 사실은 자신이 모은 장서가 후세의 기념물이 되길 원하는 소박한 수집가들에게는 불길한 징조였다. 대체로 수집가들에게는 책 처분을 위해 네 가지 선택지가 주어진다. 첫째, 가장 돈이 많이 드는 방식인데 자기 장서를 공공 자산으로 선언하고 그 취지에 부합할 만큼 자료 보관과 유지를 위해 넉넉한 기부금까지 출연하는 방법이다. 이런 방식을 시도하는 경우는 매우 드물었고 피넬리나 콜론의 경우처럼 종종 파국적 실패를 맞았다. 그러나 이후에도 그런 시도는 끊이지 않았다.[30]

다음은 돈이 덜 드는 방법인데, 수집가가 책을 기존 도서관에 기증하는 것이다. 이 방법은 가끔 성공을 거뒀다. 그러나 대부분은 자기 장서에 자부심이 지나친 나머지 책을 한 장소에 모아 비치해 달라든지, 전시 공간을 따로 마련해 달라든지 하는 식으로 장서 유지에 큰돈이 드는 조건을 내걸었다. 볼로냐대학교의 울리세 알드로반디는 가까스로 그 조건으로 일을 성사했다. 그는 자기 책을 시 정부에 기증했고, 책은 12년이 지체되기는 했으나 푸블리코 궁전(public palazzo)의 새로운 공간에 비치됐다.[31] 알드로반디는 볼로냐의 지도적 지식인이었으며 북유럽의 라이벌 도시에 있는 대학의 위세에 밀려 옛 명성을 잃어 가던 볼로냐대학교의 상징적 존재였다. 도시의 원로들은 그런 유명 학자의 이름을 길이 남기기를 바랐다. 윌리엄 하비(William Harvey)는 왕립외과협회(Royal College of Physicians)에 장서의 미래를 맡기면서 새 도서관 건물과 장서 유지의 대가로 버마시(Burmarsh)에 집안 대대로 물려온 토지를 기증했다. 불행하게도 도서관은 1666년 런던 대화재로 전소됐고 하비의 컬렉션도 함께 사라졌다.[32]

세 번째이자 가장 흔한 전략은 잘 돌봐 달라는 부탁과 함께 가족이나 친구에게 맡기는 것이다. 종종 그들은 기대를 배반했다. 존 로크는 마샴 가문이 베푼 호의에 감사하는 마음으로 자기 장서 절반을 증여했다. 슬프게도 그들은 책에 무관심한 사람들이었고 로크의 장서는 시간이 흐르면서 조금씩 사라졌다. 가장 심하게 훼손됐을 때를 《크리티컬리뷰(Critical Review)》는 다음과 같이 기록했다.

1762년 무렵, 세상을 뜬 마샴 경이 두 번째 부인과 결혼했는데, 그는 쓸모없는 고전들[그중 일부는 존 로크가 가문에 기증한 책이었고, 또 일부는 커드워스(Cudworth) 박사의 필사본이었다]을 버리고 그 자리를 흥미 위주의 책으로 채웠다.[33]

《크리티컬리뷰》는 마샴 경을 "겉은 귀족이나 속은 야만인"으로 혹평했다. 하지만 거의 100년 동안 로크의 책에 공간을 내주었으면서도 결국 그 책들을 내친 것을 보면 흥미 위주의 책이 어느 정도로 사람을 홀리는지 짐작할 수 있을 것이다. 로크가 남긴 장서의 나머지 절반은 친구 피터 킹에게 맡겨진 후, 곧 귀족 작위를 받을 가문의 집을 전전하다가 마침내 스코틀랜드 북부 하이랜드(Highlands)의 아크나신(Achnasheen)에 있는 토리던(Torridon)에 자리 잡았으나 학자들 방문을 자주 받지는 못했다. 이 책들 중에서 로크의 장서로 명확히 파악된 것들은 폴 게티(Paul Getty)에게 팔렸고, 그가 죽은 후에 옥스퍼드대학교 보들리 도서관에 기증됐다.

마지막으로 살아생전에 본인이 팔아 치우든 죽은 후에 슬픔에 잠긴 유가족이 처분하든, 책을 팔아서 현금을 챙기는 방법도 있다. 공적 경매 체계가 공정한 거래를 보장했던 네덜란드에서는 이 방법이 잘 통용됐으나 경매 체계가 미숙한 곳에서는 잘되지 않았다. 그런 지역에서는 서적상들이 책 가치에 비하면 푼돈에 불과한 돈으로 장서를 헐값에 사들이려고 했다. 장서의 기구한 운명을 장황하게 늘어놓고 보니, 책을 이용하면서 책의 가치까지 미리 챙겼던 에라스무스가 얼마나 현명한 선택을 했는지 알 수 있다. 비록 그의 장서도 새 주인의 손에 전해지면서 곧 흩어져 버린 기구한 틀을 벗어나지는 못했지만 말이다.

이는 알렉산드리아에서부터 현재에 이르는 책 수집의 역사에서 변하지 않는 근본적 문제이다. 누구도 장서를 쌓은 당사자만큼 후대에 신경을 기울이지 못한다는 것이다. 오직 장서를 구축한 사람만이 우연한 구매의 장소를, 친절한 기증자의 정체를 기록할 수 있고, 어떤 식으로 특정한 텍스트가 그들의 삶 혹은 관점을 바꾸었는지를 기억한다. 오직 그들만이 오랫동안 찾아

헤매던 판본을 추적하는 기쁨과 그런 탐사를 도와주던 우정으로 맺은 인맥이 주는 기쁨을 안다.

이런 인간적 연결고리가 제거되는 순간 책의 화폐적 가치는 유지되더라도 정서적 가치는 사라진다. 때로 상속자들은 텍스트 일부를 이미 갖고 있을 수도 있고 다른 방법으로 자신만의 장서를 만들기를 원할 수도 있다. 공공도서관은 늘 공간 부족에 시달렸다. 그리고 교수가 되기를 몹시 바라는 사서에겐 신규 도서보다 기증 도서를 접수하고 검토해서 얻는 학문적 소득이 더 높았다. 기증 도서의 숨은 가치를 파악하려면, 코펜하겐의 사서 토마스 바르톨린(Thomas Bartholin) 정도 되는 열정이 필요했다. 그는 1675년에 시민의식 높은 코펜하겐 주민이 대학에 기증한 책 중에서 중복 도서를 3000권 이상 골라낸 후 이를 경매에 올리는 일을 맡았고, 거기서 생긴 수익으로 상당히 많은 새 책을 구매했다. 그 자신이 저명한 학자였던 바르톨린의 경우, 애석하게도 정작 자신의 대단한 장서를 어떻게 처분할지를 고민할 필요도 없게 됐다. 그의 집이 불에 타 내려앉으면서 장서도 잿더미로 변했기 때문이다. 그 화재는 당시에 과학 분야의 국가적 참사로 기록됐다.

화재, 방치, 해적의 습격, 배은망덕한 상속인, 태만한 조카 등 장서가 연구 수단에서 지적 기념물로 격상되기 위해 넘어야 할 난관은 너무나 많았다. 따라서 수집의 진짜 면목이 기념할 가치가 있을 정도로 남아 있는 경우가 희귀했다는 사실은 조금도 이상하지 않다.

역사가들은 실체를 짐작할 단서가 있는 경우에 특히 더 높은 가치를 부여한다. 서재의 경우 귀하게 취급됐거나 잘 손대지 않아서 원래 모습을 간직했을 때 가장 주목한다. 그래서 왕실 장서나 귀족의 서재가 근대 이전의 수집 역사에서 큰 자리를 차지하는 것이다.[34] 광대한 영지와 널찍한 귀족의 저택은 책을 보관할 만한 넉넉한 공간을 제공했고, 보관 후에는 흔히 그런 사실조차 잊어버리고는 했다. 17세기부터 영국 귀족들은 시골 영지에 있는 저택과 정원을 꾸준하고 체계적으로 개축하기 시작했고, 그때 1층 접견실 옆에 서재를 두는 것이 관행이 됐다. 이 관행으로 인해서 도서 수집 바람이 일었고 부유한 가문의 문장이 찍힌 도서와 호화로운 장정은 귀한 대접을 받았다. 그리고 경매 공간에 대한 귀족 가문의 후원은 18세기 경매시장의 활황에 중요한 기폭제가 됐다.[35]

이와는 대조적으로 의사나 변호사가 죽고 나면, 심지어 상당히 부유했던 경우라 해도, 온 집안이 결딴났다. 성직자 가족의 경우, 교구 목사관을 비워야 했기에 더욱 그런 처지로 전락했다. 설사 가족들이 머물 수 있다 하더라도 부친의 천직을 따를 생각이 없는 후손이라면 그 일이 요구하는 복잡한 업무를 견디기 힘들었을 것이다. 그래서 이런 식으로 물려받은 서재 대부분은 기념은 물론 기록 하나 남기지 못한 채로 해체되고 흩어지고 팔려 나갔다. 서적상에게 팔려 일반 도서와 뒤섞이고 나면 수집 기록물인 서재의 흔적은 완전히 사라졌을 것이다. 다행스럽게도 인쇄본으로 남은 경매 카탈로그 덕택에 많은 장서를 되살릴 수 있었다. 이 장서들은 (이 점은 반드시 강조돼야 한다) 귀족 가문에서 전래한 많은 도서관보다 손때가 훨씬 많이 묻은 것이다. 얼마 남지 않은 이들 인쇄본 카탈로그는 수집의 역사에서 중요한 순간의 모습을 보여 준다. 당시에 부유하지도 못한 개개인이 당대의 공공 장서를 능가하는 서재를 이룩했다. 그 과정에서 그들은 후손들이 만들 미래 도서관의 청사진을 그려 넣고 있었다.

8장
무익한 책과 하찮은 책

1598년 옥스퍼드대학교는 비상한 제안을 받았다. 은퇴한 외교관이자 옥스퍼드 졸업생인 토머스 보들리 경이 황폐하게 버려진 도서관을 자비를 출연해 되살리겠다고 제의했다. 그는 도서관에 "책상과 좌석과 선반을 깔끔하게 들여놓고, 그밖에 필요한 모든 것을 갖춰 다른 사람이 책을 기증하고 싶은 생각이 들게" 만들어 놓겠다고 약속했다.[1] 도서관은 몇십 년째 텅 비어 있었다. 종교개혁 시대에 책은 제거됐고, 1556년에는 가구까지 팔려 나갔다. 보들리 경이 도서관에 눈길을 주었을 때, 그곳은 고작 강의실로 사용되고 있었다.

1613년 사망할 때까지 15년 동안 보들리 경은 빈껍데기뿐이었던 그곳을 유럽 최고의 공공도서관으로 바꾸어 갔다. 먼저 지붕부터 시작해 건물 전체를 손봐야 했다. 1600년 6월, 말끔해진 건물에 떡갈나무로 짠 독서대를 갖춘 책장이 들어섰다. 1602년 11월 8일 2000권 넘는 장서를 갖추고 도서관을 개관했다. 1605년 첫 도서목록이 출판됐을 때 장서는 5600권이었다. 15년 후 장서는 네 배로 불어나 2만 3000권을 기록했다. 이런 엄청난 성장세는 보들리가 확고한 목표를 세운 후 폭넓은 학문적,

정치적 인맥을 적절히 동원하면서 흔들림 없이 그것을 추진했기에 가능했다. 그는 자신이 맺었던 정치·외교 인맥을 통해 기부를 간청했고, 그들은 아낌없이 기부했다. 후한 기부자 중에는 런던 탑 감옥에 갇혀 비참한 처지가 될 월터 롤리(Walter Raleigh) 경과 레스터 백작 로버트 시드니(Robert Sidney)도 있었다. 에식스 백작(Earl of Essex)은 돈 대신에 때마침 습득한 책 252권을 기증했다. 이는 백작이 스페인 왕의 군대와 해전을 치르고 돌아오는 길에 포르투갈 파루(Faro)에서 주교도서관을 털어서 구한 것이었다. 그러나 도서관에 들어간 돈 대부분은 보들리의 엄청난 재력이 바탕이 됐고 몇 년 전 그의 매력에 넘어갔던 데번(Devon) 출신 돈 많은 과부의 통 큰 기부도 보탬이 됐다.[2]

보들리가 옥스퍼드 도서관 위상을 그렇게 빨리 격상할 수 있었던 건 당대 유럽 도서관의 빈곤했던 실태를 시사하는 것이기도 했다. 대학 대부분은 도서관 없이 학교를 열었다. 루뱅대학교, 세인트앤드루스대학교 같은 곳은 칼리지 몇 곳에 도서관이 있었으나, 학교 건립 후 거의 200년이 지날 때까지도 중앙도서관은 없었다. 소르본대학교도 건립 후 500년이나 지난 1762년까지 중앙도서관 없이 지냈다. 다른 대학은 옥스퍼드처럼 중세 때 도서관을 세웠으나 종교개혁 초기의 격동에 휩쓸려 훼손되거나 약탈당하거나 파괴됐다.

16세기 종교개혁의 격동이 남긴 여파는 긴 후유증을 남겼다. 1605년 프랜시스 베이컨(Francis Bacon)은 보들리에게 "대홍수로부터 학문을 구조한 방주"를 만들어 준 것에 사의를 표했다.[3] 대륙의 학자들도 가톨릭이든 프로테스탄트든 비슷한 마음이었다. 1600년 무렵에야 기존 대학이든 신생 대학이든 대학들은 도서관 설립에 나섰다. 그러나 도서관의 취지가 무엇인지, 어떤 책을 그 속에 담을지, 그리고 결정적으로 누가 그 비용을 낼 것인지 같은 논쟁적인 쟁점에 대한 뾰족한 해결책이 없는 상태로 건립이 진행됐다. 1710년 독일 학자 자하리아스 폰 우펜바흐(Zacharias von Uffenbach)는 다음 같은 기준을 제시했다. "아무나 살 수 없는 대작(大作)은 대학도서관이 구매해야 하나, 작은 작품은 누구나 수집할 수 있어야 한다."[4] 그의 취지에 대부분 공감했다. 7장에서 보았듯, 교수들은 책 구매 대열에 합류한 새로운 엘리트 계층의 일원이었고, 그들만의 상당한 장서를 갖추고 있었다. 숱한 도시에서 교수들의 장서 규모가 대학도서관을 훨씬 능가했다. 경매시장 활성화로 많은 수집가는 지역 공공도서관에 책을 기부하기보다는 판매하는 쪽을 택했다. 그러나 그들이 책을 기증하더라도 훗날의 독자가 그 책을 읽을지는 아무도 알 수 없었다. 대학 교과과정의 변화와 새로운 사상체계의 등장은 화재 같은 재난이나 폭력적 수단에 따른 파괴만큼이나 도서관 안착을 위협했다. 이런 쟁점에 맞서 대학이 어떤 식으로 유연한 대응을 하는지에 따라 공공도서관의 미래는 꾸준히 영향을 받았다.

도서관의 전범: 보들리 도서관

보들리에게는 미래를 내다보는 눈이 있었다. 가톨릭이 득세하던 메리 여왕 시절에 어린 나이로 망명해야 했던 그는 권력의 변덕에 따라 학자들이 사방으로 쫓겨 다니고 그 책이 압수되거나 급히 떠나느라 버려지는 꼴을 수없이 보았다. 그는 제네바와 옥스퍼드에서 최상급 교육을 받았고 학문의 기쁨과 책의 소중함을 배웠다. 그러나 그는 또한 도서관을 설립할 때의 열정이 설립자가 사망하며 함께 사라지지 않도록 앞날에 대한 대책까지 마련하지 않으면 도서관이 살아남을 수 없음도 잘 알았다. 보들리는 아마 선배 수집가들의 실패로부터 교훈을 얻었을 것이다. 그는 자기 도서관이 꾸준히 책을 사들일 수 있도록 상당한 규모의 기부를 확보하려고 애썼다. 토지를 기부받았고, 임대 소득을 약속받았다. 도서관에 최신 학술 출판물이 계속 공급되려면 이런 수단을 마련하는 것이 핵심이었다. 야심 차게 시작한 수많은 도서관 프로젝트가 좌초한 이유가 바로 책 공급이 중단된 탓임을 그는 정확하게 꿰고 있었다.

두 번째로 중요한 대책은 도서관에서 책을 빌리는 것을 금지한 일이었다. 대학도서관은 책 분실로 골치를 앓았다. 교수들이 집에 가져가기도 하고, 방문객이 가져가기도 했다. 떠난 책은 거의 돌아오지 않았다. 옥스퍼드의 전면적 대출금지령은 보들리 사후에도 지켜졌다. 심지어 찰스 1세와 호국경 올리버 크롬웰(Oliver Cromwell)이 대출을 요청했을 때조차 그 원칙은 깨지지 않았다. 그는 보들리 도서관이 옥스퍼드 학생뿐만 아니라 모든 독서가에게 개방돼야 한다고 역설했다. 어쩌면 이것이 그의 탁월한 안목을 가장 잘 보여 주는 예일지도 모른다. 그 당시만 해도 대학도서관은 대체로 그 학교에 소속된 학자들만을 위한 곳이었다. 어쩌다 유명한 방문객에게 접근을 허용하기도 했으나, 열람은 보통 초대장을 통해서만 가능했다. 보들리는 이 관행을 뒤집었다. 비록 학부 신입생에게는 도서관 이용 시 주의할 것을 당부했지만 방문 학자들은 아무 제한 없이 도서관을 이용했다.

보들리 도서관 개관 후 1년 동안 프랑스, 덴마크, 실레지아, 프로이센, 스위스, 작센 출신의 학자들을 포함해 무려 248명이 방문했다. 시간이 지나면서 방문객은 더 늘어 갔다. 특히, 보들리 도서관이 보유한 상당한 규모의 필사본을 참고하기 위해서였다. 보들리는 인쇄본보다는 필사본이 훨씬 학자들 눈길을 끌 것으로 예측했다. 필사본은 신학자와 인문학자의 연구에는 필수 자료였으나 인쇄본과는 비교할 수 없을 정도로 귀했다. 방대한 필사본 장서를 보유한 곳은 거의 없었고 자료 접근에도 통제가 심했다. 그러나 보들리 도서관은 드높은 명성으로 상당한 규모로 필사본을 기증받을 수 있었다. 윌리엄 로드(William Laud) 대주교는 1635년부터 1640년 사이에 필사본 1300권을 기증했다.[5] 대규모 기증은 보들리 도서관의 넉넉한 도서 구입 예산과 상호보완 관계를 이루면서 장서를 키워 가게 했다. 반세기가 지나기 전에 보들리 도서관이 보유한 동방, 앵글로색슨, 북유럽의 필사본 규모는 필적할 곳이 없을 정도가 됐다.

어떤 외국 방문객도 보들리 도서관에서 연구하면서 느낀 감상을 거의 글로 남기지는 않았다. 몇몇 방문객이 상주학자(resident scholar)의 부재를 언급했으나, 전반적으로 방문객들은 불만이 별로 없었다. 다른 대학도서관이 개방하더라도 일주일에 네 시간만 입장을 허용했던 시절에 보들리 도서관은 매일 여섯 시간을 이용할 수 있었으니, 이용시간도 전례 없이 넉넉했다. 보들리는 도서관은 결코 닫혀 있으면 안 된다는 지침을 완강히 고집했고, 이것은 철저히 준수됐다.

보들리는 자기 도서관을 대학 학부 과정의 전통 체계, 즉 신학, 법학, 의학과 고등학문(철학, 역사학, 논리학, 문법과 수학)에 따라 진지한 책으로 채우길 바랐다. 또한 그는 당시 잘 알려지지 않은 외국어책을 갖추는 것도 중요하다고 생각했다. 그가 최초로 런던 서적상 두 명에게 의뢰한 책에는 헝가리어, 페르시아어, 중국어 서적이 있었다. 그러나 보들리는 도서관 서가가 '무익한 책들과 하찮은 책들'로 난잡해지기를 원치는 않았다. 그가 말한 '무익한 책들과 하찮은 책들'이란 영어 서적들을 뜻했다.[6] 희곡집뿐 아니라 연감이나 반짝 관심을 얻는 책 따위는 아예 들이지 말아야 한다고 믿었다. 그는 『돈키호테』와 같은 기념비적 유럽 문학을 얼마간 들이는 것은 인정했지만, 당시 희곡작가로서 절정기에 있었던 셰익스피어 작품은 단호히 반대했다.

보들리의 뜻이 반드시 관철되지는 않았다. 그의 사후에 영어책에 대한 금기도 풀렸다. 그 조처가 지속됐더라면 보들리의 다른 업적도 다소 빛바랬을지도 모른다. 그는 영국 서적출판업 조합(Stationers' Company)으로부터 조합에서 출간하는 모든 새 책을 한 부씩 도서관으로 보내겠다는 협약을 맺었다. 도서관 초창기에 생겼던 학부생 배제 규칙도 사후에 해제됐다. 그가 도입한 원칙 중에 가장 오래 지속된 것은 침묵의 규칙이었다. 르네상스 시대 궁정도서관의 시끌벅적함을 고려하면 이 규칙은 유럽 대학 중 아마도 최초였을 것이다. 1711년에 이르러서 침묵 규칙은 좀 더 널리 적용되기 시작했다. 가장 열렬히 적용한 곳은 암스테르담이었는데 이용자들은 도서관에 들어서면서 다음과 같은 지독한 경고문을 만났다.

> 지성인이라는 당신, 책을 보러 들어오셨다면,
> 당신의 사나운 손으로 문을 처닫지 마시오.
> 또는 난폭한 발로 쿵쿵대지 마시오.
> 예술과 학문의 신 뮤즈가 싫어하오.
> 그리고 도서관 안에서 지인을 만나면
> 고개 숙여 인사하는데, 입은 다물고 눈인사만 하시오.
> 실없는 이야기를 건네지 마시오.
> 이곳에서 책 읽는 사람에게 말을 건네는 자는 죽은 자(책의
>   저자—옮긴이) 뿐이오.[7]

보들리는 인문주의 학풍에 주력해 근대의 장서를 수집하고 있었다. 그가 비록 냉철한 프로테스탄트이기는 했지만, 도서관은 중세 필사실에서 큰 영감을 받았다. 필사실은 개별 작업대가 제공되고, 침묵만 있는 곳이었으며, 형벌에 가까운 추위가 엄습하는 곳이었다. '어떤 불도, 아니 촛불 하나라도'(오늘날에도 옥스퍼드 도서관 출입자는 이 맹세문을 큰 소리로 낭송한다) 불은 절대 금물이었다. 그래서 겨울이면 연구 환경을 끔찍하게 만들었고, 아마 더 고집스럽게 연구에 임한 학자를 사망으로 이끌었을지도 모른다. 그러나 그 규칙 덕분에 보들리 도서관은 화재로

인한 재해를 겪지 않았다. 화재는 북유럽의 많은 도서관에는 흔한 피할 수 없는 재앙이었다(그리고 나중에 북아메리카의 하버드대학교 도서관도 피해 가지 못했다).[8]

보들리 도서관과 관련한 주요 인물은 보들리만이 아니다. 첫 번째 사서인 신학자 토머스 제임스(Thomas James)도 못지않게 중요한 인물이다. 제임스는 기독교 교부 관련 연구를 위해 보들리 도서관 사서가 됐으나 보들리의 야심이 어느 정도인지, 끝없는 요구 사항으로 얼마나 자신을 괴롭힐지는 짐작도 못 했다.[9] 방문객도 많고 새 책도 끊임없이 들어와 그는 거의 자기 연구 시간을 낼 수 없었다. 그러나 그는 노고를 기울여 처음으로 탁월한 전체 장서 목록을 완성했다. 1605년과 1620년, 그는 완성한 장서 목록을 각각 출판물로 선보였다. 유럽 최초의 도서관 장서 목록은 아니었으나 이 장서 목록은 유럽 책 세상에 지속해서 큰 반향을 일으켰고, 다음 두 세기 동안 대륙 전역의 도서관 장서 목록에 영향을 주었다.

이때만 해도 영국은 거의 전적으로 책 수입국이었다. 하지만 1606년에 이미 첫 번째 보들리 도서관 장서 목록이 작센주의 프라이베르크(Freiberg)라는 작은 마을에 그 지역을 상징하는 문장이 찍힌 장정을 입혀 진열대에 놓일 정도로 널리 수출됐다.[10] 많은 다른 공공도서관과 개인 수집가가 이 카탈로그를 기준으로 그들의 장서를 꾸며 나갔다. 세 번째 장서 목록은 1674년 사서 토머스 하이드(Thomas Hyde)가 2절판 두 권으로 출판했다. 이는 수많은 상호참조가 가능한 거의 완벽한 참고자료였다. 또한 참고 문헌 목록의 걸작이면서, 도서관 장서의 신

1. 고대 전설에 대한 현대적 경의. 알렉산드리아 도서관 내부 전경(2018). 내부 시설은 최고지만 보유 도서의 수준은 거기에 못 미친다.

2. 터키 이즈미르주에 있는 고대 그리스의 식민도시 유적지인 에페수스 소재 켈수스 도서관. 현존하는 몇 안 되는 고대 도서관 유적이다. 지상의 건물은 방대한 두루마리 보관소였고, 지하에는 켈수스의 무덤이 있었다. 로마시대의 도서관은 흔히 그 설립자의 업적을 기리는 기념물의 구실을 했다. 켈수스 도서관도 설립자의 정치적 명성을 떠받치는 또 다른 수단이었다.

CODICIBVS SACRIS HOSTILI CLADE PERVSTIS
ESDRA DŌ FERVENS HOC REPARAVIT OPVS

3. 아르마리움 앞에 앉은 필경사 에즈라를 묘사한 채식화. 8세기 초
『아미아티누스 코덱스(Codex Amiatinus)』에 실린 그림이다.
로마제국 몰락 이후 1000년 동안 궤와 진열장은 장서를 저장하고 정리하는
기본 수단이었다.

4. 커튼이 달린 호화로운 장서 앞에서 필사에 열중하는 뱅상 드 보베의 모습. 이 채식 초상화는 1478~1480년경 브뤼주에 망명 중이던 영국 왕 에드워드 4세를 위해 필사된 것으로 보이는 『역사의 거울』에 실려 있다. 가장자리를 따라 에드워드 4세의 문장 다섯 개가 채식으로 되어 있다.

5. 기도서는 중세 후기에 가장 인기 있는 책에 속했다. 프랑스와 베네룩스 지역의 필사실에서는 이 15세기의 필사본처럼 화려한 채식화에 가장자리 장식을 더한 최상급 필사본을 제작했다.

6. 비정한 장군이자 애서가였던 우르비노 공작 페데리코와 그 아들
귀도발도(1475년경). 완전무장을 한 공작이 호화 필사본을 주시하고 있다.
그가 평생 비용을 아끼지 않고 마련했던 서재는 그의 사후 1세기 만에
폐허가 됐다.

7. 공들여 장정한 책을 쥐고 앉은 한 장서가의 초상(1523년경).
파르미자니노가 그린 이 그림은 책 소유주의 부유함과 지적 갈망을
동시에 보여 주는 르네상스 시대 초상화의 전형이다.

8. 책이 어지럽게 쌓여 있는 책장 옆에서 저술 중인 에라스무스의 모습을 그린 크벤틴 마치스(Quentin Matsys)의 그림(1517). 책과 떼려야 뗄 수 없는 삶을 살았지만, 그는 책 수집에 대해 놀라울 정도로 초연했다. 에라스무스는 텍스트를 읽는 데 치중했고 소유는 개의치 않았다.

9. 리비히라는 독일 식품가공 회사에서 발행한 쇠고기 진액 광고 카드(1912). 뜨내기 책 장수의 이야기를 삽화로 넣은 것이 눈길을 끈다. 16세기와 17세기 동안 유럽 전역을 떠돌며 책을 파는 행상들이 급격히 증가했다. 책 거래가 활발해지면서 많은 사람이 책 수집가가 되는 기쁨을 맛보게 됐다.

10. 험프리 공작이 옥스퍼드대학교에 기증한 도서는 종교개혁 시기에 지독한 참화를 겪었다. 공작의 장서를 보관하기 위해 지었던 도서관을 나중에 토머스 보들리가 되살렸다. 책장 달린 커다란 독서대가 갖춰진 이 도서관은 연구를 위한 쾌적한 공간이었다. 난방이 되지 않아 아무리 의지가 굳센 학자도 독서를 포기할 수밖에 없는 한겨울을 제외하면 말이다.

11. 18세기 유럽 최대의 공공도서관으로 꼽히던 괴팅겐대학교 도서관의 모습. 대화 공간이 마련된 것으로 보아 도서관이 연구와 사교를 겸하는 곳이었음을 보여 준다. 괴팅겐대학교의 한 교수는 이런 이유로 대학도서관이 꼭 필요하지는 않다는 의견을 밝히기도 했다.

12. 1673년에 설립된 페루의 리마 소재 산프란시스코 수도원 도서관 내부. 스페인 식민지 시절 남아메리카에서는 가톨릭 수도회가 득세했고, 수도원은 교육과 연구와 도서 수집의 거점으로 중요한 역할을 했다.

속하고 지속적인 증가를 한눈에 보여 주는 증거물이기도 했다.[11] 수많은 도서관이 이 판을 자기 도서관의 장서 목록으로 이용했다. 그중에는 옥스퍼드의 여러 칼리지는 물론이고 케임브리지대학교와 파리 마자랭 도서관도 있었다.[12] 그 장서 목록을 자기 서재의 장서 목록으로 사용한 개인 수집가로는 철학자 존 로크도 있었다. 그는 자신의 소장 도서 중 보들리 도서관에 없는 책을 장서 목록 사이에 간지를 끼워 표시했다. 그가 소장했던 책으로 알려진 3641권 중 3197권이 보들리 도서관에도 있는 도서였다.[13] 도서관 신규 등록자들이 사들이는 필수 자료가 된 것이 장서 목록 판매에는 큰 도움을 주었겠으나, 목록이 유럽 전역으로 팔려 나간 일이 유례가 없었다는 점에서 그 의미는 더욱 각별했다.[14]

아이러니하게도 1674년 장서 목록이 유럽 수집가에게 큰 반향을 일으켰을 때 보들리 도서관은 주춤하는 순간을 맞았다. 목록 편찬을 대가로 약속한 월급 인상을 해 주지 않자 실망한 하이드는 새로운 목록의 편찬 작업보다는 자기 연구에 점점 신경을 썼다. 그 틈을 타서 일부 학자들은 도서관 책을 몰래 자기 집으로 가져가서 따뜻한 난로를 끼고 보는 즐거움을 누렸다. 불가피하게 돌아오지 않는 책이 발생했고 설립자의 엄격한 대출 금지 조처가 옳았음을 다시 입증했다.

다행히도 17세기 말이 되면 보들리 도서관 장서는 너무나 방대해져 그런 소규모 손실은 도서관 명성에 조금도 흠을 내지 못했다. 설립자의 넉넉한 기부와 사서들의 헌신적 노고 덕분에 보들리 도서관은 793년 바이킹 습격으로 린디스판(Lindisfarne)

수도원이 파괴된 이후로 유럽 학술계에서 잊혔던 영국 도서관의 명성을 되찾아왔다. 17세기 네덜란드 학자 요하네스 로메이어르(Johannes Lomeijer)는 보들리 도서관을 "어설프게 키를 다투며 쫓아오는 관목 더미를 모두 따돌리고 치솟아 오른 사이프러스" 같다고 표현했다.[15] 사서들이 새 책을 꾸준히 구입하고 독자 접근이 편해지도록 관대한 정책을 유지하면 도서관 이용자들은 넘쳐 나기 마련이다. 보들리 도서관은 성장가도에 오른 유럽 공공도서관 네트워크의 중심이 됐다. 많은 도서관이 이를 모방하며 따라잡으려 애썼지만 옥스퍼드가 세웠던 모범에 미치지는 못했다.

기부자 추적

17세기 초, 유럽에는 100여 곳에 대학이 있었고, 18세기 전까지 35곳에 더 설립됐다. 이전 세기에 유럽을 분열시킨 종교 갈등은 학문 활성화를 위한 에너지로 변했다. 소규모 칼뱅 교회와 루터 교회 지역은 하나같이 독자적 대학을 세워 건전한 교리를 믿는 독실한 목사와 공직자 집단을 육성하고, 더 나아가 자신들과 같은 신조를 믿는 재능있는 외국인들을 끌어들이고자 했다. 반대로 반종교개혁의 가치를 퍼뜨리기 위해서도 새 대학이 설립됐다. 특히 예수회가 열성적으로 나섰다.[16] 학문 문화는 융성기를 맞았으나, 대학도서관의 성장은 두서없이 아무렇게나 진행됐다.

종교개혁의 격동으로 새로 프로테스탄트 지역이 된 곳에

있던 유서 깊은 대학들은 기존 수도원과 교회로부터 많은 책을 접수했다. 1539년에 작센 공작이 루터교로 개종한 후 수도원 도서관 장서를 대학으로 보내도록 조처하면서 라이프치히 대학도서관 장서는 600권에서 4000권으로 늘어났다. 네덜란드공화국의 도서관들처럼 새로 설립된 곳들은 수도원 장서가 기존 도시 도서관에 할당됐기에 기부자에게 의지해야 했다.[17] 1576년 독일 북부에 설립된 헬름슈테트대학교(University of Helmstedt)는 1617년 인쇄본과 필사본을 합쳐서 약 5000권 정도 되는 그 지역 공작 소유 장서를 기증받았다. 기증본 중 대부분은 공작이 해산한 수녀원에서 약탈한 책이었고, 그는 책에 조금도 관심 없는 사람이었다. 책을 대학으로 치운 후 다른 전리품을 위한 공간을 마련하고 싶었을 뿐이었다. 기증 도서 대부분이 가톨릭 신학 관련 책이었기에 헬름슈테트대학교에서 그 책들을 알뜰히 활용했는지 어땠는지 확인할 길은 없다.[18]

　대체로 1500년 이전에 설립됐던 유서 깊은 대학은 중앙 행정 당국과 여러 칼리지의 기능이 분리된 분권 구조로 운영됐다. 칼리지 각각이 자체 도서관을 운영했기에 중앙도서관을 만들기에는 불리한 조건이었다. 그런 도서관은 대부분 다양한 개인 서재의 연장처럼 운영돼 칼리지 소속 학자들만 이용할 수 있는, 그들만을 위한 귀중한 자료를 제공했다. 초기 대학들은 상당한 규모의 외국인 학생을 받아들였는데 학생들은 흔히 '나티오(Natio: 출신 지역—옮긴이)'별로 조직됐다. 때때로 이들 나티오는 따로 도서관을 꾸리기도 했다. 1685년 파도바의 독일 도서관(Natio Germanica)은 장서 5400권을 보유했다.

베네룩스 지역에서 가장 오래된 루뱅대학교(University of Louvain)는 칼리지 40곳과 학생집단으로 구성됐고, 칼리지마다 소규모 장서를 보유했는데도 중앙도서관 설립 요구가 있었다. 루뱅대학교의 명망 있는 교수 유스투스 립시우스(Justus Lipsius)는 고대 도서관을 칭송하는 책 한 권을 써서 부유한 합스부르크가의 크로이 공작(Duke of Croÿ)을 움직여 그의 장서를 도서관에 기증하게 만들려고 했다.[19] 이 세련된 책은 도서관 역사를 다룬 학문적 여정의 이정표가 될 만했으나 그 본래 목표는 실망스럽게도 실패로 끝났다. 백작이 죽고 난 후 상속자들은 장서를 팔아 치우기로 했다. 립시우스 교수의 고귀한 노력이 있은 지 30년 후인 1636년, 지역 학자 두 사람이 상당한 규모의 보유 장서를 대학에 기증한 뒤에야 마침내 루뱅대학교는 중앙도서관을 개관할 수 있었다. 이들의 기증에 루뱅대학교 교수들과 전문가 계층들의 두 차례 작은 기증이 더해진 덕분이었다. 1639년 도서관 개관을 축하하는 장서 목록이 출간됐을 때 기부자들은 각 도서 항목에 기부자 이름이 들어간 것으로 보답을 받았다.[20] 이런 방식으로 기부자를 기리는 것은 널리 퍼진 관행이었다. 기부자의 관대함이 다른 사람들을 자극하거나 수치심을 불러일으켜서 비슷한 기부를 하도록 유도할 수 있기 때문이었다. 보들리는 도서관 입구에 기증자들 명단을 올리고 이름마다 가문 문장을 그려 넣게 했다.[21] 루뱅대학교의 경우 장서 목록에 기증자 이름을 기록하는 바람에 몇몇 교수가 마지못해 단 한 권을, 그것도 싸구려 책으로 기부했다는 사실이 드러나기도 했다.

기부받아 도서관을 구축하는 데는 시간이 오래 걸렸다. 책

보관에도 문제가 있었다. 특히 운 좋게 대규모 기증을 받는 행운이 왔을 때는 더 그러했다. 자코바이트 반란사건(Jacobite Uprising: 명예혁명으로 축출된 제임스 2세를 지지하는 자들이 일으킨 반란―옮긴이)이 일어났을 때 케임브리지대학교가 보여준 충성에 사의를 표하고자 1715년 영국의 조지 1세는 일리의 주교 존 무어(John Moore)가 유산으로 남긴 장서를 사들여 대학에 기증했다. 대학 당국이 기뻐했으리라고 짐작하는 것이 당연해 보일 것이다. 그러나 예상과 달리 3만 권에 달하는 장서는 "여기저기 바닥에 널린 채 먼지를 뒤집어썼고, 목록 작업도 안 된 채로 한 세대 동안 계속 도난당했다." 기증된 지 40년이 지난 1758년이 되어서야 책이 정리되고, 기증 도서를 위해 만들어진 방에 비치됐다.[22] 이 일에서 가장 주목할 만한 점은 무어 문고의 기증 덕분에 대학도서관이 아이작 뉴턴(Isaac Newton)의 『자연철학의 수학적 원리(Principia)』와 『광학(Opticks)』 같은 당대의 중요한 과학 저작을 소장하게 됐다는 것이다. 셰익스피어 전집도 무어 문고와 함께 도서관에 처음 들어왔다.[23]

　　케임브리지대학교처럼 자기 대학 소속 학자들의 최고 저작조차 보유하지 못한 건 드문 일이 아니었다. 대학도서관이 꾸준히 성장하기 위한 유일한 방도는, 보들리가 인식했듯, 기존 장서에 최신 저작을 추가할 예산이 뒷받침되는 것이었다. 애석하게도 그런 예산을 확보한 경우는 드물었고, 심지어 최고로 꼽히는 몇몇 학문의 전당도 예산 부족을 피해 가지 못했다. 레이던대학교는 예외였다. 네덜란드 독립전쟁 때 칼뱅주의 학문 보루로 건립된 레이던대학교는 네덜란드 정부의 기금 출연을 받앉다. 사서 다니엘 하인시우스 교수는 처음에는 책 구매에 전혀 제약을 받지 않았다. 1615년 하인시우스는 도서관 감독자들에게 "도서관에 불필요하고 유용하지도 않은 프랑스 책"을 포함한 도서 구입비로 1300길더를 지출한 탓에 비판을 받았다. 그 이후로 그는 한 해 400길더 이상을 쓸 수 없게 됐다.[24]

이 정도 예산도 다른 도서관은 상상하기 힘든 넉넉한 예산이었다. 아껴 쓰면 신규도서 100~200권을 사들일 만한 금액이었다. 그러나 레이던대학교는 학교의 국제적 명성에 도움이 된다고 여긴 필사본 구매에 많은 예산을 할당했다. 1620년대에 레이던대학교는 아랍어과 교수 야코부스 골리우스(Jacobus Golius)를 북아프리카와 레반트(Levant) 지역으로 4년간 유급휴가를 보내 동양 필사본을 연구하고 사들이게 했다. 골리우스 교수는 필사본 230권을 구해 의기양양하게 돌아왔다. 다른 경우와 마찬가지로 레이던대학교는 이 일을 널리 알리고 자랑했다. 1595년 레이던대학교는 대학 최초로 장서 목록을 인쇄한 카탈로그를 발간했다. 1610년 레이던대학교 도서관 홍보용으로 제작한 동판화는 널리 배포됐고 재인쇄를 거듭했다.

이런 홍보 공세 덕분에 레이던대학교는 학자나 귀족 자제를 위한 그랜드 투어(17세기 중반부터 19세기 초반까지 영국 상류층 자제 사이에서 유행한 유럽 여행—옮긴이)의 필수 방문지가 됐다. 그러나 도서관의 미덕을 늘어놓은 여행 책자만 믿고 그곳을 방문했던 사람들은 실망을 토로했다. 1678년 옥스퍼드대학교 재학생 윌리엄 니컬슨(William Nicholson)은 레이던대학교 도서관이 "필사본을 제외하면 보잘것없다"라고 기록했다.[25] 이런 필사본들은 사서의 엄격한 감시 아래 열람이 가능했다. 그

BIBLIOTHECÆ LUGDUNO-BATAVÆ CUM PULPITIS ET ARCIS VERA IXNOGRAPHIA

도판 11. 레이던대학교 도서관의 이런 멋진 광경(1610)은 널리 알려졌고,
대학 장서의 명성을 크게 높였다. 하지만 도서관 열람 정책은 판화가 보여 주는
것처럼 개방적이지는 않았다. 서서 열람하는 독서대는 보들리 도서관의
앉을 수 있는 독서대에 비하면 불편했다.

러나 사서들은 어디 있는지 잘 보이지 않았다. 사서를 찾더라도
그의 허락을 받는 일이 쉽지 않았다. 1769년 스웨덴 웁살라대학
교에서 온 한 사서가 레이던대학교 도서관에 열람을 요청했으
나, 대학 감독자 승인이 없다는 이유로 열람을 거부당했다. 그
는 회상했다. "나는 화가 난 동시에 그 터무니없는 대학 규정에
웃지 않을 수 없었다." 비웃는 데는 성공했으나, 그래서야 갈망
했던 그 대학의 귀한 자료를 열람할 수 있겠는가.[26]

다행히 그 스웨덴 방문객은 자료 열람을 승인받았다. 레이

던대학교는 대체로 관대한 규정 아래 열람을 허용했으나 머지않아 다시 규정을 강화하기 시작했다. 몇십 년이 지나자 재학생조차 도서관 출입이 불허됐다. 1630년에 재학생 출입이 다시 허용됐지만, 일주일에 네 시간, 오후 시간에만 두 번으로 나누어 도서 열람이 가능했다. 이런 방식이 19세기 초반까지 변함없이 유지됐고, 유럽의 대다수 대학도 그와 비슷한 수준으로 이용을 허락했다. 튀빙겐대학교(University of Tübingen)는 교수의 감독을 받아야만 학생 열람을 허용했으나 그나마도 도서관이 멋대로 열람 시간을 정했고 대출은 엄격하게 규제됐다. 교수는 책을 집으로 가져갈 수 있었으나, 학생은 거의 불가능했다. 장서 비치 공간이 부족하다는 점이 대학도서관 접근을 더욱 어렵게 했다. 보들리 도서관처럼 화려한 책장과 독서대를 갖춘 곳은 거의 없다시피 했다. 도서관 장서는 강의실, 교회, 예배당, 대학 인쇄소, 가장 최악으로는 다락방에 자리 잡았다.[27] 여기저기 널린 무수한 제약은 대학이 도서관을 학생을 위한 필수 자료실이라고 생각하지 않았음을 명백히 보여 준다. 오히려 학생을 장서를 훼손할지도 모르는 존재로 보았던 것 같다. 도서관을 아끼기라도 하는 듯 보이는 이런 지나친 규제는 도서관 사서가 그 업무에 보인 무성의함을 생각해 보면 아이러니하다.

장기적 관점에서 볼 때, 보존을 위해 열람을 제한하는 운영 방식은 열람자가 책 몇 권을 들고 사라지는 일보다 더 해로운 결과를 도서관에 초래했다. 지나치게 기증에만 의존하는 일은 어떤 분야는 책이 점점 넘쳐 나고, 어떤 분야는 공백 상태로 머무르게 함으로써 체계적인 장서 조성을 어렵게 했다. 도서관 접근성이 떨어질수록 교수와 학생은 공공도서관에 대한 기대를 접고 개인 장서를 늘리는 데 힘썼다. 네덜란드를 통틀어 1700년 이전까지 소장 도서가 1만 권 이상인 대학도서관은 없었다. 가장 나중에 설립된 하르데르베이크대학교(University of Harderwijk)는 설립 후 50년이 지나도록 소장 도서가 500권을 넘기지 못했다. 1671~1690년 사이에는 겨우 열한 권이 추가됐을 뿐이었다.[28] 독일의 경우, 마르부르크(Marburg), 킬(Kiel), 비텐베르크, 뒤스부르크(Duisburg), 그라이프스발트(Greifswald) 등 여러 대학 장서가 5000권에도 못 미쳤다.[29] 튀빙겐대학교 도서관은 너무나 보잘것없어서, 심지어 1634년 바바리아의 막시밀리안 대공(Duke Maximilian)이 튀빙겐을 점령했을 때 뷔르템베르크(Württemberg) 공작의 궁궐도서관 책은 모조리 바이에른으로 보냈으나, 튀빙겐대학교의 소장 도서는 손도 대지 않았다.[30]

이와 대조적으로 비슷한 기간에 많은 교수들은 1만 권, 1만 1000권, 심지어 2만 2000권이나 되는 장서를 소장했다.[31] 흐로닝언대학교(University of Groningen) 도서관 장서 규모가 겨우 4000권을 넘겼을 때 같은 대학의 애서가 교수는 1만 1000권 이상의 책을 소장했다. 그 대학을 방문했던 독일 교수 두 사람은 각각 "너무 방치되어 황폐하다"(1710), "처참하다"(1726)라는 소감을 남겼다.[32] 심지어 1770년에도 유럽 최대의 대학도서관으로 꼽힌 괴팅겐대학교 도서관에 대해 어떤 교수는 개인 장서로 충분한데 이런 대학도서관을 운영하는 것이 왜 필요한지에 대해 의문을 던졌다.[33]

이런 태도는 비록 당시에는 당연하게 여겨졌더라도 도서관 운영에 해로운 영향을 미쳤다. 특히 교수가 도서관 사서를 겸직한 점이 문제였다. 도서관 이용이 대체로 교수에게만 허용됐다는 사실도 이런 상황에서는 이해되는 일이었다. 그러나 어떤 교수도 보들리 도서관의 토머스 제임스만큼 헌신적이지는 못했다. 도서관에서 사서라는 직분은 근본적으로 한직이었고 진급을 위해 한시적으로 떠맡는 곳이었다. 19세기 중반이 돼서야 사서 업무가 전문 직종으로 자리 잡는다. 프랑스인 가브리엘 노데처럼 전업 사서를 열망했던 학자들은 궁정이나 대공의 거대 서재에서 자리를 찾았다.[34] 대학에서는 그들의 재능이 아무 소용없었다. 스코틀랜드의 존 듀리(John Dury) 목사는 다음과 같이 비아냥대며 말했다.

> 내가 아는 대학 대부분에서, 아니 모든 대학에서 사서직에 있는 사람은 그저 월급이나 챙기고 관리 중인 책의 보존 이외에는 아무 쓸모가 없다. 그들은 책 분실을 막는 데만 신경을 썼기에 책을 이용하려는 이들이 있으면 불편해했다.[35]

프리슬란트의 프라네커르대학교(Franeker University)는 설립 후 120년 동안 사서 스물한 명이 거쳐 갔다. 1698년 독일 학자 요한 멘케(Johann Mencke)는 야코부스 렌페르트(Jacobus Rhenferd) 교수의 안내를 받아 프라네커르대학교 도서관을 둘러보았다. 안내 교수가 사서에 대한 불만을 털어놓았다.

> 그[렌페르트]가 도서관 열쇠를 갖고 있었기에 우리는 그를

따라갔다. 그는 우리에게 많은 놀랍고 귀한 장서를 보여 주면서 배움이 부족한 사람이 사서를 맡고 있다면서 그의 연봉 500길더를 차라리 도서관 발전을 위해 쓰면 더 좋을 것이라고 말했다. 장서 목록 제작에 200길더나 들였는데 겉은 번지르르하나 내용은 보잘것없어서 누구에게도 보여 주고 싶지 않으니 공연히 헛돈을 쓴 꼴이라고 불평했다.[36]

수준 낮은 사서를 쓰면서 책 도난이 잇따랐다. 1640년대에 프라네커르대학교는 2절판 도서를 100권 이상 분실했다. 그중 무려 56권이 도난 방지 사슬을 채워 둔 것이었다.[37] 위트레흐트대학교(University of Utrecht)는 설립 후 반세기를 못 넘겨 적어도 소장 도서 1000권을 도난당했다. 이런 우울한 기록들은 대학 감독자들이 교수들에게도 도서관 접근을 엄격히 제한해야 하고 학생들은 아예 믿을 수 없는 존재라고 생각하게 했다. 하지만 학생들보다 교수들이 책을 더 많이 훔쳐 갔다.

역설적이게도 대학도서관 발전에 최대 저해 요소는 도서 시장에서 구할 수 있는 책이 지나치게 풍족하다는 점이었다. 만약 상당 규모의 개인 서재를 마련하는 일이 그리 어렵지 않다면 교수가 거대한 대학도서관을 갈망할 이유가 별로 없다. 활발한 경매시장은 개인 서재를 대학에 기증하고픈 의욕을 떨어뜨렸다. 책을 사는 사람도 책을 귀하게 여기는 사람일 테니 파는데 부담이 없는 데다 적지 않은 돈을 챙길 수 있으니 일거양득이었다.

유럽 책 시장의 심장부에서 멀리 떨어진 도서관은 이런 사정에 해당하지 않았다. 그런 곳들에는 경매시장이 없다시피 해서 도서관 기부라는 선행 전통이 살아 있었다. 스웨덴 제국이 자리한 발트해 지역에서 대학은 국가의 문화적 보루로 설립됐다. 스웨덴의 웁살라와 룬드(Lund), 핀란드의 투르쿠(Turku), 에스토니아의 타르투 같은 대학도서관은 스웨덴 왕의 넉넉한 기증으로 설립됐다. 주요 책 시장과 까마득히 먼 곳에 있는 타르투 같은 도시에서는 대학 공동체를 넘어 전문직 계층에게도 상당 규모의 대학도서관이 절대로 필요했다. 타르투대학교(Tartu University)는 1632년 처음 설립됐으나, 20년 뒤에 러시아 침공으로 문을 닫아야 했다. 1690년 대학이 새로 문을 열었을 때, 스웨덴 왕 카를 11세(Charles XI)는 현대적 장서 2700권을 기증했다. 많은 다른 대학에서는 별 관심을 보이지 않던 뉴턴의 역학과 데카르트의 철학이 포함될 정도였다. 도서관은 모든 학생에게 개방됐고, 심지어 책을 빌려주기도 했다. 대출 기록이 남아 있기에 우리는 이 대학에서 적어도 1년에 100권이 대출됐다는 사실을 알 수 있다.[38] 타르투대학교 도서관은 짧지만 멋진 성공을 거두고는 대북방전쟁(Great Nothern War, 1700~1721) 때 입은 참화로 사라져 버렸다.

　　스웨덴의 최대 숙적이었던 덴마크도 코펜하겐대학교(University of Copenhagen)에 거대 도서관을 구축해 공공도서관의 가치를 높이려고 경쟁했다. 1603년 코펜하겐대학교 도서관 장서는 겨우 600권 남짓한 고서들로 명맥이나 잇는 수준이었으나, 교수, 목사, 법률가를 포함해 지역 시민의 수많은 기증에 힘입어 1680년대에는 유럽 최대의 공공도서관에 꼽힐 정도로 성장했다. 기증자 중에는 대학과 아무 연고가 없는 사람도 있었으나 공공도서관이 취약한 나라에서 가능한 최고의 장서를 장만하고자 하는 애국심에서 도서관 기증 대열에 합류했다. 이들의 선의에 보답하기 위해 도서관은 다양한 기증자한테서 들어온 장서를 목록으로 인쇄해 기념했다. 비록 나중에 일부 기증본을 팔아 치우기는 했지만 말이다. 그러나 코펜하겐 대화재(1728)로 도서관이 잿더미로 변했을 때 도서 3만 권이 불쏘시개가 됐고 거의 한 세기에 걸친 시민들 노력도 물거품이 됐다.[39] 발트해 주변 나라들이 대학도서관에 쏟아부은 노력을 통해 세상은 공공도서관 장서를 갱신하는 법을 알게 됐다. 더욱이 작고 별로 관심이 안 가는 대학이 있는 도시라도, 때로는 공동체가 그 장서를 의미 있게 활용하지 않더라도, 마을 중앙에 도서관 하나 정도는 있어야 한다는 생각이 자리 잡게 됐다.

하찮은 책의 귀환

대학들은 도시의 의회나 통치자로부터 지역 출판업체 출판물이라면 무엇이든 공짜로 받을 수 있도록 약조를 받았다. 이런 기탁권이 무슨 일이 있어도 공짜로 책을 넘기기를 원치 않았던 출판업자들의 공분을 산 것은 충분히 예상된 일이었다. 대학 당국은 자체적으로 기탁권이 준수되는지를 감시해야 했지만 적극적이지는 않았다. 지역 출판업자들과 좋은 관계를 맺기 위해서가 아니라 대부분 대학이 지역에서 무슨 책을 내는지에 관심이 없었기 때문이었다. 보들리가 적대시했던 통속소설, 연감, 신문,

교재, 시집 같은 하찮은 책들이 인쇄업자들의 돈줄이었다. 그러나 대학도서관은 지역 토착어로 쓰인, 한시적 관심만 끌다가 잊힐 도서는 공공도서관에 둘 자리가 없다는 보들리의 생각과 뜻을 같이했다. 몇몇 대학은 너무나 나태해서 학생들이 관심을 두는 논문 한 부조차 안 들이기도 했다. 옥스퍼드와 케임브리지 대학도서관은 1665년 공식 습득한 기탁권 덕분에 그들에게 들어왔던 도서를 정기적으로 버리거나 팔아 치웠다.[40]

대학 당국이 하찮은 도서를 습득하고 처리하는 정책을 융통성 있게 적용했더라면 대학 장서는 훨씬 빨리 증가했을 것이다. 그러나 우리가 익히 봐 왔던 대로 대학도서관은 흔히 교회에서 자물쇠로 잠겨 있거나 다락에서 읽히지 않은 채 잠자고 있을, 이미 관련 서적이 넘치는 분야의 2절판 책 수집에 애썼다. 지역 출판사가 점점 많은 책을 제작하면서 공공도서관은 시장에서 다양한 분야의 책을 사들일 기회를 잡았으나 콧방귀를 뀌며 그런 책을 무시했다. 일기 작가 새뮤얼 피프스(Samuel Pepys) 같은 개인 수집가들은 생각이 달라서 온갖 모양과 크기의 책을 끌어모았다. 피프스는 신문, 민요집 같은 책에 관심을 두는 자기 수집벽을 "출판물에 관한 외롭고도 끝없는 탐구자의 자기만족"이라고 표현했다.[41] 그의 조카가 케임브리지대학교 매그덜런 칼리지(Magdalene College)에 피프스의 장서를 기증했는데 그중 약 1800편에 달하는 민요집은 오늘날 최고의 장서로 손꼽힌다. 이런 엄청난 장서의 보존이 가능했던 것은 의문의 여지 없이 피프스의 찬란한 정치적 이력 덕택이었다. 일시적 관심거리의 또다른 꼼꼼한 수집가이자 고서 연구가였던 앤서니 우드(Anthony

Wood)는 헌신적인 옥스퍼드 거주민으로 많은 시간을 보들리 도서관에서 보냈다. 아이러니하게도 후에 그의 장서는 보들리 도서관에 자리 잡았다.

1632년 옥스퍼드에서 태어난 우드는 그곳에서 평생 살았다. 옥스퍼드대학교에서 학업을 마친 후 옥스퍼드대학교 역사를 자신의 연구과제로 삼았다. 『옥스퍼드대학교의 역사와 고서들(Historia et antiquitates universitatis Oxoniensis)』(1674)은 그에게 즉각적 명성을 가져다주었고, 옥스퍼드 출신 명망가들의 전기인 『아테나이 옥소니엔시스(Athenae Oxoniensis)』 같은 저서를 집필할 동기를 부여했다. 저술은 그에게 옥스퍼드 공동체에서 작은 영향력을 부여했고, 많은 저자가 우드의 평판 작업에 영향을 미치고자(우드 저서에 자기 이름도 올리고 싶어서) 자신의 저술을 포함한 책 선물 공세를 퍼부었다. 별다른 정기 소득 없이 살면서도 우드가 평생 장서 7000권을 모을 수 있었던 것은 이 덕분이었다.[42] 그는 대학도서관이나 교수들이 열망한 것처럼 공식 문고를 꾸릴 시도를 하지는 않았다. 대신 하찮은 책, 팸플릿, 포스터 등 도서관에서는 눈길도 주지 않는 인쇄물을 거의 매일 사 모았다. 단지 개인적인 즐거움과 호기심으로, 당대 사건에 대한 자신의 관심으로 수집에 나선 것이다.

우드 같은 수집방식은 보들리에게는 상상할 수 없는 일이었을 것이다. 우드가 수집한 몇몇 하찮은 인쇄물은 지인들이 공짜로 준 것이었다. 포스터와 광고물은 커피하우스나 대학 게시판에서 그냥 습득한 것이었다. 때로 그는 포스터나 팸플릿에 어디서 습득했는지를 설명하는 주석을 달기도 했다. 한 게시물에는 "대학 내 온갖 곳에 붙어 있었다", 다른 게시물에는 "옥스퍼드 골목마다 붙어 있었다"라는 설명을 달아 놓았다. 그의 눈길을 끈 한 광고물은 "옥스퍼드의 모든 커피하우스에 뿌려져 있었다". 우드는 광고지에 "읽기만 하고 떼어 가지는 마시오"라는 추가 문구가 있는 커피하우스 후원자의 광고물도 떼어서 챙겼다. 어떤 인쇄물은 길거리에서 그냥 나눠 주는 것도 있었다. "1685년 4월 13일, 트리니티칼리지 정문 앞에서 받은 것"이라고 쓰인 책 광고 장서 목록도 거기에 해당했다. 그것은 다른 귀중한 200개 책 목록과 함께 그의 장서에 합류했다.[43]

우드의 서재는 전적으로 자신만 위한 것이었다. 그럴 수밖에 없는 것이 그는 자신이 일하고 잠자고 책과 자료를 보관한 다락방에 누구도 들이지 않았기 때문이었다. 그러나 수집물은 철두철미하게 관리됐다. 돈이 생기기만 하면 그는 바인드를 사서 그동안 세심하게 모았던 팸플릿과 광고물을 따로 정리했다. 우리가 옥스퍼드대학교 강의 목록, 게시물, 행사 공고문 같은, 달리 체계적으로 보존됐을 까닭이 없는 많은 자료에 접근하게 된 것은 전적으로 우드 덕분이다. 우드는 연감 171권을 모았는데 그중 일부는 자기 일기장으로 썼다(드문 일이 아니었다). 당대 정치에 대한 깊은 관심은 《런던가제트(London Gazette)》 30년 치를 모은 것을 포함해서 의회파 득세기(Parliamentarian period: 1649년 찰스 1세가 폐위돼 처형된 후부터 1660년 찰스 2세가 제위에 오르기까지 최고 지도자 부재 기간을 말한다—옮긴이)부터 계속했던 방대한 신문 수집으로 드러난다. 최신 수집물을 위한, 역사와 신학 장서에 들어갈 새로운 도서들에 필요한 공간을 마련하기 위해 오래된 신문을 버리고 싶은 생각이 굴뚝같았을 것이다. 빽빽한 다락방에 새로 선반을 설치하는 비용도 부담스러웠을 것이다. 그러나 모든 진정한 수집가들처럼 우드 또한 모을 줄만 알지 버릴 줄은 모르는 사람이었다. 1681년 그가 (다양한 사람들의 여행, 군대에 관한 것, 가사와 원예 등) 자신만의 방식으로 분류하고 편찬한 112쪽에 달하는 장서 목록은 그가 자기 수집품 전체를 정확히 파악하고 있었음을 의미한다. 그것은 세상의 지혜와 어리석음에 대한 개인 백과사전이었다. 17세기 옥스퍼드의 일상과 정치에 대한 정보의 보고인 이 인쇄물 모음을 우드는 애슈몰린(Ashmolean) 옥스퍼드대학교 부속 미술과 고고학 박물관에 기증했다. 1860년까지 그곳에 있던 장서는 마침내 보들리 도서관으로 옮겨져 소중히 안치됐다.

9장
선교의 장

역사를 통틀어, 특히 최근 100년 동안 전쟁은 도서관에 엄청난 재난을 몰고 왔다. 도서관과 그곳의 장서는 대부분의 전쟁에서 부수적 피해를 봤다. 융단 폭격이 초래한 무차별 파괴는 도서관이라고 봐주는 법이 없었다. 때때로 도서관이 박멸하고자 하는 문명의 산실로서, 증오하는 힘의 상징으로서 의도적 표적물로 지명되기도 했다. 도서관이 무력한 피해자로만 인식되는 이런 광란의 파괴는 애서가에게 비극적이고 몰상식한 만행이었다. 도서관이 갈등을 유발한 요인으로 주목받은 적은 별로 없었다.

　그러나 도서관과 장서는 때때로 이웃과 이웃을 반목하게 하고, 국가와 국가를 적대시하게 하며, 주장과 주장을 충돌시키는 이데올로기를 낳는 데 결정적 역할을 했다. 유럽 내에서, 또 유럽이 새로 얻은 식민지에서 책과 도서관은 흔히 정복지 사람들에게 새로운 사회의 모습을 불어넣고, 새로운 종교를 전파하며, 경쟁 이데올로기에 뺏긴 영토를 되찾는 선봉대가 됐다. 도서관은 확고한 목적을 지닌 이데올로기의 첨병이었다. (식민지 개척자의 관점에서 볼 때) 적대적인 또는 미지의 영역에 세워진 도서관은 지적 성채이자 요새가 됐고, 바다를 건너와 **빼앗고** 굴복시킨 후 정착하고자 하는 자들의 가치의 담지자가 됐다.

지구 전역으로 통제력을 확산하면서 유럽인들은 유럽풍 건물을 짓고, 유럽 복식을 걸치고, 유럽 교육체계를 이식해 작은 유럽 사회를 만들기를 원했다. 최초로 죄수를 태워서 오스트레일리아를 향했던 배에는 인쇄기가 함께 실렸다. 하지만 그런 위험한 항해에 나서도록 인쇄공을 설득할 수 없었던 까닭에 처음 몇 년간 인쇄기에 먼지만 쌓인 경우도 적지 않았다. 그러나 30년이 채 지나지 않아서 새 식민지에는 신문과 서점이 생겼고, 머지않아 대여도서관이 등장했다. 지구 반 바퀴나 떨어진 식민지에 점잖은 영국 사회에 있는 모든 시설과 체계가 들어선 것이다.[1]

스페인 점령지인 아메리카에 처음 생긴 도서관은, 그럴 만도 했겠지만, 겨우 궤짝 하나에 든 책이었다. 이는 아버지 콜럼버스와 함께 항해에 나선 페르난도 콜론이 가져간 책이었다. 본격적 식민지 개척에 나선 수도회에서 얼마 후에 더 거창한 도서관을 세웠다. 때때로 토착어로 번역된 책들은 식민지 개종에 나선 그들에게 강력한 무기였다. 유럽 사회에 거부감을 가졌던 필그림 파더스(Pilgrim fathers: 1620년 미국으로 건너가 매사추세츠주 플리머스 식민지에 정착한 청교도들—옮긴이)조차 책과 도서관을 문명의 불가결한 상징으로서 귀하게 여겼다.

유럽인이 거주권과 통치권을 획득한 곳이면 어디든 이주민들은 책을 가져갔고, 도서관을 세웠으며, 마침내 지역 인쇄소를 지었다. 책들은 대부분 고국에서 수입됐다. 이주민들이 가져간 보잘것없는 지역 인쇄기만으로 새 도서관을 다 채워 넣기에는 역부족이었기 때문이다. 이런 사정은 18세기가 끝날 때까지 달라지지 않았다.

도서관 발전의 역사에서 다소 소외됐던 유럽 내부 지역에서도 이런 식민화 작업과 비슷한 투쟁의 장이 펼쳐졌다. 가톨릭과 프로테스탄트가 우위를 확보하려고 서로 싸웠던 북유럽과 중부 유럽 지역이 현장이었다. 유럽 출판시장에서 다소 동떨어져 있던 곳이어서 이곳 도서관을 차지한다는 것은 자신들 취지를 선포하고, (종종 너무 때 이른) 승리를 축하하는 기회가 됐다. 그러나 전쟁의 승패가 바뀌면 불가피하게 그 도서관은 정당한 제거 대상이 됐다. 승리자들은 도서관을 약탈하고 파괴하면서 패배 집단의 정당성도 함께 무너뜨렸다. 약탈당한 책은 전리품으로 정복자의 고국에 있는 도서관으로 옮겨졌다.

이 모든 반전의 반전은 비록 난폭한 방식이었으나 책의 힘을 입증하는 일이기도 했다. 다툼의 주역 중에 누구도 책에 사람을 바꾸고 삶을 이끌며 의문을 해결하는 힘이 있음을 의심하지 않았다. 책들은 종종 성스러운 권력에 대항했다가 오히려 의심을 사서 의식적 수모와 함께 죽임을 당했던 선교사들과 비슷한 운명을 겪었다.

만행에 앞장선 수도사들

"우리 세계는 최근에 우리보다 크기도 작지 않고 인구도 적지 않으며 우리만큼이나 복잡한 다른 세계를 발견했다. …… 나는 우리가 퍼뜨린 감염병으로 지구 반대편 세상의 몰락과 파멸을 크게 재촉할지도 모른다고 걱정한다." 1588년 미셸 드 몽테뉴 (Michel de Montaigne)가 쓴 글이다. 하지만 이때쯤 그 땅의 파멸은 확정적이었다. 약속했던 전설의 보물 대신 황당한 소식과 진기한 물건만 들고서 첫 항해에서 돌아왔을 때 콜럼버스가 해낸 최고 업적은 사실상 실패한 항해를 애국적 승리로 포장한 일이었다. 그는 후원자인 왕족들에게 새로운 제국의 휘황한 비전을 펼쳐 보였다.

에르난 코르테스(Hernán Cortés)가 걸리는 것은 무엇이든 쳐 죽이면서 멕시코 심장부를 향해 나아가 찬란한 도시 테노치티틀란(Tenochtitlan)에 도달했을 때 비로소 무자비한 약탈의 불길이 다시 타올랐다. 스페인 침략자들이 아스테카 제국의 황제 몬테수마(Montezuma)로부터 무수한 보석과 황금을 받은 순간 몬테수마는 쓸모를 다했고 죽임을 당했다.

몬테수마가 스페인 손님들에게 내놓은 보물 중에는 책도 많았다. 이 책들은 정복자들의 최초 제물이 됐다. 스페인 침략자들은 그들이 고도로 발달한 문명과 만났음을 잘 알았다. 아스테카문명과 마야문명은 특히 수학과 천문학에서 대단한 성과를 이룩했다. 지금의 멕시코시티에 있었던 테노치티틀란은 건축적 경이로 다가왔고 현재 유럽의 어떤 도시보다도 더 거대했다. 그런 선진 사회를 굴복시키려면 우선 책과 기록 문헌을 철저히 파괴해야 했다. 아직 끝장내지 못한 강력한 군대의 사기를 떨어뜨리고 스페인 침략자의 관점에서 거짓 신으로 보이는 우상을 향한 그들의 신앙심을 무너뜨리기 위해서였다. 사슴 가죽으로 만든 다채로운 두루마리와 나무껍질을 접이식으로 연결해 만든 문헌을 살펴본 침략자들은 아스테카 문자가 그들이 사악한 마술이라 비난했던 그림문자 체계라는 점에 경악했다. 마야인들만이 식별 가능한 알파벳문자 체계를 갖고 있었다.

침략자의 잔인한 무력행사의 결과, 중미 문명이 낳은 문화유산은 전방위적으로 파괴당했다. 멕시코시티에 부임한 첫 주교이자 프란치스코 수도회 수사인 후안 데 주마라가(Juan de Zumárraga)는 아스테카 제국의 필사본을 공개적으로 불태우라는 명령을 내렸다. 아스테카인과는 조상 대대로 경쟁관계로, 스페인과 동맹을 맺었던 틀락스칼라(Tlaxcala) 전사들은 텍스코코(Texcoco)에 있는 아스테카 기록보관소를 돌이키기 어려울 정도로 파괴했다. 1562년 디에고 데 란다(Diego de Landa) 주교는 마니(Maní)에서 마야 제국의 핵심 텍스트 40권을 장작더미에 올려 불태웠다. 그는 다음과 같은 기록을 남겼다.

오직 미신과 악마의 거짓말만 담고 있기에 책들을 모두 불살랐다. 그 광경에 그들은 큰 충격을 받았을 것이고, 고통으로 적잖이 떨었을 것이다.[2]

더욱 비극적인 것은 이런 만행을 저지른 자들이 철저한 애서가였다는 점이다. 첫 세대 프란치스코 수도회 수사들은 토착어 학습을 위한 필수 서적을 만드는 데 큰 역할을 했다. 1547년 안드레스 데 올모스(Andrés de Olmos)는 나와틀(Nahuatl)어 문법책을 썼고, 1555년 알론소 데 몰리나(Alonso de Molina)는 스페인

어와 나와틀어 대역사전을 편찬했다.[3] 십여 가지 아메리카 토착어에 관한 소책자, 교리문답서와 문법서 등이 이후 꾸준히 출간됐다. 16세기 멕시코에서 출간된 책 중에 30퍼센트가 지역 토착어로 쓰였다고 추정될 정도였다.[4] 스페인에서 인쇄기를 가져왔던, 용의주도하면서도 호전적인 주마라가 주교가 출판 열기의 중심에 있었다. 멕시코에서 거의 처음 인쇄된 책이 주마라가 자신이 쓴 가톨릭 신앙 요약서였다.[5] 그는 또한 산타크루스칼리지(College of Santa Cruz)를 설립하는 데 주도적 역할을 했고, 원주민 출신의 재능 있는 젊은이들을 교회 일꾼이 되도록 교육했다. 산타크루스칼리지의 설립 경험을 바탕으로 주마라가가 죽은 지 3년 뒤인 1551년 멕시코시티에 유럽식 교과과정과 같은 학과 전체를 갖춘 대학교가 들어섰다.

이 모든 과정은 책 출판과 도서관 설립을 필요로 했다. 멕시코시티를 통틀어 인쇄기가 하나뿐인 상태에서는 거의 불가능한 일이었다. 개종자들에게 가톨릭 교의를 가르치기 위한 대역 입문서 출판을 제외하면 인쇄기는 정부 업무를 지원하는 데 사용됐고, 주로 칙령과 지역 조례를 찍어 냈다.[6] 유럽에서 학자들의 그리고 공공도서관의 핵심 도서로 여겨지던 책들의 수요가 아직 중남미에서는 지역 출판을 보장할 만큼 충분하지 않았다.

그러므로 초창기부터 많은 책이 수입됐다. 주마라가 주교가 적어도 400권 정도 되는 상당 규모의 장서를 보유했다는 사실은 별로 이상하지 않았다. 이 책들은 그가 죽은 후 멕시코시티의 산프란시스코 수녀원에 기증됐다. 생전에 그는 다른 책을 산타크루스칼리지에 기부했다. 산타크루스칼리지가 소장했던 거의 400권에 달하는 16세기 도서들은 지금은 캘리포니아 주 샌프란시스코의 수트로(Sutro) 도서관에 있다. 아리스토텔레스, 플루타르크, 플라비우스 요세푸스(Flavius Josephus)의 저작을 포함해 어떤 학자의 장서 목록에 들어가더라도 충분한 방대한 유럽 고전이 포함된 도서들이었다. 이탈리아와 스페인의 출판 중심지, 파리와 리옹, 안트베르펜과 바젤에서 인쇄된 책들이었다. 주마라가 소유로 알려진 책 중 다섯 권은 프로테스탄티즘에 오염된 도시 바젤의 일급 출판업자 요한 프로벤(Johann Froben)이 출판한 책이었다.[7] 현대 공공도서관이 된 과달라하라(Guadalajara)의 산프란시스코 수도원 도서관 장서 중 15세기와 16세기에 출간된 책이 479권이 있었는데, 고전 텍스트, 스페인의 종교 관련 저자들, 신비주의 관련 저자들 책이 뒤섞여 있었다. 그중에는 제네바에서 칼뱅의 저서를 냈던 출판업자 장 크레스팽(Jean Crespin)이 출간한 책도 포함돼 있어 리옹에서 엄청나게 많은 서적이 출판됐다는 사실을 다시금 입증했다.

리옹의 활발한 출판 활동은 리옹 출판업자와 스페인 시장이 긴밀한 사업적 관계를 맺고 있었음을 보여 준다. 리옹에서 만든 책은 파리와 안트베르펜에서 출판된 책과 함께 세비야를 통해 유통됐다. 세비야의 크롬베르게르(Cromberger) 가문은 아메리카 대륙에 공급하는 책의 독점권을 획득했다. 크롬베르게르 가문은 처음부터 멕시코 식민화 작업에 깊이 관여했고 주마라가를 위해 인쇄기와 인쇄공을 제공했다. 공급 독점권은 이런 투자에 대한 보상이면서 해외 선적 전에 불온서적을 철저히 검열할 기회도 제공했다.

그러나 나중에 드러났듯, 예방 차원의 검열은 수도사들 기대만큼 효과를 거두지 못했다. 갑자기 낯선 땅의 드넓은 대지에 살면서 인근에 유럽 출신 동료가 거의 아무도 없는 처지에 처한 이민자들에게 책은 유럽에서보다 훨씬 절실했다. 식민지 시민들은 교회도서관의 책과 다소 다른 책을 원했다. 특히 모험을 향한 상상력을 자극하는 기사소설은 더할 나위 없는 책이었다. 원칙적으로 식민지에서 기사소설은 금서였다. 하지만 어떻게 든 배에 실려 대량으로 전해졌다. 유럽에서 출간된 『돈키호테』(1605) 중 상당 분량이 멕시코로 실려 왔다. 페루에서 증가 추세에 있던 변호사, 성직자와 왕실 관리는 스페인으로부터 책을 구해 온 리마의 서적상에게 든든한 고객이 됐다.[8] 고위 성직자들은 막대한 장서를 구축했다. 1647년 세상을 떠났을 때, 리마 성당의 수사신부 프란시스코 데 아빌라(Francisco de Ávila)는 장서 약 3108권을 축적했다. 아메리카 대륙 전역에서 단연 최대 장서였고 유럽의 많은 공공도서관을 능가하는 규모였다. 페루 시장에서 막대한 유럽 서적을 매입할 수 있었다는 것은 1648년 설립된 아레키파(Arequipa)의 프란치스코 수도회 소속 수녀원의 도서 목록으로 짐작할 수 있다. 수녀원이 해체될 즈음에 총 소장 도서는 1만 5000권에 달했고 그중 대부분은 16세기와 17세기에 출판된 책이었다.[9]

스페인이 차지했던 아메리카가 도미니크회와 프란치스코회의 영역이었다면 포르투갈이 차지했던 지역은 예수회 영역이었다. 예수회 영역에서는 어디에서나 책 문화와 도서관이 융성했다. 예수회 창설자 이그나티우스 데 로욜라(Ignatius de

Loyola)의 의도는 아니었더라도 교육은 예수회 선교에서 중요 역할을 차지했고 시간이 지나면서 정체성으로 굳어졌기 때문이다.[10] 모든 예수회 대학은 도서관을 마련했고 "열쇠는 총장이 생각하기에 적임자에게 맡겨야 했다".[11] 이런 공공도서관으로도 부족해서 로욜라는 교수들에게도 장서가 필요하다고 생각했다. 교수가 다른 임지로 떠나거나 사망하면 책은 대개 도서관에 기증되곤 했다. 잘 정돈된 도서관은 유능한 사서를 필요로 했다. 이런 점에서 로욜라는 시대를 앞서갔다. 많은 대학에서 사서직은 괜찮은 연봉에 한가한 일자리여서 더 좋은 조건의 일자리를 위해 거쳐 가는 곳으로 여겨졌지만 예수회의 사서는 책을 정리하고, 장서 목록 작업을 하고, 대출을 관리하고, 도서 목록을 작성했다. 중요한 일이었고 존경받는 자리였다.

1549년 브라질에 들어온 예수회는 주요 정착지 여섯 곳에 대학을 설립했다. 포르투갈 왕은 책을 기증해 그들의 노고를 격려했다. 17세기 사우바도르 다 바이아(Salvador da Bahia)의 도서관 목록에 따르면, "장르를 불문하고 다양한 작가의 책을, 그것도 부지런하고 유능한 사서가 잘 정리하고 능숙하게 관리 중인" 장서 3000권을 확인할 수 있다.[12] 사우바도르 다 바이아는 오지 정착지에 구축 중인 도서관에 책을 공급하기도 했다. 학교를 개설한 성직자라면 누구든 사우바도르 다 바이아에 부탁하면 책 한 궤짝이 급행으로 도착하리라는 믿음이 있었다. 1759년 브라질에서 축출당하기 전까지 예수회가 이곳에 구축했던 장서는 총 6만 권에 달했고, 최대 도서관이었던 사우바도르 다 바이아의 장서는 1만 5000권에 달했다. 예수회에 대한 탄압은 브라질 교육에는 치명적 손상을 입혔다. 예수회가 적극적으로 선교하던 스페인령 페루의 교육에도 같은 피해를 주었다.

예수회 노력이 사람들 인심을 얻는 데 얼마나 성공적이었을까? 17세기 대부분 동안 포르투갈은 두 전선에서 싸움을 치르느라 애를 먹었다. 첫째는 원주민들 충성을 얻기 위한 싸움이었고, 둘째는 브라질을 차지하려는 네덜란드의 야욕을 분쇄하기 위한 싸움이었다.

네덜란드가 우월한 경제적 자원과 해군 군사력을 앞세워 브라질에서 포르투갈을 축출하려 했을 때 유럽 국가 중 누구도 네덜란드의 패배를 점치지 못했다. 20년 동안 네덜란드는 헤시피(Recife: 브라질 동북부 페르남부쿠주의 주도—옮긴이) 지역의 주요 도시 등 전략적 요충지를 점령하며 기세를 올렸으나 결국 두 차례 주요 전투에서 원주민과 포르투갈 정착민으로 이루어진 군대에 파국적 패배를 당했다. 선교 행위에 무심했던 일이 네덜란드 패배의 한 원인임은 분명했다. 1643년 네덜란드 점령지 브라질로 인쇄기가 보내졌으나 이를 사용할 인력이 없었다. 스페인과 포르투갈이 인쇄기를 이용한 선교에 종교전쟁을 벌이듯 열중한 점을 고려하면 네덜란드의 무신경은 그들에게 불리하게 작용했다. 네덜란드어, 포르투갈어, 투피어로 된 3개 국어 교리문답서를 만들어 배포한 취지는 그럴듯했으나 결국 웃음거리만 됐다. 교리문답서 번역 품질에 의문을 던지는 여론에도 책은 1642년 엥크하위전(Enkhuizen: 네덜란드 노르트홀란트주에 있는 도시—옮긴이)에서 인쇄를 마친 후 브라질로 보내졌다. 그 후 3년이 지난 후에도 3000권 중 2951권이 다른 신앙 서적 5000권과 함께 헤시피 창고에서 썩어 가고 있었다.[13]

추수감사절
─ ─ ─ ─ ─

1620년 레이던을 떠나 매사추세츠로 가는 항해를 시작했을 때 필그림 파더스는 유럽의 모든 것을 버리고 떠난 것은 아니었다. 책은 그들이 선택한 새로운 삶에서 필수품목에 속했다. 책은 영국 국교회와 그들을 차별화하는 결정적 요소였다. 로버트 리스(Robert Ryece)는 친구 존 윈스럽(John Winthrop)에게 경고했다. "책을 보며 성장한 교양인이 배움도 없고 문명도 없는 야만의 땅에서 산다는 것이 얼마나 고달프겠는가."¹⁴ 그러나 10년 후 윈스럽은 매사추세츠를 떠났다. 식민지 개척자들의 해결책은 책과 함께 그 문명도 함께 가져가는 것이었다. 책은 일용할 양식이었고, 수많은 개척자의 목숨을 앗아 갔던 첫 겨울의 굶주림에서도 꿋꿋이 살아남았다.

청교도 개척자들은 최고 품질의 책을 싣고 갔고, 이후에도 구호선과 무역선으로부터 책을 매입해서 장서를 계속 키워 나갔다. 주인이 죽으면 책을 다른 소지품과 함께 목록에 올려서 새로운 주인을 찾아 공동체에서 재활용되도록 했다. 그들이 남긴 기록을 꼼꼼히 검토한 결과, 장서 규모가 꽤 방대했음을 알 수 있다.¹⁵ 레이던에서도, 플리머스에서도 지도자 역할을 맡았던 윌리엄 브루스터(William Brewster)의 장서는 그중에도 대단했다. 1644년 그가 죽었을 때 총 350권이 목록에 올랐다. 그중에는 칼뱅, 테오도루스 베자(Theodorus Beza: 칼뱅의 후계자—옮긴이), 트레멜리우스(Tremellius)와 유니우스(Junius)의 라틴 성경 등 프로테스탄트의 가르침을 담은 라틴어 핵심 서적들이 포함돼 있었다. 장서 중 영어 팸플릿이 많은 것도 놀라운 사실이다. 그중 많은 팸플릿은 브루스터가 자기 인쇄기로 또는 종교적 견해가 달랐던 암스테르담, 미델뷔르흐, 레이던의 인쇄소에서 인쇄했다.[16] 보통 그런 목록에서는 큰 가치가 있는 책, 즉 성경이나 2절판 책 같은 것만을 따로 구체적으로 적시했다. 작은 책들은 어림잡아 다음과 같이 기록됐다. "작게 철해 놓은 책 다섯 권" "제본되지 않은 작은 책들" "부엌에 놓였던 작은 책 다섯 권" "작은 책 53권" "다른 다양한 네덜란드 책".[17] 브루스터 장서의 모든 책이 따로따로 상세하게 목록화된 이유는 그가 죽었을 당시 랠프 파트리히(Ralph Partrich)의 대규모 장서가 시장에 나오기 20년 전이었기에 식민지 전체에 책이 그리 많지 않았기 때문일 것이다.[18] 아마 브루스터 소장 도서에 있던 작은 책은 상대적으로 더 높은 가격을 받았을 것이다. 식민지 정착 과정에서 그가 바친 공헌에 감사하는 동료 이주민들은 그를 상기하는 기념물을 기꺼이 환영했을 것이다. 변방에 있는 이러한 공동체에서 책은 그 내용의 가치뿐만 아니라 신성한 기운을 가진 기념물로 귀한 대접을 받았다.[19]

죽은 사람이 남긴 책을 이렇게 실용적 방식으로 재활용하는 것은 초기의 모든 정착지에서 냉정하게 수용됐다. 1621년 버지니아 회사가 분투하던 식민지에 새로운 성직자를 보내 주겠다는 서신을 보냈을 때, 목사에게 도서관을 장만해 줄 뜻은 없었다. "책에 관한 한 우리는 당신이 수많은 사망자로부터 장서를 구할 수 있으리란 점을 믿어 의심치 않습니다."[20] 또 식민지에서 영국으로 돌아오는 사람들도 책을 두고 오게 권유받았다. 존 스미스(John Smith)가 썼듯이 그곳에서는 "책이 너무나 많이 필요"했기 때문이었다. 열렬한 종교 팸플릿의 저자이자 알곤킨(Algonquian) 언어로 역사적 성경 번역서를 냈던 스미스는 다른 사람 장서를 마구 사들였다. 뉴잉글랜드에서 책 수집가의 탐욕스러운 욕구는 신의 뜻이라는 말로 합리화할 수 있었다.

우리는 1631년에서 1692년 동안 식민지 플리머스에서 살다 죽은 사람들이 남긴 유류품 목록을 모두 510개 확보했는데, 그중 절반 이상 목록에는 책 관련 기록이 있었다. 그중 51개 목록에서 성경 한 권과 제목을 알 수 없는 책 몇 권의 기록이 있었다. 다른 39개 목록에는 성경 한 권과 찬송가만 있었다. 더 상세한 목록에서 우리는 기대했던 사람들 이름을 볼 수 있었다. 유럽 종교개혁 운동의 창시자들인 장 칼뱅, 자카리아스 우르시누스(Zacharias Ursinus), (네덜란드어 번역으로도 인기를 얻었기에 베네룩스 지역에서 떠나온 사람들에게도 친숙한) 영국 청교도 저자들의 책이 있었다. 남미의 스페인 정복자들이 좋아했던, 사람을 흥분시키는 책을 이 목록에서 도무지 찾을 수 없는 것은 필그림이 진실하고 진실한 사람들이었기 때문이다. 아니면 재미로 가져온 읽을거리는 목록에 일일이 올리지 않고 작은 책 꾸러미라는 이름 아래 넣었기 때문일지도 모른다. 브루스터는 윌리엄 캠든(William Camden)의 『브리타니아(Britannia)』를 소장했는데, 아마 저녁 시간에 소일거리로 읽기 좋았을 것이다. 또 프랜시스 베이컨의 『반역의 사례(Cases of Treason)』와 마키아벨리의 『군주론』도 한 권씩 있었는데, 가벼운 읽을거리는 아니었으나 격동의 정치를 맞고 있던 식민지 시대를 헤쳐 나가는 데 큰 도움을 주었을 터이다.

이 모든 책은 개인 장서였다. 하지만 브루스터가 조성한 대규모 도서관은 사람들이 긴밀한 유대를 맺고 살았던 작은 정착지에서는 공동체의 자산이기도 했음을 어렵지 않게 상상할 수 있다. 북미 식민지 개척의 첫 세기 동안 중요한 장서 대부분은 지도적 성직자가 구축한 것이었다. 교회 평신도들은 점점 활성화되던 보스턴 책 시장을 이용해 알아서 장서를 마련했을 것이다. 1656년 보스턴에서 공공도서관을 만들려는 시도가 있었으나 이 도서관은 평신도 대중이 즐길 만한 읽을거리를 제공하는 곳이라기보다는 목사들의 공공자료실로 인식됐다. 당시 식민지는 여전히 선교의 가치가 지배적이었다. 이는 매사추세츠주 케임브리지에 새로 설립된 대학이 1638년 찰스타운(Charlestown)의 목사 존 하버드(John Harvard)가 물려준 유산을 왜 특별히 중요하게 여기는지를 설명해 준다.

목사가 대학에 남긴 유산은 그 규모가 대단했기에 이를 기념하려고 대학 이름을 하버드로 바꿀 정도였다. 17세기가 끝날 무렵 하버드대학교는 북아메리카 최대 도서관을 자랑하게 됐다. 장서는 전적으로 기부에 의존했으나 꾸준히 증가했다(고등교육기관의 도서관이 책 매입비를 따로 책정하는 전통이 생긴 것은 오래되지 않았다). 1678년 비국교도였던 테오필러스 게일(Theophilus Gale) 목사의 통 큰 기부로 도서관 규모를 3분의 1이나 더 키웠고, 1698년 존 메이너드(John Maynard)의 어마어마한 기부 덕분에 중복된 도서를 팔아 치울 여유를 얻기도 했다. 1810년에 이르면 장서 목록이 약 3000권 정도로 커지면서 최초의 낡은 교사에서 수용할 수 있는 규모를 훌쩍 넘어 버렸다.

1723년 하버드대학교는 장서 목록 출판을 의뢰했다.[21] 이런 발상은 영국에서 하버드에 우호적인 이들의 제안으로 시작됐는데 런던에서 인쇄를 부탁했다면 더 좋았을 것이다. 그러나 책임자들은 라틴어책 인쇄 경험이 거의 없는 보스턴 인쇄업자 바살러뮤 그린(Bartholomew Green)에게 일을 맡겼다. 소심하게도 그는 2절판이 아닌 4절판 목록 제작을 결정했고 덕분에 인쇄공과 제본공은 더 많은 시간과 노고를 들여야 했다. 목록은 총 400부 발행됐다. 그중 100부는 판매 몫으로 이 프로젝트를 주도했던 서적상 게리시(Gerrish)에게 돌아갔고, 나머지 300부는 대학 당국이 하버드대학교 동창과 기부 예상자에게 공짜로 배포했다. 300부 중 100부는 더 많은 기부를 격려하려고 즉시 영국으로 보내졌다. 하지만 장서 목록을 받아 본 부유하며 신앙심 깊은 상인들을 움직이는 데는 실패했다. 오히려 그들은 하버드대학교 장서 규모에 놀랐고 영국 대학과 별 격차가 없다면서 이제 하버드는 자체로 알아서 할 수 있는 수준이라고 생각했다. "이제 돈도 많고 책도 많은 것을 보니 원하는 것이 있다면 알아서 살 수 있겠군."[22] 기증된 장서 목록은 모두 사라졌다. 그것을 받아 본 사람들이 꽤 빨리 버려 버린 모양이다.

게다가 기부 예상자들은 도서 관리상태에 대해 좋지 않은 소문을 듣고서 하버드대학교 도서관에 그리 좋은 인상을 품지 않았다. 장서 목록이 런던에 뿌려진 시점에 벤저민 콜린스(Benjamin Collins)에게 보낸 편지에서 토머스 홀리스(Thomas Hollis)는 다음과 같이 솔직히 토로했다.

내가 아는 몇몇 사람에게 들은 바에 따르면, 하버드대학교 도서관은 잘 관리되는 것 같지 않소. 앉아서 읽을 좌석이 부족하다고 들었고, 보들리 도서관이나 런던의 시온칼리지(Sion College)처럼 귀한 도서를 사슬로 묶어 놓지도 않는다고 들었소. 열람객이 책을 마음대로 집으로 가져가는 바람에 책 분실이 많다더군요. 젊은 학생들은 책을 자기 방으로 가져가 사진과 지도를 찢어서 벽에 붙여 놓는다고도 하고요. 저는 이러한 모든 것이 바람직하지 않다고 생각합니다.[23]

하버드가 학생들의 이런 미숙한 행위에 감사해야 할지도 모를 이유가 생겼다. 1764년 화재로 하버드대학교 도서관이 전소되면서 장서 5000권 이상도 함께 사라졌기 때문이었다. 대출 중인 책만 간신히 복구됐다. 일이 이렇게 되고 보니 영국 기부자들이 다시 넉넉한 마음을 발동했다. 미국이 독립국이 되고 난 이후 1790년 출간된 새로운 장서 목록에는 9000권에 가까운 책들이 담겨 있었다. 팸플릿 규모가 대단했다는 점은 특히 놀라웠다. 독립전쟁을 치르면서 팸플릿 선전물이 넘쳐 났기 때문이었으나 대학도서관 자료로는 무척 이례적이었다.

포로가 된 책 구출하기

16세기에 처음 설립된 예수회는 가톨릭 신앙을 온 세상에 퍼뜨리려고 일본과 중국, 브라질과 동인도제도로 파격적 전도에 나섰다. 당시 유럽에서 유행한 여행물 바람을 타고 예수회는 수사들이 겪은 기이한 모험담을 적극적으로 출판했다. 오늘날 이 견문록들은 도서관 장서에서 **빼놓을** 수 없는 기록이 됐다.[24] 물론 이런 여행기는 예수회의 최우선 과제가 늘 유럽의 재복음화였음을 생각하면 그저 부수적이었을 뿐이다. 그들은 여러 우호적인 교황들에게 거의 제약 없는 전권을 부여받아 선교 활동을 했다. 최초의 예수회 대학은 1548년 시칠리아섬 메시나(Messina)에 설립됐다. 16세기 내내 무려 200곳 넘는 대학이 거미줄처럼 연계되면서 이탈리아반도, 스페인, 북유럽 전역으로 퍼져 나갔다. 대학이 세워질 때마다 도서관도 빠짐없이 조성됐다. 베드로 카니시우스(Petrus Canisius)는 이런 분위기를 열정적으로 표현했다. "자체 도서관 없는 대학보다 자체 교회 없는 대학이 낫다." 카니시우스는 자기 저서를 출판한 최초의 예수회 소속 저자였고 그런 측면에서 이런 수사적 과장도 이해할 만했다. 로욜라의 비서였던 후안 데 폴랑코(Juan de Polanco)는 같은 취지의 말을 좀 더 명백하게 표현했다. "학문의 전당에서 책을 사들이는 것은 음식을 사는 것만큼 필수적이다. 책은 신을 위한 도구이다."[25]

1560년대에 폴란드 선교에 나서면서 예수회는 결정적인 국면에 새로 돌입했다. 폴란드는 16세기에 종교적 자유의 땅이라는 흔치 않은 명성을 누렸고, 가톨릭교회, 루터교회, 칼뱅교회 등 교단에서 쫓겨난 수많은 교파들의 요람이 됐다. 그러나 동시대 유럽인에게 폴란드는 러시아 정교와 경계를 두고 있는 서방 기독교계의 보루이고, 발트해 무역의 중추이자 대륙의 정치와 경제에서 중요한 역할을 하는 지역으로 인식됐다. 예수회가 폴란드에 발을 들인 일은 중대한 지정학적 사건이었다. 옛날 가톨릭 왕국의 전통을 되찾아 보겠다는 과감한 시도였기 때문이었다.

폴란드 진출 작전의 핵심은 1565년 브라니에보(Braniewo)에 예수교 대학을 설립한 것이었다. 교황 그레고리오 13세와 로마 교황 대사 안토니오 포세비노(Antonio Possevino)의 전폭적 지원을 받아 스타니슬라우스 호시우스(Stanislaus Hosius) 추기경이 창립한 대학은 발트해 해안에 인접한 전략적 요충지에 있었다. 그곳은 독일의 교역 중심지인 단치히(Danzig)와 쾨니히스베르크(Königsberg) 사이에 샌드위치처럼 끼어 있었다. 쾨니히스베르크는 특히 프로테스탄트의 철옹성이었고, 독일어 인쇄물의 중심이었으며, 유럽 가장 동쪽에 프로테스탄트 대학이 있는 곳이기도 했다. 새로 창립된 예수회 대학은 이 프로테스탄트 대학에 명백하고 공개적으로 선전포고를 한 셈이었고, 가톨릭 교육을 받고 싶던 폴란드 젊은이뿐만 아니라 리투아니아, 루테니아, 러시아, 북녘 루터교의 요새인 스웨덴의 젊은이까지 빨아들이기를 갈망했다. 예수회 대학의 최종 목표는 유럽에서 프로테스탄트 지역을 공략할 선교사를 육성하는 것이었다. 대학 철학과에 '스웨덴 신학교'란 별명을 붙인 것만 봐도 그 목표를 짐작할 수 있다. 브라니에보 예수회 대학에 대한 두려움이 어찌나 대단했던지 스웨덴은 자국 청년이 그곳에서 수학하다 적발되면 사형죄로 다스리겠다고 엄포를 놓았다.

이에 따라 스웨덴으로부터 학생 유입은 줄어들었다. 그러나 한창일 때 브라니에보대학교는 한 해 학생 300명이 등록하기도 했다. 자연스럽게 대규모 도서관도 필요했다. 1565년에서 1620년대 사이에 이 대학은 상당한 규모의 장서를 축적했다. 장서 총 2600권 중에는 초대 교부의 저작, 고전 저자의 저작 등과 더불어 폴란드 반종교개혁에 관한 지역 저자들의 책도 포함됐다. 브라니에보가 유럽 가톨릭 대학 중에서 최고 수준에 이르는 것은 시간문제로 보였다. 도서관은 개종과 정복의 도구였다. 유럽의 가장 복잡한 종교적 싸움터에서 사람들 마음을 얻기 위한 전투에서 책은 치명적 무기였다. 이런 비전을 현실에서 구현하려고 분투하던 예수회 사서들에게는 불행하게도, 그들에 못지 않은 신의 용맹한 전사가 등장했다. 북녘의 사자라고 불리는 스웨덴 왕 구스타브 아돌프(Gustavus Adolphus)였다. 그는 독실한 루터교 신자였고 발트해에 스웨덴 제국을 세우고자 하는 야심가였다.

1621년 구스타브 아돌프는 현재의 라트비아(Latvia) 수도 리가를 정복했다. 그곳은 당시에는 폴란드 왕의 지배에 있던 프로테스탄트 도시였다. 그곳의 예수회 도서관이 1차 약탈의 과녁이 됐는데 프로테스탄트였던 리가 시장은 별 유감없이 전체 장서를 넘겨주었다. 전리품으로 장서 1000권이 스웨덴으로 보내졌다. 1626년에는 프라우엔부르크[Frauenburg (프롬보르크, Frombork)]의 성당참사회 도서관이, 그다음에는 브라니에보의 예수회 대학도서관도 같은 운명을 맞았다. 정복자들은 책을 곱게 상자에 담아 발트해 너머 스톡홀름으로 급히 보냈다. 그곳에는 왕립 사서 요하네스 부레우스(Johannes Bureus)의 지휘 아래 도서 배분 조직이 운영되고 있었다. 조직에서 분류된 책은 왕실 도서관을 포함해서 스웨덴의 여러 다른 도서관으로 배송됐다.

최고의 장서로 꼽히던 브라니에보와 리가의 책은 움살라대학교 몫이 됐다. 횡재는 그 도서관에서 낯선 일이 아니었다. 움살라대학교 도서관은 종교개혁 시기에 수도원에서 약탈한 도서 4500권을 바탕으로 세워졌다. 이제 새로운 적에게 뺏은 책으로 다시 도서관을 살찌운 것이다. 쏟아져 들어온 신규 도서를 비치하기 위해 마련한 새로운 공간은 그 시대의 특별한 정신을 반영했다. 움살라대학교 도서관은 두 층으로 분리됐다. 위층에는 루터주의 신학을 비롯한 대학 교재들이 자리 잡았고, 아래층에는 가톨릭, 칼뱅주의, 예수회와 관련된 다양한 종단의 책이 비치됐다. 독일에서 약탈한 책이 안식을 얻은 곳이었다.[26] 양서와 악서를 분리한 것이다. 학자라면 적의 공세를 방어하기 위해서라도 양쪽을 다 읽어야 했다. 그러나 예수회 서적은 악서의 유혹에 홀리지 않을 만큼 믿음이 굳건한 자에게만 접근을 허용했다. 두 층은 외부 계단으로 난 분리된 문으로만 출입할 수 있었다. 철석같은 신앙심을 가진 자만 1층 열쇠를 받을 수 있었다.

스웨덴의 군사력에 힘입어 움살라대학교는, 특히 경쟁자인 브라니에보대학교가 무력해지면서 북유럽 최대 도서관으로 성장했다. 그러나 스웨덴이 정복지 독일과 폴란드에서 약탈한 책을 노리는 곳은 움살라만이 아니었다. 당시엔 스웨덴에 속했지만 현재 에스토니아에 속한 타르투와 핀란드에 속한 투르쿠에 있는 두 대학교가 경쟁자였다. 베스테로스(Västerås)와 린셰핑(Linköping)의 고전 문법학교도 전리품 책 중 자기 몫을 챙겼고, 스트렝네스(Strängnäs)의 성당도서관도 마찬가지였다.[27] 스웨덴 관점에서 볼 때 이런 행위는 약탈이 아니라 포로 구출이었다.

예수회가 이 책들을 감금했고, 자신들은 책의 결박을 풀어 주었다고 믿었다. 1642년 스웨덴 대주교 라우렌티우스 파울리누스 고투스(Laurentius Paulinus Gothus)는 다음과 같이 말했다.

> 이 전쟁에서 신은 종종 우리의 적들의 명성 높은 대학과 찬란한 도서관을 취하도록 도와주셨다. 예수회가 진실된 종교를 억압하기 위해 오용하고 있던 책이 우리에게 와서 적절히 쓰이면서 비로소 신의 영광을 드높이게 됐다.[28]

스웨덴의 도서관 구축 시스템은 1643년 스웨덴 총리 악셀 옥센셰르나(Axel Oxenstierna)의 지시에 따라 기록물로 남았다. 이것은 한 세대 동안 시행되던 관행을 공식화한 것일 뿐이었다. 이 지시에 따르면, 새 도시를 점령하면 스웨덴군 장교들이 그 지역의 주요 기록물 보관소와 자료와 도서관에 대해서 잘 아는 주민을 찾아 나섰다. 그런 식으로 책의 소재를 파악하면, 문헌들을 압수해 궤짝에 넣은 후 스웨덴으로 실어 갔다.[29]

1642년 모라비아 올뮈츠[Olmütz(올로모우츠, Olomouc)]에 있는 예수회 대학과 카푸친 수도회(Capuchin) 수도원의 책을 수확했고, 30년 전쟁을 끝내기 위한 협상이 이미 막바지에 이르렀을 때인 1648년에는 프라하 소재 스트라호프(Strahov) 수도원의 명망 높은 도서관 장서를 쓸어 담았다. 레서타운(Lesser Town)에 있던 예수회 대학도서관만이 지역 시민이 카를교를 넘으려던 스웨덴군에 거세게 저항하면서 가까스로 약탈을 피했다. 1646년 스웨덴 토르스텐 스톨한스케(Torsten Stålhandske)

장군의 처 크리스티나 호른(Christina Horn)은 2절판 248권을 포함해 1092권 이상의 책을 투르쿠대학교 도서관에 기증했다. 1644년 스톨한스케 장군이 덴마크 유틀란트반도를 점령한 후 전리품으로 습득한 책들이었다. 책의 원 주인은 오르후스(Aarhus) 주교 마르티누스 마티에(Martinus Matthiae, 1596~1643)였다. 여행광이었던 마티에는 비텐베르크뿐 아니라 파리, 루뱅, 안트베르펜, 암스테르담, 레이던 등에서 책을 끌어모았다. 지금 이 책들은 스웨덴의 한 대학도서관에 소장돼 있다. 심지어 우호 관계에 있던 루터교 신자들도 다른 민족의 책에 기갈이 든 스웨덴의 게걸스러운 탐욕에서 안전하지 못했다.

현재 호른 가문의 기증 도서는 1655년 인쇄돼 출간된 투르쿠대학교 도서관의 초기 장서 목록을 통해서만 확인할 수 있을 뿐이다. 1827년 화재로 도시가 파괴됐을 때 도서관도 통째로 사라졌기 때문이었다. 1697년 또 다른 대화재로 스웨덴 왕립도서관이 파괴되면서 스웨덴이 전쟁 전리품으로 챙긴 더 많은 책이 제물이 됐다. 화재는 도적질에 대한 신의 천벌이라기보다 도시의 집이 대부분 목재로 세워지던 시절에, 특히 북쪽 지역에서는 추운 겨울 내내 난방을 위해 불을 피워야 했기에 겪어야 했던 불가피한 재화였다. 웁살라대학교로 보내졌던 리가와 브라니에보의 책들은 좀 나은 처지여서 그런대로 잘 보존됐고, 여전히 그 대학도서관 서가에서 열람할 수 있다. 최근에 웁살라대학교는 폴란드와 라트비아의 사서들이 도서관에 와서 옛적 예수회 소장 도서의 장서 목록을 만드는 것을 허용했으나, 여전히 그들에게 책을 반환할 생각은 없는 것으로 보인다.[30]

수없는 도서관 약탈에도 예수회 선교사들은 도서관을 끊임없이 되살려 갔다. 그러나 30년 전쟁이 끝난 후에도 도서 약탈은 끝나지 않았다. 리투아니아의 가톨릭계 귀족들 요청으로 1569년 빌뉴스(Vilnius)에 설립된 예수교 대학에서 우리는 그한 사례를 찾을 수 있다. 유럽 동쪽에 자리 잡은 이 가톨릭 거점에서 예수회는 번창했고, 동방을 향한 수도사들 선교는 더욱 열기를 더했다. 4000권에 이르는 것으로 유명한 지기스문트 아우구스투스왕(Sigismund Augustus, 1520~1572)의 방대한 장서 기증과 자체 인쇄소를 차릴 수 있는 기금 기부로 그 열기는 더욱 끓어 올랐다.[31] 이후 100년 동안 이곳은 폴란드–리투아니아 연방에서 가장 중요한 인쇄소로 꼽히면서 라틴어와 폴란드어로 된 교육과 신앙에 관한 책을 꾸준히 출판했다. 리투아니아 영토에서 리투아니아어로 만들어진 지금껏 남은 가장 오래된 책은이 인쇄소에서 제작된 것인데 놀랄 것도 없이 교리문답서였다.

빌뉴스는 30년 전쟁에서 최악의 참화를 면했다. 그러나 전쟁이 끝났는데도 폴란드–리투아니아에 소위 '대홍수'라 불린훨씬 엄혹한 시기가 도래했다. 스웨덴이 바르샤바와 폴란드 대부분을 점령한 상태에서 러시아 군대가 리투아니아를 포위했고빌뉴스를 점령했기 때문이었다. 대북방전쟁이 벌어졌고 스웨덴군대는 다시 약탈에 나섰다. 1710년 전쟁으로 피폐해진 시민에게 유럽에서 거의 마지막으로 선페스트가 유행했다. 빌뉴스 인구의 약 절반인 3만 5000명이 희생됐다. 여기에 더해서 1715년과 1749년 사이에 연이어 발생한 지독한 화재로 도시는 이전 모습을 거의 찾을 수 없는 지경으로 참혹하게 망가졌다. 대학은 살아남으려고 분투했으나 그럴수록 약탈의 표적이 될 뿐이었다. 리투아니아 대공국의 수상이었던 루 사피에하(Lew Sapieha, 1557~1633)와 그의 세 아들이 3000권에 달하는 가문 장서를 기증한 후엔 더욱 그랬다.[32] 놀라운 것은 1773년 예수회 탄압으로 도서관 폐쇄가 확정될 즈음에 대학이 다시 4000권 넘는 장서를 구축해 놓았다는 사실이다. 폴란드-리투아니아 내에서 출판된 책이 상당수를 차지했다. 예수회 인쇄소뿐만 아니라 바르샤바와 크라쿠프(Kraków)에서 출판된 책들도 있었다.[33] 유럽 전체에서 책 출판이 점점 증가하면서 도서관 파괴로 적국에 타격을 준다는 목표를 달성하기는 점점 어려워졌다. 아무리 약탈해 가도 책을 채워 넣는 것이 훨씬 수월해졌으니 소용없는 일이었다.

예수회 수사들은 지독한 탄압에도 어떻게든 선교에 임했다. 예수회의 그 불굴의 정신을 적수라 할 수 있는 가톨릭과 프로테스탄트의 수사들도 분하지만 인정할 수밖에 없었다. 예수회는 암흑의 심연이라 부르는, 유럽에서 신교로 개종한 나라로 가서 선교 투쟁에 돌입하는 것을 마다하지 않았다. 17세기 초 칼뱅주의의 핵심 근거지인, 네덜란드공화국 북부 프리슬란트주의 레이우아르던(Leeuwarden)에도 예수회가 은밀히 선교회를 열었다. 이곳에서 선교 사업을 벌이면서 예수회 수사들은 주로 가톨릭 신학 관련 서적으로 1200권 이상 도서관 장서를 마련했다.[34] 네덜란드공화국 전역에서 가톨릭은 필요한 신앙 서적을 수월하게 공급했다. 돈을 벌기 위해서라면 특정 종파를 가리지 않고 기꺼이 책을 공급했던 서적상들 덕분이었다.

적의 방어선이 느슨해지는 것을 본능적으로 감지한 예수

회는 예수회 저자가 저술한 가톨릭 신앙서로 무장하고 네덜란드공화국을 집중적으로 공략했다. 교세를 다투던 마스트리흐트(Maastricht), 덴 보스, 루르몬트(Roermond), 브레다(Breda) 지역에 설립된 예수회 대학 네 곳이 전초기지 역할을 했다. 네덜란드가 덴 보스를 점령했을 때 예수회는 가장 활발히 사용했던 인쇄기를 빼앗겼으나 일시적 차질을 빚었을 뿐이었다. 예수회 서적은 종종 네덜란드 안에서도 제작됐다. 출판업자들은 책의 출판지를 가톨릭 신앙도 보호받던 도시인 안트베르펜이나 쾰른 같은 곳으로 속여 찍는 예의를 차렸다.[35]

영국에서 가톨릭은 가혹한 처벌을 피하기 쉽지 않았다. 특히 엘리자베스 여왕의 암살 음모와 제임스 1세에 맞선 화약음모사건(Gunpowder Plot)에 연루됐던 예수회 수사들은 공포와 경멸의 대상이었다. 영국 예수회의 수장이던 헨리 가넷(Henry Garnet)은 폭탄으로 왕과 국회의사당을 날려 버리려던 음모에 연루돼 1606년 처형당했다. 이 모든 역경에도 17세기 동안 영국 예수회는 가장 놀랍고 은밀한 도서관 망을 구축했다. 헤리퍼드셔(Herefordshire)의 골짜기 마을에 마련된 도서관은 유럽 내 가톨릭 서적 출판의 주요 거점에서 찍은 책 336권을 보유했다. 노팅엄셔(Nottinghamshire) 카운티의 홀벡 우드하우스(Holbeck Woodhouse)에 마련된 도서관은 그보다 두 배 컸다.[36] 두 도서관은, 이전부터 당국자들의 주시를 받고 있었으나, 1678년 이른바 가톨릭 음모 사건으로 반가톨릭 광기가 휩쓸고 지나갔을 때 모두 압수당했다.

전쟁을 위한 무기는 다양하다. 어떤 무기는 무시무시한 모습만으로도 그 존재감을 드러내는가 하면, 어떤 경우는 그 은밀함이 무기가 된다. 17세기와 18세기에 도서관을 둘러싼 전쟁도 그랬다. 도서관은 의도적 노략질을 통해 파괴되기도 했지만, 흔히 노략질에 동반됐던 화재로 뜻하지 않은 부수적 피해로 결딴나기도 했다. 흔히 도서관은 고의적 약탈의 표적이 됐는데, 그중 가장 유명한 예는 1622년 독일에서 가장 찬란한 중세 필사본을 보유했던 하이델베르크대학교 도서관 장서를 약탈해서 로마 교황청으로 가져간 사건을 들 수 있다.[37] 인쇄본 5000권과 호화로운 필사본 3500권은 당대 최대의 약탈이었으나, 앞에서 살펴보았듯 지속적인 약탈 규모로는 여전히 스웨덴과 비교할 수 없다.

필그림 파더스는 최초 항해에서 자신들이 탔던 작은 배에 가능한 최대치로 싣고 간 책으로 버텼고 책 한 권도 소중히 여기면서 여러 번 겨울을 났다. 영국 예수회는 도서관을 더 은밀하게 조성했다. 선교 사업은 너무 노골적으로 자신들 취지를 외치지 않으면 이따금 순조롭기도 했다. 상대적으로 운이 좋았던 네덜란드 가톨릭은 활발한 암스테르담의 책 시장에서 공공연히 마음껏 원하는 책을 구했다. 도서관과 관련된 갈등과 전면적 대결, 의도적 구축의 역사를 통해 우리는 유럽인이 책을 신앙의 횃불로, 사람을 오도하는 악성 바이러스로, 더 나아가 사람 마음을 뒤흔드는 도구로 인식했음을 알 수 있다. 하지만 예수회의 책을 프로테스탄트의 도서관으로 옮겨 놓거나 거꾸로 예수회가 되가져가는 열띤 약탈의 과정을 보면서 당시의 유럽인이 대단히 많은 문화자본을 공유했다는 사실 또한 확인할 수 있다. 신앙과 무관하게 지성인이라면 장서에서 상당한 규모의 고전 저작들, 초대 교부의 저작들, 문법과 사전들을 공통으로 보유하고 소중히 여겼다. 그래서 도시 정복자들이 도서관을 무차별적으로 잿더미로 만든 다음 아무거나 보이는 대로 가져가기보다 천천히 도서관 서가를 낱낱이 살피며 일일이 책의 가치를 확인한 것이다.

4부

공공도서관인가, 개인도서관인가

10장
원대한 계획

제임스 커크우드(James Kirkwood)는 17세기 말 스코틀랜드 베드퍼드셔(Bedfordshire) 마을의 깐깐한 장로교 목사였다. 그러나 설령 그가 1680년대의 파리를 방문했더라도 그곳에 있는 위대한 학술도서관을 자주 이용했을 것 같진 않다. 재산이 많거나 든든한 후원자를 만난 종교 망명자들은 흔히 그런 시기를 서재 구축의 호기로 삼았으나 커크우드는 망명 중 겨우 입에 풀칠이나 하며 살았기 때문이다. 그러나 커크우드는 특별했다. 개인 서재를 구축해서 사적 위안 공간을 마련하는 데 열정을 쏟는 대신 고향 스코틀랜드의 모든 교구에 공공도서관을 설립해 계몽과 가르침의 장을 열겠다는 원대한 목표를 위해 헌신했기 때문이다.

책은 무한한 가능성의 원천이라고 생각한 사람이 커크우드 목사가 처음은 아니었다. 프랑스 역사상 가장 위대한 책 수집가인 쥘 마자랭(Jules Mazarin) 추기경이 그런 생각을 앞서 실천에 옮겨서 유럽에서 손꼽히는 커다란 도서관을 세웠다. 두 사람은 도서관의 미래에 대한 비전을 그려 냈다. 커크우드가 교회가 관리하는 도서관들을 통해 스코틀랜드의 작은 마을공동체마다 중요한 신학적 요람을 마련했다면 마자랭은 방문학자 모두에게 개방된 알렉산드리아 도서관 정신을 계승한 장서를 구축했다. 학자들에게 미친 영향력이라는 관점에서 마자랭 도서관은 단연 타의 추종을 불허하는 도서관으로 이름을 떨쳤다.

재상을 역임한 마자랭 추기경은 예상대로 귀족적이고 엘리트적인 시각으로 공공도서관을 바라보았다.[1] 로마제국의 위인들처럼 도서관은 부와 권력과 고상한 취향(물론 이 취향은 마자랭의 사서였던 가브리엘 노데의 취향이었다)을 과시하고, 개인적 추종자를 만들며, 유산을 확보하는 여러 수단 중 하나였다. 도서관은 유럽 정치를 호령했던 정치인들의 야망을 증언하는 기념비이기도 했다. 그들은 정치적 수완을 발휘해 왕의 총애를 얻은 후 왕에게 받은 선물과 땅과 보수를 이용해 최상위 귀족들이 무색할 규모의 도서관을 조언자 도움으로 세울 수 있었다. 그러나 그들이 권력다툼에서 밀려나면 대중들 분노는 마자랭 같은 정치인이 구축한 도서관으로 향하곤 했다. 물론 그들에게 무시당했던 다른 거물급 정치인이 은근히 부추긴 분노였다.

커크우드의 비전은 매우 달랐다. 영국 종교개혁운동은 새로운 복음 운동의 핵심 목표가 대중 교화에 있다고 선포했다. 널리 알려져 있듯, 엘리자베스 시대 영국 교회는 이런 믿음에 따라 『존 폭스의 순교자 열전(Foxe's book of martyrs)』, 에라스무스의 라틴어-희랍어 대역 신약성경을 교구마다 꼭 갖추도록 지시를 내렸다. 덕분에 작은 교구도서관이 중세 가톨릭교회가 장만했던 미사경본 장서를 대체하기 시작했다. 그러나 두 세기 동안 이루어진 프로테스탄트식 설교, 교리문답, 종교 가르침에도 누구나 도서관을 이용할 수 있게 하겠다는 종교개혁의 비전은 충분히 실현되지 못했다. 커크우드와 그 친구인 토머스 브레이(Thomas Bray)는 이 사실을 잘 알았다.

네덜란드나 독일 북부와 마찬가지로 스코틀랜드와 영국에서도 교회와 학교와 마을도서관은 여기저기 흩어져 있었다. 이 도서관들 대부분은 최초 설립을 도왔던 경건한 평신도들 기부에 크게 의존했다. 몇몇 교회는 해산된 수도원에서 압수한 남아도는 교회 서적을 받아서 재빨리 규모를 키웠다. 그러나 대부분의 장서는 이용자의 필요와는 무관했다. 이런 공공도서관이라면 거만한 태도로 학식 있는 문필가들에게만 개방해서 추기경이 수집한 호화 장서들을 구경시키던 파리의 마자랭 도서관만큼이나 명백한 문제를 안고 있었다. 어느 쪽도 오래 지속되기에는 곤란했다.

이해득실을 따지기 어려운 유산

마을도서관은 샤를마뉴 시대에 처음 등장한 것으로 추정된다.[2] 802년 독일 아헨(Aachen)에서 열린 종교회의에서 교구 교회마다 최소한의 전례서 비치가 의무화됐다. 책은 예배, 성찬식, 성경 구절 심층 해설, 설교 등에 필요했다. 이에 교회마다 20~30권 정도 책이 있으면 적절하다고 여겨졌다. 그러나 성직자들 역시 물려받은 장서를 늘려 가라는 압박을 받았다.[3] 이 야심 찬 규정은 효율적으로 이행하기 쉽지 않았으나 교구 교회를 중심으로 한 도서관 구축 관행을 확립했다. 인쇄술 발명 전까지 대다수 유럽 마을에서 지역 교회는 유일하지는 않더라도 최대 도서관이었다.

14~15세기 무렵 이런 시설이 마을 주민 전체를 위해 사용될 수 있고, 그래야 한다는 발상이 생겨났다. 이전에도 교회 공간은 종종 마을 전체 활동에 이용되었고, 도서관을 따로 세울 만큼 기금이 넉넉하지도 않았기에 도서 보관과 보호, 관리와 접근성에서 최적의 환경으로 인식됐다. 이에 따라 주민 전체를 위한 기증은 당연히 교구 교회를 향했다.

유럽 대다수 지역에서 지역 공동체를 위해서 장서를 기증한 목사나 마을 유지를 찾는 일은 어렵지 않았다. 1309년 요르다누스(Jordanus) 목사는 독일 중부 브라운슈바이크(Braunschweig)에 있는 세인트앤드루(St. Andrew) 교회에 자기 소장 도서 열여덟 권을 기증했다. 그로부터 100년 뒤 그의 후임 목사 중 한 사람은 약 40권을 기증했다. 다시 한 세기가 지나 브라운슈바이크 시의회 서기인 게르빈 폰 하멜른(Gerwin of Hameln)은 생전에 책 336권을 도서관에 공탁했다.[4] 공동체 내의 동료 시민에게 칭송받을 때 생기는 뿌듯한 자부심 또는 죽음 이후 자신이 가졌던 소유물을 남기고자 하는 보편적 욕망이 이러한 관대함을 고무했다.

인쇄술 발명 이후 더 많은 시민이 상당한 장서를 모을 수 있게 되면서 마을 도서 기증 전통은 더욱 활발해졌다. 책의 주제도 점점 다양해졌고 지역 교회에 비치하기에 적절치 못한 책들도 생기기 시작했다. 16세기와 17세기를 지나면서 교회가 아니라 마을이나 도시 당국에 시립도서관이나 공공도서관 건립을 촉구하면서 자기 장서를 기증하는 경우가 늘어났다. 그러나 개인도서관을 시립도서관으로 바꾸려면 상당한 돈이 필요했다. 1564년 플랑드르의 프란스 포턴스(Frans Potens) 목사는 코르트레이크(Kortrijk)시에 자기 장서를 기증했다. 임종 자리에서 포텐스는 시장과 시의회 의원을 유언집행자로 지명했다. 그러나 유언 집행을 맡은 이들은 그의 유지를 받들지 않고 시간만 보냈다.[5] 이런 상황 전개가 아쉽기는 하지만 포텐스처럼 장서가들 생각이 배반당한 사례가 아주 드문 경우는 아니다.

다른 사람 책을 충실히 관리하는 일은 그 자체로 무척 어려운 일이다. 그러나 책을 공공자산으로 만드는 일은 그것과 비교할 수 없을 정도로 힘들었다. 가톨릭 지역에서는 교회나 교회 부속기관, 수도원이나 신학교 등 다양한 곳에 편리하게 장서를 비치할 수 있었다. 프로테스탄트 지역에서는 장서 대부분이 해체한 수도원으로부터 손쉽게 빼앗아 온 것이었지만, 그 책들로 공공도서관을 설립하는 데에는 몇 곱절 어려운 점이 있었다. 새로 세운 도서관인데도 장서는 시대에 뒤처지고 심지어 그 지역 성직자들조차도 별 관심 없는 신학 서적으로 채워져 있었기 때문이다. 이런 책들 대부분이 얼마 지나지 않아서 사람들 눈길이 닿지 않는 교회 다락방으로 치워진 것은 전혀 이상한 일이 아니었다.

도서관을 도시 공공자산으로 만드는 데 성공한 도시들도 나타났다. 인구가 많고, 부유하며, 자치 의식 높은 항구도시 함부르크가 대표적이다. 이곳 시립도서관은 상대적으로 자유로운 열람 환경 덕택에 시민들이 활발히 이용하는 시설이 됐다. 1651년 이후 도서관은 매일 네 시간 열람을 허용했으며, 50년 후에는 대출 또한 허용했다. 자연스레 장서도 늘어나게 되어 1704년 2만 5000권에서 18세기가 끝나던 해에는 10만 권이 됐다.[6] 스위스 취리히와 바젤은 종교개혁 시기에 자행된 교회 자산 파괴로 공공도서관 설립에 어려움이 있었다. 그러나 시민적 자부심이 그 어려움을 극복했다.[7] 1629년 젊은 상인 네 명이 솔선해서 취리히 시립도서관(Burgerbibliothek)을 설립했다. 이후 시민들의 적극적인 참여가 이어지면서, 특히 그들이 '호기심의 방'에 보관 중이던 장서들을 내놓으면서 도서관 규모는 빠르게 커졌다.[8] 바젤도 뒤지지 않고 놀라운 장서를 축적해 갔다. 그중에는 에라스무스의 궤도 포함돼 있었다. 이 궤는 에라스무스를 흠모하거나 그에게 잘 보이려던 자들이 그의 집 문간에 두고 갔던 선물을 보관했던 것으로 알려졌다.[9]

이런 대도시를 벗어나면 성공적 도서관 설립은 훨씬 어려웠다. 장서들 대부분은 해산된 가톨릭 수도원에서 가져온 것이라 오래되었을 뿐 아니라 대부분 라틴어책이었다. 읽을 독자도 거의 없는 데다가 그런 책을 관리하기 위해 공공자금을 요구할 명분도 없었다. 독일의 거대 자유도시에서처럼 시민적인 에너지의 도움이 없으면 수도원 장서는 가깝고 편리한 장소로 적당히 치워지거나 그냥 방치될 뿐이었다. 작은 마을에서 그런 장서는 대부분 새로 세워진 프로테스탄트 교회에 딸린 지역 학교에 던져졌다. 종교개혁 초기에 마르틴 루터는 청년 교육을 위한 학교 설립이 왜 필요한지를 감동적으로 설득했고 사람들은 그 말을 귀담아들었다. 어떤 지역이 루터주의를 받아들이면 교회 법령인 교회 헌장에는 새로 학교를 짓고 학생과 선생을 위해서 도서관을 장만하라는 조항이 담겼다. 이 규정은 교회나 수도원에 있던 낡은 장서에서 열렬한 가톨릭 옹호자가 쓴 제목을 지운 뒤 그것을 챙길 좋은 핑곗거리가 됐다.

18세기에 이르러 독일의 많은 학교도서관은 각각 1만 권 정도 책을 소장하게 됐다. 학문적 관점에서는 대단하지만 정작 학생들에게는 별 쓸모없는 책들이었다. 차라리 17~18세기에 조성됐고 비교적 최근에 출판된 독일어 신앙서적이 갖춰져 있던 작은 교구도서관이 더 쓸모있었다. 메클렌부르크–포메라니아(Mecklenburg–Pomerania)의 교회도서관들에는 보통 50~200권 정도 책이 있었는데, 대부분 그 지역의 사려 깊은 성직자가 사들이거나 기증한 도서였다. 작센 지역의 잘츠베델(Salzwedel)처럼 시장 기증으로 장서가 이루어진 곳도 있었다.[10] 이런 도서관의 성공 여부는 지역 성직자나 교사가 얼마나 적극적으로 움직이는지, 도서관을 얼마나 개방적으로 운영하는지에 달려 있었다. 성직자와 교사가 도서관을 사사로운 장서의 연장으로 생각하지 않고 공적자산으로 취급하는 순간, 교구도서관이든 학교도서관이든 지역민이 애용하게 됐다.

독일의 초기 공공도서관 성립 과정이 엇갈린 운명 같은 것이라면 네덜란드는 안타까운 이야기이다.[11] 종교개혁 이전에 네덜란드의 번창하던 상업 중심지에 있던 교구 교회와 수도원에는 도서관이 넘쳐 났다. 하우다(Gouda)시에만 적어도 열한 곳에 도서관이 있었다. 하지만 네덜란드공화국의 독립을 끌어내고 칼뱅주의를 국교로 승인하는 결과를 낳았던 독립전쟁 시기에 이런 도서관들은 모두 상당한 피해를 입었다. 동부 지역의 쥣펀(Zutphen) 시립도서관은 독립전쟁이 발발하기 직전인 1560년대에 설립됐다. 그러나 1572년과 1591년 사이에 다섯 차례나 약탈당하면서 장서가 357권에서 겨우 100권으로 쪼그라들었다. 절망적 상황에서 쥣펀의 사서는 도서관 문을 시멘트로 발라 버리기까지 했지만, 그조차도 장서 장정을 장식하는 금박 걸쇠를 욕심내던 병사들에게는 아무 방해가 되지 못했다.

1590년대에 프로테스탄트 교회가 네덜란드공화국 전역에 자리 잡았다. 도시마다 있던 수도원 땅은 국가 주도로 프로테스탄트 교회, 보육원, 학교, 창고, 병기고 등으로 빠르게 개조됐다. 오래 지나지 않아 시의회 의원들과 개혁교회 목사들은 몇백 년 동안 수집된 엄청난 규모의 수도원 장서를 자기 권한으로 이용할 수 있다는 사실을 알게 됐다. 그에 따라 사적 욕심이 아니라 공적 필요에 따라 도서관은 점점 혁신 프로그램에 흡수되기 시작했다.

그 결과 1580년과 1620년 사이에 무려 40년 동안 놀라울 정도로 열정적인 도서관 구축 프로그램이 네덜란드에서 가동됐다. '공익을 위한 도서관' 혹은 '공적 이용을 위한 도서관'이라는 기치를 내걸고 진행된 이 사업으로 과거의 수도원 도서관은 새로운 시립도서관으로 탈바꿈했다. 가장 귀중한 책은 예외 없이 약탈당하거나 쫓겨난 수도사가 가져갔지만 도서관 대부분에는 책들이 200~300권 정도 남아 있었다. 시의회 의원들은 적정 수준의 도서관을 만들려면 책을 추가로 구입해야 한다는 것을 깨달

앞고, 대다수 도시에는 장서를 보강할 수 있는 충분한 기금이 확보돼 있었다. 데벤터르(Deventer)시에서는 20년 만에 장서가 46권에서 600권으로 늘었다. 알크마르(Alkmaar) 시의회는 도서관 장서를 마련하기 위해 1601년과 1607년 두 차례에 걸쳐 경매에 800길더를 지출했다. 공동체 명망가들에게 기부를 요청하는 방법도 동원됐다. 위트레흐트시의 경우 두 차례 기증으로 도서관 장서가 3000권이나 증가했다. 물론 이런 대형 기부가 흔하지는 않았다. 기증자 중 하나였던 하위베르트 판 부헬(Huybert van Buchell)의 가족은 그가 자기 책을 유산으로 넘겨서 경매를 통해 이익을 얻도록 하지 않고 기증했다는 사실에 경악했다.

네이메헌(Nijmegen), 데벤터르, 위트레흐트, 암스테르담 같은 도시에서는 한정된 장서 구매 예산을 흔히 유명한 책이나 여러 권짜리 지도책, 다국어 대역 성서 등을 사들이느라 소진하기도 했다. 이런 종류의 책을 비용에 구애되지 않고 사들이는 데는 다분히 경쟁의식이 작용했다. 예를 들어 암스테르담은 1580년대 베네치아에서 인쇄된, 법률 지식의 개략적 설명을 모아 놓은 28권짜리 2절판 라틴어 서적 『해양법(Oceanus Juris)』을 사들이는 데 400길더를 지출했다. 하우다시 사서는 장서 일부를 경매로 넘겨서 마련한 돈으로 더 많은 지도책을 사들이고 이전에 도서관이 구매했던 블라우 지구본[지도제작자 빌럼 블라우(Willem Blaeu)가 만든 지구본—옮긴이] 두 개를 추가하는 데 썼다. 1608년 로테르담의 코르넬리스 마텔리프(Cornelis Matelief) 제독은 동인도제도에서 귀환했을 때 말라카(Malacca) 통치자가 하사했던 『코란』 필사본을 지역 도서관에 기증했다.

도시의 유력인사들은 이러한 호화 장서들이 시립도서관에 필수적이라고 확신했다. 네덜란드 시립도서관들은 참고 자료의 보고로서 그 형태와 기능 면에서 학문적 도서관을 모범으로 삼았다. 이에 따라 라틴어 서적들이 도서관에 가득했다. 호화 장서 목록 두 권을 출판해 시의회 칭찬을 받았던 암스테르담 도서관에서 네덜란드어와 독일어 서적은 겨우 서너 권뿐이었다. 반대의 경우는 아무도 꿈꾸지 않았다. 『해양법』 한 권을 살 돈이면 네덜란드어 서적을 300권 정도 구할 수 있었다. 그랬다면 공동체에서 훨씬 더 많은 사람이 좋아했을 것이다. 그러나 네덜란드 시립도서관은 실질적 이로움보다 헛된 명성을 구했다. 쓸모없을지라도 외부에서 감탄스럽게 봐 주기를 원했다.

시립도서관이 새롭고 값비싼 책을 채워 넣을수록 관리자들은 지역 시민들에게 도서관을 개방하지 않으려 했다. 그래도 몇몇 도서관은 상대적으로 관대한 개방정책을 시작했다. 죗편은 도시의 유력인사에게 도서관 열쇠 60개를 나눠 주었다. 그러나 독립전쟁이 끝나자 열쇠 반환을 요구했다. 대다수 시립도서관은 개방 원칙이 분명하게 명시돼 있지 않았고, 사서로 지명된 목사, 시의회 의원, 교사의 재량에 전적으로 맡겨졌다. 하우다시에는 시민 접근을 엄밀하게 통제한 몇몇 도서관 중 하나가 있었는데, 6길더를 내거나 그 돈에 해당하는 책을 기부한 '명예시민'만 도서관을 이용할 수 있었다. 여성과 아이들은 공공연하게 도서관 출입이 금지됐다.[12] 하우다 도서관의 한 사서는 수도원에서 들여온 적지 않은 고서들이 프로테스탄트 열람자들을 화나게 할지도 모른다고 생각해서 이용객들에게 책 내용이 마음에 들지 않는다고 글자를 지우지 말라고 경고했다.

보안 강화를 위해 시의회는 상당한 돈을 들여 독서대나 책상에 사슬로 책을 묶어 두었다. 이런 전통적 방식[지금도 성 발뷔르기스(St. Walburgis) 교회에 있는 옛날 쥣편 시립도서관에서 볼 수 있다]은 부분적으로 옛날 교회의 도서관 유지 관행에 따라 채택됐다. 가톨릭 수도원 제도를 거부했던 도시들이 한 번에 책 한 권을 골라 집중적으로 마음을 다해 연구하던 수도원 방식을 선택적으로 수용한 것이다. 이런 방식은 시립도서관 발전에 심각한 결과를 가져왔다. 도서를 사슬로 묶어 두는 데 필요한 독서대가 도서관 공간을 많이 차지했기 때문이다. 게다가 도서관은 예외 없이 난방이 되지 않았고 채광도 열악했다. 이런 독서 환경은 열람자를 도서관에서 멀어지게 했다. 그 결과 지방정부도 점차 도서관에 대한 관심이 시들해졌고 1620년대 이후 도서관이 활성화된 사례를 찾기 어려워졌다. 데벤터르 도서관은 1602~1710년 사이에 침체 상태에 놓였다. 1698년 이 도서관을 방문했던 한 독일인은 도서관 상태가 '매우 열악하다'라고 기술했다. 하지만 그조차도 1704년 알크마르 도서관을 방문했다가 도서관 가득한 때와 먼지 때문에 옷을 세탁해야 했던 한 외국인 귀족에 비하면 한결 나은 편이었다.

영국 교구도서관

영국 공공도서관은 독일과 네덜란드에 비해 늦게 나타났다. 영국 도서관도 지역 성직자, 특히 카리스마 있는 지역 성직자의 능력에 크게 좌우됐다. 대표적인 예가 영국 입스위치(Ipswich)에 세워진 빼어난 도서관이다. 이 도서관은 1500년대 말에 임시로 설립됐다가 1617년에 제대로 자리 잡았다.[13] 도서관 설립을 주도한 사람은 포목상이자 하원의원이며 지역 영웅인 윌리엄 스마트(William Smarte)였다. 스마트는 베네룩스 지역 레스터 백작(Earl of Leicester)의 군대에 서퍽(Suffolk)산 베이컨 수출을 금지했다가 잠시 투옥된 적도 있었다. 국가 전체 임무보다 애향심을 앞세웠다 일어난 사건이었다. 그가 기증한 장서 중 책과 필사본을 놓고 이해당사자들이 서로 정당성을 주장하면서 법정에서 소유권 다툼을 벌였지만 최종 승자는 케임브리지대학교였다.

입스위치 목사로 새뮤얼 워드(Samuel Ward)가 부임한 후에야 도서관 설립이 성사됐다. 입스위치에는 이때 명문 고전 문법학교가 이미 들어서 있었다. 스마트의 말 많고 탈 많았던 기증에는 케임브리지대학교에 진학한 입스위치 출신 학생에게 장학금을 지급하라는 조건이 있었다. 시의회는 그 문제에 관한 논의를 마치면서 워드에게 '도서관 설립에 필요한 적당한 공간을 찾아 볼 것'을 요구하는 의회 각서를 작성했다.

처음에 워드는 자신과 서퍽 카운티의 다른 성직자를 위해 쓸모 있는 도서관을 세우겠다는 평범한 의도를 갖고 있었다. 다만 그는 영리하게도 책 기증보다 금전 기부를 요청했다. 그의 카리스마 넘치는 지도력 덕분에 기부 행렬이 이어지며 1650년이 지나기 전에 시민 100명 이상이 기부자로 나섰다. 워드는 그 돈으로 사들인 모든 책에 기증자 이름을 인쇄한 라벨을 붙였다. 그 기세를 몰아서 워드는 시의회를 움직여 테일러스홀 북쪽 끝에 공간을 마련하고 공적자금을 투입해 공간을 보수하고 유리창을 단 후 책을 들여놓았다. 존경받던 성직자의 열정이 지역 여론을 일으키고 시민 자부심이 기름을 부어 마련한 장서로 성직자를 위한 정통 프로테스탄트 주석서들과 건전한 시민을 위한 진지한 문학도서가 조화롭게 공존하는 도서관이 생겨났다. 책을 사슬로 묶지 않고 벽을 따라 서 있는 선반 위에 그냥 둔 것도 이 도서관의 주요 특징이었다.

서퍽주는 지역 양쪽 끝에 있는 두 무역도시, 입스위치와 베리세인트에드먼즈(Bury St Edmunds)를 중심으로 번창하던 다른 양모 도시들을 연결하면서 방사형으로 뻗어 가는 긴밀한 교구도서관 네트워크를 형성했다.[14] 당대에 도서관 열다섯 곳이 있었고 그중 여덟 곳은 놀랍게도 여전히 그때 모습을 간직하고 있다. 입스위치 도서관을 제외한 최대 도서관은 베리에 있던 세인트제임스 교회(지금은 성당)에 있었다. 이 도서관은 대략 481권의 책을 소장했고 그중 대다수가 라틴어 서적이었다. 아직도 전해지는 기증 도서 목록에는 1595~1764년 사이 도서관에 책을 기증했던 117명의 이름이 기록돼 있다. 중산층 지주, 성직자, 의사, 선생이 대다수였고 드문드문 상인들 이름도 있다. 기증 도서에 쓰인 헌사를 보면 잉글랜드에서 지역도서관을 설립했을 때 그 취지를 놓고 충돌이 있었음을 확인할 수 있다.

1595년 헤셋 교구 목사 앤서니 루스(Anthony Rous)가 베리 도서관에 1526년에 출간된 2절판 귀중본을 기증했을 때 그는 그 책에 '신학교 학생들에게 바침'이라고 써 넣었다. 이와 대조적으로 왕정주의자였던 고전 문법학교 교장은 1639년 책을 기증하면서 더 많은 독자를 염두에 둔 듯 '문학계에 바침'이라는 헌사를 바쳤다. 하지만 바울 서신의 한 판본이었던 그 책은 신학교 학생이나 성직자에게 더 큰 관심을 끌었을 것이다.[15] 서퍽 도서관의 많은 책은 지역 성직자를 위한 시민들 기증으로 이루어졌다. 그래서 어떤 책은 교회가 아니라 목사관에 보관되기도 했다. 때로 격에 맞지 않는 기증 사례도 있었다. 래버넘(Lavenham)에서 약 1.6킬로미터 떨어진 곳에 있는 작은 마을 두 곳에 각각 3500권에 달하는 도서가 기부됐다. 작은 교회로서는 부담스럽기 짝이 없는 규모였다. 차라리 래버넘의 거대한 양모 교회(wool church: 양모 산업으로 부를 축적한 상인과 농민의 기부로 세운 교회—옮긴이)에 기증됐더라면 적절했을 것이다. 19세기가 시작될 즈음 두 도서관이 모두 자취를 찾기 힘들 정도로 사라진 것은 우연이 아니다.

서퍽주의 사례들이 보여 주듯 새로 생긴 도서관은 대부분 교구 교회에 딸려 있었고, 지역 성직자가 관리했다. 교구 목사가 사서로 지명되는 경우도 흔했다. 장서도 신학 관련 서적이 주를 이루었고 라틴어 서적이 대부분이었다. 성직자나 세속 수집가는 지역의 영적 건전성을 고취하고자, 그리고 익명으로 묻힐지 모르는 자기 이름을 남기고자 책을 기증했다. 1681년 도싯(Dorset)주 밀턴애버스(Milton Abbas)에 살던 존 트레곤웰(John Tregonwell)은 자기 장서를 기증해 교회도서관을 세우고자 했는데 그 이유는 "교회 꼭대기에서 떨어졌는데도 자신을 살려 준 신의 불가사의한 자비에 대한 가슴 벅찬 감사를 드리기 위해서"였다.[16] 이런 천우신조 덕택에 작은 마을에 멋진 도서관이 생겼다.

놀랍게도 영국 출판산업 대부분이 몰려 있는 런던은 공공도서관의 불모지였다. 17세기 중반 런던의 도서관은 웨스트민스터 성당, 성 바울 대성당, 시온칼리지 등 세 곳뿐이었다.[17] 나중에 캔터베리(Canterbury) 대성당의 대주교가 될 토머스 테니슨(Thomas Tenison)은 이를 의식해서 1684년 런던 세인트마틴인더필즈(St Martin-in-the-Fields) 교회에 성직자를 위한 도서관을 지었다. 『일기』에서 존 이블린(John Evelyn)은 테니슨의 뜻을 이렇게 전했다.

> 그[테니슨]는 성직자 청년 30~40명 정도가 자기 교구에 있는데, 이들이 자주 술집과 커피하우스를 들락거려서 종종 야단을 치곤 했다면서 이들에게 도서관이 있다면 공부하면서 좀 더 시간을 유용하게 보낼 수 있으리라고 말했다.[18]

그러나 이 도서관은 그리니치의 교구 목사이자 로체스터(Rochester)의 부주교인 토머스 플룸(Thomas Plume)이 고향마을인 에식스 맬던(Maldon)의 중심지에 있는 오래된 성베드로 교회에 기증한 도서 약 8100권으로 꾸민 도서관에 비하면 너무 약소했다. 플룸이 이 도서관을 세운 것은 "주변 교구 교회의 목사들을 위해서였는데 그들이 있던 동네의 공기가 오염되어 그들이 플룸의 고향을 주거지로 삼았기 때문이었다."[19] 그러나 맬던 주변 교회에서 자격도 있고 지적 호기심까지 충만한 목사 중 과연 몇 명이나 이 엄청난 도서관을 이용했을까? 사실 개인의 결심을 통해 이런 식으로 구축된 장서가 그 장서가 정말 쓸모 있을,

그리고 그 장서를 절박하게 필요로 하는 도서관에 채워지는 경우는 별로 없었다. 많은 설립자가 그 도서관이 미래 이용자에게 얼마나 쓸모 있을지를 심각하게 고려하기보다는 공동체에 길이 기념물을 남기고 싶다는 욕망을 최우선에 두었기 때문이다.

장서가는 자신이 많은 돈과 노력을 들여 수집한 책을 다른 사람들이 별 가치 없이 여길지도 모른다는 사실을 인정하기 힘들어한다. 그 때문에 맬던의 플룸이나 링컨셔(Lincolnshire)주 그랜섬(Grantham)에 프랜시스 트리지(Francis Trigge) 등의 기증으로 이루어진 장서가 공공도서관이 되어 살아남은 경우는 거의 없다.[20] 레이던의 요하네스 티시위스(Johannes Thysius), 맨체스터의 험프리 체텀(Humphrey Chetham)처럼 성공한 경우는 막대한 부가 뒷받침됐기 때문이다. 도서관은 두 사람의 필생의 과제였고 그들의 취향과 신앙심을 입증하는 기념비였다. 그러나 그들은 도서관 유지를 위해 쓸 수 있는 막대한 재산을 함께 물려주어야 했다.[21] 체텀 도서관이 다른 공공도서관과 가장 차별화되는 점은 도서관 관리를 교구 교회나 시의회가 아니라 공인 수탁자에게 맡겼다는 것이다. 이 결정에 따라서 체텀 도서관은 많은 소규모 교구나 시립도서관의 명줄을 끊어 놓았던 태만한 관리의 궤적을 밟지 않았다.[22] 공공도서관의 중흥은 17세기 말 미래를 내다보는 안목과 끈질김까지 갖춘 제임스 커크우드와 토머스 브레이라는 위대한 두 인물이 전국적 도서관 네트워크를 구상하면서 비로소 그 첫발을 내디뎠다.

스코틀랜드의 알렉산드리아 도서관

1700년대 유럽 전역에 교구 교회도서관, 학교도서관, 시립도서관이 촘촘히 들어섰다. 일부는 개인 기증자들이, 일부는 시민들이 힘을 합쳐, 일부는 지역 당국이 세웠다. 진정 만족스러운 도서관은 별로 없었다. 그러나 실망 속에서도 도시와 마을에서 더 많은 지역민들이 공공도서관을 사용하게 하겠다는 야심 찬 미래의 비전을 저지하지는 못했다. 1699년 커크우드는 스코틀랜드의 모든 교구 교회에 공공도서관을 설립하겠다는 사상 유례 없는 도서관 프로그램을 내놓았다.

커크우드의 시도는 부분적으로 압도적 규모로 증가 중인 유럽 책 시장에 대해 사람들 모두가 느끼던 어지러움에서 비롯됐다. 이는 특히 책 시장에서 소외된 곳, 그래서 책이 더 비싸고 구하기는 더 어려운 곳에서 심했다. 커크우드는 스코틀랜드 전역에 도서관을 설립하면 다음과 같은 이점이 생기리라고 말했다.

> 스코틀랜드는 한동안 언제나 유용한 책이 충분히 있는, 최초의 유일한 나라가 될 것이다. …… 우리 학식은 상당히 방대해지고 풍성해질 것이다. 그러면 우리가 강대하고 부유한 민족은 아닐지라도 현명하고 박식한 민족은 될 것이다. 게다가 200~300년이 지나면 이 도서관들은 너무나 커지고 완전해져 지구상에서 가장 유명하고 거대한 도서관일지라도 우리나라 교구 교회 중 가장 보잘것없는 도서관도 능가하지 못하게 될 것이다.[23]

스코틀랜드 애국주의의 원천이 된 새 도서관들은 또한 총명한 젊은이들이 외국 대학교에서 돈을 몽땅 쓰게 하기보다 자국에 남아 있게 하려는 일이기도 했다. 19세기에 공공도서관의 미래를 내다보고 캠페인을 전개했던 커크우드는 좋은 지역도서관이 있으면 사람들이 도박이나 술을 마시기보다 독서를 하는 데 더 많은 시간을 보낼 것이라고 주장했다.

커크우드는 주민들을 설득하기 위해 자기 계획을 간결하고 쉽게 12단계로 나누어 설명한 팸플릿을 출판했다. 그의 계획은 다음과 같이 거의 이상적인 과정을 다루고 있다. 그는 스코틀랜드의 모든 목사가 소유 도서 전체를 지역 교회에 기증하고, 장서 목록 한 부를 에든버러(Edinburgh) 중앙의 '제1' 도서관으로 보내야 한다고 주장했다. 그러면 그곳에서는 모든 책의 가치를 매겨 목사들에게 보상한다. 모든 교구도서관에서 보낸 장서 목록의 검토 작업이 끝나면 각 교구도서관에 반드시 비치하거나 적어도 같은 장로교 관할구역 안에서 서로 이용할 수 있는 필수 도서 목록을 작성한다. 이 도서들은 새로 구입하거나 다른 교구와 교환해서 마련한다. 마침내 모든 교구도서관이 한 곳도 빼놓지 않고 필수 도서를 한 부씩 갖게 된다. 이 과정은 교구의 모든 지주가 힘을 보태고 모든 목사가 봉급을 갹출해서 모은 7만 2000스코틀랜드파운드의 공금으로 이루어진다. 본부 사무실에서는 유럽에서 어떤 책이 출판됐는지를 정기적으로 살펴서 필요한 책을 사들이거나 스코틀랜드에서 교구도서관으로 보낼 책만 찍기 위해 새로 지은 인쇄소에서 재발행할 수 있다.

잃어버린 알렉산드리아 도서관을 찾아 나선 모든 순례자처럼 커크우드 역시 구제 불능의 이상주의자였다. 미래 보상에 대한 아무런 확신을 안 주고서 목사들에게 소유 도서를 모두 내놓으라는 것은 아무리 생각해도 무리였다. 게다가 장서 목록 작업의 과정 전체에서 목사들 도움이 결정적이었기에 그 계획이 순조롭게 진행될 가능성은 별로 없었다. 스코틀랜드 교회협의회는 커크우드의 계획을 외면했다.

그러나 무시에도 조금도 기죽지 않고서 이 도서관 개혁가는 1702년 좀 더 온건한 계획을 내놓았다. 두 번째 제안은 개인 소유의 대규모 장서를 받거나 교육시설이 가장 열악한 스코틀랜드 북부 고지 지역, 일명 하이랜드 지역에라도 도서관을 설립하자는 것이었다.[24] 이 제안은 수용됐다. 그러나 그 성공은 동료 목사들에게 가톨릭 선교사들이 하이랜드를 돌아다니면서 책을 갈망하는 성직자와 평신도에게 가톨릭 품으로 돌아오라고 꼬드기는 중이라는 협박에 가까운 엄포를 통해서야 이루어졌다.[25] 그의 경고성 외침은 특히 런던 여론을 움직였다. 런던에는 부유한 프로테스탄트가 많았는데, 그들은 커크우드의 복음주의적 취지에 공감했고 자코바이트의 준동에 상당한 두려움을 느끼고 있었다. 집요한 캠페인을 통해서 1300파운드가 모금됐고 많은 책이 개인 기증으로 모였다. 5000권 이상이 배로 스코틀랜드로 전달됐고, 1704년에서 1708년 사이에 모든 주민이 사용할 수 있는 도서관 77곳이 하이랜드와 섬 지역에 설립됐다.

이것은 중대한 성취였다. 그러나 그 성공이 바로 실패를 재촉했다. 그곳 주민들은 프로테스탄트에 별로 호의적이지 않아서 도서관을 은밀히 추진되는 장로교회 선교 작업으로 오해했다. 1709년 커크우드가 죽은 후 도서관 운동의 동력은 떨어졌고 하이랜드의 지주로부터 재정적 지원도 없어지면서 도서관 유지가 힘들어졌다. 1715년 자코바이트 반란군이 로스셔(Rossshire)주 알네스(Alness) 소재 도서관을 폐쇄하고 파괴하면서 두 곳이 사라졌고 1730년 무렵에는 커크우드가 세운 많은 도서관이 없어졌다. 토머스 치점(Thomas Chisholm)의 유산집행자였던 (가톨릭 신도가 압도적으로 많은) 인버네스셔(Inverness-Shire) 지역 킬모랙(Kilmorack)의 사서는 교회 책을 저울에 달아서 코담배 포장지로 팔아 치웠다.[26] 19세기 초가 되자 100년 전 설립됐던 도서관은 거의 자취도 남지 않을 정도로 사라졌다.

사업은 실패로 끝났지만 커크우드가 주장했던 도서관의 필요성은 절실했다. 도서관 이용자들이 책을 집으로 가져가게 허용하는 것도 꼭 필요했다. 지역 교회까지 한 차례 오가는 것도 고역인 오지였기 때문이다. 커크우드 도서관으로부터 최고 35킬로미터 정도 떨어진 곳에 사는 사람이라면 작은 책은 적어도 2주간, 큰 책은 그보다 더 오래 대출할 수 있어야 했다. 1680년 데이비드 드러먼드(David Drummond) 경이 설립한 퍼드셔(Perthshire)주 이너퍼프레이(Innerpeffray) 마을에 마련된 공공도서관은 성공을 위해, "젊은 학생들에게 도움이 되도록, 그리고 독서 습관을 심어 주도록" 대출을 허용했다. 드러먼드가 기증한 대규모 장서가 도서관 생존을 보장했다. 3000권이나 되는 이 장서는 현재까지 살아남았고, 스코틀랜드의 도서관 전통을 입증하는 보물이 됐다. 가장 가까운 도시에서 6킬로미터나 떨어진 이너퍼프레이 마을의 도서관은 하이랜드 기슭에 드문드

도판 12. 스코틀랜드에서 가장 오래된 퍼드셔 소재 이너퍼프레이
공공대출도서관 모습. 처음에는 오른쪽에 있는 교회의 작은 2층 방에
마련됐지만 1762년 왼쪽 건물로 이전했다. 2층은 장서를 비치하는
곳으로, 1층은 사서 숙소로 썼다.

문 흩어진 마을 사람들에게 정신을 살찌우고 여가를 선용하는
독서를 가능하게 해 주었다. 18세기 후반 대출 기록을 보면 다
양한 계층의 여성 열한 명을 포함해서 주민 287명이 1483번이
나 책을 빌려 갔다는 사실을 확인할 수 있다.[27] (드러먼드 경은
당시 유행을 좇은 수집가여서) 상당 규모의 학문적 저술을 갖고
있었지만 대출된 책 대부분은 영어로 쓰인 신앙 서적이거나 역
사서였다. 공공도서관이 성공하려면 열람자들이 실제 읽고 싶
어 하는 책을 마련하는 것이 핵심이었다(많은 도서관 설립자가
이 점을 간과했다).

토머스 브레이의 거대한 구상

잉글랜드에서 커크우드와 같은 역할을 맡은 이는 토머스 브레이였다. 실제로 두 사람은 친구였고 각자의 구상을 성취하기 위해 서로 협력했다. 1698년 브레이는 그리스도교 지식보급회(Society for Promoting Christian Knowledge, SPCK)를 창립해서 [28] 시골 마을의 교구 교회에 작은 도서관을 제공하는 데 힘썼다. 그의 취지는 1709년 출간한 『영국 전역의 열악한 교구에 도서관 설립을 위한 제언(Proposals for Erecting Parochial Libraries in the Meanly Endowed Cures throughout England)』에 요약돼 있다. 브레이의 제안은 커크우드의 계획과 취지는 비슷했지만 실천방식은 온건했다. 책 기증 대상이 된 모든 교구에 한 궤짝씩 책을 보냈다. 궤 뚜껑 안쪽에는 장서 목록과 함께 브레이가 제정에 핵심 역할을 했던 「교구교회도서관법」(1708) 한 부가 붙어 있었다.

브레이 장서는 초기에는 대략 52곳에 전해졌으나 그의 사망 후 140곳으로 늘어났다. 62~72권 정도의 책을 떡갈나무 궤에 넣어 전했다.[29] 책 한 궤짝을 마련하는 데는 대략 20파운드가 들었다. 15파운드는 SPCK 이사들이 부담했고 수령 교구는 5파운드만 내면 그만이었다. 장서를 보낼 곳은 신중하게 선택됐다. 이미 도서관이 활발히 운영되던 서퍽주에서는 올세인츠인서드베리(All Saints in Sudbury) 교회만 브레이 장서를 받을 수 있었다. 이 장서의 찬란한 명성 덕택에 1903년 밀던(Mildon)의 한 목사는 자기 교구가 소장한 2000권 넘는 책을 (1813년 장서가 겨우 39권밖에 되지 않았던) 훨씬 규모가 적은 서드베리의 브레이 도서관에 기증했다.[30] 서드베리 도서관은 그 책을 감사히 받아서 그중에 가장 값나가는 책들을 즉시 팔아 치워 새 책을 사들였다.[31]

브레이의 SPCK 도서관은 교구민보다 성직자들을 위한 것이었다. 브레이 도서관의 영향력은 1680년과 1720년 사이에 많은 지역 공동체가 훨씬 더 방대한 도서관을 마련하면서 약해졌다. 앞에서 말했듯 이는 개인 장서가들의 기증으로 가능했지만 때때로 시의회가 좀 더 적극적 역할을 할 때가 있었다. 1658년 메이드스톤(Maidstone) 시의회는 시 출납 담당 공무원에게 월턴(Walton)의 다국어 대역 성서를 구매해 교회 제의실에 두고 모든 주민이 볼 수 있도록 하라고 명했다. 1716년 무렵 그 교회에는 책 32권이 있었는데, 이 책은 시민들에게 대출됐다. 1731년 시의회는 브레이가 죽은 지 얼마 안 돼서 그의 개인 장서 약 559권을 교회도서관용으로 사들였다. 전하는 대출 기록에 따르면 이용객들의 절반 정도만이 성직자였다. 이런 도서관에서 우리는 좀 더 생생한 공공도서관의 원형을 볼 수 있다. 교회는 단지 책을 비치하는 적절한 장소로만 기능했을 뿐이다.[32]

영국 시골에 복음을 전파하는 것은 브레이의 야심 찬 계획 중 일부였을 뿐이다. 1696년 브레이는 헨리 콤프턴(Henry Compton) 런던 주교의 눈에 띄었다. 콤프턴은 아메리카 대륙 식민지에서 영국국교회의 미래를 근심하다가 브레이를 대리인으로 지명해서 그곳 공동체에 복음 질서를 세워 그들을 구원하게 했다.[33] 1699년 브레이는 아메리카를 향해 떠났다. 그는 메릴랜드에서 교회 30곳을 세우고, 그중 17곳에 교구 장서를 기증했

도판 13. 복음전파회(SPG)의 장서표(1704). 뱃머리에서 책을 들고
의기양양하게 서 있는 프로테스탄트 목사가 기독교 신앙으로 교화할 원주민
거주자들에게 아는 체를 하고 있다. 하지만 일이 그의 뜻대로 되지
않을 것임은 쉽게 예상된다.

다. 하지만 그의 시도는 곧 식민지의 정치적 이해관계에 막혀 곤
경에 처했고 그에게 약속했던 임금도 생계유지가 힘들 정도로
늦어졌다. 그러나 영국으로 돌아온 브레이는 조금도 굴하지 않
았다. 그는 SPCK와 긴밀히 협력하는 복음전파회(Society for the
Propagation of the Gospel in Foreign Parts, SPG)를 위한 새 단체
설립을 시도하는 동시에 아메리카 도서관을 위한 모금 활동에
열정적으로 나서서 무려 5000파운드의 도서 구매비를 기부받
았다. 브레이는 자신이 있는 교구도서관뿐만 아니라 식민지 거
주지마다 대교구도서관과 평신도도서관 여러 곳이 있어야 하고
교회에는 성경과 건전한 도서를 비치해 신도들이 이용할 수 있
도록 해야 한다고 제안했다.

　　브레이는 아메리카 식민지에 통틀어 교구도서관 38곳, 대

교구도서관 5곳, 평신도도서관 37곳을 설립할 수 있는 기금을 모금했다. 가장 큰 곳은 메릴랜드주 아나폴리스(Annapolis)의 교구도서관으로, 1000권 넘는 장서가 보내졌다. 반면 어떤 교구 도서관은 장서가 열 권밖에 안 되기도 했다. 그런 도서관은 받으면서도 기분이 떨떠름했다. 노스캐롤라이나주 바스(Bath) 도서관은 9년 만에 완전히 사라졌다. 그 지역 영국국교회 목사는 말했다. "책의 장정은 모두 해체됐고 얼마 동안 휴지로 사용됐다." 심지어 교구도서관과 평신도도서관 장서들도 다른 용도로 사용됐다. "주지사 아내였던 하이드 부인은 자신이 관리하는 책을 모두 나에게 넘기고 버터와 계란으로 바꿔 갔다."[34] 독립전쟁이 끝날 무렵이 되자 브레이 도서관은 완전히 사라졌다. 원래 1095권으로 시작됐던 아나폴리스 도서관에는 현재 고작 211권만 남아 있다.

이런 노력 끝에 가장 오래 유지된 것은 도서관이 아니라 그리스도교 지식보급회(SPCK)였다. 설립 후 200년 동안 그 단체는 산업화 중인 영국의 공장 도시들로, 그리고 영국 지배 아래에 있던 모든 식민지로 팸플릿 수백만 부를 배포했다. 빅토리아 시대의 많은 이상주의자들과 달리, SPCK는 노동자 계층이 신을 영접하도록 하려면 그들에게 도서관으로 오라고 부추기기보다 직접 책을 가져다줄 필요가 있음을 인정했다. 이는 성직자와 소수 시민사회 엘리트를 제외한 사람들 필요에 부응하고자 했던 앞 세대 교구 교회도서관, 평신도도서관, 또는 시립도서관의 실패를 암묵적으로 인정하는 것이었다. 공공도서관 시대가 도래하려면 아직 좀 더 기다려야 했다.

11장
추기경의 실수

프랑스 루이 13세 치세에 재상을 역임했던 리슐리외(Richelieu) 추기경만큼 대단한 권력을 누렸던 정치인은 거의 없었다. 거의 20년 동안 그는 세계에서 가장 강한 나라로 꼽혔던 프랑스를 이끌었다. 불명예스럽게 자리에서 쫓겨나지도 않았고 처형대에 오르지도 않은 것은 그의 정치적 수완이 어느 정도였는지를 입증한다. 출신도 대단치 않았고 정적도 적지 않았으며 자신과 가족을 위해 엄청나게 치부했음을 고려하면 더욱더 그렇다.

　리슐리외는 국가와 정부의 힘이 급속히 팽창하던 시절에 유럽 전역에 등장한 새 세대 정치가로서, 재상에 올랐던 이들 중 가장 성공한 인물이었다. 그들은 그 권력을 왕과 여왕의 이름으로 휘둘렀지만 실제로는 왕과 여왕은 재상에게 의지했다. 그 사실은 단지 우월한 혈연으로 궁정에서 지위를 획득했던 옛 질서의 상징인 귀족 집단에게는 분통 터지는 일이었다. 재상 중 귀족으로 태어난 자도 있었지만 그들은 대개 법률가나 성직자로 경력을 쌓은 뒤 재상 지위에 올랐다. 그들의 무기는 칼이 아니라 펜이었다.

　리슐리외가 부와 권력을 축적할 수 있었던 것은 정부 관료

조직이 비대해지는 것과 궤적을 같이한다. 재상 임무 수행을 위해 점점 더 많은 법률 서적, 보고서, 조례, 법령 등 방대한 참고 문헌이 필요해진 것이다. 또한 리슐리외는 책을 통해 법률적 선례를 샅샅이 찾아내고, 해외 사서들과 서신을 교환하며, 자신에게 필요한 새 책을 주문해 줄 수 있는 학자들과 지식인들이 필요했다.[1] 이런 활발한 업무 수행을 위한 장서는 차차 방대한 도서관으로 발전했다.

책은 왕에게 전해지는 것과 마찬가지 방식으로 벼슬아치들에게도 전해졌다. 권력자에게 잘 보여 자리를 얻고 싶었던 학자들이 책을 선물로 바쳤기 때문이다. 까마득히 높은 권력을 잡고 있으면 생각지 못한 다른 기회도 오기 마련이다. 리슐리외가 프로테스탄트 근거지 라로셸(La Rochelle)의 반란을 진압한 뒤 루이 13세는 그에게 그 도시의 도서관 전부를 상으로 내렸다. 말년에 리슐리외의 장서는 6000권이 넘었고 특히 희랍어, 히브리어, 아랍어 필사본이 많았다. 그의 정치적 숙적으로 올리바레스(Olivares) 공작이자 스페인 재상이었던 가스파르 데 구스만(Gaspar de Guzmán) 또한 리슐리외에 버금가는, 인쇄본 5000권과 필사본 1400권을 갖춘 엄청난 장서를 보유했다.[2]

장서 규모는 재상들이 단지 수동적 수집가가 아니었음을 보여 준다. 그들은 자신의 까다로운 취향으로 고른 책들의 희귀함으로, 또 다루는 범위의 방대함으로 명성을 날릴 장서 구축을 위해 상당한 재원을 투자했다. 이들 도서관은 다목적으로 만들어졌다. 재상 업무를 위한 추가적 문헌 기록실이자 과시 수단이었고, 어느 정도 공적 자산이기도 했다. 정치인 도서관은 공적 업무와 연관돼 있다는 점에서 공개적이지 않았을 뿐 공적 성격이 있었다. 또 많은 정치인 도서관이 공적 기금으로 세워졌다.

2세기 전 르네상스 시대 추기경과 정치인은 우르비노의 페데리코 공작처럼 자신만의 작고 은밀한 서재(Studiolo)를 자랑했다. 이것은 소수 손님에게 깊은 인상을 주기 위해 만든 사사로운 공간이었다. 17세기와 18세기에 추기경과 재상과 장관의 도서관은 완전히 달라졌다. 거대하고 과시적이며 연줄과 자격이 있는 사람에게 개방된 것이다. 무의식적일지라도 로마 황제의 도서관을 염두에 두고 만들었을 이 도서관은 작가들과 예술가들을 불러들였다. 이들은 궁정에서 숙적에 맞서서 후원자를 옹호하고 시정 뒷담화도 일일이 반박하면서 후원자의 명성을 높이는 역할을 했다. 후원의 대가로 명성을 얻고자 했던 고대의 위대한 도서관이 관료가 득세하던 유럽의 심장부에서 되살아난 것이다.

재상들은 자신들 권력이 항상 위태롭다는 사실을 알았기에 소곤대며 헐뜯는 말과 선술집의 뜬소문조차도 가벼이 여기지 않았다. 지위를 유지하려면 궁정 내 경쟁자의 씀씀이를 넘어서는 과도한 지출과 지나친 과시는 기본이었다. 따라서 그들은 궁궐과 정원을 꾸미고, 예술품을 수집하고, 수많은 식솔과 충성스러운 호위병을 유지하는 데 아낌없이 돈을 뿌렸다. 스코틀랜드와 영국의 통합 왕 제임스 6세 겸 1세(스코틀랜드에서는 제임스 6세로 잉글랜드에서는 제임스 1세라고 불렸다—옮긴이)는 재무상 토머스 하워드(Thomas Howard)가 새로 지은 에식스의 오들리 엔드(Audley End)를 방문한 후 이런 곳이 고위 관료가 살기에는 충분하나 왕에게는 너무 큰 것 같다고 말했다. 이 재치 있으면서도 가시 돋친 소감은 이 영민한 군주의 날카로움을 보여 준다. 그는 자신을 섬기는 이들이 벌이는 아슬아슬한 곡예를 이해하면서도 그 과정에서 그들이 지나치게 자신을 위해 힘쓰지 못하도록 억제할 줄 알았다.

리슐리외는 1642년 권력의 정점에서 죽었다. 그는 자기 장서를 프랑스 백성들에게 남긴다고 유언함으로써 그의 책 수집이 늘 백성의 이익을 염두에 두고 이루어졌음을 알리려 했다.[3] 이를 계기로 프랑스는 단번에 대중에게 개방된 공공도서관 설립 운동에서 가장 중요한 자리를 차지하게 됐다. 하지만 당대인이 꼽은 최고 공공도서관 세 지역에 프랑스의 자리는 없었다. 그 세 곳은 토머스 보들리의 옥스퍼드 도서관, 이탈리아의 가톨릭 도서관 두 곳, 밀라노의 암브로시아나 도서관과 로마의 안젤리카(Angelica) 도서관이었다. 프랑스에는 애석하지만 리슐리외 도서관은 명예의 전당에 오를 운명이 되지 못했다.

파리 소르본대학교가 리슐리외 장서를 관리하기로 지정됐다. 그러나 책은 죽은 추기경 거주지에 놓아두라는 지시를 받았다. 장서 중 가장 귀중한 희랍어 필사본들은 목록 정리를 위해 벌인 몇 번의 조사 작업 도중 망실됐다. 1660년 소르본대학교는 장서에 대한 자신들 권한을 상기시키면서 책을 대학으로 옮겨야 한다고 주장했다. 소르본에 이 정도 장서를 둘 만한 선반 설치 공간이 없음을 생각하면 이 주장에는 현실성이 없었다. 장서는 그냥 창고로 옮겨졌고, 시간이 지나면서 많은 책이 사라졌다. 권력의 정점에 오르고자 하는 새로운 야심가들이 나타날 때마다 새 도서관이 구축됐다. 그러나 앞다투어 리슐리외의 자리에 오르려는 자들은 자기 야심에 골몰하느라 창고에서 썩어 가는, 약탈로 쌓은 장서로 눈 돌릴 틈이 없었다.

통째로 구매하기

리슐리외는 죽기 얼마 전 이탈리아에 있던 프랑스인 가브리엘 노데를 불러들여 자기 장서를 정비하고 확장하는 일을 맡겼다. 노데는 지체 높은 자들이 서재를 짓고 장서를 구축하기 위해 고용하는 전문 사서라는 새로운 직종의 살아 있는 모범이어서 여기저기 부르는 곳이 많은 몸이었다. 이 새로운 유형의 도서관 관리자들은 보잘것없는 집안 출신의 학자들이었고 지고한 신분인 사람들에게서는 찾아볼 수 없는 열정으로 후원 귀족의 야심을 위해 헌신할 준비가 된 사람들이었다. 노데는 부자는 아니지만 주변에서 존경을 받던 집안의 조숙한 차남으로 파리에서 태어났다. 그는 파리 의회 의장이었던 앙리 2세 드 메스메(Henri II de Mesmes)의 사서로 일하면서 처음으로 뛰어난 능력을 입증했다. 그의 관리 아래에서 메스메 도서관은 파리의 지적 엘리트들이 모이는 교류의 장이 되었고, 고작 20대 초반의 노데가 파리 지식인 계층에 속한 저명한 학자들과 친해질 기회를 주었다. 족히 8000권에 달하는 장서를 정리하고 장서 목록 작업을 마친 후 노데는 「도서관 설립을 위한 의견서(Advis pour dresser une bibliothèque)」(이후 「의견서」로 표기함)라는 소논문을 써서 후원자에게 감사를 표했다. 1627년 출간된 그 논문은 책 수집가들을 위해 어떤 책을 수집해야 하고, 수집한 책은 어떤 식으로 정리해야 하는지를 조언하는 최초의 지침서가 됐다.[4]

　이 지침서는 프랑스 문화 엘리트들에게 노데의 상징이 됐다. 후원자의 고상한 취향을 칭찬하는 일이 곧 사서로 자기 능력을 과시하는 일이었다. 노데가 라틴어가 아니라 프랑스어로 이 논문을 쓴 것 또한 암시하는 바가 크다. 그의 과시 대상이 고용을 다툴지 모를 동료 학자가 아니라 부유한 귀족이나 외교관이었기 때문이다. 앙리 드 메스메보다 더 대단한 후원자들에게 관심을 끌고 싶었을지도 모른다. 특권층에게는 도서관이 책 보는 곳보다 사교 공간으로 더 중요하다는 것을 노데는 잘 알았다. 명망가들을 자기 도서관으로 오게 만드는 것은 그 영향력과 명성을 높이기 위한 최선의 방편이었다. 노데는 이런 메시지를 거듭 설득하면서 대규모 공공도서관이 부재하다는 점과 막강한 권력자가 그러한 도서관을 세울 필요가 있음을 공들여 밝히고, 그 도서관의 관리자로 자신이 적임자라는 사실을 은근히 심어 주려 애썼다.

　대단한 권력자라면 어떤 도서관을 만들어야 할까? 과거의 권위를 앞세우면서도 당대의 수집 관행도 수용하라는 노데의 조언은 근본적 혁신과는 거리가 있었다. 노데는 후원자들에게 먼저 어떤 책이 그들의 박식함을 드러낼 수 있는지 심사숙고한 후 책을 고를 것을 강조했다. 그러나 동시에 위대한 도서관이라면 광범위한 영역을 포괄해야 하며 전통적 학문의 모든 분과를 포함해야 한다고 제안했다. 노데는 수집가들에게 이단 서적까지 포함할 것을 권하면서 자기 수집 원칙을 확립했다. 이런 원칙은 프로테스탄트 국가에서는 공공연하게 수용됐지만 가톨릭 수집가들에게는 종종 외면당했다.

　노데의 원칙 중 가장 논란을 불러일으킨 것은 '풍자문학, 광고 포스터, [대학] 논문들, 신문 스크랩, [출판] 교정쇄 등' 하찮은 인쇄물들의 수집을 인정한 것이었다. 토머스 보들리가 옥스퍼드 도서관에 발도 못 붙이게 해야 한다고 강조했던 것들이었다. 물론 노데는 그런 하찮은 인쇄물을 진정 쓸모가 있도록 세심하게 분류하고 꼼꼼히 장정해야 한다는 조건을 달았다. 하지만 가장 중요한 것은 수집가라는 사실을 만방에 고하는 일이었다. 그러면 그 권력 있는 수집가에게 책 선물이 쏟아지게 돼있었다. 당신이 수집가임을 증명하는 최선의 방식은 명망가나 그 후계자로부터 장서를 통째 사들이는 것이었다. 그런 후 필요없거나 중복되는 것은 다시 팔아 버리면 그만이었다.

　이런 통찰력 있는 실용주의는 도서 세계에 불어닥친 한 줄기 신선한 바람 같은 것이었다. 그 덕분에 노데의 특출한 전문성은 빠르게 소문이 났다.「의견서」출간으로 얻은 명성 덕택에 몇 년 후 노데는 추천장을 받고 파리에서 만난 적이 있던 귀디 디 바뇨(Guidi di Bagno)라는 이탈리아의 유력 추기경에게 발탁됐다. 그의 비서이자 사서가 된 노데는 바뇨와 함께 로마로 가서 10년 동안 일했다. 도서관이 넘쳐 나는 이탈리아에서 노데는 기뻐서 어쩔 줄을 몰랐다. 게다가 이탈리아는 고국 프랑스의 유력한 후원자들과 관계를 유지하면서 자신의 사회적 명성을 높이기에도 적합했다. 프랑스 수집가들이 갈망하던 서적들을 로마에서 구해 주면서 노데는 자기 능력을 과시하고 그들과 연줄도 지속했다. 덕분에 1642년 리슐리외가 사서를 구하려 했을 때 노데는 당연히 1순위로 떠올랐다.

노데가 지명된 지 몇 달 안 돼 리슐리외가 사망하면서 위기가 찾아왔다. 그러나 리슐리외의 후계자로 쥘 마자랭이 재상에 오르면서 전화위복이 됐다. 마자랭은 이상적인 후원자였다. 그는 막대한 재원을 가졌으면서도 프랑스에 자기 가치를 입증해야 했고, 리슐리외로부터 물려받은 막강한 권력도 정당화해야 했다. 또한 이탈리아 태생이었기에 프랑스에 대한 충성심도 증명해야 했는데 그가 선택한 방법은 유럽에서 가장 방대하고 완벽한 도서관을 구축하는 것이었다.[5]

노데는 재빨리 업무에 착수했다. 마자랭의 고용인들은 리슐리외의 거주지였던 거대한 팔레카르디날(Palais-Cardinal)에 웅장한 도서관을 세우는 일에 이미 열중하고 있었다. 「의견서」에서 주장했듯, 노데는 후원자 요구를 충족하려면 책을 세심하게 고르기보다 무더기로 구매하는 수밖에 없다고 판단했다. 그는 파리 전역의 도서관 150곳을 수배해서 6000권을 확보했다. 다음으로 자기 연봉의 열 배에 해당하는 2만 2000리브르(프랑스의 옛 화폐단위—옮긴이)를 들여 파리의 거대 도서관 하나를 싹쓸이해서 6000권을 보탰다.

이런 식으로 책을 확보한 후 마자랭 도서관은 매주 목요일 대중들에 개방됐다. 1644년 1월 30일자 격주 잡지 《파리가제트(Paris Gazette)》는 마자랭 추기경이 자기 도서관을 (그때 이미 왕립도서관의 두 배 규모였다) "그의 아름다운 장서를 탐독하기 위해 아침부터 밤중까지 몰려드는 온갖 지식인들부터 단지 구경삼아 오는 자들에 이르기까지, 목요일마다 모두를 위한 배움의 전당"으로 만들었다고 보도했다. 그러나 노데는 그 정도에서 멈출 생각이 조금도 없었다. 1645년 4월 그는 이탈리아로 떠났다. 그곳에서 책을 다시 무더기로 매입했고 그 과정에서 서적상을 몰아붙여 값을 사정없이 깎았다. 친구였던 잔 비토리오 로시(Gian Vittorio Rossi)는 다음과 같이 전했다.

> 서적상은 제값을 받으려 했지만 결국 노데가 우기고 들볶아 대다 못해 호통까지 쳐 대다 마지막에는 완전히 뻔뻔하게 구는 데 당하지 못하고 최고 서적들을 헐값에 넘기고 말았다. 그렇게 당하고 난 후에야 상인은 후회하면서 귀신에 씐 듯 영문도 모르게 당했다고 탄식했다. 차라리 향신료 상인들에게 향이나 후추 포장지로 팔거나 식료품 상인에게 버터나 양념 친 생선이나 절인 음식 싸개로 팔았더라도 그보다는 더 나은 가격을 받았을 것이기 때문이었다.[6]

노데는 상인의 탄식에 조금도 구애받지 않고 피렌체, 만토바(Mantua), 파도바, 베네치아를 돌면서 피도 눈물도 없이 거의 약탈에 가까운 책 구매 행진을 계속했다. 그 결과 8개월 동안 짐짝 86개에 책을 가득 채웠다. 노데의 흥정을 몇 차례 지켜봤던 이스마엘 불리오(Ismaël Boulliau)라는 애서가는 이렇게 전했다. "그는 어떤 책도 싫어 하지 않았다. 특히 이름 없는 작가의 책에 어떤 좋은 점이 있는지를 빠르게 간파했다." 불리오는 노데가 베네치아 서점들을 싹쓸이한 후 책 부족을 걱정하면서 그

GABR·NAVDÆVS PARIS·E·CARD
MAZARINI BIBLIOTH·Æ·A·XLIX

Mellan G. sd. & sculp.

도판 14. 가브리엘 노데, 후원자인 마자랭 추기경의 꿈을 이뤄 주기 위해
도서관째로 장서를 사들였던 열정적 사서. 도서관 설립에 대해서 이론적으로는
세심한 원칙을 천명했지만 그에게 명성을 안겨 준 것은 불굴의 추진력과
실용주의였다.

지역 독서인들의 읽을거리로 '입문서와 기도서' 외에는 남은 것
이 없을지도 모른다고 말했다.

  이 지칠 줄 모르는 사서는 책 1만 4000권을 쓸어서 파리로
돌아왔다. 하지만 추기경은 노데의 개인 지출까지 포함해 겨우
1만 2000리브르를 지급했을 뿐이었다. 2년 동안 프랑스, 스위
스, 독일, 영국, 네덜란드까지 쉼 없이 구매 여행을 이어 간 끝에
노데는 추기경에게 인쇄본 4만 권, 필사본 850권을 구해 주었
다. 믿기 힘들 정도의 규모였다. 총비용은 6만 5000리브르가 들
었지만 나중에 중복 도서를 파리 책 시장에서 팔아서 4000리브
르를 회수했다.

마자랭 도서관을 개방하는 날에는 학자 80~100명이 도서관에서 연구했다. 비록 자신들 나라에서도 볼 수 없던 책을 발견하고 외국 학자들이 경악을 금치 못했다는 노데의 자랑을 믿기 힘들지라도 이 도서관이 전례 없을 정도로 자유로운 열람을 허용해 많은 이의 감탄을 자아냈다는 것은 이해가 된다. 몇 년만에 마자랭 도서관은 역사상 최대의 공공도서관이 됐다.

슬프게도 도서관은 오래가지 못했다. 몇 년도 안 돼 마자랭은 프롱드의 난[Fronde rebellion: 루이 14세의 섭정 모후 안 도트리슈(Anne d'Autriche)와 마자랭의 강압적 통치에 대한 반발과 경제적 어려움으로 야기된 귀족과 시민 세력의 반란—옮긴이]으로 도피 길에 올랐다. 안 도트리슈가 마자랭의 연인이라는 소문까지 나돌았다. 노데와 그 동료들은 도서관을 사수하기 위해 지연 전술을 펼쳤다. 처음에는 작전이 먹혀들었다. 1648년 파리 의회의 결정으로 마자랭의 재산과 부동산이 모조리 압수당했지만, 도서관은 자물쇠로 잠가 두었고 책은 훼손되지 않은 채로 남았다. 마자랭을 제물로 삼기를 열렬히 원하는 비판자들조차 그와 노데가 이뤄 놓은 도서관의 문화적 가치를 인식하는 듯이 보일 정도였다. 도서관을 지키기 위해 심지어 어린 루이 14세의 도움까지 동원됐다. 그러나 1652년 12월 29일 반란이 막바지에 이르자 마침내 프롱드파는 마자랭궁의 내용물을 팔아치우라는 명령을 내렸다.

도서관 해체 소식은 빠르게 해외로 퍼졌다. 흘러나온 마자랭 장서를 헐값에 인수하려고 입맛을 다시던 수집가들 사이에서 특히 빨리 전해졌다. 영국에서는 노데가 파리 의회에 제출한 탄원서가 번역 출간됐다. 그는 "세상의 어떤 도서관보다 아름답고 도서가 잘 갖춰진 이곳"을 살려 달라고 의원들에게 간청했다.

> 의원님께서 어떻게 시민들에게서 이 유용하고 귀중한 도서관을 앗아 버릴 결정을 하실 수 있단 말입니까? …… 만약 이 도서관이 해체된다면 세상 누구도 그 손실을 복구할 수 없을 것입니다. 제 말을 명심하십시오. 만약 이 도서관을 해체해 폐허로 만든다면 모든 역사와 연대기는 그 실상을 1204년 제4차 십자군이 콘스탄티노폴리스를 점령하여 약탈한 사건보다 더 세심하게 기록할 것입니다.[7]

비탄에 빠진 노데는 장서를 지키려고 최선을 다했다. 심지어 자기 돈으로 얼마간 책을 구하기도 했지만 시간이 갈수록 그가 할 수 있는 일이 없음을 확인했을 따름이었다. 그제야 이 열정적 사서는 크리스티나(Kristina) 스웨덴 여왕의 초청을 받아들여 스톡홀름으로 갔다.[8]

정치란 변화무쌍한 것이었다. 1653년 마자랭은 권력에 복귀했고 도서관 복구를 위해 노데를 불러들였다. 하지만 노데는 스웨덴을 떠나서 파리로 오던 도중 객사했다. 그를 대신해서 프랑스의 위대한 도서관 복원의 적임자로 지명된 사람은 처세에 능한 정치적 책략가인 장 바티스트 콜베르(Jean Baptiste Colbert)였다. 마자랭 재상의 남은 생애 10년 동안 콜베르는 그의 재정을 관리했고 권력 복귀 이후 최우선 과제인 도서관 복원도 그의 몫이 됐다. 마자랭은 콜베르에게 돈은 얼마나 들든 상관없다고 했으나 잇속 밝은 상인의 아들이자 회계의 귀재인 콜베르는 서두르는 법이 없었다. 우선 경매를 통해 마자랭 도서관 장서를 습득했던, 적지 않은 수의 뒤가 구린 사람들에게 책을 반환하면 과거에 지은 죄를 눈감아 주겠다고 제안하여 그냥 돌려받았다. 또한 그 경매를 감독하면서 추기경 장서 중 상당 규모를 착복했던 세 의원에게서 그들 장서 전체를 압수했다. 한편으로는 압도적 무력으로 압박하고 다른 한편 추기경 돈을 현명하게 지출하면서 머지않아 도서관은 대략 장서 2만 9000권을 확보했다.[9] 그러나 마자랭은 도서관 해체를 외면했던 배은망덕한 시민들에게 더 이상 도서관 출입을 허용하지 않았다.

모방 문화
—— ——

마자랭 도서관의 허무한 운명이 프랑스에 미친 반향은 적지 않았다. 1661년 마자랭이 사망하자 자연스럽게 콜베르는 왕의 최측근이 됐다. 이제 그는 자기 재산과 토지와 가정을 꾸릴 생각을 할 수 있게 됐다. 자연스레 도서관을 세우는 일도 시야에 들어왔다. 하지만 먼저 제거할 장애물이 있었다. 강력한 재무대신이자 마자랭 사망으로 공석이 된 재상 자리에 유력한 후임으로 꼽히던 니콜라 푸케(Nicolas Fouquet)였다. 푸케는 법률가 집안 출신이었다. 그의 아버지 프랑수아 푸케는 법률가다운 훌륭한 장서를 보유했다. 니콜라 푸케는 파리 의회의 법정 변호사로 수월하게 부유한 법률가 계층으로 진입했다. 책 수집도 당연지사였다.

마자랭의 측근 그룹에 속하면서 푸케는 높은 지위에 걸맞은 도서관을 마련할 기회를 얻었다. 맨 먼저 그는 노데를 좇아 몇몇 화려한 장서를 통째로 사들였다. 그리고 마자랭처럼 도서관을 시민들에게 개방할 의도로 피에르 드 카르카비(Pierre de Carcavi)를 사서로 임명했다. 그러나 모든 노력은 물거품으로 돌아갔다. 지나친 부와 권력 과시는 루이 14세의 역린을 건드렸고 급기야 체포돼 수인의 처지가 됐다. 2만 7000권에 달했던 장서는 빗장이 질러진 채 굳게 닫혔고 6년 동안 독수리만 주변을 맴돌았다.[10]

　　푸케의 몰락이 기정사실이 되면서 왕립학교 교수들은 왕립학교가 푸케의 장서를 차지할 적임자라고 주장했다. 학교와 왕 사이의 역사적 관계를 생각하면 합당한 요구였으나 푸케의 후임으로 왕의 재무대신이 된 콜베르에게는 다른 계획이 있었다. 먼저 이탈리아 역사에 관한 책 1000권은 왕립도서관 장서로 옮겼다. 그때까지 왕립도서관은 마자랭과 푸케의 도서관보다 작았고 대중들에게 개방하지 않았다. 도서를 옮기면서 루이 14세는 푸케의 채권자들에 대한 무마용으로 1만 리브르를 지급했다. 푸케에게 유죄판결을 내리지 않은 상태에서 그 재산을 노골적으로 압수하는 일이 왕으로서도 조심스러웠기 때문이다(푸케의 재판은 국제적 관심 속에서 3년 동안 이어졌다). 그 후에도 푸케의 전직 사서였던 카르카비를 지명해 더 많은 푸케의 장서를 왕립도서관으로 보냈고, 1673년이 되어서야 푸케의 부인에게 남편 빚을 청산하기 위해 남은 책을 처분할 권한이 허용됐다.

흥미로운 것은 콜베르가 푸케의 장서를 약탈해 자기 장서로 만들 기회를 포기했다는 점이다. 이 속내를 알기 힘든 관료에게는 다른 계획이 있었다. 자기 형제를 왕립도서관 사서로 앉혀 언제라도 도서관을 이용할 수 있게 만들었다. 막대한 부를 만방에 과시하는 것이 푸케의 몰락에 큰 역할을 했음을 콜베르는 분명히 인지하고 가슴에 담아 두었다. 대신 그는 왕을 위해서 지금까지와는 전혀 다른 도서관, 즉 왕국의 공적 업무를 지원하기 위한 실용적 성격의 기록문서 장서를 구축하겠다고 구상했다.

콜베르가 재무대신으로 봉직하던 시절, 프랑스의 최우선 과제는 영토 확장이었다. 영토 습득을 위해서는 법적 정당성을 확보해야 했고, 그러려면 우선 과거의 판례와 날인증서 등 온갖 인가서와 가계도 따위를 찾아야 했다. 콜베르 하수인들은 프랑스 전역을 다니면서 관련 문헌을 찾아내고 사본을 떴다. 꼼꼼하기 짝이 없는 콜베르는 파일을 제본하기 좋게 종이 크기와 종류까지 정해 지침을 내렸다. 이런 작업은 호화 수집가들처럼 과시를 위한 것이 아니라 관료가 국가행정을 원활히 수행하기 위한 것이었다.[11] 콜베르 덕분에 왕립도서관 규모는 급격히 증가해서 인쇄본 3만 6000권과 필사본 1만 권에 이르렀다. 덩달아 콜베르 자신의 장서도 거의 3만 권이 됐다. 그는 이 방대한 자료를 검색하기 좋도록 장서 목록과 색인을 백과사전식으로 정리하는 시스템을 개발했다. 도서관의 잠재력을 최대한 끌어 쓸 수 있다면 그가 대중에 영합하려 애쓸 이유도 없었다.

지나친 과시에 깃든 위험과 도서관의 힘을 정확히 포착한 콜베르의 통찰력은 다른 정치인들이 본받기 쉽지 않았다. 마자랭이 죽은 지 오랜 후에도 그의 도서관 기획은 많은 귀족, 외교관, 추기경, 주교에게 거대한 장서를 꾸며서 대중에게 개방하고 싶은 포부로 이어졌다. 그들이 고용한 사서들은 콜베르처럼 영민한 행정가가 아니라 주로 노데 같은 인문학자였다.

경쟁적 모방 문화에 빠져들면서 헛된 과시로 겪을지 모를 고초는 금세 잊혔다. 자기 맞수에게 뒤지고 싶은 수집가는 없었다. 이 경쟁심리는 사서들이 다른 대단한 수집가가 소장한 도서를 면밀하게 검토하라고 조언하면서 조장된 측면이 크다. 노데도 경쟁 수집가의 장서 목록 사본을 입수해 그 장서를 모방하고 나아가 그들을 능가해야 한다고 권고했다.[12] 이런 식의 경쟁이 가능한 이유는 소문난 수집가들이 방문객들에게 장서를 자랑하고 싶어 안달하기 때문이었다. 외교 임무로 다른 국가를 방문하거나 그랜드투어에 나섰을 때 교양 있는 외교사절, 주교, 박식을 자랑하고 싶은 젊은 귀족들에게 유명 도서관은 필수 방문지였다. 해외여행 중 맺었던 인맥은 수집가가 귀국해서도 중요 역할을 했다. 후원자를 대신해 예술품, 골동품, 책 등을 찾거나 조사해 줄 믿을 만한 소식통은 열성적 수집가에게는 없어선 안 될 조력자였다.[13]

유명 도서관에 출입하려면 개인의 사회적 명성이 어느 정도 필요했다. 그러나 부유한 여행자의 일정과 명망 높은 도서관을 순조롭게 연결하는 여행안내서뿐 아니라 대량으로 출판되는 장서 목록을 통해 도서관 관련 정보를 얻기가 쉬워진 시대였다. 노데의 절친한 친구이자 가르멜회(Carmelite: 기도, 공동체

생활, 봉사, 청빈을 엄격히 강조하는 평신도 탁발수도회—옮긴이) 수사였던 루이 자코브(Louis Jacob)는 장 프랑수아 폴 드 공디(Jean François Paul de Gondi) 추기경의 사서가 됐다. 1644년 노데의 격려를 받아 자코브는 『세상에서 가장 아름다운 도서관(Traicté des plus Belles Bibliothèques)』을 출간했다.[14] 이 책은 프랑스에 있는 수백 곳에 달하는 공공도서관과 개인 서재를 담아낸 상세 목록이었다. 3000권 이상 책을 소장한 수집가는 자코브에게 자기 장서를 포함해 달라는 편지를 보낼 수도 있었다. 자코브의 행위가 애국적임은 의심의 여지가 없었다.

> 이 책은 무엇보다 프랑스 왕국 내 도서관들을 안내하기 위한 것이다. 프랑스에는 세상의 다른 어떤 곳보다 많은 도서관이 있다. 내가 일일이 설명한 것을 보면 누구라도 알 수 있듯이, 파리에 있는 도서관만 해도 놀랍게도 독일과 스페인 전역에 있는 모든 도서관을 합친 것보다도 숫자가 훨씬 더 많다.[15]

이런 식의 언급은 특히 독일 학자들을 분노하게 했다. 그러나 이 책은 프랑스를 유럽을 통틀어 고상한 문예 문화의 요람으로 각인했다. 이 책에서 주목할 부분은 프랑스 지역에 산재한 귀족들 장서의 중요성을 다룬 것이었다. 17세기에 들어서면서 지방 귀족 집안의 후손들은 무식하지만 용감한 싸움꾼이라는 명성과 단호하게 결별했다. 그들은 대학에 진학했고 대부분 법학을 전공하여 지역 정부나 궁정의 요직을 놓고 도시 엘리트들과 경쟁에 돌입했다. 법률, 역사, 고전이 주를 이루었던 그들의 장서는 프랑스 고등법원이 있던 엑상프로방스(Aix-en-Provence) 같은 지역의 명성을 유지하는 데 혁혁한 역할을 했다.[16]

자코브의 안내서는 몇 판을 거듭 찍었고 많은 아류를 낳았다. 그중 가장 성공적으로 모방한 사람은 네덜란드 교사였던 요하네스 로메이어르(Johannes Lomeijer)였다. 1669년 출간된 「도서관에 관하여(De Bibliothecis)」는 당대 유럽 도서관 전체를 살펴볼 기회를 주었다. 하지만 저자는 "가장 유명한 도서관"만 다루었다고 적고 있다.[17] 그에 따르면 도서관은 어디에나 존재했다. 그러나 몇몇 도서관은 규모나 아름다움, 소장 도서의 희귀함과 훌륭함, 후원자의 명성 등으로 유명한데 이런 도서관은 주목할 가치가 있다는 것이다.

로메이어르의 안내서는 두 가지 면에서 탁월했다. 그는 르네상스 시대 수집가들에게는 꿈이었던 고대의 전통적 도서관을 존중하되 상세히 설명하지 않았다. 오히려 현대의 책 수집가라면 아우구스투스 황제보다 토머스 보들리와 마자랭의 선례를 본받아야 한다고 명시했다. 이 논문이 '방콕' 여행객의 저술이라는 점도 놀랍다. 로메이어르는 네덜란드를 떠나지 않고 이 글을 완성했다. 인쇄물만으로도 도서관 100여 곳에 관한 상세한 정보를 다량으로 구할 수 있는 시대에 접어든 것이다. 독자들도 여행 배낭을 꾸릴 필요없이 세계의 위대한 도서관을 출입할 수 있게 됐다.

로메이어르는 적어도 한 가지 면에선 전통을 존중했다. 루이 자코브와는 달리 그는 이탈리아 도서관에 가장 공을 들였다.

유럽에서 이탈리아는 여전히 학문과 고급 문화와 교양의 발상지로 여겨졌다. 모든 그랜드투어는 이탈리아 여러 도시를 빼놓을 수 없는 여행지로 삼았고, 특히 '영원한 도시' 로마는 그 핵심이었다. 로메이어르가 책을 출간하기 5년 전, 이탈리아 저자 조반 피에트로 벨로리(Giovan Pietro Bellori)와 피오라반테 마르티넬리(Fioravante Martinelli)가 소책자 「박물관 비망록(Nota delli Musei)」을 써서 로마에 있는 대단한 도서관 98곳의 정보를 남겼다.[18] 이 빛나는 목록에 이름을 올린 위대한 수집가 중에는 바르베리니(Barberini) 가문이 있었다. 이 가문은 1623년 마페오 바르베리니(Maffeo Barberini)가 교황으로 선출돼 우르바노 8세(Urban VIII)로 등극하면서 교황 한 사람과 추기경 세 사람을 배출한 명문가로서의 영광을 기념하고 가문의 문화 역량을 과시할 필요가 대두됐다. 우르바노 8세의 총애를 얻었던 그의 조카 프란체스코 바르베리니(Francesco Barberini) 추기경은 1627년 독일의 떠돌이 천재 언어학자 루카스 홀스테(Lucas Holste)를 사서로 초빙했다.[19] 홀스테는 재원을 거의 무제한으로 투입하여 첫 번째 마자랭 도서관에 버금가는 도서관을 조성했다.

　노데와 달리 홀스테는 교황의 권위를 이용해 이탈리아에 산재한 수많은 수도원 도서관의 희귀본을 얻어 낼 수 있었다. 대체로 책값을 치르기는 했으나 거의 날로 먹는 수준이었다. 그마저 홀스테의 서슬에 관리자들이 겁을 집어먹는 통에 동의를 구하지 않는 일도 많았다. 그가 책 사냥에 나서면 교황은 프란체스코 바르베리니와 사서 홀스테에게 책을 먼저 보여 주기 전에는 아무 책도 팔 수 없다는 칙령을 프란치스코 수도회 수사들에게 내렸다. 교황에게는 유언 없이 세상을 떠난 모든 성직자의 책을 압류할 권한이 있었기에 그 조카인 프란체스코는 막대한 바르베리니 가문의 장서에 종종 상당한 유품까지 보탤 수 있었다.

가톨릭의 상명하복식 권력구조 덕분에 이렇게 약탈적으로 도서관을 구축할 수 있었다. 15세기 최대 책 사냥꾼이었던 브라치올리니 시절로부터 그런 경우를 숱하게 겪은 수사들은 교회가 주는 만큼 빼앗음을 잘 알게 됐다. 프로테스탄트 국가에서는 수도원 해체 시기에 대규모 장서를 횡재처럼 취한 이후로는 그와 비슷한 기회가 자주 오지 않았다. 수십 년을 네덜란드공화국 수상을 지내고도 도서관 구축에 실패했던 아드리안 파우(Adriaen Pauw)의 사례는 과도한 과시에 눈살 찌푸리게 했던 사회에서 수집가들이 겪는 어려움이 어떤 것인지를 상기시켜 준다.[20] 파우는 마자랭을 흠모했다. 확고한 공화주의자였지만 그는 귀족적 화려함에도 관심을 쏟았다. 그가 펼친 프랑스 우호적 외교 정책도 문제였지만 프랑스적 취향에 대한 그의 맹목적 열정은 1636년 그가 권력에서 쫓겨나는 결정적 계기로 작용했다.

정치적 망명 기간 동안 파우는 장서 1만 6000권을 수집했다. 1640년대 복권된 후 그는 자신의 정치적 영향력 전체를 동원해 책 수집에 힘썼다. 뮌스터(Münster)평화협정 때 네덜란드 쪽 협상자로 나선 그는 중세에 만들어진 플라우투스(Plautus: 로마시대의 희극작가—옮긴이)의 귀중한 필사본을 습득하기도 했다. 1649년 그는 찰스 1세의 구명을 위한 특사로 영국에 급파됐다. 그러나 왕은 처형되고 말았는데 그 와중에 파우는 황당하게도 당국자들에게 죽은 왕의 장서들을 사겠다고 요청했다가 구설에 올랐다. 그의 청은 거절당했다. 하지만 이에 굴하지 않고 그는 3년 후 다시 청을 넣었다. 그 소식이 전해지자 네덜란드의 모든 백성이 분노했고 결국 파우는 고집을 꺾어야 했다.

그 정치적 좌절은 유언을 따르지 않은 자손들 탓에 더 악화되었다. 파우는 자손들에게 자기 장서를 잘 지키고 죽은 후 대중들에게 개방하라고 유언을 남겼다. 그러나 책의 가치를 몰랐던 그 자손들은 헤임스테더(Heemstede) 영지에 거창한 가족묘를 조성하는 것이 더 가문의 명예를 떨치는 일이라고 생각했다. 결국 그가 사망한 지 2년이 지난 1656년에 그의 장서는 팔려 나갔다. 한 수집가의 불행은 다른 수집가에게 행운이 됐다. 헤이그에서 그의 장서가 경매에 부쳐졌을 때 유력한 구매자 중 한명은 세상에 모습을 잘 드러내지 않던, 독일 브라운슈바이크뤼네부르크(Braunschweig-Lüneburg)의 아우구스트 소군주였다.

북독일 작은 공국의 부자 군주였던 아우구스트 대공은 유럽에서 가장 성공적인 애서가 정치인이었다.[21] 그는 출판업자, 화상, 상인, 외교관으로 이루어진 대리인을 상거래 중심지 20여 곳에 항상 두었다. 그들의 임무는 매일 새로운 인쇄본을 가능한 한 많이 매입해 책 상자를 채우는 일이었다. 다른 대리인들, 예를 들어 헤이그의 리우어 판아이체마(Lieuwe van Aitzema) 같은 이들은 군주를 대신해 경매를 담당했고, 네덜란드인 아브라함 드 비크포르트(Abraham de Wicquefort)는 마자랭 도서관을 비롯한 파리의 여러 도서관에서 필사본과 인쇄본을 복제했다. 비크포르트는 책 400권을 복제해 고급 모로코가죽으로 장정한 후 대공에게 보냈다. 아우구스트는 볼펜뷔텔(Wolfenbüttel)이라는 작은 도시를 거의 떠나지 않았는데도 인쇄본 3만 1000권과 필사본 3000권을 수집했다. 고전 저작들을 완벽히 갖추었고 종교 교파를 가리지 않고 핵심 종교 서적을 모두 챙겼으며, 최신 의학, 법학, 역사서까지 모두 갖췄으니 지식을 총망라한 도서관이라 할 만했다. 게다가 대공은 정치 팸플릿과 신문은 물론이고 장례식 설교와 결혼식 축시 같은 하찮은 인쇄물 수집도 무척 좋아했다.

대공의 수집방식은 대체로 당시에 많은 추종자를 거느렸던 노데의 학설을 좇았다. 그러나 아우구스트의 경우 특이하게도 한 가지 중요한 점에서 당대의 다른 정치인 수집가들과 차별화됐다. 그는 스스로 사서가 됐다. 대공은 방대하게 책을 수집했으나 도서관을 통째로 사들이는 법은 없었다. 책을 모은 이유도 단지 책을 좋아했기 때문이었다. 방문객에게 과시하려는 생각이 없었기에 아우구스트 도서관을 본 사람은 얼마 안 됐다. 그는 매일 책 상자를 열어 목록을 정리했고, 모든 장서 목록을 혼자 편집했다. 거대한 회전식 독서대를 이용해 총 7200쪽에 달하는 2절판 책 여섯 권을 한꺼번에 펼쳐 보기도 했다.

마지못해 학자들에게 도서관 열람을 허용했을 때조차 대공은 도서관 원천자료인 방대한 장서 목록을 열어 볼 열쇠를 주지 않았다. 모방의 시대에 비밀 엄수는 강력한 무기였다. 많은 다른 수집가들처럼 대공도 자기 후손의 취향에 영향을 미치지는 못했다. 하지만 페르난도 콜론과는 달리 그는 운이 좋아서 도서관을 지킬 수 있었다. 후손들은 그가 도서관에 기울인 초인적

도판 15. 브라운슈바이크뤼네부르크의 아우구스트 소군주, 자신이 가장
좋아하는 공간인 도서관에 선 모습을 초상으로 남겼다. 진정한 서지학자였던
그는 스스로 사서가 되어 누구도 자신의 장서에 접근하지 못하게 했다.

노력을 잘 알았기에 그를 기념해서 도서관을 관리하고 보존했
다. 위대한 수집가들은 당연히 수집품의 영구 보존을 소망했지
만 그 바람은 거의 실현되지 않았다. 하지만 볼펜뷔텔이라는 이
작은 도시에서 그 소망은 성취됐다. 오늘날에도 학문 중심으로
서뿐만 아니라 어떤 애서가의 꿈은 성취되기도 한다는 증거로
서 아우구스트 도서관은 건재한 모습으로 서 있다.

바로크적 영광

1729년 5월 22일, 아일랜드 킬랄라(Killala)와 애콘리(Achonry)
교구의 주교였던 로버트 하워드(Robert Howard)는 그의 형제
휴(Hugh)에게 "적당한 공간이 제공되지 않으면 책은 상상을 초

월할 정도로 성가시기 짝이 없는 것이 된다"라고 불평했다.[22] 그런 생각을 한 수집가는 하워드뿐이 아니었다. 추기경 수집가 시대를 거치면서 도서관 규모는 점점 거대해졌다. 수천 권 정도 소장하는 전문가들이 즐비한 시대에 두드러지고 싶다면 방대한 규모는 불가피했다. 유럽 전역의 성과 궁궐과 저택에 도서관이 생겨나면서 새로운 도서관 디자인에 대한 요청이 생겼다. 어떤 정치인도 도서 2만 권을 궤 속에 보관할 방법은 없었고, 설사 있더라도 그럴 생각은 조금도 없었다. 전문 수집가들이 자기 장서를 지인이나 대중에게 공개하고자 한다면 그들은 책을 보관하는 공간의 구조, 실내장식, 다른 시설물 등을 상당히 신경 쓰지 않을 수 없었다.

17세기 이전의 도서관은 크든 작든 대부분 원래 책을 위한 공간이 아닌 곳에 만들어졌다. 오직 책 진열을 위한 거대한 홀이 세워졌을 때 의미심장한 진전이 일어났다. 도서관 공간을 따로 마련하는 것은 상당한 돈이 들었고 그 때문에 위대한 수집가들은 도서를 집에 보관할 수밖에 없었던 변호사나 의사와 차별화되었다. 이런 귀족 도서관은 단지 엄청난 규모의 도서를 보관하기 위한 공간일 뿐 아니라 방문객을 맞이하고 일을 처리하고 손님들에게 주인의 박식함과 부를 과시하는 사교 공간으로 설계됐다. 대중에게 개방하지 않더라도 로마의 베르나르디노 스파다(Bernardino Spada) 추기경 같은 이는 당대의 최고 예술가들에게 프레스코 벽화와 그림을 의뢰해 자기 도서관을 장식했다.

뛰어난 도서관 건설은 고전 로마시대의 이상적 순간으로 되돌아가는 것을 상징했다. 스토아 철학자로부터 논쟁적인 예수회 수사에 이르기까지 도서관에 대한 글을 남긴 모든 작가는 자기 시대의 위대한 도서관이, 비록 바로크 회화, 조각, 초상화 장식을 가미하더라도, 고전적 건축물을 닮아야 한다는 점에는 동의했다. 일부 장서가는 도서관을 세우는 데 미학적 완벽함을 극단적으로 추구했다. 로마의 사피엔자(Sapienza) 도서관의 경우 막대한 규모의 책을 모으고 새 건물을 짓는 데 2년 걸렸지만, 프레스코화로 천장을 장식하는 데 꼬박 4년이 더 걸렸다.[23]

예수회 수사 겸 교수인 클로드 클레망(Claude Clement)은 도서관 외관을 변모시키는 데 가장 앞장섰다.[24] 노데가 「의견서」를 발간한 지 1년 후인 1628년 클레망은 장서 구축과 관련한 글을 발표했다. 이 글은 두 가지 점에서 노데의 글과 크게 달랐다. 하나는 라틴어로 써서 국제적인 가톨릭 독자를 대상으로 했다는 점이고, 다른 하나는 내용 대부분이 책이 아니라 건축에 관한 것이었다는 점이다. 클레망은 호화롭게 치장한 바로크 시대의 도서관이 소유주의 부와 권력, 주로 교회 내 위계에서 그의 지위를 미적으로 표현하는 동시에 신의 영광에 공손히 경의를 표하는 가톨릭 부흥의 핵심 지표라는 사실을 잘 알았다. 이 생각의 중심에는 도서관 공간을 실제 연구를 위한 곳이 아니라 지혜의 사원인 교회를 닮도록 바꾸겠다는 뜻이 담겨 있었다.

북유럽 프로테스탄트 지역의 몇 사람이 이런 바로크적 흐름에 제동을 걸었다. 노데는 수집가는 사치스러운 장식에 골몰하기보다 그 돈으로 책을 매입해야 한다고 주장했다. 볼펜뷔텔의 아우구스트는 자기 도서관을 마구간 바로 위에 두 층으로 나누어 비치했다. 그러나 소박하든 화려하든, 그 도서관들은 모두 일반적 도서 배열 방식을 따랐다.[25] 유럽 전역의 도서관은 독서대와 한가운데 자리 잡은 낮은 책장을 중심으로 이루어지는 중세의 대학과 교회도서관의 기본 도서 비치 방식을 버렸다. 대신 도서관 구조를 거대한 홀처럼 바꾸었고 그 벽을 따라 거대한 수직 책장을 세운 후 책등이 보이도록 꼿꼿이 책을 세웠다. 이런 시도가 최초는 아니었다(페르난도 콜론이 이미 비슷한 디자인을 시도했고 스페인왕 펠리페 2세도 그랬다). 그러나 이제는 이 디자인이 표준이 됐고 재원이 넉넉한 도서관은 그 디자인을 더 효율적으로 사용할 수 있도록 만들었다.

독서대 도서관에서 책은 그 자체로 도서관의 시각적인 매력을 더하는 중요한 사물이었다. 누군가의 눈길을 끄는 즉시 펼쳐져 읽히고 탐구됐다. 홀이 널찍한 바로크 시대 도서관에서 책은 화려한 장식으로 가려졌다. 책은 오직 서가 전체의 덩어리와 거대한 규모로만 눈길을 끌었다. 홀 중앙에 큰 공간이 비면서 홀의 거대함이 강조됐다. 눈은 자유롭게 대리석 바닥을 훑었다. 사방으로 깔끔하게 장정한 책들이 줄줄이 벽을 에워쌌는데, 1층에서 돔형 천장을 향해 올라가면서 책 크기는 작아졌다. 그 즈음 황홀해하는 열람자 눈길을 끌기 위해 선반 사이나 위쪽 공간은 금색, 크림색, 푸른색, 연분홍색으로 화려하게 장식됐다. 프레스코화가 천장을 덮고, 초대 교부나 철학자나 빼어난 작가들의 초상화가 엄격한 분류를 거쳐 배열된 액자 속에 자리 잡았다. 밀라노의 암브로시아나 도서관은 1609~1618년 사이에 적어도 306명에 달하는 저명한 작가들의 초상화를 전시했다.[26]

이런 건축적 변화가 뚜렷하게 나타난 곳은 독일에서 아직 가톨릭 영토로 남은 지역의 수도원이나 남부 독일, 오스트리아, 보헤미아였다.[27] 이탈리아 수도원과는 달리 독일 수도원은 종교개혁의 격랑에서 권위를 잃고 몰락했다.[28] 18세기에 접어들어 독일 수도원은 건축물을 지어서 복원작업을 시작했다. 영성과 배움과 교육의 전당이었던 과거의 명성을 되살리기 위해, 또 수도사들 자신에게 기운을 불어넣기 위해서였다. 큰 수도원의 수도원장들은 파리의 추기경과 다르지 않았다. 그들은 부와 토지와 지위로 세속의 통치자와 힘을 겨룰 수 있는 교회의 군주였다. 또한 도서관을 화려한 전시 공간으로 탈바꿈하면서 수도원은 학문과 교양에서 교회의 변함없는 역할을 확고히 드러냈다. 이는 18세기 들어 가톨릭 세계에서도 비판받던, 성직자의 권력을 정당화하는 수단이기도 했다.

이에 따라 많은 수도원 도서관에 새로운 활력을 불어넣을 필요가 대두됐다. 1722년 장크트푈텐(Sankt Pölten) 수도원의 수도원장이 도서관을 손보는 것이 시급하다고 문제 제기했다. 당시 수도원 도서관은 책이 거의 사라지고, 태만한 동료 수사 몇 명이 도서관을 당구장으로 만들어 놓은 상태였다.[29] 수도원장에게 이것은 매우 부끄러운 상황이었다. 다른 수사나 저명인사의 방문을 받으면 교회의 땅과 건물을 안내하는 것이 관례인데, 그럴 때 방문객들이 흔히 도서관을 보고 싶다고 부탁했기 때문이다. 중세 유럽에서 필사실과 도서관은 수도원 구경의 마지막 장소가 되곤 했는데, 그곳이 보통 수도원에서 가장 조용하고 외진 자리에 있었기 때문이었다. 18세기에 수도원 공간 배치에 극적 변화가 찾아왔다. 장크트푈텐의 수사가 주장했듯, 도서관은 과

거처럼 구석으로 찾아갈 필요가 없도록 수도원 입구에 세워야 했다. 그래야 방문하는 손님들에게 더 아름답게 보일 것이기 때문이었다.

프레스코화 형태로, 그림과 조각으로 시각적 쾌감을 주는 장식은 바로크 시대 수도원 도서관의 백미였다. 이 아름다운 장식들은 성경과 고전의 비유로 가득했으나 모든 비유를 이해하기란 쉽지 않았다. 1747년 장크트플로리안(Sankt Florian) 수도원의 한 수도사가 동료들을 위해 관련 소책자를 출간했다. 출간 이유는 '동료 수도사들이 방문객들에게 자주 이 그림, 저 그림에 어떤 이야기나 우화 또는 암시가 담겼는지를 질문받기' 때문이었다.[30] 그림 외에도 도서관에 있는 탁자 등 눈에 뜨일 만한 여러 곳에는 의미심장한 상징적 글귀가 새겨져 있었다. 야심 찬 건축 설계에서는 기대 효과를 얻기 위해 어떤 비용도 아끼지 않았다. 자이텐슈테텐(Seitenstetten) 수도원 도서관은 건물 대리석과 어울리도록 모든 도서의 장정을 하얀 가죽으로 교체했다. 이 과정은 꼬박 30년이 걸렸다.[31]

새 도서관 건물이 항상 사피엔자 도서관만큼 빨리 완공되지는 않았다. 슈바벤(Swabia) 지역의 로겐부르크(Roggenburg)에서는 1730년대에 새 도서관을 설계하고 1760년대에 건축을 시작해 1780년대에 완공했다. 그리고 1790년대 내내 도서관 책장에 책을 진열했는데, 다 끝내고 보니 도서관이 너무 좁다는 사실이 드러났다. 반면 어떤 도서관은 너무 크게 재건축해서 일부에만 겨우 책을 채우기도 했다. 니더외스터라이히(Niederösterreich) 주 알텐부르크(Altenburg) 수도원 도서관은 그 형태와 모양을 장서 20만 권을 소장한 오스트리아 국립도서관과 흡사하게 설계했다. 수사들이 가진 책은 얼마 되지 않아서 3층 높이에 길이 48미터에 달하는 넓은 도서관의 책장 몇 개를 겨우 채웠을 뿐이다. 오늘날 알텐부르크 수도원은 여전히 가장 아름다운 바로크 시대 수도원으로 꼽히고, 깨끗한 대리석, 스투코 장식, 프레스코화로 뒤덮인 도서관은 수도원의 보물로 여겨진다.

바로크 시대 도서관은 시각적 쾌감을 선사했다. 그러나 아름다움에 대한 과도한 집착으로 도서관의 목적인 연구 공간에 대한 배려가 없어서 책이 값비싼 벽지가 돼 버렸다. 일반 열람자들은 조사나 연구를 위해 책상이나 독서대가 필요했지만 도서관 당국은 궁금증을 자아내는 신기하고 놀라운 물건들을 채워 넣는 데만 공을 들였다. 1758년 장크트갈렌 수도원에서 개관했던 바로크 도서관에는 이집트 석관을 들여놓았다. 그 정도는 아니더라도 고대 조각상, 수학 도구들, 지구본, 건축모형, 동전이나 보석, 자연에서 발견된 진귀한 물건을 담은 캐비닛을 도서관에서 전시하는 경우는 허다했다.

볼펜뷔텔의 아우구스트는 적어도 70개의 괘종시계, 회중시계, 해시계, 아스트롤라베(astrolabe: 천문관측장치 ─ 옮긴이), 망원경 등 진기한 물건들로 채운 캐비닛을 자랑했다. 공작의 서신을 통해 우리는 그 캐비닛 속에 "터키산 부츠 한 켤레, 가죽 요술 가방, 새까만 인도산 칼, 터키 갤리선 모형, 거북 등딱지로 만든 사냥용 뿔피리"뿐 아니라 은밀한 장치로 열 수 있는 절개된 사슴 대가리가 있었음을 알 수 있다. 볼펜뷔텔에 도착했을 때 사슴뿔은 부러져 있었다.[32] 이 진기한 물건들은 소유주의 지적 호기심을 과시하는 도구이자 그 물건을 보도록 허용된 사람들로부터 놀라움의 탄성을 자아내는 도구였다. 이런 과시와 탄성은 이제 지나칠 정도로 아름다운 홀에서, 그 자리에 책상 하나만 있더라도 세상 모든 지식에 다가설 수 있는 곳에서도 볼 수 있는 광경이 됐다.

왕립도서관에서 국립도서관까지

1755년 만성절에 유럽에서 손꼽히는 수도가 참화를 입었다. 리스본이 대지진에 이어 화재에 쓰나미까지 덮치면서 폐허가 됐다. 수많은 사람이 죽었고, 유럽에서 둘째가라면 서러운 수집가였던 포르투갈왕 주앙 5세(John V)의 도서관도 사라졌다. 리스본 강변의 웅장한 왕궁에 자리 잡은 도서관은 완전히 사라졌다. 병약했지만 총명했던 왕은 5년 전 사망했기에 다행히 그의 평생 업적인 도서관의 최후를 목격하지는 않았다. 그는 애서가였다. 아우구스트의 도서 수집벽이 30년 전쟁 시대에 독일 정치의 격랑을 비껴가는 수단이었다면, 여행할 수 없을 정도로 병약했던 젊은 포르투갈 군주에게 도서관은 넓은 세상을 알려 주는 도구였다. 주앙 5세는 해가 기울 때까지 독서에 열중하느라 종종 점심을 거르기도 했다.[33]

　　7만 권에 달하는 주앙 5세 도서관은 유명한 도서 거래의 중심지로부터 엄청난 비용을 들여 사 모은 것이었다. 그의 외교관들은 종종 공무를 젖혀두고 서점을 들르거나 왕을 대신해서 경매에 나서기도 했다. 이는 현장에서 직접 일을 처리하는 이들에게는 곤혹스러운 일이었다. 파리, 헤이그, 로마 등에서 리스본까지 편지를 보내고 받는 일은 몇 주씩 걸리기 일쑤였고, 이따금 책이 팔린 후에야 왕의 구매 명령이 떨어지기도 했기 때문이다. 왕은 경매에서 다른 군주나 공작, 다른 나라의 주요 대신과 경쟁자가 됐다. 예를 들면 사부아 공자 외젠(Eugene of Savoy)나 폴란드 왕이나 러시아 군주의 대리인 같은 이들이었다. 어떤 경매에서 주앙 5세는 프랑스 루이 15세의 재상 기욤 뒤부아(Guillaume Dubois) 추기경의 장서 6000권을 구매하기도 했다.[34] 이렇게 막대한 도서가 한 거물 수집가에서 다른 거물 수집가로 흘러 다녔다. 18세기에 접어들자 군주와 주권국 통치자에게 도서관은 필수였다. 국가를 대표하는 인격체로서 군주들은 학문과 배움과 계몽에 대한 지극한 관심을 보여 줘야 했다. 설사 그들이 그 관행에 무심했더라도 점점 많은 책이 특히 재상과 정치인과 성직자를 통해 그들에게 왔다. 책이 사회계층을 가로질러 모이고 눈덩이처럼 불어나면서 최초의 국립도서관 설립을 위한 기반이 마련됐다.

12장
고서 수집가들

공공 장서가가 수십 년간 수집한 기증 도서 중에는 불가피하게 중복되는 책이 있었다. 때때로 복본을 처리하는 것은 당연하게 여겨졌다. 프랑크푸르트의 도미니크회 수도사들도 그렇게 생각했다. 17세기에 그들은 여러 번에 걸쳐 도서관 복본을 지역 제본업자들에게 팔았다. 팔린 책은 '제본업자의 재활용품'으로 제본을 두껍게 만드는 데 또는 책 표지나 포장지로 사용됐다. 불행히도 이들 중 많은 책이 인쿠나불라(incunabula), 즉 인쇄술 발명 후인 1450년부터 1500년까지 인쇄된 고판본 서적이었다. 프랑크푸르트의 도미니크회 수도원은 가까운 마인츠에서 구텐베르크가 인쇄술을 발명했던 시점에 번창했고 수도원 도서관에는 1000권 넘는 인쿠나불라가 있었다. 그중 많은 책은 양피지에 인쇄된 것이었다. 요즘이라면 엄청난 가격에 팔렸을 책이었다. 그러나 당시 도미니크회 수사들에게는 이 책들이 재활용 양피지로밖에 보이지 않았다.

이렇게 책을 처리한 지 오랜 세월이 지나 장서가 점점 고갈되던 1718년, 수사들은 인쿠나불라 네 권을 재활용 처리 때보다 약 열 배 가격인 90길더에 사겠다는 영국인이 나타나자 놀라면서도 기뻐했다.[1] 구매자는 조지 서티(George Suttie)라는 필사본과 희귀본 전문 책 사냥꾼이었다. 도박에 빠졌다가 망명자가 됐던 그는 부유한 수집가들에게 의뢰를 받아 유럽 전역을 돌아다니며 귀중본 목록을 작성했다. 서티는 한밤중에 몰래 수도원에 잠입해 책을 훔치기도 했던 브라치올리니와 수준이 달랐다. 그는 영국 최고의 정치인이자 예술 후원가로도 유명했던 초대 옥스퍼드 백작 로버트 할리(Robert Harley)를 위해 책을 수집했다. 할리의 아들 에드워드도 열성 수집가였다. 1741년 사망했을 때 에드워드는 필사본 7000권 이상과 인쇄본 5만 권 이상을 유산으로 남겼다. 이 책들은 현재 영국 국립도서관의 전신인 영국박물관 장서의 기반이 됐다.

구텐베르크 시대 이후 출판업자들은 한 가지 자명한 진실을 깨달았다. 오래됐다는 이유로 책이 비싸지는 시대는 지났다. 내용이 여전히 의미가 있다면 제값을 받겠지만 그렇지 못한 책은 최악의 경우에 종이나 양피지 값으로 팔아 치울 수밖에 없었다. 이제 책은 수만 가지로 재활용됐다. 벽지로, 제본용으로, 포장지로, 심지어 밑씻개로 사용됐다. 잘못된 인쇄된 종이나 폐물이 된 책은 정육점에서 고기 포장지로 쓰이기도 하고 향신료 가게와 레이스점에서 포장지로 쓰이기도 했다. 18세기 암스테르담은 막대한 양의 쓸모없는 책과 낡은 종이를 도매상에 처리하는 '책 복권(book lottery)'의 발상지가 됐다(책 복권은 사행심을 부추겨 재고로 쌓인 책을 처리하는 방편이었다—옮긴이).[2]

단지 오래된 책이라는 이유로 큰돈을 치르는 수집가의 등장은 새롭고 충격적이었다. 가브리엘 노데는 화려하게 치장한 책이나 '고서'에 큰돈을 쓰지 말라고 충고했다. 하지만 1720년이 되면서 그런 충고를 무시할 정도로 자기 주관이 뚜렷한 수집가들이 등장했다. 서티가 마인츠에서 제작된 인쿠나불라 네 권을 사들인 지 2년 후 헤이그에서 초기 마인츠 성경이 1200길더에 팔렸다. 한 가정의 연평균 수입의 두 배였다. 서티의 서적 구매는 횡재일 정도였다. 1722년 구텐베르크 성경 한 권이 헤이그 경매장에서 거금 6000길더에 팔렸다.[3]

이러한 경매 기록이 충격적인 것은 17세기까지만 해도 인쿠나불라를 비싸게 사들이는 경우가 희귀했기 때문이었다. 1689년 하스파르 파헬(Gaspar Fagel)의 장서를 경매할 때 그가 쓴 법학 관련 서적들은 상당한 금액으로 팔렸으나, 인쿠나불라 두 권은 고작 0.1길더에 팔렸다. 1646년에는 1477년에 제작된 쾰른 성경이 레이던에서 3길더에 경매 처분됐다. 신간 2절판 성경의 5분의 1 가격이었다.[4] 1680년에 옥스퍼드의 서적상 모시스 피트(Moses Pitt)는 영국 최초의 인쇄업자 윌리엄 캑스턴(William Caxton)이 출판한 판본 네 권을 보들리 도서관에 기증했다. 이 책은 경매에서도 팔리지 않아서 그냥 기증됐다. 1810년이 되자 서적상들은 캑스턴이 찍은 책의 일부만으로도 숙련공의 한 달 월급인 5기니를 불렀다.[5] 고작 100년 사이에 초기 출판본이 희귀 고서 시장에서 팔리는 품목으로 자리 잡은 것이다.

이 변화는 책의 미래에 중대 결과를 초래했다. 18세기가 시작되면서 과학적 방법론이 등장했고 계몽철학과 세속주의적 사고가 일어났다. 이런 지적 상전벽해 탓에 온갖 주제에 관한 모든 책을 갖추어 거대 도서관을 구축하려던 과시적 유혹은 부질

없어 보였다. 새 세대 수집가들은 신학문을 깨친 사람들로, 자신을 드러낼 수 있는 엄선된 장서만 소장했다. 그러나 동시에 또 다른 책 수집가 집단이 등장했다. 흔히 귀족 집안 출신이거나 고상한 취미를 추구하는 이들이었다. 이들은 책의 내용보다는 책의 형태나 출판연도나 심미적 만족을 중시했다. 이들 수집가 역시 새 책도 매입했고 엄청난 장서를 갖추었지만 서적상들이 일컫던 '희귀하고 신기한 책들'을 구하는 데 가장 열을 올렸다. 멋진 서재로 유명해지려면 점점 삽화, 출판 일자, 제본 방식과 출판 출처 등으로 가치 있는 책들을 소장해야 했다.

유행을 퍼뜨린 것은 영국의 귀족계층이었다. 영국은 인쇄술 발명 이후 첫 세기 동안 출판계의 변방에 속했다. 이후 경제와 국제무역에서 영국의 위상이 높아지며 영국 수집가들도 부상하기 시작했다. 이들은 해외로 눈을 돌려 마음껏 돈을 뿌리면서 고서 시장을 형성했다. 영국 수집가들은 시장에서 브로커와 대리인의 역할을 정립했고, 돈은 많으나 감식안은 떨어지는 수집가들의 취향을 이끌어 최고의 도서가 무엇인지를 가르칠 교수와 학자의 역할도 정했다. 치열한 경쟁이 일어나고 변덕스럽기 짝이 없는 책 시장에서 필사본 사냥에 나선, 유럽에서 가장 까다로운 고객들을 위해 이런 관행이 자리 잡은 것이다.

필사본을 꽁꽁 감춰라

1650년 6월 7일 아침, 암스테르담의 담 광장은 평소처럼 붐볐다. 특히 분주한 곳은 유명한 서점 '버닝 칼럼(The Burning Column)' 앞이었다. 주중 내내 지속될 경매가 시작될 참이었다. 당시에 책 경매는 흔한 일이었다. 그러나 그날 아침의 분위기는 달랐다. 그날 경매에 오른 것이 은둔 변호사이자 시인이고, 애서가이자 유명한 도둑의 장서였기 때문이었다.[6]

수프리두스 식스티누스(Suffridus Sixtinus)는 평생 2000권 넘는 책을 모았다. 적은 것은 아니지만 엄청나다고도 할 수 없었다. 하지만 고전만 고르고 골라 엄선한 장서라는 소문이 파다했다.[7] 사람들을 가장 솔깃하게 한 것은 식스티누스가 몇십 년간 어떤 학자도 구경 못 한 필사본을 숱하게 보유하고 있다는 소문이었다. 희귀 소장 장서를 거리낌 없이 구경시키면서 뿌듯해하던 학자들과 달리 식스티누스는 1627년 암스테르담에 정착한 이래 아무에게도 장서를 보여 주지 않았다. 왜 그랬는지 짐작 가는 바는 있었다. 사람들 대다수는 식스티누스가 귀히 여기는 필사본 대부분이 도둑질로 얻은 것이라고 생각했다.

1622년 식스티누스는 저명한 인문학자이자 하이델베르크 대학교 교수인 얀 흐뤼터르(Jan Gruter)의 집에 침입했다. 그에게 명성을 가져다준 흐뤼터르의 서재는 그의 자랑이자 기쁨이었다. 그러나 합스부르크 군대의 습격이 예상되자 그는 도시를 떠나야 했다. 식스티누스는 기회를 놓치지 않고 군대가 도착하기 전에 흐뤼터르의 장서 중 가장 귀한 책을 훔쳤다. 튀빙겐으로 망명을 한 흐뤼터르는 장서의 도난 소식을 듣고 친구에게 보낸 편지에서 식스티누스가 자기 책을 함부로 다룬 것에 대해서 절망적인 마음을 전했다. "나는 매일 그가 저지른 섬뜩한 악행을 듣고 있네. 사람들이 그가 자기 탐욕을 채우려고 내 책을 유린했다고 전했네."[8] 식스티누스는 가장 귀한 책을 구출한 것일 뿐이라고 주장할지도 모른다. 그가 책을 훔친 후 합스부르크 군대는 흐뤼터르 집을 약탈해 그 책들을 팔라티나 궁정도서관의 책과 함께 로마 교황청으로 보냈기 때문이다. 1625년 봄, 집에 돌아왔을 때 흐뤼터르는 서재의 짓밟힌 흔적을 보면서 탄식했다. "그 광경을 보면 돌멩이조차 눈물을 뿌릴 것이다."

그 이후 식스티누스가 훔친 책은 자취를 감추었다. 1649년 그가 죽었다는 소식이 전 세계 책 애호가들 사이에 들불처럼 퍼졌다. 식스티누스의 책이 즉시 시장에 나오지는 않았다. 법정 상속인을 파악하는 데 시간이 걸려서였다. 다행히 상속인이 된 헬르(Gelre)의 귀족은 식스티누스의 장서를 몹시 팔고 싶어 했다. 놓칠 수 없는 기회였으나 일부 유명 학자들은 바쁘기도 하고 여행비용도 부담스러워 참석할 수 없었다. 그들은 늘 그랬듯이 친구와 대리인에게 대신 경매 참여를 부탁했다. 상호신뢰와 존중의 전통이 학문 공동체 내에 살아 있을 때였다. 하지만 이 경우에는 탐욕이 예의를 이겼다. 탁월한 세 학자, 요한 프리드리히 그로노비우스(Johann Friedrich Gronovius), 니콜라스 하인시우스, 이사크 보시우스(Isaac Vossius)는 문헌학자인 프란시스쿠스 유니우스에게 경매에 나서 달라고 부탁했다. 예상대로 경매에 대한 관심은 대단했고 가격도 높았다. 그러나 유니우스는 경매 성공 여부에 대해 모호한 태도를 보였다. 그로노비우스와 하인시우스는 유니우스가 경매에서 어떤 책을 낙찰받았는지 알 수 없었다. 유니우스의 조카였던 보시우스만 사정을 알았다. 조카라는 이유로 그에게 경매 낙찰 도서의 우선권을 준 것이다. 뒤

늦게 영문을 안 그로노비우스는 "보시우스가 좋은 책을 선점했고 남은 부스러기만 우리 차지가 됐다"라고 불평했다.[9] 그로노비우스에게는 겨우 세 권이 떨어졌다.

하지만 약삭빠른 보시우스도 실망하긴 마찬가지였다. 그가 가장 갖고 싶던 필사본은 『갈리아 전기(De Bello Gallico)』였으나, 이는 얀 식스(Jan Six)라는 부자 수집가에게 엄청난 가격에 넘어갔다. 9~10세기에 플뢰리(Fleury) 수도원에서 제작된 이 필사본은 카이사르의 주요 저작 중 가장 오래된 판본이었다.[10] 그 책이 흐뤼터르의 수중에 들어간 것은 단지 그가 카이사르의 저작에 열중한다는 이유로 친구가 인심좋게 빌려줬기 때문이다. 친구는 죽었고, 우연이든 고의든 흐뤼터르는 식스티누스가 훔칠 때까지 그 책을 소장하고 있었다.

사익 추구와 배반당한 신뢰와 도난 필사본에 관한 치사한 이야기로부터 우리는 많은 것을 배울 수 있다. 보시우스의 말에 따르면 식스티누스는 분명 책 도둑에 알코올 중독자였다. 그러나 후에 다루겠지만 가장 뻔뻔하긴 했어도 그가 유일한 책 수집가 도둑은 아니었다. 희귀 필사본은 고전 학문의 원동력이었다. 학자들은 가장 오래된 초기 필사본에 관한 연구를 토대로 그 고전에 대한 새로운 판본을 출판해 자기 명성을 높일 수 있었다. 보카치오가 폐허가 된 몬테카시노 수도원 도서관을 조사했던 이후 이런 관행은 인문학의 핵심이 됐다. 17세기에 도도한 과학 혁명의 흐름이 밀려오던 와중에도 고전 문헌학은 광채를 조금도 잃지 않았다. 필사본들도 그 신학적 가치 덕분에 여전히 귀한 취급을 받았다. 위트레흐트대학교 신학 교수 기스베르투스

보에티우스(Gisbertus Voetius)는 "트렌트공의회를 통한 성직자들과 검열관들의 야만적이고도 사악한 계획에 따라" 가톨릭교회가 자행한 "위험 도서 정화 만행"을 저지하기 위해 학생들에게 필사본과 신학 저작 초판본을 찾아서 온 세상을 다 뒤져야 한다고 강조했다.[11]

보들리 도서관과 레이던대학교를 제외하면 17세기까지 대형 공공도서관에서 필사본 구경은 무척 힘들었다. 흐뤼터르, 하인시우스, 그로노비우스, 보시우스 같은 학자들은 각자 장서를 구축해야 했다. 치사한 습득에, 약탈과 도난을 통한 소유권 바꾸기가 횡행하는 약육강식 세상에서 장서 구축은 당대 최고 학자들에게도 주어진 모든 기회를 최대한 이용하겠다는 굳은 결심이 필요한 일이었다.

이사크 보시우스는 진정한 르네상스인이었다. 그는 탄도학, 광학, 기상학, 지질학부터 성서 연대기에 이르기까지 광범위한 주제에 관해 글을 썼다. 심지어 고전 문헌학에도 상당히 공헌했는데, 네덜란드 정부, 영국 왕 찰스 2세, 프랑스 왕 루이 14세로부터 동시에 고용되면서 그의 경력은 정점에 올랐다. 저명한 학자 가문에서 태어난 그는 젊어서 3년간 영국과 프랑스와 이탈리아를 여행했다. 그동안 그는 학자를 만나고, 조언을 구하고, 도서관을 방문했다. 그러나 무엇보다 필사본을 사들였다. 27세 때 이미 그는 장서 400권을 수집했다.

수집벽만큼이나 박학함 덕분에 보시우스는 유럽의 가장 부유한 군주로 꼽힌 크리스티나 스웨덴 여왕의 마음에 들었다. 1648년 보시우스는 크리스티나 여왕의 부름을 받고 암스테르담을 떠나 스톡홀름으로 향했다. 여왕의 개인 교사로 궁궐에서 지내도록 초대받은 것이다. 그 대가로 그는 네덜란드의 최고 교수가 받는 연봉의 다섯 배에 해당하는 2000레이크스달더르(rijksdaalder: 옛날 네덜란드의 은화—옮긴이)를 받기로 했다.

스톡홀름에서 보시우스는 유능한 학자들과 어울렸다. 그들은 스웨덴궁의 자랑거리였는데 크리스티나 여왕은 그들을 통해 궁궐을 유럽의 새로운 문화 중심으로 만들고자 했다. 그러기 위해 지적 명성을 날리는 사람들을 돈을 아끼지 않고 스톡홀름으로 불러들였다. 그러나 유럽 학문의 변방에다 혹독한 겨울을 생각하면 위험한 유혹이었다. 르네 데카르트는 새벽 강의를 원하는 여왕의 명을 받들다 감기에 합병증이 겹쳐 궁에서 죽음을 맞았다. 클로드 소메즈(Claude Saumaise)는 스톡홀름에 있는 동안 아파서 거의 침실을 떠나지 못했다. 후고 그로티우스도 크리스티나가 부르는 사이렌의 노래에 응했다가 돌아가는 길에 배가 파손되면서 생을 마감했다.

크리스티나 여왕이 유명한 학자들을 모을 수 있었던 것은 30년 전쟁 때 스웨덴 군대가 약탈로 쌓은 엄청난 재물을 물려받았기 때문이었다. 그 전리품 중 일부인 수많은 책 덕택에 보시우스 같은 학자를 궁으로 끌어들일 수 있었다. 그는 여왕의 가정교사 노릇을 하면서 사서로도 일했다. 그는 1648년 프라하의 루돌프 2세(Rudolf II)의 성에서 빼앗아 온 궤짝 31개에 담긴 책 정리를 맡았는데, 그중에는 6세기 고트어로 번역된 복음서인 은 문자 성서 사본(Codex Argenteus)도 포함돼 있었다. 여왕은 고전과 필사본에 관한 보시우스의 열정에 공감했고 전리품만으로 만족할 수 없었다. 보시우스는 왕립 장서를 키우기 위해 마음껏 책을 사들일 권한을 갖고 파리로 왔다. 한 차례 여행에서 단 한 번 거래로 필사본 2000권을 매입했을 정도였다.[12] 그는 책 목록을 만드는 것보다 희귀 사본 읽기를 훨씬 좋아했지만, 스웨덴으로 돌아와 필사본을 검토하고 목록화하는 작업을 할 수밖에 없었다. 작업 도중 그는 친구에게 "이런 일은 독일인에게나 어울리는데"[13]라며 불평했다.

그 덕분에 크리스티나 여왕의 도서관은 유럽 최고의 도서관 중 하나로 꼽히게 됐다. 필사본 장서만으로는 필적할 곳이 없었다. 그러나 여왕은 방문객들에게 도서관을 자랑하기보다 책 매입을 위해서 단지 돈을 펑펑 쓰고 싶어 하는 것으로 드러났다(여왕을 비롯한 왕족들은 무일푼 학자들보다 스톡홀름 방문을 꺼렸다). 크리스티나 여왕이 도서관에 흥미를 잃었다는 사실은 보시우스에게는 기회였다. 여왕은 그의 연봉을 몇 년째 미루다가 체불임금을 책으로 지급하겠다고 했다.

그 제안을 보시우스는 덥석 받았다. 여왕이 왕위를 물려줄 것이 분명해지는 참이어서 좋은 기회를 잡은 것이다. 보시우스는 도서관으로 달려가 여왕 돈으로 사들였던 귀한 책들을 마구 뽑았다. 프라하에서 온 전리품도 그의 차지였다. 은 문자 성서 사본도 챙겼다. 챙긴 책들을 몇 차례에 걸쳐 암스테르담으로 실어 보냈다. 도착한 책을 본 요한 게오르크 그레비우스(Johann Georg Graevius)는 다음과 같이 썼다.

맙소사! 정말 엄청난 장서가군. 많기도 하지만 모두 귀한 책들이야. 숱한 희귀본뿐 아니라 희랍어, 불어, 독일어 저자들, 그리고 라틴 최고의 저자들 저술이 거의 모두 필사본으로, 그것도 여러 판본으로 망라돼 있네. 이 사정을 아는 사람들은 나에게 네덜란드의 어떤 공공도서관도 여기에 비하지 못하리라고 하더군.[14]

스웨덴 관리들은 불만이었다. 귀한 전리품을 다시 약탈당한 꼴이었다. 무력이 아니라 책을 잘 아는 요사스러운 학자의 사기 놀음에 넘어간 것이었다.

네덜란드 집으로 돌아온 보시우스는 너무 많은 책을 감당할 수 없어서 뽑아 낸 책으로 두 차례 경매를 개최했고 책 3500권을 팔았다.[15] 돈이 궁해서가 아니라 공간이 부족한 탓이었다. 다행히 그는 합리적인 사람이었고 책장 짜기를 좋아했다. 이전 주인을 달래려는 생각이었는지 은 문자 성서 사본은 스웨덴에 1250길더를 받고 되팔았다. 보시우스는 책에 빠져 살았지만 책의 금전 가치에 대해서는 크게 신경 쓰지 않았다. 그에게 필사본은 다른 필사본과 대조하고 연구하는 학문적 도구였다. 하지만 그는 상업 시장에서 필사본의 상징적 가치를 어떤 식으로 이용해서 이익을 취할 수 있는지를 이해했다. 스웨덴의 전리품과 어린 여왕의 변덕 덕택에 유럽 제일의 필사본 장서를 수집했던 그는 이제 그 대가를 얻어 낼 준비가 됐다.

보시우스가 더러운 수단을 동원했던 식스티누스보다는 합리적이었지만 귀한 필사본을 개방하는 문제에서는 평생 폐쇄적 태도를 견지했다. 1689년 그가 죽은 후 유서에서 그는 자기 장서를 옥스퍼드, 레이던, 케임브리지, 암스테르담 네 대학교 중 한 곳에 모조리 넘기겠다고 밝혔다. 옥스퍼드의 보들리 도서관이 먼저 안달이 나서 상속자가 어떤 필사본도 제외하지 않는다는 조건으로 3만 길더를 제시했다. 상속자인 보시우스의 조카는 레이던대학교에 옥스퍼드 제안을 알렸고 레이던은 즉시 3만 3000길더를 제시했다. 1690년 레이던대학교 도서관에 거의 800권에 달하는 필사본 장서를 채워 주었던 보시우스 장서는 오늘날 이 대학교의 거의 최고 보물로 여겨진다. 그러나 책이 처음 인계됐을 때 교수들은 즉시 조카가 가장 값진 필사본 일부를 빼돌렸다고 의심했고, 지역 서적상들에게 책들의 가치 평가를 요청했다. 그 결과, 책들의 가치는 지급 금액의 3분의 1에 불과했다는 사실이 밝혀졌다.[16] 송사가 벌어졌고 모든 당사자가 만족하는 결과를 얻을 때까지 15년 세월이 걸렸다.

학계에서 가장 존경받던 인물 몇 명이 연루됐던 이 장기간의 드라마는 전통적인 책 거래에서 통용되던 시스템에 따라 책에 가치를 부여하지 못했을 때 어떤 위험한 힘이 작동하는지를 입증했다. 상업적 태도로 무장한 학자와 사서가 힘쓰는 필사본 시장이 성장하면서 투기성 짙은 고서 시장이 형성되는 길이 열렸다.

규범을 마련하기

1675년 6월 7일 암스테르담 서적상 안드레아스 프리시우스(Andreas Frisius)는 피렌체 메디치 도서관 사서에게 보낸 편지에서 지역 책 수집가 세 사람에 대해 평을 내렸다. 그의 최고 고객인 한 사람은 "어떤 책이 좋은지에 대해 해박한 지식을 두루 갖춘 사람"이다. 두 번째는 시의원인데 "책보다는 명성과 과시를 위해 책을 사들이는 사람"이다. 마지막은 큰 재산을 물려받은 부자인데 "책에 대한 안목은 없다시피 하고 단지 비싸다는 이유로 무턱대고 책, 그림, 도자기 등을 사 모으는 사람"이라고 했다.[17]

상당한 학문적 저술을 펴낸 출판업자이기도 했던 프리시우스는 이 모두가 자신보다 수준 떨어지는 자들이라고 보았다. 그러나 1650~1750년에 책 수집의 역사는 두 번째와 세 번째 부류에 의해 완전히 뒤바뀌고 있었다. 개인 서재 숫자가 늘어나면서 수백 권 또는 심지어 수천 권 정도로는 명함도 못 내밀 정도가 됐다. 그 와중에 호화로운 도자기, 그림, 가구만큼이나 귀한 책을 비치하고 싶어 하는 일부 수집가들이 등장했다. 그들은 비싸거나 아름답거나 희귀하거나 인쇄가 특별하다는 이유로 자기 장서를 빛내 줄 책을 찾기 시작했다.

필사본은 도서관을 빛내기에 적격이었다. 그러나 많은 수집가는 엄청난 가격을 이유로 또는 그것의 적정한 가치를 판단할 안목의 부재로 엄두를 내지 못했다. 유명 저자의 필사본 관련 주석이 달린 인쇄본은 필사본에 버금가는 가치가 있어 경매에서 상당한 가격에 거래됐다. 하지만 수요가 한정돼 있었다. 그런 인쇄본 대부분은 이미 대학도서관이 소유했거나 포시위스와 같은 고명한 학자들 차지였다. 시장이나 판사나 상인 같은 이들은 주로 최고의 인쇄본을 구하는 것으로 수집벽을 달랬다.

당시에 최고 판본을 판별하는 방법은 무엇이었을까? 단지 오래된 것이라고 최고는 아니었다. 18세기 이전에는 오래된 판본이나 에디토 프린켑스(editio princeps), 즉 초판본 따위는 수집가들의 눈길을 끌지 못했다. 오히려 최신판이 선호됐고 그중에서도 학자나 공공도서관 장서에서 나온 책이 더 인기를 끌었다. 셰익스피어 저작의 세 번째 2절판이 출판됐을 때 보들리 도서관은 당시 관행대로 즉시 최초의 2절판을 팔았다(이제 그 책은 어느 도서관에서든 가장 귀하게 여기는 책에 속한다).[18]

이후에 감식안 있는 수집가들이 조금씩 늘어나기 시작했다. 때때로 학자와 서적상의 조언을 받으면서 특정한 출판업자의 솜씨와 특별한 활판인쇄의 가치를 알아보는 이들이 생겨났다. 이탤릭체와 필기체 활자를 발명했고 15세기경 가장 성공한 베니치아 출판업자로 꼽혔던 알두스 마누티우스(Aldus Manutius)가 펴낸 책은 출판 즉시 인기를 얻었다. 마누티우스 판의 고상함은 후일 프랑스와 네덜란드 출판업자의 모범이 됐다. 그들 중 일부는 타고난 능력보다는 운 또는 사업적 수완으로 출판업계에서 입지를 다졌다. 레이던과 암스테르담에서 활발하게 사업을 벌였던 엘제비어 출판사는 당대의 다른 출판업자들과 비슷한 수준이었는데도 마누티우스의 현대적 계승자로서 자기 출판물을 홍보하는 데 대성공을 거두었다.[19]

17세기 중후반에 이르면 이탈리아, 프랑스, 독일, 네덜란드에서 최고 인쇄업자들의 명암이 드러났다. 경매인들은 마누티우스, 크리스토프 플랑탱(Christophe Plantin), 벡슬(Wechel), 에스티엔(Estienne), 블라우, 엘제비어 같은 명문 출판사 이름을 책 소개에서 빠뜨리지 않게 됐다. 그때부터 레이던의 라틴어 교사 파울루스 유니우스처럼 주로 이런 주요 출판사의 책으로 개인 장서를 채우는 것을 확인할 수 있다. 당대 최고의 개인 장서를 구축했던 헤이그 시장 사뮐 판휠스(Samuel van Huls)의 책은 1730년에 경매에 부쳐졌다.[20] 판휠스는 라틴어나 희랍어는 한 줄도 못 읽었으나 5000권 넘는 라틴어 장서를 모았고, 그중에는 50권에 달하는 2절판 성경과 유명 출판사의 거의 모든 출판물이 포함돼 있었다.

판휠스 같은 수집가들은 종종 조롱거리가 됐다. 1710년 조지프 애디슨(Joseph Addison)은 《태틀러(Tatler)》에 톰 폴리오(Tom Folio)라는 수집광을 언급하면서 "베르길리우스나 호라티우스보다 알두스와 엘제비어에서 출간한 책들에 대단한 존경심을 품고 있다"라고 비아냥댔다.[21] 20년 후 알렉산더 포프는 한 귀족 수집가의 고서 취미를 조소했다.

그의 서재는 어떤가? 어떤 저자들로 채워졌을까?
중요 저자는 보이지 않는구나, 희한한 일이로다.
로크도, 밀턴도 찾아봤지만 헛되구나,
이 책꽂이는 당대 작가는 마다하는구나.[22]

활판인쇄에 대한 매혹은 초기 인쇄사에 관한 관심을 촉진했다. 이는 희귀 고서 연구에 관한 역사적 자료로서 고대 유물에 관한 관심이 고조되던 시기의 도도한 흐름과 맞아떨어졌다. 이런 관점에서 초기 인쇄본은 역사 연구를 위한 자원으로 가치를 띠게 됐다.[23] 애국심에 불타는, 특히 독일과 네덜란드 학자들은 최초

출판본을 연구해 입증하고 싶은 게 있었다. 이들은 모두 자국이 인쇄술의 요람임을 선언하기 위해 경쟁했다. 모든 증거가 구텐베르크의 고향 마인츠 쪽으로 기울어졌으나 네덜란드 학자들은 사실 구텐베르크가 하를럼(Haarlem) 출신의 라우렌스 얀스 코스터르(Laurens Jansz Coster)로부터 인쇄 기술을 훔쳤다는 주장을 고집했다.

초기 인쇄본에 관한 관심이 자리를 잡으면서 서적상들이 돈 냄새를 맡았다. 1688년 네덜란드 서적상 코넬리우스 아 뵈험(Cornelius à Beughem)은 「인쿠나불라 인쇄본(Incunabula typographiae)」이라는 200여 쪽짜리 소책자를 출판했다.[24] 수집가들에게 희망 목록을 제공하기 위한 최초의 책이었다. 그러나 열성적 수집가들은 이미 자신만의 목록을 갖고 있었다. 그것을 참고해 해외 거래처에 편지를 썼고 쓸 만한 책을 찾아 경매 장서 목록을 샅샅이 뒤졌다.

서적상, 경매인, 위탁 서적 판매원은 인쿠나불라와 다른 희귀본에 관한 관심을 부추겼다. 1742년 헤이그의 서적상 피에르 호서(Pierre Gosse)는 추정 희귀도에 따라 별표를 매긴 장서 목록을 마련했다. 별표 하나는 흔하지 않은 것, 둘은 하나보다 귀한 것, 그리고 셋은 매우 귀한 것이라는 표시였다.[25] 호서의 동료 프로스페르 마르샹(Prosper Marchand)은 그런 부추김은 널리 퍼진 관행이지만, 진짜 가치를 반영하지 못하기에 별 쓸모없다고 말했다.[26] 하지만 별표 따위로 엄밀함을 가장한 수작에 식견 없는 구매자들이 숱하게 걸려들자 이런 식으로 가치를 과장하는 악습은 지속됐다. 이사크 보시우스가 장서 일부를 경매에 내놓았을 때, 그는 판매 장서 목록 중 몇 권에 대해 과장된 설명을

달았다. 그의 조카는 그 덕분에 책 가치의 20배를 벌어들이기도
했다고 전했다.[27]

희귀본 수집이 유행하자 파렴치한 판매 관행도 판을 쳤다.
1757년 암스테르담에 자리 잡은 한 영국 서적상은 출판연도를
위조해 인쿠나불라처럼 보이게 했다는 이유로 유죄판결을 받았
다.[28] 수작에 넘어간 얼간이는 피터르 판담(Pieter van Damme)
이라는 서적상이었다. 그는 희귀본만 전문으로 취급했고 인쿠
나불라만 경매에 붙였다. 그가 이렇게 전문화할 수 있었던 것은
18세기 중반이 되면서 이런 특별판에만 관심을 두는 고객층이
충분히 형성됐기 때문이다.

최대 이윤을 얻는 관건은 많은 인쿠나불라 서적의 보고, 즉
독일과 이탈리아의 수도원 밀집 지역에 최대한 가까이 있는 것
이었다. 이곳의 수도사와 탁발 수사는 프랑스, 영국, 네덜란드
공화국에서 같은 인쿠나불라가 훨씬 비싼 가격으로 팔리기 전
에 자신들 소장본을 팔아 상당한 돈을 챙겼다. 유명 미술상이자
서적상이었던 은행가 조지프 스미스(Joseph Smith)는 1700년 베
네치아에서 영국 정부를 대리하는 영사로 주재했다. 그곳에서
그는 영국 귀족들 의뢰로, 또는 자신을 위해 이탈리아 시골 지
역을 뒤져서 책 수집에 나섰다.[29] 1751년 무렵 그의 장서는 1만
2000권에 달했고 이를 알리는 방대한 장서 목록을 출판했다. 그
장서 목록은 280쪽 정도 되는 앞부분을 제외하면 나머지는 스
미스의 자랑거리인 인쿠나불라로 채워져 있었다. 이 정도면 왕
에게나 어울리는 장서였다. 스미스는 영국왕 조지 3세에게 그
것을 팔았다.

비이성적 계몽운동

18세기 말, 영국, 네덜란드, 프랑스 도서관에 고서를 공급하던 새로운 서적상들은 가톨릭 심장부에서 일어난 수도원 해체를 틈타 큰 이익을 얻었다. 계몽의 기치를 걸고 이루어진 도서관 해체로 엄청난 양의 필사본과 고서가 봇물 터지듯 시장으로 쇄도했고, 대개 헐값에 팔려 나갔다. 이는 제2차세계대전 이전까지 도서관에 닥친 가장 파괴적 참화였다.

첫 번째 강력한 광풍은 예수회로 몰아쳤다. 예수회는 1750년대부터 암암리에 해체되다가 1773년 교황 훈령으로 공식적으로 해체됐다. 전 세계 네트워크를 구축했던 예수회 대학과 학교는 중요한 배움의 전당이었다. 예수회 해체와 함께 그 주변에서 가장 방대했던 예수회 도서관은 약탈당하거나 수레를 실려 가거나 팔려 가지 않으면 황폐한 건물에서 그냥 썩어 나갔다. 1773년 브뤼셀의 예수회 대학교 장서는 왕립도서관 장서에 귀속됐다. 그러나 왕립도서관의 공간 부족으로 책은 예수회 교회에 방치됐는데, 쥐 떼가 창궐했다. 지역문학협회 서기관에게 해결책을 마련하라는 임무가 떨어졌다. 그는 '쓸 만한 책'을 골라냈고 그 책들을 교회 중앙 신도석 선반에 올려놓았다. 못쓰게 된 책은 바닥에 흩어 놓고 쥐가 갉아먹도록 내버려두었다. 선반에 있는 쓸 만한 책이라도 살리기 위해서였다.[30]

많은 도시에서 다른 교단들이 예수회 도서를 할당받거나 자신들이 알아서 챙겼다. 이런 책들은 그 교단들에서 새로운 의미를 찾았다. 그러나 다시 자리 잡은 책이 사라지는 데는 그다지 오랜 시간이 걸리지 않았다. 수도원 공동체는 계몽의 힘으로 사회적, 경제적 개혁을 이루고자 하는 국가의 근대화 계획에 최대 제물이 됐다. 계몽철학이 권력을 강화하고, 자기 나라를 근대국가로 변신시킬 수단이라고 보았던 프로이센, 러시아, 오스트리아 등의 군주들, 이른바 '계몽전제군주'의 궁정보다 계몽의 이상이 더 큰 인기를 끈 곳은 없었다. 고서를 좇아다니던 영국 귀족과 대조적으로 이 통치자들은 희귀 고서를 애호하는 취미 따위는 없었다. 심지어 전승되는 전통에 대한 존중심도 거의 없었다. 18세기 계몽운동이 품은 최고 목표 중 하나는 지식을 과거사슬에서 해방하는 것이었다. 계몽시대 도서관은 전통 학계 또는 교회의 권위로부터 인정받은 책이 아니라 유용한 책으로 꾸며졌다. 이런 변화는 그때까지 대부분의 가톨릭 국가에서 책의 최대 보고였던 수도원 장서를 희생물이 될 위험에 빠뜨렸다.

최대 참화가 휩쓸고 지나간 곳은 오스트리아였다. 1780년대에 신성로마제국 황제 요제프 2세는 그때까지 시도된 적이 거의 없는 급진적 사회개조에 착수했다. 이성적인 철학에 매료됐던 요제프 2세는 합스부르크 제국의 사회구조를 현대화하기 위한 야심 찬 정책을 도입했다. 농노제 타파, 길드 약화, 보편적 의무교육 실시, 가톨릭교회 억압정책 등이었다. 오스트리아의 많은 수도원이 가진 광대한 토지와 도서관은 근대화를 추진하던 군주의 자연스러운 표적이 됐다. 1782~1787년에 전체 수도원의 3분의 1에 해당하는 수도원 700여 곳이 해체됐다.[31]

수도원 장서는 본래 합스부르크 왕립도서관에 귀속할 생각이었다. 그러나 장서 규모가 너무 막대해 현실성 없음이 드러났다. 대신 해체된 수도원에 있던 모든 책을 가까운 지역 대학교로 보내라는 명을 내렸다. 그 탓에 대학은 쓸모없는 책으로 넘쳐났다. '쓸모없는 기도서'는 펄프화 과정을 거쳐 재생지로 썼다. 중요하지 않은 '15세기 고판본'이나 '망상적이거나 독단적 가르침'에 관한 책은 팔아 치우거나 폐기했다.[32]

프라하 외곽에 있는 스트라호프(Strahov) 수도원은 긴 역사만큼이나 수많은 약탈에 시달렸다. 1648년 스웨덴 군대의 약탈은 특히 끔찍했다. 하지만 수도사들은 군주가 저지른 이 파멸적 탄압으로부터 이번만큼은 도서관을 지켜 내겠다는 결심을 실천에 옮겼다. 그들은 목적을 완수했지만 합스부르크 제국 영토에서 불운을 당한 다른 수도원 책들까지 덤으로 수용해야 했다. 수도사들은 이렇게 모은 책을 기존의 '신학도서관'과 대비해 '철학도서관'이라는 이름으로 별도 공간을 마련해 정리했다. 선심 쓰는 김에 철학도서관에 요제프 2세의 흉상까지 들여놓았다. 수도사들이 계몽주의의 취지를 존중하는 것을 미쁘게 여긴 황제는 스트라호프 수도원은 해체해 버리기에는 너무 훌륭한 도서관이라고 말했다.[33]

오늘날 스트라호프 수도원 도서관은 프라하 방문자들이 가장 즐겨 찾는 명소가 됐다. 하지만 이 도서관은 많은 수도원 도서관의 주검 속에서 구축된 도서관이다. 볼차노(Bolzano)에 있는 도미니크 수도회 소속 도서관은 인쿠나불라 300권을 포함해 장서 6400권을 갖추고 있었다. 이 책들은 인스브루크 리시움(Innsbruck lyceum: 현재의 인스부르크대학교—옮긴이)으로 옮기라는 명령을 받았다. 그러나 그 학교는 335권만 원했다. 결국 나머지는 술집 주인에게 헐값에 팔려 갔다. 아르다거(Ardagger) 소재 수도원에서 나온 인쿠나불라 94권을 포함한 가장 가치 있는 책들은 경매에 부쳐졌고 나머지는 치즈 제조업자에게 포장지로 팔렸다. 인쿠나불라 경매에 참여한 사람도 두 사람뿐이었는데 성직자와 근처 수도원 사서였다. 사서는 자기 한 달치 급료로 책을 낙찰받았는데 그중 한 권을 급료 절반을 받고 즉시 팔았다. 모든 사서가 어리숙하고 세상 물정에 어둡지는 않았고 이런 책의 진가를 잘 알았음을 보여 주는 사례이다. 게다가 우리는 보시우스의 교활한 거래까지 이미 살펴보기도 했다.

특히 고국에 후원자를 두고 유럽 전역에 광범위한 정보망을 가동했던 영국과 프랑스의 도서 중개인들은 이런 식의 투기로 떼돈을 벌기도 했다. 귀한 필사본과 인쿠나불라 확보가 최우선임은 의문의 여지가 없었다. 1806년에 발트하우젠(Waldhausen) 도서관(1147)을 찾은 한 방문객은 자신이 목격한 참상을 다음과 같이 전했다.

도서관은 러시아인이 살았던 곳 같았다. 멀쩡한 게 거의 보이지 않았다. 쥐가 드나들며 모든 것을 갉아먹었다. 이미 너무 많은 이들이 각자 자기 마음에 드는 책을 챙긴 후라 혹시라도 구석에서 살아남은 근사한 10세기 또는 11세기 필사본을 발견한다면 행운이라고밖에 말할 수 없다.[34]

오스트리아 수도원의 약탈품이 분배된 후 고서 수집의 황금시대는 가속화의 일로를 걸었다. 프랑스혁명과 뒤이은 긴 전쟁 덕분에 많은 수도원이 이제 자신들이 소장한 최상급 필사본의 가치가 폭등했음을 알아챈 것이다. 1798년 레겐스부르크(Regensburg) 소재 베네딕트 수도회 소속 성 야고보 수도원의 사서였던 알렉산더 혼(Alexander Horn)은 스펜서 백작(Earl of Spencer)에게 1457년 마인츠에서 인쇄된 시편을 포함해 몇 가지 귀중본을 선물했다.[35]

최대의 격동기는 아직 오지 않았다. 1789년 프랑스혁명 이후 모든 수도원 재산은 국가에 압류됐다. 그때까지 프랑스 수도원 도서관은 약탈에서 살아남았고, 그 결과 몇 군데 장서는 엄청난 규모에 이르렀다. 1789년 생준비에브(St. Geneviève) 대성당 장서는 6만 권이었고, 생제르맹데프레(St. Germain-des-Prés) 수도원 장서는 5만 권이었다.[36] 프랑스 전역의 다른 수도원과 마찬가지로 이 도서관 장서도 지역 자치단체에 넘기라는 명령이 떨어졌다. 해방된 프랑스 대중의 계몽을 위한 도구로 쓰기 위해서였다.

혁명으로 인한 흥분과 고조된 감정이 주도하던 시기에 그렇게 많은 책을 질서 있게 처리하는 것은 불가능했다. 문화예술품을 파괴하고 무자비하게 짓밟는 만행이 곳곳에서 일어났다. 병사들은 도서관을 약탈하고 책에서 찢어 낸 종이로 "파이프에 불을 붙이고 주방 화로에 불쏘시개로 썼다."[37]

더욱이 많은 시의회는 파리 국민의회의 지시를 곧이곧대로 따르진 않았더라도 임무에 최선을 다했다. 신학 서적과 왕권과 귀족 특권을 옹호하는 책들은 보존하면 안 됐다. 이런 책이 혁명 민중의 계몽을 위해 할 수 있는 역할은 없었다. 무너뜨린 귀족계급에 대한 공연한 기억을 떠올리게 하는 귀족 가문의 문장이 찍혀 제본된 책도 모두 없애야 했다. 그러나 이 과제는 고될 뿐만 아니라 자해행위 같은 것이어서 달성 불가능함을 깨닫고 많은 지자체가 수도원 장서를 지자체 도서관에 그대로 통합했다. 통합작업을 끝내고 귀족 구성원들을 처형한 후 지자체 도서관은 극히 비대해졌다. 혁명의 여파가 지난 후 아미앵(Amiens) 도서관의 장서 규모는 4만 권에 달했고, 마르세유와 루앙(Rouen) 도서관은 각각 5만 권 정도였다.[38] 도서관 장서가 시민들이 정말 읽고 싶어 할 만한 책인가 하는 의문은 19세기 내내 제기됐다.[39]

프랑스 혁명정부는 다른 유럽 나라에도 혁명을 퍼뜨리고 싶어 했다. 그러려면 파리를 세계 문명의 중심으로 만드는 일이 최우선 과제였다. 1794년 프랑스 공공교육위원회 의장은 말했다. "우리의 적인 독재정권을 위해 그 노예가 세워 올린 기념물일지라도 일단 우리 수중에 들어오면 그 기념물은 적들이 거기에 부여하지 못했던 영광을 얻을 것이다."[40]

이를 명분 삼아 혁명정부는 유례없이 집중적이고 효율적인 도서관 약탈 시스템을 구축했다. 정부 감독관들은 무제한 재량권을 갖고서 점령지에서 찾을 수 있는 모든 희귀 서적을 끌어모았다. 그들은 고서 전문가이자 사서이자 서적상이었다. 혁명 이전에는 수도원에서 필사본을 매입해 되팔아 먹던 자들이 이제 프랑스 정부에서 급료를 받으면서 강제력을 동원해서 책을 뽑아 갔다. 그들은 확고하고 신속하게 일을 처리했다. 벨기에는 혁명전쟁의 초기 단계인 1794년 프랑스 군대에 점령당했다. 점령된 지 두 달 후 마자랭 도서관의 사서가 벨기에 도서관 여덟 곳을 방문해서 장서 8000권을 챙겼다. 그전에 이미 부르고뉴 도서관에서 필사본 929권을 포함해서 장서 5000권을 실어 보낸 후였다. 감독관들은 특히 유서 깊은 왕가나 귀족 가문 또는 과거 수도원 장서를 노렸다. 이따금 통째로(en mass) 접수하기도 했지만, 대부분 장서를 재빠르게 훑어본 후 필사본과 인쿠나불라만 골라내서 즉시 파리로 보냈다.

1차 프랑스혁명 전쟁이 막바지에 이르렀을 때인 1796~1797년에 프랑스는 전략을 수정했다. 수많은 공국에 방대한 도서관이 있는 이탈리아를 정복한 후 전혀 다른 수단을 마련했다. 노골적으로 도서관을 노리는 대신 휴전 조건으로 각 공국이 필사본 몇 권을 양도할 것인지 명시했다. 모데나 공작은 70권을 내놓았다. 베네치아공화국과 교황은 각각 500권을, 볼로냐는 필사본 506권과 인쿠나불라 94권을 빼앗겼다. 프랑스는 중세 전통을 간직한 유명 도서관을 하나도 빼놓지 않고 꼼꼼히 뒤졌다. 밀라노, 우르비노, 파비아(Pavia), 베로나, 피렌체, 만토바 등 예외가 없었다.

감독관들은 철저히 준비한 목록을 갖고 왔다. 그들에겐 오랜 세월 고서 수집으로 갈고 닦은 안목이 있었다. 파리 국립도서관 사서인 요제프 바실레 베르나르 판 프라트(Joseph-Basile-Bernard van Praet)를 비롯한 일부 감독관은 "고급 양피지 서적을 제외하고, 1500년 이후에 인쇄된 책은 거의 고르지 않았다." 가장 피해를 많이 입은 도서관은 좋은 장서 목록이 있던 곳이었다. 뉘른베르크 시립도서관에서 강탈할 책을 다룬 감독관 목록에는 심지어 책꽂이 번호까지 기록돼 있었다.[41] 1815년 워털루 전투에서 패한 뒤 프랑스는 그중 일부를 반환해야 했다. 그러나 판 프라트는 가장 가치 있는 책들은 숨기거나 잃어버렸다고 둘러대면서 반환작업을 방해했다. 아니면 강탈했던 인쿠나불라보다 열등한 인쇄본으로 대체해 반환했다.

프랑스혁명 이전에는 책의 가치를 영적이고 윤리적인 데 두었다. 책은 학문의 상징이자 사회적 지위와 종교적 신념의 표징이었다. 18세기에 쇄도한 광적인 고서 강탈 경쟁은 국격의 상징으로서 책이라는 새로운 역사 자본을 창조했다. 최대의 아이러니는 그 고서의 내용이 흔히 이 시기의 지적 혁명이 전복하려 했던 바로 그 과거의 철학을 옹호하는 내용이라는 점이다. 그러나 이 모순에 대한 비판은 이런 책을 상품화하고 그 시가를 조종하는 서적상, 경매인, 시속 밝은 사서와 부유한 수집가들에겐 우이독경이었다.

이런 유행이 유럽 전역으로 퍼지면서 19세기까지 이어졌다. 1830년대에는 포르투갈과 스페인이 수도원 폐쇄를 단행했다. 1860년대에 이탈리아가 그 뒤를 이었다. 같은 기간 러시아 통치 아래 폴란드에서 수많은 수도원이 사라졌다. 극빈 상태에 처한 수도사와 탁발수도사는 생존을 위해 장서를 팔았다. 초기 인쇄본이 시장으로 쏟아졌고 곱게 포장된 채 고대 학문과 문명의 상징물로 주로 영국과 미국 부르주아 가정과 공공도서관 책꽂이를 장식했다.

도서 수집광

1748년 체스터필드 백작은 아들에게 몇 가지 조언을 남겼다.

> 양서를 사서 읽도록 해라. 최고의 책은 가장 흔한 책이고, 편집자가 바보만 아니라면 최신판이 최고다. 그들이 이전 판의 부족한 점을 최신판에서 보완할 것이기 때문이다. 판본 종류와 속표지 정보를 너무 신경 쓰지 마라. 진정한 가르침보다 현학 냄새가 풍기기 때문이다. '얼마나 신기한 책인지 알아? 게다가 희귀하다니까…….' 이런 자랑을 일삼는 서적광을 조심해라.[42]

서적광들, 즉 초기 인쇄본 중 가장 희귀한 책만 좇아 광적 경쟁을 벌였던 무리들은 가장 풍요로웠던 18~19세기 개인도서관에 지울 수 없는 흔적을 남겼다. 이런 열광은 도덕적 질병이며 사이렌의 노래라고 비난받았다. 젊은 귀족 중에는 자신이 읽을 수조차 없는 15세기 책을 사려고 가문의 재물을 탕진하는 이들도 있었다. 고서에 대한 무분별한 구매 열기는 과시적 소비의 극단으로 여겨졌다.

서적광들의 수집 열풍은 1812년 악명 높은 록스버러(Roxburghe) 경매 때 절정에 달해서 록스버러 공작의 장서 일부가 터무니없는 가격에 팔렸다. 공작이 소유한 보카치오의 『데카메론』 1471년 초판본(editio princeps)은 숙련공 연봉에 해당하는 2260파운드에 팔렸다. 여론이 들끓었다. '귀족이 사냥과 도박으로 낭비하는 일은 있을 수 있더라도 책은 너무 심하지 않은가!' 정치인 찰스 제임스 폭스(Charles James Fox)가 자기 경주마 두 마리를 각각 2330파운드에 팔았을 때 아무 잡음 없이 지나간 데 비하면 큰 소동이었다.[43]

록스버러 경매 때 기록한 가격이 정점이 됐다. 고서 가격이 터무니없이 부풀려졌다는 공감대가 형성됐고 다음 반세기 동안 고서 가격은 곤두박질쳤다. 그러나 가격이 하향 안정화된 이후 다음 반세기 동안은 반등했다. 가격이 안정되자 서적광들은 새로운 열혈 수집가를 찾아냈다. 록스버러 경매가 마무리될 무렵 특별한 애서가 그룹이 형성됐다. 이름하여 록스버러 클럽이었다. 그 구성원들은 영국 고서 애호가 중에서도 최고를 자처하는 사람들이었다. 클럽의 멤버였던 리처드 헤버(Richard Heber)는 책으로 채운 집만 여덟 채였다. 그는 다음과 같이 말했다.

어떤 사람이라도 같은 책 세 부를 소유하지 않으면 마음이 편치 않을 것이다. 한 권은 전시용으로 저택에 보관할 것이다. 한 권은 본인이 읽거나 참조하기 위한 것이다. 만약 그 책이 너무 좋아 떼 놓고 싶지 않거나 책이 분실되거나 손상되는 걸 원하지 않는다면, …… 지인 대출용으로 한 권을 더 준비해야 할 것이다.[44]

그 클럽 구성원 대다수는 귀족이었지만, 클럽의 창시자이자 가장 헌신적인 회원은 토머스 프로그널 딥딘(Thomas Frognall Dibdin)이라는 성직자였다. 서적상 겸 서지학자로 부자들에게 조언자 역할을 했던 딥딘은 수집광들의 활동과 열의를 전하고 싶다는 생각에 자기 지적 재능 일부를 대중과 공유했다. 그는 「애서가 혹은 서적광(Bibliomania: or Book-Madness)」(1809), 「서지학 데카메론(Bibliographical Decameron)」(1821)이라는 서지학 관련 논문 두 편뿐 아니라 희귀한 고전 출판본을 광범위하게 다룬 지침서를 썼다. 이런 출판물들은 록스버러 클럽이 괴짜들 모임이라는 분위기를 더 강화했지만 딥딘 덕분에 고서 가치에 대한 일반인들의 관심이 높아졌다는 긍정적 평가도 있다.[45]

딥딘은 기술 발전의 거침없는 흐름에 도움을 받았다. 록스버러 경매가 있었던 1812년 처음 증기인쇄기가 시범 가동됐다. 19세기 내내 책 생산과 배포에서 전면적 변화가 일어났다. 그러한 변화가 처음 일어난 근대의 기원에 대한 향수와 애착은 많은 사람이, 특히 사서들이 필사본과 초기 인쇄본에 열중하는 이유가 됐다. 인쿠나불라는 공공도서관 사서가 노리는 가장 맛 좋은 사냥감이 됐다. 1789년 이전까지만 해도 보들리 도서관은 인쿠나불라 단 한 권만 장서에 보탰으나 1860년까지 1700권을 사들였다.[46] 1902년 총 7만 권에 달하는 액턴 경(Lord Acton)의 장서가 케임브리지대학교에 기증됐을 때 수석 사서는 친구에게 "내 눈길을 끄는 책이 한 권도 없었어"라며 한숨 쉬며 말했다. 인쿠나불라가 한 권도 없어서였다.[47]

정치적 변화는 유서 깊은 도서관에도 불가피한 영향을 미쳤다. 시대적 기호의 변천도 영향을 미쳤다. 19세기 말에는 수동 인쇄기 시대에 출판된 책이, 특히 최초 도입기에 나왔던 인쇄본이 미국의 부유한 수집가들뿐 아니라 새로운 국립도서관과 공공도서관의 관심을 끌면서 다시 호황기를 맞았다. 이런 점에서 볼 때, 고서 애호가들은 혁명적 계몽운동에 헌신한 사람들보다 책의 문화적 가치를 잘 이해하고 있었다. 계몽주의자들은 새 책만 사고, 이성에 반하는 책은 단호히 없앴다. 늘 그랬듯 종교 서적이 이런 쓸모없는 책 없애기 유행의 희생양이었다. 서적광들의 어리석은 욕망을 아무리 비웃더라도, 부자 개인 수집가들 덕택에 이런 쓸모 잃은 책이 계몽운동의 혁명적 열기가 수그러들 때까지 머물 안식처를 찾을 수 있었다. 19세기 말과 20세기에 초기 인쇄본이 경매장에서 예외 없이 고가에 낙찰되면서 은신 중인 책들이 시골 저택과 귀족 장서로부터 다시 모습을 드러냈다. 그때 이후로 초판본 인기는 지금도 여전하다.

5부

소설의 시대

13장

대여도서관 전성시대

1727년 가을, 펜실베이니아주 필라델피아에서 친구들이 모여서 독서를 통해 생긴 관심사를 서로 나누었다. 이들은 필라델피아 사회의 주류가 아니었다. 무리 중 세 사람은 같은 인쇄소에서 일했다. 나머지는 유리장이, 측량사, 가구장이, 가게 점원이었다. 그들은 탐구심과 지칠 줄 모르는 자기 계발 의지로 뜻을 함께했다. 이런 취지에 대해 모임 주최자인 벤저민 프랭클린(Benjamin Franklin)만큼 확고한 뜻을 품은 사람도 없었다.[1] 프랭클린은 각자의 책을 하나의 목록으로 모아서 함께 이용하도록 하자고 제안했다. 그로부터 4년 뒤인 1731년 프랭클린은 한발 더 나아가 이 도서관을 더 많은 필라델피아 시민과 공유하는 구상을 했다. 가입료와 연간 이용료만 납부하면 함께 이용할 수 있는 도서관을 열 수 있다는 것이었다. 그렇게 해서 세계 최초의 회원제 도서관인 필라델피아 도서관 조합이 탄생했다. 다른 많은 회원제 도서관과 달리 필라델피아 도서관 조합은 현재에도 여전히 존재한다.

　그 후 100년간 회원제 도서관은 아메리카 식민지와 영국,

그리고 유럽 대륙 전역으로 퍼져 나갔다. 그동안 세상도, 책의 세계도 몰라볼 정도로 변모했다. 유럽과 미국에서 인구가 급증했고 사람들의 문해력도 꾸준히 증가했다. 새로운 운송수단이 이전에는 서로 만나지 못했던 공동체를 이어 주었고 독서가도 늘어났다. 증기 인쇄기를 돌리면서 책, 잡지, 신문 등 다양한 읽을거리가 출판됐다. 정치개혁, 기업가정신과 산업화는 자기 노동으로 만든 부와 분배 관련 의사결정에서 자기 몫을 요구하는 사람들의 사회적, 정치적 기대치를 바꾸었다. 이 모든 것이 도서관 발달에 영향을 끼쳤다.

새로운 독서 계층은 대개 회원제 도서관이 조성하는 안락한 중산층의 사교활동에서 소외됐다. 대신 그들은 새롭게 등장한 상업적 대여도서관(circulating library)을 이용했다. 대여도서관은 공장 작업장과 방직기에서 풀려난 독자들에게 아까운 여가를 느긋하게 보낼 수 있도록 소설과 도피문학을 제공했다.

새롭고 더 서민적인 대여도서관은 처음에는 서적상들이 운영했고, 서적판매업에 대한 부업 정도로 시작됐다. 19세기 중반 무렵에는 성공적인 대여도서관은 그 규모와 영향력에서 회원제 도서관과 맞먹을 정도로 성장했다. 대여도서관과 회원제 도서관은 근본적으로 달랐다.

회원제 도서관은 이따금 대규모 도서관도 있었지만, 정규 회원만 이용했고 필라델피아 도서관 조합이 세웠던 자기계발이라는 고귀한 원칙을 고수하는 이사회가 엄선한 책이 비치됐다. 회원제 도서관의 규약과 장서 목록은 역사, 과학, 농업, 지도, 도감 등 유익한 책을 우선으로 삼음을 보여 주었다. 가벼운 읽을거리를 제공하지 않는 것은 아니지만 이를 내세우지는 않았다.

대여도서관이 등장한 후에야 대중들은 자신들 취향에 맞는 책을 골라서 여가 즐기기에 탐닉할 수 있었다. 그들은 압도적으로 소설, 탐정소설, 로맨스 소설 등 허구적 이야기를 좋아했다. 덤으로 실존 인물의 모험 여행 이야기도 즐겼다.[2]

이 모든 변화는 이전의 다소 근엄하고 반듯하던 도서관의 세계에 획기적 변화가 생겼음을 보여 준다. 18세기 중엽까지도 도서 수집은 일부 계층의 전유물이었다. 귀족과 왕족, 주교와 종교집단, 대학과 대학 졸업자들과 같은 전문가 계층들만 자기 장서를 마련했다. 책은 살 돈과 읽을 시간이 있는 소수 특권층의 전유물이었다. 남녀 구분 없이 엄청난 규모의 독서인구가 새로운 독서 집단으로 편입됐지만 이런 장서에는 거의 접근할 수 없었다. 어쩌다 접근하더라도 그 내용물에 전혀 영향을 미치지 못했다. 회원제 도서관과 그 당돌한 사촌 동생 같은 대여도서관은 이용자들에게 최초로 읽을 책에 대한 권리를 부여했다. 회원제 도서관은 회원들이 원하는 책을 골랐고, 대여도서관은 운영자들이 경제적 타산을 위해 고객 입맛에 맞는 책을 바쳤다.

이 변화는 도서관 세계에 큰 논란을 불러왔다. 책 수집가와 권위 있던 공공도서관 관리자들은 지식과 취향의 중재자라는 전통적 역할을 포기할 생각이 없었다. 유익하지는 않더라도 시간 가는 줄 모르게 읽을 수 있는 재미있는 책을 대중에게 어느 정도 허용해야 하는가는 18~19세기에 아무리 따져도 끝나지 않는 논쟁거리였다. 도서관에서 소설이나 신문이나 잡지가 갖는 위상에 대한 숱한 갑론을박에도 19세기가 끝날 즈음에 도서관은 몰라볼 정도로 달라졌다.

가장 결정적 변화는 도서관이 마침내 라틴어의 긴 지배에서 벗어났다는 점이다. 필라델피아에서 프랭클린이 도서관을 위해 주문했던 책들은 모두 영어 서적이었다. 이런 관행은 대다수 회원제 도서관과 모든 대여도서관에서는 당연한 일로 여겨진다. 학교에서는 여전히 라틴어가 중요 역할을 했고 대학도서관의 긴 서가는 고전 언어로 된 책으로 차 있었다. 그러나 19세기 이후 교과과정의 현대화에 대한 시급한 요구, 과학과 공학 교육의 중요성이 점점 커지면서 비로소 고전 교육의 전통적 우위가 서서히 무너졌다.

이런 큰 변화는 유럽 대륙이 정립한 전통적 도서관이라는 고정관념에서 벗어나면서 시작된 의미심장한 진화와 함께 일어났다. 미국은 도서관 발달에서 점점 중대한 역할을 했는데, 그 첫 번째 사례가 회원제 도서관의 혁신이었다. 19세기 미국은 공공도서관 부활에 주도적인 역할을 했다. 미국에서 급속히 증가한 독서인구와 다양한 산업화에 적응한 인구 집단은 '대중'에 대한 정의를 다시 내리게 할 정도였다. 유럽의 식민지 확장은 세계의 다른 지역에 유럽식 도서관 문화의 이식을 도왔고, 보편적 현상으로서 벌어질 도서관 세계화에 미약한 싹을 제공했다.[3]

회원제 도서관과 대여도서관이 급속히 성장하면서 최초로 책의 대여가 소유의 대안으로 등장했다. 이 또한 중대한 발전이었다. 물론 모든 시대에 읽거나 탐구하기를 원하는 사람은 지인에게 책을 빌렸다. 그러나 18세기 이전만 해도 대여는 기본적으로 자기 장서를 소유한 사람들 사이에서 상부상조하는 행위였다. 이제 새로운 도서관 시스템의 등장으로 책에 대한 접근은 수월해졌고 독자들은 다시는 읽지 않을 책으로 자기 방을 어지럽히지 않고도 마음껏 책을 읽는 게 가능해졌다. 그 결과 책의 소유 행위와 읽는 행위의 연계성이 19세기 때보다 더 미약했던 적은 이전에도 이후에도 없었다.

독자 수의 막대한 증가와 책에 대한 접근성의 간편화가 공공도서관 성장에 필요한 동력을 제공했다. 더 많은 대중에 다가서는 게 중요하다는 의식도 강해졌다. 실제로 제한된 서비스만 제공하거나 유료 회원만 이용할 수 있는 많은 도서관 이름에 '공공'이라는 단어가 붙은 것을 보면 알 수 있다. 그러나 만약 당시의 '공공도서관'을 오늘날의 관점, 즉 지역 주민 모두 자유롭게 이용할 수 있고, 책도 공짜로 빌려주며, 납세자 돈으로 운영되는 시설물이라는 관점에서 보면 19세기가 끝날 때까지도 공공도서관 발전은 지체된 것처럼 보인다. 여러 측면에서 볼 때 회원제 도서관과 대여도서관의 성공은 공공도서관 발달을 촉진하기보다 지연시켰다. 도서 이용자는 더 배타적인 회원제 도서관의 특별한 분위기를 원하거나, 못마땅한 표정으로 감시하는 사서가 없는 대여도서관에서 눈치보지 않고 마음껏 소설을 읽고 싶어 했다. 이 기간 내내 공공도서관이 의도만 좋았던 17세기의 교구 교회도서관과 같은 전철을 밟을지 또는 현재 같은 모습을 보일지는 아무도 알 수 없었다.

책과 독서 행위의 교육적 가치를 옹호하는 사람들에게 이 문제는 점점 더 긴급해졌다. 겉으로 보이는 현상과 달리 읽을거리의 거대한 변동이 밑바닥으로부터 부글거리고 있었다. 도서관은 가벼운 읽을거리를 얕잡아 봤지만, 출판산업의 에너지는 점점 그쪽으로 쏠리고 있었다. 서적상의 판매고 대부분도 이런 책들이 차지했다.[4]

19세기에 새로 등장한 노동자계급을 위한 소설은 그 자체로 산업이 됐다. 그들은 빠르게 읽히는 사랑과 범죄와 응징에 관한 책을 싼값에 사서 읽은 뒤 곧장 처분했다.[5] '10센트 소설' 또는 '싸구려 범죄물'은 도서관의 골칫거리였다. 열람자들을 저질 읽을거리로부터 차단하겠다는 도서관의 원칙과 기필코 그 책들을 읽어야겠다는 독서 대중의 욕망이 한 치 양보 없이 부딪쳤다. 유익함과 재미 사이의 다툼, 소설에서 무엇이 천박하고 무엇이 도덕적으로 용납하기 힘든 것인지를 따지는 미묘한 논쟁은 도서관 관리자들과 새로 등장한 전문 사서 집단을 20세기 내내 괴롭힌 쟁점이었다.

회원제 도서관

필라델피아에서 벤저민 프랭클린과 함께 모여 진지한 토론을 했던 숙련공 친구들은 회원제 도서관의 전형적 구성원이 아니었다. 북아메리카에서 사교를 겸하는 도서관 대부분은 도시 엘리트들이 후원했다. 그들은 최초 후원자의 대부분을 차지했고 소통 방식도 그들이 결정했으며, 어떤 책까지 허용할 것인지도 그들이 재가했다. 과거 뉴잉글랜드의 청교도 식민지에서 도서관이 가장 활발히 성장했음을 상기하면 별로 놀랍지 않다. 최초 정착한 이후 필라델피아는 계속 책을 좋아하는 사회였다. 또 이곳은 가장 긴밀한 도시 내 소통망이 있었고 보스턴과 강 건너 하버드까지 포함하면 미국 문화의 주요 상징 중 두 곳을 보유하고 있었다.

　필라델피아 도서관 조합이 설립된 지 2년 후인 1733년 코네티컷(Connecticut)주 더럼(Durham)의 시민 여덟 명이 도서관 설립에 마음을 모았다. "독서를 통해 얻는 유용하고 유익한 지식으로" 마음의 양식을 얻기 위해서였다.[6] 로드아일랜드(Rhode Island)주 뉴포트(Newport)에 레드우드 도서관이 설립되기 전 코네티컷의 마을 다섯 곳이 도서관을 세웠다. 에이브러햄 레드우드(Abraham Redwood)가 유산 500파운드를 출연하면서 도서관 설립이 가능해졌고 이는 지역 유지의 기부로 공공도서관을 설립하는 두 번째 유형의 모범을 보여 주었다. 1758년 설립된 최초의 보스턴 도서관 중 두 곳, 즉 프라이스 도서관과 뉴잉글랜드 도서관도 토머스 프라이스(Thomas Price)의 유산을 바탕으로 세워졌다. 뉴햄프셔(New Hampshire)주 포츠머스(Portsmouth) 시민들은 공익복권이라는 세 번째 방식으로 기금을 조성했다. 1780년 뉴잉글랜드의 51개 군구에도 도서관이 들어섰다.[7]

독립전쟁이 끝난 후 도서관 설립은 재개됐다. 1786~1815년 사이에 576곳이, 1850년 전까지 465곳이 건립됐다. 몇 군데는 좀 더 특별히 회원 자격을 제한했다. 어린이도서관, 청년도서관, 매사추세츠주 콩코드(Concord)의 농업도서관, 유명한 기계공과 견습공 도서관 등이 있었다. 전체적으로 도서관들이 문화 융성과 교양 사회의 발달을 촉진하는 데 큰 공헌을 했다는 점에는 의문의 의지가 없다.

그러나 이 도서관들이 민주적 운영으로 시민에게 권한을 부여했다고 과대평가한다면 이는 사실이 아니다. 회원 자격은 17세기부터 자기 장서를 수집해 온 전문가 계층의 지지를 받는 소수 상업 엘리트에게만 허용되는 경우가 많았다.

미국에서는 책 공유가 훨씬 더 유익했다. 19세기 중엽까지도 당장 급한 출판물을 제외하고 거의 모든 출판물을 런던에서 수입해야 해서 비용 부담이 엄청났다. 그 결과 이런 친목 도모를 위한 도서관 규모는 크지 않았다. 도서관 1045곳 중 81곳만이 1000권 이상 책을 보유했다. 17세기 네덜란드공화국의 변호사나 목사도 보유할 만한 규모였다. 친교를 위한 도서관 회원이 되면 널찍하고 쾌적한 공간에서 신문을 읽거나 도시의 다른 유력 시민을 만날 수 있다는 점이 많은 시민에게 큰 매력이었다. 이런 편안하고 화목한 분위기는 잭슨 대통령 시대의 맹렬한 대결 정치로 금가게 된다. 이를테면 뉴햄프셔주 포츠머스의 민주당 지지자들은 포츠머스 아테나이움(Athenaeum) 도서관에 맞서 자신들의 도서관을 따로 열었다.[8] 1850년 무렵 뉴잉글랜드의 많은 도시에는 친목도서관이 하나 이상 있어서 이런 당파적 분열을 조장하곤 했다.

포츠머스의 민주당 전용 도서관처럼 이런 도서관 중 대다수는 오래 살아남지 못했다. 오히려 많은 곳은 창립회원들이 아직 생존해 있을 때 없어졌다. 초기 뉴잉글랜드 도서관 중 설립 이후 50년 이상 지속된 곳은 겨우 13퍼센트에 불과했다.[9] 회원제 도서관을 필라델피아 도서관 조합, 뉴욕 친목도서관, 보스턴 아테나이움 도서관 같은 드물게 생존한 경우만을 근거로 판단하는 것은 불가피할지도 모른다. 찰스턴 북동쪽에 있는 찰스턴 친목도서관은 1748년 "대영제국에서 이따금 출판되는 새 팸플릿과 잡지를 수집하기 위해" 기금을 모아 설립됐다.[10] 아메리카 대륙에 출판산업이 태동해 상당한 수준의 출판물을 생산함으로써 마침내 영국이라는 탯줄을 잘라 버리기까지는 그 후로도 100년 더 세월이 흘러야 했다.

영국에서 회원제 도서관이 생기는 데 시간이 더 걸린 것은 부분적으로 시골에 많았던 대안 시설들 탓이었다. 18세기 초반 대유행했던 커피하우스가 신문 공급처 역할을 했고, 일부는 상당한 규모의 장서도 축적했다. 주로 당시 정치 쟁점에 관한 팸플릿과 풍자시가 읽을거리 대부분을 차지했다. 그런 읽을거리는 런던의 시티(City: 런던의 상업 및 금융 중심가—옮긴이)와 법학원(Inns of Court) 주변의 커피하우스에 모인 뉴스에 밝은 고객들에게도 인기 있었다. 읽을거리는 단골손님에게는 겨우 1실링에 제공됐지만 뜨내기 고객도 이용할 수 있었다. 제임스 보스웰(James Boswell)은 출판업자에게서 자기 책을 구하려다 실망한 후 곧장 챕터라는 커피하우스에 들렀는데 그곳에서 자기 책을 쉽게 찾았다.[11]

커피하우스는 회원제 도서관이나 더 단명했던 북클럽처럼 대인관계에 대한 부담 없이 손쉽게 신문이나 잡지를 접할 기회가 됐다. 북클럽은 지금은 대체로 사라졌지만 조지 왕조 시대에는 수백 곳 이상 있었던 것으로 보인다.[12] 북클럽은 지역 소도시에서 인기가 있었다. 그곳 독서가들은 대도시나 지방 중심도시에서 벌어지리라 상상되는 지적 대화에 목말라 있었고, 북클럽이 그 대화를 가능하게 해 줄지 모른다고 생각했다. 이들은 대개 여섯 명에서 열두 명 정도 친구를 모아 북클럽을 결성했고, 회원들 집이나 선술집에서 만났다. 회비를 추렴해 책을 사고 연말이 되면 책을 처분했다. 영구적 장서를 구축할 계획은 없었다. 북클럽은 여성이 참여하기에 커피점보다 편했다.

신문읽기 클럽도 언급하지 않을 수 없다. 이는 이웃 몇 사

도판 16. 포르티코 도서관 열람실. 이 회원제 도서관은 1806년 맨체스터에서
개관했고 현재에도 남아 있다. 회원 400명으로 시작했고 대부분 소설로
이루어진 장서 2만 권을 보유했다. 도서관은 회원들의 다양한 영적 신념을
존중해서 신학책은 들이지 않았다.

람이 모여 신문을 읽는 훨씬 격의 없는 모임이었다. 19세기 초반 10년 동안 특히 활발했던 신문읽기 클럽은 장대한 도서관 역사에 거의 발자취를 남기지 못했으나 회원들이 책보다 신문이나 정기간행물을 더 많이 탐독했던, 그보다 값비싼 회원제 도서관의 또 다른 대안을 보여 주었다.

이 모든 대안적 형태의 독서 모임에도 1750~1850년까지 급성장한 영국 북부의 산업도시와 항구도시에서는 대체로 회원제 도서관이 대세가 됐다. 1758년 새로 설립된 리버풀 도서관은 "지식 함양을 추구하는 신사 숙녀를 위해" 흥미로운 읽을거리를 제공한다고 광고했다. 1800년 무렵에는 회원제 도서관 100여 곳이 영국 전역에 퍼졌다. 아메리카보다는 훨씬 적었지만 점점 커지던 영국 시민문화의 자부심을 생각하면 상당한 규모였다.

포르티코 도서관은 1806년 맨체스터 중심부에 멋진 신고전주의 빌딩을 세우자고 의기투합한 400명이 기금을 내 설립됐다. 1814년 이 지역의 한 신문은 포르티코 도서관에 이름을 올리지 않으면 "맨체스터 교양층에 속하지 않음을 자임하는 것"이라고 슬쩍 말했는데 근거 없는 주장은 아니었다.[13] 정치개혁가 리처드 코브던(Richard Cobden)이 초기 회원이었고, 소설가 엘리자베스 개스켈(Elizabeth Gaskell)의 남편으로 유니테리언 목사였던 윌리엄 개스켈(William Gaskell)이 최장수 관장이었다. 행정과 회계를 처음 담당했던 피터 마크 로짓(Peter Mark Roget)은 이 도서관 열람실에서 유명한 유의어사전인 『시소러스(thesaurus)』의 작업에 착수했다. 수상을 두 번 역임했던 로버트 필(Robert Peel), 1819년 피털루(Peterloo)에서 기마병 공격을 지휘했던 휴 혼비 벌리(Hugh Hornby Birley)도 회원이었다(맨체스터 세인트피터 광장에서 열린 민중 집회를 무장 기병대가 습격해서 열한 명이 죽고 400여 명이 다친 피털루의학살을 말한다. 피털루라는 말에는 피터 광장에서 비무장 시민을 상대로 워털루전투를 벌인 꼴이라는 야유가 담겨 있다—옮긴이). 특히 중요한 회원은 공공도서관법의 최초 발의자에 속했던 제임스 헤이우드(James Heywood) 하원의원이었다.

이 사례에서 볼 수 있듯, 주요 산업도시의 도서관은 다수의 회원을 확보했고 덕분에 방대한 장서를 마련할 수 있었다. 1800년 리버풀 도서관 회원은 893명에 달했고, 그 시점에서 회원 모집을 마감했다. 도서관 가입 열기를 이어 가기 위해 리버풀 아테나이움 도서관이 설립됐고, 1820년 무렵에는 회원 502명을 더 확보했다. 많은 도서관이 장서 목록을 제작했는데 회원 편의를 도모하고 보유 장서를 광고하기 위해서였다. 애석하게도 그중에서 남아 있는 목록은 거의 없다. 1830년 리버풀 도서관이 2만 1400권을, 1798년 브리스틀 도서관은 5000권을 보유했다는 정도만 확인될 뿐이다. 오늘날 맨체스터 포르티코 도서관은 장서 2만 5000권을 소장하고 있는데 거의 모든 책이 19세기부터 전해진 것들이다.

많은 대형 회원제 도서관은 고속 성장 가도에 올랐던 북부 산업도시들에서 적극적으로 설립됐다. 이들은 새로운 시설과 공공건물을 세워 자신들의 부를 과시하고자 했다. 요크, 슈루즈베리(Shrewsbury), 랭커스터 같은 지방 중심도시에서는 회원제 도서관이 농경생활의 단조로운 리듬에 대도시의 세련된 감성을 더해 주었다. 다양한 사람들이 이런 지역도서관 회원이 됐다. 시골 신사에게 도서관은 도시를 방문했을 때 편하게 몸을 둘 수 있는 정다운 장소였다. 군인과 퇴역 해군 장교도 있었다. 독서와 관련되면 빠지지 않는 시골 변호사와 영국국교회 성직자들도 방문했다.

이런 인적 구성은 장서 구성에 영향을 끼쳤다. 신학 서적이 큰 자리를 차지했고 설교집도 여러 권 있었다. 감리교와 국교에 반대하는 교회가 위력을 떨치던 공업도시였다면 도서관은 곧장 분쟁지역이 됐을 것이다. 또한 시골 도서관은 여성에게 호의적이었다. 여성들은 회원제 도서관 가입자의 10~20퍼센트를 차지했다. 그보다 훨씬 많은 여성이 남성 친지를 통해 책을 빌렸다. 18세기에 여성 독자들은 확장일로에 있던 책 세상에서 유력 세력으로 빠르게 성장하고 있었다.

깨어나라!
ㅡㅡㅡㅡ

18세기 말에서 19세기 초, 나폴레옹전쟁이 끝날 무렵 닥친 급진적인 격동의 시대에 영국 회원제 도서관에 다시 어려운 시절이 찾아왔다. 불온한 급진주의가 프랑스로부터 영국으로 번질지도 모른다는 두려움이 사사로운 도서관의 회원이라는 사실도 의혹을 사게 했다. 많은 회원이 조용히 탈퇴했다(그들은 1820년대에 되돌아왔다). 그러나 도서관이 어떤 특별한 목적의 수단이 될 수는 없었다. 게다가 책 선정 소위원회의 엄격한 도서 선택은 대체로 혁명적 감성의 침투를 막는 충분한 방어책이라고 여겨졌다. 유럽 대륙의 상황은 딴판이었다. 그곳에서 회원제 도서관은 정치개혁을 위한 진보적 열기를 각성시키는 잠재적 온상이었다.

프랑스 독서클럽은 서적상이 운영하던 영어 사용국의 회원제 도서관과 대여도서관의 특징이 반반 섞인 형태였다. 독서클럽은 연회비를 받고 회원에게 열람실을 제공했다(뜨내기손님에게는 별도의 조항이 있었다). 몇몇 대형 클럽에는 신문과 책을 위한 별도 공간을 마련하기도 했다. 그러나 독서클럽은 종종 출판업자를 겸했던 클럽 운영자가 전적으로 책 선택 권한이 있다는 점에서 영어권 회원제 도서관과 큰 차이가 있었다. 또한 회원들이 책을 집으로 가져갈 수도 있었다.

1815년 부르봉 왕정복고와 1848년 2월 혁명 사이 30여 년 동안 프랑스는 전쟁으로 고갈된 여력을 회복할 여유를 얻었다. 그러나 정치적 분위기는 여전히 아슬아슬했다. 권력은 나폴레옹 포고로 시작된 언론에 대한 강압적 통제를 완화할 생각이 전혀 없었다. 독서클럽을 운영하려는 사업자는 경찰 승인을 받아야 했다. 클럽이 반란을 키우는 숙주가 될 수 있다고 의심했던 경찰 당국은 이들을 면밀하게 검열했다.

1818년 노르망디 캉 지역의 행정 수반은 불온 저작물을 돌려봤다는 이유로 한 독서클럽 운영자를 고발했다. 운영자는 급진 사상에 동조해서가 아니라 먹고살기 힘들어서였다면서 잘못을 시인했다. 문제가 된 도서 목록도 공개됐다. 스탕달의 소설 『뤼시앙 뢰뱅(Lucien Leuwen)』에는 낭시(Nancy)에서 한 젊은 장교가 독서클럽 단골이 되어 불순한 책이나 본다고 상관에게 혼쭐 나는 장면이 나온다. 그 상관은 독서클럽을 급진적 자코뱅주의자 소굴로 믿었지만, 그 불쌍한 장교는 모차르트의 〈돈 조반니(Don Giovanni)〉에 관한 평을 읽었을 뿐이었다.[14]

물론 스탕달 같은 소설가는 어떤 식으로든 독서 금지에 탄식했을 것이다. 출판업자 알렉상드르니콜라 피고로(Alexandre-Nicolas Pigoreau) 또한 독자들에게 다음과 같이 경고하지 않을 수 없었다. "독서클럽은 경찰의 삼엄한 감시 아래 있습니다. 그들은 소설 유통을 끝장낼 각오를 한 듯합니다." 그러나 실제로 그러기 쉽지 않았을 텐데, 클럽의 도서는 주로 소설이 대부분이었고 대중소설과 진지한 문학이 섞여 있었기 때문이다. 회원 대부분은 예술가, 학생, 전문직 종사자였다. 영국의 회원제 도서관과 대여도서관과 마찬가지로 이런 독서클럽의 지속적 운영이 가능했던 것은 독자들 대부분이 개인적으로 구입해서 보기에는 소설 가격이 너무 비쌌기 때문이다. 프랑스의 경우 소설 가격은 후에 오히려 더 비싸졌는데 출판업자들이 보수적 경영으로 비용 절감 기술에 투자하지 않으려 했기 때문이다. 결과적으로 독서클럽 수는 급증했는데 파리만 해도 1820년 32곳에서 1850년 226곳으로 늘어났다. 프랑스 전체로 보면 적어도 400곳이 더 있었다.[15] 규제 손길이 닿지 않았던 많은 클럽에는 더 다양한 고객들이 이따금 10상팀(centime: 프랑스의 화폐단위—옮긴이) 정도를 내고 소설 한 권을 대여해 갔다.

18세기는 독일 도서관 문화에도 고난의 세월이었다. 당시 독일은 크고 작은 공국 355국으로 분열돼 있었기에 통합된 시장을 형성하거나 프랑스에서 자주 시도된 것처럼 도서관의 전면 개혁이 쉽지 않았다.[16] 몇몇 명망 있는 학자 사서들[그중에는 바이마르(Weimar)와 예나(Jena)에서 대공도서관을 연이어 관리했던 괴테도 있었다]의 활동은 전체적으로 도서관과 관련된 사서들의 노력 부족을 약간 가려 주었다.[17] 대학과 궁궐의 장서는 독서가 대부분에게 접근 자체가 불가능했다. 시립도서관은 물려받은 장서에 짓눌려 신음했고, 이런 장서를 혁신하는 데 필요한 동기부여도 거의 없었다.

18세기에 독서협회가 책에 대한 접근성을 높여 준 가장 강력한 도구였다면, 19세기에는 대여도서관이 그 역할을 했다. 독서협회는 1720년대에 처음 등장해서 18세기 중반에는 대세가 됐다. 1800년이 되면 독일어권에서 독서협회 600곳에 등록된 회원이 총 25만 명이었다.[18] 독서협회는 일반적으로 소규모였고 다양하기 짝이 없는 회원을 두고 있었다. 어떤 곳은 서적상이 운영하는 대여도서관이었고, 어떤 곳은 오직 잡지만 취급했다. 자금이 넉넉한 독서협회는 공간을 대여하고 그들만의 도서도 사들였다. 계몽된 회원들 다수가 당대의 정치에 관심을 보이면 불가피하게 당국의 감시를 받았지만 독서협회가 정치 참여에 특별히 적극적이었던 것으로 보이지는 않는다. 협회가 한 가장 중요한 역할은 세력은 점점 커지는데도 귀족과 군주의 거대한 장서에 접근할 수 없었던 중산층의 박탈감을 누그러뜨리는 것이었다.

독서협회는 회원들을 중심으로 비교적 배타적으로 운영되었기 때문에 상업적인 대여도서관의 설립 여지가 커졌다. 다른 나라와 마찬가지로 대여도서관은 광범위한 독서시설을 망라했다. 최고급 대여도서관의 경우, 열람실과 함께 독자적 공간을 유지하는 것은 기본이고, 신간 전시 공간뿐만 아니라 심지어 카페나 음악실을 갖춘 곳도 있었다. 많은 곳이 장서 목록을 발간했는데 여기서도 소설의 거침없는 약진이 확인된다. 장서 목록은 구시대 유물 같은 기사도소설부터 알렉상드르 뒤마(Alexandre Dumas)와 월터 스콧을 지나 범죄소설까지 대중적 독서 취향의 꾸준한 변화를 보여 준다.[19]

1777년 취리히의 호프마이스터(Hofmeister) 독서협회는 도서 총 1600종 4617권을 제공했다. "숙녀들이 즐겨 읽는 책(Amusement pour les dames)"을 따로 분류해 놓는가 하면,『로빈슨 크루소』의 인기를 의식해 '로빈슨이 겪은 수많은 모험'이라는 재미있는 분류도 있었다.[20] 독일 대여도서관 장서 목록을 보면 영어권 저작이 은근히 독자층을 넓혀 가는 것을 확인할 수 있는데 그중에서도 월터 스콧은 프랑스에서도 상당한 독자를 확보했다. 19세기가 진행되면서 점점 더 많은 프랑스와 영국 작가들 책이 원문 그대로 독일 독자들에게 제공됐다. 1882년 빈의 디른뵈크(Dirnböck) 독서협회가 보유한 책 중에 4분의 1 정도를 외국 저자 책이 차지했다.

젊은 여성을 타락시키기에 딱 좋은 것

영국과 미국의 회원제 도서관, 독일의 독서협회, 프랑스의 독서클럽은 대체로 사회적 신망이 높았다. 하지만 무늬만 비슷하고 정신없고 저속해 보이는 대여도서관은 전혀 달랐다. 남성 시민들이 자기 아내와 딸, 견습공과 종업원, 감수성 예민한 청년들에게 미칠 영향에 대해 우려하는 동안 대여도서관은 서서히 태풍의 눈으로 변했다. 태풍은 도서 시장의 급속한 팽창과 함께 더욱 커졌다.

대여도서관은 포르노그래피 전파의 주역이자 건전한 정신을 좀먹는 오물이라고 비난받았다. 19세기에 도서관이 도덕의 수호자로 새로운 사회적 책임을 심각하게 받아들이자 그에 대한 반발로 검열관이자 위선자이라는 비난도 쏟아졌다. 이런 비난은 19세기 중반 영국에서 특히 심했다. 당시 정통 문학 시장은 찰스 에드워드 무디(Charles Edward Mudie)와 W. H. 스미스(W. H. Smith)라는 걸출한 빅토리아시대 기업가 두 사람 손에 완전히 양분됐다. 이들 두 도서관 사업가가 도서 시장에 미친 영향을 살피다 보면 도서관 역사에서 더 많은 이들이 알 만한 가치가 있는, 엄청나게 흥미진진한 에피소드가 펼쳐진다.

서적상이 고객에게 대여료를 받고 책을 빌려주는 관행은 적어도 1661년 정도부터 찾아볼 수 있다. 그러나 기록으로 남은 최초 대여도서관은 에든버러의 시인 앨런 램지(Allan Ramsay)가 운영했다. 1725년 램지는 연회비를 받는 대여도서관을 개장했고 페니퀵(Penicuik)의 존 클러크(John Clerk) 경이 "1년 치 읽을거리"에 10실링을 치렀다.[21] 1박 2일로 빌리는 것도 가능했다. 1740년 램지는 가게를 존 야이르(John Yair)에게 팔았다. 이렇게 대여도서관을 돈 받고 넘기는 일도 이후 관행이 됐다. 영국 전역에 수백 곳의 대여도서관을 확인할 수 있지만 그중 많은 곳은 오래 지속되지 못했다. 파산한 대여도서관의 서적들은 때때로 새 도서관 서고를 채우곤 했다. 모든 우여곡절에도 18세기 중반 이후 대여도서관은 독서 습관에 큰 변화를 불러왔다.

대여도서관 전성시대는 램지의 은퇴 후에 시작됐다. 런던에서 서적상으로 성공한 사업가들이 대여도서관을 개장했다. 우연히 이 무렵 소설 출판도 급증하기 시작했다. 1750년과 1779년 사이에 적어도 소설 800종이 출간됐다.[22] 많은 대여도서관 사장은 출판업자이기도 했고, 그중 형제지간인 프랜시스 노블(Francis Noble)과 존 노블(John Noble)이 가장 유명했다. 형제는 1744~1789년에 소설 200종을 출판했는데 그중 대부분은 대여도서관에 팔렸다.

노블 출판사에서 출판한 많은 책은 위대한 문학을 자처하지 않았다. 패니 버니(Fanny Burney)는 소설 『세실리아(Cecilia)』의 마지막 부분을 수정해야 할 것 같다는 제안을 출판사로부터 받았을 때 냉담하게 말했다. "노블 씨의 대여도서관에 비치된 아무 소설이나 골라서 그 마지막 페이지로 대체하는 것으로 족하겠군요. 그 책들의 결말은 하나같이 화해와 결혼, 그리고 어떤 갑작스러운 행운으로 부자가 되는 거잖아요."[23] 문학 비평도 그에 못지않게 신랄했다. 1773년 노블에서 출판된 『그를 잃는 방식(The Way to Lose Him)』이라는 소설을 《런던매거진》은 이렇게 혹평했다. "오로지 대여도서관용으로 쓰인 소설로, 아직 타락하지 않은 젊은 여성을 타락시키기에 맞춤하다."[24] 소설가인 헨리 매켄지(Henry Mackenzie)도 그런 소설을 "그 천박함으로 비난받고 그 부도덕함으로 배척당하는, …… 대여도

서관이 낳은 비속한 허접쓰레기들, 저속한 소설 나부랭이들"이
라면서 비난했다.[25]

대여도서관이 해로운 영향을 미치는 것으로 인식되면서 규
제 필요성을 외치는 목소리가 높아졌고 심지어 강제 폐관해야
한다는 주장도 있었다. 1773년에는 "법률이 제정되어야 할 것
이고 그 법률에 따라 대여도서관을 규제해야 할 것이다. 도서관
운영자들은 …… 순진한 사람을 등쳐 먹는 기생충이고 그들을
타락시키는 사회의 암적 존재"[26]라는 말이 나올 정도였다. 걸핏
하면 대여도서관은 사창가나 싸구려 술집에 비유됐다. 이런 도
덕적 비난은 대중들 의식 속에 각인된 대여도서관이 허황한 이
야기를 유통하는 곳이라는 선입견과 연관이 있었다. 활발한 작
품활동을 하던 마리아 에지워스(Maria Edgeworth)는 1789년 이
렇게 썼다. "비록 내가 누구보다 소설을 좋아하지만 음주가 육
체에 그렇듯 소설이 심성에 어떤 영향을 미칠지 모른다는 걱정
이 든다."[27]

그러나 대여도서관 장서 목록을 유심히 살핀다면 전체 도
서에서 소설 비중이 놀라울 정도로 적음을 알 수 있다. 1755년
스트랜드(Strand) 거리의 서적상 토머스 론즈(Thomas Lowndes)
의 장서 목록에는 이탈리아어와 프랑스어로 된 저작물을 포함
해서 도서 수천 종이 있었다 역사물, 서지학, 신학 서적이 시,
소설과 연극만큼 많았다. 비록 지금은 모두 영어로 번역됐지만,
그리스와 로마 작가들의 저작도 상당히 많았다.

5000권에서 1만 권에 달하는 장서를 보유했던 런던의 대형
대여도서관들은 고객에게 다양하고 고상한 독서 취향이 있음을

잘 알고 있었다. 운영자들은 도서관이 풍기 문란을 조장한다는 주장과 그에 대한 신랄한 비판도 잘 알았다. 광범위한 논픽션 저작물을 장서 목록에 넣어 강조한 것은 그런 비난에 대한 합리적 예방적 조치였다. 그러나 이런 도서들이 소설만큼 잦은 빈도로 선택받지는 않았다. 또 잦은 대출에 대비해 논픽션 신간 저작을 소설처럼 25권 또는 그 이상 사 놓지도 않았다. 론즈는 같은 장서 목록의 속표지에 무척 공을 들여 "지금까지 출간된 모든 신간 소설과 다른 흥미로운 읽을거리" 전체를 갖추어 놓겠다고 회원들에게 단단히 약속했다.[28]

1760년대에 셰필드(Sheffield)의 윌리엄 워드처럼 소수 대여도서관은 의식적으로 교양 있고 탐구적인 독자층을 겨냥해서 운영했지만, 일반적으로 도서관이 작을수록 또 회원이 적을수록 소설에 절대적으로 의존했다. 1793년 제임스 비티(James Beattie) 교수가 던디(Dundee)의 서점을 방문했을 때 "대여도서관용 소설"뿐인 걸 보고 놀라자 서적상은 "던디에서는 소설 말고는 아무것도 읽히지 않습니다"라고 말했다.[29]

런던 경영자들은 서적 거래에서 자신들이 점하는 특권적 지위, 즉 책 판매와 출판과 대여도서관 사이에서 수입과 현금 흐름을 통제할 수 있는 권한을 만끽했을 것이다. 그들은 대여도서관 판매망의 도매업자로서 추가 이익을 거뒀다. 당시 대여도서관은 영국 전역으로 빠르게 퍼져 나갔다. 처음에는 온천 도시와 바닷가 휴양지에, 나중에는 주도(州都)에도 대여도서관이 속속 들어섰다. 18세기 어느 시점을 넘어서자 슈루즈베리에 대여도서관 10곳이, 요크에 21곳이 열렸다. 북부 산업도시에서 품위 있는 회원들과 장서를 자랑했던 회원제 도서관도 대여도서관 인기를 막기에 역부족이었다. 맨체스터(Manchester)에 41곳, 버밍엄(Birmingham)에 46곳, 리버풀(Liverpool)에는 무려 88곳이 성업했다.[30]

왜 그랬을까? 교묘한 언어유희와 주도면밀한 자기변명을 내세웠지만, 회원제 도서관도 어쩔 수 없이 소설을 들여놓았던 이유가 여기 있었다. 레스터 문학협회는 소설을 들여놓기 전에 조건을 달았다. "세월의 시험을 이겼거나 확고한 명성을 획득한 작품이 아니면 어떤 소설이나 희곡도 허용되지 않는다."[31] 아이러니하게도 이런 조건 덕택에 회원들은 헨리 필딩(Henry Fielding)의 『톰 존스(Tom Jones)』 같은 작품에 접근할 수 있었다. 공공도서관에서라면 19세기 말엽까지도 사서가 허락하지 않았을 책이었다.

바스 같은 온천 도시의 사서들은 망설임 없이 고객에게 재미 위주의 읽을거리를 제공했다. 머지않아 대여도서관은 이런 도시에서 가장 유행하는 오락거리로 꼽혔다. 도서관 회원으로 이름을 올리는 것은 자기가 도착했음을 알리는 데(그리고 누가 도착했는지를 알아보는 데) 명함만큼이나 효과적이었다. 바스, 마게이트(Margate), 스카버러(Scarborough) 도서관은 거대하고 우아한 시설로 회원들이 머물면서 책을 읽고 대화할 공간을 제공했다. 바스의 서적상 슈림턴(Shrimpton)은 신사 숙녀에게 따로 분리된 열람실을 제공했다. 이런 도서관은 런던의 번잡했던 사교생활에서 벗어날 수 있는 휴식처 역할을 했고, 회원제 도서관의 적당한 대체물이 됐다. 1780년에 프랫(Pratt)과 클린치(Clinch)는 고객들에게 런던 신문 12종과 지역 신문 22종을 제공했다.[32] 경쟁이 꼭 치열한 것만은 아니었다. 1770년대에 바스의 모든 대여도서관은 런던 7대 도서관이 1767년 연회비를 12실링으로 합의한 전례를 좇아 회비를 석 달에 3실링에서 4실링으로 인상했다.[33] 바스로 휴양 갔던 이들에게 런던 도서관은 우편서비스도 제공했다. 책은 자물쇠 채운 상자에 담겨 운송됐다. 상자는 도서관이 제공했지만 운송비는 회원이 냈다.[34]

영국 책 세상에서 이런 구석구석에 있는 지역 도서관의 사정과 관련한 소식은 워릭(Warwick)에서 새뮤얼 클레이(Samuel Clay)가 운영했던 서점에서 제공한 것이다.[35] 클레이가 남긴 1770~1772년 기록은 특히 유익한데, 그 서점의 책 판매 상황과 그가 운영한 작은 대여도서관의 대출 목록을 비교할 수 있기 때문이다. 이 자료는 소설이란 구매보다 빌려 보는 책이라는 가정이 옳음을 보여 준다. 서점에서 판매되는 것은 대개 어린이책과 다른 싸구려 책이었다. 여성도 소설을 빌렸지만 남성들도 똑같았다.

소설의 중독성을 입증할 정도로 게걸스럽게 탐독하는 사람은 아무도 없었다. 어떤 대여자들은 너무 재미가 없었는지 첫째 권만 보고 말기도 했다. 당시에는 소설 한 편이 두세 권으로 나왔고 그래서 값이 더욱 비쌌다. 흔히 소설 중독에 노출되었다고 언급됐던 종업원과 견습공은 클레이의 손님 목록에 별로 없었다. 클레이 대여도서관의 주요 고객층은 지난 2세기 이상 핵심 독서층으로 자리 잡은 신사와 전문가 계층이었다.

이 시기에 나타나는 모습은 재미를 위한 도서 시장의 전체 규모가 획기적으로 증가한 것이다. 클레이의 작은 도서관이 감히 비교할 수 없는 규모로, 벨(Bell)이 런던에 세운 도서관[거창하게도 영국 도서관(British Library)이라는 상호를 썼다]은 18세기 말에 장서 10만 권을 보유했다. 이 정도면 거의 모든 공공도서관뿐 아니라 개인 최대 장서도 한참 따돌린 규모였다. 5000권에서 1만 권을 소장한 대여도서관은 회원제 도서관이었다면 매우 큰 규모였는데, 이제 흔한 경우가 됐다. 이는 영국 책 산업에 경제적 무게중심의 변동을 가져왔고, 그 변화는 이후 뒤집히지 않았다.

무디

영국에서 대여도서관이 거둔 성공은 금세 아메리카 식민지에도 반향을 일으켰다. 1762년 아나폴리스의 서적상 윌리엄 리드(William Read)는 메릴랜드에 대여도서관을 설립한 후 연회비 27실링을 받고 회원을 모집했다. 규모는 겨우 150권이었지만 최고 베스트셀러로만 엄선했다. 리드의 사업은 망했으나 곧이어 다른 사람들이 위험을 무릅쓰고 이 사업에 뛰어들었다. 5년도 못 되어 찰스턴, 뉴욕, 보스턴, 필라델피아, 볼티모어(Baltimore)에 이르기까지 대여도서관이 설립됐다. 모두 서점 부속시설로 개관했는데, 이런 형태는 서점 영업시간 내내 대여도서관을 운영할 수 있다는 점에서 큰 이점으로 작용했다. 토요일 오후 네 시간 정도만 대출이 허용됐던 초기의 친목도서관과 극명하게 대조됐기 때문이다.

영국에서처럼 소설이 도서관 사업의 성패를 결정한다는 것은 처음부터 명확했다. 대여도서관은 여성 회원들에게 가입을 독려하기도 했다. 독립전쟁 전까지 17년 동안 모두 11곳에 대여도서관이 설립됐지만 대부분 오래가지 못했다. 전쟁이 끝나자 설립 바람이 새롭게 불었다. 뉴햄프셔주부터 조지아(Georgia)주에 이르기까지 서로 다른 도시 19곳에 대여도서관 39곳이 열렸다. 이 열기를 긍정적으로 본 한 시민은 대여도서관이 도서관의 미래가 될 것이며 거대한 사회적 변화를 몰고 올 것이라며 이렇게 말했다.

> 회원 숫자를 세는 것이 거의 불가능할 정도예요. 아무리 작은 도시에도 회원이 넘쳐 나거든요. 이곳의 보통 사람들이 독서 관점에서 유럽 중산층과 대등하게 된 겁니다. 사람들이 모두 읽고 쓰고 셈할 수 있어요. 이제 거의 모든 도시에 대여도서관이 들어섰거든요.[36]

1789년에 쓰인 이 기록은 지나치게 낙관적이지만 날카로운 관찰이다. 이 기록은 대여도서관의 빠른 성장을 저해하는 핵심 걸림돌이 무엇인지 깔끔하게 설명하고 있다. 바로 필요한 거의 모든 책을 영국에서 계속 수입해야 한다는 사실이었다. 미국 대여도서관의 황금시대는 19세기 전반이었다. 이 시기에 미국 출판산업 규모도 기하급수적으로 성장했다. 프랑스와 독일에서처럼 미국에서도 인기가 있던 월터 스콧에 도전할 정도는 아니었지만 이는 미국 작가들에게 새롭고 중대한 기회가 됐다. 또 이 시기에 처음으로 여성이 경영하는 도서관이 생겼다. 자신이 운영하던 밀리너리(millinery: 여성 모자점 또는 리본, 레이스 등 부속품을 파는 상점—옮긴이)에서 도서관을 연 보스턴의 메리 스프래그(Mary Sprague), 세일럼(Salem)의 해나 해리스(Hannah Harris)가 길을 열었다. 또 대여도서관은 미시시피(Mississippi) 강의 리버보트와 이리 운하의 바지선 등과 같은 지극히 미국적인 입지에 설립되기도 했다.

하지만 대여도서관은 남북전쟁 이후에 내리막길로 들어섰다. 공공도서관 때문이 아니라 책 가격 하락으로 중산층 고객들이 책을 빌리기보다 소유하는 게 좋겠다고 생각을 바꾸었기 때문이다. 이 시점에 영국과 미국 독자의 서적 획득 방식이 달라졌다. 영국은 아직도 대여도서관의 전성기였기 때문이다. 아니, 더 정확히 말하면 이때가 무디(Mudie)의 시대였기 때문이다. 16~17세기에 런던 출판업자 연합체이자 자체 규제기관으로 운영된 영국 도서출판조합 이래, 무디의 대여도서관에 필적할 만큼 한 국가의 독서 문화에 강력한 영향력을 행사한 단일기관은 없었다. 1844년에서 1894년까지 50년간 빅토리아 산문의 황금시대에 무디는 고급 소설 공급시장을 사실상 독점했다.

찰스 에드워드 무디(Charles Edward Mudie)는 런던 서적상의 아들이었다. 무디의 아버지도 한 권에 1페니를 받고 책을 대여했다. 스물두 살 때 무디는 처음 자기 가게를 열었다. 1842년에는 대여도서관을 설립했고, 얼마 후 뉴옥스퍼드 거리의 모퉁이에 더 큰 가게를 열었다. 가게는 급성장했고 1860년 그는 런던 지식층이 몰려 있는 곳에 책 백화점을 열었다. 1853년에서

도판 17. 로버트 루이스 스티븐슨(Robert Louis Stevenson)의 『그의 가족과 친구들의 편지(Letters to His Family and Friends)』 1권[런던, 메수언(Methuen) 출판, 1900]에 붙은 전형적인 무디 도서관의 라벨. 일개 상업적 도서관이 세계적인 출판시장에서 이런 대단한 영향력을 행사한 경우는 거의 없다.

1862년 사이에 그는 책 96만 권을 비축했다.[37] 1863년 뉴옥스퍼드 거리의 무디 백화점을 방문했던 한 기자는 경탄을 금치 못하면서 적어도 책의 규모로 봤을 때 유명한 보들리 도서관도 빛바래고, 바티칸 도서관은 왜소해 보일 정도라고 전했다. 《타임스(The Times)》에 따르면, 19세기가 끝날 무렵 무디는 책 700만 권을 쌓아 두었고, 그중 수명을 다한 많은 책은 잦은 할인과 대방출 후에도 팔리지 않고 동굴 모양 지하창고에 보관돼 있었다.[38]

무디는 모험적인 사업가였다. 그의 성공 비결은 새로 나온 책을 대규모로 주문하는 데 있었다. 1855년 그는 토머스 배빙턴 매콜리(Thomas Babington Macaulay)의 신간 『영국의 역사(History of England)』3, 4권을 무려 2500부나 구매했다. 또한 그는 찰스 디킨스(Charles Dickens)와 윌리엄 새커리(Thackeray)에서부터 앤서니 트롤럽(Anthony Trollope)과 엘리자베스 개스켈 여사, 조지 엘리엇(George Eliot)과 벤저민 디즈레일리(Benjamin Disraeli)에 이르기까지 그 시대를 빛낸 일군의 찬란한 작가들 덕분에 큰 이익을 얻었다. 그러나 무디가 거둔 사업적 성과의 근본은 그가 영국 시장을 장악했던 반세기 동안 고집스럽게 고수했던 새 소설에 대한 높은 가격 책정 구조에 있었다.

1780년에서 1830년 사이 프랑스 혁명전쟁과 전후 불황으로 인한 충격으로 새 소설의 가격이 꾸준히 상승했다. 스콧 월터의 역사소설은 엄청난 인기에 따라 가격도 그만큼 상승했다. 스콧의 신간 소설은 1.5기니(31실링 6펜스)에 출시됐다. 최상급 부유층을 제외하면 살 엄두를 내지 못하는 가격이었다. 6개월을 기다려 6실링짜리 재판본으로 사 보기를 원치 않았던 성급한 고객들이 적지 않았고, 1840년대에 그들에게 4~6기니 정도 연회비를 받고 신간을 제공하는 것이 대여도서관 수입의 근간을 차지했다.

무디는 과감하게 이 시장에 진입해 연회비를 1기니만 받았다. 그러자 가입자 수가 압도적으로 증가했다. 1864년 무디는 주식회사로 변신했고, 추가 성장을 위한 자금을 마련했다. 이 시점에 무디는 출판업자들에게 자기 조건을 강요할 수 있을 정도의 위상을 획득했다. 전통적 관행에 따라서 그는 한 작품을 세 권으로 제작하는 소설만 원했고, 정가는 스콧보다 지명도가 떨어지는 작가들 책이라도 31실링 6펜스로 고정하기를 고집했다.

이 체제는 모든 당사자에게 이익이었다. 독자는 신간의 절반 가격에 불과한 1기니를 내고, 1년 동안 원하는 만큼 책을 볼 수 있었다. 출판업자는 무디가 초판 대부분을 팔아 주었기에 판매를 보장받고 출판할 수 있었다. 500권만 팔아도 출판업자는 적잖은 이익을 얻었는데, 무디는 시장에서 인정받은 작가 작품이라면 1500권을 주문했다. 출판업자들은 출간 전에 무디와 서신을 교환하면서 초판 인쇄부수를 조정했고, 이로써 투자위험을 사실상 제거할 수 있었다. 무디가 정기적으로 펴낸 추천 도서 목록 덕택에 출판업자에게 광고 비용도 절감했다.

작가들도 이익을 얻었다. 출판업자가 많은 위험을 무릅쓰지 않고 새 프로젝트를 시도할 수 있었기에 신진 작가 다수에게 작품 출간 기회가 찾아왔다. 자기 이익도 확보해야 했기에 무디는 세 권이 한 세트로 출시되는 책에 18실링 이상 지급하지 않으려고 고집했다. 작품당 세 권으로 나오는 게 중요했던 이유는 작품당 한 권으로 나오는 책보다 도서 회전율을 세 배 이상 낼 수 있기 때문이었다. 사실상 무디는 신간 소설의 출판에서 전국적 독점망을 확보했다. 그가 원하지 않는 작품은 출판될 수 없게 된 것이다.

1858년 무디는 철도 도서 유통망을 운영하라는 W. H. 스미스의 권유를 거절하면서 중요한 기회를 한 차례 놓쳤다. 철도노선을 둘러싼 치열한 경쟁의 시대였던 1840년대가 끝날 즈음 스미스는 런던 신문 유통에서 지배적 점유율을 장악했다. 철도노선을 따라 신문과 싸구려 시간 때우기용 읽을거리를 판매하는 가판 유통망을 설립하는 것은 현명한 선택이었다. 여행이 잦아지고 거리가 증가하면서 두꺼운 읽을거리에 대한 요구가 증가했고, 스미스는 가판대에 대여도서관을 추가하면 큰 이익을 얻을지 모른다고 생각했다. 가판대에 없는 책을 고객이 원한다면 중앙 보관창고로 요청해서 책을 철로를 통해 보내고, 그 고객이 다음에 그곳을 지날 때 대여할 수 있도록 했다.[39]

무디가 제안을 거절하자 스미스는 스스로 대여도서관 운영을 결정했고, 1961년까지 전국적 규모로 계속될 서비스를 시작했다. 이 사업은 무디와 이해충돌을 일으키지 않았다. 스미스가 전국 주요 도시에 위성 도서관을 세우고 지방 고객에게 회사의 상징인 모서리가 쇠로 처리된 궤짝으로 책을 배달하면서 전국 유통망을 구축했으나 두 사업체는 실질적 경쟁관계에 있지 않았다. 철도 고객들은 출판 후 대략 1년 후 출시되는 휴대가 간편한 재판본(문고본)을 선호했기에 작품당 세 권짜리 신간에 대한 무디의 독점에는 큰 영향이 없었다.

게다가 두 사람은 비슷한 부류였다. 두 사람 모두 종교적 박애주의자였고, 빅토리아시대 사업자가 추구하던 시민의 미덕을 구현하며 살았다. 스미스는 정치 경력도 쌓았는데 최초의 해군 사령관으로 지명됐을 때 그 전성기를 구가했다[길버트(Gilbert)와 설리번(Sullivan)이 만든 오레레타 〈군함 피나포어(HMS Pinafore)〉에서 풍자되면서 유명해졌다].[40] 빅토리아시대 도덕의 수호자로서 자신들 역할을 진지하게 수용했기에, 또한 영국인 독서 취향에 큰 영향을 미쳤기에 무디와 스미스는 작가와 출판업자들과 맺었던 우호적 관계에 점점 더 긴장을 불러왔다.

무디가 작품당 세 권 방식을 고집한 탓에 대다수 19세기 작품은 장황해졌다. 작품에 필요한 길이를 지키기 위해 작가들은 온갖 수고를 다 했다. 앤서니 트롤럽 같은 노련한 작가들은 애먹지 않고 작품에 필요한 어휘 할당량을 채워 갔지만, 많은 작가는 한 권당 6만 6000단어, 총 20만 단어를 채우면서 영감과 극적 긴장을 유지하기 위해 갖은 힘을 다했다. 만약 왜 19세기 소설 중간쯤에 중요하지 않은 등장인물 간에 (순수하지만) 복잡한 사랑놀음이 끼어드는지 의아했다면 바로 무디의 탓이다. 그런 복잡한 사랑은 주로 두 번째 권에 등장했고 늘 작품의 문제점으로 지적됐다. 작가가 작품에 필요한 어휘량을 맞추지 못하면, 출판 과정에서 활자를 키우거나 여백을 넉넉히 잡아 그 부족분을 메웠다.

빅토리아시대의 취향을 넘어서고자 하는 예리한 작가들에게 무디는 점점 터무니없는 요구를 하는 인물로 비쳤다. 정통하고 통렬한 비평가인 조지 무어(Georg Moore)는 말했다. "우리 시대의 문학 전쟁은 낭만주의와 리얼리즘 사이가 아니라 무지한 사서의 검열을 벗어나려는 곳에서 벌어진다."[41] 윌키 콜린스(Wilkie Collins)는 자기 책을 내는 출판업자에게 무디가 『새로운 막달라 마리아(The New Magdalen)』의 제목을 바꾸라고 요구했다는 말을 듣고 분통을 터뜨렸다.

무슨 일이 있어도 제목을 바꾸진 않을 거요. 무디의 제안은 그가 늙은 미련퉁이까지는 아니더라도 무례한 자임을 보여 줄 뿐입니다. …… 하지만 심각한 것은 이 미련한 미치광이의 방자한 손아귀 안에 내 책의 판매 부수가 달렸다는 것입니다.[42]

콜린스는 찰스 디킨스의 잡지에 연재물을 싣는 방식으로 자기 작품을 낼 수 있는 다른 수단을 갖춘 유명작가였다. 그러나 소설가로 입지를 닦아야 하는 지명도 낮은 작가에게 무디는 생명줄이었다. 16세기 작가들이 프랑크푸르트 도서전에 맞춰 작품 완성 시기를 조정했듯, 빅토리아시대의 작가와 출판업자들은 무디의 계획에 따라 출판 일정을 맞춰야 했다. 출판업자와 무디 사이에 편지가 분주히 오갔다. 대부분 실패로 끝났지만, 업자들은 작가의 특별한 사정을 호소했고 무디가 할인한 가격에 항의했다. 많은 출판업자는 무디 회사의 주주이기도 했기에 강력한 항의 따위는 꿈도 꾸지 못했다.

작품 검열에서 W. H. 스미스는 한술 더 떴다. 1896년 웨이크필드(Wakefield)의 주교가 토머스 하디(Thomas Hardy)의 작품 『이름 없는 주드(Jude the Obscure)』를 비난하자 스미스는 책 배포를 철회했다.[43] 이는 공공도서관에서 약간의 고뇌도 없이 벌어지던 검열 행위와 다름없이 무자비한 짓이었다. 무디와 스미스가 휘두른 권력은 재정적 능력에 힘입은 바도 있지만 그들의 판단이 도서관 가입자들의 감수성과 잘 맞아떨어졌기 때문이기도 했다. 무디는 회원들이 충격받을지도 모를 책을 저지하기 위해 어떤 노력도 아끼지 않았다.

이런 검열은 당대의 급진적 생각을 가진 작가들만큼이나 후손들에게도 안 좋은 영향을 끼쳤다. 그러나 무디와 스미스에게 공을 돌려야 할 한 가지 중요한 사실이 있다. 그들은 영국 소설을 정화하고 그 위상을 끌어올렸다. 1794년 전통적인 독서 계층의 논평가들은 대여도서관을 금지해야 한다고 심각하게 주장했다. 그로부터 100년 후 무디의 아들이 작품당 세 권 출판을 포기했을 때, 그리고 무디가 연회비 1기니로 회원제 도서관을 운영한 지 50년이 흐른 뒤 소설은 존중받는 책으로 도서관 서가에 꽂히게 됐다. 그것은 그 지루하고 장황한 둘째 권이 쏟아졌는데도 소설이 거둔 괄목할 만한 성취였다.

14장
제국 건설

1844년 전세 선박을 이용해서 뉴질랜드의 식민에 앞장섰던 영국 뉴질랜드 회사의 홍보 담당은 이민자 모집에 애쓰고 있었다. 그는 뉴질랜드가 범죄자 유형지나 우중충한 상업 무역기지가 아니라 새로운 거주지에서 그들이 떠났던 세계가 보유한 최선의 삶을 구현하려는 교양인 공동체임을 보여 주기 위해 골몰했다. 이들이 구현하려 했던 것 중 도서관을 빼놓을 수는 없었다.

품행 방정한 식민지 이주자는 필시 독서가다. 이곳에서는 다양한 오락거리를 찾을 수 없기에 그가 기댈 수 있는 것은 책 아니면 선술집의 저속한 분위기뿐이다. 둘은 각각 식민지 삶의 해독제이자 독극물이다. 새 식민지에서 살아 본 사람만이 책의 진가를 평가할 수 있다. 우리가 사랑하는 이 땅으로 이주한 사람 중 최상류층이 이미 입증했듯 뉴질랜드보다 더 크게 책의 가치를 드러낸 곳이 없다는 사실을 우리는 기꺼이 증언하고자 한다.[1]

많은 식민지, 무역기지, 정착지에 해악을 끼쳤던 만연한 알코올중독에 대한 언급은 뉴질랜드에서도 모든 게 잘되는 것은 아님을 의미한다. 그러나 부인할 수 없는 사실은 책과 문명 사이의 강력한 연관성이다. 그 상관성은 식민지 이주민 모집자가 강조했고, 식민지 공동체의 바람과 열망으로 입증됐다.

뉴질랜드 북섬인 와이탕기(Waitangi)에서 영국 여왕의 대리인과 마오리 추장 간의 와이탕기조약이 성사된 게 1840년이다. 그로부터 1914년까지 뉴질랜드 정착민은 몇천 명 수준에서 100만 명으로 급격히 증가했다. 같은 기간 식민지 전역에 도서관 769곳이 설립됐다. 1878년에는 인구 1529명당 도서관 한 곳이 있었다. 거의 모든 도서관이 회원제 도서관을 본뜬 것이었다. 19세기 식민지 사회가 회원제 도서관을 선호한 이유는 사회 전체의 이익을 위해 개인 장서를 기증하도록 장려했기 때문이다. 뉴질랜드라는 오지에서 책은 떠나 온 고국을 연결하는 물건이자 여가를 보내는 수단이기도 했지만, 불가피한 고난에 맞서고 번창한 내일을 꿈꾸게 하는 활력소이기도 했다.

앞에서 아메리카 대륙을 향한 첫 항해에 유럽의 책이 어떻게 함께 왔으며, 책이 영국 청교도와 스페인 예수회 수사들에게 어떻게 가장 귀중한 소지품으로 여겨졌는지를 살펴보았다.[2] 책은 그 소유자에게 새로운 정착지에 유럽 문화를 이식하는 도구이자 문명의 상징이었다. 시의성 있는 최신 도서를 구하는 일은 힘들었지만 이미 보유한 도서는 소유자 사망 후에 달리 갈 곳이 없었기에 불가피하게 식민지 기지에 축적됐다. 남아프리카의 케이프 식민지(Cape Colony)에서 유품 경매인이었던 요아킴 폰

데신(Joachim von Dessin, 1704~1761) 같은 영리한 수집가는 그 점을 이용해 장서 약 4000권을 수집할 수 있었다. 그가 죽은 후 이 장서는 책을 대중에게 돌려주라는 유언과 함께 케이프타운(Cape Town) 소재 교회에 기증됐다. 책은 한 주에 한 번 교회에서 볼 수도 있고 대출할 수도 있었다.[3] 스코틀랜드나 독일에서 성직자가 애향심을 발동해 책을 기증했듯이 케이프 식민지, 오스트레일리아, 캐나다에서도 마찬가지 현상이 일어났다.

케이프코스트(Cape Coast: 현재의 가나)에 있던 영국의 노예 기지에는 기지 관리들을 위한 상당한 규모의 도서관이 있었다. 그곳의 관리들이 그리워했던 예의 바른 문화를 상기시키는 영문학, 역사, 법학 서적은 그들이 매일 처리해야 하는 잔인한 업무와는 기묘한 대비를 이루었다.[4] 케이프와 카리브해 식민지에서 선교했던 18세기 기독교 선교사들은 신앙을 퍼뜨리기 위해 도서관을 구축했다. 프로테스탄트 모라비아 교회(15세기 보헤미아 지방에서 일어난 가장 오래된 기독교 종파로, 얀 후스파에 속한다. 보헤미아 형제단이라고도 불린다. 이들은 식민지 복음주의 운동에 적극적이었다―옮긴이)의 선교사들은 노예에게 읽기와 쓰기를 가르치려고 애썼고, 그 때문에 농장주들과 번번이 마찰을 빚었다.[5] 노예주에게 문해력은 반란으로 향하는 위험한 행위였고 궁극적으로 해방을 추구하는 행위로 인식됐다. 관점은 달랐으나 노예들도 책이 해방의 기운을 가져다준다고 믿었다. 케이프 식민지에서 자유를 얻은 많은 이들은 경매를 통해 책을 샀고 그들이 얻은 자유 신분의 강력한 상징으로 자신들의 책을 모아 갔다.[6]

19세기 중반 노예제 폐지 이후에도 책에 대한 접근권을 둘러싼 긴장은 해소되지 않았다. 남아프리카에서 흑인 운동가들은 도서관 설립에 해방의 길이 있다고 믿었지만 그 취지에 반대하는 정부의 지속적 방해를 받았다.[7] 반면에 네덜란드령 동인도제도에서는 식민지 정부가 도서관을 적극적으로 후원했다. 1918~1926년에 이 지역에서 적어도 2500곳에 공공도서관을 세워 말레이인, 자바인, 순다인을 위해서 토착어 서적을 비치했다. 이 정책은 특히 인기를 얻었고 원주민 문해력 향상에 크게 이바지했다. 네덜란드 식민 당국에 도서관은 식민지 통치와 서구적 가치를 주입하는 도구였으나 그 목적에 큰 도움은 되지 못했다. 오히려 자유와 자치와 민주주의라는 가치에 노출된 원주민들은 그 가치가 자신들에게도 적용되기를 원하게 됐다.[8]

제국의 시대였던 19세기는 도서관 세계화에도 중요한 시기였다. 유럽 문화를 해외에 수출하려는 시도는 제국이 팽창하고 유럽인이 세계로 퍼져 나가면서 더욱더 가속화했다. 유럽의 도서관을 캐나다, 인도, 오스트레일리아로 이식하려는 시도가 순조롭게 진행되지는 않았고, 그 결과물은 런던이나 파리의 도서관 문화와 완전히 달랐다. 식민지의 새로운 국립도서관에서 제국의 영광은 찬양됐고 유럽 각국의 문화와 문학적 업적을 기리기 위한 도서가 비치됐다.

반복해서 국제 경쟁의 원천이 됐던 이 시대 도서관의 규모는 흔히 초거대 도서관으로 나타났다. 그들은 최초의 공공도서관으로, 최고의 개인도서관을 능가했다. 그러나 이 추세가 빠르게 산업화하는 미국에서 노상강도 귀족(robber baron)이라 불렸던 악덕 자본가들이 고상함의 상징을 획득하기 위해 나서는 걸 저지할 수는 없었다. 이들은 평판 세탁을 위해 책을 수집했다. 다시 말해, 문화적 업적을 쌓아서 자신들의 약탈적 사업 관행에 대한 기억을 말소하려는 시도였다.

난파당한 소설들

1757년에서 1818년 사이에 영국 동인도회사는 몇 군데 해안 무역기지를 소유한 주식회사에서 인도의 지배적 권력 기구로 변했다. 영국 관리가 이 거대 대륙의 행정가 역할로 자리 잡는 동안 그들은 풍요로운 문자 유산과 거대 왕립도서관의 역사를 가진 인도라는 나라의 실체와 마주쳤다. 악바르 1세(Akbar I, 1542~1606) 이래 무굴제국 황제는 웅변가와 시인을 주변에 두었고, 궁정도서관에는 종려잎에 문자를 새긴 수많은 필사본을 모아들였다.[9] 이들 장서 대다수는 아라비아어, 페르시아어, 우르두어로 이루어진 저작들이었다. 궁정화가들이 화려하게 채식하고 통치자와 그 측근들의 초상화가 그려진 장서들도 있었다.

궁정도서관에 모아 둔 시와 문학작품은 보통 낭독을 통해 통치자와 그 신하들을 즐겁게 했다. 악바르 1세 자신은 읽기와 쓰기를 배우지 않았다. 무굴제국 도서관은 의심할 여지 없이 특권층을 위한 것이었고, 제국 통치자들은 인쇄술에 관심이 없었다. 그들이 인쇄술을 안 것은 고아(Goa: 인도 남서부 아라비아 해 연안에 위치한 주—옮긴이)의 무역거래소에서 서양 선교사들이 인도인을 위한 가톨릭 서적을 어설프게나마 찍어 내려고

했을 때였다. 선교사들이 알게 된 다양한 언어와 복잡한 글자체를 생각하면 이 과업을 성취하기 위해서는 대단히 수준 높은 인쇄술이 필요했다. 탄자부르(Thanjavur)의 마하라자 세르포지 2세(Maharaja Serfoji II, 1777~1832) 같은 몇몇 왕족은 호기심에 이끌려 유럽 인쇄본을 수집했다. 그는 종려나무 잎 필사본 3만 433권과 인쇄본 6426권으로 이루어진 장서를 구축했는데, 이는 그의 왕조 300년 동안 수집된 것이었다.

다른 거대 도서관은 마이수루(Mysuru)의 술탄 소유였는데 세링가파탐(Seringapatam) 전투(1799)에서 그가 패배한 후에 영국에 빼앗겼다. 전리품은 옥스퍼드, 케임브리지, 콜카타(Kolkata)의 포트윌리엄대학이 고루 나누었다. 이것은 제국 시대에 영국이 약탈해 갈 인도의 숱한 도서관 중 하나였을 뿐이다. 1859년 무굴제국 도서관도 영국의 손에 들어왔지만 이미 한 세기 반 동안 약탈과 방치로 많이 손실된 상태였다. 이 책들을 본국으로 보낸 것은 17세기에 스웨덴이 가톨릭도서관을 약탈했던 것처럼 승리를 자축하기 위해서인 동시에, 옥스퍼드와 케임브리지와 런던에 방대한 아시아 관련 장서를 구축해 학자들과 행정가들이 영국 지배 아래에 있는 식민지 백성들 문화를 이해하게 돕겠다는 확고한 신념의 소산이었다.

물론 모든 도서관이 이런 문화인류학적 목적에 부합하는 것은 아니었다. 대략 장서 1만 권 정도였던 고아의 아우구스티누스회 수도사들의 도서관은 뭄바이(Mumbai)의 수석 판사였던 제임스 매킨토시(James Mackintosh) 경의 마음에 조금도 흡족하지 않았다.

나는 지구상에서 저렇게 쓸모없고 해악만 가득한 장서를 1만 권이나 모아 놓은 경우를 이전에 본 적이 없다. 또는 그렇게 많은 책을 모았지만 이토록 유익함과 품격을 찾아볼 수 없는 기이한 장서를 본 적도 없다.[10]

가톨릭에 대한 반감 탓에 나온 혹평이겠지만 몇 세기 동안 온갖 어려움을 무릅쓰고 모아 놓은 장서에 대한 예의는 아니었다. 매킨토시의 비판은 점점 많이 인도로 향하는 영국 병사와 관리, 행정관과 상인을 위한 "유익하고 품격 있는" 책에 대한 긴급한 필요를 채우지 못한다는 마음에서 나온 것이었다.[11] 그 책들은 런던에서 실어 온 성경과 기도서 등을 기초로 회사 고용인들이 오랜 세월에 걸쳐서 개인 소장 장서로 축적한 것이었다.

영국 병사들 복지를 위해, 군대 효율을 높이기 위해 더 체계적인 도서관 구축이 요청됐다. 인도 주둔 영국 병사들에게는 본국 병사들보다 20년 정도 빠르게 최초의 상설 병영 문고가 제공됐다. 1820년대에 이르면 인도에 있는 유럽 각국의 주둔지 전체에 읽기와 쓰기를 가르치는 선생, 보조 강사 두 명, 사서, 어린이를 가르칠 여교사가 배정됐다.[12]

본국으로 보내는 보고서에 자주 강조된 이 풍족한 지원은 열악한 기후로 인해 육체 단련에 필요한 놀이 활동이 불가능했기에 나온 어쩔 수 없는 선택이었다. 1832년 다나포르(Danapore) 주둔지의 목사는 이렇게 말했다.

주어진 넉넉한 여가를 그들이 좋을 대로 쓰도록 또는 유용한 소일거리를 스스로 찾도록 그냥 내버려두었던 병사들보다는 도서관을 이용하게 된 병사들 마음이 더 안정돼 있고, 행동은 더 남성답고 기독교인다워지는 것으로 보인다.[13]

모든 주요 주둔지에 도서관 건물이 세워졌을 때, 그리고 사서들이 책을 갉는 게걸스러운 흰개미 대처법을 배울 때, 지휘관과 목사는 흔히 붐비는 도서관 공간에서만 책을 볼 수 있도록 고집할 게 아니라 대출도 해야 함을 명확히 깨닫고 있었다. 책을 대출하고 각 막사에서 호젓한 시간에 독서하도록 허용하면 병사들의 도서관 이용률은 더 높아졌고 부대 내 분위기도 한층 개선됐다.

병영도서관은 그 내용에서 시대를 앞서갔다. 이 도서관은 서가에 적극적으로 소설을 채워 넣은 최초의 공공도서관이었다. 소설가 마리아 에지워스는 영국 병사와 선원은 영웅적 행위, 모험과 고난을 그린 소설을 읽어 미덕을 함양해야 한다고 주장했다(아마도 특히 자기 소설이 그 목적에 적합하다고 여겼을 것이다). "모든 그런 이야기 중에서 가장 흥미롭다고 할 수 있는 『로빈슨 크루소』를 위시해 젊은이들이 바다로 가고 싶게 만드는" 난파선 이야기와 고된 항해 소설도 역시 권장됐다.[14]

이는 사욕을 앞세운 베스트셀러 작가만의 주장은 아니었다. 인도 주둔군 지휘관도 전적으로 그 생각에 동의했다. 병영문고는 대니얼 디포의 『로빈슨 크루소』, 월터 스콧 경의 소설, 셰익스피어를 비롯해 온갖 허구적 이야기로 가득했다. 인도 성직자들조차 영적 서적만이 병사 사기를 끌어올리는 것은 아니라고 할 정도였다. 모든 도서관에는 종교 서적이 있었으나 대개 꼼짝 못 하고 자리만 지키면서 개미들 간식거리가 됐다.

영국에서 인도로 수입되는 책에 치르는 비용은 1791년에서 1810년 사이에 8725파운드에서 6만 6180파운드로 급증했고, 1860년대에는 31만 3772파운드로 증가했다.[15] 인도 콜카타, 첸나이(Chennai), 뭄바이 같은 많은 주요 도시에서 민간 주도 사업이 수없이 진행됐기에, 병영도서관의 시장점유율은 얼마 안 됐다. 1831년에 콜카타에만 상업적 대여도서관 다섯 곳이 들어서 대략 백인 1만 2000명(3분의 1이 영국인이었다)에게 책을 빌려주었다.[16] 여기서도 소설이 대세였다. 모든 책은 런던에서 공급됐다. 하지만 런던에서 실려 나가는 책 전부가 목적지에 도달한 건 아니었다. 1835년 여행작가 에마 로버츠(Emma Roberts)는 "희망봉에서 보면 이따금 해변이 책으로 뒤덮인다. 파터노스터로(Paternoster Row: 런던에 위치한 서점과 출판 중심의 거리—옮긴이)의 창고에서 실렸다가 배가 난파되면서 벌어지는 광경이다"[17]라고 썼다.

1830년대에 뭄바이(1830)와 콜카타(1836)에서 거대 회원제 도서관이 등장했다. 두 곳 모두 '공공도서관'이라는 이름에 값하지 못하고 회비를 약간 부과했지만 의도적으로 낮게 책정했다. 콜카타 도서관은 가난한 학생들에게 공짜였다. 반면에 뭄바이 도서관은 다음과 같이 정했다.

도서관은 지위와 계층과 카스트를 막론하고 모두에게 개방되어야 한다. 이곳의 입장에 필요한 것은 품위 지키기와 규칙 엄수뿐이다.[18]

이 정책은 식민지 엘리트뿐 아니라 인도의 모든 주민이 도서관을 이용할 수 있었음을 암시한다. 카리브 지역 노예주들이 두려워했던 독서가 급진 사상에 미치는 영향이 이곳에서는 문제 되지 않았다. 식민지 행정을 지원할 수 있는 똑똑하고 서구화된 인도인 육성이 더 시급했기 때문이다. 두 도서관의 규모는 급격히 성장했다. 특히 콜카타 도서관이 빨랐는데 1854년 해체된 포트윌리엄대학으로부터 유럽 서적 일체를 접수했기 때문이었다. 또한 도서관은 인도인, 영국인 가릴 것 없이 많은 후원자로부터 도서를 기증받았다.

19세기 중반에는 인도인이 전체 가입자의 약 20퍼센트 정도를 차지했다.[19] 더욱더 눈에 띄는 것은 도서관 운영진에 인도 인도 들어가 있었다는 점이다. 특별 회원제로 운영되는 아시아학회(Asiatic Society) 같은 회원제 도서관도 나름대로 가치를 인정받았지만 19세기 내내 엄청난 성장을 이룬 것은 더 포용적인 '공공'도서관이었다. 콜카타 도서관이 1903년 현재 인도 국립도서관의 전신인 공립 왕실도서관의 중추가 된 것은 영국의 인도 통치 세력이 콜카타 도서관의 가치를 존중했음을 입증한다.

인도에서 도서관 성장 패턴은 영국 제국의 다른 식민지에서도 반복됐다.[20] 다른 점은 흔히 민간이 주도하고 정부는 보조금 등의 형태로 지원한다는 점이었다. 1822년 정부 지원으로 케이프타운에 설립된 공공도서관은 7년 뒤 포도주 무역에 부과하던 관세가 사라지면서 회원제 도서관으로 변모했다.[21] 1833년 이 도서관의 장서는 2만 6000권으로 불어나면서 영국 식민지 중 최대 도서관에 속하게 됐다. 케이프타운이 상대적으로 빠르게 이 정도 규모로 도서관을 키울 수 있었던 것은 동양으로 향하는 물류의 중간 기착지였기 때문이다.

캐나다에서 회원제 도서관은 식민 당국의 넉넉한 자금 지원과 격려를 받았다. 몬트리올(Montreal)에는 회원제 도서관 네 곳이 있었는데, 가장 큰 곳은 장서 3800권을 보유하고 있었다.[22] 1858년 무렵에는 민간도서관 143곳으로 이루어진 단체가 있었는데, 정부로부터 주로 영국에서 오는 책 구매 자금을 지원받았다. 퀘벡(Quebec)과 몬트리올에서 도서관은 전적으로 프랑스 영향 아래 있는 지역에 영국적 가치를 주입할 수단으로 여겨졌다. 반면에 브리티시컬럼비아주의 금광 지대에서는 도서관이 거친 변방 지대에서 질서와 문화와 예의를 되찾게 해 주리라고 기대했다.[23] 두 지역에서 모두 뜻대로 성공을 거두지는 못했다. 몬트리올과 퀘벡의 프랑스 거주민은 힘을 합쳐 프랑스 도서관을 설립했고, 브리티시컬럼비아주에서는 지역 당국이 젊은 광부들을 위한 '대안 가족'이라고 도서관을 홍보했지만, 노동자들은 당국 선전을 곧이곧대로 받아들이지 않았다. 브리티시컬럼비아주의 다른 어려운 점은 캘리포니아의 골드러시 시절에도 재현된 바 있는데, 수많은 이주자가 한 지역에서 몇 달 또는 몇 년을 머물다가 짐을 꾸려 도서관 따위야 알 바 없이 다른 광산으로 떠나 버린다는 사실이었다.

19세기 중반 무렵에는 캐나다 시골 어디에서든 도서관을 볼 수 있었으나 오래가는 곳은 거의 없었다. 작은 마을에서 회원제 도서관의 생존은 흔히 소수의 열정으로 지탱됐다. 앤 랭턴(Anne Langton)은 온타리오(Ontario)주 스터전 호수(Lake Sturgeon) 근처에서 힘겹게 도서관을 운영하던 1842년에 이렇게 호소했다.

> 나는 회비 대신 버터 1파운드나 달걀 몇 개를 받기도 해야한다. 그리고 내 돈 6펜스를 지갑에 넣어야 한다. 나는 평생이 회원, 저 회원을 따라다니면서 이런 짓을 반복해야 할까봐 두렵다.[24]

영국 제국에 속한 모든 식민지 중 회원제 도서관이 가장 번성했던 뉴질랜드에서도 1914년 이전 설립된 도서관 중 3분의 1이 20년을 넘기지 못했다. 작은 마을이 드문드문 형성돼 있는 것도 이런 취약성을 더 악화했다. 노스오클랜드(North Auckland) 마운가카라미어(Maungakaramea)의 도서관은 첫 번째 정착자가 도착한 지 10년 후인 1878년 회원 스물여섯 명으로 설립됐다. 회원 수는 한 자리까지 떨어지기도 했지만, 1938년에도 도서관은 여전히 건재했다. 보유 장서는 2050권에, 회원은 열여덟 명이었다.[25] 그 기간 내내 마을 인구는 한 번도 350명을 넘기지 못했다.

1929년까지 민간 운영 회원제 도서관은 뉴질랜드 당국의 금융지원을 받았다. 한계가 있었지만 이들 도서관이 유용한 공적 서비스를 제공한다는 사람들의 두터운 믿음 덕분이었다. 도서관 공동체의 명성이 널리 퍼지면서 정부 자금 지원을 받는 데 큰 도움이 됐다. 공무원들을 회원으로 둔 경우가 많은 것도 틀림없이 도움이 됐을 것이다.

제국의 대도시에 세워진 가장 큰 회원제 도서관들은 훗날 공공도서관이나 국립도서관의 기반이 됐다. 역설적으로 싱가포르와 호주에서 처음에 주민들을 도서관으로 끌어들이는 구실을 했던 소설과 가벼운 읽을거리는 공공도서관으로 변신할 때 퇴출되는 결과를 낳았다.[26] 그럼에도 영국 출판업자들에게 해외시장의 잠재력을 일깨워 준 것은 소설들이었다. 호주와 인도의 도서관이 무디의 전제적 통제 밖에 있음을 눈치챈 출판사는 새 소설 가격을 한 권당 1실링씩 떨어뜨린 후 대량으로 실어 날랐다. 1870년에서 1884년 사이에 호주로 수출된 영국 책이 네 배나 증가했다. 운송 기간도 겨우 40일로 단축됐다.[27]

식민지 시장이 낳은 기회를 전적으로 이용한 출판사가 1843년 스코틀랜드 출신의 두 형제가 창업한 맥밀런(Macmillan)이었다. 1886년 맥밀런은 해외 영국 시장에서만 팔도록 허용된 '콜로니얼 문고(Colonial Library)'를 출간했다. 30년 동안 같은 장정에 누구나 알아볼 수 있는 표지로 장정한 콜로니얼 문고는 680종까지 이어졌는데, 그중 632종은 소설이었다.[28] 이 문고의 미덕을 찬양하는 《타임스오브인디아(Times of India)》의 찬사를 두 형제가 즐겁게 퍼 나른 건 놀라운 일이 아니다.

2~3파운드만 지출하면 누구든 어디서든 무진장 가치가 있는 도서관을 시작할 수 있다. 이따금 비용을 조금씩 더 들이면 세상의 변화를 제때 읽게 될 것이다. 군영 내 식당, 클럽, 학교도서관, 원주민 독서클럽에 '콜로니얼 문고'는 정말 귀중하다. 우리는 문고 장만이 식민지 영국 독자에게 최고

의 선물이라고 칭찬하지 않을 수 없다. 영국 본토에서 무디 도서관이나 W. H. 스미스 가판대에 가까이 사는 사람들이 즐기는 것과 똑같은 혜택을 그들에게 선사하기 때문이다.[29]

출판사는 식민지 독자를 본국 독자만큼 귀하게 여기고 똑같이 대우한다는 사실을 적극적으로 강조했다. 이러한 주장은 대체로 사실이었다. 맥밀런은 콜로니얼 문고를 한물갔거나 팔리지 않는 재고 처리 수단으로 여기지 않았다. 또한 본국에서 잘 팔리는 것이 식민지에서도 잘 팔리는 것은 아님도 알아챘다. 콜로니얼 문고가 처음 펴냈던 두 책, 메리 앤 바커(Mary Anne Barker)의 『뉴질랜드 정착자의 삶(Station Life in New Zealand)』과 『남아프리카에서 한 해 살림살이(A Year's Housekeeping in South Africa)』의 초기 반응은 신통치 않았다. 살림살이 이야기와 낯선 곳 이야기는 유럽 이주민들에게는 얼마간 관심을 끌었지만 훨씬 다수를 차지하는 인도 사람들과 아무 상관없는 이야기였다.

영국의 리얼리즘 소설에서 많이 다루는 주제 역시 훨씬 거대한 식민지 시장인 인도에서는 인기가 없었다. 인도 현실과 무관했기 때문이다. 인도 독자들은 그런 주제보다 인간의 덕과 투쟁, 억압과 해방 따위의 주제가 두드러지는 소설을 선호했다. 그런 주제로 최고의 인기를 구가한 것은 조지 W. M. 레이놀즈(George W. M. Reynolds)의 소설이었다. 그의 소설은 주로 19세기 런던 사회의 부조리를 중심으로 전개됐다.

문학비평가들은 레이놀즈를 높이 평가하지 않았지만, 맥밀런은 사업 감각이 뛰어났고 독자 속마음을 꿰뚫어 봤다. 맥밀런의 성공에 힘입어 그를 따라하려는 이들이 나타났다. 1895년까지 영국에서 다른 출판업체 여덟 곳이 본국보다 권당 1실링 싼 값에 똑같은 표지를 입혀 '콜로니얼 문고'를 내놓았다. 1886년과 1901년 사이 인도에서 대여도서관과 회원제 도서관 숫자는 급증했다. 벵골 관구에서는 49곳에서 137곳으로, 뭄바이 관구에서는 13곳에서 70곳으로 늘어났다. 그중 일부는 부상하던 인도 전문가 계층을 위해 특별히 설립됐다.[30] 도서관 확산은 20세기 인도 독립운동의 중요 동력이 될 민족적 자존감의 형성에 큰 역할을 했다.

국가에 바친 도서관

1753년 영국 왕립학회 학사원장을 지낸 한스 슬론(Hans Sloane) 경은 평생 수집품을 나라에 제공했다. 슬론은 유서를 통해 인쇄본 4만 권과 필사본 3500권으로 이루어진 장서를 2만 파운드라는 비교적 싼값에 사 달라고 제안했다. 그의 장서는 아무 데도 비할 바 없는 골동품, 메달, 진귀한 물건, 동식물 표본, 광물 표본 등을 포함했다. 놓치면 안 될 기회였다. 이 무렵 런던은 마침내 세계 최고 도시의 반열에 올랐지만 여전히 국제적 명성에 걸맞은 문화유산은 부족했다. 도서관 장서 수는 부족하지 않았으나 그 질은 프랑스 왕립도서관은 말할 것도 없고 옥스퍼드 보들리 도서관과 비교해도 빛이 바랬다.

　의회는 슬론의 장서 감독위원회 위원 41명을 지명했고, 기금 마련을 위해서 복권을 발행했다. 복권 발행은 성황리에 진행돼 기금 10만 파운드를 거뒀다. 그 돈으로 슬론의 관대한 기증품을 사들인 후(영국 중앙은행의 연금 형태로 사들였다), 추가로 장서를 전시할 장소로 블룸즈버리(Bloomsbury) 심장부에 있는 몬터규 저택도 사들였다. 대대적 저택 보수가 필요했으나, 옥스퍼드 백작들(로버트 할리와 에드워드 할리 부자를 말한다—옮긴이)이 수집한 약 8000권에 달하는 할리 필사본을 매입할 자금은 충분했다. 거기에 앞에서 말한 두 건보다 규모는 작으나 중요도에서는 뒤지지 않을 왕실 소유 장서가 더해지고, 마침내 조지 2세까지 적어도 9000권에 달하는 왕립도서관 장서를 국가에 기증하기로 했다.[31]

1759년 영국박물관이 개관했다. 입장은 무료였으나 며칠 전 입장권을 신청해야 했다. 곧 단체 여행객이 몬터규 저택 홀에 몰리기 시작했다. 열람실에는 온갖 분야의 학자들이 연구에 몰입하고 있었다. 학자들은 상주 연구원들 열다섯 명과 함께 법석을 떨면서 멍한 표정으로 감탄사만 남발하는 방문객들을 흉봤다. 관광객들은 이색 신발, 무기류, 형형색색 산호 등 슬론의 갖가지 진귀한 수집품에 넋이 나갔다. 박물관의 두 가지 자랑거리인 장서와 진기한 볼거리 사이의 긴장은 표면 아래에서 늘 부글거리고 있었다.

호기심의 방을 채울 신기한 물건과 장서를 둘 다 수집해서 한 장소에 전시하는 것은 당대 신사 수집가들의 관행이었다. 그리고 슬론의 탁월한 장서는 그의 호기심이 백과사전식으로 광범위했음을 입증한다.[32] 그에게 책과 갖가지 표본은 서로를 보완하는 것이었다. 실제로는 도서관 이용자와 박물관 관광객의 요구 사항은 서로 달랐고, 박물관 규모가 커지면서 둘 사이의 요구 사항은 점점 분리됐다. 그러나 둘은 성공을 위해서 서로가 필요했다. 일일 방문객 숫자는 장서가 재미있는 것이라는 인상을 유지했고, 책은 박물관에 지적 분위기를 더해 주었다. 감독자와 직원은 아무래도 책에 더 관심을 기울였다. 노력과 기금은 대부분 도서관에 쓰였다. 반면에 슬론의 유명했던 분류학적 표본은 19세기 초에 소각 처리됐다. 몬터규 저택의 지하 저장실로부터 스며 나오는 부패로 인한 악취가 도서관 이용자들을 괴롭혔기 때문이다.[33]

개관 초기의 문제점에도 영국박물관 설립은 대성공이었다. 1973년 영국 국립도서관이 창립될 때까지 박물관은 도서관을 품어 주었다. 1998년에서야 세인트판크라스(St. Pancras)에 있는 도서관 빌딩으로 장서가 이전되면서 마침내 책과 유물이 분리됐다. 그것은 국가 자원으로 여겨졌고 독자와 방문객에게 영국 사람의 자신감, 위신과 야망의 구현물로 여겨졌던 최초의 것이었다. 도서관은 오래전부터 문화적 빼어남의 상징으로 여겨졌지만 이런 생각을 국가와 직결시키는 사고 변화는 19세기에 들어서야 생겼다.[34]

비록 영국박물관이 해외에서 부러운 눈길을 받았지만 어떤 나라도 도서관과 박물관을 결합하는 방식을 모방하려 들지 않았다. 부분적으로 규모 문제가 있었기 때문이다. 슬론만큼 거대한 수집품을 축적한 경우는 희귀했다. 이와 달리 국가들 대부분은 대략 국가 소유라 할 만한, 왕립도서관으로 전해 내려온 오래된 장서들을 보유하고 있었다. 이런 장서들이 국립도서관의 강력한 토대가 됐는데 그 규모가 장대해서가 아니라 이전 소유자의 명성이나 필사본이 훌륭했기 때문이었다.

그러나 빼어난 개인 문고를 흡수하면서 비로소 국립도서관은 덩치를 키워 갔다. 네덜란드와 벨기에가 이런 경우에 속하는데 소규모에 불과했던 왕립도서관 장서는 개인 수집가들이 책 수만 권을 대가 없이 기증하거나 염가로 왕에게 팔면서 규모가 늘어났다. 국립도서관에 대한 왕가의 지원도 큰 보탬이 됐다. 영국의 조지 3세는 잉글랜드 내전 시기에 발행된 신문과 팸플릿 3만 부를 박물관 기증용으로 사들였다(이 자료는 도서관 장서 목록에 단 하나의 항목으로 간명하게 언급됐다). 그의 아들 조지 4세는 1820년대에 서적 6만 5000권과 팸플릿 2만 부를 갖춘 부왕의 장서들을 박물관에 넘겼다. 소박하나 고맙기로는 왕가에 못지않은 시민들의 꾸준한 기부도 도서관 성공에 이바지했다. 1759~1798년에 1000명 넘는 시민들이 도서를 기증했다. 대부분 귀중본 한두 권 정도였지만 이따금 장서로 들어오기도 했다.[35]

책이 들어오는 다른 경로는 수도원과 교회 도서관을 약탈하는 것이었는데, 특히 가톨릭 국가에서 이런 난폭한 방식이 사용됐다. 유럽 최대 도서관으로 꼽혔던 프랑스 왕립도서관은 프랑스 혁명기에 50만 권을 추가해 장서 80만 권 규모를 자랑했으나 이름은 국립도서관으로 바뀌었다.[36] 포르투갈과 상대적으로 신생 공화국인 그리스에서도 비슷한 과정을 거쳐 국립도서관이 만들어졌다. 1828년 독립 직후 설립된 그리스 국립도서관은 혁명 동지들이 기증한 장서 1844권으로 소박하게 개관했다. 그러나 그리스정교회 수도원과 교회, 그리스 영토 내 다른 도서관에서 발견되는 모든 귀중한 필사본과 서적을 새로 설립된 국립도서관 장서로 귀속한다는 칙령이 공표되면서 국립도서관 규모도 신속히 확장됐다.[37] 1860년대에 리소르지멘토(Risorgimento: 이탈리아 통일을 위한 민족 부흥 운동을 뜻한다―옮긴이) 시기에 이탈리아는 놀라울 정도로 서로 분열을 일삼았기에 국립도서관만 무려 일곱 곳이 존재했다. 그중 대부분은 당시에 해체했던 수도원 장서로 소장 도서를 키웠지만 한 곳은 전적으로 수도원 압류 장서에 의존했다.[38]

만약 나라 안에서 약탈이 여의찮다면 다른 나라 장서를 강탈하기도 했다. 1795년 제3차 폴란드분할에서 러시아 군대는 바르샤바로부터 귀환하는 길에 명성 높은 잘루스키(Zaluski) 도서관 장서를 챙겼다. 폴란드의 두 형제가 온갖 공을 들여 장서 30만 권을 수집한 후 1747년 대중들에게 공개했던 이 도서관은 유럽의 자랑이었다. 장서는 폴란드의 마지막 왕 스타니스와프 2세 아우구스투스(Stanisław II Augustus, 1732~1798)의 소유가 됐다. 러시아가 폴란드를 유린할 때 그 도서관은 상트페테르부르크(St. Petersburg)에 새로 세운 왕립 공공도서관의 적절한 기반이 될 것으로 여겨졌다.[39] 부실한 운송체계 탓에 바르샤바에서 상트페테르부르크로 옮기는 과정에서 적어도 4만 권을 분실했는데도 러시아는 단 한 차례 도둑질로 유럽에서 둘째가는 규모의 도서관을 얻었다.

러시아제국의 약탈은 서유럽에 대한 문화적 열등감에서 촉발됐다. 그런 열등감을 달래기 위해 야만적 방법을 동원했다.[40] 하지만 러시아뿐만 아니라 모든 나라가 도서관을 놓고 서로 적대적 경쟁심이 팽배해 있었고, 자기 나라의 지적 야망을 도서관에 투사했다. 이런 태도는 도서관을 둘러싼 경쟁을 질적 내용보다 외형적 규모를 다투는 수준에 머물게 했다. 역사상 처음으로 공공도서관이 최상급 개인 문고를 양적으로 압도하는 시대가 됐다.[41] 영국박물관 사서였던 안토니오 파니치(Antonio Panizzi, 1797~1879)는 1835년 하원의원들 앞에서 영국박물관 규모는 프랑스와 독일의 거대 도서관에 미치지 못한다고 고백했다. "프랑스에 지면 안 된다"라는 심리가 거부 못 할 명령이 되어 의원들에게 추가 도서 구매 예산에 찬성표를 던지게 했다.[42] 아이러니하게도 파니치가 이탈리아 태생이라는 사실은 신경에 거슬리는 일이었다. 영국박물관의 수석 사서가 어떻게 외국인일 수 있다는 말인가?

그러나 당시에 국립도서관이 해야 하는 역할을 가장 잘 파악했던 사람이 파니치였다. 장서를 국가에 귀속시키는 것으로는 미흡했다. 국립도서관은 그 나라의 문화가치를 반영해야 하고, 무엇보다 그 나라 문학을 수집하고 보존해야 했다. 국립도서관은 그 나라 책의 집대성이어야 했다. 그 나라에서 출판된 책, 그 나라 작가들이 쓴 모든 책, 그 나라 언어로 쓰인 모든 책, 그 나라의 언어와 문화를 다루는 모든 책을 망라해야 했다. 이런 원칙은 19세기에 등장한 민족주의 운동과 궤를 같이했다. 심지어 독립을 쟁취하지 못한 지역들도 이런 취지에 공감해 자민족도서관을 설립했다. 19세기 오스트리아의 합스부르크 제국의 통치 아래 있던 트란실바니아(Transylvania)에서는 독일어, 헝가리어, 루마니아어를 쓰는 세 곳의 서로 다른 언어공동체가 각각 자신들의 '민족'도서관을 설립했다.[43]

영국박물관에서 파니치는 영국 도서관이 세계 최대 제국의 최고 도서관으로서 다른 어떤 도서관과도 비할 바 없는 외국어 저작을 보유해야 한다는 점도 분명히 했다. 파니치는 "영국 도서관이 대단치 않은 저작에 파묻히도록 허용해선 안 된다. 도서관 이름이 붙은 것은 희귀하고 진귀한 것이어야 한다"라고 말했다.[44]

국립도서관은 무엇이든 보존하겠다는 야심이 있어야 하지만 고서 습득에는 까다로워야 했다. 여기에 도서관 명성이 달려 있기 때문이다.[45] 필사본과 초기 인쇄본의 인기가 여전했지만, 국립도서관은 최초로 라틴어나 희랍어 같은 학문 언어보다 자국어 저술을 더 소중히 여기기 시작했다. 장서의 목록은 여전히 라틴어 제목과 서문이 붙은 채 출간됐지만 국립도서관은 자국어 저작을 활발히 수집했다. 그뿐 아니라 잡지와 정기간행물도 꼬박꼬박 신청했다. 약탈에 바탕을 둔 도서로 설립됐던 러시아 제국도서관은 이런 측면에서 특히 곤란한 처지였다. 1808년 사서 알렉세이 올레닌(Aleksei Olenin)이 도서관 소장 도서를 조사했는데 인쇄본 23만 8632권과 필사본 1만 2000권 중에서 겨우 8권만 러시아어나 교회 슬라브어로 쓰인 책이었다.[46]

국립도서관의 책 수집 정책과 밀접한 연관을 맺었던 것은 시설에 대한 편리한 접근성이었다. 국가도서관은 대부분 오랫동안 사서의 친구들 또는 궁궐에 직책을 가진 이들이나 이용할 수 있는 시설이었다. 브란덴부르크-프로이센의 대선제후(신성 로마제국 황제를 뽑는 선거인단. 백작, 공작, 대공이 주로 맡았다—옮긴이) 프리드리히 빌헬름(Frederick William)이 1661년 궁궐도서관을 백성들에게 공개하겠다고 선언했을 때 도서관은 그가 거주하는 성의 꼭대기에 있었다. 백성들이 접근할 수 없는 곳이었다.[47]

영국박물관 역시 회원으로 등록하기 위해 요구하는 절차는 그런 요식행위에 익숙하지 않은 사람들에게는 성 꼭대기 층 같은 난관이었다. 그러나 19세기 초 박물관 장서가 증가하고 로제타석, 엘긴 마블스(Elgin Marbles: 그리스 아테네의 파르테논 신전에 있던 대리석 조각. 지금은 대영 박물관에 소장돼 있다—옮긴이) 등 그리스, 로마, 이집트, 아시리아의 약탈품이 들어서면서 박물관 인기는 치솟았고 매년 수많은 방문객이 줄을 이었다. 그런 관심은 '저학력 계층'이 '쓸데없는 호기심'이나 채우려는 수작이라고 비하되기도 했다. 그러나 한 의원의 말에 따르면, 국가 시설물이 "비천한 서민 계층을 계몽"하는 수단이 될 수 있다는 생각이 싹트는 계기가 됐다.[48]

국립도서관의 기원을 보면, 이 야심을 이루기 위해 끊임없는 난관과 맞서야 했음을 알 수 있다. 수도원 도서관은 말할 것도 없고, 17~18세기의 어떤 개인 서재도 파니치와 같은 열망을 채우지 못했다. 어떤 도서관도 소장품 규모의 방대함에서 프랑스 국립도서관이나 영국박물관 같은 곳은 없었다. 심지어 둘 사이에도 두드러진 차이가 있었다.

오직 꾸준한 수집과 법정 납본제도 시행만이 난관을 해결할 수 있었다. 그러나 정부는 정규 구매 예산배정을 망설였다. 19세기 말까지 국립도서관 대부분은 예산 혜택을 받지 못했다. 도서관의 마지막 희망은 특별 보조금이라도 받는 것이었다. 영국에서는 의회가 상대적으로 예산배정에 관대한 편이어서 1845년 책 구매를 위해 연간 1만 파운드를 승인했다.[49] 아르헨티나처럼 재정 여유가 없는 나라에서는 예산배정 가망이 없었다. 아르헨티나는 독립을 성취한 후 1810년 국립도서관을 설립했지만 19세기 내내 방치된 채 명맥만 유지했다.[50]

많은 나라에서 법정 납본 권한을 국립도서관에 부여했지만, 실제 시행하기 힘든 제도임이 드러났다. 인쇄술 도입 초기에 행정 당국은 출판업자들에게 발행도서 몇 부를 공공도서관에 납본하도록 강제했다. 그러나 제도적으로 성공한 경우는 드물었다. 납본제도는 출판업자들 반발을 불렀고, 그들의 끈질긴 불복종에 당국도 대개 손들고 말았다. 영국의 경우 납본제도의 실패에 좌절했던 파니치는 사법 당국에 출판업자를 잡아 자신에게 보내 달라고 부탁했다. 실제로 붙들려 온 업자를 앞에 놓고서 파니치는 정부 시책에 반항하지 말라고 을러대면서 직접 혼쭐을 냈고 그제야 업자들이 조금씩 말을 듣기 시작했다.

한 차례 성공은 또 다른 난제를 불렀다. 국립도서관으로 책 기증이 줄을 잇고 납본제도가 정착되자 도서관으로 들어오는 책의 양이 상상을 초월하는 수준으로 늘어났다. 어떻게 이 많은 책을 정리할 것인가? 코펜하겐 왕립도서관은 1820년에서 1848년 사이에만 10만 권이 넘는 책을 습득했다. 영국박물관은 1823년 12만 5000권에서 1848년 37만 4000권으로 반입량이 늘어났다. 그로부터 3년 후에는 10만 권이 추가됐다.[51]

책에 파묻히지 않으려면 서둘러 공간을 마련하는 방법밖에 달리 해결책이 없었다. 1823년에서 1857년 사이에 영국박물관은 건설 현장 같았다. 몬터규 저택을 단계적으로 허물고 그 자리에 거대한 신고전주의식 건물을 세웠는데, 이는 오늘날에도 방문객들이 찬사를 아끼지 않는 건물이 됐다. 건물에서 가장 빛나는 공간은 원래는 텅 비어 있던 사각형 공간에 판테온을 본떠지어 올린 반구형 돔과 그 아래에 자리 잡은 방사형 열람실과 원형 서가였다. 열람실을 에워싼 철재 서가는 대략 책을 150만 권 정도 꽂을 수 있도록 디자인됐다.[52] 1857년 여름 방사형 열람실이 처음 공개됐을 때, 저녁 시간인데도 6만 2000명의 방문객이 들러 국립도서관 서가로 마련된 우아한 공간을 경이로운 눈으로 바라보았다.

오늘날과 다름없이 19세기에도 책 목록화 작업보다 건축 프로젝트에 자금을 조달하는 것이 수월했다. 영국박물관의 새 열람실은 열람자 300명을 수용할 수 있었지만, 그들은 책 청구에 필요한 열람실 장서 목록 한 부를 보기 위해 서로 북적대며 어깨싸움을 벌여야 했다. 영국박물관은 모든 소장 도서를 장서 목록으로 만들어 출판한 적이 없었다. 파니치는 도서 출판 규모가 너무 커지면서 장르별로 일관되고 적절하게 분류할 방법이 없음을 깨닫고는 주제에 따라 책을 분류하던 전통 방식을 버리고 알파벳순으로 분류할 것을 강력히 주장했다. 마침내 그 주장이 더 많은 호응을 얻었지만 파니치는 장서 목록이 완성되는 걸 못 보고 죽었다. 알파벳순 장서 목록 작업은 1834년 처음으로 제안됐는데, 그때는 그 작업이 5~6년이면 끝나리라고 생각했다. 그러나 파니치가 죽은 지 한 해 후인 1880년에도 작업은 여전히 끝나지 않았고, 16만 항목은 수정이 필요했다. 작업은 꾸준히 진행됐고, 1905년 총 397편, 44개 부록, 450만 항목으로 이루어졌으며 교차참조까지 가능한 장서 목록이 완성됐다.[53] 몇몇 독자들에게 장서 목록은 너무 늦게 완성됐다. 장서 목록을 기다리다가 지쳐서 국립박물관을 포기하고 회원제 도서관인 런던 도서관 설립에 힘을 더해 더 만족스러운 서비스를 확보한 사람들에게는 특히 그러했다.

장서 목록 작업의 지체는 영국만의 문제가 아니었다. 많은 도서관은 전체 장서 목록 작업보다 인쿠나불라와 필사본 목록만 먼저 작업을 했다. 페테르부르크에서 알렉세이 올레닌도 특별 장서 목록화 작업을 선호했지만, 러시아 교육상은 올레닌에게 알파벳 순서로 정리한 장서 목록을 만들라고 명령했다.[54] 10년 동안 도서관 직원들이 힘겹게 작업을 이어 갔으나 교육상이 쫓겨나면서 모든 작업이 조용히 중단됐다.

목록 작업이 되지 않은 장서가 책 도둑의 손쉬운 표적이 되는 일은 놀랍지 않다. 자유로운 접근이 허용되는 국립도서관에서 벌어지는, 반갑지 않으나 불가피한 현실이다. 하지만 어떤 책 도둑도 바이에른주의 신학자 알로이스 피클러(Alois Pichler, 1833~1874)만큼 대담하지 않았다. 그는 상트페테르부르크 제국 도서관에 특별사서로 고용됐다.[55] 1869년 8월부터 1871년 3월까지 피클러는 도서 4500권과 필사본을 도서관에서 빼돌렸다. 괴이할 뿐 아니라 효과적이기도 했던 그의 비법은 그가 절대 벗지 않았던 품이 넉넉한 외투 안에 책을 숨기는 것이었다. 결국 꼬리가 밟혀 재판에 회부된 그는 뮌헨의 한 학자가 천으로 만든 자루를 어떻게 외투에 매다는지를 가르쳐 주었다는 사실을 인정했다. 그는 유죄 선고를 받고 시베리아 유형에 처해졌다. 피클러에 비하면 별 볼 일 없다고 해도 영국 책 도둑들도 교도소에서 강제노역형을 피할 수 없었다. 국립도서관 책을 훔치는 것이 국가 반역 행위라고 여겨졌기 때문이다.

국가와 국립도서관 사이에 상징적 연관을 부여하는 것은 도서관의 의미를 더 특별하게 와 닿게 한다. 그러나 국립도서관이 그 나라 수도에서 가장 중요한 곳에 있다는 사실뿐 아니라 국가와 그 국민, 문화, 언어와 긴밀한 유대 관계를 맺는다는 사실은 적 공격에서 도서관이 주요 타격 목표가 됨을 의미했다.

1821년 페루가 독립 30일 만에 설립했던 국립도서관은 1879년 일명 초석전쟁이라고 불리는 남미 태평양전쟁 당시에 칠레 군대에 의해 완전히 파괴됐다.[56] 1992년 보스니아 전쟁 때 세르비아 군대는 고의적으로 보스니아 국립도서관을 소이탄으로 공격했다. 2003년 이라크 침공 초기 단계에서 이라크 국립도서관은 부분적으로 불타고 약탈당했다. 전쟁 위협에 처한 나라의 도서관은 피클러 박사와 그의 외투 속에 숨겨 둔 자루와는 비할 수 없는 무서운 사태를 만날지도 모른다.

재벌의 도서관 사랑

유럽의 거대한 국립도서관 설립 소식을 대서양 반대쪽 사람들은 부러움 반, 시샘 반으로 지켜보았다. 그러나 미국은 국립도서관을 세우기 위해서 19세기 거의 전체를 쏟아부어야 했다. 연방정부에 얼마만큼 권력을 주어야 하는가와 관련된, 또는 노예제를 폐지할 것인가를 둘러싼 갈등으로 빚어진 파벌정치로 모든 미국인을 위한 도서관을 설립하려는 노력은 번번이 제동이 걸렸다. 그러나 국립도서관 건립을 지지하는 사람들은 미국 의회도서관을 향한 희망을 버리지 않았다.

1800년 미국 의회를 워싱턴 DC로 옮겼을 때, 의원들이 업무에 참고하도록 주로 법률과 정치에 관한 장서 약 3000권으로 도서관을 구축했다. 이 장서는 1814년 영국 병사들 방화로 소실됐다. 이후 토머스 제퍼슨(Thomas Jefferson)의 개인 장서를 기반으로 도서관을 재조성했지만 이 장서들은 다시 1851년 화재로 일부 소실됐다. 이런 사건들만 문제는 아니었다. 도서관은 의회 활동을 위한 것이기에 당파적 이해가 아닌 초당적 가치를 추구하는 책만 들여야 한다는 논리와 노예제도를 둘러싼 논쟁을 다룬 많은 책은 물론 다른 많은 책과 정기간행물도 소장할 수 없다는 주장은 도서관 발전을 가로막았다.[57]

남북전쟁(1861~1865)으로 도서관 역할에 대한 많은 언쟁이 종식됐고, 그 이후 의회도서관이 미국 국립도서관 역할을 떠맡았다.[58] 매우 유능한 사서가 줄을 잇고 넉넉한 자금지원과 실효성 있는 납본제도까지 가세하면서 도서관 장서는 무시무시한 속도로 늘어났고, 마침내 국회의사당 공간이 미어터질 정도가 됐다. 1897년 더 이상 감당할 수 없는 장서를 수용하기 위해 의사당 뒤편 한 블록 전체를 차지하는 기념비적 도서관 건축물이 들어섰다. 건물 디자인은 영국박물관 건물과 그 원형 열람실에서 영감을 얻었다. 돔 내부는 '문명의 진화'라고 명명된 벽화로 치장했다. 벽화는 미국을 과학과 문명 진보의 마지막 담지자로서 제시했다.

미국이 초고속으로 세계에서 가장 값비싼 도서관 건물을 세우고 도서관을 통해 미국의 운명을 자신 있게 제시한 것은 도금시대(소설가 마크 트웨인의 동명 소설에서 유래한 명칭으로, 남북전쟁 직후인 1865~1890년 미국에서 산업화와 공업화의 영향으로 엄청난 부가 축적되는 동시에 각종 부패와 부정이 끊이지 않던 시기이다. 황금만능주의와 물신주의가 팽배했다—옮긴이)였기에 가능한 치기였을지 모른다. 이 시대는 고삐 풀린 성장의 시대였기에 미국의 부가 무한 증식하는 것처럼 보였다. 철도, 철강, 석유, 이민이 미국을 바꾸었고 새로운 대도시가 우후죽순 생겨났다. 그러나 경제적 성공은 이루었지만 불굴의 결단과 창의성으로 이루어 낸 물질적 성취에 경의를 표할 문화적 내용물이 마땅치 않다는 불편한 감정을 떨칠 수 없었다.

이는 도금시대에 한밑천을 잡았던 건설업자, 투자가, 투기꾼 모두에게 내려진 숙제였다. 미국 산업계와 재계의 거물들은 자기들 조국이 문화에서 유럽을 능가하지는 못해도 뒤지기를 원하지 않았다. 그들은 재산 형성 과정에서 드러낸 탐욕 탓에 노상강도 귀족이라고 불리며 언론으로부터 조롱을 받았으나, 미국을 전 세계 문화의 선도자로 내세우려면 그들의 후원은 절대적이었다. 대학과 박물관, 미술관과 도서관은 그런 재산가들이 쓰는 선심의 수혜자였다.

20세기 첫 10년 동안 시카고 뉴베리(Newberry) 도서관, 뉴욕 모건(Morgan) 도서관, 캘리포니아주 산마리노의 헌팅턴

도판 18. 새로 부상한 초강대국 위상에 걸맞게 지은 의회도서관. 1902년 사진이다. 내부에는 막 세상에 태어난 찬란한 문명국으로서의 미국을 선포하는 벽화가 그려져 있다.

(Huntington) 도서관, 워싱턴 DC의 폴저(Folger) 도서관 등 거대 연구도서관이 미국 곳곳에 설립됐다. 놀라운 사실은 뉴베리를 제외하고 이 도서관이 모두 설립자 개인도서관으로 시작됐다는 점이다.[59] 그중 어떤 도서관도 규모에서 국립도서관처럼 방대하지 않았고 내용 면에서 보편적이지도 않았다. 대신 그 도서관들은 대단히 값비싼 것, 호화로운 것, 무엇보다 희귀한 것으로 가득했다는 점에서 르네상스 시대 군주들이 추구하던 도서관을 닮아 있었다. 미국의 재산가들은 필사본, 인쿠나불라, 초판본, 희귀본을 좇아 가장 탁월한 책을 수집하기 위해서 골동

품 애호가들처럼 서로 경쟁을 벌였다. 이들의 도서관은 엇비슷하게 문턱이 높아 아무에게나 개방하지 않았다. 정치 엘리트들은 비할 데 없이 귀중한 장서를 미국에 제공했다고 찬사를 늘어놓았지만, 도서관은 교양과 학식을 갖춘 일부 계층에게만 공개됐다. 워싱턴 DC에 있는 자기 도서관의 열람실 설비를 논의할 때 석유 재벌 헨리 폴저(Henry Folger, 1857~1930)는 오직 책상 다섯 대만 들이기를 원했다. 건축가가 여덟 대를 들이면 안 되냐고 제안하자 그는 이렇게 대답했다.

> 그러면 여느 열람실과 다름없어질 거요. 나는 이 도서관이 열람실이나 연구 공간이길 원하지 않아요. 이 도서관은 그 개성이 대단히 특출나고, 그 내용물이 지극히 값비싸며, 다루는 범위도 제한적이오. 이곳 수집품은 누구에게나 공개되지는 않을 겁니다. 도서관이 열람실이나 안락한 휴게실 같아 보여서는 곤란합니다.[60]

폴저의 평생 맞수였던 철도 재벌 헨리 E. 헌팅턴(Henry E. Huntington, 1850~1927)은 자기 도서관을 캘리포니아주 산마리노의 600에이커 부지에 건설했다. 자기 저택에서 돌을 던지면 닿을 정도로 가까운 곳이었고, 교통이 편한 곳도 아니었다.[61] 헌팅턴과 폴저는 자신들 수집품 공개에 말을 아꼈다. 그들은 진정한 의미의 애서가였다. 자신이 수집한 책들을 읽고 연구했고 아꼈다. 필생의 수집품이 다시 흩어지는 것은 상상조차 못 할 일이었다. 공공건물에 보관해 미래를 위해 기부하는 것만이 유일한 해결책이었다.

그러나 두 수집가에게는 차이점이 있었다. 헌팅턴은 짧은 시간에 다양한 분야의 책을 수집했다. 그는 장서 대략 1만 5000권을 빠르게 모아들였다. 개인 장서 200곳을 통째로 매입해서 덩치를 불린 덕분이었다. 반면에 헨리와 그의 아내 에밀리는 딱 하나에 열정을 쏟았다. 시대별로 출간된 셰익스피어 저작 전체와 그의 작품 세계와 유산을 다룬 모든 책을 모으려 했다.[62] 부부는 한마음으로 서적을 수집했다. 자식도 없었다. 책을 '아이들'이라고 언급했다는 보도가 있을 정도로 그는 책에 집착했다.

　　극히 부유했으나 폴저는 자선사업도 거의 안 했다. 병원이나 대학, 극단이나 다른 시민 단체를 후원하지도 않았다. 스탠더드오일의 중역회의가 예정 없이 취소됐다면 사람들은 그가 영국의 옛 성에서 발견된 셰익스피어 사본을 사냥하러 갔다고 생각했다. 그는 대략 서적상 600명과 서신 교환을 했고, 저녁시간에는 아내와 함께 장서 목록과 신문 스크랩을 샅샅이 훑으며 괜찮은 물건은 없는지, 유명한 장서가 경매에 나온 것은 없는지 확인했다.

　　폴저는 거의 평생 빚쟁이로 살았다. 스탠더드오일 주식을 담보로 끝없이 빚을 내어 책 구매비를 댔다. 1928년 죽기 2년 전에야 그는 집을 샀다. 그전까지 부부는 브루클린의 비교적 수수한 집에서 전세로 살았다. 그들은 비싼 식당을 찾지도 않았고, 터무니없는 차를 소유한 적도 없었으며, 석유 재벌에 어울리는 사치스러운 취미에 몰두하지도 않았다. 이런 사실이 얼마간 사람들 관심을 끌기도 했다. 비록 책 수집도 호사스러운 지출로 여겨지긴 했지만, 다른 취미와 함께일 때만 그러했다. 한번은 신문에서 폴저가 셰익스피어 작품 한 권에 10만 달러(그의 연봉에 맞먹을 금액이었다)를 치렀다는 기사를 읽은 J. D. 록펠러(J. D. Rockefeller)가 그에게 진짜냐고 물었다. 그는 그보다는 훨씬 싸다고 답했다. 록펠러를 안심시키려고 한 말이었다. 그 대답에 록펠러가 다음과 같이 답했기 때문이다.

> 여보게, 그렇게 말하니 안심되는군. 우리(내 아들과 나와 이사진)는 걱정했거든. 우리 소유의 주요 회사 최고 경영자가 책 한 권에 10만 달러를 치르는 얼간이라고 생각하니 누가 마음이 편했겠어.[63]

폴저가 거짓말한 것은 아니었다. 그러나 그는 종종 이례적이거나 희귀한 책에 1만 달러 이상을 지불했고, 이따금 4만 달러, 심지어 5만 달러 이상을 치르기도 했다. 이런 과도한 지출은 유례없는 일이었다. 폴저 부부는 17세기 출판된 200종을 포함해 각기 다른 1400종의 셰익스피어 전집을 모았다. 그중 82권은 그 유명한 2절판 초판본(1623)인데, 그중 일부는 왕이나 여왕, 새뮤얼 존슨(Samuel Johnson)이나 윌리엄 피트(William Pitt) 같은 명망가들이 소유했던 것이었다. 아이러니하게도 2절판 초판본은 오늘날에도 200권 정도 남아 있어 희귀본이 아니다. 그러나 폴저가 그중 3분의 1 이상 사들인 것은 놀라운 일이다.

폴저의 수집 성공 비결은 흠결 없는 깨끗한 책을 소유하려는 수집가들의 상습적 관행을 따르지 않았기 때문이었다. 뉴욕의 은행가 J. P. 모건(J. P. Morgan)은 흠 있는 책을 '도서관의 문둥이들(lepers)'이라며 탄식했다. 19세기 수집가들의 책에 대한 결벽증은 통탄스러운 결과를 낳았다. 희귀한 책을 '세탁'한답시

도판 19. 폴저 셰익스피어 도서관의 열람실. 총 82권 남은 셰익스피어 2절판 초판본(First Folio) 중에 한 부가 펼쳐져 있다. 실내는 엘리자베스 여왕 시대의 양식으로 화려하게 치장되어, 신고전주의 양식으로 지어진 도서관의 장엄한 외관과는 극적인 대조를 보인다.

고 여백에 끼적인 글 또는 이전 소유주의 흔적을 지운 것이다. 폴저는 다른 많은 일에서처럼 책 수집에서도 통념을 거슬렀고, 이런 '문둥이들'을 기꺼이 사들였다.[64]

　　그러나 폴저는 지독할 정도로 자신의 수집 이력을 비밀로

했다. 1901년 시드니 리(Sidney Lee)라는 학자가 셰익스피어의 2절판 연구에 나서면서 폴저에게 세 차례 질의서를 보냈으나 그는 한 차례도 답하지 않았다. 하지만 리의 책이 출판됐을 때 폴저는 그의 연구 결과를 이용해 더 많은 초판본 행방을 파악했다. 그는 영국에 있는 초판본 소유자 서른다섯 명에게 편지를 보내서 팔 의향이 있다면 가격을 제시해 달라고 부탁했다. 처음에는 모두에게 퇴짜를 받았지만 폴저는 포기하지 않았고 그중 많은 사람에게 책을 사들였다.

폴저 손에 들어간 초판본은 사람들 시선에서 사라졌다. 그는 초판본 대부분을 금고에 넣어 보관했고 어떤 학자에게도 개방하지 않았다. 덕분에 폴저가 죽은 지 2년 후 1932년 워싱턴 DC에서 거행된 폴저 셰익스피어 도서관 개관식은 놓치면 안 되는 사회적 대사건이 됐다. 후버(Hoover) 대통령도 참석했다. 그러나 도서관 건립 과정도 은밀히 진행됐다. 폴저 부부는 도서관 부지를 위한 좋은 장소를 갈망했다. 그들은 일단 의회도서관 맞은편에 거주지를 마련했고 9년 동안 아무도 모르게 붙어 있는 주택 열네 채를 하나씩 사들였다. 그러고 나서 집을 모두 부수고 셰익스피어 도서관을 건립했다.

도서관 건물이 완공된 후 무장트럭 호위를 받으며 뉴욕으로부터 책이 운송됐다. 길가에서 이 광경을 본 행인들은 라이플, 기관총, 최루탄으로 무장한 호송대의 호위를 받는 그 트럭 속에 금이나 다이아몬드가 있다고 생각했을 것이다. 트럭 안에는 진짜 엄청난 가치가 있는 것이 있었다. 비용을 아끼지 않고 끈질기게 추적하며 평생을 수집한 유물이 거기 있었다. 그 피땀으로 모은 책들이 도서관이 됐다.

15장
근무 중 독서

공공도서관 성공과 관련한 이야기에서 한 사람만 꼽으면 앤드루 카네기(1835~1919)일 것이다. 카네기는 취학아동 나이에 스코틀랜드에서 미국으로 이주했다. 그는 미국이 세계경제의 실세로 떠오른 시기에 철강회사를 운영하면서 준독점에 가깝게 시장을 장악해서 상상하기 힘들 정도의 부를 쌓았다. 카네기는 자선 행위 덕분에 많은 친구를 얻기도 하고, 무참한 사업방식 탓에 많은 적을 만들기도 했다. 노동조합은 그를 증오하다 못해 지역 공동체에 그의 기부를 받지 말라고 로비를 벌이기도 했다.[1]

그러나 미국의 새로운 재계 귀족 친구들과 달리 카네기는 엄청난 장서를 구축해서 자기들끼리 호사스러운 취미를 누리지 않았다. 그 대신 그가 엄밀하게 검토된 기부 프로젝트를 가동해 크고 작은 마을에 모든 이에게 개방된 도서관을 수없이 선사했다는 점은 높이 평가되어야 한다. 그의 기부에는 조건이 따랐다. 카네기는 지역 자치단체가 최초 기부액의 10퍼센트에 해당하는 자금을 매년 건물 유지와 직원 급여로 지출하겠다는 조건을 받아들인 후에야 기부금을 건넸다.

카네기는 책도 제공하지 않았다. 단지 몇 가지 우아하면서도 실용적인 건축 디자인을 제시했을 뿐이다. 당시 미국의 신흥 메디치들은 보스턴이나 뉴욕 같은 여러 도시에 공공도서관을 건립하면서 책 전시공간에 대한 시민적 자부심을 드러내려고 도리스양식 기둥, 공간을 크게 잡아먹는 화려한 계단 등으로 건물을 화려하게 치장했다. 카네기는 모든 치장을 거부했다. 그의 디자인은 사각형의 납작한 건물이었고, 건물 내부에는 시선을 가로막는 번잡한 장식이 없어서 사서가 열람자들이 책을 훑어보고 뽑거나 하는 행위를 한눈에 보고 필요한 도움을 줄 수 있도록 설계했다.

카네기는 도서관 기부 프로젝트를 감상적으로 처리하지 않았다. 오히려 사업으로 큰돈을 벌어들였을 때처럼 냉철한 이성으로 처리했다. 1901년 존 피어폰트 모건에게 카네기 철강을 매각했을 때 그는 미국의 최고 부자가 됐지만 나머지 평생을 온전히 자선사업에 바쳤다. 카네기가 자선활동에 전념했던 1880년에서 1919년 사이에 공공도서관 운동에 가장 필요했던 것이 이런 소명 의식이었다.

사회와 기술의 근본적 변화로 책 수요가 급증함에 따라서 19세기 내내 도서관은 번창했다. 책값은 싸지고 책은 흔해졌다. 더 많은 남녀가 여가를 즐기고, 정보를 구하고, 사회적 성공을 성취하려고 책을 읽었다. 흔해진 책은 또 다른 문제를 낳았다. 책이 값싼 물건이 되면서 18세기에서 19세기 초까지 회원제 도서관과 대여도서관을 먹여 살렸던 사고방식, 즉 책은 사기보다 빌려 읽는 것이라는 사고방식이 사그라들기 시작했다. 공공도

도판 20. 가장 위대한 공공도서관 설계자인 스코틀랜드 출신의 앤드루 카네기.
1913년에 책 읽는 모습을 찍은 것이다. 당대의 다른 많은 거부와 달리 그는
3000곳가량 카네기 도서관 설립을 주도하면서 자신이 아니라 만인을 위한 책
수집가였음을 입증했다.

서관은 도서관 세계에서 새로운 동력을 찾고, 새로운 고객을 유
치하고, 고유의 생존방식을 터득해야 했다. 그러나 카네기가 등
장하기 전까지는 도서관의 성공 가능성은 불투명했다.

반페니 세금

1850년 2월 14일, 영국 의회에서 윌리엄 유어트(William Ewart) 의원이 "시의회의 공공도서관과 박물관 설립"을 돕기 위한 법안을 제출했다.[2] 공공도서관 운동에서 역사적인 순간이었다. 하지만 법이 실제로 집행되기까지는 지난한 과정을 겪어야 했다. 발의안을 통과시키기 위해서 유어트는 동료의원들의 양심뿐 아니라 애국심에도 호소해야 했다. 유어트는 독일, 프랑스, 이탈리아, 심지어 미국과 비교할 때 영국의 도서관은 매우 부족하다고 설득했다. 유럽 대륙에서는 아미앵, 루앙, 마르세유 같은 주요 도시에 도서관 없는 경우를 찾아보기 힘들고 노동자 계층의 도서관 이용도 활발하다고 전했다.

나중에 살펴보겠지만 프랑스 시립도서관에 관한 이런 주장은 다소 과장된 것이다. 그러나 그 주장은 이 역사적 법안을 위한 기초작업을 하던 의회의 특별심사위원회에 제출된 증거와 대체로 일치했다. 의원들 마음을 움직였던 다른 자료는 1848년 영국박물관 직원인 에드워드 에드워즈(Edward Edwards)가 작성한 유럽과 미국의 도서관 실태에 관한 통계였다. 이 자료는 대형 도서관이 있는 유럽의 310개 주요 도시 리스트에서 영국이 영국박물관, 옥스퍼드대학교 도서관, 케임브리지대학교 도서관을 제외하면 거의 주목받지 못했음을 보여 주었다.[3]

공공도서관의 설립이 국제적 경쟁심 덕에 본격 가동된 것은 아니다(경쟁심이 영향을 주지 않았다는 말은 아니다). 영국이 세계 초강대국으로 등극하면서 정치인들과 시민운동가들은 이 성공으로 더 명암이 뚜렷해진 어두운 현실을 무시할 수 없었다. 부유한 중산층이 즐기는 교양과 문화생활은 노동자들의 끔찍한 노동환경이나 비참한 가난과 갈수록 대비됐다. 그런데 새로운 시민계층인 노동자들도 이러한 문화생활을 같이 누릴 수 있도록 그들을 교육할 수단은 별로 없었다. 도서관은 그 대안이었다.

물론 이런 야심 찬 목적을 성취하기에 이 법의 조항은 너무 미약했다. 단호하지 않고 지극히 관대했다. 원한다면 어떤 도시나 자치구든 재산에 부과하는 지방세에 도서관 설립을 위해 세금을 반페니 정도 추가로 부과할 수 있다는 정도였다. 이 돈은 책 구매에 쓰지도 못했다. 자치 당국이 적절한 건물을 마련한다면 그 돈을 시설 유지와 직원 월급으로 쓸 수 있었다. 심지어 이 정도로 미약한 법안도 시끄러운 반대에 부딪혔다. 링컨 지역구의 커널 십소프(Colonel Sibthorp) 의원의 반대는 너그럽게 봐줄 수 있는 수준이었다. 그는 세금 인상이라면 무조건 쌍심지를 켜는 사람이니까. 더욱이 "그는 책을 도무지 읽지 않는 인간으로, 옥스퍼드 재학 시절에 벌써 책을 증오"한 사람 아닌가.

옥스퍼드와 케임브리지대학교 출신 등 다른 의원들은 책 구매 조항이 없다는 이유로 법안에 부분적으로 반대했다. 그렇게 된다면 옛날 교구도서관과 마을도서관처럼 기증에 의존할 수밖에 없다는 이유에서였다. 또 공공도서관법으로 이득을 볼 계층은 결국 가난한 자들이 내는 추가 세금 없이도 책을 사 볼 수 있는 중산층이리라는 주장도 있었다.[4] 법안은 통과됐지만, 중요하고 치명적인 두 가지 수정조항이 포함됐다. 하나는 법안을 인구 1만 또는 그 이상인 곳으로 제한한다는 조항이었고, 다른 하나는 공청회에서 납세자 3분의 2 이상의 찬성을 얻어야 한다는 조항이었다.

수정법안은 그 적용에서 미리부터 한계를 노정하고 있었다. 노리치(Norwich)와 윈체스터(Winchester)는 재빨리 납세자들에게 찬성을 얻어 냈다. 해수욕장이 있어서 피서객들에게 도서관이 유용하리라고 판단한 브라이턴(Brighton)은 사법률(private act: 특정 지역이나 특정인에게 적용되는 법률—옮긴이)을 적용해 더 넉넉하게 4페니를 부과했다. 1855년 최초 법안의 제한조항을 다소 완화한 수정안의 도움을 받아서 1860년에는 25개 의회가 법안을 채택했다. 그중에는 북부의 거대 도시 맨체스터와 버밍엄도 있었다. 둘 다 지역 시민의 자부심과 자선 활동으로 도서관 서가를 채울 수 있는 도시였다. 맨체스터 도서관은 1852년에 장서 2만 5000권을 확보해 개관식을 거행했다. 축하 행사에는 소설가 디킨스와 새커리가 자리를 빛냈다. 첫해에 4841명이 회원 등록을 했고 그해에 한 명당 평균 책 스무 권을 빌려 갔다.[5]

그러나 맨체스터는 예외적이었다. 법안 도움 없이도 머지 않아 자체 도서관이 생겼을 가능성이 충분한 지역이었다. 최초로 도서관이 들어선 곳은 지역 의원들 다수가 법안을 지지하는 대도시나 잘사는 지역 거점도시였다. 그런 지역 말고는 대개 법안 채택 시도는 필요 찬성표에 크게 미달해서 번번이 좌절됐다. 바스, 글래스고(Glasgow)와 헤이스팅스(Hastings) 등이 그런 곳에 속했다.

특히 런던 노동자 밀집 지역의 반대가 심했다. 반대의 핵심에는 도서관이 노동자들을 도와서 그들을 깨어나게 할 거라는 주장이 있었다. 1866년 램버스(Lambeth) 자치구는 어리석게도 혼스(Horns)라는 주점에서 열린 시끄러운 회의에서 법안 채택을 처음으로 시도했으나 아우성에 파묻혀 법안을 표결에 부치지도 못한 채 파장했다. 이 지역은 1886년이 되어서야 간신히 법안이 통과됐는데 그때는 1페니를 과세할 수 있었으나 실제로는 반페니만 과세했다. 그 돈으로는 부족해 제미나 더닝 스미스(Jemina Durning Smith)가 1만 500파운드라는 거금을 기증한 후에야 도서관을 건립할 수 있었다. 이것이 바로 그 유명한 도서관, 즉 1990년대에 문 닫을 처지에 처했다가 시민운동가들 분투로 간신히 계속 운영 중인 도서관이다.[6]

항구도시 브리스틀의 사례는 공공도서관 지지자들이 맞서 싸워야 할 반대 강도가 어느 정도인지에 대해 시사하는 바가 있다. 브리스틀은 교육 수준 높은 중산층도, 부유한 자선가도, 시민적 자부심도 넘치는 도시였다. 그러나 1850년 공공도서관법이 제정됐을 때 도서관을 설립하지 못했다. 1871년에야 박물관 겸 도서관 건물이 들어섰지만 주민들은 꿈쩍도 하지 않았다. 맥빠진 도서관위원회는 필요한 찬성표의 절반밖에 얻지 못했다. 브리스틀 같은 도시의 문제는 세금으로 뒷받침되는 다양한 여가 활동(수영장, 운동장, 놀이터, 금주회, 선교회, 야간강좌, 연주회, 전시회 등)과 도서관이 회원 또는 기금을 놓고 경쟁을 벌여야 한다는 데 있었다. 단체 스포츠와 음악 공연장이 인기를 끌면서 독서는 더 어려운 경쟁상대를 만난 셈이었다. '인문 교

양'을 함양하자는 취지는 도서관 지지자에게는 중대한 문제였으나, 다수 시민의 지지를 받지는 못했다.[7]

산업화한 북부지역의 경우, 사정은 다소 달랐지만 공공도서관이 자리를 잡는 데 오랜 시간이 걸린 이유에 대해서는 비슷한 시사점이 있다. 요크셔주 웨스트라이딩(West Riding) 행정구에 속한 핼리팩스(Halifax)와 허더스필드(Huddersfield)는 각각 1882년과 1898년까지도 공공도서관이 없었다. 책에 관한 관심 부족 탓이 아니었다. 성업 중인 두 공장 도시는 산업노동자 문화의 본거지였기에 이미 도서관이 넘쳐 났다. 노동자들에게 과학기술을 가르치려고 설립된 기술학교(Mechanics' Institute)는 성인 교육과 친목을 위한 주요 구심점이 됐다. 핼리팩스와 허더스필드기술학교 모두 잡지와 정기간행물을 읽는 열람실이 따로 마련돼 있었다. 핼리팩스기술학교에는 어린이도서관이 따로 있었고, 허더스필드기술학교에는 여성 회원을 위한 장서가 따로 마련돼 있을 정도였다. 근처 로치데일(Rochdale)에서 시작된 협동조합은 두 도시뿐 아니라 공장이 있던 인근 마을의 지역도서관을 후원했다. 핼리팩스 도서관은 1872년에 장서 3000권으로 개관했고 지역의 많은 고용주가 공장도서관을 후원했다.[8]

19세기 후반, 지역 전문직 계층의 필요에 부응하면서 잘 나가던 회원제 도서관 덕분에 문학이나 과학 관련 협회가 다양하게 생겨났다. 어떤 협회는 상당한 장서를 축적했다. 핼리팩스 문학·철학협회의 경우 장서가 2만 권에 달했다. 허더스필드에는 법률도서관, 의학도서관, 외국어 저작만 갖춘 도서관이 각각 따로 있었다. 이런 전문도서관 역시 소설에 대한 대중들의 지칠 줄 모르는 요구에 직면해야 했다. 이들은 종종 무디나 W. H. 스미스를 정기구독한 기업체의 서적을 넘겨받아 그 요구를 해결했다.

　이런 도서관 외에 단명했던 수많은 상업도서관이 다양한 취향을 겨냥해 흥미 위주로 읽을거리를 제공했다. 그중에는 성공적으로 도서관을 운영한 몇몇 지역 인쇄업자가 있었다. 윌리엄 밀너(William Milner)는 번스, 바이런, 헨리 롱펠로(Henry Longfellow) 등의 작품을 값싼 재판본으로 무더기로 찍어 냈고, 윌리엄 니컬슨(William Nicholson)은 의심의 여지가 없는 최고의 베스트셀러 『핼리팩스 치즈 장수의 시집(Poems by a Halifax Cheesemonger)』을 출판했다[실제 치즈 장수였던 새뮤얼 핸슨(Samuel Hansen)이 쓴 시집이다. 노동자 계층이 문해력을 얻어 독자가 됐다가 인기 저자도 될 수 있었음을 보여 준다―옮긴이].

　여기에 학교도서관, (무상 초등교육이 보편화되기 전 노동자 계층 자녀들의 필수 교육시설이었던) 교회 학교도서관, 교회기관에서 따로 운영했던 도서관, 지역 대학도서관까지 추가하면 산업도시에서 독서는 생활수준 향상과 정치 발언권을 키우기 위해 필수 불가결한 것으로 인식됐음을 알 수 있다. 이미 수많은 신문 열람실이 있었고, 적어도 한 곳의 커피하우스에서는 급진적인 사상을 전파하는 신문을 구독했을 정도였다. 그러니 따로 세금을 걷어서 공공도서관을 세우려는 시도는 먹혀들지 않았다.

　비록 1850년 의회의 토론에서 미국 사례가 본받을 만한 것으로 언급됐으나, 미국에서도 공공도서관이 정착하는 과정은 순조롭지 않았다. 세금을 걷거나 쓸 방도를 결정하는 것은 주 정부와 지자체의 결정에 달렸기에 지역문화 수준이 도서관 운동의 성패를 결정하는 데 핵심적인 역할을 했다. 도서관 운동은 다시 영향력 있던 두 집단의 열정에 기댔다. 도서관을 악에 맞서는 방패(영국의 한 하원의원의 말에 따르면, "우리가 세울수 있는 가장 값싼 파출소")로 보는 집단과 도서관을 문명사회의 필수적 지표로 보는 집단이었다. 미국에서는 도서관을 문명의 지표로 삼는 것이 특히 강력한 동기로 작용했다. 급부상 중인 초강대국에는 극장, 오페라하우스, 박물관과 마찬가지로 도서관도 필요했다. 문제는 도서관 사업에 꼭 납세자의 돈이 들어가야 하는가를 둘러싸고 생겨났다.

공공도서관이 뉴잉글랜드에서 가장 큰 호응을 얻은 것은 놀랍지 않다. 최초 정착기 때부터 이곳에서는 책을 공동 소유하는 원칙이 확립됐고, 독서의 도덕적 힘에 대한 확신도 19세기 내내 힘을 잃지 않았다. 매사추세츠주 콩코드에는 1672년에 벌써 마을문고가 존재했다. 그러나 애석하게도 전해지는 건 별로 없어서 이 문고가 공공도서관이라고 할 만한 것이었는지는 알수 없다. 토머스 브레이가 모집한 기금으로 세워진 교구도서관은 많은 마을에 책궤를 보냈다. 그러나 모든 공동체가 그 책들을 귀히 여기지는 않았다.[9]

모든 시민에게 개방된, 그리고 지역 세금으로 설립된 가장 오래된 공공도서관은 뉴햄프셔주 피터버러(Peterborough)라는 작은 마을에서 생겨났다. 1833년 이 마을은 지역 학교 발전을 위한 기금을 도서관 건립에 쓰기로 했다.[10] 이 시대의 도서관 건립에서 가장 중요한 제도적 진전은 1854년 보스턴 공공도서관 개관이었다. 순회공연 차 들른 프랑스 출신 자선사업가이자 복화술사 니콜라 바타메어(Nicholas Vattermare)는 프랑스식 도서관을 만들고 싶다면 지역 도서관 몇 곳을 하나로 통합해야 한다고 조언했다. 이 조언에 따라 도서관 조성에만 13년이 걸렸다. 1848년 이를 강제할 수 있는 권한을 얻었으나 그 권한으로 보스턴 아테나이움 도서관을 통합하려는 시도는 실패했다. 그 탓에 도서관 개관은 다시 6년을 기다려야 했다.

보스턴 도서관 건립 사업은 1848년 존 제이콥 애스터(John Jacob Astor)가 뉴욕 공공도서관 건립을 위해 40만 달러를 기부하면서 탄력을 얻었다. 보스턴 상류층은 시끄러운 상업도시 뉴욕에 뒤지고 싶지 않았다. 애스터의 기획이 훌륭한 열람 전용 도서관(reference library: 책 대출은 안 되고 참고용으로 열람만 가능한 도서관—옮긴이)을 만드는 데 집중한 반면, 보스턴은 누구나 접근이 자유로운 공공도서관을 추구해 전국적인 모범으로 인기를 끌었다.

그 이후 40년간 미국에서 상류층의 자선과 시민적 자부는 도서관 건립을 촉진하는 쌍두마차가 됐다. 이닉 프랫(Enoch Pratt)은 1882년 볼티모어에 분관 여섯 곳을 거느린 멋진 도서관을 기증했다. 필라델피아 도서관 네트워크는 앤드루 카네기가 최초로 거액을 내놓은 도서관 기증처 중 하나였다. 1878년 샌프란시스코는 자치구 재산세로 공공도서관 비용을 댔다. 1891년 시애틀은 공공도서관을 세웠다. 이 도서관은 10년 뒤 화재로 소실됐지만, 거대한 카네기 도서관이 재빨리 그 빈자리를 메웠다.

경쟁까지는 아니더라도 이런 모방문화는 강력했다. 이는 비교적 뒤늦게 도서관 건립 대열에 뛰어들었던 로스앤젤레스의 공공도서관 건립 캠페인에서 잘 드러난다. 1921년에 로스앤젤레스 시민운동가들은 도서관 건물을 새로 짓기 위한 공채 발행 문제를 해결하기 위해 주민투표 운동에 뛰어들었다. "로스앤젤레스여, 우물 안 개구리에서 벗어나라. 우리 손으로 도서관을 세워 다른 선진 도시와 어깨를 겨루자!" "납세자들이여, 한 해에 50센트만 더 부담해 로스앤젤레스의 불명예를 씻자." 이와 동시에 서부 해안의 다른 주요 도시들과 직접 비교를 통해 조리 있게 뜻을 전달하는 전단이 뿌려졌다. "자부심 있는 모든 도시에는 스스로 건립한 도서관이 있다. 샌프란시스코와 시애틀 시민들은 당연히 그렇게 했다. 그들의 문화와 수준을 보여 주는 것이다." 주민투표에 부쳐진 공채 발행 건은 71퍼센트 찬성으로 통과됐다.[11]

산고 끝에 탄생한 도서관들

1890년 독일 출판업자 프리츠 베데커(Fritz Baedeker)는 최초의 미국 여행안내서를 펴내기 위해 영어판 베데커 편집자 제임스 F. 뮤어헤드(James F. Muirhead)를 미국으로 급파했다(베데커는 세계 최초로 여행안내서를 낸 독일 출판사이다—옮긴이). 정보 탐색을 위해서였다. 뮤어헤드는 간결하면서도 꼼꼼하게 조사하면서 특히 대서양 연안과 중서부에 집중했다. 인간이 만든 구조물 중 딱 하나, 워싱턴 국회의사당만이 모두가 갈망하는 베데커 별점 2를 획득했다. 별점 1을 받은 많은 명소 중에 16곳의 도서관이 속해 있었다. 뉴욕 도서관 26곳이 일일이 거명됐고, 매사추세츠는 11곳이 주목할 만한 곳으로 평가받았지만, 별점 1을 받은 16곳 중 절반만 공공도서관이었다. 뉴욕에서 뮤어헤드는 애스터 도서관, 레녹스 도서관, 올버니(Albany)의 뉴욕 주립도서관을 중요한 건축물로 꼽았다.[12] 도서관 대국 미국을 집약적으로 구현한 것으로 유명한 42번가 뉴욕 공공도서관 건물은 아직 완공을 20년 앞두고 있었다.

베데커가 도서관에 매료된 것을 통해 우리는 도서관이 시민사회에 미치는 강력한 영향력과 공공도서관 건립 운동이 더디게 진행됐던 이유를 알 수 있다. 시민 자부심만 아니었더라면 뉴욕에는 납세자 돈으로 운영되는 공공도서관이 반드시 필요하지는 않았다. 빼어난 도서관 시설을 갖춘, 거대하면서도 인상적인 건물들이 이미 숱하게 들어서 있었기 때문이다. 그중에서 몇 곳은 일반 대중의 회원가입을 허용했지만 엄밀한 의미의 공공도서관은 아니었다. 18세기 도서관에 붙은 '공공'이라는 이름은 공공의 집(public house: 선술집)이나 공공교통(public conveyance: 버스, 열차)과 같은 의미였다. 누구든 이용할 수 있으나 서비스 비용을 내야 했다. 다른 도서관들은 흔히 관심사나 전문 직종 등 공통점을 공유하는 지정 회원에게만 개방됐다. 더 큰 공익을 위해 모든 시민에게 개방된 무료 도서관이라는 보스턴 도서관의 이상을 실현하는 것은 번영의 절정에 오르고 국제 영향력에서 황금기를 구가하면서도 매사에 상업적 관점으로 접근했던 미국의 고질적 관행과 맞서야 하는 힘겨운 투쟁이었다.

사회적 책임과 공익이라는 두 상충하는 가치가 어떻게 균형을 찾아가는지 살펴보고 싶다면, 뉴욕의 역사를 들여다보면 된다. 1796년에 시민들이 책을 구매해서 공유하는 조합을 만드는 것을 허용하는 공공도서관 관련 법이 의회에서 최초로 통과됐을 때 뉴욕 인구는 약 3만 3000명이었다. 주민들은 대개 영국과 네덜란드 출신으로 인종적 동질성은 있었으나 딱히 책을 좋아하지는 않았다. 18세기에 존 샤프(John Sharpe)는 그들의 무교양을 흠잡았다. "사람들이 너무 장사에만 정신이 팔려 있어서 …… 책은 그들이 원하든 아니든, 또는 동의하든 말든 강권해야 할 정도였다."[13] 당시만 해도 보스턴과 필라델피아가 새로운 나라의 문화 중심지였다.

1850년 무렵 뉴욕 인구는 50만 명이 됐고, 1876년에는 100만 명을 돌파했다. 이런 성장 속도는 서구 역사상 유례를 찾기 힘들었다. 인종 구성은 점차 다양해졌고, 사업가들은 세상 어떤 곳 못지않게 부유했으며, 엄청난 수의 이주 빈민들이 더러운 공동주택에서 북적대며 살았다. 19세기 중엽이 되면 주민의 거의 절반이 해외이주자 출신이었고 부르주아는 맨해튼으로 옮겨 가기 시작했다. 일반 대중의 처지는 비참했다. 그러나 그들은 가만히 있지 않았다. 1822년 주 헌법은 모든 백인 남성에게 선거권을 부여했다. 잭슨민주주의(Jacksonian democracy: 미국의 앤드루 잭슨 대통령이 주장한 정치사상으로, 참정권 확대, 연방정부 권력 강화, 자유방임주의 경제 제도, 서부 개척 합리화 등이 특징이다—옮긴이)의 정신은 세 야심 찬 젊은 휘그당원(앤드루 잭슨의 민주당과 대립 관계에 있던 정당—옮긴이) 변호사들이 1754년 창립한 뉴욕친목도서관(New York Society Library) 같은 곳에 눈을 흘기게 했다.[14] 시대정신을 더 잘 구현한 곳은 기능공과 상인 총연합회(General Society of Mechanics and Tradesmen)가 1820년 설립한 견습공도서관(Apprentices' Library)과 상인도서관연합회(Mercantile Library Association)였다. 1855년까지 상인도서관은 뉴욕에서 가장 거대하고 인기 있는 대여도서관으로, 장서 4만 2000권에 회원 숫자가 4600명에 달했다. 1870년에도 상인도서관은 미국에서 최고의 대출 부수를 자랑했고 네 번째로 많은 장서를 보유했다.

그러나 이때가 정점이었다. 19세기 뉴욕은 어지러울 정도로 모든 일이 빠르게 진행되는 도시였다. 19세기 마지막 25년 동안 부유한 회원들이 맨해튼 북부를 향해 경쟁적으로 떠나면서 1850년대 뉴욕의 남부에 설립됐던 도서관은 버려졌다. 그 시기에 뉴욕의 가장 중요한 도서관은 쿠퍼유니언(Cooper Union)대학교에 있었다. 통찰력을 갖춘 박애주의 실업가가 창립한 이 도서관은 최고 시설의 대형 열람실과 작은 열람 전용 도서관이 있었다. 쿠퍼유니언대학교 도서관은 매일 오전 8시 30분에 열고 오후 10시에 폐관했다. 방문객은 1860년 21만 9710명, 1880년 40만 3685명, 1900년 51만 6986명으로 늘어 갔다. 이 도서관은 모두에게 무료로 개방됐고, 미국 전역에서 발행되는 일간지 84종, 외국어 정기간행물 31종을 포함해 모두 436종의 정기간행물을 구독해 열람할 수 있었다. 사서들은 도서관 일일 이용자를 세 집단으로 나누었다. 이른 아침에는 실업자들이 구인광고를 찾아 신문을 뒤졌다. 낮에는 만성 실업자와 재정적 여유가 있는 사람들이 자리를 차지했고 저녁 시간이 되면 참고서적을 이용하려는 학구파 학생들, 사무직 회사원들, 사업가들이 들어왔다. 쿠퍼유니언 도서관은 공공자금을 받지 않았으나 다른 도시의 시립도서관이나 그 분관이 맡았을 서비스, 즉 편히 앉을 수 있는 자리와 마음껏 이용할 수 있는 책을 제공했다.

19세기 중반은 기술학교 전성시대였다. 기념비적 저작인 『미국 공공도서관 길잡이(Manual of Public Libraries in the United States)』에서 윌리엄 리즈(William Rhees)는 훈련생 도서관 23곳, 기술학교도서관 34곳을 보고했다.[15] 이는 유럽 도서관에 나타난 중대한 진전이 미국으로 전해졌음을 뜻한다. 그러나 이런 진전은 영국에서는 매우 다른 정치적 맥락에서 생겨났다. 뉴욕의 모든 남성에게 선거권이 부여되기 3년 전인 1819년 맨체스터에서 의회 개혁을 요구하던 군중이 기병대의 공격을 받으면서 악명 높은 피털루의학살이 발생했다. 1832년 선거권 개정에서도 노동자들이 제외되면서 차티스트운동(Charist Movement: 1830~1840년대에 영국에서 일어난 노동자들의 참정권 확대 운동—옮긴이)이 시작돼 끈질기게 지속됐지만 성과는 별로 없었다. 그로부터 2년 후 도싯(Dorset) 출신 농민 여섯 명이 함께 모여 농산물 가격 하락에 항의하다가 추방형을 받았다.

헨리 브루엄(Henry Brougham)과 같은 진보적 개혁가에게 성인 교육은 가난한 노동자 대열에 들어선 이들을 일으켜서 싸우게 만드는 중요한 무기였다. 저녁에 계몽적 강의를 제공하는 기술학교는 이상적 도구였다. 1850년 기술학교는 702곳에 달했다. 잉글랜드에만 610곳이 있었고 총회원 수가 10만 2000명이었으며, 협회도서관 소유 장서는 모두 합쳐 70만 권이었다. 정치적으로 현 상황의 유지를 바라던 세력에게 이런 시설은 반란의 온상처럼 보였다. 그러나 그들의 우려는 지나친 것이었다. 도서관에서 본래 회원으로 잡으려 했던 남성 노동자들은 점차 떨어져 나갔고 다른 독자층이 그 자리를 차지했다. 1840년 요크셔 노동조합의 기술학교는 회원 중 진짜 노동자라고 할 만한 사람은 20분의 1도 안 된다고 보고했다. 나머지는 모두 "고급 숙련공, 사무직, 전문직 노동자"였다.[16] 사실 강의 프로그램 수준도 하루 열두 시간 노동을 끝낸 사람보다 대학생 대상이라고 해야 할 정도였다. 한 노동자는 "우리는 종일 고용주의 지도를 받으며 일했어요. 밤늦게까지 지도받고 싶지 않아요"[17]라고 말했다.

많은 남성과 여성 노동자는 대여도서관 회원이 되기를 선호했고 어디서든 눈에 뜨일 정도로 많아진 싸구려 소설들로 여가를 즐겁게 보냈다. 하지만 앞에서 본 것처럼 넉넉지 않은 수많은 독자는 『로빈슨 크루소』, 디킨스, 번스, 바이런 등의 책을 더 값싼 재판본으로 사서 읽었다. 좋은 문학에 몰두하는 것은 부자들이나 고등교육을 받은 사람들만이 아니었다. 그러나 노동자들은 사회 상류층 취향을 고분고분 좇기보다 힘을 합쳐서 도서관을 만든 후 친목도 도모하고 정보 교환도 하는 것이 자신들 독서 욕구를 더 잘 충족할 수 있음을 깨달아 갔다.

상황 변화를 가장 명확히 보여 주는 것이 사우스웨일스

(South Wales) 지역의 탄광에서 만들어진 광산도서관이었다.[18] 광산도서관은 전적으로 광부들이 자발적으로 십시일반 돈을 모아 설립했다. 그래서 회원들은 자신들이 원하는 책을 마음껏 고를 수 있었다. 소설이 절대적인 인기를 끌었지만 정치나 사회정책에 관한 중요한 책들도 구해 읽었다. 자치 전통이 강한 펜리흐케이버(Penrhiwceiber) 마을은 1903년 미국뿐만 아니라 영국에서도 공공도서관 네트워크를 확장하려고 동분서주했던 카네기의 재정지원도 거부했다. 웨일스 지역에 광범위한 공공도서관 네트워크를 구축하려던 자치정부도 퇴짜를 맞고 좌절하기는 마찬가지였다.

독일 도서관 전통에서는 이와 비슷한 사례를 노동조합운동의 연장선에서 설립되고 유지된 노동자도서관 네트워크에서 찾을 수 있다. 19세기 말에 이 네트워크는 공공도서관에 대한 인상적 대안을 보여 주었다. 이런 노동자도서관은 접근하기 쉬운 곳에 자리 잡고 비교적 소규모 장서인 1000~5000권을 갖추고 있었다. 1911~1912년 사이 사회민주당과 노동조합은 547개 도서관을 설립하고 유지했는데 그중 적어도 57곳이 공업 중심지이자 프롤레타리아 본거지였던 라이프치히에 있었다.[19] 도서관은 수준 있는 소설들과 함께 사상적인 의식화에 도움이 되는 다양한 저작을 제공했다. 그러나 뜻이 좋으면 결과도 좋으리라는 순진한 기대는 또다시 배반당했다. 1910년 되벨른(Döbeln) 도서관에서 정치학과 사회학 관련 도서 187권은 겨우 60번 대출됐다. 노동조합 관련 서적 106권은 기껏 세 번 빌려 갔다. 반면 총 361권의 문학과 희곡은 1633번이나 거듭 대출됐다.[20]

만약 노동자들이 도서관에서 사상적 무장보다 기분 전환을 더 원했다면, 도서관 창립자들 관점에서 이런 책들은 적어도 싸구려 선전물 같은 소설, 미국 탐정의 이야기나 기이한 모험 등 20세기 초반에 수백만 부씩 팔려 나간 '싸구려 범죄물'보다 더 유익했을지 모른다. 그러나 삽화 많은 신문과 인기 있는 잡지와 함께 가판대나 담뱃가게에서 구할 수 있는 싸구려 범죄물의 인기는 도서관과 독자들을 뒤흔들었다. 에리히 슐체(Erich Schultze)는 말했다. "'사상가들과 시인들의 나라'인 독일과 오스트리아에 사는 인구 약 2000만 명이 싸구려 범죄물 서적 행상으로부터 지적 자양분을 얻는 게 부끄럽지 않은가?"

그가 말하는 서적 행상이란 외판원을 고용해 독일의 작은 마을과 동네를 집집마다 방문해 흥미 위주 소설을 10페니히(독일의 옛 화폐단위—옮긴이)씩 받고 할부 판매를 했던 것을 말한다. 19세기 후반에 잠깐 인기를 끌었던 이런 행상을 통한 소설 판매는 무척 수지맞는 장사였다. 『베를린의 사형집행인(Der Scharfrichter von Berlin)』이라는 소설은 출판사에 300만 마르크의 이익을 안겨 준 것으로 알려졌다.[21] 문화비평가들은 아무 생각 없이 읽어 치우는 이런 책들, 이야기가 종잡을 수 없이 지지부진하게 진행되다가 할부를 150회 정도 납부할 때쯤에 비로소 끝나는 작품들의 인기 이유를 알려고 애썼다. 드레스덴의 사서 발터 호프만(Walter Hoffmann)은 탄식했다. "우리는 이 나라의 하층민들보다 짐승 같은 아프리카 사람의 생활환경에 대해 더 잘 알고 있다."[22]

오락거리에 대한 열정이 어떤 결과를 낳는지는 1918년 독일 군주제가 붕괴하고, 사회주의국가를 건설할 기회가 왔을 때 사회주의운동 지도자들 앞에 적나라하게 모습을 드러냈다. 노동자들은 그 기회를 잡지 않았다. 노동자들에게 실망한 한 지식인은 말했다. "독일 사회민주당이 50년간 존재해 왔는데도, 그리고 노동자도서관이 50년 동안이나 곁에 있었는데도 압도적 다수의 노동자는 사회주의국가의 삶을 상상할 수 없었다."[23]

책 무덤

공공도서관 건립 촉진을 위해 애쓸 때 영국이나 미국의 학자나 사회개혁가는 수시로 프랑스와 독일에서 본보기를 구했다. 의례적 유럽 여행에 나섰던 미국 사업가 가문의 자손들은 유럽 대륙의 도서관 규모에 감탄했고 진열된 귀중품을 보며 찬탄해 마지않았다. 1850년 영국 하원 의회위원회가 공공도서관법 결의를 위해 만들었던 유럽 대륙 도서관의 규모는 법 제정을 찬성하는 위원들을 경악하게 했다. 공작의 개인 장서나 대학도서관의 규모, 그리고 프랑스혁명으로 설립된 비할 데 없는 시립도서관에 질겁했다.

이러한 반응은 다소 지나쳤다. 많은 측면에서 프랑스 도서관은 공공도서관 계획을 실행할 때 배우면 안 될 사례였기 때문이다. 물론 규모가 대단한 것은 맞다. 자료에 따르면, 1828년 리옹 시립도서관 장서는 11만 7000권, 보르도는 11만 권, 엑상프로방스는 8만 권이었다. 19세기 중반에 이 정도 장서는 질리게 할 정도의 규모였다. 게다가 다른 지역도서관 열두 곳도 장서가

4만 권에 달했다.[24] 하지만 장서 규모와 상관없이 도서관은 부실하게 운영되기 일쑤였고, 형편없이 유지됐으며, 목록 작업은 극심할 정도로 엉터리였다. 무엇보다 도서관의 그 막대한 장서 중 지역 시민들이 읽고 싶어 하는 책은 별로 없었다.

프랑스혁명은 독이 든 사과 같은 것이었다. 앞에서 보았듯이, 수도원 해체 덕분에 프랑스 정부는 갑자기 수백만 권에 달하는 고서를 관리해야 할 처지에 놓였다. 혁명 원칙에 따르면, 폐기 처분을 하는 것이 마땅한 책들이었다. 그러나 수레 가득 실려 온 책이 쌓이는 것을 보면서 지역 사서들은 차마 그런 임무를 실행할 수 없었다. 단지 세속적 혁명운동의 원칙에 반한다고 해서 아름답고 귀중한 책을 없애는 것은 학식 있는 인간으로서 차마 못 할 짓이었다. 사서들로서는 다행히도 혁명 열기는 오래가지 않았다. 그러나 불행하게도 그로 인한 전쟁, 경제적 공황, 지적 혼돈은 지역 지도자들이 공공도서관 건립을 우선순위에 놓지 못하게 옭아맸다. 결국 책들은 놓일 곳을 찾았고 책꽂이에 꽂혔지만, 사람들은 책을 보러 오지 않았다. 17세기 수도원이 모은 책들은 공공도서관 기반이 되기에는 적절하지 않았다. 그것들은 그 지역 학자들이나 드문드문 찾아오는 방문객들 차지가 됐다. 사서들은 열성 독자에게 시달리지 않고 한가한 시간을 보내는 게 일상이 됐다.

이런 도서관 관리가 얼마나 형편없었는지는 도서관 역사상 가장 추악한 추문으로 꼽히는 리브리(Libri) 사건에서 적나라하게 드러났다. 유럽을 떠들썩하게 한 이 사건은 한 명망 있는 학자가 벌인 고서 약탈극이었다. 놀라운 것은 그 사건에 연루된 쟁쟁한 인물들이었다. 프랑스의 첫 번째 수상 프랑수아 기조(François Guizot) 등 프랑스 상류층 인사 대부분은 물론이고 허튼짓으로 이름을 더럽힌 적이 없고 국제적으로 명망 높은 애서가이자 영국박물관 수석 사서였던 안토니오 파니치까지 이 사건에 휘말렸다.[25]

리브리는 장 에몽(Jean Aymon)의 통칭이었다. 이탈리아 출신이었던 그는 학자로서 명성을 쌓고 수학 분야에서 중요한 책을 내는 등 주요 이력은 모두 프랑스에서 쌓았다. 일찍이 희귀본에 취미를 들인 리브리는 피렌체 한 학술도서관의 사서로 일하다가 책 300권을 빼돌려 달아났다. 이러한 수치스러운 행위를 저지르고도 아무 일 없었기에 그는 프랑스 곳곳의 시립도서관이 엄청난 규모의 희귀 고서를 엉망진창으로 관리하는 것을 보고 겁 없이 도둑질에 나섰다.

에몽은 프랑스에서 두 곳의 교수로 지명됐다. 그러나 가르치는 일의 단조로움 탓에 그는 더 희귀한 책의 유혹에 빠져들었다. 후원자였던 기조 수상 덕분에 몰락 중인 지역도서관을 조사하는 공적 임무를 맡았을 때, 그는 이를 기회라고 생각했다. 어디든 제지받지 않고 다닐 수 있는 권한을 가지고 태만 행위가 드러날까 봐 전전긍긍하는 사서들의 방해도 받지 않은 채 에몽은 얼마간 중요한 발견으로 성과를 냈다. 트루아(Troyes)에서 목록화되지 않은 고대 필사본 900권을 발견한 게 대표적이었다. 그는 권위 있는 잡지 《주르날데사방(Journal des Savants)》에 그 성과를 기고하면서 도서관에 대한 더 엄격한 관리를 촉구했다. 그는 찾아낸 많은 빛나는 고서들을 파리로 가져와서 학계 지인들에게 공개했다. 동시에 그는 다른 귀한 책이나 필사본을 시장에서 팔아 치웠다. 이 사실은 아주 조금씩, 서서히 드러났다.

1842년 에몽의 범죄 의혹이 최초로 파리에서 회자됐지만 권세가 친구들의 보호가 든든한 방어막이 됐다. 조사관들이 지역 사서를 추궁하면 그들은 자신들의 태만을 가리려고 장서에 아무 이상이 없다고 답했다. 실은 장서 내용 자체를 파악하지 못했기에 모르쇠만이 최선의 방책이었다. 1845년 에몽은 판매를 위해 약 2000권에 달하는 필사본 장서 목록을 작성했다. 에몽이 요청했던 가격을 지불할 수 있었다면 그 필사본은 영국박물관 소유가 됐을 것이다. 그 대신 애시버넘(Ashburnham) 경이 8000파운드(20만 프랑)를 주고 이를 몽땅 사들였고, 이것이 유럽 최대 장서로 꼽히는 도서관의 기초가 됐다.

1847년에 나온 인쇄본 장서 목록은 더 큰 의혹을 불러왔다. 이 목록을 이용해 도서관 추적이 쉬워졌다. 1848년 에몽은 프랑스 2월 혁명의 혼란을 틈타서 런던으로 달아난 후 망명 중인 후원자 기조와 루이 필리프왕에게 합류했다. 그는 열렬히 팸플릿 홍보를 하면서 자신과 관련한 의혹이 정적들의 시샘으로 벌어진 음모라고 주장했다. 파니치, 소설가 프로스페르 메리메(Prosper Mérimée: 지극히 프랑스적인 불륜인데, 메리메의 정부가 에몽의 범죄 사실을 밝혀낸 경찰서장의 아내였다) 등 에몽의 친구들은 힘을 합쳐 그를 옹호했다. 세월이 흘러 1883년이 되어서야 파리 국립도서관장 레오폴드 데리슬(Léopold Delisle)이 범죄행위 전모를 밝혀냈다. 몇 년 뒤에 애시버넘 필사본은 은밀히 파리로 돌아왔고 지금도 프랑스 국립도서관에 소장돼 있다.

시립도서관의 태만을 이용했다는 점에서 에몽의 범죄는 전례가 없었다. 하지만 그 덕분에 시스템의 고질적 문제점이 드러났다. 필사본은 아름답고 희귀한 보석으로 치장되었지만, 시민을 위한 도서관을 만들겠다는 취지와는 애초에 어울리지 않았다. 많은 조사위원회, 연이은 조직 재편과 지자체 당국을 향한 끝없는 권고(그러나 현금 지원은 미약했다)에도 개선 기미가 없자 프랑스 정부는 기존 시립도서관을 내버려둔 채 도서관 하나를 더 설립해서 문제 해결을 시도했다. 3000곳에 달하는 이른바 '대중'도서관이 설립된 것이다.

대중도서관에는 시립도서관에 없는 값싼 자국어 서적을 제공했다. 특히 시골 지역을 위해 학교에 작은 문고를 비치했는데, 장서는 지역 성인들을 위한 책이었다.[26] 그러나 이는 여러 가지 이유로 처음부터 잘못된 시도였다. 첫째, 대중도서관의 존재 탓에 시립도서관은 서비스 현대화나 개선을 위해서 어떤 일을 해야 할 책임감을 느끼지 못했다. 이용자 수는 제자리걸음을 했다. 둘째, 도서관을 이중적으로 운영하려다 보니 안 그래도 넉넉지 않은 재원이 더 쪼들리게 됐다. 시작은 희망찼지만, 특히 파리 전역으로 도서관 망을 펼쳐 나가자 문제점이 드러났다. 책을 추가 구매하기 위한 재원이 금세 고갈됐기 때문이다. 학교 문고도 처지가 비슷했다. 애초에 작게 시작한 데다 규모는 늘 그대로였다. 더욱이 문고를 반갑지 않은 과외 노동으로 여긴 학교 선생들의 관리도 소홀했다. 이용자들이 흥미 있어 보이는 책들을 금세 다 읽어 버린 후 새 책 소식은 거의 들리지 않았다. 그 결과 프랑스의 시립도서관은 시대에 뒤처지고 방치됐다. 이런 상황은 제2차세계대전 때까지도 변함없다가 전후 대대적 개혁을 통해 주민들의 이용이 활발해지고, 꾸준히 새로운 매체가 들어오며, 찾아가면 기분 좋은 현재의 미디어테크(Médiathèques)가 되었다[비블리오테크(Bibliothèque)가 전통적 도서관이라면, 미디어테크는 책, 영화, 음악 등 온갖 매체를 취급할 뿐 아니라 카페와 공연장의 구실까지 하는 복합문화공간이다—옮긴이].

카네기

프랑스에 필요했던 것은 관료들의 더 많은 지시가 아니라 카네기처럼 재원과 비전을 갖춘 인물이었다. 19세기 후반에 미국과 영국에서 보여 준 공공도서관 망의 변모는 재력에 통찰력까지 갖춘 기업가가 얼마나 대단한 일을 해낼 수 있는지를 명백히 보여 주었다. 1880년 카네기는 출생지인 스코틀랜드 던펌린(Dunfermline)을 찾아갔다. 5000파운드 기부로 건설된 실내 수영장을 보기 위해서였다. 이때 카네기는 45세였고, 이미 엄청난 거부였다. 이 최초의 기부 이후 카네기는 생애 마지막 30년을 자선 프로그램을 실천하며 살았다. 그는 지역 원로들과 대화를 나누다가 던펌린이 공공도서관법을 채택한다면, 즉 세금으로 도서관 기금을 마련하는 것에 찬성한다면 5000파운드를 추가 기증하겠다고 제안했다. 시의회는 곧장 동의했고 1884년 던펌린에 최초로 카네기 도서관이 문을 열었다. 이후에 카네기 도서관은 3000곳으로 늘어났다.[27]

던펌린 도서관 디자인을 보면 다소 실험적인 특징이 드러난다. 공공도서관에 대한 카네기의 통찰력이 엿보이는 지점이다. 1904년이 되자 도서관이 너무 협소해져 개축 확장이 요구됐다. 여성 열람실을 어린이도서관으로 바꾸고(대체로 여성들은 일반 열람실을 선호했다), 사서실로 할당됐던 공간도 다른 용도로 변경했다. 카네기 빌딩의 역사적 핵심 부분을 보존하는 동시에 성당을 바라보는 도서관의 멋진 위치를 이용해서 확장 공사까지 마친 도서관의 인기는 식을 줄을 몰랐다.

카네기는 에든버러에 무료 공공도서관을 위해 25만 파운드를 기증하고 던디에 5곳을 짓는 등 고향 스코틀랜드 전역에 도서관 40곳을 추가로 기증했다. 잉글랜드에도 똑같이 기증했는데, 버밍엄과 맨체스터는 분관까지 설립해 도서관 망을 구축했고, 지역 거점도시에도 도서관을 기부했다. 카네기 설립한 도서관은 영국 전역과 아일랜드에 걸쳐 총 660곳에 이르렀다.

던펌린 도서관 개관 후 15년간 카네기는 자신과 긴밀한 관계를 맺었던 장소를 중심으로 기부를 이어 갔다. 그중에는 그가 운영했던 제강공장 중 한 곳에 노동자도서관을 설립하는 것도 포함돼 있었다. 펜실베이니아주 피츠버그 의회는 카네기 요구에 따른 자체 기금 조달에 불만을 품고 그의 제안을 거절했다. 그러자 그는 펜실베이니아주 앨러게니(Allegheny)로 갔다. 널리 알려져 있듯 십대 시절 카네기가 콜러널 앤더슨(Colonel Anderson)이 지은 개인도서관을 수시로 드나들며 책을 탐독했던 곳이었다. 앤더슨 도서관은 로마네스크 양식을 모방해 지었는데, 초기 미국 도서관 디자인의 미숙한 수준을 보여 준다. 1889년 기가 죽은 피츠버그 의회는 카네기를 초대해 제안을 재고해 달라고 호소했다. 카네기는 과거의 무례를 문제 삼지 않고 500만 달러를 쏟아부어 앤더슨 도서관까지 합병해 카네기 도서관을 설립했다.

　1899년 뉴욕 공공도서관에 추가로 520만 달러를 기증해서 67개 분관을 설립한 일은 카네기가 기부 행위를 다른 차원으로 끌어올렸음을 상징적으로 보여 준다. 그 돈으로 그는 맨해튼, 브롱크스(Bronx)와 스태튼섬(Staten Island) 39곳에 도서관을 세웠고, 브루클린에 21곳, 퀸스(Queens)에 7곳을 설립했다. 그 대신 뉴욕시는 일요일을 제외하고 아침 9시부터 밤 9시까지 운영될 도서관 유지를 위해 인건비와 도서관 땅을 책임지겠다고 약속했다. 이를 계기로 카네기는 도서관 기금 수혜자들과 조건 협상에서 뉴욕의 사례를 모범으로 삼았다. 1899년 그는 도서관 기증을 펜실베이니아주 31개 도시로 확장했다. 1901년에서 1903년 사이에도 460곳에 도서관을 기증했는데 필라델피아에는 상당한 거금을 보냈다. 그곳의 사서가 수줍게 염치없는 요청이지만 뉴욕에 버금갈 분관 체계를 구축할 수 있게 새로운 도서관 30곳을 위한 기금을 내 달라고 부탁했기 때문이다. 그는 분관 한 곳당 2~3만 달러가 필요하다고 덧붙였다. 카네기는 그 정도 돈으로 부족할 거라며 말했다.

　분관 도서관에는 강의실이 여러 개 필요할 겁니다. 앞서 피츠버그 사례에서 강의실에 써야 할 돈이 좀 부족했다는 걸 알게 됐지요. …… 그래서 분관 한 곳당 5만 달러 정도가 필요하다고 생각해요. 모두 150만 달러를 제공하겠습니다.

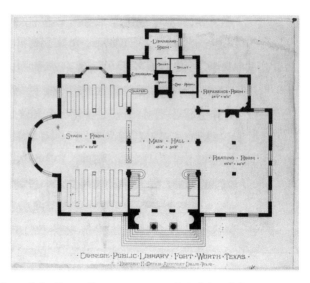

도판 21. 텍사스주 포트워스(Fort Worth) 소재 카네기 도서관
평면도(1900년경). 현재까지 전하는 몇 안 되는 카네기 도서관의 설계
도면으로, 중앙 홀 옆에 열람실 하나를 두었다. 이보다 규모가 컸던 곳은 흔히
어린이 열람실을 따로 마련했다.

물론 필라델피아가 '적어도 15만 달러'를 매년 도서관 유지를
위해 지출한다는 조건을 달았다.[28]

작은 도시에는 1만 달러 정도 기부했는데 주민들 필요와
그 도시가 매년 도서관 유지를 위해 지출(매년 1000달러)할 수
있는 재정 여력을 고려한 것이었다. 그러나 미국 전역의 작은
도시와 마을에 설립된 카네기 도서관은 그 공동체의 삶과 자존
감에 큰 영향을 미쳤다.[29] 1900년에서 1920년 사이에 카네기 도
서관 17곳이 몬태나(Montana)주에 건립됐다. 몬태나는 본래 거

대 광산시설이 있던 곳으로, 관개시설 도입 전에는 사는 게 고역이었던 농촌 마을이었다. 1889년에야 주로 승격한 몬태나는 그 후 30년간 광맥 발견과 철도 부설로 인구가 두 배로 치솟았다. 도시와 마을은 무계획적으로 빠르게 성장했다. 몬태나 지역유지들은 도서관이 지역 문명 향상에 꼭 필요하다고 판단했다. 도서관 사업의 지휘를 맡은 카네기의 비서 제임스 버트럼(James Bertram)은 여러 서신에서 사회 문명화 문제를 빈번하게 강조했다. "철도까지 들어섰다는 건 …… 도시에 많은 미혼 남성이 유입될 것임을 시사합니다. 그들은 유익한 책을 원하고 그것을 읽을 장소가 필요할 것입니다."[30] 편지에는 지적 능력 향상을 위한 도서관의 협소한 역할을 강조하지 않았다. 카네기 도서관은 공동체의 성숙을 가늠하는 척도가 됐다.

작은 도서관의 등장은 도서관 건축의 특징적 양식에도 결정적 영향을 미쳤다. 그때까지 도서관 건물은 기부자의 독특한 욕망을 투영하거나 북동부 대도시 소재 대형 도서관의 기념비적 양식을 모방했다. 기증자는 인정 넘치는 공동체의 아버지로 남고 싶었고 건축가들이 그 취지를 살리는 데 돈을 아끼지 않았다. 매사추세츠주 워번(Woburn)의 윈(Winn) 도서관 같은 곳은 성당을 닮았다. 천장은 높고 성당 중앙의 긴 신도석 같은 공간에 좌우로 ㄷ자형으로 움푹 들어간 공간을 나란히 배치한 후 책을 비치했다. 이런 공간에서는 사서가 열람자들을 한눈에 볼 수없고 건물 내부의 온도 조절에도 큰 애를 먹는다. 대도시 도서관대부분은 보스턴처럼 이탈리아식 궁전을 흉내 내거나 뉴욕처럼고전주의 양식을 따랐다. 높은 천장에 내부에는 거창한 계단을

도판 22. 1902년 설립된 브라이언 소재 카네기 공공도서관(2014). 텍사스주에 최초로 설립된 도서관 32곳 가운데 여전히 운영 중인 13곳에 속한다. 카네기의 열정적 조력자였던 버트럼은 과시적인 신고전주의 양식의 건물 외관을 좋아하지 않았지만 많은 시의회는 새로운 지역도서관의 위용을 뽐내려고 사치를 부리고 싶어 했다.

펼친 후 양쪽으로 기둥을 뽑아 올린 널찍한 현관을 내는 등 공간의 효율적 이용을 따지기보다는 화려함과 웅장함을 뽐냈다.

　이런 낭비는 신속히 '대량 공급'해야 하는 카네기 도서관에서는 용납할 수 없는 것이었다. 이는 버트럼이 대서양 양쪽을 오가면서 20여 년간 시의회와 협상한 경험을 요약한 「도서관 건립에 관한 비망록(Notes on the Erection of Library Buildings)」을 보면 명확하다.[31] 비망록과 함께 제시된 도서관 기본 설계 도면은 공간의 최대 활용을 강조하고, 공간 배치에서 열람자의 효율적 감독이 가능했다. 외관은 소박하지만 계단식 강의실과 어린이 열람실까지 배려할 수 있었고 당시로는 파격적인 보일러실까지 마련했다(카네기 도서관에서 난방은 기본이었다). 많은 기부자가 욕심냈던 거대한 현관과 벽난로 같은 과시적 화려함은 없었다. 버트럼은 건물 정면의 사치스러운 기둥을 쓸모없는 지출이라며 혐오했다. 그렇다고 건물에 대한 경직된 규범을 제시하지는 않았다. 그는 장소와 규모의 차이에 따라 각 도서관 사정을 고려해야 한다고 생각했다. 버트럼은 기부자와 관리자의 영광보다 열람자와 사서의 필요를 중시하는, 실용적이며 민주적인 도서관 건축이 무엇인지를 새롭게 제시했다.

1909년 베데커는 미국 여행안내서 개정판을 발행했다. 도서관 25곳이 별점을 획득했는데, 피츠버그, 앨러게니, 애틀랜타(Atlanta)의 카네기 도서관이 들어갔다. 심지어 뉴욕 공공도서관은 2년 뒤 개관을 기대하면서 미리 별점을 주었다. 더 중요한 것은 이제 뉴욕에 대략 350곳의 공공도서관이 있다고 무심코 언급한 것이다.[32] 이들 대부분이 카네기 기증으로 설립된 것이다. 뉴욕과 보스턴, 맨체스터와 버밍엄의 거대한 도심지역에도 기부했지만 끝 모르고 성장하던 광역도시 교외의 중산층 지역과 노동자계급이 모여 사는 지역에도 도서관을 기증했다. 이런 명확하고 지속적이며 이타적인 실천으로 카네기는 진정 공공도서관의 황금시대를 열어젖혔다.

소설과 사랑에 빠지다

소설에 대한 끝 모를 전쟁은 공공도서관 운동에서 더욱더 거세졌다. 인쇄술 발명 이래 소설은 항상 독서를 도덕 교화 도구로 삼으려는 이들의 집중적 공격을 받았다. 16세기 스페인 당국은 기사 로맨스 소설의 아메리카 대륙 수출을 금지했으나 성공을 거두지는 못했다.

도서관 발전의 모든 단계마다 비판자들은 일찍이 보들리가 '무익하고 하찮은 책들'이라 칭한 것, 즉 천박한 흥미를 끌어내지만 정신을 어지럽히는 해로운 도구인 소설을 도서관에서 몰아내려 분투했다. 그러나 그들은 소설의 해로운 영향에 대한 가시적 증거를 제시하진 못했다. 정확히 말하면 시도했지만 실패했다. 1840년 뉴욕 라이시움(New York Lyceum) 도서관은 "몇 군데 프랑스 정신병원 보고서"를 인용하면서 소설 읽기가 '정신질환의 원인'이라고 주장하는 팸플릿을 배포했다.[33] 그럴싸하게 들리지만 "종교적이나 도덕적인 책을 제외한" 모든 소설을 제외하겠다는 도서관 광고 캠페인의 일환으로 내놓은 주장이어서 별로 신뢰할 만한 내용은 아니었다.

이런 터무니없는 주장은 차치하더라도 소설이 19세기 출판 산업의 절대적 견인차가 됐는데도 소설 읽기의 부정적 영향에 대한 믿음은 좀체 사라지지 않았다. 제인 오스틴(Jane Austen)은 소설의 매력과 있을지도 모르는 해로운 영향 사이의 난감한 관계를 작품 속에서 절묘하게 포착했다. 그에 따르면 소설에 중독된 여주인공은 천박한 사내들에게 잘 넘어가거나 멋진 제복을 입은 장교와 눈이 맞아 야반도주하기 십상이었다. 그러나 오스틴은 독자들이 자기 소설을 읽는 데 깊은 관심을 품었고, 그 자신 또한 고상한 대여도서관의 고객이기도 했다.[34]

대여도서관은 소설로 돈벌이하는 데 아무 거리낌도 없었다. 생업이자 존재 이유였기 때문이다. 무디의 도서관과 같던 런던 도서관들은 더 수준 높은 선택을 했다. 역사, 여행기, 고전뿐 아니라 정전으로 격상된 작품을 쓰는 작가들을 떠받들면서 저속하다는 비난을 피해 갔다. 무디는 출판산업 전반을 장악하고, 그 힘을 통해 품위 있는 문학의 도덕적 문지기 역할을 맡은 것에 만족했다. 하지만 그가 아무런 영향력을 발휘하지 못하는 영역, 그러나 점점 시장을 넓혀 가는 영역인 10센트 소설과 싸구려 범죄물의 문제는 어쩔 수 없었다.

모든 계층의 독자가 자기 시대를 상상력으로 풀어 가는 소설에 기꺼이 빠지기를 원했다는 건 의심의 여지가 없었다. 따라서 소설에 대한 비판은 점점 미약해졌다. 회원제 도서관 관리자들은 그간의 태도를 바꾸어 독서 습관을 들이는 수단으로서 소설 구매를 정당화했다. 그들은 회원들이 소설을 통해 독서에 몰입하면서 점점 진지한 책으로 옮겨 가기를 희망했다. 이 낙관적 예측은 결과가 그렇지 않음을 보여 주는데도 끈덕지게 반복됐다. 뉴욕 기술학교 보고서는 아무 통계적 근거 없이 소설 수요가 줄어들고 있다는 주장을 내놓았다. 그러다 회원이 줄기 시작하자, 급기야 1871년에는 한참 인기를 끌던 벤저민 디즈레일리의 소설 『로세어(Lothair)』를 적어도 700부를 사들였다.

세금 지원으로 운영되는 기관인 공공도서관은 다급한 경제적 압박에서 어느 정도 자유로운 편이었다. 1870년에서 1920년 사이 소설에 대한 무자비한 공격은 절정으로 치달았다. 선봉에는 국가의 녹을 먹는 전문 사서들이 포진했다. 영국 도서관협회, 미국 도서관협회, 프랑스 도서관협회 사서들이 공격을 주도했다. 이들 협회의 회원들은 선천적 전사는 아니었다. 제1차 세계대전이 발발하기 하루 전 미국 도서관협회 40주년 연례회의에서 버튼 E. 스티븐슨(Burton E. Stevenson)은 다음과 같은 독백을 남겼다.

> 전통 따위를 따지는 고리타분한 전문가들 조직은 고리타분한 사고방식에 젖어 주로 사소한 문제에 골몰한다. 회원들은 조용하고 서로 예의를 갖추며 점잖게 비슷한 취미를 공유하고 널리 유포되는 것이 자랑거리가 되거나 수치스러운 일이 될 때를 제외하고는 모든 것에 의견을 같이한다.[35]

원칙적으로 공공도서관은 역사, 지리, 그리고 상당히 전문적이며 과학적인 책을 선호했다. 그러나 1890년대에 접어들면서 공공도서관 대출도서 중 65~90퍼센트가 소설이었다.[36] 무시할 수 없는 큰 변화였기에 사서들은 할 수 없이 회원들이 바람직한 소설을 읽도록 이끄는 쪽으로 방향을 선회했다. 그들은 (억지로 눈감아 줄 수 있는) 경박한 것과 (유럽과 미국에서 폭발적으로 팔리면서 독자들 혼을 빼놓는 값싸고 선정적인 소설들의 특징인) '사악한' 것을 애써 구별하려 했다.

1893년 미국 도서관협회는 최초로 작은 도서관을 위해 추천 도서 목록 5000권을 실은 일련의 지침서를 제공했다. 그중 소설은 803권뿐이었다. 추천 목록엔 아서 코넌 도일(Arthur Conan Doyle)과 조지 알프레드 헨티(George Alfred Henty) 같은 당대 작가들이 약간 포함되었으나 호레이쇼 앨저(Horatio Alger)와 위다(Ouida) 등 한 세대 전 인기 작가는 제외됐다. 고전도 엄격한 검열을 거쳤다. 필딩과 로런스 스턴(Laurence Sterne)은 포함되고, 새뮤얼 리처드슨(Samuel Richardson)과 토비어스 스몰렛(Tobias Smollett)은 빠졌다.[37]

영국에서 소설을 둘러싼 격렬한 논쟁은 폐가식 서가로부터 개가식 서가로 옮기는 것과 관련돼 있었다. 많은 열람자는 대출 창구에 책을 신청하기 전에 장서 목록에서 책을 골라야 하는 일이 매우 끔찍하다고 생각했다. 개가식 서가에서 자유롭게 이 책 저 책 훑어볼 수 있는 것은 그 끔찍함에서 해방되는 느낌을 주었다. 사서들은 관리자로서 자신들 직분이 약해지는 게 싫었다. 열람자들을 자유롭게 내버려두면 소설만 고를 거라고 우려했다. 널리 실행됐던 한 가지 방책은 비소설은 개가식 서가에 허용하고, 소설은 폐가식 서고에 두는 것이었다. 좀 더 교묘한 방식은 두 가지를 뒤섞어 놓는 것이었다. 그러면 소설을 찾다가 더 까다로운 책과 만날 수도 있을 거라 생각했다.[38] 미국 사서들은 더 논쟁적인 책은 중앙도서관에 보관하고 일부러 분관에는 배포하지 않았다.[39]

영국과 미국 도서관의 차이는 점점 커지는 직원 간 차별이었다. 미국에서는 작은 마을마다 갑작스럽게 도서관들이 급증하면서 많은 여성이 사서로 지명됐다. 제1차세계대전이 발발했을 때, 미국 도서관 직원의 85퍼센트가 여성이었다. 반면 영국에서는 그 비율이 정확히 반대였다. 많은 여성이 남성보다 급여를 덜 받는 열악한 일자리에 고용됐으나 늘 그런 것은 아니었다. 1880년부터 1905년까지 놀랍게도 여성 사서 일곱 명이 로스앤젤레스 공공도서관에서 연속적으로 주목할 만한 자리에 올랐다. 그중 마지막 사서인 메리 러티셔 존스(Mary Letitia Jones: 로스앤젤레스 사서로는 최초로 도서관학교 졸업생이었다)는 남성 사서에게 자리를 물려주고 사임하라는 명령을 받았지만 거부했다. 존스는 전국적 지지를 받았고 로스앤젤레스 여성들은 사임 반대 시위를 벌였다. 풀리지 않던 난국은 존스가 펜실베이니아주 브린모어대학(Bryn Mawr College) 사서가 되어 떠나면서 해소됐다.[40]

여성 사서의 대규모 유입이 공공도서관에 어떤 영향을 미쳤을까? 도서관의 일부 구성원들은 틀림없이 도서관 분위기가 너무 물렁하다고 숙덕거렸을 것이다. 여성 사서들이 노숙자나 실업자를 너무 따뜻하게 환대할지 모른다는 괜한 걱정을 하면서 내놓는 숙덕공론이었다. 1894년 미국 도서관협회장 조시퍼스 라니드(Josephus Larned)는 도서관에 와서 신문 나부랭이나 보는 자들이 다른 것을 읽는 게 있느냐고 반문했다. "그치들은 대부분 악취 풍기는 부랑자들이 아닌가요? 그런 사람이 있으면 열람실에서 유익한 시간을 보낼 수 있는 다른 사람을 내쫓는 거나 다름없잖아요."[41] 그러나 뉴욕의 무료 대여도서관 관장 엘런 코(Ellen Coe)는 1894년 미국 도서관협회 설문지에 다음과 같은 선도적 질문을 던졌다. "당신은 요즘처럼 소설을 많이 읽는 풍조에 대해 개탄스럽게 생각하시나요?" 여성 사서들은 도서관에 어린이책을 (그리고 그 책을 읽을 공간을) 들이는 데 주도적 역할을 했으나, 남성 사서들만큼이나 단호하게 부적절한 소설에 대해 부정적이었다.

미국 도서관협회 지침서는 소설을 솎아 내고 갈아 치우는 작업을 계속했다. 1904년엔 토머스 하디, 헨리 제임스(Henry James), 에밀 졸라(Émile Zola)의 작품이 모두 제외됐다. 그러나 1908년에는 『붉은 무공훈장』과 H. G. 웰스(H. G. Wells)의 『우주전쟁(The War of the Worlds)』이 복구됐다. 때로 독자들이 검열 요구를 하기도 했다. 이는 소설에 대한 사서들 태도가 누그러지면서 점점 늘어났다. 제1차세계대전 때 병사들을 위해 소설을 제공하면서 많은 금기가 깨졌다. 전후 공산주의의 도전으로 검열 전선은 비소설 분야로 옮아갔다. 20세기에는 공산주의에 대한 공포, 포르노물과 성적 방종이 아서 코넌 도일의 셜록 홈스 같은 탐정물보다 훨씬 더 심각한 위협으로 보이게 됐다.

제1차세계대전이 끝난 뒤에야 도서관은 19세기 내내 강조된 사회개혁 도구라는 역할을 벗고 계몽과 진보와 구원의 원천이라는 새 역할을 떠맡았다. 라디오, 영화, 궁극적으로 텔레비전이란 원거리통신 시대의 새로운 위협과 멱살잡이를 하기도 전이었다. 이들 세 미디어는 모두 독서 대신 여가를 차지하겠다고 사람들을 홀리고 있었다. 20세기가 흘러가면서 소설이 실은 도서관 퇴화를 막아 줄 가장 든든한 방파제라는 사실이 점점 분명해졌다. 소설과 사랑에 빠지는 것이 도서관 생존의 비결이었다.

6부

책
과
의

전
쟁

16장

20세기에서 살아남기

1917년 4월 6일 미국이 독일에 선전포고했을 때, 미국의 도서관은 지난 3년 동안 마지못해 쓰고 있던 중립의 외피를 벗어던지고 전쟁 취지를 알리는 데 적극 동참했다. 도서관은 애국적 참여 열풍을 타고 다른 여러 기관과 함께 승전 동력을 제공하려 애썼다. 사서들은 시민들이 전쟁 정당성을 알리는 책에 쉽게 접근할 수 있게 애썼다. 독일에 호의적인 책은 슬그머니 배포하지 않았다. 대중들은 독일어, 독일 문학, 심지어 독일 음식에도 무차별 공세를 벌였다. 사우어크라우트(Sauerkraut: 독일의 양배추 요리—옮긴이)는 자유 양배추가 됐고, 프랑크푸르트 소시지도 자유 소시지가 됐다.[1]

전시도서관협회의 남서부 책임자였던 에버렛 페리(Everett Perry)는 지역 사서들에게 "독일 문화를 칭찬하는" 모든 책을 없애라고 지시했다.[2] 지역의 주요 공공건물이었던 도서관은 전쟁 채권을 홍보하고, 적십자 회원을 모집하며, 가장 가까운 신병 모집 기관의 위치를 알리는 데 전력을 기울였다. 전시도서협회는 전쟁을 도서관 가치를 입증할 중요한 기회로 여겼다. 1918년

11월 미국 도서관협회는 YMCA와 카네기 재단의 협력 아래 훈련소마다 도서관을 건립한 후 책을 채워 넣었고 프랑스에 주둔 중인 파견군대에 서적 100만 권을 배로 실어 보냈다.[3]

1941년 일본의 진주만공격 이후에도 이전과 유사한 애국적 도서관 건립 열기가 치솟았다. 로스앤젤레스 도서관의 수석 사서였던 앨시아 워런(Althea Warren)은 군대의 열람실, 병원, 훈련소 등에 도서를 공급하기 위한 전국 운동인 '승리 도서 캠페인'을 전개하려고 넉 달 휴가를 냈다.[4] 1942년 4월 무렵에 600만 권이 모였고, 배포를 위한 분류작업도 끝났다. 이 노력을 치하하려고 루스벨트 대통령은 1942년 미국 도서관협회 정기 총회에 참석해 기조연설을 했다. 영국 사서들도 비슷하게 전쟁을 치렀다. 개관 시간은 새로운 교대 노동시간에 맞춰 연장됐고 집 떠난 군인들에게 임시 회원증을 발행했다. 심지어 평화 시에는 도서관의 가장 신성한 업무로 여겨졌던 연체료 부과도 병사들에 한해서는 면제하거나 모르는 체했다.

전시에, 특히 직접적 전투의 현장을 벗어나 있는 이들에게 무력감은 두려움만큼이나 정신을 갉아먹는다. 전면전이 경제적으로 또 육체적으로 인간에게 주는 스트레스가 삶의 리듬을 송두리째 뒤집으면서 도서관은 애국적 취지에 동참하는 이들에게 줄기차게 에너지를 공급하려고 몸부림쳤다. 이런 불안한 시절에 책은 위안과 도피처를 제공하면서 큰 의지가 됐다.

히틀러도 도서관에 주목했다. 1933년 권력을 잡자마자 그는 작은 도시와 마을에 초점을 두고 새로운 공공도서관 프로그램을 도입하는 일부터 시작했다. 그때까지 독일 공공도서관은 주로 개인의 기증이나 지자체 보조금에 의존해서 문고를 조성했기에 시대에 뒤처져 사람들 관심을 끌지 못했다. 이제 대규모 공적자금이 유입되면서 공공도서관의 면모는 돌변했다. 1934년 독일에는 9494곳에 도서관이 있었으나, 1940년엔 1만 3236곳으로 급증했다.[5]

물론 이 모든 도서관은 이데올로기 전파 목적으로 설립됐다. 『서부전선 이상 없다』를 쓴 에리히 마리아 레마르크(Erich Maria Remarque) 같은 낙인찍힌 작가들의 책은 배포되지 않았다. 하지만 금서 관련 지시의 구체적 범위는 지역 사서의 열정과 그가 관리 도서를 얼마나 잘 파악했는지에 달려 있었다.[6] 전쟁이 터진 이후 병사를 위한 책 수집은 더 쉬워졌다. 1939년 가을 독일 공공도서관은 병사들을 위해 800만 권의 책을 꾸렸다. 독일 공군은 공군기지에 도서관 1000곳을 열었고, 그 모두를 책으로 채웠다. 전쟁이 나치 독일에 유리하게 돌아갈 동안 주요 도서관 사서들은 점령지 도서관에서 독일 문화에 관한 주요 저작을 철저히 탐색해 모두 독일로 송환했다. 폐기 딱지가 붙은 것은 문화적 가치가 있는 것일지라도 깡그리 없애 버렸다.

20세기의 기계화한 전쟁은 유럽 대륙 도서관에 끔찍한 피해를 입혔다. 그러나 폭격으로 인한 피해와 파괴의 표적이 되어 입은 훼손을 계산하기 전에 도서관이 전쟁의 피해자일 뿐만 아니라 전쟁의 적극적 참여자였음을 잊어선 안 된다. 대학과 실험실에 딸린 기술과학도서관의 경우에는 특히 그러했다. 이 도서관을 보호하는 일과 함께 과학적 데이터의 국외 유출을 차단하는 것도 중요한 전쟁 과제였다. 평화시의 과학기술 교환이라는

도판 23. 제1차세계대전 동안에 병사에게 책을 제공하는 것이 국가 과제가
됐다. 1917년 텍사스에서 이 사진이 포착한 장면처럼 수백만 권의 책이 배포돼
병영도서관, 병원도서관, 이동도서관을 돌아가게 했다.

정상 행위가 이제 철저히 보호해야 할 국가 기밀이 됐다.[7] 공공
도서관도 거기에서 역할이 있었다. 연합군이 북아프리카, 이탈
리아, 프랑스에 대한 반격에 나섰을 때, 뉴욕 공공도서관과 영
국박물관의 막대한 지도 자료는 필요한 정보를 찾기 위해서 철
저한 탐색 대상이 됐다.

　　도서관은 사람들이 전쟁 태세를 갖추는 데, 그리고 싸우겠
다는 결의를 다지는 데 큰 역할을 했다. 1939년 6월 독일 나치
는 폴란드 내 독일 소수민족에 관한 책 열세 권을 공공도서관에
서 구매하라고 명했다. 같은 해 영국과 프랑스에 관한 책이 독
일에 승리하겠다는 의지나 계속 싸울 힘을 고취하는 내용을 포
함했는지를 파악하라는 지시가 내려왔다.[8] 1939년 8월 독소불

가침조약이 맺어지자 나치 점령 후 추방됐던 마르크스주의와 친소련 관련 텍스트가 (비록 짧은 기간이었지만) 재빨리 서가로 되돌아왔다. 그런 조처가 저항하는 사서들에게 억지로 강요된 것이고 도서관 회원들의 광범위한 항의를 초래했다고 생각하는 것은 잘못이다. 1917년 미국 도서관 사서들은 경쟁적으로 볼셰비즘에 대한 강력한 증오를 보여 주었고, 도서관 서가에 사회주의 정서가 조금이라도 비치는 책은 제거했다.[9] 냉전시대에도 똑같은 형태의 적극적 애국주의가 더 논쟁적 방식으로 명백하게 나타났다.

전쟁은 기존 규범을 허물고 품위도 깎아내렸다. 이것은 전시 도서관의 대출 행태에도 반영됐다. 전쟁 초기에는 역사책이 잘나갔지만 1943년 무렵 독일 사서들은 "유쾌한 내용의" 부담 없는 읽을거리가 대출 서적의 대부분을 차지하는 것을 확인했다. 폭탄이 비 오듯 떨어지는 상황에서 책은 현재의 비참함으로부터 도피하는 피난처가 됐고 다시 현실과 맞대면해야 할 순간이 오기 전까지 잠시라도 공포를 잊기 위한 동아줄이 됐다. 전쟁은 의기양양함과 의기소침함, 승리의 환희와 패배가 가져올지도 모를 파국적 상황에 대한 전율 등 양극단의 감정을 어지럽게 고조했다. 도서관은 이 모든 격정을 함께 나누면서 병사들과 후방 지원 담당자들이 전쟁 전 그들이 생각하지도 못했던 일을 해내도록 부추기는 데 핵심 역할을 맡았다. 도서관이 전쟁에서 순전히 피해자였던 적은 없었다. 도서관 특유의 방식으로 무기가 됐을 뿐이다. 총력전 상황에서 도서관의 역할은 그 어느 때보다 중요했다.

총력전

도서관은 항상 정복군의 표적이었다. 19세기에 군사기술의 고도화가 진전되면서 처음으로 민간인들까지 총력전의 공포에 빠져들었다. 프랑스와 독일의 접경지역에 있는 도시 스트라스부르에는 비교적 일찍 공공도서관이 설립됐다. 1765년 장다니엘 쇠플랭(Jean-Daniel Schoepflin)이 개인 장서를 시에 기증하면서부터였다. 이 도서관은 프랑스 다른 지역과 마찬가지로 프랑스혁명기에 몰수를 통해 그 규모를 키웠다.[10] 1846년 장서는 8만 권으로 늘어났고, 대학도서관과 통합되면서 더 비대해졌다. 통합 장서를 새 도서관 장소인 탕플르네프(Temple-Neuf) 교회로 이전했을 때 장서는 인쿠나불라 5000권, 필사본 1600권을 포함해 총 30만 권에 이르렀다. 그게 전부는 아니었다. 프로테스탄트 교회 소속의 신학교에도 값을 매길 수 없을 정도로 귀한 종교개혁 시대의 팸플릿을 포함해서 10만 권의 장서가 있었다. 1870년 8월 24일 밤, 세 곳의 장서 모두 독일 대포의 소이탄 공격으로 전소됐다.[11]

1681년 루이 14세가 합병하기 전까지 스트라스부르는 줄곧 독일 땅이었다. 신성로마제국의 최대 도시로 꼽히는 곳으로, 출판 중심지이자 지성이 살아 숨 쉬는 곳이었다. 이 도시의 탈환이 프로이센-프랑스전쟁(1870~1871) 당시 독일의 주요 목적이기도 했다. 스당(Sedan)과 메스(Metz)에서 프랑스군이 프로이센군에 패배하자 스트라스부르는 포위 공격 당하는 신세로 몰렸다. 중세 이래 전쟁에서 공성은 흔히 있는 일이었다. 그러나 기계화 군대의 공성은 민간인들에게 엄청난 재앙이었다. 프로이센 군대가 중세 전통이 살아 있는 도시 중앙으로 고성능 대포를 겨냥하는 순간 전쟁 양상에 획기적 변화가 시작됐다.

19세기 말 30년 동안 비극이 줄이었다. 산업화의 길을 가던 유럽 국가들은 잔혹한 소모전을 벌이기 시작했다. 도시 전체가 잿더미가 되고 사람뿐만 아니라 도서관도 참화를 겪었다. 파괴는 무작위적이거나 우연한 일이 아니었다. 1871년 프랑스가 항복했을 때 알자스와 로렌(Lorraine)은 프로이센으로 할양됐다. 스트라스부르대학교는 카이저빌헬름대학교로 이름을 바꿨고 도서관은 1895년 새 건물로 옮겨 갔다. 1875년에는 대다수가 독일인인 시민들과 기관 2700곳이 모금에 응하면서 서적 총 40만 권이 기증됐다. 넉넉하게 배분된 도서관 예산까지 가세하면서 1918년 알자스와 로렌이 프랑스로 반환되기 직전 도서관 장서는 100만 권을 웃돌았다. 모두 독일어 서적이었고 독일이 스트라스부르를 자기 영토라고 주장하는 물증이었다. 이런 재독일화 작업은 대체로 성공적이었다. 1918년엔 알자스 지역 인구의 4분의 1만 프랑스어를 읽을 수 있었다. 이것은 알자스를 프랑스어 구사 지역으로 만들기 위한 똑같이 단호한 캠페인을 초래했다. 이 캠페인은 프랑스어 도서관 800곳을 설립하면서 시작됐다. 1927년 무렵에는 도서관 2275곳에 프랑스어 도서 20만 권이 공급됐다.[12] 국가 정체성을 확립하기 위한 이런 도서관 정치는 분쟁 소지가 있는 접경지역의 불가피한 운명이었다.

기계화 무기로 치러진 제1차세계대전은 전선 가까운 마을에 필연적 재난을 초래했다. 반복 포격으로 프랑스 북부지역에서 아라스(Arras), 베튄(Béthune), 몽디디에르(Montdidier), 앙(Ham), 로예(Roye), 페론(Péronne), 메지에르(Mézières), 생퀑탱(Saint-Quentin), 수아송(Soissons), 콩피에뉴(Compiègne), 레텔(Rethel), 누와용(Noyon), 퐁타무송(Pont-à-Mousson), 랭스(Reims) 등에 세워진 도서관이 파괴되거나 심각한 피해를 입었다. 가장 참담한 경우는 낭시대학교 도서관이었다. 이 도서관은 휴전을 불과 열흘 남겼을 때 장서 15만 5000권을 잃었다.[13] 세계적 화제에 오르기도 했던, 전쟁을 통틀어 가장 악명 높은 사태는 벨기에 루뱅대학교 도서관에서 일어났다. 독일 군대가 중립을 선언한 벨기에를 침공하자 국제사회는 비명을 질렀고, 1914년 8월 25일 중세 전통을 간직한 도시 루뱅이 파괴되자 경악으로 할 말을 잃었다. 불길이 유럽에서 가장 유서 깊고 명성이 자자하던 대학도서관을 통째로 삼켜 버렸다.[14]

　　1918년 포격이 멈추고 전쟁이 끝났을 때, 루뱅대학교 도서관의 재건은 전쟁이 영원히 사라지기를 기원하는 희망의 상징이 됐다. 베르사유조약에는 패전국 독일에 도서관 피해를 배상하라는 조항이 담겼고, 3년 동안 약 45만 권이 벨기에로 전해졌다. 그중 21만 권이 독일에서 보낸 책이었다. 책에는 독일의 배상품임을 알리는 장서표가 달려 있었다. 전 세계에서 기부가 쏟아졌다. 특히 미국에서 많은 기부가 들어왔다. 새로운 대학도서관은 미국인 건축가가 설계해서 미국 돈으로 건설했다. 건물 난간에 "독일 분노로 파괴됐지만, 미국 선의로 재건되다"라는 명문을 새기려 했으나 독일이 여전히 그들의 이웃나라임을 의식한 대학 당국의 거부로 무산됐다.[15] 그러나 이런 외교적 자제 행위는 1940년 독일 군대가 다시 침공했을 때 별 도움이 안 됐다.

맹렬한 포격을 겪고 살아남은 생존자에게는 제1차세계대전이 모든 전쟁을 끝내기 위한 최후 전쟁으로 보였을지도 모른다. 전쟁의 부수적 피해도 전선에서 가까운 도시와 마을로 국한됐다. 그러나 제2차세계대전이 벌어지자 전쟁 피해는 완전히 새로운 수준으로 악화했다. 하늘에서 죽음을 퍼붓는 폭격기로 치른 전쟁이었다. 지상에서 꼼짝없이 폭탄의 비를 맞아야 하는 사람들에게 이 상황은 칠흑 같은 밤이 주는 공포였고, 그 공포에 짓눌려 질식 상태에 이르거나 죽음을 맞기도 했다. 도시 중심으로 이루어지던 융단폭격은 집과 공장, 철로와 건물, 항구와 도서관을 가리지 않았다.

독일이 폴란드를 침공했을 때 유럽 국가들은 이 전쟁으로 어떤 일이 벌어질지 처음으로 눈치를 챘다. 1939년 9월 1일 독일 병사가 국경을 넘는 동안 무방비상태의 도시 비엘룬(Wielun)은 급강하 폭격기의 공격을 받아 파괴됐다. 바르샤바 국립도서관은 심각한 손상을 입었다. 두 차례 세계대전 사이의 기간에 전략가들은 폭격기의 목표물 도달을 막을 방법이 없음을 알아챘다. 프랑스, 벨기에, 영국, 네덜란드의 문화기관들은 모두 귀중한 유산들을 은밀하게 안전지대로 옮기기 시작했다. 처음에 이 보안 조치는 거의 예술품에만 치중됐다. 그러나 전쟁 때문에 가족들이 서로 헤어지고 여가를 보내는 방법도 마땅치 않게 됐을 때 도서관이 시민들 사기를 높여 주는 역할을 할 것이라는 사실이 점점 명백해졌다. 그러나 1940년 5월 1일 독일군이 서부전선으로 진공하기 시작했을 때 도서관 보호를 위한 실질적인 조처는 거의 이루어지지 않았다.

네덜란드에서는 첫 번째 공습으로 항구도시 미델뷔르흐

도판 24. 네덜란드 미델뷔르흐 도서관 정면(1940). 폭격으로 파괴는 됐지만 간신히 남아 있는 상태다. 제2차세계대전 동안 벌어진 폭격과 그로 인한 화재는 도서관 역사에서 가장 파괴적 결과를 초래했고 많은 위대한 도서관에 돌이킬 수 없는 피해를 입혔다.

(Middelburg)의 도서관이 희생됐고 로테르담(Rotterdam)의 구시가지 전역이 거의 폐허가 됐다. 1940년 5월 16일 루뱅대학교 도서관이 다시 잿더미가 돼 장서 100만 권이 소실됐다. 1914년에 독일은 한 벨기에 저격수 탓에 이 도서관을 파괴한 격렬한 포격이 일어났다고 주장했다. 저명한 독일 과학자, 예술가, 지식인 93명이 이런 터무니없는 주장에 속아 독일의 보복 폭격을 지지하는 문서에 서명했다. 1940년 도서관 파괴에 대해 독일 조사위원회는 후퇴하던 영국군이 도서관에 불을 질렀다고 비난했다. 하지만 국제사회는 독일의 주장을 하나도 믿지 않았다.[16]

프랑스를 불시에 기습한 독일군은 루아르 지역의 교통 중심지인 보베(Beauvais)와 투르(Tours)를 점령했다. 그 와중에 독일군 폭격 탓에 대학도서관 등 캉(Caen) 지역에서 소장하고 있던 도서 50만 권이 소실됐다. 프랑스 정부는 파리를 무방비도시(open city: 적 공격이 임박한 도시가 이에 대항할 의사가 없음을 선언하는 행위, 헤이그 육상전 법규는 인도적 견지에서 무방비도시에 대한 공격은 금지 또는 제한한다—옮긴이)로 선언해 수도의 건물들과 귀중한 도서들을 구했다. 프랑스의 퇴각은 혼란스럽게 이루어졌고 이 때문에 도서를 안전지대로 보내는 것이 얼마나 어려운지 알게 됐다. 운송 트럭 몇 대가 남쪽으로 떠나던 피난민에 가로막힌 와중에 사라졌다. 프랑스가 일찌감치 항복하면서 전쟁 초기 단계의 프랑스 도서관이 입은 손실은 제한적이었다. 그러나 점령 기간 동안 훨씬 더욱 큰 손실이 도서관을 기다리고 있었다.[17]

프랑스가 패하면서 히틀러는 영국 정복에 집중했다. 독일 공군은 맨 먼저 영국 공군의 방어력을 깨뜨리라는 명령을 수행했다. 점차 런던을 비롯한 다른 주요 산업도시와 항구로 공습의 목표물이 옮아갔다. 1940년 11월 코번트리(Coventry)가 독일 공군 폭격으로 쑥대밭이 됐다. 이 일로 인해서 나중에 영국 공군이 독일 도시의 도서관을 폭격해서 15만 권의 책을 없애고 도서관의 방대한 과학기술 도서를 훼손한 것에 대해 영국인들은 작은 동정도 품지 않게 됐다. 빅토리아 시절 기증으로 설립됐던 램버스의 미넷(Minet) 도서관 장서 1만 8000권이 소실됐고, 켐버웰(Camberwell) 도서관도 비슷한 꼴을 당했다. 햄스테드(Hampstead) 도서관에서는 참고도서실이 파괴돼 장서 2만 5000권이 사라졌다. 런던 밖에서는 맨체스터 도심이 심각하게 파괴되면서 맨체스터 도서관의 모든 도서와 철학회의 소장 도서 5만 권이 함께 사라졌다.[18] 전쟁 시작 이후 첫 겨울의 폭격으로 세인트폴성당 뒤쪽으로 난 패터노스터로(Paternoster Row: 런던 서부의 출판사와 서점이 모여 있는 거리―옮긴이)를 따라 옹기종기 모여 있던 출판사와 인쇄소 창고가 가장 큰 해를 입었다. 17개 출판사 창고에 있던 500만 부에 달하는 재고도서가 화염으로 잿더미가 됐다. 종이 원료가 되는 목재 펄프 수입이 원활하지 않은 상태에서 이런 피해는 출판업계에 심각한 타격을 주었다.[19]

브리튼전투(1940년 런던 상공에서 벌어진 영국과 독일의 공중전―옮긴이)는 됭케르크 철수작전으로 이미 군사 장비 손실이 컸던 영국의 쪼들린 국방 자산에 큰 부담을 주었다. 그러나 히틀러가 계획한 영국 침공을 포기시키겠다는 일차 목적은 달성했다. 당시의 시점에서 불패의 독일 군대에 맞서 이 정도면 천만다행이었다. 하원에서 윈스턴 처칠(Winston Churchill)의 거수경례를 받은 비행사들의 분투는 브리튼전투에 대한 적절한 설명과 함께 팸플릿에 담겼다. 승전보에 목말라 있던 이들에게 이 책은 날개 돋친 듯 팔리는 베스트셀러였다. 최초 5만 부는 몇 시간 만에 동이 났다. 급히 30만 부 제작에 들어갔다. 순간 포착 사진과 도표까지 넣은 삽화본은 70만 부가 팔렸다. 1942년 까지 『브리튼 전투, 1940년 8월에서 10월까지(The Battle of Britain, August–October 1940)』는 26개 언어, 43개 판으로 출판 됐고, 전 세계 유수 신문에 연재됐다. 책은 이 절망적 상황에서 아슬아슬하게 이긴 전투를 궁지에 몰린 약자의 결정적 승리로 묘사하면서 영국 국내외적으로 여론몰이에 성공했다(또한 영국 이 프로파간다에 일가견이 있음도 입증했다).[20]

그러나 모든 노력에도 독일의 폭격은 조금도 수그러들지 않았다. 영국의 모든 도시가 독일이 장악한 프랑스와 베네룩스 지역의 비행장에서 전투기로 한 시간 이내에 도달할 거리였고, 많은 도시가 심각한 해를 입었다. 핵심 해군기지가 있었던 남 부 해안도시 플리머스(Plymouth)는 1941년 4월 폭격으로 도서 관이 무너지면서 장서 10만 권이 완전히 사라졌다. 5월에는 리 버풀 중앙도서관이 파괴되면서 20만 권이 소실됐다. 영국박물 관의 도서관은 고성능 폭탄 공격을 여덟 번이나 받았고 소이탄 공격도 수없이 받았다. 하지만 그 폭격의 강도에 비하면 장서 23만 권 손실 정도는 대단치 않을지도 모른다. 1942년 다시 폭 격이 시작됐다. 유명 성당이 있는 도시나 특별한 경치로 이름난 곳만 골라 폭격했기에 베데커공습이라고 불린다. 5월에는 엑서터(Exeter) 시립도서관이 파괴되면서 100만 권 넘던 책을 제물로 삼았다.

도서관도 적응해 나갔다. 책 모으기 운동으로 수백만 권을 수집해서 파괴당한 도서관과 전선에 있는 영국 병사들을 위한 도서관에 충당했다. 매일 밤 공습경보가 울리면 런던 시민 수백만 명이 지하대피소로 향했다. 사용되지 않는 지하철역이 대피소가 됐다. 당국은 이곳에 잠자리와 침구, 음식과 작은 문고를 마련해 공습이 해제될 때까지 무료한 시간을 견디도록 도왔다. 세인트메릴본(St. Marylebone) 도서관은 대피소 49곳에 50~350권 규모로 작은 문고를 마련했다. 베스널그린(Bethnal Green) 도서관은 무려 도서 4000권을 마련해서 밤이면 나타나는 고객들 6000명을 맞았다.[21] 폭격에서 살아남은 다른 도서관들은 폭격으로 폐허가 된 도서관들의 복구를 돕는 역할도 했다.

소련 스탈린그라드전투 이후 독일의 전세가 불리해지자 1943년 들어 영국 국내 전선은 한숨 돌릴 여유가 생겼다. 그러나 1944년 9월이 되자 독일이 최초의 순항미사일인 V-1 폭탄과 대륙간탄도미사일의 전신이라고 할 수 있는 V-2 로켓을 발사했다. 1945년 3월 이전까지 V-2 로켓 1400발 이상이 런던으로 발사됐고 민간인 희생자 2000명과 함께 도서관도 파괴됐다. 런던을 겨냥했으나 목표물까지 도달하지 못한 많은 폭탄이 런던 남부와 켄트(Kent) 지역에 큰 피해를 주었다. 스트리섬(Streatham), 킹스턴어폰템스(Kingston upon Thames), 크로이던 등의 도서관은 모두 참혹한 공습의 피해를 입었다. 이 기간에 영국 공공도서관은 모두 합쳐 장서 약 200만 권을 상실했다.[22]

도판 25. 독일군의 소이탄 폭격을 받은 런던 켄싱턴(Kensington) 지구의 홀란드하우스(Holland House) 도서관(1940). 과거에 정치가 찰스 제임스 폭스의 집이었던 이곳은 거의 전파됐다. 하지만 책은 손상되지 않은 채 살아남았다. 폭격 다음 날 남자 셋이 폐허에서 책을 고르고 있다. 선전용 사진으로 배포된 것인데 영국 국내의 시민들이 고난 속에서도 침착함을 유지하고 있음을 사진 한 장으로 간명히 표현했다.

　　모두가 전쟁이 끝나기만을 기원하던 시기에 V-2 로켓 때문에 발생한 극심한 피해는 시민들의 사기까지 깎아내렸고, 이에 맞서서 영국 최고사령부도 독일의 과학기술 시설과 도서관을 공격하는 게 전쟁 행위라고 평가하기에 이르렀다. 그런 시설들은 대학과 밀접한 관계에 있었기에 대부분 도심에 있었다. 만약 독일이 원자폭탄 제조 경주에서 승리한다면 그것을 사용해 전세를 다시 뒤집고 승리를 낚아챌지 모른다는 합리적 공포도 작용했다. 이런 두려움에 근거가 없지는 않았다. 두 번의 세계대전 사이에 독일은, 특히 괴팅겐대학교의 이론물리학연구소는 세계에서 제일가는 연구소로 꼽혔다. 1933년까지 미국은 노벨 물리학상 수상자 여덟 명을 배출했으나 같은 기간 동안 독일은 서른세 명을 배출했다. 나치의 사고방식으로는 당황스러운 일이지만 뛰어난 과학자 중 상당수는 유대인이었다. 그들 중 많은 이가 미국으로 떠났고 미국의 승전에 큰 공헌을 했다.[23]

리브리사이드

이것은 전격전(Blitzkrieg)의 부수적 피해였다. 전세가 연합군 쪽으로 기울자, 이번에는 미국과 영국과 소련이 독일 도서관을 강타했다. 이 끔찍한 도서관 파괴로 인한 손실은 세계대전 기간에 생산된 책의 규모에 비하면 상대적으로 적은 양이었다. 천년제국(나치 독일을 뜻하는 말로, 제3제국이라고도 했다—옮긴이)은 책과 도서관에 관한 원대한 계획이 있었다. 그리고 그 계획을 전쟁이 끝나는 날까지 집요하게 실행에 옮겼다. 첫 번째 계획은 말살 대상이 된 기록을 총체적으로 파괴하는 것이었다. 자신들이 원하지 않는 기억을 지구에서 말소하겠다는 이런 식의 문명에 대한 공격은 리브리사이드(libricide), 즉 책에 대한 대량학살 행위였다. 두 번째는, 역설적으로 첫 번째 계획과 상충하는데, 적의 이데올로기에 관한 책들로 이루어진 막대한 장서를 체계적으로 수집하는 것이었다. 그래서 천년제국인 국가사회주의의 통치 아래에서도 볼셰비키, 사회주의, 유대주의, 프리메이슨과 같은 악(惡)을 연구할 수 있게 하겠다는 계획이었다.

문헌을 발견, 수집, 분류, 운송하고, 이를 다시 색인화하고 알맞게 보관하려면 거대한 관료조직이 필요했다. 강제노동과 함께 수송 열차와 수많은 병사가 동원됐고 알맹이와 쭉정이를 가려낼 학자들까지 참여했다. 많은 사서와 기록 관리 전문가가 기꺼이 대의에 동참했다. 국가사회주의라는 취지에 적극 동의해서 또는 그런 엄청난 문헌을 다루고 싶은 욕망이 유럽의 문화자본을 대대적으로 약탈하는 것에 따르는 양심의 가책을 가뿐히 압도했기 때문이었을지도 모른다. 일부는 동부전선으로 끌려가 거의 확실한 죽음을 맞는 것보다 상대적으로 안전한 보직이어서 선택했을 것이다. 그러나 타고난 장서가일 수밖에 없는 사서라는 직종의 특성이 그만큼 충성스러운 동참자를 만들었을 것이다.

역사적으로 보복 따위를 조금도 걱정하지 않으면서 이렇듯 무자비하게 수집 욕구를 채우려 한 적은 없었다. 하지만 독일 도서관들(대학도서관, 공공도서관, 국책연구기관 등)이 유럽 전역의 창고에 쌓인 전리품에서 자기 몫을 챙기려고 경쟁하는 꼴은 볼썽사나운 광경이었다. 때로 이런 약탈이 구매라는 외피를 쓰기도 했다. 유대인 소유주나 상인이 탈출하기 전에 급히 전재산을 처분하려면 터무니없이 싼 가격으로 서적을 넘길 수밖에 없었다. 이따금 독일 도서관은 나치의 연구기관이 탐내지 않는 엄청난 양의 책을 공짜로 받아 폭격으로 사라진 책의 공백을 채웠다. 전쟁이 막바지에 이르렀을 때 연합군의 승리자들과 살아남은 사서들이 나치가 감춰 둔 알라딘의 동굴을 찾아냈을 때, 약탈물 상당수는 복구가 불가능할 정도로 훼손된 상태였다. 이들 전리품 중 거의 대부분은 전후 75년이 지난 지금까지도 원래 주인에게 돌아가지 못했다. 많은 경우 복구된 책을 돌려받아야 할 주인이 살아남지 못했기 때문이다.

나치의 인종주의 이데올로기가 보여 줄 수 있는 최악의 모습에 가장 잔혹하게 노출된 나라는 폴란드였다. 독일 정복자들은 미리 준비한 6만 명에 달하는 폴란드의 사회적 지도자들 명단을 들고 나타났다. 정치인, 노동조합 지도자, 군 장교, 교수들이었다. 그들은 가축처럼 몰이를 당해 끌려와서 총살당했다. 정복자들은 폴란드인을 선천적으로 지배받을 수밖에 없는 농민이거나 비천한 무산 노동자로 보았다. 한편 유대인은 완전히 박멸해야 할 존재였다.

폴란드 문화의 뿌리를 근절하기 위해서는 그 나라 도서관부터 손보지 않을 수 없었다. 1939년 12월 새 독일 정부는 독일 국적을 가진 사람들의 책을 제외한 폴란드의 모든 책을 자진 양도하라는 칙령을 내렸다. 포즈난바스(Poznańwas)의 성미하엘 교회(St Michael's church)가 압수 도서를 쌓아 둘 장소로 지정됐다. 한때 그곳엔 포즈난대학교의 장서가 들어오면서 100만 권 넘는 책이 쌓이기도 했다. 책의 일부는 펄프로 만들어 재생지로 만들었고 남은 책은 1944년 폭격 때 소실됐다. 주요 국립 기관 도서관은 대개 지역 시민 이용이 허용되지 않아 독일이 강탈한 경우를 제외하면 거의 닫혀 있었다. 점령군에게 필요한 연구자료들은 모두 수집해서 바르샤바에 있는 장서에 통합됐고, 국립 공공도서관과 학교도서관 장서를 비롯한 나머지는 모두 폐기됐다.

결과는 참담했다. 학교도서관과 공공도서관은 소장 도서의 90퍼센트가, 개인도서관과 전문도서관은 약 80퍼센트 정도의 장서가 사라졌다. 심지어 전진하는 소련의 붉은 군대의 손아귀에 전멸당할지 모를 공포에 직면해서도 독일 점령군은 파괴행위를 멈추지 않았다. 명성이 자자한 잘루스키 도서관 장서는 1794년 러시아에 강탈당했다가 1920년대에 그 일부를 돌려받았는데, 1944년 8월 바르샤바봉기 때 파괴됐다. 그 결과 소장 도서 총 40만 권 중 10퍼센트만 살아남았다. 폴란드 국립도서관에 소장됐던 초기 출판본도 파괴됐다. 1945년 1월 바르샤바를 철수할 때 독일은 화염방사기를 든 병사들을 보내 그 공공도서관 서가를 깡그리 불태웠다.

이들 소각부대(Brennkommando)는 1939년 이래 유대인 도서를 상대로 소각 솜씨를 자랑해 왔다. 포즈난과 벵진(Będzin)에서 소각부대는 유대교 회당과 그 소장 도서를 태워 없앴다. 크라쿠프에서 유대도서관 파괴는 1939년 9월 6일 독일군이 진주하자마자 시작됐다. 크라쿠프는 폴란드 문화의 역사적 중심지였으며, 크라쿠프 인구의 4분의 1을 차지했던 유대인 공동체는 그 지적 풍토의 핵심이었다. 1837년 크라쿠프에서 최초로 세워진 상업적 대여도서관의 설립자는 유대 상인이자 시의회 의원이던 아브라함 굼플로비치(Abraham Gumplowitz)였다. 또 그 도시는 1899년에 초기 유대인 공공도서관인 에스라(Ezra) 도서관이 세워진 곳이기도 했다. 유대 회당들에 딸린 부속도서관과 유대인 학교에 딸린 광범위한 도서관 망에 덧붙여 유대사회주의자 도서관과 인민의 도서관처럼 좀 더 전문화된 곳도 있었다.[24]

2년 동안 이 모든 도서관이 체계적으로 수색, 약탈, 파괴됐다. 장서 4만 5000권에 달하던 굼플로비치 도서관 두 곳은 폐관되고 책은 사라졌다. 독일 병사들이 영어, 불어, 독어 서적을 멋대로 처분했을 것으로 추정할 뿐이다. 유대인 학교가 폐교됐을 때 도서관도 파괴됐다. 독일군은 모든 유대인 문화와 교육과 정치조직을 해체했고 그 조직에 딸린 도서관도 함께 없앴다. 에스라 도서관의 문헌과 야기엘로대학교(Jagiellonian University)의 유대인 장서는 모두 압수돼 독일인이 사용하도록 새로 설립된 주립도서관으로 보냈다. 독일군이 진주하자마자 수많은 유대교 회당에 있던 신성한 두루마리는 불쏘시개가 됐다. 남은 두루마리라도 구하려는 필사적 노력마저도 1943년 유대인 강제 거주 구역인 게토가 폐쇄된 뒤 두루마리를 숨긴 장소가 발각되면서 좌절됐다. 두루마리는 모조리 파괴됐다.

크라쿠프 유대인 문화에 대한 체계적 파괴는 포즈난으로부터 빌뉴스까지 모든 유대인 공동체로 퍼져 갔다.[25] 1941년 루블린(Lublin)의 유대교 신학도서관에 있던, 유럽 최대 규모로 꼽히던 탈무드 장서가 화염에 삼켜졌다. 1943년 바르샤바 게토에서 일어난 봉기의 진압은 대유대교 회당을 다이너마이트로 폭파하면서 절정에 달했다. 그 회당은 압수된 유대인 소유 책을 모아 둔 창고로 사용됐기에 폭파와 함께 그 서적들도 사라졌다. 파괴 작업을 맡았던 공병 지휘관은 그 성공적 파괴의 순간을 이렇게 회상했다.

정말 굉장한 광경이었지요. 환상적 장면이 눈앞에 펼쳐졌어요. 나와 내 부대는 거리를 두고 대기했습니다. 나는 모든 화약을 동시에 폭파할 기폭장치를 들고 있었어요. ……
잠시 긴장된 기다림 후 나는 '히틀러 만세'라 소리 지르며
장치 버튼을 눌렀습니다. 귀청을 때리는 굉음과 함께 온갖
빛깔의 광선이 터지듯 뻗어 나가면서 불길이 구름을 향해
서 솟구쳤습니다. 유대인에 대한 우리의 승리를 확인하는
잊을 수 없는 장면이었지요.[26]

독일인들은 이 바그너풍 순간이 주는 위력을 잘 알았다. 루블린
의 유대교 신학교를 파괴한 것은 또 다른 공적 유대인 박멸의
축전이었다.

우리는 거대한 탈무드 장서를 건물 밖으로 내던졌고 그들
을 시장 광장으로 가져가서 모두 불태웠습니다. 스무 시
간이나 불길이 타올랐죠. 루블린의 유대인들이 불길 주변
에 모여 서럽게 울었고 그들의 울음이 우리 소리를 눌렀습
니다. 질 수 없어서 군악대를 불렀고 병사들이 연주에 맞
춰 즐겁게 고함을 지르며 유대인의 울음소리를 잠재웠습니
다.[27]

비탄에 잠겼던 유대인 목격자들은 그들이 목격한 장면의 중대
성을 잘 알았다. 1939년 바르샤바의 유대인 교사 카임 카플란
(Chaim Kaplan)은 이는 책을 귀하게 여겼던 두 위대한 문명의
실존적 투쟁이라고 설명하며 이렇게 말했다. "우리는 고도의
문화를 이룬 민족, '책의 사람들(『코란』에서 유대인을 일컫는
말—옮긴이)'과 맞서게 된 것입니다. 독일은 미치광이 집단이

됐습니다. 책에 미친 집단입니다. …… 나치는 책과 칼을 들었는데, 이는 정신의 힘과 무력을 상징합니다."²⁸ 프라하 유대박물관의 사서인 미할 부시에크(Michal Bušek)에 따르면 나치는 "유대인에게 책이 얼마나 중요한지 잘 알았다. 독서는 우리를 비로소 인간으로 만든다. 나치는 우리에게서 가장 소중한 것을 빼앗아 우릴 깨부수려 했다."²⁹ 이때쯤 나치는 진정으로 책과 칼을 호령하게 됐다. 유럽 대부분 지역을 점령했고, 그곳에서 유대인 관련 문자 기록을 박멸할 무력도 있었다. 곧바로 박멸하지 않았던 것은 선택 문제였을 뿐이었다. 적의 이데올로기에 관한 문자 전승을 훗날의 연구를 위해 보존하고 싶다는 모순된 욕망이 꿈틀댔기 때문이었다. 나치의 대표적 이론가인 알프레트 로젠베르크(Alfred Rosenberg)의 자기모순적 구상이었고, 그는 뜻하지 않게도 많은 유럽 유대 문화유산의 구원자가 됐다.

로젠베르크의 구상

알프레트 로젠베르크는 1893년 현재 에스토니아(Estonia) 탈린(Tallinn)의 옛 지명인 레발(Reval)에서 태어났다. 그는 모스크바에서 공부했고 독일에 정착해 나치당에 가입했다. 동유럽 독일인 디아스포라의 일원으로 나치의 레벤스라움(Lebensraum: 국가나 민족이 생존과 발전을 위해 필요한 공간적 범위를 뜻하는데, 두 차례 세계대전에서 독일의 식민지 확장을 뒷받침하는 논리로 악용됐다―옮긴이) 논리에 깊이 공감했다. 1930년 그는 나치의 인종이론을 설명한 『20세기 신화(The Myth of the

Twentieth Century)』를 출판하면서 스스로 나치의 대표적 이데 올로그를 자처했고 1934년 히틀러가 그 주장을 공식적으로 인 정했다.[30]

1939~1940년 독일이 순조롭게 점령 지구를 넓혀 가자 로 젠베르크는 유럽 전역에서 나치 통치의 영구화를 꾀하는 구상 에 들어갔다. 이 계획의 핵심은 차세대 나치 엘리트를 양성하는 교육체계를 마련하는 일이었다. 곳곳에 아돌프 히틀러 학교를 세워 교육체계의 밑돌로 삼은 후, 킴제(Chiemsee)호 기슭에 건 설할 나치당 교양학교인 국가사회주의 독일노동자당(NSDAP) 고급학교를 마치게 해서 교육과정을 완성한다는 계획이었다. 나치 사회과학의 학문 작업을 수행하기 위해 로젠베르크는 일 련의 상호협력적 연구기관 망을 계획했다. 각 연구소가 나치 이 데올로기의 한 축을 분담하는 방식으로, 슈투트가르트(Stutt- gart)에 인종연구소를, 함부르크에 이데올로기에 바탕을 둔 식 민문제연구소를 두는 등 모두 열 곳에 연구기관을 설립할 계획 이었다. 프랑크푸르트 유대문제연구소만이 전쟁 중에도 건설될 예정이었으며, 킴제호의 고급학교를 비롯한 나머지 연구소는 전쟁 이후에 시작할 계획이었다. 그러나 1940년 히틀러는 로젠 베르크에게 "특히 연구기관과 도서관을 설립해" 나치 이데올로 기 정립에 필요한 사전 정비작업을 하라는 지시를 내렸다.[31]

이 몇 마디 명령을 수행하려고 로젠베르크는 문화재 수집 특수부대인 아인자츠타프(Einsatzstab Reichsleiter Rosenberg, ERR)라는 거대 조직을 꾸려 유럽 전역 도서관에서 입맛에 맞는 책을 찾아 유례없는 약탈에 나섰다. 종전 무렵까지 ERR은 베를린, 프랑크푸르트, 라티보르(Ratibor)의 거대한 창고에서 500만 권 이상 책을 끌어모았다. 독일이 항복을 선언했을 때도 많은 책은 여전히 상자째 쌓여만 있었다.

ERR이 1940년에만 이 과업을 맡았기에 폴란드는 약탈하지 못했다. 폴란드는 베를린의 전직 역사학과 교수였던 페터 파울손(Peter Paulson)이 이끄는 부대를 비롯한 다른 부대 몫이 됐다. 로젠베르크는 또한 압류된 공공도서관 및 개인 장서를 검토하기 위해 많은 학자들을 거느렸다. 그들을 동원해 암스테르담의 유대인도서관인 에츠하임(Ets Haim) 도서관, 로젠탈 도서관(Bibliotheca Rosenthaliana) 등을 통째로 털어 갔다. 파리의 명성 높은 이주민 도서관인 범이스라엘연합(Alliance Israélite Universelle), 투르게네프 러시아 도서관(Bibliothèque Russe Tourguéniev), 폴란드 도서관(Bibliothèque Polonaise)에도 같은 운명이 닥쳤다.[32] 로마의 이탈리아 라비대학(Collegio Rabbinico Italiano) 도서관은 프랑크푸르트로 실려 갔다. 다른 주요 유대인 장서인 유대공동체도서관(Biblioteca della Comunità Israelitica)은 운송 도중 사라졌다.

ERR은 철저했다. 네덜란드에서만 주로 부유한 유대인 집을 2만 9000번 급습해서 장서 70만 권을 쓸어 갔다. 프랑스에서는 도서관 723곳을 약탈해 170만 권을 압수했다.[33] 일 처리도 신속했다. 많은 경쟁자가 등장하면서 신속함은 점점 더 중요해졌다.[34] 최대 맞수는 나치 초기에 뮌헨에서 도서 약탈을 자행했던 하인리히 힘러(Heinrich Himmler)의 비밀경찰 국가보안본부(Reichssicherheitshauptamt, RSHA)였다. 네덜란드 국제사회연구소(Dutch International Institute of Social History, IISH)는 좌파 연구소의 문서기록소로 명성이 자자했는데, 이 연구소 문헌을 차지하려고 4자 대결이라는 볼썽사나운 힘겨루기가 벌어졌다. 네덜란드 점령지 통치자인 아르트휘르 세이스잉크바르트(Arthur Seyss-Inquart)는 연구소 문헌이 네덜란드에 있어야 한다고 여겼지만, 독일노동자전선의 지도자 로베르트 레이(Robert Ley)는 자기 조직 관할에 두는 게 최선이라고 생각했다. 로젠베르크는 힘러의 RSHA를 두둔하려는 라인하르트 하이드리히(Reinhard Heydrich)의 시도도 물리쳐야 했다. 최종 승자는 점유권을 발동한 로젠베르크였다. 암스테르담의 IISH 건물 전체를 ERR 지역 본부로 점유하면서 소모적 대결의 마침표를 찍었다.

유럽 전역으로부터 약탈한 대량의 도서가 수많은 차에 실려 느릿느릿 독일로 향하는 장면은 상상조차 쉽지 않다. 독일 땅에 들어온 책은 주로 네 군데에 보관됐다. 프랑크푸르트에 새로 설립된 유대연구소, 남부의 나치당 고급학교(the Hohe Schule), 베를린에서는 아이제나흐가(Eisenachstrasse)의 이전에 프리메이슨 지부였던 곳에 설립된 RSHA 도서관, 마지막으로 ERR의 동부지역 도서관에 보관됐다. 1943년까지 네 곳 모두 각각 책 100~300만 권이 모였다. 프랑크푸르트 연구소는 유럽 최고의 유대도서관을 구축했다. 이후에 동쪽으로부터 쏟아져 들어온 책 200만 권은 실레지아 지역 라티보르에 새로 설립된 분류 기지에 쌓아 두었다.[35]

전쟁 후반에 로젠베르크는 점점 동부전선으로 주의를 돌렸다. 이곳은 약탈 대상이 너무 많아 주로 볼셰비키 이데올로기의 산실인 공공장서에 집중됐다. '북녘의 예루살렘'이라고 불렸던 동부 유대인 사회의 중심지인 빌뉴스는 특히 주목받았다. 이곳에서는 약탈과 제거가 한꺼번에 이루어졌다. 유대과학연구소(Yiddish Scientific Institute, YIVO)의 장서는 통째로 독일로 보내졌다. 1885년 빌뉴스의 유대인 공동체가 기증해서 설립된 스트라슌 도서관(Strashun library)은 그 도서관 사서 밑에서 일했던 소수 유대인 죄수의 꼼꼼한 검토를 거쳤다. 책 4만 권이 독일로 보내졌고 나머지는 모두 재생지로 처리됐다. 검토 작업이 이루어지던 중에도 도서관 건물 밖에서는 빌뉴스 유대인 공동체가 처참히 유린당했다.[36]

'단지 골드슈미트 씨가 유대인이라는 이유로'

전쟁이 길어질수록 독일 도서관은 책을 분류하고, 상자에 실어 나르고, 공습 도중 불타는 건물에서 책을 끄집어내는 일을 점차 강제노동에 의존했다.[37] 그러나 ERR의 작업은 독일 내 전문 사서와 학자의 자발적 참여가 없었다면 불가능했을지 모른다. 파리가 항복한 뒤에 파리 국립도서관장이었던 유대인 쥘리앵 캉(Julien Cain)은 즉시 면직됐다. 그의 자리는 점령군 부역자 지식인이자 독일인들[베를린 국립도서관장 후고 안드레스 크뤼스(Hugo Andres Krüss)와 그의 동료 헤르만 푹스(Hermann Fuchs), 브레슬라우(Breslau) 도서관장 에른스트 베름케(Ernst Wermke) 후원을 받던 베르나르 파이(Bernard Faÿ)]에게 돌아갔다. 스트라스부르와 알자스의 도서관은 베를린의 꼭두각시 페터 보르하

르트(Peter Borchardt)의 감독 아래 다시 한번 제3제국의 수중에 들어갔다.[38]

또 젊은 역사학자 빌헬름 그라우(Wilhelm Grau) 박사는 직접 ERR과 함께 일했고, 이전까지 프랑크프루트 시립도서관에서 유대 전문가로 일했던 히브리어 학자 요하네스 폴(Johannes Pohl)은 로젠베르크의 전권 위원으로 암스테르담, 파리, 로마, 테살로니카, 빌뉴스까지 섭렵하면서 가장 많은 곳을 감독하는 등 맹활약을 했다. 전후에 로젠베르크는 자기 죗값으로 교수형을 당했지만 그 하수인들은 비교적 관대한 처벌을 받았다. 그라우와 폴은 독일 출판사에서 든든한 직장을 구했다. 고급학교의 도서관 구축을 도왔던 발트해의 독일인 고트리프 나이(Gottleib Ney)는 전쟁 후 스웨덴 룬드에서 기록 문서 전문가로 고용됐다.

독일 국내 도서관은 걷잡을 수 없이 쏟아져 들어오는 책으로 이익을 얻었다. 베를린 국립도서관, 프라이부르크대학교(Freiburg University)는 프랑스에서 약탈한 엄청난 양의 책들을 접수했다. 프랑스 학자들은 손실 도서가 1000~2000만 권에 달한다고 추정한다. 베를린 국립도서관은 ERR에 3만 권에 이르는 유대인과 유대교 관련 저작을 청했다.[39] 쾨니히스베르크 도서관 사서는 프워츠크가톨릭신학교에서 압수한 서적으로 대략 장서 5만 권이 증가했다는 사실을 인정했다.[40] 베를린에서는 기관들 요청이 없어 남은 책은 제국장서교환소(Reichstauschstelle)로 넘어갔다. 각 도서관은 그곳에 원하는 책을 신청했다. 함부르크는 유대인 장서 3만 권을 획득해 1943년 연합군의 폭격으로 황폐해진 도서관 복구를 시작했다.[41] 같은 해 베를린 시립도서관은 시립전당국(tädtische Pfandleihanstalt)에 책 4만 권을 의뢰했다. 도서관은 공짜로 받기를 원했으나 전당국은 4만 5000라이히스마르크(reichsmark: 1925~1948년에 쓰인 독일제국 화폐—옮긴이)를 주면 넘기겠다고 했다. 전당국은 수익금이 '유대인 문제 해결'을 위한 노력에 사용될 것이라고 도서관에 통보했다. 전쟁이 한창일 때 도서관 집단이 마음껏 강제노동시킨 것을 생각하면 그 해결이 무엇을 의미하는지 몰랐을 리 없다. 도서관은 책을 받고 군말 없이 돈을 냈다. 1945년 4월 20일 소련군이 베를린 도심에 맹렬한 포격을 가하는 동안에도 도서관은 여전히 그 책들의 목록화 작업에 매진했다. 작업은 전쟁이 끝나고도 계속됐는데 유대인의 책이라고 기록하지 않고 '기증 도서'라고 기록했다.[42]

더 야비한 형태의 갈취라면 전쟁 전 도피할 처지에 몰려 자기 재산을 신속히 처분해야 하는 유대인 소유주로부터 헐값에 사들인 경우이다. 도서관 사서와 수집가와 서적상 사이의 관계는 종종 긴밀했기에 사서들은 책의 진가와 책 주인의 곤경을 잘 알았다. 다음의 사례는 이런 유의 약탈에 대해서 많은 것을 시사한다. 아르투르 골트슈미트(Arthur Goldschmidt)는 소 사료 사업자의 후계자였다. 하지만 그가 진정으로 원했던 건 책 수집이었다. 1932년 그는 17~18세기에 발행된 삽화가 그려진 연감만으로 대략 2000권에 달하는, 어디에도 비교할 수 없는 장서를 구축했다. 이 유명한 장서 중에서 백미는 괴테가 출간한 연감 몇 권이었는데, 괴테가 사실상 고향으로 삼았던 바이마르의 안나 아말리아(Anna Amalia) 도서관이 군침을 흘리고 있었다.

안나 아말리아 도서관장 한스 발(Hans Wahl)은 기회를 잡았다고 생각했다. 골트슈미트는 5만 라이히스마르크를 요구했으나 한스 발은 도서관으로는 1권당 1라이히스마르크 이상은 곤란하다고 말했다. 자기 요구대로 연감을 획득한 후 발은 한 서신에서 이것이 "단지 골트슈미트씨가 유대인이라는 이유로 얻어 낸 …… 거의 횡재에 가까운 거래"라고 밝혔다.[43]

전쟁이 끝날 즈음 나치당원이던 발은 재빨리 새로 등극한 소비에트 정권에 충성을 맹세했다. 2004년 안나 아말리아 도서관이 큰 화재를 당한 후 남은 자료를 철저하게 검토해야 할 상황에 처한 뒤에야 발의 횡재 관련 서신이 세상의 빛을 보았다. 이는 독일 도서관 관계자가 도서 약탈이라는 어두운 과거와 직면하기를 얼마나 피해 왔는지를 다시 확인해 주었다. 골트슈미트의 후손은 마침내 그 희귀한 가문의 보물에 대해 10만 유로를 보상받았다. 이제 새 건물로 옮겼고 이름도 바꾼 베를린 시립도서관 직원은 전쟁이 끝나고 40년 동안 출처가 의심되는 책의 경우 소유주를 지우는 작업을 해 왔다. 그들이 약탈했던 수많은 책 중에서 겨우 500권이 본래의 유대인 주인에게로 반환됐다.

인과응보

1943년이 되자 전쟁 흐름이 뒤집혔다. 이번에는 독일 소유의 서적들이 연합군의 보복 공격에 시달리게 됐다. 전쟁 초기 독일 도서관들은 희귀도서를 안전한 곳으로 옮기는 데 아무런 노력도 기울이지 않았다. 1939년에 나온 공식 지침은 오직 필사본,

인쿠나불라, 빼어난 초기 인쇄본 정도만 우선 치우라는 극히 형식적 요구를 했을 뿐이다. 공군 총사령관 헤르만 괴링(Hermann Goering)이 베를린에는 폭탄을 단 한 발도 허용하지 않을 것이라 공언했기에 미리 안전조치를 취했다가는 욕먹기 딱 좋은 형국이었다. 적극적으로 도서관을 관리할 때도 아니었다. 도서관 직원들이 불시에 전선으로 소집되기도 했다. 후방에 남은 직원들은 건강이 좋지 않거나 나이가 많은 사람들이었다. 앞에서 살펴보았듯, 유능한 사서들은 해외 약탈 사업을 지원하는 데 동원됐다. 1941년 9월 카셀(Kassel)이 공습을 당해 그곳 도서관 장서 40만 권 중 87퍼센트가 잿더미가 됐을 때, 독일 정부는 언론 통제를 실시했다. 전직 독일 도서관협회장을 역임했던 게오르크 레이(Georg Leyh)는 "어떤 경우에도 도서관협회보에 도서관이 입은 폭격 피해를 실을 수 없었다"라면서 당시의 험악했던 분위기를 전했다.[44]

1943년에 공습이 점점 심해지자 피해 규모를 숨기는 게 불가능한 순간이 도래했다. 7월 함부르크에 소이탄이 떨어져 대학도서관과 유서 깊은 상공회의소도서관이 불길 속에 삼켜졌다. 뮌헨 도서관들은 장서 80만 권을 잃었다. 출판의 도시 라이프치히에서는 출판사 창고에 있던 책들이 거의 전소됐다. 발등에 불이 떨어진 도서관들은 그제야 책을 안전한 곳으로 보내기 위한 방책을 구했다. 그러나 안전한 곳이 있는지조차 의심스러운 지경이었다. 어떤 책을 보낼 것인가를 둘러싼 결정도 주먹구구식이어서 일관성이 없었다. 가장 방대한 음악 관련 장서를 보관하고 있던 다름슈타트(Darmstadt) 도서관으로 정원 가꾸기,

요리, 패션에 관한 잡지 한 해 분을 보내기도 했다. 반면에 가치를 따지기도 어려운 헨델(Handel), 모차르트(Mozart), 비발디(Vivaldi), 베토벤(Beethoven) 등의 자필서명 원고들은 엉뚱한 곳에 방치됐다. 1944년 9월 11일에 다름슈타트 도서관이 파괴됐고 장서 40만 권이 사라졌다.[45] 이때쯤이면 아무리 나치 신념으로 굳건히 무장한 사람이라도 벽 위의 글씨(writing on the wall: 불길한 징조—옮긴이)를 읽을 수 있었다. 로젠베르크의 프랑크푸르트연구소 도서 100만 권은 북쪽으로 49킬로미터 떨어진 훙엔(Hungen)으로 보냈다. 책은 서른아홉 군데 창고에 분리 보관됐는데, 1945년 독일로 진격한 미군들이 발견했다.

1944년 1월 베를린 시립도서관이 폐관했다. 핵심 직원들만 폐허 속에서 습득한 책을 분류하면서 업무를 계속했다. 크뤼스 도서관장은 지하실에서 지내다가 1945년 4월 27일 소련군이 다가온다는 소식을 접하고는 스스로 목숨을 끊었다. 그 무렵 베를린 도서관 장서들은 서로 다른 스물아홉 군데 장소로 나뉘어 숨겨졌다. 대부분 외진 곳에 있는 성이나 깊은 광산이었다. 미국과 영국 폭격기가 서쪽에서 날아왔기에 책은 주로 동쪽 지역에 숨겨졌다. 하지만 불행하게도 이 결정으로 책의 반환 가능성은 급격히 떨어졌다. 공산주의 동독과 서쪽으로 국경이 조정된 폴란드가 소련 점령지구에 포함되면서 책들은 반환 불가능 지역에 들어갔다. 베를린 국립도서관 책의 은신처 총 29곳 중에서 12곳은 소련, 11곳은 폴란드, 한 곳은 체코슬로바키아 영토에 속해 있었다.[46]

전쟁 중에 독일 때문에 소련이 입은 재산 손실과 약 2500만

명의 인명 손실을 생각하면 어떤 관대함도 기대할 수 없었다. 소련 학자들은 최고 1억 권의 장서가 사라졌다고 추정했다. 그에 대한 보상으로 헤아리기 힘든 양의 책과 문화유산과 산업 장비가 독일 내 소련 점령지역에서 징발돼 소련으로 보내졌다. 라티보르의 지하 은신처에 보관 중이던 200만 권의 책들 역시 발견되자마자 수송됐다.[47] 소련 점령지에서 발견돼 소련으로 옮겨진 베를린 국립도서관의 책은 약 200만 권으로 추정된다. 시립도서관도 많은 도서를 폴란드와 체코슬로바키아에 숨겼는데 돌아온 것은 거의 없었다. 전후에 베를린 도서관은 폐허에서 건진 주인 없는 개인 장서나 나치 행정부에 비치됐던 책을 모아 부족한 대로 장서를 재건했다.

소련의 전리품 전담 부대는 책을 싹쓸이했다. 당장 쓸모 있어 보이지 않은 책까지도 수없이 가져갔다. 물론 그중 많은 책은 이전에 서유럽에서 약탈한 책이었고 소련의 책도, 유럽 전역의 수많은 유대인의 책도 있었다. 소련 해체 후 러시아와 다른 분리 독립국들은 전리품의 옛 주인을 꼼꼼히 확인할 생각이 없었다. 그들은 독일에서 가져온 모든 장서를 불충분하지만 전쟁 때 그들이 당한 손실의 보상이라고 생각했다.[48] 1989년 이후 짧았던 글라스노스트 기간에 우스케(Uzkoye) 교회에서 전후에 실려 왔던 250만 권의 책이 분류도 안 된 채 쌓여 있었다는 충격적인 폭로가 나왔다. 책들은 문자 식별이 안 될 정도로 훼손된 상태였다. 이 짤막했던 개방 시간 이후로 러시아는 전리품으로 얻은 도서 공개 문제에 대해 다시 소극적인 태도로 돌아섰다. 2009년 베를린 국립도서관은 도서관 장서 목록에 처음으로 러시아와 폴란드로 실려 간 책의 목록과 현재 위치를 함께 공개했다. 그러나 동쪽으로 운송됐던 대부분의 책은 오늘날까지도 행방이 묘연하다.[49]

영국이나 미국이 진주했던 지역의 도서관 또는 창고에 있던 책들, 특히 상자 속에 그대로 있는 책들은 신속히 주인을 찾아갔다. 에츠하임 도서관과 로젠탈 도서관의 책은 암스테르담으로 송환됐다. 그리고 범이스라엘연합도서관의 책들도 파리로 돌아갔다. 미국은 오펜바흐(Offenbach)의 창고에서 250만 권 넘는 책을 되돌려주었고, 영국은 탄젠베르크(Tanzenberg)의 창고에서 50만 권을 송환했다.[50] 그러나 소련은 반환에 무관심했다. 빌뉴스의 창고에서 전쟁이 끝날 때까지도 살아남은 30톤에 달하는 중요한 유대인 장서들이 졸지에 제지공장 원료가 됐다. 파리의 투르게네프 도서관에서 온 장서 6만 권은 레그니차(Legnica)에 있던 붉은 군대 장교클럽으로 보내졌다. 1950년대 중반, 그 책을 모두 태우라는 명령이 모스크바로부터 하달됐다.[51]

어떤 측면에서는 책 송환 문제는 도서관과 관련해서 주둔군이 처리해야 하는 최우선 문제가 아니었다. 그에 못지않게 중요했던 것은 남은 도서관에서 다시 책을 없애야 하는 문제였다. 나치 이데올로기에 관한 책이 그 대상이었다. 어떻게 이 과제를 수행할지를 놓고 많은 논의가 있었다. 특히 미국은 책 파괴자로 보이기를 원하지 않았다. 그렇다고 나치 서적을 제거하는 것과 같은 예민한 문제를 전적으로 독일 사서에게 맡길 수는 없었다.[52] 제거 도서 목록을 제시하자는 타협안이 나왔다. 그러나 실제로 많은 사서는 이미 나치 도서들을 이미 처리했고, 그보다 더 많은 책을 제거한 상태였다. 명령이 하달되자 독일의 공공도서관 사서들은 전체 장서 규모의 절반에 달하는 400만 권을 없애 버렸다. 나치 선전물이 약간 포함된 책 100만 권은 워싱턴의 미국 의회도서관으로 보내졌다. 1945년 무렵 도서관은 국가 안보 확립에 중요한 기관으로 널리 인식됐다. 미래를 위해 책을 모으는 것은 신중히 결정해야 할 문제가 됐다.[53]

장서 6000만과 완전히 이전과 달라진 도서관

1000년의 문화유산에 너무나 많은 손상이, 게다가 그 손상이 고의로 가해졌다는 사실 탓에 유럽인들은 문명의 지속가능성에 대해 근본적 회의에 빠졌다. 산산이 부서진 건물, 사라졌거나 잿더미가 되어 연기를 피워 올리는 장서, 그리고 책보다 훨씬 더 긴급한 과제인 뿔뿔이 헤어진 가족과 굶주린 사람들을 보면서 많은 이들은 책이라는 문화유산이 애초에 구축할 가치가 있는지 의심했다. 파괴도 파괴지만 수많은 책이 원래 있던 곳을 떠나 정처 없이 먼 곳으로 실려 다녔다. 어떤 책은 주인과 함께 사라졌고, 어떤 책은 약탈당했으며, 어떤 책은 안전한 곳으로 치워졌고, 다른 많은 책은 새로운 주인의 손에 있었다. 책 송환의 어려움과 누가 진짜 주인인지를 다투는 분쟁은 두 차례 세계 대전 후 새로운 상처와 원한을 낳았다. 심지어 2013년에도 문화유산 반환 논쟁으로 러시아와 독일 간의 정상회담이 거의 좌초될 뻔했다.

어떤 문제는 너무나 처리가 난감해 중재자가 개입할 때만 간신히 풀리기도 했다. 이것이 유네스코의 역할이었다. 쑥대밭이 된 독일 도서관을 재건하는 데 유네스코의 중재는 철저하고 사려 깊었다. 승전국들은 당연히 보상을 일축했다. 유네스코 도서관 국장 에드워드 J. 카터(Edward J. Carter)는 말했다. "전시의 도서관 손실을 보상받기 위해 영국과 프랑스가 독일과 이탈리아에서 강압적으로 실시한 반환 조치는 처참한 부작용을 낳았습니다."[54]

유네스코는 단순히 책을 이전 장소로 반환하는 것이 최우선이어서는 안 된다는 사실을 명토 박았다. "도서관이 단지 손실을 보았다는 이유로 자동으로 국제적 반환 권리를 획득하는 것은 아니다. 현재와 미래의 도서관 체계에서 그 도서관의 위상도 고려해야 한다." 유네스코는 점령국의 즉각적 이해타산과 거리를 유지했다. 예를 들면 분열된 유럽이라는 새로운 지정학적 변화가 초래할 위험까지 고려하면서 장기적 안목으로 일을 처리하려 했다.

제2차세계대전 동안 헝가리에서 벌어진 장서 손실보다 …… 민주주의 국가에서 책과 서평으로 표현된 문명 생활의 산물들이 이 나라에 거의 전해지지 못했다는 사실이 더 심각한 문제다. 영국과 미국을 비롯한 외국 서적들을 보급하는 일이 더 필요하다.[55]

맞는 말이었다. 그러나 영어라는 언어에만 치우치는 것은 비록 영어 인기가 높더라도 새로운 제국주의가 등장하는 것은 아닐까 하는 두려움을 불렀다. 또 임자 없는 유대인 문고는 어디로 보내야 하는가 하는 난제도 있었다. 100만 권 넘는 유대인 장서가 미국과 영국 점령군의 처분 아래 있었다. 가족 전부가 희생돼 책 주인을 특정할 수 없는 경우가 많았다. 그런 경우 가족이 살던 나라로 되돌려주는 것이 기본 원칙이었다. 그러나 소유주가 유대인이고 주거지가 독일이라면 정치적, 도덕적으로 용납될 수 없었다.

이런 딜레마를 해결하기 위해 임자를 찾지 못한 책만 모아 따로 범유대인도서관을 세우자는 제안이 나왔다. 암스테르담과 (더 집요하기로는) 코펜하겐이 도서관의 잠정적 입지로 적절하다고 자처하고 나섰다. 이 계획을 지지했던 유네스코는 별로 예상치 못한 강한 반발에 놀랐다. 반대자들은 덴마크와 유네스코가 한통속이 되어 유대인 서적의 통제권을 유대인에게서 빼앗으려고 한다고 생각했다. 체코공화국은 책을 유대 땅이 아닌 다른 곳으로 보낼 생각이 없음을 명확히 밝혔고, 실제로 중부와 동부 유럽에서 거둬들인 책 10만 권을 이스라엘로 보냈다. 결국 범유대인도서관 계획은 물거품이 됐다. 주인을 찾지 못했던 책들은 대부분 이스라엘이나 미국 차지가 됐다.

뜻은 좋았으나 취지에 대한 오해 탓에 결국 실패로 끝난 이 경험은 10년간 혼란을 겪은 후에도 유럽 각국이 이해 차이로 인해 책 처리를 둘러싸고 지속적 어려움에 직면하게 될 것을 암시했다. 러시아는 소장 장서 1억 권을, 프랑스는 2000만 권을, 폴란드는 전체 장서의 3분의 2를 상실했다. 영국의 경우에는 1943년 한 해에만 장서 6000만 권을 잃었다고 평가됐다. 이 수치가 전쟁 초기의 런던 대공습과 막바지의 V1과 V2 로켓 공격 시기 사이에 놓여 있음을 고려하면 더욱 놀랍다. 1943년 영국에는 폭격이라고 할 만한 것도 없었다. 그렇다면 어떻게 6000만 권이라는 계산이 나왔을까?

손실은 거의 모든 책이 재활용을 위해 수거되면서 일어났다. 승전을 위한 노력의 하나로 사람들이 자발적으로 내놓은 책이었다.[56] 재활용 수거 트럭이 책을 대형 천막이나 공회당 안에 쏟아 놓으면 자원봉사자들이 재빨리 폭격당한 도서관으로 보내야 하는 책과 해외 전선으로 보낼 책을 구분했다. 1942년에 국왕 조지 6세가 "왕립도서관의 오래된 책과 필사본"을 포함한 엄청난 양의 책을 내놓아서 애국적 희생의 모범을 보였다.[57] 이 모든 사실은 유럽에서 돌아다니는 책과 잡지와 신문의 양이 어마어마했음을 보여 준다. 16~17세기의 대체 불가능한 희귀서적의 손실은 도서관과 학자에겐 큰 손실이었지만, 독서 대중들이 읽고자 하는 책들은 대부분 쉽게 복구될 수 있었다. 종이 공급이 정상화되고, 건물이 수리되고, 삶이 정상으로 돌아오면서 도서관도 (다음 장에서 살펴보겠지만 전쟁 덕분에 열렬한 독서 대중 숫자가 훨씬 더 많아졌다는 사실을 확신하고서) 전쟁 이전의 역할로 되돌아갈 수 있었다.

17장
현대성과 씨름하기

기계화된 전쟁이 유럽의 도서관에 끼쳤던 막대한 피해를 고려하면, 1880년에서부터 1960년 사이의 기간이 공공도서관 역사에서 가장 위대한 시대였다고 말하는 것은 다소 역설적이다. 제2차세계대전 때보다 책이 더 귀한 대접을 받았던 시기는 이전에도, 이후에도 없었다. 집을 떠나서 전선에 배치된 병사들은 자주 책에 빠져들었고 각국 정부는 그들에게 읽을거리가 떨어지지 않도록 원활한 책 수송을 위해 엄청난 노력을 기울였다. 후방에서도 등화관제 때 집에서 보내는 긴 시간 동안 또는 전쟁 지원 업무로 보내는 시간 동안 책은 일상의 공포로 짓눌린 삶을 위로했고 기분 전환 도구가 됐다. 이 시기를 거치면서 도서관은 비로소 유럽과 아메리카 일부 지역을 넘어 진정으로 전 세계 사람들과 만나는 연결망을 형성했다.

전쟁이 끝나자 평화가 돌려준 기쁨과 풍족함이 책의 인기에 도전하기 시작했다. 1960년대와 1970년대 내내 전후의 급속한 산업 성장이 침체기를 맞으면서 정부와 선출직 공무원들은 읽을거리에 과도한 공적자금을 투입하는 일을 계속해야 하는지 또는 그 일이 긴급한 사회 현안인지 진지한 의문을 던졌다. 도서관의 정체성 위기는 디지털기기의 도전이 오기 훨씬 전에 이미 도래해 있었다. 보편적 문해력을 달성한 시대에 오히려 독서의 위기를 초래한 주범으로 사람들은 늘 텔레비전을 첫째로 꼽았다. 그러나 몰락의 씨앗은 그보다 훨씬 오래전에 이미 싹 텄다. 심지어 공공도서관이 20세기 초 도서관 망을 확충하면서 그전까지 도서관에서 소외됐던 여성과 어린이와 시골 독자에게 다가갈 때부터 시작됐다. 몰락은 새로운 기술과 불편한 조우에서 시작됐다.

19세기 내내 그리고 20세기가 한창일 때 책과 잡지와 신문은 현대성과 그 기록자들에게 중요 도구였다. 19세기에 발명된 혁신적 소통 수단인 전신과 전화는 문자의 위대함을 더 증강해 줄 것으로 보였고 실제 그 역할을 했다. 생산과 유통의 혁신인 증기 인쇄기와 철도는 단시간에 수많은 책을 찍어 내서 새로운 소비자에게 배송했다. 전신과 전화 덕분에 역사상 처음으로 뉴스가 즉시 전달되기 시작했고, 경쟁사들의 특종, 호외, 긴급뉴스를 둘러싼 아슬아슬한 경쟁이 독자들에게 흥미진진한 경험을 선사했다. 철도는 열차로 출퇴근하는 이들에게 새로운 독서 시간을 제공했고, 특히 온 누리로 뻗은 철도 가판대를 통해 대도시 밖의 독자들에게도 책을 전했다.

그 선정성이나 상업성에 관련된 숱한 비판에도 인쇄물은 인간에게 정보와 오락을 제공하고, 사람들의 소통 거리를 줄이는 데 앞으로도 계속 중요한 역할을 할 것으로 보였다. 1919년 역사상 가장 파괴적인 전쟁을 목격한 후에도 셔우드 앤더슨

(Sherwood Anderson)은 책에 대해 다음과 같은 열정적 소감을 남겼다.

> 이 급하기 짝이 없게 돌아가는 세상에서 글은 형편없는 상상력으로 쓰이고 있지만 집마다 책이 있고, 잡지 수백만 부가 돌아다니며, 신문 없는 곳도 없다. 우리 시대의 농부는 마을 앞 가게의 난로 옆에 서서 다른 사람이 써 놓은 글로 마음을 가득 채우는 중이다. 잡지와 신문이 주는 온갖 정보로 배를 가득 채운 것이다. 그리하여 난로 옆에 선 농부는 도시의 신문 가판대 옆에 선 신사와 어느새 친근한 사이가 됐다. 만약 우리가 그 농부의 말을 듣는다면 그가 우리 도시인 대부분처럼 헛소리를 유창하게 늘어놓고 있음을 알 것이다.[1]

셔우드는 지금껏 겪어 본 적 없는 새로운 세상을 산뜻하게 포착했지만 문화적 엘리트로서 이 새로운 독자들을 얕보는 듯한 태도를 보였다. 하지만 상황은 계속 변하는 중이었다. 그 뒤 50년 동안 인쇄술 발명 이후 처음으로 비평가들은 책이 기존의 굳건한 지위를 지킬 수 있을지 줄곧 의심했다.

　20세기는 이전 시대와 다르다는 게 곧 명백해졌다. 라디오의 등장과 영화의 출현은 책의 지위를 흔들었다. 단지 귀한 여가만을 놓고 경쟁한 게 아니라 이전에는 문자만으로 표현됐던 상상 세계의 점유권을 놓고 다투었다. 20세기 내내 유럽과 북미가 주도했던 새로운 기술에 대한 호기심은 여가를 차지하려는 다툼이 책의 지위에 대한 가장 강력한 도전이자 도서관의 장기적 생존에 대한 도전임을 보여 주었다.

책은 마음속으로 가 보지 못한 세상과 겪어 보지 못한 모험을 상상하게 했다. 그러나 라디오는 목소리를 직접 들려 주었고 더욱이 영화에서는 킹콩의 거대한 몸을 보여 주었다. 이는 다매체적 경험이었다. 교묘한 배경음까지 추가되면서 라디오 청자와 영화 관객은 다채로운 감정적 반응을 경험할 수 있었다. 그런 음향효과들은 한가한 저녁시간 기분 좋게 웅크리고 앉아 소설의 주인공에게 푹 빠져 있을 때 깜짝 놀라 소설을 덮어 버리게 하는 식구들의 말다툼 소리보다 훨씬 더 매력적이었다.

빛과 카메라와 혼돈

초기 라디오와 영화는 흥미롭고 실험적이었으나 때때로 혼란스러웠다. 특히 누가 이 매체를 소유할 것인지, 품질과 결과물에 대해 통제권을 가질 것인지를 놓고 중요한 결정을 내릴 필요가 있었다. 라디오는 인간이 가 보지 못한 길을 얼핏 보여 주었기에 사람들은 그 전모를 알려고 애썼다. 초기 전문가 대다수는 라디오를 개인 대 개인의 사적 소통 도구인 전화기보다 약간 더 유용한 대체물 정도로 보았다. 라디오 사용을 개인, 즉 아마추어 무선사에게 넘길지, 아니면 공공을 대신해 기업에 넘길지를 정하는 일은 정부 몫이 됐다. 라디오로부터 거대 시장이 열리리라고 예상한 라디오 제조업체가 가장 적극적으로 움직였다. 그들의 로비로 미국 상무장관 허버트 후버는 아마추어 무선사들의 숙원을 저버렸다. 무선사들은 울분을 삼키며 자신들 통신장비를 차고로 치웠고 가정용 라디오는 우아한 나무 캐비닛으로 치장한 채 거실 중앙을 차지했다. 가족들은 한때 부엌 식탁에 둘러앉아 책을 읽거나 이야기를 나누었지만 이제는 거실의 라디오 주변으로 모여들었다.

모든 기술 혁신 중 라디오는 가장 빠르게 발전했다. 1921년 미국에서 최초로 상업 라디오 방송국이 개국했다. 2년 뒤 방송국은 556곳으로 늘어났다. 다양한 전자제품 제조업체, 기업, 교회, 학교, 백화점이 방송국을 운영했다. 1920년대 후반, 방송국 난립이 만든 소음은 1927년 라디오 법의 제정으로 어느 정도 진정됐다. 그때쯤 미국 가정 55퍼센트에 라디오가 보급됐다. 1939년엔 그 비율이 81.5퍼센트로 늘어났다. 1924년 미국인의 총가구비 지출에서 라디오가 3분의 1을 차지했고, 1934년 미국은 전 세계 라디오의 42퍼센트를 소유했다.

그런 경이로운 성장은 어디에서도 볼 수 없었다. 유럽에서는 영국 국영방송국(British Broadcasting Corporation, BBC)이라는 국영기업이 전파에 대한 사실상의 독점권을 행사했다. 미국은 이 강력한 대안을 눈여겨봤지만, 정부가 규제하는 독점 방송은 정부와 너무 가까워진다는 이유로 거부됐다. 이런 우려에는 얼마간 진실이 있었다. 특히 초대 사장이었던 존 리스(John Reith) 경이 독단적으로 운영하던 시절의 BBC가 그러했다. 엄격한 스코틀랜드 장로교회 신도였던 그는 쾌락은 절제해야 하는 것이라고 믿었다.[2]

방송의 임무를 '정보와 교육과 오락'을 제공하는 것으로 규정했지만, 많은 시청자는 BBC가 셋 중에 마지막 임무를 너무 가벼이 본다고 생각했다. 시끌벅적한 미국 방송사들은 정반대였다. 그들은 음악과 쇼와 광고와 같은 자유분방한 콘텐츠로 시청자들을 전방위적으로 공략했다. 영국은 라디오 소유자에게 1년 치 수신료 10실링을 의무적으로 부과했다. 반면에 자체로 수입을 창출해야 했던 미국의 라디오 방송국은 팔기 좋은 상품을 만드는 쪽에 주력했다. 1938년이 되자 방송 시간 3분의 1이 광고로 채워졌고 이는 신문의 광고 수입을 심각할 정도로 갉아먹었다. 안정적 수익을 확보한 BBC는 아예 광고를 없앴다.

BBC는 프로그램 제작에 지출할 여력도 있어서 많은 돈을 들여 오케스트라와 밴드 공연을 주최했고 라디오 극도 제작했다. 1922년 처음 라디오 극을 내보낸 후 라디오 극은 BBC의 중요한 프로그램으로 자리 잡았다. 독서에 대한 더 많은 관심을 끌어내기 위해 주간 출판물《라디오타임스(Radio Times)》(1923)와《리스너(Listener)》(1929) 두 종도 오랜 기간 발행했다.

미국은 감상적이고 통속적인 연속극을 내세웠다. 낮에 집에 있는 가정주부들을 라디오 앞에 붙들어 두려는 수작이었다. 미국이든 영국이든, 비록 서로 다른 이유이긴 했으나 뉴스나 시의성 있는 사건에 시간을 배정할 여유는 없었다. 미국은 뉴스가 다른 프로그램에 비해 인기 없다는 이유로, 영국은 신문사들이 BBC에 정기 뉴스 보도를 하지 말 것을 요청했기 때문이었다. 1926년 총파업 시기에 뉴스 보도 기피 정책은 어느 정도 깨졌지만, 1939년 제2차세계대전이 발발한 후에야 라디오는 비로소 뉴스 제공에 중요한 역할을 맡게 됐다. 미국에서는 일군의 복음

전도사들이 라디오로 진출했다. 신앙이 분파에 분파를 거듭하면서 생긴 지극히 미국적인 현상이었다.

　모든 다른 혁신적 미디어가 등장할 때처럼 라디오 역시 비판하며 저주를 퍼붓는 이들이 나타났다. 책이 여가를 위한 중요한 즐길 거리였던 이들에게 정해진 시간에 맞춰서 여흥을 제공하는 라디오는 정신 사납고 어리둥절한 것이었다. 책은 아무 시간에나 펼칠 수 있지만 라디오는 정해진 시간을 놓치면 끝장이었다. 시간을 맞췄다 하더라도 정신을 팔다 놓치기라도 하면 책처럼 잠깐 앞으로 돌아가서 이야기를 재생할 방법이 없었다.

　1926년 미국을 방문 중이었던 네덜란드 역사학자 요한 하위징아(Johan Huizinga)는 라디오를 비판했다. 그의 생각에 라디오는 강력하면서도 피상적인 집중만을 요구할 뿐이어서 "숙고할 여유, 사색적 공감의 여지를 완전히 배제하는" 것처럼 여겨졌다.[3] 라디오는 만화경처럼 빨리 변하는 이야기를 제공하면서 수많은 광고까지 끼워 넣어 온 나라 사람들 집중력을 무너뜨린다고 맹비난을 당했다(80년 후에는 아이폰이 이 비난을 받았다). 비난 대열에 여러 지식인이 합류했고 신문기자들도 함께 공동전선을 폈다. 대중에게 미치는 자신들 영향력을 라디오 따위에 빼앗긴 것이 분했고 광고 수입 감소도 원통했기 때문이다.

　그러나 라디오가 선천적으로 책을 좋아하는 이들을 불편하게 했더라도 애서가들은 곧 이 새로운 매체를 길들여 독서와 듣기가 편안하게 공존하는 여가 생활을 창출했다. 하지만 영화의 경우에는 그러지 못했다. 영화의 세계는 감각에 대한 공세가 라디오와 비교할 수 없을 정도로 컸기 때문이다. 1927년 최초의

유성영화 〈재즈 싱어(The Jazz Singer)〉에서 알 졸슨(Al Jolson)
이 관객들을 매료했던 것보다 훨씬 오래전부터 미국인들은 영
화에 빠져 있었다. 작은 구멍을 통해 원시적 활동사진을 보여
주거나 벽에다 화면을 영사했던 니켈로디언[Nickelodeon: 20세
기 초 미국 최초의 소형 영화관으로 입장료가 1니켈(nickel: 5센
트 동전)이었다—옮긴이]이 대성공을 거두면서 영화의 가능성
을 점치게 했다.

1912년 첫 번째 영화사가 할리우드에 설립됐을 때, 미국인
약 1000~2000만 명이 영화를 정기 관람했다. 1919년 오하이오
주 톨레도(Toledo)의 엔터테인먼트 문화에 관한 한 연구는 평균
관객 약 4만 5000명이 매주 톨레도 지역의 극장 49곳을 찾는다
고 밝혔다. 1924년 인구 약 2만 6000명의 인디애나(Indiana)주
먼시(Muncie)에는 극장이 아홉 군데 있었는데 오후 1시부터 밤
11시까지 연속으로 영화를 상영했다. 무성영화 시절에도 영화
는 젊은 나라 미국이 좋아하는 오락이었다.[4] 주요 영화사가 들
어서고, 할리우드의 시대가 본격적으로 열리면서 찰리 채플린
(Charlie Chaplin), 메리 픽퍼드(Mary Pickford), 루돌프 발렌티
노(Rudolph Valentino) 같은 최초의 슈퍼스타들이 탄생했다. 영
화산업은 그 부산물로 영화 잡지를 낳았고, 신문을 위한 기삿거
리를 끝없이 제공했다.

소리의 도입은 기술적으로 까다로웠고 파산을 걱정할 정도
로 비쌌지만, 관객들은 열렬히 환호했다. 순수 예술주의자들은
탄식했다. "예술이 그 능력의 절정에서 버림받았다"라면서 한
비평가는 애통해했다. 그러나 입장료를 내는 관객들은 눈 하나

깜짝하지 않았다.[5] 영화는 관객에게 대공황의 고통을 위로했다. 1938년에는 일주일 관객 수가 8500만 명에 이르렀다. 1940년 미국 참전 직전 마지막 한 해 동안 할리우드는 장편영화 450편을 제작했다.

엄청난 인기는 시나리오 작가라는 새로운 직업을 창출했다. 대공황기에 할리우드는 이 새로운 직종을 갈망하는 작가들을 빨아들이는 블랙홀이었다. 끊임없이 새로운 이야기를 요구하는 할리우드 시나리오 공장은 F. 스콧 피츠제럴드(F. Scott Fitzgerald), 윌리엄 포크너(William Faulkner), 릴리언 헬먼(Lillian Hellman), 도로시 파커(Dorothy Parker) 등 당대 최고 문인들 대부분을 끌어들였다. 포크너는 고기잡이배에서 일하면서 『음향과 분노(The Sound and the Fury)』를 썼지만 할리우드에서 6개월짜리 계약서를 쓰고 "내가 평생 번 돈보다 더 많은 돈"을 통장에 찍어 넣었다고 말했다. 1931년 할리우드를 방문했던 영국 유머 작가 P. G. 우드하우스(P. G. Wodehouse)는 "얼떨떨했다"라고 이야기했다. "그들이 나에게 도대체 뭘 원하는 건지 모르겠더군요. 극진한 대우를 하고 어떤 요구 사항도 제시하지 않은 채, 10만 4000달러를 주더군요."[6] 이런 대접이 더 놀라운 것은 본질적으로 협업인 시나리오 작업에는 작가들이 큰 도움이 되지 않았기 때문이다. 어떤 작가도 최종 시나리오에 대해 자신이 들인 노고를 자랑하지 않았고 공로를 다투려 들지도 않았다.

마지막 순간 부족한 부분을 메워 시나리오를 완성하는 작업은 덜 까다롭고 더 능수능란한 저널리스트에게 돌아갔다. 19세기에 싸구려 소설을 써 댔던 것과 같은 방식으로 저널리스트들은 말에 대한 재능(과 협업적 글쓰기 경험)을 손쉽게 시나리오 작업에 적용했다.[7] 허먼 맨키위츠(Herman Mankiewicz), 벤 헥트(Ben Hecht), 빌리 와일더(Billy Wilder)는 할리우드에서 전성기를 누린 전직 저널리스트이다. 헥트는 갱 영화를 창안했다는 평가를 받았는데, 장뤼크 고다르(Jean-Luc Godard)는 나중에 그를 "할리우드에서 사용되는 아이디어의 80퍼센트를 짜낸" 천재라고 경의를 표했다.[8] 맨키위츠는 〈시민 케인(Citizen Kane)〉의 시나리오를 오손 웰즈(Orson Welles)와 함께 작업하고도 공을 뺏기지 않았고, 용케 스크린 크레디트에 자기 이름을 올리고도 무탈했다. 본명이 슈뮤얼 빌더(Shmuel Vildr)인 빌리 와일더는 1933년 히틀러가 집권하자마자 독일을 탈출했다. 영어는 그의 네 번째 언어였지만, 그는 〈선셋대로(Sunset Boulevard)〉〈뜨거운 것이 좋아(Some Like It Hot)〉 등 할리우드 클래식의 시나리오를 완성했다.

세대와 계급을 불문한 보편적인 매체로서 영화가 거둔 성공은 현대 여가 문화에 가장 극적인 변화를 가져왔다. 영화가 불러온 연쇄 효과는 가혹했다. 앞에서 살펴봤듯 신문 산업은 라디오의 매력에 공포를 느꼈고 실제로 광고 수익 감소로 몇몇 신문사는 파산했다. 영화의 인기가 열기를 더하면서 연극은 더 처참한 상황에 처했다. 브로드웨이 무대가 그나마 살아남은 것은 영화화할 수 있는 새로운 아이디어를 찾던 할리우드 큰손들이 새로운 연극에 후원한 덕분이라고 할 정도였다. 이런 상황과 시나리오에 쏟아진 돈벼락을 결부해 생각하면 문학에 진짜 위협을 가한 것은 할리우드라기보다 거대 자본의 유입이었다.[9]

도서관도 영화로부터 이득을 얻었다. 영화화된 책에 대한 수요가 기하급수적으로 치솟았고, 유명 영화배우의 전기를 읽으려고 더 많은 독자가 도서관을 드나들었다. 또한 도서관은 포크너 같은 작가들에게 전업 작가가 될 자유를 주었던, 풍족한 수입으로부터 간접적 수혜를 받았다. 그러나 20세기 문화에 새로운 거물로 등장한 영화에 비하면 도서관이 너무 엄숙하고 보수적으로 보이는 것은 사실이었다. 물론 그것이 도서관에 꼭 불리하게 작용한 것은 아니다. 다만 자기 세계에 갇힌 지식인들뿐 아니라 너무 많은 이에게 이 정도 규모와 속도로 진행되는 변화는 견디기 힘든 혼란을 가져왔다. 유력한 미디어 비평가 월터 리프먼(Walter Lippmann)은 말했다.

> 새로운 것들이 현대인의 의식 속에서 북적대며 소란을 떨고 있다. 신문과 라디오와 영화로 인해 이전에는 볼 수 없었지만 이제 알게 된 새로운 사건과 이상한 이들의 숫자가 급증했다. …… 모든 것을 간접경험해야 하는 인간은 이제 이 모든 변화 속에도 변하지 않는 진리와 보편적 원칙이 세상에 있는지 점점 믿기 힘든 지경에 처했다.[10]

유럽과 북미에 사는 이들은 삶의 모든 영역에서 혁신을 맞았다. 특히 철도를 전기동력화하면서 노동시간과 여가에 미친 영향이 컸다. 도시 거주자에게 지하와 지상으로 (이따금 상공으로) 달리는 열차는 현대적 삶의 끝없는 속도를 극적으로 보여주었다. 기술은 능력을 부여하는 것이지만 냉장고나 승용차를 살 형편이 못 되는 사람에게는 열등감을 주었다. 자기 계발에 골몰하는 이들을 위해 도서관은 비결을 담은 책을 준비하고 기다렸다. 출세 방법을 요약해서 엄청난 성공을 거둔 데일 카네기(Dale Carnegie)의 『인간 관계론(How to Win Friends and Influence People)』(1936)이 대표적이다. 그렇지 않은 사람들에게 도서관은 점점 성과만을 요구하는 사회로부터 평화로운 피난처, 친근하면서도 든든한 응원자가 됐다.

전반적 생활 수준 향상으로 소비자들이 경제 수준에 따라 오락 종류를 고를 필요가 없어지면서 도서관은 번창했고, 풍요의 세계에 또 하나의 여유로운 문화시설로 자리매김했다. 나날이 새로운 것이 생겨나는 어지러운 세상에서 도서관은 편안하고 친숙한 공간을 제공했다.[11] 그러나 책 산업은 탐욕스럽고 성공을 욕망하는 이 시대에 발맞추어 변모를 거듭했다. 아이러니하게도 새로운 매체에 대한 모든 두려움에도 도서관에 대한 최대 도전은 출판산업 내부로부터 왔다. 잡지와 북클럽과 점점 간편해지는 책 구매의 편리함이 그 적이었다.

소비 시대의 독서

정기간행물은 오랫동안 도서관에서 인기를 독차지했다. 19세기 회원제 도서관과 신사 클럽(18~19세기 영국 남성 상류계층의 사교 클럽—옮긴이)으로부터 공공도서관으로 전해진 전통이었다. 계몽운동 시대에 정기적으로 사들인 잡지로는 《블랙우즈(Blackwood's)》와 《에든버러리뷰(Edinburgh Review)》 같은 고상한 문학 비평이 있었다. 나중에 주간 풍자 만화잡지《펀치(Punch)》같은 것이 가세하면서 심각한 분위기를 누그러뜨려 주었다.[12]

모든 수준의 독서층을 공략하는 너무 많은 잡지가 번성했고, 신문과 정기간행물 열람실을 잘 갖춰 달라는 이용자들의 요구 때문에 도서관은 고심에 빠졌다. 몇몇 도서관은 이 요구를 극단적으로 수용했다. 1897년 런던 도심부의 화이트채플(Whitechapel) 공공도서관은 일간지 27종, 주간지 77종, 월간지 29종을 갖추었다.[13] 많은 열람자에게 신문과 정기간행물은 책만큼이나 도서관으로 발길을 이끄는 요인이었다.

도서관은 이용자들 스스로 쉽게 구하지 못하는 읽을거리를 제공할 때 가장 유익한 역할을 한다. 그러나 20세기 초의 소비자 혁명으로 독자들은 더 풍요로워졌고 학력 수준도 높아져 자기가 읽을 것은 자기가 알아서 구하는 시대가 열렸다. 출판산업은 이 새로운 시장의 잠재력을 좇아서 혁신했고 새로운 독서와 구매 취향 형성을 이끌었다. 수십만 부가 팔리는 베스트셀러의 득세와 함께 눈이 높아진 독자는 다양한 취향을 저격하는 정기간행물을 즐겼고, 케케묵은 비평지들은 밀쳐 버렸다. 그런 추세의 선봉에 밝고 긍정적 내용을 중심으로 다양한 주제의 읽을거리를 잘 간추려 놓은《리더스다이제스트(Reader's Digest)》(1922)가 있었다. 1923년엔 헨리 루스(Henry Luce)가 적절한 삽화와 간결하고 정곡을 찌르는 기사로 정치 뉴스를 전하는 주간지《타임(Time)》을 발행했다. 이런 1차 잡지 대유행의 대미를 장식한 것은《뉴요커(New Yorker)》(1925)였다.《뉴요커》는 세련된 다양성, 상쾌한 유머, 쌀쌀맞으면서도 아이러니 넘치는 카툰으로 인기를 얻었다. 이들은 모두 값싸고 재미있어 부담 없이 정기구독자를 끌어들였고 그런 인기를 탐내는 많은 다른 간행물을 낳았다.

전통적으로 잡지 시장은 낙관적 전망으로 새로운 잡지가 쏟아져 나오지만 수명은 오래가지 못하는 구조였다. 그러나 이 잡지들은 오래 견뎠다. 《타임》은 1934년에 50만 부를 찍었고, 구독자들 대부분은 한 페이지도 빼놓지 않고 읽었다. 고소득층 남성 패션지 《에스콰이어(Esquire)》(1933)는 창간 4년 만에 발행부수 70만 부를 기록했다.[14] 그러나 어떤 것도 1936년 시대적 요청을 예견하고 창간한 사진 잡지 《라이프(Life)》의 막대한 부수를 넘보지는 못했다. 미국인의 삶과 서서히 달아오르는 유럽의 위기를 함께 다루면서 탁월하게 배치한 사진들 덕분에 《라이프》는 1938년에 300만 부가 팔려 나갔고, 실제로 잡지를 읽는 사람은 2000만 명 정도로 추정됐다. 10세 이상 미국인 다섯 명중 한 명이 본다는 말이었다. 1938년에 《라이프》의 뒤를 따라 창간된 영국 주간지 《픽처포스트(Picture Post)》는 전쟁 기간에 영국의 자아상에까지 영향을 미치면서 큰 영향력을 발휘했다.

《리더스다이제스트》 같은 부분적 예외를 제외하고, 모든 잡지는 점점 증가하는 세련된 도시인들, 사회적 지위 향상으로 새로운 계층을 형성한 대졸 학력의 가구주를 구독자로 삼고 싶어 했다. 이들은 광고주가 가장 눈독 들이는 대상이었고, 주머니 역시 두둑했다. 그러나 도서관 열람실에서 확고한 팬을 확보했던 《리터러리다이제스트(Literary Digest)》나 《스크라이브

너스(Scribner's)》는 시들거리다 폐간됐다. 《리터러리다이제스트》는 폐간 때 구독자가 25만 명이었으나, 유료 광고가 없었다. 1940년 《우먼스월드(Women's World)》가 폐간됐을 때, 여전히 구독자 150만 명이 있었지만, 이 잡지가 대도시 밖의 여성들에게 제공했던 '가정과 교회와 애국심'이라는 건전한 가치에 광고주들은 관심을 보이지 않았다.

고소득층 구독자를 겨냥한 잡지의 독자들은 대체로 책도 읽고 잡지도 사들였다. 그들은 베스트셀러도 읽고 《타임》도 구독했지만, 문학적 취향에 대한 대단한 자부심은 없었다. 미국의 작은 마을에서 도시로 이주한 첫 세대로서 그들은 싱클레어 루이스(Sinclair Lewis)가 『메인 스트리트(Main Street)』를 통해 미국 중서부 사람들의 완고함을 교묘히 조롱하는 것을 즐겼다. 하지만 곧 그들은 아내와 함께 제임스 힐턴(James Hilton)의 기이한 로맨스를 담은 『잃어버린 지평선(Lost Horizon)』, 나폴레옹 1세 시대를 배경으로 한 유쾌한 소설 『앤서니 애드버스(Anthony Adverse)』(1933)를 즐겼다.[15]

100만 부 넘게 팔린 베스트셀러들의 공통된 특징은 대체로 매체를 넘나드는 홍보 효과의 덕을 톡톡히 봤다는 것이다. 『잃어버린 지평선』은 유명한 라디오 프로그램에서 칭찬하기 전까지는 판매가 순조롭지 않았다. 『인간관계론』의 판매도 《리더스다이제스트》에 호의적 비평이 실린 후에야 치솟았다. 영화화된 『앤서니 애드버스』는 1936년 4개 부문에서 오스카상을 획득했고, 같은 해에 『바람과 함께 사라지다(Gone with the Wind)』는 150만 부나 판매됐다. 이 소설들은 정말 오래 팔렸다. 심지어 판에 박힌 소설을 공장에서 찍어 내듯 써 내려간 제인 그레이(Zane Grey)와 같은 작가도 평생 1900만 부를 팔아 치웠다.[16]

1933년 총 1억 1000만 부의 책이 미국에서 출판됐다. 1943년엔 그 수치가 두 배로 뛰었다. 새 독자들은 쭉정이 책과 알맹이 책을 구별하기 위해, 아니면 적어도 눈길을 끌지 못하는 책과 인기몰이하는 책을 가려내기 위한 도움이 필요했다.[17] 이런 역할을 떠맡겠다고 나선 것이 이달의 북클럽(Book of the Month Club, BOTM: 1926년 창립된 미국의 최대 회원제 도서 통신판매 회사—옮긴이)과 리터러리 길드(Literary Guild: BOTM과 같은 방식으로 운영했지만 자기 계발에 힘쓰는 고객을 목표로 삼았다—옮긴이)였다. 두 회사와 더 특정 고객을 목표로 삼은 다른 많은 후발업체까지 포함하면 1946년 이들이 확보한 회원은 300만에 이르렀고, BOTM은 그 해 1150만 부의 책을 배포했다. BOTM에서 주요 도서로 추천하는 책은 자동으로 베스트셀러에 올랐다. 전성기 시절 BOTM은 20세기 말에 오프라 북클럽(Oprah's Book Club)과 비교될 수 있을 정도로 도서 시장에서 엄청난 영향력을 행사했다.[18]

북클럽이 새로운 수집가의 필요를 충족하는 동안 수십만 부를 팔아 치우기를 욕망하면서 수없이 쏟아지는 책과 베스트셀러 목록은 도서 시장을 바꾸었다. 공공도서관은 그런 엄청난 변화에 휩쓸려 갈피를 잡지 못했다. 대중 취향을 좇아야 할지 아니면 양서를 제공해서 대중을 계도하는 역할을 지키려다 베스트셀러를 내놓으라고 고함 지르는 시민들 요구에 도서관 직원들이 쩔쩔매는 꼴을 못 본 체하고만 있어야 하는지 갈등하느라 갈팡질팡하면서 한숨만 내뿜고 있었다.

1935년 세인트루이스 공공도서관에는 마크 트웨인 작품은 1897권이 있었던 반면, 헤밍웨이 작품은 겨우 30권뿐이었다. 그의 명성에도 헤밍웨이 책은 공공도서관에서 자리를 차지하는 데 고전 중이었다. 1933년 헤밍웨이는 세인트루이스 도서관에서는 싱클레어 루이스에게 472권 대 30권으로, 보스턴 도서관에서는 290권 대 세 권으로 밀리고 있었다.[19] 현재의 베스트셀러를 무더기로 사는 것은 도서관 예산이 고갈되게 했을 뿐만 아니라 몇 년 후 새 베스트셀러를 들여놓기 위해 퇴물이 된 베스트셀러를 치워야 하는 고역까지 치르게 했다(오늘날에도 이 문제는 여전하다). 하지만 대중 취향을 소홀히 하다가는 유료 대여도서관에 독자를 뺏기는 위험을 무릅써야 했다.

이런 분위기를 타고 대여도서관은 1930년대에 옛 영광을 상당 정도 되찾았다. 미국에서 대공황기에 공공도서관 예산이 삭감됐던 것도 이런 분위기를 부추겼다. 하지만 이들 상업적 대여도서관과 영국의 소위 투페니 라이브러리[Tuppeny Library: 1930년 북부 런던에 생겼던 회원제 도서관. 한 권당 2페니(two penny)를 받는다고 해서 투페니(Tuppeny)라는 별칭을 얻었다—옮긴이]의 성행은 공공도서관이 탐정소설과 모험소설에 대한 자신들 취향을 반영하지 못한다는 독자들 불만이 만든 일시적 현상이었다.[20]

모든 것이 1930년대 문고본 도래 이전에 이미 시작됐다. 가장 중요한 분기점은 1935년 태어난 펭귄북스(Penguin Books)였다. 펭귄북스는 최초 문고본인 독일 알바트로스 북스(Albatross Books)의 미미한 성공을 본받아 태어났다. 기획자 앨런 레인(Allen Lane)은 값은 싸더라도 양질의 책을 보급하면 대중들에게 관심을 끌 수 있을 것이라고 믿었다. 그의 도박은 대성공을 거두었다. 귀여운 펭귄이 찍히고, 장르에 따라서 색상을 달리 입힌 펭귄북스는 10개월 만에 100만 권이 팔렸다. 이 성공을 재빨리 모방해 1939년 미국에서는 포켓북스(Pocket Books)가 출간됐다. 다양한 취향을 아우르는 책 열 종을 모두 25센트에 내놓았다. 그중에는 애거서 크리스티(Agatha Christie), 도로시 파커, 손턴 와일더(Thornton Wilder)의 『산 루이스 레이의 다리(Bridge of San Luis Rey)』, 힐튼의 『잃어버린 지평선』도 있었다.

문고본은 도서관에 또 다른 골칫거리를 제공했다. 가정용으로는 흠잡을 데 없었지만 도서관에서 반복적으로 읽히기엔 견고성이 떨어졌기 때문이다. 물론 이런 문제 중에 어떤 것도 치명적이지는 않았다. 1961~1962년 회계연도에 영국 공공도서관은 새 책 구매를 위해 전년보다 10퍼센트 증가한 총 600만 파운드를 지출했다. 영국 전체 도서 시장 매출의 약 9.8퍼센트를 차지하는 규모였다. 그 전해에 도서관은 장서 7500만 권으로 4억 4100만 번을 대여했다. 10년 전과 비교해 25퍼센트 증가한 수치였다.[21]

이처럼 공공도서관이 경쟁 매체와 대결에서 살아남은 것은 분명한 사실이다. 1960년대에 텔레비전이라는 새로운 매체의 도전을 받았을 때 많은 매체 비평가들이 도서관의 존폐를 우려했다. 텔레비전이 소비자들에게 세상에서 가장 좋은 두 가지,

즉 라디오처럼 집에서 즐길 수 있는 데다 영화처럼 강력한 시각적 체험을 제공했기 때문이다. 그러나 이번에도 책은 서로 다른 매체를 배제하지 않고, 상호 보완하는 효과로 이익을 얻었다. 존 골즈워디(John Galsworthy)의 〈포사이트가 이야기(The Forsyte Saga)〉(1906~1921)가 예상을 깨고 드라마에서 대성공을 거두었을 때 그 효과의 극적인 경우를 보여 주었다. 1967년 BBC 방송에서 26부작 드라마로 방영된 후에 수백만 가정의 책꽂이는 『포사이트가 이야기』 전집으로 장식됐다. 텔레비전으로 방영된 다큐멘터리나 코미디 연작물도 그대로 혹은 심화나 개작의 형태로 변형한 출판물을 통해 추가 수익을 획득할 수 있음을 입증했다. 그런 시도에 따라 BBC 수익은 급증했고, 1980년에 이르면 영국 베스트셀러 목록을 좌지우지할 정도가 됐다.[22]

승승장구하던 공공도서관의 기를 처음으로 꺾어 놓은 건 경쟁하는 다른 매체가 아니라 1960년대 경기침체와 1970년대 석유파동으로 인한 공공기금 삭감이었다. 이는 일시적인 현상이 아니었다. 개관 시간이 축소되고, 건물이 제때 수리되지 않았으며, 책 예산도 줄었다. 처음에 이런 절감 조치에 대한 대중들 반응은 침묵이었다. 도서관은 줄어드는 예산을 놓고 다른 공공서비스와 심각하게 경쟁관계에 놓였다.

하지만 공공기금 사용처를 놓고서 도서관 입장을 지원해야 할 자리에 있는 많은 공직자는 도서관을 주기적으로 이용하는 이들이 아니었다. 1960년대 영국에서 도서관 회원은 전 인구의 4분의 1을 차지했지만, 사회적 영향력이 있는 사람일수록 책을 도서관에서 대출하기보다는 자기 거실 서가에 깔끔하게 문고본을 정돈해 둔 채 읽었다. 이들은 공공도서관 의존도가 높지 않았다. 공공도서관 운동이 100주년을 자축하는 순간 도서관 열람실은 이미 독서와 시민적 가치를 증진하는 핵심 기관이라는 역할을 박탈당한 채 여러 사회적 서비스 중 하나로 격하되는 과정에 들어섰다.

이동도서관의 등장

20세기 초에 새로 등장한 매체의 도전만이 도서관 관계자들이 심각하게 걱정해야 할 유일한 고민거리는 아니었다. 유럽과 북미의 공공도서관 망을 운영하는, 전문 교육을 이수한 도서관 전문가 사이에서는 얼마나 많은 예산을 쓰고, 어떤 책을 서가에 들일 것인가를 놓고서 과거 어느 때보다 많은 논쟁이 있었다. 19세기 공공도서관 운동은 주요한 대도시를 중심으로 전개됐으나 이 무렵 사서들은 대도시가 아닌 곳에 사는 여성이나 어린이나 시민들의 필요에 처음으로 체계적 대응을 시도하려 했다. 여성 독자들과 함께할 때만 도서관은 서비스를 시민들 눈높이에 맞추는 데 성공할 수 있었다. 그러나 도서관들은 청년들과 나중에 10대 청소년이라고 불릴 사람들의 급격한 기호 변화를 이해하는 데 어려움을 겪었다. 물론, 어린이에게 유익한 책을 제공하고 싶은 욕구는 여전했다. 모든 회원에게 얼마간의 책을 제공하겠다는 좋은 취지를 살리기 위해 애썼지만, 외딴곳에 떨어진 마을까지 충분한 도서관 서비스를 제공하는 것은 만만치 않은 도전이었다.

1. 1050년경 에흐테르나흐(Echternach)에서 하인리히 3세를 위해 만들어진
아름다운 성경 『코덱스 카이사레우스(Codex Caesareus)』에 있는 마르코 복음
이야기를 묘사한 채식화. 이 성경은 고슬라르(Goslar)에 건립된 황제의
새 성당을 기리려고 제작됐고, 1630년대 스웨덴 군대가 점령하기 전까지
그곳에 있었다. 다른 많은 독일 책들처럼 이 책 또한 스웨덴에 약탈당했으나,
1805년까지는 개인이 소장하고 있었다. 지금은 독일, 체코, 폴란드의
도서관에서 약탈한 수많은 책과 함께 웁살라대학교에 있다.

2. 오스트리아의 아드몬트 수도원 도서관의 중앙홀. 도서관은 온전히 화려함을 목적으로 지어진 바로크풍 사원이었다. 독일, 오스트리아, 보헤미아의 모든 수도원 도서관은 방문객이 둘러보면서 감탄하게 만들 목적으로 지어져 책을 꺼내 놓고 펼쳐 볼 수 있는 책상은 두지 않았다.

3. 고서 수집가들의 관심이 고조되면서 책 경매는 애서가들이 재산을 탕진하기에 딱 좋은 오락으로 조롱당했다. 1810년경 출판된 이 삽화는 방 중앙에서 책이 회람되는 동안 경매 참여자들끼리 눈치 싸움을 벌이는 광경을 묘사하고 있다.

BEAUTY in SEARCH of KNOWLEDGE.

THE CIRCULATING LIBRARY.

4. 대여도서관은 여성 독자에게 가벼운 읽을거리만 제공한다고 많은 조롱을
받았다. 위의 그림 〈앎을 구하는 미녀(Beauty in Search of Knowledge)〉
(1782)에서 맵시 있게 차려입은 한 여성이 자신이 고른 책을 들고 있다. 아래의
〈대여도서관 풍경(The Circulating Library)〉(1804)에서는 여성의 시선이 소설,
로맨스, 이야기로 분류된 선반에 가 있다. 그러나 책들 대부분이 대여 중인지
거의 비어 있다. 반면에 설교(Sermon)로 분류된 선반에는 책이 가득 차 있다.

5. 사람들로 들끓는 거대한 방사형 열람실과 열람실 외곽을 싸고 있는
철재 서가를 보여 주는 런던 영국박물관의 두 장면. 판테온을 본떠서
지은 호화로운 반구형 돔과 혁신적 서가의 결합은 많은 감탄을 불렀고,
진척이 더뎠던 장서 목록 작업에 대한 불만을 누그러뜨렸다.

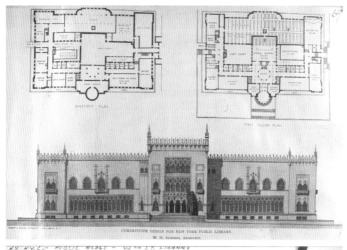

6. 위: 공모에 응했던 뉴욕 공공도서관 설계도 88개 중 하나(1897).
아래: 위의 설계도로 이스트 42번가와 5번가의 교차로에 지은 뉴욕
공공도서관(1915).

7. 『제국주의자 영국의 강도질과 배신(Das Empire. Britischer Raub und Verrat)』, 1941년 나치가 영국이 식민지에서 발행한 우표를 골라서 영국의 사악함을 공격한 책의 제목. 제3제국 아래에서 공공도서관 보유 서적은 이런 선전물로 완전히 뒤덮였다.

8. 밀스앤드분이 1977년, 1983년, 1989년에 각각 출간한 책 세 권. 밀스앤드분은 처음에는 대여도서관용 소설로 시작했으나, 로맨스 소설에서 틈새시장을 개척하면서 단숨에 유명 출판사 대열에 올랐다. 사서들은 기금 조성에 도움이 된다고 생각하면, 로맨스 소설일지라도 도서관에 들이는 쪽으로 태도를 바꾸었다.

9. 세르게이 이바노비치 이바노프(Sergei Ivanovich Ivanov)가 1919년경 제작한 공산당 포스터로 '독서는 인간의 의무'라고 쓰여 있다. 소련 정부는 볼셰비키혁명 이전에 문맹률이 높았던 이 나라에 도서관을 공급하기 위해 큰 공을 들였다.

10. 건축공학적 의도가 도서관 이용자들 요구와 상충할 때 종종 건축적 의도를 앞세운다. 의견 수렴 과정도 없이 장서 수십만 권을 폐기한 지 약 15년이 지난 샌프란시스코 공공도서관 본관 아트리움의 모습(2009).

11. 화재는 인류 역사 내내, 그리고 현재에도 여전히 도서관의 가장
무서운 위협이다. 소방차가 1986년 로스앤젤레스 중앙도서관을 삼킨 불과
싸우고 있다.

시골 지역에 도서관 서비스를 제공하는 일에서도 미국이 앞장섰다. 부분적 이유로는 20세기 초 미국에는 보편적 문해력은 갖추었으나 책은 접하기 힘든 오지에 사는 사람들이 광범위하게 존재했기 때문이다. 프랑스도 같은 문제가 있었지만 시골 사람들에게 학교도서관 출입을 허용함으로써 문제를 회피했다. 그러나 오지까지 도서관 서비스를 확장하는 일이 미국에서는 건국의 아버지들부터 전해 온, 신앙에 가까울 정도로 중요한 임무였다. 앨라배마(Alabama)주 도서클럽 여성들은 사람들에게 책을 전하려는 자신들 노력이 "토머스 제퍼슨의 영혼과 접하도록" 해 줄 거라고 느꼈다.[23]

청년들을 위한 적절한 도서관 서비스를 제공하려던 운동과 마찬가지로 이 문제에서도 가장 활발히 앞장선 사람들은 여성클럽 회원들과 개척정신이 살아 있는 여성 사서들이었다. 이는 별로 놀라운 일이 아니었다. 주로 남성들로 구성됐던 1세대 사서가 자리를 내주면서 그들과 도시의 가부장적 남성 엘리트들이 맺고 있던 연계도 끊어졌다. 이는 도서관 운동에 중대한 변화를 가져왔다.

시골 독자들에게 책을 전하기 위한 최초의 중요한 시도는 순회도서관 망을 확립하는 것이었다. 대략 30~100상자에 달하는 책이 차에 실려 우체국, 교실, 일반 가게, 심지어 개인의 집에 자리 잡았다. 그곳에서 자원봉사자가 지역공동체 주민이 책을 이용할 수 있도록 도왔다. 1893년 뉴욕주 북부에서 최초로 시도된 순회도서관은 메리 스펜서(Mary Spencer)의 노력 덕택에 미시간주에서도 큰 호응을 얻으며 승인됐다. 가장 유명한 사

도판 26. 이동도서관은 도시 도서관의 이동식 지점으로 농촌 독자에게
도서관 서비스를 제공하는 역할을 했다. 1930년 뉴욕주 북서쪽 톰킨스 카운티
이동도서관의 모습이다.

례로는 루티 스턴스(Lutie Stearns) 주도로 위스콘신(Wisconsin)
주에서 승인된 순회도서관이 있었다. 다른 곳, 예를 들면 노스
다코타주, 사우스다코타주, 텍사스주에서는 드문드문 흩어져
있는 마을의 여성 클럽이 순회도서관 사업을 주도했다. 1913년
순회도서관이 설립됐을 때 사우스다코타주 전체 인구의 80퍼센
트가 공공도서관에 접근할 수 없는 상태였다. 1920년이 되면 목
수가 간편하게 제작한 상자에 책을 담고서 251개의 순회도서관
이 사우스다코타주 전체를 순회했다.[24]

　뉴욕에서는 멜빌 듀이(Melvil Dewey)가 순회도서관을 주
도했다. 듀이 10진 분류법으로 특히 유명한 그는 도서관 문제

에 관한 한 당대 최고의 유력인사였다. 특유의 쇼맨십을 발휘하면서 듀이는 순회도서관이 "최저 비용으로 최대의 시민에게 최선의 독서"를 제공할 것이라고 말했다.[25] 그가 장담했던 무엇도 현실에서는 실현 가능성이 없었다. 오지의 작은 공동체에 보낸 순회도서관은 불가피하게 소수 독자만을 상대할 수밖에 없었고, 비용은 비싸고 도서 규모는 보잘것없으며, 그조차도 새로운 책으로 자주 바꿔 주지도 못할 형편이었다. 따라서 '최선의 독서'는 희망사항으로만 남았다.

그러나 아무리 주의 깊게 고르더라도 100권도 못 되는 책으로는 독서 욕심에서는 도시 거주자들에 못지않은 시골 공동체의 필요에 부응할 수 없었다. 캔자스(Kansas)주처럼 넉넉지 않은 도서 공간을 순회도서관 위원회 요구대로 "절제, 선량한 시민의식과 전도 업무, 주일 학교 업무"와 관련된 의식 함양을 위한 책으로 채울 때는 더욱더 그랬다.[26] 초기의 한 순회도서관 옹호자는 순회도서관이 "고립돼 있고 우물 안 개구리처럼 생각이 편협한 공동체가 책에 관한 관심을 품도록 하고 사람들을 우물 밖 세상과 만나게 해 줄 것"이라고 주장했다.[27] 거들먹거리면서 가르치겠다는 이런 자세는 처음의 좋은 취지를 무색하게 했다. 한 농부가 따끔한 소리를 했다. "주 의원들은 내가 농부이니까 늦은 저녁에 비료에 관한 책이나 보기를 원한다고 생각하나 봅니다."[28] 농촌 독자들은 더 유식해지기를 바라기보다 어렵게 얻은 휴식시간에 고된 노동을 잊고 얼마간 즐거움을 얻기를 원했다.

각 주의 특성에 따라 다른 접근방식이 필요했다. 독일과 스웨덴 이주자가 정착한 지역은 외국어책이 필수였다. 종교 공동체가 고수하는 신념에 반하는 책을 피하는 것도 마찬가지로 필수였다. 이런 접근방법은 이미 그 자체로 성공이었다. "어쩌면 이 광대한 서부의 개척자만이 책 한 권의 가치를 진정으로 느낄지도 모른다"라고 사우스다코타주 페닝턴(Pennington)의 후덕한 주민 넬리 비스(Nellie Vis)가 말했다. 그는 자기 농가를 순회도서관을 위한 공간으로 내주었지만 다른 경로를 통해서도 책을 구해 보았다. 1920년대에 이르러 자치 지역을 연결하는 도서관 망이 구축되면서 순회도서관은 하나씩 사라졌다. 그러나 미국 중부의 황량한 대평원에 속한 여러 주에서는 대공황기 마지막까지 살아남았다.

대공황은 도서관의 호황기였다. 고난의 시기에 도서관은 편안한 장소를 제공했다. 따뜻하고 쾌적하고 편리한데 모든 게 공짜였다. 주식시장이 붕괴한 후 로스앤젤레스 공공도서관 예산은 25퍼센트 삭감됐지만 책 대출은 60퍼센트 증가했고, 이용자 수는 배로 늘었다.[29] 뉴딜 때 연방기금지원프로그램으로 도서관에 얼마간 재정적 도움을 주기도 했다. 공공사업진흥국(Works Progress Administration, WPA: 대공황 당시 일자리 창출을 위해 공공사업을 추진한 국가기관—옮긴이)은 1936년 켄터키주 산간 마을까지 도서를 전하기 위해 설립한 짐말 사서(packhorse librarian) 프로그램에 지원금을 배정했다. 이 프로그램은 진정한 의미의 공공 편의 사업이라기보다 행사 사진을 찍을 기회를 제공하는 데 더 유용했을지도 모른다.

이 무렵 자동차의 시대가 왔고 농촌 독자들의 요구를 충

도판 27. 이동도서관이 못 가는 곳은 짐말로 갔다. 애팔래치아 산맥(Appalachian Mountains) 지역을 오가던 짐말 사서들 네 사람의 모습이다(1937).

족해 줄, 새롭고 가성비 높은 수단이 등장했다. 과거 아이디어에 현재 기술을 적용해 이룩한 혁신이었다. 최초의 이동도서관은 1905년 메릴랜드주 워싱턴을 돌아다니던 4륜 마차였다.[30] 차량으로 이동도서관을 운영하자 순회도서관의 책 상자보다 훨씬 더 많은 책을 운반할 수 있는 데다 한 장소에만 머무르지 않았기에 더 많은 독자를 만날 수 있었다. 순회도서관의 책 상자는 도서관으로 돌아오기 전까지 몇 달씩 한곳에 머무를 수밖에 없었지만 이동도서관은 요청 도서를 바로 다음 주에 가져다주기도 했다. 이동도서관 사서는 조수인 운전사를 포함해 두 사람이 한 조였는데, 이따금 단골 이용자가 관심을 보일지 모를 책을 몇 권 끼워 넣기도 했다. 사실 이용자 대부분은 단골이었다. 이동도서관 서비스는 여성들에게 가장 큰 도움이 됐는데 그들은 이동도서관이 오면 모든 일을 제치고 도서관을 향했다. 이동도서관 사서는 마을마다 돌아다니던 생선 장수, 푸주한, 잡화점 주인과 마찬가지로 주민들의 친구가 됐다.

20세기 중반 매주 한 차례 정해진 날에 작은 마을을 방문했던 영국 이동도서관처럼 미국 이동도서관도 곧 미국 전역에서 익숙한 풍경이 됐다.[31] 텍사스주같이 땅은 넓은데 사람은 드문드문 사는 곳에서 이동도서관은 주민들의 독서 욕구를 충족하는 유일한 실질적 수단이었다. 1930년 시작된 최초의 텍사스 이동도서관은 약 1400권을 싣고 다녔다. 뉴딜 공공사업진흥국의 프로젝트에 따라 33개 이동도서관이 추가로 운영됐다. 텍사스 이동도서관은 제2차세계대전 직후에 그 정점을 찍었다. 다른 지역도 마찬가지였다. 운동의 열기에도 시골의 도서관 서비스는 여전히 전반적으로 열악했고, 특히 텍사스에 닥친 석유 열풍으로 인구의 도시 집중이 심해지면서 상황은 더욱 나빠졌다. 아이러니하게도 냉전체제에서 소련의 일시적 기술 우위가 불러온 불안 탓에 1956년 도서관서비스법(Library Services Act, LSA)이 제정되면서 시골 지역에 도서관 공급을 촉진하는 단합된 노력이 시작됐다. 텍사스 주립도서관 사서는 이렇게 말했다. "미사일 개발과 마찬가지로 도서관 공급에서도 미국은 다른 나라에 뒤처져 있다. 사리 밝고 견문 넓으며 지적이고 빈틈없는 미국인은 우리의 국방과 자유를 지키기 위해 꼭 필요하다."[32]

　냉전의 호전적 분위기가 도서관 보급의 복음을 전하는 이들에게 어려움을 주기도 했다. 모든 시민이 이동도서관을 환영하지는 않았다. 1950년 위스콘신 도서관 이사회는 도어(Door)와 키와니(Kewaunee)라는 시골 마을 두 곳에 이동도서관을 시범 운영했다. 이 사업은 커다란 인기를 얻었지만 시범 기간 2년이 끝난 후 주민투표에서 아슬아슬하게 부결됐다. 도서 대출의 88퍼센트를 차지했던 어린이들은 이 사업에 대찬성이었지만 투표권이 없었다. 어른들은 더 회의적이었다. 특히 남성들이 그랬는데 이동도서관이 왔을 때 그들은 일터로 가서 마을에 없었기 때문이다.[33] 많은 농촌 유권자는 책 같은 필수적이지 않은 것에 공공기금을 지출하는 것에 대해 부정적이었고, 특히 어린이들 손에 책이 쥐어지는 것을 걱정했다. 그들은 학교 문고에 대해서도 같은 입장이었다. 주립도서관 이사회가 보내는 권장도서 목록을 학부모들은 면밀하게 검토했고 그들이 원하지 않는 목록에 대해서는 거칠게 항의했다. 공적기금 지원을 받지 못하는 가톨릭 재단 학교들은 장서와 목록을 따로 마련했다. 1942년에 출간된 영향력 있던 《고등학교 도서관 표준 목록(Standard Catalogue for High School Libraries)》에는 가톨릭 학교에 적당하지 않은 책 70권에 주의 표시를 달았다. 그중엔 대프니 듀 모리에(Daphne Du Maurier)의 『레베카(Rebecca)』와 찰스 킹즐리(Charles Kingsley)의 『가자! 서쪽으로(Westward Ho!)』가 포함됐다(아마 16세기 스페인 교도관들이 영국 선원인 주인공을 고

문해 가톨릭으로 개종시키려 헛되이 시도하는 장면에 대한 거부감 때문으로 보인다).[34]

텍사스주 이동도서관은 1970년대 완전히 명맥이 끊어졌다. 하지만 미국 내에서는 2015년까지 1000대가 넘는 이동도서관이 여전히 운영됐고 2018년에도 650대가 남아 있었다.[35] 이동도서관은 개발도상국의 많은 지역에서 인기가 높다. 오지가 많은 인도와 동남아시아, 케냐와 트리니다드, 노르웨이와 핀란드 같은 나라에서 여전히 인기이다.[36] 20세기 마지막 30여 년 동안 이동도서관은 도서관 문화의 세계화를 보여 주는 가시적 상징이었다. 콜롬비아의 비블리오부로(Biblioburro) 당나귀도서관, 나이지리아의 아이리드(iRead) 이동도서관, 네덜란드의 빕뷔선(BiebBussen: 개조 컨테이너로 만든 도서관) 등은 경제적으로 힘든 데다 드문드문 흩어져 사는 지역 공동체에 책과 정보 서비스를 전하기 위해 도서관의 전문 인력들이 보인 창발성의 다채로운 예들이다.[37] 전 세계가 디지털 세상으로 탈바꿈하는 과정에서도 이동도서관이 살아남을 수 있을지는 미지수다. 현재로서는 독자들이 정기적으로 도서관을 방문하고 있다. 트위터에서 7만 팔로워를 거느린 오크니 제도(Orkney Islands)의 부키맥북페이스(BookyMcBookFace) 도서관 독자들은 특히 그러하다.

또래의 욕망을 좇아가기

현재 도서관 서비스에서 어린이들이 차지하는 중요한 비중을 생각하면 20세기에 들어서야 간신히 도서관 전문 인력들이 어린 독자들 수요에 체계적으로 대응하기 시작했다는 사실은 생경하다.[38] 하지만 문제는 간단하지 않다. 애초부터 어린이의 기준이 명확하지 않았고 심지어 어린이의 도서관 이용을 허용해야 하는지조차 결정하기 어려웠기 때문이다.

19세기 도서관은 청년들에게 주로 관심을 쏟았다. 특히 전문직에서 또는 특정 직종에서 첫발을 내딛는 청년에 주목했다. 미국과 서유럽에서 설립되기 시작한 기술학교도서관, 상인도서관 등은 해당 분야 청년들에게 강좌와 읽을거리를 제공하고 인맥을 구축할 기회를 주었다. 앞에서 살펴보았듯, 이런 도서관들은 서서히 방대한 장서를 구축했다.

새로운 공공도서관에서 어린이 이용자를 위한 서비스를 제공할 때, 상인도서관의 성공은 매력적인 모델이 됐다. 그러나 실제 운영에 큰 도움을 준 것은 아니었다. 공공도서관에 새로연 어린이 열람실에는 으레 드문드문 자리 잡고 얌전하게 앉은 어린 남녀 아이들 모습을 찍은 사진들이 걸려 있었다. 남자아이들은 재킷과 타이를 매고 있어 점심 먹으러 나온 금융회사의 직원 차림처럼 보였다. 이런 학구적인 분위기는 어린이보다 도서관 운영위원들에게 잘 보이려는 목적에서 연출된 것이었다. 소음, 계단 뛰어다니기, 코 묻은 손가락으로 책 만지기 등 아이들의 자연스러운 습성은 도서관이 빅토리아시대의 근엄한 가정처럼 여겨지기를 원하는, 그래서 청결과 예의범절과 질서정연함을 유지하려던 도서관 입장으로는 용납할 수 없는 행위였다. 미국 도서관은 어린이 열람실을 입구 옆에 두어 아이들이 건물 이곳저곳을 돌아다니지 못하도록 만들었다. 영국은 12세 이하 어린이들 출입을 아예 금지했다.[39]

공공도서관이 독서 습관 함양에 적절한 장소인지를 놓고

꽤 심각한 토론이 있었다. 산업화에서 앞섰던 몇몇 주요 국가에서 초등 의무교육을 법제화하면서 역사상 가장 많은 인구가 학교에 가서 읽기와 셈을 배웠다. 교사는 어린 학생에게 읽는 습관을 길러 줄 수 있었다. 앞에서 살펴보았듯 이 일은 혁명의 시대를 거치면서 고서들이 공공도서관에서 썩어 가던 프랑스에서 체계적으로 진행됐다.

1924년 이전까지 프랑스에는 어린이도서관이 따로 존재하지 않았다. 그 대신 모든 초중등 학교에 일정량 이상 장서를 보급하는 데 힘을 쏟았다. 많은 어린이가 책을 읽고 상상의 세계로 들어가는 첫걸음을 떼는 데 학교도서관이 핵심 역할을 했다. 그러나 독서를 교실에만 전적으로 의존하는 것은 부작용도 있었다. 일부 선생들은 소극적 사서였고 휴일에는 도서관을 열지 않았다. 많은 어린이에게 책은 교실에서 당했던 굴욕과 처벌을 떠올리게 했다.

무엇보다 책이 너무 적었다. 교육부 장관마다 교실에 책을 보급하라고 지자체를 설득했지만, 어쩌다 한 차례 새 책이 들어올 뿐이었다. 학생들이 반복해 읽은 책은 책장 모서리가 온통 접혀 있었고, 열심히 읽는 아이에게 학교도서관 책은 터무니없이 부족했다. 일부 영국 사립학교 등 중등학교에서는 풍족한 장서를 확보하는 경우가 더러 있었지만 학교 홀로 책 부족 문제를 해결할 수 없다는 것은 점차 분명해졌다.

내키지 않아 했으나, 공공도서관이 문제 해결에 나섰다. 열정적이고 설득력 있는 사서들(흔히 여성들)이 근무하던 일부 도서관은 운 좋게도 우수한 장서 구축에 성공했다. 어린이책이 빠르게 늘어난 것도 학교도서관 성공에 큰 도움이 됐다. 어린이 책에 담긴 모험담들은 19세기의 천박한 싸구려 범죄물에 난무하던 폭력과 선정성으로부터 어린이들을 떼어 내는 데 성공했다.[40]

그러나 도서관은 여전히 어린이에게는 무시무시하고 재미없는 곳이었다. 귀한 여가를 보내기에는 교실 느낌이 너무 많이 났다. 도서회원증을 발급받으려면 먼저 보호자 보증이 있어야 했다. 어린이들이 책을 자유롭게 훑어보는 것도 사서들은 허락하지 않았다. 책 대출은 어쩌면 자신을 비난할지 모르는 어른에게 자기 취향을 노출하는 무서운 일이었다. 어쩌다 독자적 판단을 실행에 옮기더라도 어린이의 연약한 자존심은 쉽게 상처받았다.

아픈 기억은 아이들이 도서관을 다시 안 가고 싶어 하게 했다. 읽기 욕구가 사라진 것은 아니어서 아이들은 결국 소년 소녀 잡지로 관심을 돌렸다. 따로 재미있는 읽을거리가 있는데 뭐 하러 도서관에 가겠는가. 잔돈 몇 푼이면 살 수 있고, 친구가 가진 다른 잡지와 바꿔 볼 수 있었다. 같은 주인공이 끌어가는 인기 연재물이 실리는 어린이 잡지는 길모퉁이에 앉아서 몇 분 짬 내어 읽기에 안성맞춤이었다. 많은 어린이에게 도서관은 자신들의 급변하는 세상에는 관심 없고 부모들 욕망에만 비위를 맞추려는 곳으로 비쳤다.

어쨌든 지역 의회와 도서관 운영위원들은 점점 어린이에게 도서관 문호를 개방하고 갈수록 많은 돈을 어린이책 구매에 배정했다. 그러나 어린이를 위하는 동안 청년들에게는 소홀했다.

20세기 초에 기술학교도서관이나 상인도서관은 교육이나 업종 종사자 사이의 인맥 형성이라는 기존 역할을 해내지 못하고 있었다. 그 탓에 많은 도서관이 문을 닫았다. 어떤 도서관은 다른 도서관과 통합되기도 했다. 업종 유형이 변하는 게 몰락의 한 원인이었지만 사회적 변화가 극심했던 것도 무시할 수 없었다.

20세기 초는 젊은이에게 특히 어려운 시기였다. 심리학자들이 새롭게 청소년이라고 부르기 시작한 청년들에게도 마찬가지였다. 제1차세계대전, 대공황, 제2차세계대전은 모두 일은 어른들이 저지르고 그 타격은 청년들이 고스란히 치러야 했던 비극이었다.[41] 많은 청년이 직장을 잃거나, 목숨을 잃거나, 정신적·육체적 상흔으로 평생 고통받았다.

어린이들도 전선에 내몰렸다. 폭격당하기도 하고, 제3 제국의 청소년들은 강제 징집돼 방어선에 배치되기도 했다. 1933년 말 독일 청년 약 300만 명이 나치 청소년 조직인 히틀러유겐트(Hitler-Jugend)에 입단했다. 10세 이상 어린이 가입이 의무화되면서 그 숫자는 800만 명으로 늘었다. 전체주의 정권은 영화나 책까지 이용해서 교실로부터 준군사훈련에 이르기까지 어린이 삶의 모든 영역을 통제했다. 심지어 가만히 앉아서 평화롭게 하는 우표수집이라는 취미 활동조차 이데올로기 공세의 제물로 만들었다. 과거 영국 식민지에서 제국주의 시절 영국이 저지른 압제 행위를 비난하는 우표를 찍어 내면서부터였다. 전쟁이 끝났을 때 독일 공공도서관은 나치 선전물로 너무 많이 뒤덮여서 남은 책의 약 절반 정도는 민주국가 이행에 적절치 못한 내용이었다.

도판 28. 뉴욕주 버펄로(Buffalo)시 공립도서관 열람실에서 어린이들이 독서를 즐기고 있다(1900년경). 제1차세계대전 이전에 어린이들을 위한 열람실을 따로 마련한 경우는 희귀했다.

    제1차세계대전은 독서가 위험할 수도 있음을 보여 주었다. 전쟁이 일어나자 런던의 노동자 빅 콜(Vic Cole)은 열일곱 살 나이로 조금도 망설이지 않고 입대했다. "나는 책이나 잡지에서 자주 읽은 대로 군인이 되어 총을 잡고 싶었다."[42] 프랑스와 독일의 젊은이들은 열정적으로 앞다투어 전선을 향해 달려갔고, 무인지대(NO MAN'S LAND: 교전을 앞두고 대치 중인 양 군대 사이에 존재하는 공간—옮긴이)의 가시철망 속에서 죽음을 맞았다.

    전쟁에 대한 환멸은 이데올로기 쇠퇴와 함께 향락적 삶

으로의 도피를 낳았다. 전선에서 값싸게 죽은 청년들 덕택에 1920년대에는 일자리가 남아돌았다. 계급과 학벌의 차별이 여전한 사회에서 살아남은 청년들은 벌어들인 돈으로 소비를 통한 상층사회 진입을 시도했다. 옷, 영화, 댄스 홀 등은 동년배들의 부러움을 사는 상징이 됐다. 청년들은 소비와 유흥을 탐닉하면서 기강과 규율이라는 부모 세대 이데올로기를 패대기쳤다.

1930년대에는 미국 청년 2800만 명이 적어도 일주일에 한 차례 이상 영화를 보았다. 유럽도 할리우드 영웅들을 똑같은 열정으로 환영했다. 이러한 형태의 소비적 삶은 역사상 처음으로 노동자계층의 젊은 여성들도 대등하게 대접했다. 1933년 영국 상점의 한 여성 점원은 영화 잡지에 기고한 글에서 일주일 씀씀이를 다음과 같이 제시했다.

주급 32실링, 숙식비 25실링 2페니, 토요일 영화 감상 1페니, 월요일 영화 7페니, 화요일 영화 7페니 등 다 합치면 27실링 2페니. 때때로 《필름위클리(Film Weekly)》 구매 3페니, 옷값으로 3실링. …… 급료가 인상되면 한 차례 더 영화 구경을 할 수 있을 텐데.[43]

대공황이 이런 문화에 급제동을 걸었다. 한 중산층 청년의 말을 빌리면, 갑자기 소비사회로 가는 열쇠를 뺏긴 청년들은 "개구리로 되돌아가 버린 왕자"가 된 기분을 느꼈다. 전쟁 상황에 따라 성인 독서 습관이 되살아나리라 예측했으나 청년들을 설득하긴 어려웠다. 열네 살 어린 나이로 공장 노동에 투입돼 집

안에 남겨진 소녀와 여성들이 소비자 선택을 좌우했다. 1941년 《걸스그로잉업(Girls Growing Up)》이 소녀 스물일곱 명을 대상으로 조사한 결과에 따르면, 소녀들 대부분은 책을 안 읽는다고 했다. 돈이 생기면 화장품을 사거나 《걸스크리스털(Girls' Crystal)》《글래머(Glamour)》 같은 로맨스 잡지를 사들인다고 했다.[44] 즐길 거리를 택하라면 춤추러 가거나 영화를 보겠다는 쪽이 압도적이었다. 라디오는 댄스 음악을 듣는 게 아니라면 사양했다.

　전쟁 기간 동안 어린 시절을 보냈던 청년들은 대체로 어른을 본받으려 하지 않고 동년배 욕망을 추종했다. 고교 시절 급격한 경제성장을 목격한 세대들이어서(1914~1939년에 미국 고졸자는 여덟 배나 증가했다) 그들 마음도 똑같이 부풀었다. 지역 유지들이 운영위원을 독차지하고 시민적 가치 함양을 목적으로 삼는 도서관으로서는 "또래들 욕망만 좇"는 신세대 가치는 이해하기 힘들었다. 도서관은 전선에 있는 청년들에게 온갖 애를 써 가며 기꺼이 책을 보냈다. 적어도 이 정도까지는 청년 마음을 이해할 수 있었지만, 이 시끄러운 것을 좋아하고 어른들 의견에는 귀를 막는 신세대 젊은이들은 도무지 수수께끼였다.

사랑의 힘

1937년 펭귄 출판사에서 출간된 비소설 전문 자회사 펠리컨북스(Pelican Books)를 출범시켰을 때, 그 첫 책은 조지 버나드 쇼(George Bernard Shaw)의 『지적 여성을 위한 사회주의, 자본주의, 파시즘 안내서(Intelligent Woman's Guide to Socialism, Capitalism, Sovietism and Fascism)』였다. 제목에서 보이듯 이 책은 논란을 일으키기 딱 좋았다. 쇼는 이 책을 사회주의를 설명하는 책 한 권을 써 달라는 처제의 요청에 따라 썼다고 이야기했다. 그러나 가르치려는 듯한 논조 탓에 이 책은 1929년 처음 출판됐을 때부터 반감을 불렀고, 릴리언 르 메서리어(Lilian Le Mesurier)는 그에 대한 즉각적이고 통렬한 비판을 『사회주의자 여성을 위한 지적 안내서(Socialist Woman's Guide to Intelligence)』라는 책으로 출간했다.[45] 의미 있는 비판이었는데도 펭귄북스 창업자 앨런 레인은 당대의 새로운 난제를 숙고해 보자는 취지로 쇼의 책 개정증보판을 내기로 했다.

쇼만 그런 것은 아니다. 도서관의 세계에서 가르치려는 듯한 태도는 남성들 고유의 태도는 아니었다. 이동도서관의 중요성을 주장하는 이들의 다급한 호소도 지역 독자들에게는 비슷한 어조로 받아들여졌다. 초기 공공도서관 운동이 진행되는 동안 사서들이나 의원들은 여성 이용자들 요구를 어떻게 수용해야 하는지 잘 파악하지 못했다. 초기 공공도서관은 대체로 남성들의 인맥 쌓기를 위한 또는 전문교육을 위한 기관(회원제 도서관, 기술학교, 대학)에서 설립한 도서관을 본떠 만들었다. 도시 엘리트 집안의 여성들은 그런 도서관에 만족한 것으로 보였고, 또 이 여성 독서클럽은 주요 대도시 바깥에 공공도서관을 설립하는 데 촉매 역할을 했다. 초기 공공도서관 운동은 젠더보다 계급 문제를 더 중요하게 여겼고, 점점 더 많은 노동자 계층이 독서라는 문화적 즐거움에 동참하는 데 도움을 주었다.

그런데도 영국의 많은 1세대 공공도서관은 숙녀용 열람실을 별도로 갖추었다. 미국은 달랐다. 영국 도서관이 왜 그런 방식을 택했는지 알려 주는 명확한 근거는 찾기 힘들다. 1850년 공공도서관법을 둘러싼 의회 토론에서 나온, 여성들이 열람실에서 악취를 풍기는 남성 탓에 도서관 이용을 피할지 모른다는 주장을 일부 수용했다고 보는 견해도 있다. 이것이 사실이라면 공감을 얻기 힘든 황당한 주장에 값비싼 대응을 했다고 하겠다.

　영국 여성이 전용 열람실을 유치하려고 로비를 벌였다는 증거는 없다. 그러나 전용 열람실을 보고는 틀림없이 놀랍고 기뻤을 것이다. 요크셔주 헐(Hull) 도서관의 여성 열람실에는 "호두나무로 마무리한 편안한 탁자와 의자에 마노 조각으로 아름답게 장식한 벽난로가 있었다."[46] 이는 중산층 가정의 거실과 꽤 비슷했다. 따라서 여성 전용 열람실은 1850년 도서관법이 공언했던 "'하류 계층'의 독서 습관을 고취하기 위해서"라는 취지에 부합하지 않았다. 이 열람실에는 품위 있는 정기간행물도 비치한 것으로 보인다.《퀸(Queen)》《젠틀우먼(Gentlewoman)》《레이디스픽토리얼(Lady's Pictorial)》《레이디(Lady)》《레이디스레엄(Lady's Realm)》 등은 여성 열람실에만 있었고, 다른 잡지들은 일반 열람실과 함께 이중으로 비치했다.《잉글리시우먼스리뷰(Englishwoman's Review)》와 여성 참정권 관련 잡지도 많이 비치됐는데 아마 기증받았을 것이다.[47] 그러면서도 여성 열람실에 정작 신문을 비치하지 않은 것은 이채롭다.

　공공도서관을 설립할 때 여성 단체가 매우 큰 역할을 한 것을 고려하면 미국 도서관에 여성 전용 열람실이 상당히 드물다는 것은 놀랍다. 카네기 재단이 분관이나 작은 마을에 지었던 도서관 설계도에는 이따금 어린이 열람실은 있었지만, 여성을 위한 공간을 따로 마련하지는 않았다. 스코틀랜드 지역에서 카네기 도서관의 모델이었던 던펌린 도서관의 경우, 처음 개관할 땐 널찍한 여성 열람실을 두었다. 그러나 최초 개축할 때는 어린이 열람실 마련을 위해서 여성 열람실을 없앴고 이후 이것이 일반적인 모델로 자리 잡았다.

여성 열람실을 두면 정기간행물을 별도 비치해야 하는 등 자원이 이중으로 낭비된다는 강한 반발이 있었다. 그러나 열람실을 더 만들기 위한 자금도, 공간도 부족했지만 여성 열람실을 없앤 가장 설득력 있는 이유는 어린이 열람실을 반드시 만들어야 한다는 믿음이었다. 영국 도서관에서 여성 열람실 없애는 데는 1919년 공공도서관법이 생기기 전후로 약 20년이 걸렸다. 이 법이 제정된 후에야 주 단위 중소도시 도서관에 상당한 지원이 가능해졌기 때문이다. 이 시기에 영국에서 여성 참정권이 허용되고 도서관 사서 자리도 점점 여성 차지가 된 것은 우연의 일치가 아닐 수 있다. 제1차세계대전 발발로 남성들이 징집되면서 생긴 결과였다. 전쟁 후에 즉각 자리를 내줘야 한다는 '신사 협정'은 다른 일자리에 비해서 사서 자리에서는 별로 엄격히 지켜지지 않았다.[48]

다수가 된 여성 사서들은 대서양 너머 미국 사서들만큼이나 어린이 열람실을 마련하기 위해 애썼다. 그들은 성인 도서를 고르고 관리하듯, 어린이 열람실에도 건전한 가치를 함양하는 도서를 비치하려고 노력했다. 많은 책과 정기간행물이 기증에 의존했기에 기독교 출판물의 영향은 여전히 강했다. 1919년 공공도서관법 관련 토론에서 하원의원 프레더릭 밴버리(Frederick Banbury)가 똑똑히 밝혔듯 도서관에 대한 편견에 찬 외부 압력도 존재했다.

> 제 경험에 공공도서관은 날씨 추울 때 사람들이 들어와서 주저앉아 몸을 녹이거나, 소설 나부랭이를 읽는 곳으로 압니다. 전 공공도서관이 유익하다고 믿지 않습니다. 오히려 대단히 해롭습니다. 제가 듣기로는 사람들이 거기서 읽는 게 주로 선정적 소설들인데 그게 누구에게 이롭겠습니까?[49]

이때쯤이면 소설의 인기를 막기에는 이미 너무 늦었다.[50] 그러나 상황이 이렇다고 대서양 양쪽 사서들이 좋은 책과 공공도서관에 둘 수 없는 책을 구분해야 할 의무를 소홀히 하지는 않았다. 미국 도서관협회는 1893년 공공도서관에 비치할 핵심 장서를 선별해 도서 목록을 발행했다. 취향의 문제로 스티븐 크레인(Stephen Crane)의 『붉은 무공훈장』 같은 책이 생각지 못하게 제외되기도 했다. 꾸준히 발행된 이 목록은 작은 도서관의 수서에 큰 도움을 주었고, 미국인의 취향과 도덕성에 대한 척도를 제공했다.[51]

20세기 초까지도 공공도서관은 이용자들 요구가 극심한 몇몇 베스트셀러를 제외하면 문학 정전 이외의 책을 소장하는 데 소극적이었다. 그러나 많은 여성이 읽고 싶어 하는 책은 거기에 속하지 않았다. 여성들은 특정 장르만 찾았다. 가볍고 감상적인 사랑 이야기, 갈망하다 상처받고 다시 화해하는 이야기로, 250쪽 분량의 로맨스 소설이었다. 공공도서관에서는 어떤 사서도 이런 책들을 취급하지 않았다. 그래서 여성들은 다른 곳으로, 즉 상업적 회원제 도서관으로, 또는 서로 안 어울릴 듯한데 동업자가 된 제럴드 밀스(Gerald Mills)와 찰스 분(Charles Boon)에게 향했다.

메수언 출판사의 불만투성이 직장 동료였던 두 사람은 1908년 소설을 주로 내는 밀스앤드분(Mills & Boon) 출판사를 설립했다. 거대 출판사들 사이에 끼어 그럭저럭 유지만 하던 이 출판사는 1930년대 로맨스 장르에서 틈새시장을 개척하면서 일약 유명 출판사로 떠올랐다.[52] 1928년 동업자가 세상을 떠난 후 독자 주도권을 쥔 찰스 분이 성공 공식을 발견한 것이다. 그는 다양한 책을 눈에 띄는 똑같은 장정, 즉 독특한 갈색 장정과 화려한 커버를 입혀 쏟아냈다. 1939년 무렵 밀스앤드분은 450종의 소설을 출간했고, 종당 1쇄에 3000~8000부 단위로 찍어 냈다. 무엇보다 분은 브랜드가 사업 성공의 비결임을 깨달았다. 모든 책의 마지막 면지엔 다른 책에 대한 과장된 선전을 싣지 않고, 출판사의 추천 도서 목록만 실었다.

소설 시장은 너무 많은 신간 소설로 과포화 상태다. 일반 독자들은 자신에게 맞는 책을 골라서 읽거나 대출하는 데 점점 고역을 겪고 있다. 유일한 방법은 출판사가 즐거운 독서 경험을 보장하도록 세심하게 선정한 목록을 제시하고,

독자들이 그 출판사의 책을 선택하는 것이다. 밀스앤드분은 엄격히 고른 소설만 발행하는데 이들은 모두 시대적 한계를 넘는, 설득력 있고 현실성 있는 인간 이야기를 담고 있다.[53]

너무나 많은 책이 쏟아지는 데 압도된 초보 독자들에게 이 조언은 효과 만점이었다.

로맨스 소설 독자는 게걸스럽게 읽었다. 사흘에 한 권꼴이었다. 1960년까지 밀스앤드분은 양장본만 출판했다. 권당 7실링 6펜스 정도였는데, 많은 로맨스 독자가 구매하기에는 부담스러운 가격이었다. 독자들은 상업적 대여도서관을 향했고, 그곳은 양차 세계대전 사이에 일종의 활력소를 제공했다. '투페니 도서관'이 넉넉지 못한 형편의 로맨스 소설 독자를 상대했다면, W. H. 스미스는 가벼운 즐거움을 주는 소설을 포함해 광범위한 문학도서를 취급했다. 1898년 등장한 '부츠 애서가도서관(Boots Booklovers Library)'이 새로 경쟁자로 참여하면서 W. H. 스미스와 무디의 대여도서관을 압도했다(무디는 1937년에 사업을 접었다).[54]

부츠 애서가도서관은 유명한 약국 프랜차이즈 창업자의 아내 플로런스 부트(Florence Boot)의 아이디어에서 시작됐다. 절정기일 때 프랜차이즈 약국 중 약 460곳에 애서가도서관이 딸려 있었다. 1950년대에 이르러서 애서가도서관은 한 해 약 5000만 권의 책을 대여하는 실적을 올렸다. 한 해 회비는 10실링 6페니부터 시작했다.[55] 공공도서관 열람실에서 다른 열람자와 어깨를 부딪는 것도 피하고, 살림살이에 부담도 주고 싶지 않은 주부들에게 이 정도 회비는 큰 부담이 없었다. 회원 대부분이 주부들인 이유였다.

역사적으로 마을의 뜬소문 저장고였던 약국과 북클럽의 만남은 궁합이 잘 맞았다. 북클럽 서비스 접수대에 도착한 회원은 사려 깊게 고른 책들이 놓인 열람실로 안내받는다. 거기서 그들은 다른 회원을 제외하면 아무에게도 방해받지 않고, 누구 눈치도 보지 않으면서 책을 살펴볼 수 있다. 이는 북클럽 관련자 모두가 이득을 얻는 구조였다. 회원은 물론이고 북클럽이 초판본을 많이 소진해 주기를 바라는 밀스앤드분도 마찬가지였다. 부츠 도서관은 보통 종당 300~500권을 구매했다. 아거시(Argosy)와 선다이얼(Sundial) 같은 도매업자들은 700부 정도를 사들여 투페니 도서관에 배포했다. 노동자 계급 주부들은 밀스앤드분 출판사 책 한 권을 한 번에 2페니에 빌려 볼 수 있었다. 그 덕분에 갈색 장정의 양장본 책은 많은 독자를 만날 수 있었다. 밀스앤드분의 소설 한 권은 평균 약 165번 대여됐고, 톤턴(Taunton)의 한 북클럽 운영자는 1935년에 나온 『위험한 닻(Anchor at Hazard)』으로 총 740명이나 대출한 기록을 남겼다.

로맨스는 저자에게도 돈이 됐다. 저자들은 한때 로맨스 소설의 광팬이었다 직접 작가로 나선 경우가 많았다. 밀스앤드분은 자신들에게 오는 모든 원고를 읽겠다고 약속했고 그 과정에서 다작에 능한 작가 중 일부를 발굴했다. 41권을 쓴 메리 버철(Mary Burchell)은 매년 약 1000파운드의 수입을 거뒀다. 이는 상당한 거금으로 작품이 여성 주간지에 추가 연재돼 얻는 과외 수입도 있었다. 피 말리는 작업의 결과로 얻는 고소득이었다. 편집자들은 작품에 노골적으로 관여했다. 밀스앤드분 소속의 한 작가에 따르면, 던디(Dundee) 소재 D. C. 톰슨(D. C. Thomson) 출판사의 편집자, 《마이위클리(My Weekly)》와 《피플스프랜드(People's Friend)》 같은 잡지 발행인은 사사건건 작품에 간섭했다. "3장 끝에서 여주인공이 셰리 주를 두 잔째 시키면 나는 '셰리 장면은 잘라내'라는 전보를 받을 겁니다."[56]

밀스앤드분의 작가들은 돈은 잘 벌었지만, 명성을 누리진 못했다. 이 출판사 소설의 독자들은 자기가 읽은 작품을 누가 썼는지 몰랐다. 그들은 바버라 카틀랜드(Barbara Cartland) 같은 베스트셀러 소설가의 이름을 확인하기보다 밀스앤드분이라는 브랜드를 선호했다. 카틀랜드는 밀스앤드분에서는 책을 낸 적이 없는 로맨스 소설의 거장이었다. 이와 대조적으로 밀스앤드분의 저자들은 다양한 가명을 사용해서 책을 쓰도록 종용받았다. 한 해에 같은 저자의 책을 두 권 이상 못 빌리게 하는 부츠 애서가도서관 규칙의 허점을 교묘히 역이용하기 위해서였다.

1960년대에 접어들어 공공도서관이 더 많은 로맨스 소설을 비치하라는 독자들 압력에 굴복하면서 대여도서관의 영향력은 쇠퇴 일로를 걸었다. 대여도서관의 죽음(스미스는 1961년에, 부츠는 1966년 문을 닫았다)으로 밀스앤드분은 비즈니스 모델을 조정했다. 1958년 밀스앤드분은 잠정적이라는 단서를 달고 문고본 시장에 진출했다. 이 변화는 큰 성공을 거두었다. 1992년 밀스앤드분은 여전히 로맨스 소설 시장에서 약 85퍼센트라는 압도적 점유율을 유지했다. 처음에 이 문고본은 북미 시장만을 목표로, 1949년 창업해 캐나다 토론토에 본사를 둔 할리퀸(Harlequin)이 배포를 담당했다. 1964년 할리퀸은 밀스앤드분에서 출간하는 소설만 독점적으로 출판했고, 1971년엔 밀스앤드분을 인수했다. 1982년 할리퀸은 한해 1억 8200만 권을 팔아 치웠다.[57]

1979년 11월 미국 학자 제니스 래드웨이(Janice Radway)는 로맨스 소설 관련 소식지를 발행하는 영향력 있는 비평가 도로시 에번스(Dorothy Evans)와 만났다. 에번스는 소식지 구독자 중 로맨스 소설에 관한 자신들 경험을 기꺼이 나누고 그것이 자기들 삶에 어떤 영향을 미쳤는지를 설명하고 싶어 하는 사람들을 그에게 소개했다. 로맨스 독자들에게 독서는 아이들이 학교 간 사이 가사 일로 뺏긴 시간을 보상받는 길티플레저였다. 남편들은 아내의 그런 독서에 자주 짜증 냈다. 그러나 비슷한 경험을 공유하는 이들끼리 공감하면서 서로 힘을 주고받자, 구독자들은 로맨스 장르의 열렬한 옹호자가 됐고, 그 장르에 대해 자신들이 기대하는 바를 노골적으로 강요하기 시작했다.

로맨스 소설은 공식에 따라 진행된다. 독립심이 강한 여성 주인공이 결함투성이지만 극히 매력적인 남성을 만난다. 적잖은 돈까지 지급하며 일상의 굴레로부터 어렵게 얻은 일탈 경험에서 독자들은 자기 기대가 이루어지기를 학수고대한다. 독자는 저자나 출판사에서 전형적 로맨스물인 것처럼 선전한 후 이 장르의 관습을 거스르는 이야기 구조를 끌어들여 장난치는 것을 싫어했다. 갑작스러운 반전이나 뜬금없는 비밀 폭로 등은 곤란했다. 여주인공의 죽음은 최대 금기였다. 해피 엔딩이 운명처럼 예정돼 있지만, 그 운명은 여주인공과 처음엔 퉁명스럽고 오만하기 짝이 없었던 남자 주인공 사이에 서로 이해가 서서히 무르익는 과정에서 자연스럽게 실현돼야 했다.

　독자들은 차라리 이미 읽은 최애 로맨스를 다시 읽으면서 반갑지 않은 반전 따위를 만날 가능성을 사전에 차단하기도 했다. 새 소설이 자기 취향인지를 확인하려고 아예 끝 장면부터 먼저 읽기도 했다. 물론 서점에서 점원의 못마땅한 눈길을 의식하며 살펴보기보다는 도서관에서 힐끗 뒷부분을 확인하는 게 더 편했다. 애초에 돈을 지급하지 않았다면 이야기가 불만족스러워 포기하더라도 아쉬울 게 없었다. 도서관은 로맨스 소설의 결말처럼 비로소 로맨스와 화해했다. 도서관 직원들이 로맨스 전용 서가 또는 맞춤형 전시대에 비치한 로맨스 작품을 어떤 식으로 홍보할 것인지 조언하는 온라인 기사도 있을 정도였다.[58] 도서관 분관이라면 어디든지 밀스앤드분이나 할리퀸에서 나온 익숙한 표지의 문고본을 손아귀 가득 들고 있는 충성스럽지만 다소 늙은 로맨스 팬을 만날 것이다. 그들은 한 주가 지나면 그 책들을 반환하고 같은 표지의 다른 책을 또 그만큼 빌려 갈 것이다.[59]

　로맨스는 문학비평가들의 감탄이나 주목을 받은 적은 없다. 그러나 어떤 면에서 로맨스 소설은 적극적 여성성의 찬탄 어린 승리를 대변했다. 여주인공들은 사회의 공공연한 비판과 경멸에 맞서서 대담한 용기를 품고 집요한 헌신을 통해 삶을 개척해 나갔다. 독자들이 도서관을 필요로 하는 만큼 자신들도 로맨스 독자가 필요하다는 것을 도서관이 받아들이면서 로맨스 작품들은 결국 승리를 얻었다. 이제 수백만 도서관 이용자들은 재빨리 다른 책으로 갈아타기 위해 더욱더 도서관이 필요해졌다. 그리고 끊임없는 예산 삭감 위협에 시달리는 도서관도 문턱을 닳도록 이용하는 이 독자들에게 점점 감사하는 마음을 품게 되었다.

18장

도서관, 책 그리고 정치

모든 도서관은 사려 깊은 선택 과정을 거쳐 만들어진다. 이는 당연하다. 선택이란 장서 수집의 역사 전체를 통틀어 변함없이 이어 온 도서관 구축의 자연스러운 한 부분인 까닭이다. 반면에 외부 검열을 거쳐서 어떤 책을 들여놓고 어떤 책을 들여놓을 수 없는지 정하는 일에는 항상 거부감이 존재했다. 역사학자 로버트 단턴(Robert Darnton)의 기민한 관찰에 따르면, 검열 문제의 어려움은 "그 일이 마치 빛의 자식과 어둠의 자식을 가르는 일처럼 단순해 보인다는 데 있다."[1] 그래서 20세기 초 각국 도서관 협회가 만들어 각 도서관에 배포했던 최초의 권장 도서 목록으로부터 2001년 애국법(Patriot Act: 9·11테러 대책으로 시민 자유를 제약할 수 있게 제정한 법으로, 2015년에 폐지됨―옮긴이)에 이르기까지 20세기 내내 선택, 차별, 배제의 문제가 늘 도서 관계를 지배해 왔음을 강조할 필요가 있다.

애국법에 따르면 국토안보부가 요청하면 언제든 미국 도서관들은 언제든 이용객 대출 기록을 제공해야 했다.[2] 20세기 내내 도서관 관계자들은 때로는 정부 간섭에 저항하고, 때로는 지배적 정설과 생각을 같이하기도 했다. 어떤 경우든 사서들은 도서관 장서의 구성을 책임지고, 이를 통해 대중 취향이나 품성을 형성할 소명이 자신들에게 있음을 의심하지 않았다.

검열은 전체주의국가에서 가장 심각했다. 그러나 서구 민주주의국가에서도, 개발도상국에서처럼 신흥 도서관 문화에서도 적잖은 사례를 찾을 수 있다. 20세기 후반에도 장서에 대한 차별, 선택, 공적 간섭 문제는 역사상 어느 때보다 심각했다. 핵전쟁의 그늘 속에서 도서관은 일상의 걱정에서 벗어날 수 있는 도피처이기도 하고, 동서 냉전의 이데올로기적 진실을 강화하는 보루이기도 했다. 도서관 장서의 구축, 큐레이팅, 보존을 담당하는 사람들에게는 무척 어려운 시기였다. 온 세상이 핵 재앙의 위기로 비틀댐에 따라 시민들이 텔레비전 화면에 매달려 있는 사회와 지속적 관련성을 입증해야 하는 일은 더욱더 그러했다.

불안을 없애면서 애국심을 고취하는 문제는 당대에 긴급히 요청된 책의 역할이었다. 그러나 20세기 내내 지속된 이념적인 대립 탓에 그 문제의 뿌리에는 은밀한 사적 욕망과 공적 의무 사이의 풀리지 않는 긴장이 놓여 있었다. 많은 이에게 검열은 용납 못 할 더러운 단어가 아니라 적들의 선동이나 불온 문서나 공공도서관 장서의 부실한 관리로 무자비하게 위협받는, 포기 못 할 가치를 지키는 수단이었다.

허풍쟁이 빌

1871년 10월 8일 일요일 밤, 시카고 화재는 도시 전체를 완전히 파괴했다. 그 당시 시카고는 새로운 산업 세계의 경이로운 증거로, 또한 대륙을 가로지르는 교통망의 요충지이자 굶주린 대륙의 식량 유통 중심지로 급부상 중이었다. 아직 거친 도시로, 유럽 전역에서 온 이민자들을 끌어들이는 자석과도 같은 곳이었지만, 시카고의 부유한 엘리트들은 교회, 공공건물, 시카고과학아카데미, (16만 5000권 이상의 장서를 소장한) 시카고역사협회, 일리노이 도서관협회 등 대도시의 세련됨을 과시하는 어엿한 시설들을 짓는 데 돈을 아끼지 않았다. 월요일 내내 걷잡을 수 없이 번진 화재는 이 모든 시설을 쓸어 갔고, 가옥 1만 7450채를 태웠으며, 주민 9만 5000명을 노숙자로 만들었다. 도서관 손실도 이 엄청난 피해에 따라왔다. 추정치에 따르면 훌륭한 개인도서관 50곳을 포함해서 최대 300만 권의 장서가 손실됐다. 이마저 보수적으로 잡은 수치이다. 시카고 서적상들의 재고 손실도 100만 달러에 달했다. 일간지 아홉 곳, 잡지사 건물 100곳도 불쏘시개가 됐다.[3]

　운명의 잔인한 장난으로 사실상 전소된 시카고는 대서양 양안에서 아낌없는 동정심의 물결을 일으켰다. 영국에서는 그때까지 시카고에 부족했던 무료 공공도서관을 새로 설립하는 데 초점을 맞췄다. 캠페인을 주도한 사람은 『톰 브라운의 학창시절(Tom Brown's Schooldays)』의 저자이자 하원의원이었던 토머스 휴스(Thomas Hughes)였다. 빅토리아 여왕, 윌리엄 글래드스턴(William Gladstone) 수상과 그의 최대 정적이었던 벤저민 디즈레일리가 기부 대열에 동참한 덕분에 휴스는 총 8000권의 도서를 모았다. 디즈레일리가 기증자 명단에 이름을 올린 게 특히 눈길을 끌었다. 인기 작가로서 그는 미국이 영국 저작권법을 무시하는 바람에 큰 고통을 겪었기 때문이다.

모든 기증 도서에는 인도주의적 연대 행위를 나타내는 깔끔한 라벨이 부착됐다. 당시에 영국은 독일 포격으로 파괴된 스트라스부르 도서관 재건에도 힘쓰고 있었기에 이 일은 더욱더 주목할 만했다. 기증 도서는 시카고 도서관 이용자들, 특히 장서표 수집가들에게 큰 인기를 끌었다. 원래 도서 8000권 중 현재 300권만 남은 것을 보면 이를 잘 알 수 있다. 이를 두고 최초의 도서관 역사가는 재치 있게 말했다. "이용이 거듭되면서 책이 모두 닳아 버렸다."[4]

이 자부심 넘치는 빅토리아시대 기증자들이 시카고 시민들에게 지속해서 감사받겠다고 생각했다면 빅 빌 톰슨(Big Bill Thompson)의 존재를 몰라서였을 것이다. 그는 금주법에 대한 격렬한 비판자였고, 갱단 두목 알 카포네의 자랑스러운 친구로서 시카고 시장을 역임하면서 시카고 정계에 전인미답의 발자국을 남겼다. 탄핵당해 한 차례 강제로 퇴진한 바 있는 빅 빌은 1927년 참신한 구호를 내걸고 재기를 계획했다. 영국 국왕이 시카고를 방문하면, 그의 코를 한 대 갈겨 주겠다고 공언한 것이다. 점잖았던 조지 5세의 미국 방문 계획이 없었기에 그 협박은 무의미했다. 그러나 이 공약은 시카고 유권자들 사이에 충분한 화제가 되었고 덕분에 빅 빌은 승리하여 시청으로 복귀했다.[5]

조지 5세의 코는 무탈했으나, 톰슨 시장의 일방적 시비는 끝나지 않았다. 그는 시립도서관에서 영국 친화적 문헌을 솎아내야 한다고 발표했다. 그러나 빅 빌은 공립학교 감독관을 몰아내는 일에 힘써야 했기에 이 작업을 휘하 관료인 어바인 허먼(Urbine Herrmann)에게 일임했다. 칼 로던(Carl Roden) 공공

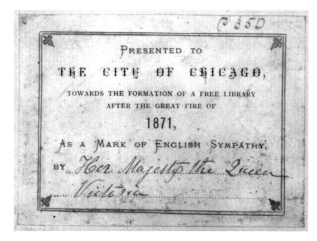

도판 29. 1871년 시카고 대화재 이후, 영국의 관대한 기부는 이 우아한
장서표에 기록돼 있다. 그중 많은 책이 빅 빌 톰슨이 친영 도서를 솎아 내라는
불호령을 내리기 전에 수집가들의 표적이 되어 서고에서 사라졌다.

도서관 관장은 미온적 저항만 했다. 반미 정서를 표출하는 모든
책을 찾아내는 것은 힘들다는 사실을 지적하면서 그는 의심 가
는 책을 폐가식 장서실에 넣어서 대출할 수 없도록 하자고 제안
했다. 허먼의 태만한 일 처리도 책을 구하는 데 일조했다. 애국
자연맹(Patriots League)이 신고한 서적 네 권을 대출한 그는 불
온문구를 찾는 게 자기 능력 밖이라는 사실을 깨닫고 다음 날
슬그머니 그 책들을 반납했다.

　　시카고 도서관 장서를 철거하려는 시도는 그 후에도 계속
이어졌다. 이는 언론의 자유에 대한 도서관의 약속을 더 강력하
게 선언할 필요성을 깨우쳐 주었다.[6] 미국 도서관협회는 '도서
관 권리장전(Library Bill of Rights)'이라는 다소 간결한 문서를

통해 도서관 장서를 선택할 권리가 누구도 **빼앗을 수 없는 사**서의 권리라는 사실을 확고하게 밝혔다. 유럽에서 전운이 감돌던 1939년에 처음 발표된 후 몇 차례 개정을 거친 이 장전은 도서관이 다양한 생각을 대변하는 온갖 책들의 성역이란 생각을 지키는 데에 그다지 든든한 방패가 되지는 못했다. 모든 사서가 이 원칙을 영웅적으로 수호한 것도 아니었다. 1927년에 강압적 명령이 있었다면 불온서적으로 판명된 책들을 결국 내주었을 거라고 솔직히 인정했던 칼 로든은 이듬해 미국 도서관협회 회장으로 선출됐다. 그의 동료였던 시카고 시립도서관의 프레더릭 렉스는 한술 더 떴다. 그는 앞장서서 친영적 성격을 띤 모든 자료를 제거한 후 자랑스레 발표했다. "이제 우리는 '아메리카 퍼스트' 도서관을 만들었습니다."[7]

1945년 이후, 승리의 행복감이 빠르게 잦아들고, 냉전의 긴장이 급습하면서 사서들에게 해로운 분위기가 조성됐다. 1950년에 오클라호마주 바틀즈빌(Bartlesville)에서 오랫동안 사서로 일했던 루스 브라운(Ruth Brown)이 해고됐다. 도서관 장서에 불온서적을 비치했다는 표면적인 핑계를 댔지만, 실제로는 지역 흑인 공동체에 대한 동정심을 숨기지 않았기 때문이었다.[8] 미국 도서관협회는 브라운을 구하기 위해 아무 노력도 하지 않았다. 그저 그 문제를 산하의 지적자유위원회와 인사관리위원회의 권한으로 떠넘겼을 뿐이다.

당시 미국 도서관협회는 대다수 역량을 트루먼 대통령이 도입한 '공직자 충성 서약 의무화' 제도의 충격을 막는 데 쏟고 있어서 다른 데 눈 돌릴 여력이 없기도 했다. 핵 기밀 유출에 고위 공직자가 연루된 사건, 소련의 핵 개발 소식, 한국전쟁 발발 등으로 인해 시민들 대다수는 공직자에게 미국의 가치에 대한 충성심을 서약하도록 하는 게 문제없다고 여겼다.[9] 로스앤젤레스의 한 사서가 충성 서약 서명을 미루자, 한 도서관 운영위원은 "우리 도서관 사서가 …… 우기가 싫어하는 자유주의 사상에 빠진 건 아닌지"를 큰소리로 문제 제기했다.[10]

일부 영향력 있는 인사가 충성 서약을 지지하면서 미국 도서관협회는 둘로 갈렸다. 사실 표현의 자유라는 다원성의 가치를 대담하게 지지하는 사서들은 일부였고, 대다수 사서는 지역사회 가치를 따랐다. 게다가 매카시 시대에는 공산주의 침투에 대한 편집증이 만연했다. 1958년 설문조사에 따르면, 사서 중 3분의 2는 저자나 책에 논란이 생기면 그 책을 구매하지 않은 적이 있었다고 시인했다. 이는 사서들이 "민주주의적 표현의 자유와 의견의 다양성을 존중해야 한다는 교과서적인 주장"을 펼치면서도 "자기 일터에서 그 권리를 행사할 때는 정치적 부담을 세밀하게 계산하며 행동"하는 이중 잣대를 가지고 있음을 입증하는 결과였다. 자유주의자였던 아이젠하워(Eisenhower) 대통령이 이 사태를 진정시키려고 나섰다. 다트머스대학교 졸업식 축사에서 그는 책을 불태우는 자(book burner)에게 굴복하지 말라는 취지로 이렇게 역설했다. "우리 자신의 품위 있는 생각을 거스르지 않는 한 도서관에 들어가 모든 책을 읽는 걸 두려워하지 말자."[11]

품위의 경계가 어디까지인지는 당연히 논쟁의 대상이었다. 미국에서는 이 문제를 대법원의 아홉 신사가 결정했다. 자기들

집에서도 별로 환영받지 못했을 금서 조치를 지지할 것인가, 또는 철회할 것인가를 놓고 심리했던 대법관들은 "사회적 중요성을 전혀 담고 있지 않은", 다시 말해 "당대 사회의 기준을 적용할 때 책의 지배적인 관심이 평균적 시민의 호색적 흥미를 돋우려는 경우"에 해당하는 때에만 의회가 출판물을 금지할 수 있다고 결정했다. 이런 사법적 모호성은 케네디 시대에도 여전히 강력했던 시민운동에 아무 소용도 없었다. 1961년에는 샐린저의 『호밀밭의 파수꾼(Catcher in the Rye)』, 존 스타인벡의 고전 소설 『생쥐와 인간(Of Mice and Men)』이 학부모 단체의 지속적인 공격을 받았다. 조지 오웰의 『1984』와 올더스 헉슬리의 『멋진 신세계(Brave New World)』는 익명의 항의 전화 한 통 탓에 플로리다주 고등학교 독서 목록에서 삭제됐다.[12]

미국 대법원이 한가하게 콧노래를 부르는 동안 영국 런던 고등법원에서는 음란물에 대한 검열 문제가 코미디를 방불케 하는 엿새간의 소동 끝에 사실상 해결됐다.[13] 1960년 D. H. 로런스의 『채털리 부인의 연인(Lady Chatterley's Lover)』을 출판하겠다고 밝혔을 때 펭귄 출판사는 음란물 출판법을 위반했다는 이유로 기소되는 행운을 얻었다. D. H. 로런스는 1920년대에 노동자계급의 삶을 어둡게 묘사한 작품으로 상당한 명성을 얻었다. 그러나 그 이후 그의 명성은 꾸준히 떨어졌는데, 이는 스텔라 기번스(Stella Gibbons)가 『춥지만 안락한 농장(Cold Comfort Farm)』에서 아름다운 전원을 배경으로 음울하고 침울한 인물들을 유쾌한 어조로 패러디한 탓이기도 했다.[14]

1960년 이전까지 『채털리 부인의 연인』은 영국에서 무삭

제판으로 출판된 적이 없었다. 전쟁터에서 다친 지주 남편을 둔 여성이 권태에 빠져 남편 농장의 산지기와 벌이는 생생한 애정 행각이 궁금한 영국인들은 파리나 피렌체에서 출판된 책을 구해야 했다. 런던 문학계의 최고 명사들이 재판정에서 앞다투어 이 책의 문학적 가치를 증언하려고 줄을 섰다. 놀랍게도 이 책을 읽고 향락에 빠져 타락의 구렁텅이로 떨어졌다고 증언하는 사람은 거의 없었다. 검찰 쪽 변호인인 배심원들에게 이 책을 아내와 하인에게 읽히길 바라느냐고 물었을 때 승부는 끝났다. 『채털리 부인의 연인』을 지키는 것이 현대의 영국을 수호하는 행위가 된 것이다. 펭귄은 무죄로 판명 났고, 한 달도 안돼 거리에 20만 부가 뿌려졌다. 해리포터 시리즈가 나오기 전까지는 책 출판이 이렇게까지 화제가 된 적이 없었다. 책은 이틀 만에 완판됐다. 『채털리 부인의 연인』의 출판을 두고 벌어진 재판은 '흔들리는 60년대(swinging sixties)'로 불리는 관용의 시대를 여는 데 큰 역할을 했다고 널리 알려져 있다. 그런데도 1913~1914년 무렵에 쓰인, 동성애자 간의 사랑을 그린 E. M. 포스터(E. M. Forster)의 반자전적 소설 『모리스(Maurice)』는 11년이 더 지나서야 출판될 수 있었다.

　　미국 남부의 인종차별 문제는 미국 도서관협회의 최대 난제였지만, 협회는 문제 해결을 위해서 별 역할을 하지 않았다. 남부에 속한 주들은 공공도서관 설립에서 다른 지역에 비해 늘 뒤처진 데다, 대다수 공공도서관에서는 흑인 이용을 불허했다. 실수로라도 도서관에 발을 들여놓은 흑인들은 호통만 듣고 쫓겨나기 일쑤였다.[15] 다른 많은 지역에서 이미 불신 대상이 되었던 '분리하되 평등하다'(1896년 미국 연방대법원의 '플레시 대 퍼거슨 사건' 판결문의 핵심 구절로, 그로 인해 기차, 학교, 극장, 화장실, 물 마시는 수도꼭지까지 백인 전용, 흑인 전용으로 나뉘었다—옮긴이)라는 원칙은 흑인 지역에 도서관을 딱 한 곳만, 그것도 열악한 시설의 건물 하나를 제공하고 자선 기부로만 운영비를 충당하도록 하는 바람에 더욱 조롱거리가 됐다.

미국 남부의 도서관에서 차별 철폐는 느리게 진행됐다.[16] 그동안 공적 권위를 가진 어떤 사람도 이를 위해 적극적으로 나서지 않았다. 미국 도서관협회는 아프리카계 미국인 이용자들을 위한 사회정의를 실천하려 애쓰기보다 안락한 삶을 챙기면서 이 문제로 사서들끼리 불협화음이 나지 않도록 저지하는 데 더 급급했다. 협회에서 인종차별은 금기 주제였다. 1959년에는 "이 문제에 대해 어떤 조치도 취하지 않는다"라고 결정했다. 지적자유위원회 의장은 "아무것도 아닌 문제를 시빗거리로 삼으려는 일부 인사들이 개인적으로 크게 우려스럽다"라면서 격앙된 목소리로 보고했다. 1960년 3월 협회는 "지역 관할권을 침해할 수 없다"라고 선언했다. 그해 말 협회보에 올린 사설에서는 협회는 "개별 도서관 운영을 규제하는 것이 아니라 도서관 발전을 촉진하기 위해 존재한다"라고 밝혔다.[17]

공정하게도 미국 도서관협회의 일반 사서들은 모든 지도부 성명서에 항의하면서 갈수록 분노 감정을 높여 갔다. 그러나 남부 도서관들이 마지못해 흑인들에게 문호를 개방한 후에도 완전한 차별 철폐까지는 길고도 어려운 싸움을 거쳐야 했다. 그 철폐가 흑인 청년들에게 어떤 궁극적 변화를 불러왔는지는 매디슨파크(Madison Park)에서 자란 조숙한 아이 에릭 모틀리(Eric Motley) 이야기에서 극적으로 나타난다. 앨라배마주 몽고메리(Montgomery) 외곽에 있는 이 마을은 과거 노예였던 사람들이 설립한 곳으로, 흑인 밀집 지역에 속한다.

1985년 열두 살이었을 때 에릭은 토요일마다 아버지를 따라 도서관에 가서 하루종일 지냈다. 어느 날 에릭의 옆자리에 휠체어를 탄 쇠약한 노인이 앉았다. 전 앨라배마 주지사이자 대통령 후보였던 조지 월리스(George Wallace)였다. 1960년대에 그는 백인 우월주의자로, 극단적 인종주의의 상징이었다. 불과 몇 년 전만 해도 에릭은 도서관에 출입할 수 없었을 것이다.[18]

마음속 강제수용소

냉전이 한창이던 1961년 5월, 미국 사서들이 설렘을 감추지 못하고 소련 도서관에 대한 심층 견학에 나섰다. 비용을 아끼지 않고 진행된 광범위한 관찰을 통해 그들은 깊은 인상을 받았다.

소련의 서점 숫자와 규모, 그리고 눈팅족이 아닌 단위 면적당 고객 숫자는 도서관과 그 이용객 숫자만큼이나 인상적이다. 모스크바에서만 주요 서점 170곳, 가판대 340곳을 통해 매년 9000만 권이 판매된다고 한다.[19]

엄선된 공공도서관을 방문한 미국 사서들은 긴 개관 시간, 거의 모든 공간에 배치된 자원봉사자, 높은 열람실 이용률에 주목했다. 물론 사서들은 서가에 최근 미국 문학이 없고, 미국 기준에 맞춰 봤을 때 주변 환경이 너무 경직돼 있다는 점에 실망했다. 그러나 그들은 꼼꼼하게 연출된 견학에 깊은 감명을 받은 것은 분명했다. 모스크바에서 돌아오는 비행기에서 흥분을 감추지 못하고 그들은 첫 번째 소식을 전했다. "네, 소련 사람도 책을 읽습니다."

연출된 광경이 보여 준 장밋빛 경험을 많은 소련 시민이 맛볼 수 있었는지는 의문이다. 모든 서방 방문객은 소련이 독서의 나라임을 인정했다. 버스에서, 전철에서, 공원에서 마주친 러시아인들은 모두 책이나 신문에 머리를 파묻고 있었다. 서점 안에 고객이 붐비는 것도 사실이었다. 그러나 동시에 많은 소련 시민은 읽을 게 없다고 토로했다.[20] 당국 허가를 받은 작가들은 지루하고 조심스러운 글만 발표했다. 이는 소련뿐만 아니라, 위성국가인 폴란드, 헝가리, 체코슬로바키아, 동독에서도 마찬가지였다.

그런데도 사람들은 읽어 댔다. 이 역설적 상황의 핵심에는 고도의 통제 사회에서도 독서는 지극히 개인적 행위라는 사실이 있었다. 독서는 일상의 압박, 특히 붐비는 가족 공간의 압력에서 벗어날 수 있는 탈출구를 제공했다. 또한 독서는 삶의 모든 단계에서 치밀하게 감시받는 사회에서 얼마간 지적 자율성을 확립하는 수단을 제공하기도 했다. 공산주의 정권의 이론가들은 독서가 양날의 검이란 사실을 잘 알았고, 그 위험도를 누그러뜨리기 위한 시스템을 마련했다. 많은 독자에게 이런 검열과 통제는 공산주의 아래의 삶에서 가장 괴로운 요소로 꼽혔다.

도서관은 항상 소련 공산당 프로젝트의 중심에 놓였다. 1917년 겨울 궁전을 습격한 후 여명이 밝아오자 레닌은 새로 임명한 교육위원에게 인민의 마음을 얻기 위한 싸움에서 도서관이 핵심 무기가 될 것이라고 강조했다.

> 무엇보다도 도서관에 주목해야 합니다. 우리는 선진 부르주아 국가들이 도서관의 책을 널리 이용하게 하려고 개발한 방법들을 모조리 빌려 와야 합니다. 우리는 인민들이 책을 이용할 수 있도록 만들어야 합니다. 소비에트 전역에 골고루 가능한 한 많은 책이 배급되어야 합니다.[21]

이후 벌어진 내전으로 제정 러시아 시대의 도서관이 크게 황폐화했지만, 레닌의 목표는 대부분 실현됐고, 러시아 인민의 전반적인 문해률도 크게 올랐다. 1917년 소련 전체 인민 중 겨우 19.7퍼센트, 여성 인구 중 8.6퍼센트만 글을 읽을 수 있었다. 그러나 1940년 소비에트 러시아는 도서관 25만 곳에 장서 4억 5000만 권을 보유한 것으로 집계됐다. 겨우 20여 년 만에 이룩한 놀라운 변화였다.[22] 그 직후 독일이 침략했다. 독일이 진격과 처절한 후퇴 과정에서 저지른 파괴 행각은 러시아 국민과 문화 시설에 끔찍한 타격을 입혔다. 도서관 수천 곳이 불타고 폭파되고 약탈당했다. 후퇴하면서 악의를 품고 고의적으로 저지른 피해는 정녕 끔찍했다. 러시아 전역의 도서관에서 1억 권 넘는 책이 사라졌고, 벨라루스 도서관은 완전히 파괴됐다.

전후 소련의 도서관 재건 과정은 고통과 분노를 동반했다.

보상 차원에서 독일로부터 수백만 권을 가져갔는데, 그중에는 인쇄술 초기의 보물도 있었다. 반출 도서 중 상당수는 수십 년 동안 목록화 작업도 안 되고 활용도 안 됐다. 1989년 이후에야 러시아와 독일 도서관 직원들 간에 잠정적 화해가 이루어졌다. 현재 베를린 국립도서관 장서 목록에는 약 70만 권이 러시아 도서관 주소와 함께 나열돼 있다.

대부분 독일어나 라틴어로 된 이 장서들은 현대 소련 시민의 요구와는 아무 관련이 없었다. 이 때문에 소련 당국은 공공도서관 망을 완전히 재구축해야 했다. 10년이 채 안 돼서 기적이 이루어졌다. 1961년 미국 사서들이 방문했을 때, 러시아는 교직원과 학생 30만 명이 이용하는 대학도서관 41곳에, 장서 5000만 권을 자랑할 수 있었다. 1973년에는 총 36만 곳의 도서관이 소련 전역에 있었다. 여기에는 공공도서관 12만 8000곳, 과학 및 기술 도서관 5만 8000곳, 학교도서관 17만 곳이 속해 있었다. 대학도서관들은 이 모든 단계별 도서관 시스템의 초석이 됐다.[23] 군인도서관, 노동조합과 공장도서관, 시골 주민을 위한 이동도서관 등 인민들 욕구를 충족하는 다양한 도서관도 있었다. 교도소와 심지어 수용소에도 도서관이 있었다. 그러나 사실 이 불쌍한 장서들은 그곳에 수용된 정치범 독서광들의 박탈감을 강조하는 역할을 했을 뿐이었다.[24]

체제에 반기를 들지 않은 사람들에게도 독서는 어려운 일이었다. 특히 국가가 강제한 이념적 의제를 넘어서려는 사람들에겐 더욱더 그랬다. 레닌은 서구 도서관을 모델 삼아 소련 도서관을 개방형 서가로 운영하자고 주장했다. 그러나 1933년 소련 당국은 이를 철회했다. 카드 목록을 뒤지고, 사서에게 신청해야 책을 이용할 수 있었다. 이는 숱한 형태로 이용자들 행동에 영향을 미쳤다. 도서관마다 의무적으로 비치된 독자 카드는 방대한 개인정보가 포함된 더 풍부한 문서로 발전해 갔다. 때때로 그 카드에는 개인 소장 도서의 독서 이력이 포함되기도 했다. 덕분에 우리는 어릴 때 모험담에 열광하던 청년 독자들이 더 수준 높은 문학작품으로 옮겨 가는 과정을 이 카드와 함께 살필 수 있다. 때때로 큰 도서관의 경우, 열람실 카드 목록에 있는 도서 중 극히 일부만 소장하고 있어서 불온 저자의 책은 애초에 보유하지 않았기에 연구자들은 좌절하며 돌아가곤 했다.[25]

사서들은 해고당하지 않으려고 미승인 자료가 요청되면 이를 보고해야 했다. 이 때문에 그들은 도서 검열의 공개적 초상이 돼야 하는 불쾌한 처지에 놓였다. 도서관 기록에 대한 접근권은 국가안보의 강력한 도구이기에 미국 국토안보부 역시 2001년 애국법을 제정할 때 이 권한을 달라고 주장한 것이다. 일부 소련 사서들은 용감하게도 열람자들과 공모해 독서 카드에 가짜 제목을 써 넣기도 했지만, 대부분은 의무를 준수했다. 그 결과 사서라는 직업적 자부심이 조금씩 떨어졌다.[26] 1980년대가 되자 독자들은 점차 공공도서관을 외면했다. 물론 이는 공산권에만 국한된 현상은 아니었다. 그러나 1989년 이후에도 러시아 독자들의 발걸음은 더디게 돌아왔다. 장서를 보충할 돈도, 위험할 정도로 낡은 건물을 보수할 자원도 거의 없었기에 독자들은 이전에 금서였던 책을 찾아서 비공공 회원제 도서관을 찾았다.

통제 사회에서 독서 관리의 어려움은 제2차세계대전 이후 소련 지배 아래 들어간 유럽 '형제' 국가에서 더욱 배가됐다. 폴란드, 체코슬로바키아, 헝가리 등은 모두 문해력, 책 제작, 도서관 건립의 오랜 역사를 간직한, 고도로 세련된 문화 전통을 갖춘 중부 유럽 사회에 속했다. 옛 프로이센의 영토 대부분을 빼앗긴 채 폐허가 된 독일 북동부 지역은 독일민주공화국(옛 동독의 공식 명칭—옮긴이)이라는 이름을 얻어 전쟁과 약탈로 입은 피해를 아주 조금씩 회복해 갔다. 마르크스주의 이데올로기의 새로운 명령에 따라 이 국가들을 만들어 가는 일은 책 생산자나 독자 양쪽에 모두 때로 큰 상처를 남기곤 하는 시험 과정이었다.

전쟁 기간에 폴란드는 거의 모든 장서를 잃었다. 그래서 도서관계는 공공도서관 망을 재건하겠다는 새 정권의 약속을 환영했다. 그 약속은 초기에 여러 측면에서 괄목할 만한 성공을 거두었다. 1946년에서 1949년까지 폴란드 공공도서관 숫자는 426곳에서 거의 4000곳으로 늘어났고, 장서 전체는 650만 권에 달했다.[27] 그러나 곧 이 장서들 관리 방식이 매우 달라지리라는 점이 분명해졌다. 장서들 일부는 개인이나 기업 장서를 강탈한 것이었다.[28] 도서관에서 치워 버려야 할 책을 담은 첫 번째 금서 목록이 1945년 10월 초에 배포됐다. 새로운 체제에 불만을 품은 옛 사서들은 점차 축출됐다.

저주 대상이 된 책 중에는 "선정적인 책들, 미스터리 서적들, 또는 감상적 로맨스"도 있었다. 서방 세계 사서들이 이런 책을 반대하지 않았더라면 공산 당국 역시 관련 작품을 "부르주아적 이상과 속물근성, 게으른 백수들에 대한 숭배로 가득 차 있다"라고 비난하지 않았을지 모른다. 그러나 공산주의 사회는 철저하지 않으면 아무 의미도 없었다. 1948년 풍자작가협회는 "부르주아적 불평불만"을 다루지 않겠다고 선언했다. 그 대신 "자본주의 사고방식의 발현과 귀족적 행동의 흔적"을 조롱하는 풍자를 써 나가겠다고 약속했다.[29]

공산주의 정권이 들어선 이후 체코슬로바키아 공공도서관에서는 2750만 권이 사라졌고 출판사를 사적으로 소유하는 것이 금지되면서 재고 서적의 약 85퍼센트가 폐기됐다. 체코 지식인들 상당수가 공산 정권을 지지했기에 이는 체코 작가들에게 큰 기회를 제공했다. 출간 도서 종수는 감소했으나, 인쇄부수는 이전보다 여섯 배나 많아졌다.[30] 그러나 헝가리나 동독보다 체코슬로바키아 작가들이 더 많이 공식 출판 영역을 포기했다. 특히 1968년 프라하의봄으로 알려진 일시적 자유화의 바람이 잔인하게 파괴된 후 많은 작가가 출판계를 떠났다. 문학잡지 25종이 폐간되고, 전체 언론인의 절반과 출판사 편집자의 80퍼센트가 해고됐다.

지적 생활의 모든 영역에서 가혹한 탄압이 이어지자 많은 이들이 타자기로 친 시와 산문을 주고받으면서 위로를 얻었다. 카본지로 뜬 복사본과 저임금 여성 비서의 도움을 받아서 복제한 이 작품들은 사미즈다트(samizdat), 즉 비합법적 지하출판물이 됐다. 물론 사미즈다트로 나온 많은 작품은 상업적 시장에서 정상 유통되었더라면 걸러졌을 법한 질 나쁜 것들이었다. 중요한 것은 1989년 이후에 시장이 정상화되자 공산 체제 아래에서 금서에 대한 수요가 일시적으로 급증했다가 매우 빠르게 사라졌다는 점이다.

좋든 싫든 체코, 헝가리, 폴란드 사람들 대다수가 읽은 책들은 공식 경로로 공급됐다. 신간이 출시되는 목요일 아침이면 프라하 서점 앞에는 긴 줄이 생겨나고는 했다. 서점에서는 포장된 상태로 책을 판매했기에 독자들은 미리 출판 목록을 면밀히 살펴야 했다. 이러한 열람 금지는 중고 서점에 새로운 기회를 주었고 이에 따라 중고 서점이 크게 번창했다.

동유럽 공산국가에서 나타난 가장 뚜렷한 특징은 지적 생활 유지에 개인 서재의 중요성이 커졌다는 점이다. 체코와 헝가리의 경우 많은 가정에서 수백 권씩 장서를 모았고 이런 개인 장서 덕분에 어떤 작가가 체제 탄압을 받더라도 그의 작품이 쉽게 사라지지는 않았다. 밀란 쿤데라(Milan Kundera)의 작품 『농담(The Joke)』은 1967년 출판된 후 몇 해 동안 11만 9000부가 판매됐지만, 1970년 그가 공산당에서 제명되면서 금지됐다. 공공도서관에 있던 책도 모두 사라졌지만, 여전히 10만 부 정도가 개인 집에 남아 있었다. 현실 도피적 소설과 1968년부터 지정된 금서가 뒤섞인 개인 장서는 이른바 '정상화'라는 암울한 시기 내내 체코의 문학적 토양을 지탱해 주었다. 공공도서관은 어쩔 수 없이 당의 노선을 따랐지만 독자들은 러시아 작가들 책을 서가에 그대로 놓아두는 방식으로 체제에 대한 복수를 행했다.[31]

1989년 공산주의 붕괴 이후 이들 국가에서는 서구 사회를 다룬 책에 대한 탐욕스러운 수요가 일어났다. 그로 인해서 출판업계에는 엄청난 폭풍이 몰아쳤고, 공공도서관은 쓸데없는 책만 모아 둔 곳으로 전락했다. 작가 바츨라프 하벨(Václav Havel)이 체코슬로바키아에 이어 체코공화국까지 14년 동안 연속해서 대통령을 역임하는 등 체코인들은 여전히 지식인들을 존경했다. 그러나 체코 사람들은 소수를 제외하곤 대부분 진지한 문학을 피하고 요리책, 범죄소설, 미국 서부 이야기에 빨려들어 갔다. 이는 사미즈다트 시대의 중견 작가들에게 냉혹한 교훈을 남겼다.

또한 체코 사람들은 산더미처럼 쌓인 실용서, 사전, 자기계발서를 탐욕스레 삼켰다. 사회주의 가치를 칭송하는 갑갑한 목소리에서 해방된 텔레비전도 책 읽을 시간을 빼앗았다. '책과의 이별'을 예고하거나 '국가적 수치'라며 애통해 하는 신문 머리기사가 넘쳐 났다.[32] 그러나 이는 요점을 놓친 비판이었다. 체코 출판업이 파국을 맞이한 건 외국인 투자를 거부했기 때문이었다. 헝가리와 폴란드에서는 외국자본을 유치해 출판산업이 폭풍을 건너는 데 도움을 얻었다. 현재 두 나라는 해방된 발트삼국과 함께 서유럽의 어느 나라보다 1인당 도서관 수가 많다.[33]

베를린장벽 붕괴 이후 동서독 공공도서관 사이의 현격한 격차가 드러났다. 1989년 동독에는 인구 1600만 명에 공공도서관 1만 3535곳이 있었다. 그러나 서독은 인구가 네 배나 많은데도 도서관 숫자는 4988곳뿐이었다. 반대로 서독에서는 학술도서관, 특히 60군데 대학도서관에 세 배 많은 예산을 지출한 반면, 동독의 학술도서관은 공공도서관 망에 비해 예산 지원이 적었다.[34] 이런 격차에는 여러 이유가 있겠지만, 서독 시민들이 책을 살 수 있는 가처분소득이 훨씬 많고, 구매도 쉬웠으며, 게다가 고를 만한 책도 많았다는 점이 가장 큰 이유일 테다. 동독에서는 현금 부족에 사회주의 이념에 부합하지 않는 텍스트 공급을 꺼리는 분위기까지 겹쳐서 학술 장서의 성장이 방해받았다.

그 결과 통일 후 동독 대학 장서의 80~90퍼센트가 실질적 관점에서 볼 때 아무 쓸모없다는 판정을 받았다.

공공도서관 역시 고통스러운 숙청 과정을 피할 수 없었다. 프랑크푸르트안데어오데르(Frankfurt an der Oder) 시립도서관은 소장 자료 중 약 3분의 1을 폐기했다. 비텐베르크 시립도서관은 길가에 책 무덤을 쌓아 둔 채 지나는 시민들이 가져가게 방치했다.[35] 동독 출판사들에도 팔리지 않을 재고가 산더미처럼 쌓였다. 이 책들 대부분은 폐지 공장으로 보내거나 매립지로 향했다. 이 치욕의 무덤에는 셰익스피어, 졸라, 톨스토이의 책들이 축출된 서기장 에리히 호네커(Erich Honecker)의 연설문과 뒤섞여 있었다. 한 관찰자의 말을 빌리면, "서점과 출판사 직원들은 책을 그냥 내다 버림으로써 동독의 과거를 처리하려 했다".[36] 이런 태도 또한 도서관을 죽이는 한 가지 방법이다.

새로운 지평에서

해방된 동유럽 사람들이 도서관 책을 지자체에 떠맡겨 처리하는 동안 세상 다른 지역에서는 처음으로 공공도서관 망이 생겨나고 있었다. 서구 세계가 공공도서관의 소멸을 예측하던 시점에 아이러니하게도 공공도서관은 비로소 세계적 현상이 됐다. 개발도상국들의 희망도, 서구 국가들의 허황한 예측도 결국 완전한 형태로 실현되지는 않았다. 서구에서는 매체 변화의 폭풍 속에서도 도서관이 살아남았고, 개발도상국에서는 각국 정부, 자선가, 비정부기구의 선의에도 공공도서관 운동이 아직 그 잠재력을 충분히 발휘하지 못하고 있다.

과거 영국 식민지였던 다른 곳처럼 인도 도서관 역시 처음에는 유럽 통치 엘리트의 필요에 부응하려 설립됐다. 그러나 시간이 흐르면서 교육받은 인도 엘리트들도 식민 지배자들의 가치를 따르는 한 도서관을 이용할 수 있게 됐다. 결국 인도 엘리트 독자들은 자체 대여도서관을 설립했다. 하지만 외국인들이 선호하는 수입 영어 도서가 여전히 장서의 대부분을 차지했다. 토착어 문학작품을 쓰려는 시도는 선동 가능성이 있는지 주의 깊게 감시당했다.[37] 새로운 행정관료를 양성하기 위해 어쩔 수 없이 뭄바이, 콜카타, 첸나이에 대학과 부속도서관이 만들어졌다. 인도가 독립한 1947년까지 대학 19곳, 단과대학 636곳이 있었고, 재학생 숫자는 10만 6000명이었다.[38]

　바로다 지역 전체에 공공도서관 망을 구축했던 마하라자의 특별 계획에도 일반 대중을 위한 도서관 설립은 뒤처졌다. 미국 코네티컷주 뉴헤이븐(New Haven)에 있던 청년학교(Young Men's Institute) 사서 출신의 윌리엄 앨런슨 보든(William Alanson Borden)이 전체 계획을 관리감독했다. 그는 1910년부터 마하라자를 대리해서 그 원대한 계획을 실행해 갔다. 보든이 떠날 무렵 바로다주에는 장서 4만 권을 갖춘 중앙도서관이 있었고, 전체 도시 38곳 중 36곳에, 주요 마을 216곳에 도서관이 설립됐다. 도서관 망은 전적으로 마하라자의 후원에 의존했기에 1936년 그가 세상을 떠난 후에는 더 이상 유지될 수 없었다.

　공공도서관의 가장 인상적 발전과정이 전적으로 18세기 유럽이라면 계몽전제군주라고 불렸을 마하라자의 후원에 의존했다는 사실은 독립 이후 인도 도서관의 미래를 어둡게 했다. 빈곤, 식민주의 유산, 기본 의료서비스 부족, 국가안보, 두 나라 사이의 갈등 등 인도와 파키스탄이 직면한 문제들은 산더미 같았다. 만성적 문맹률이 너무 높아 그 효용이 다수에게 돌아가지 않았기에 도서관에 우선순위를 부여하기 어려웠다. 1931년 전국 인구조사에 따르면 남성의 15.6퍼센트, 여성의 2.9퍼센트만이 글을 읽을 수 있었다. 1981년에는 남성 문해율은 56퍼센트에 달했지만 여성 문해율은 여전히 크게 뒤처졌다. 심지어 2011년 원시 데이터를 대폭 상향 조정한 후에도 여성 열 명 중 세 명은 여전히 글을 읽지 못했다.

이런 상황에서 학교를 설립하고 교사를 양성하는 일에 가장 우선순위를 두는 건 당연했다. 1952년, 19세기 프랑스처럼 장서 50권 정도로 구성된 학교도서관을 제공해서 지역 주민들도 이용하게 하자는 낙관적 제안이 나왔다. 충실한 공공도서관 서비스는 대도시에만 한정돼 있었다. 1997년 델리의 대표적 도서관 체계는 중앙도서관에 분관 73곳으로 구성됐다. 도서관들은 모두 합쳐서 장서 140만 권을 소장하고 있었고, 이를 관리하는 직원 수는 451명이었다. 그러나 도서관 회원 숫자는 6만 4000명에 불과했고, 그나마 어린이 회원 2만 2000명을 포함한 수치였다.[39] 인도 도서관의 역사는 대체로 국가 또는 주 정부가 제정하는 일련의 법안에 따라 이루어졌다. 그러나 입법 실행에 필요한 재원이 늘 함께 제공되는 건 아니었다. 2008년 발표된 설문조사는 더 많은 자원이 여전히 필요하다는 희망적 요구로 결론을 맺는다. "공공도서관을 보통 시민을 위한 진정한 정보 자원 센터로 만들려면 대규모 투자가 필요하다."[40]

전후 개발도상국에서 도서관 설립 운동은 평화를 장려하

는 새로운 세계 기구, 그중에서도 주로 유엔 산하 문화 관련 기관인 유네스코로부터 큰 도움을 받았다. 1949년 발표된 '유네스코 공공도서관 선언'은 프랑스의 참여 지식인 앙드레 모루아(André Maurois)가 주도해서 작성했다. 그에 따르면, 도서관은 선전선동이나 편견으로부터 자유로워야 하는 평화의 도구여야 했다. 그러나 모루아는 그전 10년 동안 벌어졌던 수많은 반대 증거를 교묘히 회피한 후 공공도서관이 민주주의 열망의 산물이고 전 세계에 (서구) 민주주의를 확산하는 데 큰 도움을 줄 것이라고 주장했다. 이후 10년 동안 도서관 프로그램은 식민시대 선교사들의 활동을 연상시키는 복음주의적 열정으로 추진됐다. 다만 기독교가 아니라 '근대성'이라는 세속 가치를 퍼뜨리기 위해 추진됐을 뿐이다.

유네스코와 관련된 많은 문서와 마찬가지로 이 선언도 도서관 건설이라는 주요 프로그램을 가로막는 암울한 현실을 거의 고려하지 않은 채 햇빛이 잘 드는 고지대에만 눈을 돌리고 있었다. 유럽 지역 바깥의 나라 대부분은 민주주의국가가 아니었다. 게다가 빈곤, 낮은 문해력, 국가 패권을 두고 싸우는 숱한 인종과 민족의 통합, 정부 부패 등 더 심각하고 시급한 문제에 직면해 있었다. 유네스코식 접근의 결함은 인도(델리, 1950), 콜롬비아[메데인, 훗날 파블로 에스코바르(Pablo Escobar)가 설립한 악명 높은 마약 카르텔의 본거지, 1954], 나이지리아(1957) 등 세 군데 시범도서관 설립에서 잘 드러났다.

이 도서관들은 유럽 도서관의 모범적 사례를 보여 주는 등대 역할을 하려 했으나 해당 국가의 현지 상황을 별로 고려하지 않고 세워졌다. 나이지리아 도서관의 경우, 이용자 대부분은 현지 거주 유럽인이었고, 원주민 문해율이 고작 10퍼센트 미만이었기 때문이다. 나이지리아 남동부 에누구(Enugu)를 도서관 입지로 선정한 것도 논란거리를 제공했다. 이 지역은 신생독립국가인 나이지리아에서 부와 영향력을 누리던 이보족(Igbo)의 고향이었기 때문이다. 1967년 에누구는 단명했던 비아프라공화국의 수도가 됐고, 전 세계가 외면하는 가운데 폭격과 굶주림으로 항복해야 했던 추악한 전쟁의 현장이 됐다. 가혹한 현실 정치 세계에서 나이지리아 석유의 필요성이 도서관의 문명적 영향력보다 우선할 수밖에 없었다.[41]

비아프라를 제외하더라도 식민지 시대 이후 냉전기에 제3세계 도서관 설립의 역사는 과시적 욕심과 물정 모르는 순진함과 비극적 실망이 뒤얽혔다. 도서관이 민족주의 운동에 지적 역량을 불어넣는 무기를 제공했다는 점에는 의심의 여지가 없었다. 인도의 사서 S. R. 랑가나탄(S. R. Ranganathan)은 명백히 이런 관점에서 도서관을 바라보았다. 그러나 베트남과 캄보디아 같은 곳에서는 도서관이 너무나 쉽게 거대한 권력 다툼의 부수적 희생양이 됐다.[42] 아프리카에서는 도서관 설립이 식민지 이후 열강들 사이에 영향력 확장을 위한 경쟁의 장이 되기도 했다.[43] 도서 생산 통계는 전 세계적 불균형을 냉정하게 보여 주는 데이터를 제공한다. 1970년 전 세계 인구의 29퍼센트에 불과한 선진국은 여전히 전체 도서의 87퍼센트, 책 종수의 93퍼센트를 차지했다.

여보게! 도서관은 멋진 거라네

기술 진보가 책을 따라잡기 전에 책이 세상의 진보를 따라잡을 수 있을지는 아직 답을 얻지 못했다. 오스트레일리아는 이런 문제에 가장 먼저 직면한 국가였다. 인도나 캐나다와 마찬가지로 이 나라에서 도서관은 유럽의 가치관을 반영하는 상징이었다. 해안의 대도시들에는 금세 인상적 도서관들이 들어섰지만, 광활한 내륙에 흩어져 있는 여러 마을에서 도서관 설립은 매우 어려운 과제였다. 보편적 서비스를 제공하려는 지속적 노력에도 1970년대에 이르러 도서관 설립은 나아갈 바를 잃었다는 느낌에 사로잡혔다. 고프 휘틀럼(Gough Whitlam) 총리는 존경받는 사서 앨런 호턴(Allan Horton)이 이끄는 조사위원회에 해결책 마련을 요청했다. 호턴은 「'여보게! 도서관은 멋진 거라네.' 그러나 그건 더 멋진 것이 될 수도 있다네!」라는 보고서에서 그 해결책을 제시했다.

호턴은 중앙정부가 재원 조달을 책임지는 대신 도서관이 더 많은 책임을 떠맡아 오락과 정보, 자문 기능을 갖춘 지역사회의 진정한 허브로 거듭나야 한다고 권고했다. 과거와 마찬가지로 주민들은 도서관을 여가를 위해 읽고, 듣고, 볼 수 있는 자료를 제공하는 원천으로 여겨야 한다. 그러나 필요할 때 도서관은 문제 해결을 도울 수 있는 단체나 기관을 안내하는 등 정보나 조언을 구할 수 있는 창구 역할도 해야 한다. 또한 도서관은 평생교육과 함께 지속적 직업교육을 지원하는 자료도 갖추어야 한다.[44] 이 말이 섬뜩할 정도로 익숙하게 들린다면 호턴이 도서관 설립 목적과 관련해 디지털 시대에 맞이할 위기를 이미 1976년에 정확히 파악했기 때문이다. 그가 오스트레일리아 납세자에게 제기한 주장은 이 책의 서두에 나오는, 램버스 시민들이 케닝턴 지구 더닝 도서관의 미래를 걱정하면서 호소했던 것과 크게 다르지 않다. 호주 도서관은 살아남을 수 있다. 그러나 오직 커뮤니티 허브로만 살아남을 수 있다.

도서관 전략가들이 힘든 과제를 떠맡은 것은 의심할 여지가 없다. 소비 습관이 끝없이 변하는 미디어 환경 속에서 그들은 현세대의 이용자가 바라는 서비스를 제공하는 동시에 미래 수요를 예측해야 하기 때문이다. 1976년 최초로 음반 및 영화 자료실을 구축할 때 이 사실이 분명하게 드러났고, 이후 비디오 카세트, 시디롬, 디지털 기술이 차례로 등장하면서 과제 실현은 더욱더 어려워졌다. 도서관은 시대와 함께 움직여야 한다. 그러나 너무 자신만만해서 잘못된 방향으로 나가면 재앙을 맞이할 수 있다. 가장 악명 높은 사례가 주요 도서관이 소장하던 신문 자료를 마이크로필름에 옮겨 담았다 모조리 폐기한 경우다. 신문은 너무 큰 공간을 차지하는 데다 갈수록 상태가 나빠지기에 이런 시도를 해 볼 수 있었으나, 마이크로피시(microfiche: 책이나 신문의 각 페이지를 축소 촬영한 시트 필름—옮긴이)라는 기술은 과도기적 기술에 불과했다. 몇십 년도 안 가서 이 필름은 기능적으로 쓸모없어졌고, 종이신문도 이미 오래전에 사라졌다. 결국 마이크로피시 독자들도 도서관 열람실을 비워야 했다. 한때 미래 기술이었지만 순식간에 진부한 기술이 된 것이다.[45]

무엇보다 미래를 예측하고 이에 적응하느라 사서들은 자칫 기존 기술, 즉 책의 명백하고 확실한 가치를 너무 쉽게 무시하곤 한다. 흔히 내성적이란 말을 듣지만 의외로 사서들은 공동체를 위한 야망이 있고, 교육에 대한 열정이 있으며, 고위직의 경우엔 영구적 유산을 남기고 싶어 한다. 또한 도서관장 같은 최상위 직급에 오른 사서들은 예민하게 정치력을 발휘하면서 선출직 공무원과 어울려 원대하고 친숙한 계획을 능수능란하게 처리하곤 한다. 반짝이는 새로운 건물에서 정보기술의 새로운 흐름을 보여 줄 기회는 종종 이들에게 거부하지 못할 유혹으로 나타난다. 이런 유혹이 어떤 참사를 초래하는지를 샌프란시스코 신축 도서관보다 더 잘 보여 주는 사례는 없다. 이 도서관은 새로운 디지털 시대를 맞아 기념비적 건축물을 세우겠다는 야심으로 시작해 오만과 오판, 착오와 부패로 점철된 놀라운 이야기를 들려준다.

샌프란시스코는 노후화한 중앙도서관의 교체를 오랫동안 고려해 왔다. 도서관 사서는 낡았으나 훌륭한 시대적 유산인 낡은 건물을 개축하자고 제안했으나 이사회는 그 대신 눈길을 끌 만한 새 건물을 짓기로 했다. 샌프란시스코 도서관은 이미 1906년 지진으로 완전히 파괴되는 등 힘든 시기를 겪었고 1989년에는 지진으로 서가에서 책 50만 권이 떨어져서 몇 달 동안 복구작업이 진행되기도 했다. 1993년에 대체 건물 공사를 시작해서 3년 후 첨단기술이 적용된 새로운 중앙도서관이 문을 열었다.[46]

새 도서관이 방문객에게 멋진 경험을 제공하는 것은 의심할 여지가 없다. 옛 도서관의 두 배 크기에, 우뚝 솟은 중앙 지 붕창으로 이어지는 벌집 모양의 중앙 아트리움을 중심으로 지 어진 로스앤젤레스 도서관은 최첨단 장치로 빽빽한 로켓을 연 상시킨다. 컴퓨터 단말기, 회의 공간, 소규모 회의실 등 원하는 모든 것이 곳곳에 갖춰져 있다. 문제는 300만 권에 달하는 도서 관 장서를 감당하기에는 설계가 완전히 부적절했다는 점이다. 박물관으로 용도 변경을 위해 옛 도서관을 비워야 하는 상황에 서 장서는 무분별하게 임시 창고로 옮겨졌고 그 과정에서 엄청 난 책들이 그냥 매립지에 버려졌다. 어떤 사람은 20만 권이라 고, 다른 사람은 50만 권이라고 추정했다.

매립지행 처분은 충격에 빠진 도서관 직원들이 묵과하기에 는 너무 큰 규모였다. 옛날 도서 카드 목록도 함께 사라졌기에 무슨 책이 폐기되었는지, 어떻게 버릴 책을 선택했는지 아무도 알 수 없어서 문제가 더욱더 복잡해졌다. 공황에 빠진 사서들 은 매립지에서 몇몇 책을 건져 온 시위대 덕분에 폐기 대상 도 서 중 상당수가 샌프란시스코 도서관에서 딱 한 권만 보유한 책 이라는 사실을 알게 됐다. 도서 정보화시대 도래를 진심으로 믿 었던 시립도서관장은 사임할 수밖에 없었다. 몇 년 후 니컬러스 배스베인스(Nicholas Basbanes)와 인터뷰했을 때, 그도, 다른 고 위 사서들도 얼마나 많은 책이 파기되었는지 명확히 파악하지 못했다. 그는 말했다. "모르겠어요. 책을 세어 보지 않았고, 폐기 도서에 대한 기록이 없으니까요."[47]

어디서부터 잘못됐을까? 도서관의 좋은 관행에 따르면 도 서관이 새로 건설되는 와중에는 당연히 장서 폐기 작업을 진행해선 안 된다는 게 자명하다. 어떤 책이 폐기되는지, 왜 폐기되는지 명확히 파악하고 지역사회의 충실한 지지를 확보해야 한다. 비밀주의, 불신, 혼란, 공황 등이 샌프란시스코 도서관의 참사를 특징짓는 요소였고, 도서관의 존립 목적이 더 이상 책에 있지 않다고 믿지 않는 고위직들이 이를 추진했다. 이것이 진보를 위해 치러야 할 대가라면 거기에 어떤 이득이 있었을까?

이 질문에 답하려면 우리는 다시 프랑스로 향할 필요가 있다. 2000년간 이어진 도서관 창립, 이후의 재앙과 파괴, 악의와 헌신, 이따금 드러나는 무교양의 어리석음 등을 포함한 롤러코스터 같은 여정 끝에 프랑스는 우리에게 좋은 소식을 전했다. 공공도서관 탄생 이후의 역사에서 프랑스 도서관은 거의 태만과 방치의 대명사였다. 프랑스는 혁명으로 압류한 도서들을 지방자치단체장에게 넘기면서 처음으로 공공도서관을 만들었다. 그러나 이러한 유산은 축복보다는 저주에 가까웠다. 1860년까지 프랑스 공공도서관들은 일반 시민에게 서비스를 제공하겠다는 열망을 거의 보여 주지 않았다. 1975년 프랑스 정부가 개입해 낡은 공공도서관의 전면 개보수를 추진하고, 공채 발행을 통해 막대한 자금을 지원하면서 모든 것이 놀라운 창의성의 물결로 바뀌었다.

그 결과 나온 것이 새로운 미디어테크였다. 도시 중심에 아름답게 디자인된 건물을 새로 짓고 지역사회의 필요에 맞추어 여러 용도로 사용할 수 있도록, 더 나아가 발전하는 미래의 요구까지 예측해 수용할 수 있도록 한 도서관이었다. 새로 지어진 도서관의 위치를 보면, 이 프로젝트에 투자된 시민적 자부심이 얼마나 큰지 알 수 있다. 라로셸의 미디어테크는 항구를, 님의 미디어테크는 로마 유적지를 바라보는 방향이다. 어떤 도시에서는 유서 깊은 건물을 세심하게 개조하는 쪽을 택기도 했다. 예를 들어 엑상프로방스에서는 성냥 공장을 도서관으로 개조하면서 역사 문화유산도 잊지 않고 챙겼다.

　각 도서관엔 잘 갖춰진 희귀도서 전시실을 마련했는데, 모두 어린이 열람실, 음악 열람실, 일반 도서 열람실에서 가까운 곳에 배치했다. 이로써 미디어테크에서는 다양한 세대의 책과 여러 시대의 책이 조화롭게 공존할 수 있게 됐다. 무엇보다 이 도서관은 바쁘게 움직이면서 지역사회의 요구를 신속하게 받아들이고 있다. 2019년 프랑스 정부는 약 1만 6500개의 도서관을 지원했는데 이는 2년 전보다 400곳이 늘어난 수치로, 대출 권수가 총 2억 8000만 권에 이르렀다. 프랑스 시민의 76퍼센트는 도서관이 사회 구성에 유용한 역할을 한다고 믿는다. 유럽 전역의 도서관이 자꾸만 줄어드는 재원으로, 도서관의 미래에 대한 불안한 계획을 세우는 가운데 프랑스의 도서관 이용률은 지난 15년 동안 23퍼센트나 증가했다.[48]

에필로그

책 없이도 독서가 가능한가?

그래서 우리는 다시 알렉산드리아 도서관으로 돌아온다. 이 멋진 건물은 21세기 도서관 운동의 모순적 충동, 즉 역사적 유산을 존중하는 동시에 미래를 포용하려는 열망을 담고 있다. 지난 20년간 새로 지은 알렉산드리아 도서관은 콘퍼런스, 세미나, 콘서트, 연극, 콘서트, 알렉산드리아 국제도서전 등을 개최하면서 주요 문화시설로 그 역할을 다해 왔다. 빼어난 건물과 15개 상설전시관 덕택에 이 도서관은 2020년 코로나바이러스 팬데믹으로 일시 폐쇄될 때까지 해마다 150만 명에 달하는 방문객을 맞았다. 소장 장서 수는 전체 규모인 800만 권에 훨씬 못 미치는 약 200만 권으로 유지 중이다. 다른 도서관과 마찬가지로 이 도서관 역시 전 세계 독자 공동체에 소장 장서에 대한 디지털 접근권을 제공하는 데 초점을 맞추고 있기 때문이다.

　무엇보다 알렉산드리아 도서관은 상징적 의미가 크다. 역량 강화 수단인 교육의 가치, 그리고 그 중심에 있는 정보의 가치에 대한 전 세계적 헌신을 표상한다. 또한 도서관의 미래와 발전에서 알렉산드리아 도서관은 남반구 개발도상국의 위상을 강력히 표시한다. 지난 20년간 이 움직임은 세계에서 가장 유명한 디지털 선구자 중 한 사람인 빌 게이츠(Bill Gates)의 참여 덕분에 강력한 동력을 얻었다. 빌과 멜린다 게이츠재단은 1997년부터 지금까지 수십억 달러를 도서관에 쏟아부었다. 처음에는 미국의 모든 공공도서관에 무료 와이파이를 제공하는 프로그램에 투자했고 이어서 이 프로그램을 50개 이상 국가로 확대했다.

재단이 운영하는 세계도서관기금은 공공도서관을 지역공동체의 자연스러운 허브로 바꾸어 왔다. 지역에 따라서 도서관은 때때로 사람들이 적절한 공간을 제공받으면서 잘 훈련되고 공감력 높은 직원들과 함께 학습 열망을 실현할 수 있는 유일한 장소다. 이 기금은 카네기식으로 새로운 도서관을 건립해 주는 대신 최신 디지털 자원을 제공하고 이를 처음 이용하는 사용자를 교육할 수 있게 기존 도서관 인프라를 개조하는 식으로 제공된다. 보츠와나와 불가리아로부터 칠레, 콜롬비아, 멕시코, 베트남에 이르기까지, 이 기금은 현지 도서관에서 이전부터 운영 중인 프로그램에도 적절한 보상을 제공한다. 역량 개발 기회와 디지털 미래를 통합하는 과정에서 참여자들을 고무할 수 있는 리더십의 중요성을 인식했기 때문이다.[1] 또 이 기금은 민주적 선택의 시대에 걸맞은 도서관의 변화도 적극 수용한다. 한때 도서관이 이용자의 질적 수준을 끌어올린다는 엘리트적 목적을 표방했다면 이제 권력은 온전히 이용자 자신들에게로 이동했기 때문이다.

글로벌 라이브러리 프로젝트에 순전한 선의 말고 다른 목적이 있다고 보긴 어렵다. 그러나 다른 곳에서 책 세계와 거대 디지털 기업의 만남은 훨씬 험악했다. 단두대를 처음 본 프랑스 귀족의 경악스러운 눈빛으로 출판사들은 아마존의 성장을 지켜보았다. 아마존 창립자 제프 베조스(Jeff Bezos)는 직원들에게 치타가 병든 사슴에게 접근하는 것처럼 작은 출판사에 접근하라고 이야기했다. 그러나 이 소식도 출판인들 심정을 누그러뜨리는 데 별 도움이 되지 않았다.[2]

한편 구글은 검색엔진의 압도적 시장점유율로 얻은 긍정적 명성을 등에 업고 전 세계의 모든 책을 디지털화하겠다는 계획을 내놓았다. 이 탓에 구글은 10년 동안 출판계와 격렬한 법적 분쟁에 휘말렸다. 흥미롭게도 아마존과 구글 모두 고대 알렉산드리아 도서관에서 영감을 얻었다고 주장했다. 아마존의 인공지능 비서 알렉사(Alexa)는 이 위대한 도서관의 이름을 빌린 것이다. 그러나 세상 모든 지식을 아우르려 했던 알렉산드리아 도서관의 원대한 야망을 실현하겠다(전 세계의 모든 책을 디지털화하겠다는 계획을 발표할 때 함께 이야기한 말이다)는 구글 창립자들의 야망은 격랑 속으로 휘말렸다.

래리 페이지(Larry Page)와 세르게이 브린(Sergey Brin)이 지난 500년 동안 축적된 전 세계 인쇄 문화유산을 모두 디지털화하겠다는 계획을 발표했을 때 도서관 업계는 열광했음을 먼저 기억하자. 구글은 2010년까지 구텐베르크 이후 출판된 책이 약 1억 2986만 4800권에 이를 것으로 놀랍도록 정밀하게 계산했다. 구글은 이 모든 책을 원했고 세계 최고의 도서관들을 파트너로 얻었다. 미시간, 하버드, 스탠퍼드, 옥스퍼드, 뉴욕 공공도서관 등이 모두 이 프로젝트에 가입했다. 지금도 앤트워프, 겐트, 암스테르담, 영국 국립도서관이 계속 구글과 협력 중이다. 구글 관점에서 이 프로젝트는 엄청난 투자이면서 기념비적인 물류 작업이기도 했다. 세계에서 가장 오래된 책을 포함해 총 2000만 권에 달하는 책들이 필름에 담겼다.

그러나 곧 의구심이 들기 시작했다.[3] 주요 도서관들은 온 세상 지식을 한 기업에 맡기는 것이 과연 현명한 일인지 곱씹어 보았다. 게다가 저작권 문제도 있었다. 구글북스가 이용자들한테 읽고 싶은 텍스트를 제공하는 게 아니라 거대 백과사전인 검색엔진 형태로 콘텐츠를 제공하면 이 문제를 해결할 수 있다고 구글은 믿었다. 저작권자 허락 없이 창작물을 자유롭게 사용할 수 있게 허용하는 '공정이용'에 해당한다는 주장이었다. 그러나 작가들은 전혀 설득되지 않았고, 자신들의 지식재산을 보호하기 위해 2005년 집단소송을 시작했다. 구글이 이 자료를 상업적으로 이용할 수 있는 권리를 1억 2500만 달러에 사들이는 것으로 잠정 합의가 이루어졌으나 곧바로 다시 결렬됐다.

궁극적으로 구글 사건에는 신뢰 문제에 달려 있었다. 우리의 소중한 책 유산을 아직 불확실한 디지털 미래에 맡길 수 있을까? 구글이 유료화 장벽 뒤로 숨거나, 망해서 사라지거나, 아니면 일부 작품만 사용자들과 공유하고 다른 작품은 사용을 제한하면 어떻게 될까? 일개 기업이 작품 허용 여부를 결정하는 것을 우리는 받아들일 준비가 되어 있을까?

좀 더 세속적 쟁점으로 들어가면 다른 문제들도 떠오른다. 작가 통제를 벗어난 환경에서 작품이 공유된다면 작가는 무엇으로 생계를 유지할 수 있을까? 음악 산업에서 벌어졌던 대학살이 재현되지 않을까? 더 근본적 관점에서 볼 때 온종일 우리가 끝없이 들여다보는 작은 직사각형 전자 상자인 스마트폰이 우리 정신세계를 지배하는 사회에서 책은 너무 한가한 매체가 아닐까? 2016년의 한 연구에 따르면 우리는 하루 2617번 휴대전화를 만진다.[4] 다른 연구는 책이라는 매체에 대한 공격보다 우리 집중력에 대한 공격이 진짜 문제라고 주장한다.[5] 그러나 이는 라디오와 텔레비전이 등장했을 때도 나왔던 주장이다. 16세기에는 학자들이 팸플릿을 보고 개탄하기도 했다. 스마트폰에 대한 더 강력한 비판은 스마트폰의 중독적 특성이 우발적 산물이 아니라 의도적으로 의존성을 유발하도록 프로그래밍한 결과라는 점이고, 그것이 사색적 독서를 위한 여력을 거의 없애버릴지 모른다는 사실이었다.

화염에 물 끼얹기

1986년 4월 29일, 로스앤젤레스 도서관에서 화재가 발생했다. 이 책을 읽어 온 독자들에게 이는 익숙한 이야기다. 그날 하루 동안 장서 40만 권이 불에 탔고, 70만 권이 물과 연기 또는 둘 모두 탓에 피해를 봤다. 이 대재앙은 별로 알려지지 않았다. 도서관이 불타던 날, 소련의 원자력발전소 체르노빌 사고 규모가 처음으로 서방 언론사에 알려졌기 때문이다. 당연히 전 세계 신문들은 더 중요한 뉴스를 내보내는 데 주력했다. 그러나 소련 공산당 기관지 《프라브다(Pravda)》만 예외였다. 프라브다는 체

르노빌을 무시해야 하는 까닭에 로스앤젤레스의 참상에 대해 충분한 지면을 할애할 수 있었다.[6]

도서관 화재는 드문 일이 아니다. 미국 도서관의 경우 해마다 약 200건 정도 화재가 보고될 정도이다. 가장 심각한 화재는 대부분 낡은 전기설비 탓에 일어난다. 1982년에는 배선 결함으로 노스할리우드(North Hollywood)에 있는 도서관 분관이 불타올랐고 2004년에는 비슷한 이유로 독일 바이마르에 있는 안나 아말리아 도서관의 귀중한 장서 대부분이 소실되기도 했다. 1994년엔 영국 노리치 시립도서관에 화재가 나서 장서 35만 권이 불에 탔고 1988년에는 페테르부르크의 러시아 과학 아카데미 신문 열람실에서 시작된 화재로 장서 40만 권이 사라졌다.[7]

비교적 최근까지만 해도 우리는 도서관을 소장 장서가 안전하게 보호되는 성역으로 생각하곤 했다. 그러나 알고 보니 이 피난처는 임시방편에 불과했다. 책은 늘 도서관을 떠나곤 했다. 때로는 이 책에서 우리 관심을 끌었던 재앙적 사건의 결과로 도서관을 떠나지만 사서가 일상 업무를 수행하는 도중에도 도서관을 떠난다. 새로운 책이 놓일 공간을 확보하기 위해 더 이상 읽히지 않는 책을 치우고 낡은 장서는 교체한다. '솎아내기'는 사서 업무의 핵심으로, 신중한 절차에 따라 진지하게 수행된다. 이 책을 쓰면서 우리는 비영리단체인 '베터월드북스(Better world Books)'를 통해서 큰 도움을 받았다. 베터월드북스는 이렇게 솎아 낸 도서 중 쓸 만한 책들을 골라내 학계에서 재활용할 기회를 주는 비영리단체이다.[8]

때때로 책들은 도난당하기도 한다. 특히 책 보유량이 많아

보안에 심각한 문제가 있는 대규모 장서에서는 더욱더 그렇다. 로스앤젤레스 도서관의 한 이용자는 도서관에서 훔친 책으로만 40년 동안 성공적으로 중고 서점을 운영했다. 때때로 사서들이 자기 지위를 남용하기도 한다. 애서가로서 어떤 책이 희귀하고, 어떤 책이 가치 있는지 명확히 알고 있기에 유혹이 이는 건 당연하다. 사서들 대부분은 판매보다는 사적 향유를 위해 책을 빼돌렸다. 1982년 로스앤젤레스의 한 도서관 직원은 도서관 책 1만 권을 자기 집에 보관하다 발각되자 자신이 수집가라고 얌전히 고백한 후 책을 모두 반납하고 사표를 냈다.[9]

더 끔찍한 사건은 비교적 최근에 발생했다. 나폴리의 지롤라미니(Girolamini) 도서관장이 자기 도서관 장서를 조직적으로 약탈하는 것을 주도하다가 유죄판결을 받았다. 그는 귀중하고 희귀한 책 4000권을 부패한 책 상인들을 통해 시장에 공급했다.[10] 관리 상태가 부실한 동유럽 도서관에 소장된 코페르니쿠스의 사본들은 초기 인쇄본 중 가장 가치가 높을 뿐 아니라 가장 자주 도난당하는 책이기도 하다. 20세기 마지막 수십 년 동안 그의 저작 사본 중 최소 일곱 권이 사라졌다.[11]

다행히 이런 사례는 극히 드물다. 더 큰 문제는 몰지각하거나 손버릇 나쁜 개인 탓이 아니라 도서관 행정기관이 고의적 파괴행위를 저지를 때 생겨난다.[12] 이런 행위는 현대성을 빌미로 행해지는 경우가 잦다. 미래학자로 변신하고픈 사서들은 현대적이면서도 미래지향적인 시설을 마련하기 위해 남들보다 한 걸음 앞서가고자 열망한다. 모든 게 엉망진창이 되더라도 자신의 바람은 불가피한 일이고, 누구도 발전을 가로막을 수 없다고 소리 높인다. 『도서관 속의 컴퓨터(Computers in Libraries)』에서 전자시스템 전문 사서 마이클 슐러(Michael Schuyler)는 말했다. "도서관, 특히 공공도서관의 역설은 책을 신성하게 여기면서 자란 사람들이 있다는 것이다. …… 그들은 아무리 낡은 책도 안 버리려 한다. …… 그러나 기술은, 그것이 추악한 면을 포함하고 있더라도, 결국 승리할 것이다."[13]

컴퓨터, 회의실, 새로운 매체를 위한 공간을 마련하려 할 때, 종종 책을 버리는 것이 유일한 해결책이다. 카드 색인과 장서 목록은 온라인 검색으로 쉽게 복제할 수 없는 자료를 담고 있지만 흔히 쓸모없다는 비난을 받고 이 과정에서 가장 먼저 희생되곤 한다. 암스테르담대학교 도서관에 다행히 보관돼 있는 한 장서 목록은 어떤 온라인 출처에서도 찾아볼 수 없는, 많은 17세기 서적에 관한 데이터를 제공한다.[14]

도서관 전문가들이 첨단 전문용어에 얼마나 쉽게 휘둘리는지는 1966년에 창간된 가장 영향력 있는 잡지인 《도서관역사저널(The Journal of Library History)》의 숱한 제목만 봐도 잘 알 수 있다. 1988년에 이 잡지는 《도서관과문화(Libraries & Culture)》로 이름이 바뀌었다. "시간과 공간에 구애받지 않고 문화와 사회의 역사라는 맥락에서 지적 기록의 수집, 조직, 보존, 활용의 중요성을 탐구하는 학제 간 잡지"가 되기 위해서였다. 개편된 잡지의 첫 번째 논문은 불투명 축쇄판(microform: 사진 기술을 써서 축소한 마이크로이미지를 수록한 정보 매체의 총칭으로, 마이크로카드, 마이크로피시 등이 있다―옮긴이)의 일종인 마이크로카드(microcard)를 다루었다.

2006년까지 이 제목으로 버티다가 《도서관과문화기록(Libraries & the Cultural Record)》으로 다시 이름을 바꾸었다. 편집자 데이비드 B. 그레이시 2세(David B. Gracy II)는 단지 이름만 바꾼 게 아님을 알리려고 신규 선언을 내놓았다. "새로운 이름 아래 우리 잡지는 도서관과 사서, 아카이브와 기록물 기업, 박물관과 박물관 행정, 보존과 대화, 즉 정보 영역에 통합되고 문화 기록이라는 청지기 역할에 동참하는 여러 분야에서 때로는 홀로 또는 때로는 공동으로 수행한 역사적 탐구를 담은 목소리를 낼 것이다."

장황한 이 노트는 제목 변경이라는 비교적 소소한 변화가 신중하게 고려한 것이고, 도서관학 분야의 우선순위 변화에 빠르게 대처하려는 결의를 반영한 것임을 분명히 했다. 편집위원회는 실제로 이 변화가 41호 중간에 이루어질 정도로 시급하다고 생각했다. 돌이켜 보면 이 선언문에서 가장 중요한 부분은 아마 마지막 조항, 즉 '정보'를 대문자로 표기한 부분이었을 것이다.

다시 6년 후에 《도서관과문화기록》은 다시 이름을 《정보와문화(Information & Culture)》로 개명했다. 결국 잡지 제목에서 도서관이 아예 빠졌다. 편집자 윌리엄 애스프레이(William Aspray)는 도서관학은 여전히 필요하지만, '아이스쿨'(iSchool: 정보 역할을 이해하는 것을 목적으로 하는 대학 수준의 교육기관―옮긴이) 운동의 지지자들과 함께해야 한다는 점을 지적하기 위해 엄청나게 애썼다. 어느 정도 수긍되기도 한다. 「1850년 이전, 오하이오밸리 지역의 책 사용(Use of Books in the Ohio

Valley before 1850)」이라는 논문은 잡지가 표방한 취지를 잘 반영하는 기고물이다. 그러나 「마인드칠드런을 위한 안전 울타리 (Playpens for Mind Children)」[Mind Children: 로봇공학자 한스 모라벡(Hans Moravec)의 저서 『마인드 칠드런』에서 나온 표현으로 로봇을 뜻한다—옮긴이)] 「소비에트 사이버네틱스의 정상화(Normalising Soviet Cybernetics)」 「데이터베이스로서의 세계(The World as Database)」 「스티븐 윌라츠의 예술에서 정보 흐름의 양상(The Performance of Information Flows in the Art of Stephen Willats)」 등 《정보와 문화》 창간호의 다른 제목들은 별로 그렇지 않다.

디지털에 모든 것을 거는 행위는 도서관 공동체에 극히 위험한 선택이다. 실제로 많은 도서관이 머지않아 널리 퍼져서 도서관과 무관해지기 쉬운 기술, 가령 와이파이 따위의 기술에 역량을 쏟곤 한다. 그러나 기술 흐름을 볼 때 10년 후에는 도시 전체에서, 심지어 나라 전체에 와이파이 클라우드를 구축하는 게 가능할지 모른다. 가령 아마존은 전 세계 어디에서나 초고속 인터넷 서비스가 가능하도록, 인공위성 3236기를 쏘아 올릴 계획을 하고 있다.[15] 그러면 와이파이 서비스를 누리기 위해 도서관을 찾을 사람이 있을까? 500년간 도서관의 존재 목적은 책이었다. 공짜 와이파이에서 도서관의 미래를 찾는 것은 고작 10년도 못 갈 단견에 지나지 않는다.

1986년 로스앤젤레스 중앙도서관의 이용자는 70만 명이었고, 약 90만 권의 책이 대출됐다. 많은 이들이 정보를 잘 아는 직원들에게 물어보려고 도서관에 왔다. 1986년에만 직원들은 다양한 주제에 대한 질문이 600만 건에 답했다.[16] 직원들은 오랫동안 도서관 창구를 지키면서 존 버컨(John Buchan)의 소설 『39계단』에 나오는 미스터 메모리(Mr. Memory: 원작 소설에는 없었으나 히치콕 감독이 영화에서 창조한 인물로, 아무 질문에나 막힘없이 답하는 게 특징이다—옮긴이)에 걸맞은 백과사전적 지식을 쌓아 갔다. 이제 우리는 위키피디아, 구글, 알렉사 덕분에 600만 가지 질문을 하러 도서관을 직접 찾지 않더라도 답을 얻을 수 있다. 실제로 2019년 아마존의 알렉사는 80여 개국 사용자부터 받는 하루 5억 개 이상의 질문에 답했다.[17]

가장 큰 실수는 디지털혁명을 좇는 데 힘을 쏟느라 도서관이 존재해 온 거의 모든 기간에 끈질기게 지켜 왔던 고유한 강점, 즉 사서들이 자기 지식과 취향과 안목을 통해 이용자들의 책 선택을 도울 수 있는 권리를 포기한 것이다. 이 점이 최초의 서점에서 발행한 도서 목록, 가브리엘 노데의 의견서, 도서관 권장 장서에 관한 미국 도서관협회 지침, 독서클럽 등 이 책에서 이야기한 많은 것을 이해하는 열쇠이다. 책이 넘쳐 나는 시대일수록 독자가 좋은 책을 고를 수 있도록 돕는 조력자가 항상 존재할 것이라는 발상은 중요하다.

과연 엄청나게 잡다한 정보를 검색하는 능력으로 인터넷은 이러한 숙고 과정, 느린 선택, 열렬한 기대, 서서히 전모가 드러나는 플롯을 대체할 수 있을까? 이 참을성 없는 시대에 인터넷이 완벽한 도구인 듯 보이는 것은 어쩔 수 없다. 우리는 당일 배송의 편리함을 좋아하면서도, 삶의 속도로 인한 끝없는 스트레스 탓에 점점 많은 불만을 토로한다. 연구조사기관 IDC는 향후

5년 안에 전 세계 모든 사람들이 평균 18초마다 연결된 기기와 상호작용하리라고 예측했다.[18] 도서관과 책은 우리를 깊은 생각으로 이끈다. 삶에서 균형을 되찾는 일을 우리는 수업이나 집단 치유에만 전적으로 맡길 수 없다. 책은 한 사람을 위해 마음챙김 수업을 열어 준다.

살아남기

그런 정신으로 호흡을 깊게 들이쉬면서 우리가 아직 가진 것이 무엇인지 생각해 보자. 국제도서관연맹(International Federation of Library Associations and Institutions)에 따르면, 2020년 말 전 세계엔 여전히 공공도서관 40만 4487곳을 포함해 기관도서관 260만 곳이 운영 중이다.[19] 거의 모든 도서관에는 여전히 책이 있다. 게다가 새로운 도서관은 계속 지어지고 있다. 마지막에 인용한 프랑스 사례는 유럽에서 매우 특이한 사례이지만 다른 유럽 지역에도 멋진 새 도서관이 수없이 지어지고 있다. 검은 다이아몬드라 불리는 코펜하겐 국립도서관은 리가(Riga)에 새로 건립된 라트비아 국립도서관에 영감을 불어넣었고, 파괴됐던 노리치 도서관은 공동체의 훌륭한 허브로 변신했다. 영국에서 가장 오래된 공공도서관으로 꼽히는 맨체스터 중앙도서관은 섬세한 재생 작업 끝에 새롭게 태어났다. 재생된 도서관에는 이제 수준에 따라 적절히 모일 수 있는 쾌적한 만남의 장소가 넉넉히 들어찼고 또한 이용자들이 도서관에 온 김에 부속 건물로 가서 관련 공무원과 함께 주택이나 여권 문제를 상담할 수도 있다. 뉴욕은 노먼 포스터(Norman Foster)의 새로운 공공도서관 디자인을 포기한 후 53번가에 새로 멋진 분관을 지어서 복구했다.[20]

　기술은 번개처럼 빠르게 발전한다. 낯선 혁신이 익숙해질 때까지 걸리는 시간이 혁신을 거듭할수록 기하급수적으로 짧아진다. 그러나 새로운 매체가 발명될 때마다 사람들은 자신감에 차서 책의 죽음을 예측했지만 그런 일은 아직 일어나지 않았다. 1979년 랜드(RAND) 연구소 대표는 도서관이 금세 사라질 거라고 발표했다.[21] 기술 발달에 따른 용도 소멸을 알려 주는 인포그래픽은 2019년에 마지막 도서관이 문을 닫는다고 예측했다.[22] 그러나 이 넝마에, 상처만 남은 듯한 유물인 도서관은 사라지기를 거부하고, 때때로 사람들에게 앞서는 듯 보였던 기술들의 미래가 순식간에 닫히기도 한다. 시디롬에 대한 열광적 환영과 조용한 퇴장은 바로 책의 미래에 대한 어제의 예측이 걸어갈 길을 보여 준다. 전자책 단말기인 아마존의 킨들도 시디롬의 미래를 따를 것처럼 보인다.[23] 미래학자 중 적어도 한 사람은 도서관에 대한 생각을 고쳐먹은 듯하다. "나는 도서관이 디지털화하고 사서가 알고리즘으로 대체된다고 생각했다. 명백히 틀린 생각이었다." 도서관은 어떻게 살아남았을까? "도서관은 번잡한 일상에서 벗어나 느리게 생각할 수 있는 공간이기 때문이다."[24]

　책도 역시 살아남았다. 돈 되는 상품을 찾던 제프 베조스가 책을 아마존의 핵심 사업 대상으로 삼은 바로 그 이유 때문이다. 책은 상하지도 않고, 쉽게 운반할 수 있으며, 비교적 균일한 크기로 생산되고, 고객은 자신이 원하는 것을 잘 알고 있다.[25]

반복 판매상품을 바라는 빅테크 경영자한테 별 이득이 되지 않을 수 있으나 책은 튼튼하고 복원력이 뛰어난 데다 사후 서비스나 부품 교체가 필요하지 않고, 집이나 사무실을 꾸미는 데 쓰이기도 하고, 공유하고 대여하고 소장할 수도 있는 문화자본을 제공한다.

　이용자들을 만나서 매일 이런저런 이야기를 주고받는 도서관 사서들이라면 모두 이 사실을 잘 알고 있다. 도서관의 역사를 연구하고 이 책을 집필하는 과정에서 우리는 많은 사서와 이야기를 나누고 20여 개국의 다양한 도서관 건물에서 작업했다. 여전히 책의 중요성을 이해하면서 일하는 일선의 사서들과 도서관 현대화의 기수로 책 없는 도서관에 매혹된 관리자들 사이엔 실질적 차이가 있었다. 변화의 불가피성을 역설하고 무한 디지털 자원의 새로운 포용적 미래를 외치는 이 열심당원들의 말을 듣노라면 미래를 이야기하면서 실제로는 자신에게 필요한 텍스트를 더 많이 구하려 했던 1세대 인문주의자가 떠올랐다.

　텍사스주 샌안토니오(San Antonio)에 인류사 최초로 완전한 디지털 공공도서관인 비블리오테크가 들어섰다. 온라인에는 이 도서관을 홍보하는 동영상이 올라와 있다.[26] 즐겁게 보이는 이용자들이 나란히 놓인, 밝은 화면 앞에 앉아 자기 집처럼 편안히 컴퓨터를 사용하고 있다. 거의 모든 이용자가 티셔츠와 슬랙스 차림을 한 청년층이다. 이용자 대부분은 고등학생이나 대학생이다. 모두 디지털 세대이고, 스타십 엔터프라이즈호(Starship Enterprise)의 승무원들처럼 인종적으로는 다양하지만 그것만 제외하면 모두 똑같이 엘리트 집단에 속한다. 책을 읽히는 일만큼이나 만지게 하는 게 인지 발달에 중요하다고 생각해서 도서관에 아이를 데려오는 젊은 부모들, 소설책을 한 아름씩 빌리고 반납하는 연금 수급 노인들은 여기서 완전히 배제돼 있다. 그러나 이들은 여전히 공공도서관을 가장 일상적으로 이용하는 사람들이다.

다른 시나리오를 상상해 보자. 새로운 최첨단 디지털 실험실로 변신하는 대신 마을 또는 도시의 도서관에서 일단 책을 빼낸 후 그 자리에 현재 도서관이 제공하는 다른 인기 서비스, 즉 강좌 교실, 모임 공간 제공, 컴퓨터 이용, 공공서비스 등을 위한 공간을 넉넉히 마련한다고 생각하자. 그때도 그것을 도서관이라고 부를 수 있을까? 책을 없애면 다른 공공 공간이나 관공서와 구별되는 도서관만의 특징이 사라진다. 그러면 머지않아 도서관은 많은 단골을 잃어버릴 것이다. 책에는 도서관을 단순히 만남의 장소로 생각하는 사람들과 독자들을 구분해 주는 한 가지 중요한 특징이 있기 때문이다. 바라는 사람은 누구나 인생의 어느 시점이든 독서 공동체에 가입할 수 있고, 마찬가지로 탈퇴하거나 회원 자격을 정지할 수 있다. 이는 도서관이 종교 조직과 공유하는 특징이다. 사람들은 대학생 때 또는 어린 자녀를 기를 때 등 인생 어느 시점엔 도서관을 집중적으로 이용하다가 다시는 도서관을 이용하지 않을 수 있다. 반대로 은퇴 후에야 처음으로 도서관을 이용하는 사람도 있다.

대다수 사람의 독서 행태를 잘 드러내는, 이 자발적이고 우연적이며 간헐적인 특성은 모임이나 학습을 위해 도서관을 찾는 사람들이 보이는 특화된 이용법과 큰 차이가 있다. 책을 읽거나 빌리거나 상담하려고 전 세계 40만 곳의 공공도서관을 찾는 이들이 반드시 관심사, 필요, 사회적 특성 등을 공유해야 할 필요는 없다. 공동의 문제, 정치적 견해, 희망 또는 열망을 공유하는 사람들은 다른 곳, 오늘날에는 대부분 온라인 공간에서 서로를 찾을 가능성이 훨씬 더 높다. 도서관이 이런 집단에 손을 내밀어 그들이 정기적으로 함께할 수 있는 장소를 제공하는 것은 좋은 일이다. 그러나 이런 모임은 정의상 공통점을 공유하지 않는 사람들을 원천적으로 배제한다.

한 세기 전, 즉 1880년대에 공공도서관이 처음 시작될 시점에는 상황은 매우 달랐다. 도서관을 찾는 사람들은 대체로 비슷한 열망을 공유했다. 도서관을 사회적 또는 개인적 성장을 위한 도구로 여겼다는 점이다. 이런 전통은 여전히 이어져 공공도서관이 상대적으로 낯선 지역에서 도서관에 활력을 불어넣고 있다. 책이 없었다면 서구 사회 도서관들은 모임 공간으로 용도를 바꾼 후 다양한 틈새 집단이 모여서 각각의 모임에 가치 있는 여러 가지 서비스를 제공하도록 만들었을 것이다. 그러나 그 집단들 사이에는 별다른 교류 없이 지냈을지 모른다. 도서관이 다양한 생각을 품은 사람들이 드나들고 돌아다니고, 책을 읽다가 내킬 때 언제든 떠날 수 있는 장소로 남을 수 있는 이유는 책의 무작위성과 사람들 취향과 호기심의 무작위성이 어울리기 때문이다. 도서관을 다른 공공 공간과 구별하는 점도 이 무작위성이다. 도서관은 사람들이 무얼 바라든지 간에, 그 바람을 북돋우는 모든 것을 마음껏 탐색할 수 있는 장소이다.

책을 훑어보는 행위, 즉 브라우징(browsing)은 공공도서관이 거둔 성공의 열쇠이다. 또한 그것은 개인 장서와 도서관을 구별하는 중요한 차이점이다. 디지털 자원을 동원해서 새로운 판매 모델을 개발하기 시작한 이후, 창의성 대부분은 훑어보기 경험을 재현하는 데 투자됐다. 그 결과가 기존 검색값('만약 당신이 이 상품을 구매했다면, 이 상품도 좋아할 것이다')과 정밀 표적 추적 유료 광고 모두에서 연관성을 활용한 추천이다. 이는 다소 소름 끼치지만, 인상적 결과를 낳았다. 그러나 같은 것을 또다시 원하는 게 아니라 다른 것을 원한다면 어떻게 될까? 무엇을 원하는지 알지 못한 채 우연한 만남이 우리 관심을 촉발한다면 어떻게 될까? 디지털 기술은 이 계획되지 않은 사건, 즉 책장을 넘기고, 시간을 표시하며, 텍스트를 진행하는 데 따른 촉각적 리듬을 재현할 방법을 찾지 못했다. 디지털 서비스의 이상적 고객이 되려면 인간 스스로가 더 로봇 같아지고, 예측할 수 있으며, 제한적이고, 유순해져야 한다.

도서관의 안녕이 책의 안녕과 함께하리라 보는 것은 어렵지 않다. 책이라는 유산은 몇 세기에 걸쳐서 뛰어난 회복탄력성을 보여 왔다. 로마제국의 붕괴, 필사본에서 인쇄본으로 바뀌는 매체 변화, 종교개혁과 계몽주의, 융단폭격, 금서에 대한 접근을 제한하려는 숱한 시도 등을 겪고도 살아남았다. 최근에는 마이크로필름, 시디롬, 전자책 단말기 등 새로운 기술로 무장한 채 자신을 화장장으로 보내겠다고 큰소리쳤던 장의사들을 책은 거꾸로 관에 넣어 무덤으로 보냈다. 생생한 실감이야말로 책의 성공을 보장하는 주요 요소다. 설명서, 숭배 대상, 백과사전, 즐길 거리 등 다양하게 변신할 줄 아는 책의 유연성도 마찬가지

다. 그리고 도서관은 하나의 장소이자 하나의 개념으로서 책의
이런 다재다능함을 공유해 왔다.

감사의 말

이번뿐만 아니라 다른 프로젝트를 진행하면서 우리 두 저자는 300곳 넘는 도서관과 기록보관소에서 함께 또는 따로 작업을 했다. 그래서 먼저 그곳의 사서들께 큰 빚을 졌음을 밝히려고 한다. 우리를 위해서 때로 책 수백 권을 가져다준 특수 자료 전문 사서들, 현대 도서관의 변화하는 업무 시스템에 대해 인상을 전해 준 작은 분관의 직원들, 급변하는 미디어 환경이 던지는 과제들에 대해 함께 논의했던 고위직 사서 등 모든 사서가 시간을 아낌없이 내어 주고 현명한 조언을 아끼지 않았다.

　이 특별한 프로젝트와 관련해서 우리는 도서관 공동체에 두 번째로 큰 빚을 졌다. 도서관과 독자의 역사에 관해 그들이 쓴 책에서 큰 도움을 받았기 때문이다. 장서를 선별하고 관리하는 사서나 기록물 전문가만큼 도서관 장서에 관해 잘 아는 사람은 없다. 특히 각종 출판물을 통해서 많은 사서가 공유해 준 정보는 이 책 후반부를 위해 우리가 참조한 문헌 중에서 가장 필요한 부분이었다. 그중 대부분은 학술지에 논문으로 발표된 자료다. 학자들과 달리, 사서들은 연구에 할애할 시간이 넉넉하지 않다. 이 책의 집필에 도움을 준 도서관과 정보 문화에 관한 학술지 편집위원회에 깊은 감사를 표한다. 그들 덕분에 이 책의 집필에 필요한 여러 자료와 관련 문헌을 섭렵할 수 있었다.

또한 도서관계 변방에 있는 한 기관인 베터월드북스에도 감사를 표하고 싶다. 이제 이 책의 독자들은 어떤 책이 공공도서관이나 대학도서관에 들어갔다고 해서 그곳에 영원히 머무를 수 없음을 이해할 것이다. 한정된 서가 공간과 끝없이 쏟아지는 신간은 기존 장서를 폐기해야 하는 힘든 과제를 낳는다. 실제로 어떤 책을 계속 보관해야 하는지 말아야 하는지를 세심하게 결정하는 일은 사서들의 일상 업무 중 하나다. 이렇게 해서 폐기된 도서 중 상당수는 베터월드북스 같은 곳에 넘겨진 후 팔려 나간다. 이 책이 마무리되던 시점에는 연구 도서관이 한 해 동안 거의 폐쇄돼 있었기에, 베터월드북스나 에이브북스(Abe-Books) 같은 다양한 중고 서점에서 필요한 책을 구한 것은 생명줄과도 같았다. 현재 우리는 50여 군데 공공도서관 또는 학술 도서관에서 처분한, 도서 대출 카드가 그대로 붙은 책을 가지고 있다. 덕분에 우리는 이 책을 쓰는 과정에서 가상 세계 여행을 마음껏 즐길 수 있었다.

이 책의 기초 작업을 위한 연구는 다행히도 2020년 봄 코로나19 팬데믹으로 연구 환경이 급격히 변하기 전에 끝나 있었다. 우리는 폐쇄 이전에 핵심 문헌을 연구할 수 있게 해 준 볼펜뷔텔 도서관, 레이던대학교 도서관, 암스테르담 자유대학교 도서관, 더블린 트리니티대학교 도서관에 감사한다. 우리는 볼펜뷔텔, 탈린과 런던의 청중들과 도서관 역사에 대해 생각을 나눌 기회를 얻었지만, 리가, 필라델피아, 토론토, 뉴욕에서는 팬데믹 탓에 그런 기회를 얻지 못했다. 도서관의 역사에 대한 강의를 수강한 세인트앤드루스대학교의 학생들도 이 책의 각 장에 대한 귀중한 피드백을 주었다.

초고를 읽어 준 제이컵 백스터(Jacob Baxter), 제시카 달턴(Jessica Dalton), 존 시볼드(John Sibbald), 피터 트루스데일(Peter Truesdale), 프랜 더 베이더윈(Fran der Weduwen) 등 친구들 호의로 원고 상태가 좋아졌다. 그들의 통찰력 있는 의견, 추가 자료 제안 덕택이다. 제인 페테그리(Jane Pettegree)와 프란 데르베뒤언은 이 책의 연구와 집필 과정 내내 우리를 아낌없이 도와주었다. 메건과 소피 페테그리(Megan & Sophie Pettegree) 부부는 영국과 프랑스 전역에 있는 여러 도서관 여행에 동참해서 행복한 기억을 많이 만들어 주었다. 이 책을 구상하고 집필하는 과정에서 우리는 세인트앤드루스대학교와 특히 우리가 속해 있는 책 역사 연구회의 아낌없이 도움을 받았다. 책 프로젝트 팀의 재능 있는 동료들, 대학원생들과 일상에서 토론할 기회는 헤아릴 수 없이 다양한 방식으로 이 책의 완성도를 높이는 데 이바지했다. 우리는 국제약식서명목록(Universal Short Title Catalogue, USTC)의 과제 관리자이자 부책임자인 그레임 켐프(Graeme Kemp) 박사가 이 책을 위해 끝없이 새로운 자료를 건네준 데 대해, 또한 풍부한 상상력으로 미래의 가능성에 관한 구체적 모습을 제시해 준 것에 대해 특별히 감사드린다. 현재 우리가 아는 USTC는 그의 작품이다. 두 가지 훌륭한 디지털 자원, 그러니까 온라인 도서 판매 목록과 초창기 유럽 도서들에 접속할 수 있게

도와준 브릴 출판사의 아르얀 반데이크(Arjan van Dijk)와 프로
퀘스트(ProQuest)의 파르하나 호크(Farhana Hoque)의 도움에 대
해서도 감사드린다.

마지막 원고를 제출하기 전에 프로파일북스의 편집자 세실
리 게이퍼드(Cecily Gayford)가 열정적으로 원고 전체를 만져 주
었다. 그의 엄격한 편집과 상상력 넘치는 제안 덕택에 일부 자
료를 재구성할 수 있었다. 정확하고 세심하게 문장을 교열해 준
페니 가디너(Penny Gardiner)와 멋진 표지 디자인을 해 준 서맨
사 존슨(Samantha Johnson)에게도 또한 고마움을 전한다.

이 책에 영향을 미친 마지막 사람은 우리 에이전트 펄리
시티 브라이언(Felicity Bryan)이었다. 그는 우리가 시야를 확장
해 도서관의 역사 전체를 포괄하도록 이끌어 주었다. 우리는 프
라하성의 성벽 아래에서 펄리시티와 통화하면서 이 책의 제목
을 정했다. 제목에 대해 그는 세심하면서도 타협하지 않는 원칙
을 고수했다. 프로파일북스와 세실리 게이퍼드를 처음 접하게
된 것도 물론 그 덕분이었다. 펄리시티 브라이언은 2020년 6월
21일에 세상을 떠났다. 그가 책의 세계에 미친 거대한 영향력을
기리기 위해 우리는 이 책을 감사와 존경의 마음을 담아 그에게
바친다.

세인트앤드루스에서
2020년 12월

옮긴이의 말

'아, 포도주 한 잔이 지금 내 앞에 놓여 있다면.'

    이 책에 가장 많이 나오는 단어가 필사본(manuscript)일 것이다. 라틴어 접두어 manu-는 손이고, 어간 script는 쓰다란 뜻이니 요즘처럼 마구 찍어 낸 책이 아니라 어떤 사람이 한 자씩 눌러써서 만든 책이다. 추운 겨울 중세 수도원의 필사실에서 필사를 하다 말고 곱아드는 손을 호호 불다가 그 비싼 양피지 여백에 '아, 포도주 한 잔이 지금 내 앞에 놓여 있다면'과 같은 사적 감상을 토로했던 수도사의 모습이 떠오를 것이다.

'아비 그리울 때 보아라.'

    풍경은 전혀 다르지만 한국에도 필사본이 있었다. 『정민 선생님이 들려주는 한시 이야기』에는 다음과 같은 이야기가 나온다. "병오년 이월에 조씨 집안에 시집을 간 딸이 자기 동생의 결혼식을 맞아 집으로" 왔다가 『임경업전』을 베껴 가려 했으나 못 마치고 시댁으로 돌아갔는데, 나중에 시댁으로 완성된 필사본이 배달됐고, 책 말미에 "동생을 시켜서 베껴 쓰게 하고……

늙은 아비도 아픈 중에 간신히 서너 장 베껴 썼으니, 아비 그리울 때 보아라"라는 구절이 쓰여 있었다. (이 구절을 atcropolis에 올려 준 이재현 선생님에게 감사드린다.)

필사본이라는 단어가 많이 나오지만 이 책은 필사본에 대한 내용만을 다루지는 않는다. 제목에 걸맞게 전설로만 전하는 알렉산드리아 도서관에서 2002년에 전설을 재현하는 취지로 개관한 알렉산드리아 도서관에 이르기까지 책과 도서관, 그리고 그것들과 인연을 맺은 인간의 역사로 파노라마를 펼친다. 그리고 우리에게 묻는다. 과연 책과 도서관에 미래가 있는가?

그런 질문에 답할 능력은 내게 없다. 다만 책 또는 문자가 어떤 것인가에 대한 이야기는 몇 가지 기억하고 있다.

이야기 하나. "(독고준은) 두툼한 『나나』를 몰래 읽었다. 이 게으르고 방종한 여자의 이야기가 어쩌면 그렇게 재미있을까. 그는 나나가 벽난로 앞에서 맨몸뚱이가 되어 불을 쬐는 대목을 읽으면서 가슴이 뛰었다. …… 『나나』를 그는 몰래 읽었다. 어쩐지 남이 보는 데서 읽기는 계면쩍었기에. 어머니 앞에서만은 그는 버젓이 그 책을 펴놓고 읽었다. 어머니는 한글과 한문을 조금 뜯어볼 뿐, 책을 못 읽는 것을 알았기에. 어머니는 그저 준이 아무 책이나 들고 있으면 공부하는 줄만 알고 몸이 상하겠다고 늘 말했다. 그럴 때 그는 사람을 속이고 있다는 죄의식을 느꼈다."(최인훈, 『회색인』)

이 정도는 아니라도 수업 시간에 교과서 속에 만화책 따위를 끼워서 본 기억이 있는 사람이라면 이 죄의식을 동반하는 즐거움(길티 플레저)을 희미하게나마 맛봤을 것이다.

이야기 둘. 알베르 카뮈의 『이방인』에서는 뫼르소가 감방에서 시간을 때우는 법에 대해서 한참 구시렁거리다가 침대 매트리스 아래에 끼워져 있던 낡은 신문 속 이야기를 전한다. 신문에는 비극적 직계 존비속 살해 사건에 관한 이야기가 쓰여 있었는데 그는 이것을 1000번도 더 읽었다고 담담히 고백한다.

이야기 셋. 이라크를 침공한 미군 소속의 군인이 포로가 됐다. 좋은 대접을 받았을 리가 없었고 감옥에서 아픈데도 간단한 약 처방도 받지 못하고 있었다. 그를 매일 감시하던 간수가 불쌍한 생각이 들어 개인적으로 약을 구해서 그에게 몰래 전했다. 약을 받은 그 포로는 포장을 뜯고 (아마도 영문으로 쓰여 있었을) 약품 설명서를 읽다가 눈물을 줄줄 흘렸다. 그는 그 설명서를 침대 매트리스 사이에 꼭꼭 숨겼다가 생각날 때마다 꺼내 읽었다.

뫼르소에게는 신문을 읽는 것이 따분한 시간을 지우는 방법이었다면 미군 포로에게 약품 설명서 읽기는 존재감이 희미해진 인간에게 자기 존재를 되살리는 일이었을 것이다.

문자, 글, 책, 그리고 그것들의 전당인 도서관에 대한 기대보다는 회의가 더 커진 세상이다. 그래서 또 묻는다. 책과 도서관에 미래가 있는가? 이 책은 일부러 그런 질문에 대한 답을 표방하고 있지는 않지만 결국 나름의 답변을 제시한다. 그 답에 대한 평가는 독자들 각자의 몫이리라.

한 가지 작은 걱정이 있다. 간단치 않은 주제로 쓴 짧지 않은 책이어서 읽기에 앞서 지나치게 긴장할지도 모르겠다는 염려다. (독자를 얕보는 게 아니다. 옮긴이로서 이 책을 처음 펼칠 때 내 기분이 그랬다.) 그래서 이 책을 적어도 세 번에서 어떤 구절은 수십 번 먼저 읽은 사람으로서 이 책이 어떤 이야기로 직조되어 있는지 간단히 밝히고자 한다.

· 르네상스의 서막을 연 인간들의 책과 관련된 특별한 이야기가 있다.
· 왜 동양은 금속활자를 먼저 발명하고도 20세기가 다가올 때까지도 목판인쇄술을 고집했는지에 대한 해명이 있다 (나는 국사책에서 한국이 세계 최초의 금속활자를 만들었다는 구절을 봤을 때 그런데 왜 구텐베르크가 한국에서 나오지 않았는지 꽤 궁금했다).
· 종교개혁을 둘러싼 웃픈 얘기가 있다(같은 신을 믿는 두 종교가 서로에게 가하는 그 꼼꼼하고도 지독한 적대행위는 가히 가공스럽다. 물론 이 책에서는 책을 통해 이루어진다).
· 평소에 고수하던 신념이 개인의 이해와 충돌하면 그 신념을 180도 뒤집은 이의 이야기가 있다(헨리 8세가 그 주인공이다).

- 제법 신념을 고집하는 체하다가 시세가 신념의 반대쪽으로 기울기 시작하면 거기에 맞춰 논리를 조금씩 바꾸는 모습도 볼 수 있다(사서들의 양서 논쟁이 그 사례다).
- 그런가 하면 자기 신념에 어긋나는 사실을 타인에게서 발견했을 때는 그 신념을 고수하기 위해 타인의 모든 것을 박멸하기도 했다(스페인 정복자의 모습이다).
- 삶의 지혜가 왜 없겠어? 하지만 이런 지혜는 희귀하다(스트라호프 수도원).
- 어리석은 인간의 얘기도 즐비하다.
- 이 책에서 자주 나오는 인상적인 부사는 '아이러니하게도'이다.
- 책은 길들이는 도구가 되기도 하고 반란의 온상이 되기도 한다(아이러니하다).
- 소소하지만 왜 빅토리아시대 영어소설이 그렇게 길고 장황한지 알 수 있다(한 출판업자의 농간이다).
- 독일의 과거사 청산은 모범적인 사례로 거론되지만 미묘한 부분에 가면 여전히 미흡하다(70년이 지나서 화재라는 우연한 사고를 통해서야 밝혀진 욕된 진실이다).
- 그리고 이 책의 말미에 요즘 젊은이들이 왜 어른을 배우지 않고 또래를 모방하게 됐는지에 대한 나름의 해답을 던진다(깊이 공감하게 될 것이다).

그리고 대략 마지막으로 아이러니하게도 "당일 배송(same-day delivery)의 편리함을 사랑하면서도 점점 더 삶의 무자비한 속도에 염증을 느끼"는 이 시대, 잊어버릴 만하면 '종이와 책의 종말, 도서관의 종말'을 외치며 나타났던 새로운 매체들의 모욕에도 책은 (티브이와 스마트폰의 경우) 그들에 굴하지 않고 꿋꿋이 버티거나 아니면 (마이크로필름, 시디롬과 전자책 단말기의 경우) 그들을 먼저 "운구에 실어 보내" 버리면서 감히 권토중래를 꿈꾸며 지금도 우리 곁을 지키고 있다. (아이러니하게도 역사상 책과 도서관이 가장 주목받았던 시기는 제2차세계대전 당시 전방의 참호와 후방의 방공호에서였다.)

덧붙임. 이 책은 훌륭한 책이지만, 원작의 가치를 더욱 높이기 위한 일환으로 역자 보충 찾아보기를 구성했다. 원작 찾아보기가 주로 밝히는 '인명'과 '지명'에 더해 국내 독자들이 '사건'과 '개념어' '단체명'을 손쉽게 열람할 수 있게 밑줄로 구분해 보충했다. 책을(특히 논픽션을) 다시 펼쳐 볼 만하게 만드는 출발점이 찾아보기라고 믿는다. 이 책을 여러 번 펼치며 깊이 있게 활용하시기를 바란다.

　　　옮긴이 배동근

주

해제: 도서관 5000년, 서가에 쌓인 책에 대한 사랑과 증오

 1. 윤희윤, 『도서관 지식문화사』(동아시아, 2019), 22쪽.
 2. A. 헷셀, 『서양도서관사』, 이춘희 옮김(한국도서관협회, 1968).
 3. 백린 엮음, 『한국 도서관사 연구』(한국도서관협회, 1969).
 4. 김세익, 『도서 – 인쇄 – 도서관사』(종로서적, 1982).
 5. 박영준, 『도서관 약사』(성균관대학교 한국사서교육원, 1985).
 6. 박상균 엮음, 『세계 도서관학 사상사: 근대 도서관사의
    재조명』(민족문화사, 1991).
 7. 류부현, 『도서관문화사』(한국학술정보, 2004).
 8. 남태우, 『금서의 미혹 유혹의 도서관』(태일사, 2004); 『도서관의 신
    헤르메스를 찾아서』(창조문화, 2005); 『알렉산드리아 비블리오테카:
    환상의 도서관, 망각의 도서관』(살림출판사, 2012); 『지식의 보고
    알렉산드리아 대 도서관』(태일사, 2012); 『노데의 도서관사상
    연구』(한국도서관협회, 2013).
 9. 이용재, 『도서관인물 평전: 도서관 사상의 궤적』(산지니, 2013).
10. 윤희윤, 『도서관 지식 문화사: 세상 모든 지식의 자리, 6000년의 시간을
    걷다』(동아시아, 2019); 『문명과 매체, 그리고 도서관』(태일사, 2020).
11. 송승섭, 『문명의 뇌, 서양 도서관의 역사』(조은글터, 2019); 『한국
    도서관사』(한국도서관협회, 2019); 『한국 근대 도서관 100년의 여정:
    우리나라 근대 공공도서관의 발자취를 찾아서』(도연문고, 2023).
12. 라이오넬 카슨, 『고대 도서관의 역사: 수메르에서 로마까지』,
    김양진·이희영 옮김(르네상스, 2003).

13. 곽철완,『도서관의 역사: 권력에 따른 도서관의 발달과 쇠퇴』(조은글터, 2012).

14. 매튜 배틀스,『도서관, 그 소란스러운 역사: 지식의 생성과 소멸의 은밀한 기록』, 강미경 옮김(넥서스북스, 2004).

15. 스튜어트 A. P. 머레이,『도서관의 탄생: 문명의 기록과 인간의 역사』, 윤영애 옮김(예경, 2012).

16. 주명철,『서양 금서의 문화사: 프랑스 계몽주의 시대를 중심으로』(길, 2006).

17. 뤼시앵 폴라스트롱,『사라진 책의 역사: 신의 자리에 오르고 싶은 인간의 욕망과 책 수난사』, 이세진 옮김(동아일보사, 2006).

18. 리처드 오벤든,『책을 불태우다: 고대 알렉산드리아부터 디지털 아카이브까지, 지식 보존과 파괴의 역사』, 이재황 옮김(책과함께, 2022).

19. 크리스티아네 인만,『판도라의 도서관: 여성과 책의 문화사』, 엄미정 옮김(예경, 2011).

20. 앨리슨 후버 바틀릿,『책을 너무 사랑한 남자: 책 도둑과 탐정과 광적인 책 수집가들에 대한 실제 이야기』, 남다윤 옮김(솔출판사, 2011).

21. 쯔안,『책 도둑의 최후는 교수형뿐이라네: 애서가들의 장서표 이야기』, 김영문 옮김(알마, 2016).

22. 옥타브 위잔,『애서광들: 책을 욕망하는 책에 미친 사람들』, 강주헌 옮김(북스토리, 2023).

23. 에드워드 브룩-히칭,『이상한 책들의 도서관: 희귀 서적 수집가가 안내하는 역사상 가장 기이하고 저속하며 발칙한 책들의 세계』, 최세희 옮김(갈라파고스, 2024).

24. 고혜련 외,『도서관으로 문명을 읽다』(한길사, 2016).

25. 유종필,『세계 도서관 기행: 오래된 서가에 기대 앉아 시대의 지성과 호흡하다』(웅진지식하우스, 2010).

26. 제임스 W. P. 캠벨,『세계의 도서관』, 이순희 옮김(사회평론, 2015).

27. 스튜어트 켈스,『더 라이브러리: 유혹하는 도서관』, 김수민 옮김(현암사, 2018).

28. 강명관,『조선시대 책과 지식의 역사: 조선의 책과 지식은 조선사회와 어떻게 만나고 헤어졌을까?』(천년의상상, 2014).

29. 뤼시앵 페브르·앙리 장 마르탱,『책의 탄생: 책은 어떻게 지식의 혁명과 사상의 전파를 이끌었는가』, 강주헌·배영란 옮김(돌베개, 2014).

30. 알베르토 망구엘, 『독서의 역사: 책과 독서, 인류의 끝없는 갈망과 독서 편력의 서사시』, 정명진 옮김(세종, 2008).

31. 스티븐 로저 피셔, 『읽기의 역사: 나는 읽을 때 살아 있음을 느낀다』, 신기식 옮김(지영사, 2011).

프롤로그: 폐허를 딛고 재건하다

1. 인용문의 출처는 다음과 같다. Anthony Hobson, *Great Libraries* (London: Weidenfeld & Nicolson, 1970), p. 143.

2. *Advis pour dresser une bibliothèque* (Paris: François Targa, 1627). Gabriel Naudé, *Advice on Establishing a Library*, ed. Archer Taylor (Berkeley, CA: University of California Press, 1950).

3. 12장을 볼 것.

4. Kristian Jensen, *Revolution and the Antiquarian Book: Reshaping the Past, 1780–1815* (Cambridge: Cambridge University Press, 2011).

5. 최고의 필사본이 궁금하다면 다음을 볼 것. Christopher de Hamel, *Meetings with Remarkable Manuscripts* (London: Allen Lane, 2016).

6. 14장을 볼 것.

7. W. B. Stevenson, 'The Selection of Fiction for Public Libraries', in Raymond Astbury (ed.), *The Writer in the Market Place* (London: Clive Bingley, 1969), p. 148.

8. Andrew Pettegree and Arthur der Weduwen, *The Bookshop of the World: Making and Trading Books in the Dutch Golden Age* (London and New Haven: Yale University Press, 2019), pp. 172–194.

9. Rebecca Knuth, *Burning Books and Leveling Libraries: Extremist Violence and Cultural Destruction* (Westport, CT: Praeger, 2006), pp. 80–86.

10. Michael Kevane and William A. Sundstrom, 'The Development of Public Libraries in the United States, 1870–1930: A Quantitative Assessment' *Information & Culture*, 49 (2014), pp. 117–144.

11. John Carey, *The Intellectuals and the Masses: Pride and Prejudice among the Literary Intelligentsia, 1880–1939* (London: Faber & Faber, 1992), pp. 3–19.

12. Jonathan Rose, 'A Conservative Canon: Cultural Lag in British Working-Class Reading Habits', *Libraries & Culture*, 33 (1998), pp. 98–104.

1장. 두루마리의 운명

1. Beverley Butler, *Return to Alexandria: An Ethnography of Cultural Heritage, Revivalism and Museum Memory* (Walnut Creek, CA: Left Coast Press, 2007).

2. 5장을 볼 것.

3. Jeremy Black, 'Lost Libraries of Ancient Mesopotamia', in James Raven (ed.), *Lost Libraries: The Destruction of Great Book Collections since Antiquity* (Basingstoke: Palgrave, 2004), pp. 41–57, here p. 41.

4. William V. Harris, *Ancient Literacy* (Cambridge, MA: Harvard University Press, 1989).

5. Lionel Casson, *Libraries in the Ancient World* (London and New Haven: Yale University Press, 2001), p. 22.

6. Rory MacLeod (ed.), *The Library of Alexandria: Centre of Learning in the Ancient World* (London and New York: I. B. Tauris, 2000).

7. 2장을 볼 것.

8. Bernard Lewis, 'The Arab Destruction of the Library of Alexandria: Anatomy of a Myth', in Mostafa El-Abbadi and Omnia Fathallah (eds.), *What Happened to the Ancient Library of Alexandria?* (Leiden: Brill, 2008), pp. 213–217.

9. T. Keith Dix, '"Public Libraries" in Ancient Rome: Ideology and Reality', *Libraries & Culture*, 29 (1994), pp. 282–96, here p. 283.

10. T. Keith Dix, 'Pliny's Library at Comum', *Libraries & Culture*, 31 (1996), pp. 85–102.

11. Felix Reichmann, 'The Book Trade at the Time of the Roman Empire', *Library Quarterly*, 8 (1938), pp. 40–76, here p. 73. P. White, 'Bookshops in the Literary Culture of Rome', in William A. Johnson and Holt N. Parker (eds.), *Ancient Literacies: The Culture of Reading in Greece and Rome* (Oxford: Oxford University Press, 2009), pp. 268–287.

12. Anthony J. Marshall, 'Library Resources and Creative Writing at Rome', *Phoenix*, 30 (1976), pp. 252–264. 키케로의 도서관에 대해서는 특히 다음을 볼 것. T. Keith Dix, '"Beware of Promising Your Library to Anyone": Assembling a Private Library at Rome', in Jason König, Katerina Oikonomopoulou and Greg Woolf (eds.), *Ancient Libraries* (Cambridge: Cambridge University Press, 2013), pp. 209–234.

13. Lorne Bruce, 'Palace and Villa Libraries from Augustus to Hadrian', *Journal of Library History*, 21 (1986), pp. 510–552, here pp. 544–545.

14. Sandra Sider, 'Herculaneum's Library in 79 AD: The Villa of the Papyri', *Libraries & Culture*, 25 (1990), pp. 534–542.

15. Reichmann, 'Book Trade', p. 43.

16. Victor M. Martínez and Megan Finn Senseney, 'The Professional and His Books: Special Libraries in the Ancient World', in Köig, *Ancient Libraries*, pp. 401–417.

17. Vivian Nutton, 'Galen's Library', in Christopher Gill, Tim Whitmarsh and John Wilkins (eds.), *Galen and the World of Knowledge* (Cambridge: Cambridge University Press, 2009), pp. 18–36. Susan P. Mattern, *The Prince of Medicine: Galen in the Roman Empire* (Oxford: Oxford University Press, 2013).

18. 2장, 3장 그리고 4장을 볼 것.

19. 7장을 볼 것.

20. George W. Houston, *Inside Roman Libraries: Book Collections and Their Management in Antiquity* (Chapel Hill, NC: University of North Carolina Press, 2014).

2장. 안식처

1. 다음에서 인용했음. J. Berthoud, 'The Italian Renaissance Library', *Theoria: A Journal of Social and Political Theory*, 26 (1966), pp. 61–80, here p. 68.

2. 다음의 자료에 간결한 설명이 있다. Dom Romanus Rios, 'Monte Cassino, 529–944', *Bulletin of the John Rylands Library*, 29 (1945), pp. 49–68. 제2차세계대전 동안에 있었던 가장 최근의 수도원 파괴의 여파에 관한 논문이다.

3. 특히 적절한 사례연구를 위해서라면 다음을 참고할 것. Adrian Papahagi, 'Lost Libraries and Surviving Manuscripts: The Case of Medieval Transylvania', *Library & Information History*, 31 (2015), pp. 35–53.

4. King James Version, II Timothy 4:13.

5. John Barton, *A History of the Bible: The Book and Its Faiths* (London: Allen Lane, 2019).

6. Herman A. Peterson, 'The Genesis of Monastic Libraries', *Libraries & the Cultural Record*, 45 (2010), pp. 320–332.

7. 다음에서 인용했음. James Westfall Thompson, *The Medieval Library* (New York, NY: Hafner, 1957), p. 34.

8. Bruce L. Venarde (ed.), *The Rule of Saint Benedict* (Cambridge, MA: Harvard University Press, 2011), chapter 48, pp. 161–163.

9. 다음에서 인용했음. Jacob Hammer, 'Cassiodorus, the Savior of Western Civilization', *Bulletin of the Polish Institute of Arts and Sciences in America*, 3 (1945), pp. 369–384, p. 380.

10. L. D. Reynolds and N. G. Wilson, *Scribes and Scholars: A Guide to the Transmission of Greek and Latin Literature* (Oxford: Oxford University Press, 1968), pp. 34–35.

11. Reynolds and Wilson, *Scribes and Scholars*, p. 76.

12. Thompson, *The Medieval Library*, p. 35.

13. Sven Meeder, *The Irish Scholarly Presence at St. Gall: Networks of Knowledge in the Early Middle Ages* (London: Bloomsbury, 2018).

14. Yaniv Fox, *Power and Religion in Merovingian Gaul: Columbanian Monasticism and the Frankish Elites* (Cambridge: Cambridge University Press, 2014).

15. Rosamond McKitterick, *Charlemagne: The Formation of a European Identity* (Cambridge: Cambridge University Press, 2008), p. 306.

16. Rosamond McKitterick, *The Carolingians and the Written Word* (Cambridge: Cambridge University Press, 1989).

17. McKitterick, *Charlemagne*, p. 316.

18. James Stuart Beddie, 'The Ancient Classics in the Mediaeval Libraries', *Speculum*, 5 (1930), pp. 3–20.

19. McKitterick, *Charlemagne*, pp. 331–332.

20. Donald Bullough, 'Charlemagne's court library revisited', *Early Mediaeval Europe*, 12 (2003), pp. 339–363, here p. 341.

21. Laura Cleaver, 'The circulation of history books in twelfth-century Normandy', in Cynthia Johnston (ed.), *The Concept of the Book: The Production, Progression and Dissemination of Information* (London: Institute of English Studies, 2019), pp. 57–78.

22. Thompson, *The Medieval Library*, p. 628.

23. Ibid, pp. 51, 618. 좀 더 폭넓은 설명은 다음을 볼 것, Florence Edler de Roover, 'The Scriptorium', in the same, pp. 594–612, 그리고 다음을 볼 것,

Cynthia J. Cyrus, *The Scribes for Women's Convents in Late Medieval Germany* (Toronto: University of Toronto Press, 2009), pp. 18–47.

24. Thompson, *The Medieval Library*, p. 606.

25. Cyrus, *The Scribes for Women's Convents*, especially pp. 48–89, 132–165.

26. Christopher Given-Wilson, *Chronicles: The Writing of History in Medieval England* (London: Hambledon, 2004).

27. Johannes Duft, *The Abbey Library of Saint Gall* (St Gallen: Verlag am Klosterhof, 1985).

28. 책 보존과 관련된 일반적인 건축적 변화는 다음을 볼 것. John Willis Clark, *The Care of Books: An Essay on the Development of Libraries and Their Fittings, from the Earliest Times to the End of the Eighteenth Century* (Cambridge: Cambridge University Press, 1901), Henry Petroski, *The Book on the Bookshelf* (New York, NY: Knopf, 1999) and K. Sp. Staikos, *The Architecture of Libraries in Western Civilization: From the Minoan Era to Michelangelo* (New Castle, DE: Oak Knoll Press, 2017).

29. 다음에 이어지는 내용에 대해서는 다음 도서를 특히 주목하라. Eva Schlotheuber and John T. McQuillen, 'Books and Libraries within Monasteries', in Alison I. Beach and Isabelle Cochelin (eds.), *The Cambridge History of Medieval Monasticism in the Latin West* (Cambridge: Cambridge University Press, 2020), pp. 975–997.

30. Edward T. Brett, 'The Dominican Library in the Thirteenth Century', *The Journal of Library History*, 15 (1980), pp. 303–308, here p. 305.

31. 다음에서 인용했음. Staikos, *Architecture of Libraries*, pp. 248–249.

32. Schlotheuber and McQuillen, 'Books and Libraries', p. 981.

33. 또한 3장을 볼 것.

34. K. W. Humphreys, 'The Effects of Thirteenth-century Cultural Changes on Libraries', *Libraries & Culture*, 24 (1989), pp. 5–20.

35. N. R. Ker, 'The Beginnings of Salisbury Cathedral Library', in his *Books, Collectors and Libraries: Studies in the Medieval Heritage*, ed. Andrew G. Watson (London and Ronceverte: Hambledon, 1983), pp. 143–174, 그리고 또한 여기를 보라. 'Cathedral Libraries', in the same, pp. 293–300.

36. Richard H. Rouse, 'The early library of the Sorbonne', *Scriptorium*, 21 (1967), pp. 42–71. J. O. Ward, 'Alexandria and Its Medieval Legacy: The Book, the

Monk and the Rose', in Roy MacLeod (ed.), *The Library of Alexandria: Centre of Learning in the Ancient World* (London and New York: I. B. Tauris, 2000), pp. 163–179, here p. 171.

37. N. R. Ker, 'Oxford College Libraries before 1500', in his *Books, Collectors and Libraries*, pp. 301–320.

38. Ibid, p. 302.

39. Staikos, *Architecture of Libraries*, p. 253.

40. Burnett Hillman Streeter, *The Chained Library: A Survey of Four Centuries in the Evolution of the English Library* (London: Macmillan, 1931).

41. S. K. Padover, 'German libraries in the fourteenth and fifteenth centuries', in Thompson, *The Medieval Library*, pp. 453–476, here p. 455.

42. Anthony Hobson, *Great Libraries* (London: Weidenfeld & Nicolson, 1970), p. 22.

43. 3장을 볼 것.

44. Phyllis Goodhart Gordan, *Two Renaissance Book Hunters: The Letters of Poggius Bracciolini to Nicolaus de Niccolis* (New York, NY: Columbia University Press, 1974). 또한 3장을 볼 것.

45. Ibid, pp. 188–189.

46. Ibid, p. 192.

47. Ibid, pp. 42, 46.

48. Ibid, p. 99.

49. Ibid, pp. 100, 102.

3장. 작은 원숭이들과 금박 글자

1. Richard H. Rouse and Mary A. Rouse, 'The Commercial Production of Manuscript Books in Late-Thirteenth-century and Early-Fourteenth-century Paris', in Linda L. Brownrigg (ed.), *Medieval Book Production: Assessing the Evidence* (London: Red Gull Press, 1990), pp. 103–115, here p. 103.

2. 4장을 볼 것.

3. 좋은 예를 보고 싶다면 다음을 볼 것. Adrian Papahagi, 'The Library of Petrus Gotfart de Corona, Rector of the University of Vienna in 1473', *The Library*, 7th series, 20 (2019), pp. 29–46, p. 39.

4. Graham Pollard, 'The pecia system in the medieval universities', in M. B.

Parkes and Andrew G. Watson (eds.), *Medieval Scribes, Manuscripts and Libraries: Essays Presented to N. R. Ker* (London: Scolar Press, 1978), pp. 145–161.

5. Nikolaus Weichselbaumer, '"Quod Exemplaria vera habeant et correcta": Concerning the Distribution and Purpose of the Pecia System', in Richard Kirwan and Sophie Mullins (eds.), *Specialist Markets in the Early Modern Book World* (Leiden and Boston: Brill, 2015), pp. 331–350, here p. 343.

6. Richard H. Rouse and Mary A. Rouse, *Manuscripts and Their Makers: Commercial Book Producers in Medieval Paris, 1200–1500* (London: Harvey Miller, 2000).

7. 탁월한 연구를 소개한다. Frits Pieter van Oostrom, *Court and Culture: Dutch Literature, 1350–1450* (Berkeley, CA: University of California Press, 1992).

8. Eamon Duffy, *Marking the Hours: English People and Their Prayers, 1240–1570* (London and New Haven: Yale University Press, 2006).

9. Roger S. Wieck, *Time Sanctified: The Book of Hours in Medieval Art and Life* (New York, NY: George Braziller, 2001), p. 39.

10. Christopher de Hamel, *Meetings with Remarkable Manuscripts* (London: Allen Lane, 2016), pp. 376–425.

11. Georges Dogaer and Marguerite Debae, *La Librairie de Philippe le Bon* (Brussels: Bibliothèque royale, 1967), p. 1.

12. Godfried Croenen and Peter Ainsworth (eds.), *Patrons, Authors and Workshops: Books and Book Production in Paris around 1400* (Leuven: Peeters, 2006).

13. Hanno Wijsman, *Luxury Bound: Illustrated Manuscript Production and Noble and Princely Book Ownership in the Burgundian Netherlands (1400–1550)* (Turnhout: Brepols, 2010), p. 23.

14. 이것은 현재 추가된 원고(Add MS) 18850번으로 기록되어 영국 국립도서관에 있다.

15. Alessandra Petrina, *Cultural Politics in Fifteenth-century England: The Case of Humphrey, Duke of Gloucester* (Leiden: Brill, 2004), pp. 153–258.

16. 6장을 볼 것.

17. 사례연구를 위해서는 다음을 볼 것. Andrew Taylor, 'Manual to Miscellany: Stages in the Commercial Copying of Vernacular Literature in England', *The Yearbook of English Studies*, 33 (2003), pp. 1–17.

18. Dogaer and Debae, *La Librairie de Philippe le Bon*. Wijsman, *Luxury Bound*, pp. 244–253.

19. Hanno Wijsman, *Handschriften voor het hertogdom. De mooiste verluchte manuscripten van Brabantse hertogen, edellieden, kloosterlingen en stedelingen* (Alphen: Veerhuis, 2006).

20. James P. Carley (ed.), *The Libraries of King Henry VIII* (London: British Library, 2000), p. 3.

21. Duffy, *Marking the Hours*, p. 25.

22. Ibid, p. 22.

23. Dora Thornton, *The Scholar in His Study: Ownership and Experience in Renaissance Italy* (London and New Haven: Yale University Press, 1997).

24. Ibid, p. 32.

25. Ibid, p. 4.

26. 다음에서 인용했음. ibid, pp. 133–134.

27. 2장을 볼 것.

28. 좋은 예를 보고 싶다면 다음을 볼 것. David Rundle, 'A Renaissance Bishop and His Books: A Preliminary Survey of the Manuscript Collection of Pietro del Monte (c. 1400–57)', *Papers of the British School at Rome*, 69 (2001), pp. 245–272, here p. 256.

29. 1장을 볼 것.

30. R. J. Mitchell, 'A Renaissance Library: The Collection of John Tiptoft, Earl of Worcester', *The Library*, 4th series, 18 (1937), pp. 67–83.

31. Albinia C. de la Mare, 'Vespasiano da Bisticci, Historian and Bookseller' (PhD thesis, London University, 1966). Idem, 'Vespasiano da Bisticci as Producer of Classical Manuscripts in Fifteenth-century Florence', in Claudine A. Chavannes-Mazel and Margaret M. Smith (eds.), *Medieval Manuscripts of the Latin Classics: Production and Use* (London: Red Gull Press, 1996), pp. 166–207. Most recently: Ross King, *The bookseller of Florence* (London: Chatto & Windus, 2021).

32. De la Mare, 'Vespasiano da Bisticci, Historian and Bookseller', p. 214.

33. Ibid, pp. 215–216.

34. Vespasiano da Bisticci, *Renaissance Princes, Popes and Prelates: The Vespasiano Memoirs – Lives of Illustrious Men of the XVth Century*, trans. William George and Emily Waters (New York, NY: Harper & Row, 1963).

35. Ibid, pp. 102–104.

36. Thornton, *The Scholar in His Study*, p. 120. K. Sp. Staikos, *The Architecture of Libraries in Western Civilization: From the Minoan Era to Michelangelo* (New Castle, DE: Oak Knoll Press, 2017), pp. 316–319.

37. Vespasiano da Bisticci, *Renaissance Princes, Popes and Prelates*, pp. 114–115, 118, 155–6, 171, 237.

38. 더 상세한 내용은 다음을 볼 것. Berthold L. Ullman and Philip A. Stadler, *The Public Library of Renaissance Florence: Niccolò Niccoli, Cosimo de' Medici and the Library of San Marco* (Padova: Editrice Antenore, 1972).

39. De la Mare, 'Vespasiano da Bisticci, Historian and Bookseller', p. 219.

40. Vespasiano da Bisticci, *Renaissance Princes, Popes and Prelates*, p. 221.

41. Ullman and Stadler, *The Public Library of Renaissance Florence*, p. 28.

42. Elias Muhanna, *The World in a Book: Al-Nuwayri and the Islamic Encylopedic Tradition* (Princeton, NJ: Princeton University Press, 2018).

43. Arnold H. Green, 'The History of Libraries in the Arab World: A Diffusionist Model', *Libraries & Culture*, 23 (1988), pp. 454–473. Ribhi Mustafa Elayyan, 'The History of the Arabic-Islamic Libraries: 7th to 14th Centuries', *International Library Review*, 22 (1990), pp. 119–135.

44. Brent D. Singleton, 'African Bibliophiles: Books and Libraries in Medieval Timbuktu', *Libraries & Culture*, 39 (2004), pp. 1–12.

45. Paul E. Walker, 'Literary Culture in Fatimid Egypt', in Assadullah Souren Melikian-Chirvani (ed.), *The World of the Fatimids* (Toronto: Aga Khan Museum, 2018), pp. 160–175. Johannes Pedersen, *The Arabic Book* (Princeton, NJ: Princeton University Press, 1984), pp. 118–119, 좀 더 개괄적 정보를 얻으려면 다음을 볼 것, pp. 113–130.

46. Kuang Neng-fu, 'Chinese Library Science in the Twelfth Century', *Libraries & Culture*, 26 (1991), pp. 357–371. 일본에 대해서는 다음을 볼 것. Peter Kornicki, *The Book in Japan: A Cultural History from the Beginnings to the Nineteenth Century* (Honolulu: University of Hawai'i Press, 2001), pp. 363–412.

47. Mark Kurlansky, *Paper: Paging through History* (New York, NY: W. W. Norton, 2016), pp. 76–97.

48. Kai-wing Chow, *Publishing, Culture and Power in Early Modern China* (Stanford, CA: Stanford University Press, 2004). C. J. Brokaw, 'On the

history of the book in China', in C. J. Brokaw and Kai-wing Chow (eds.), *Printing and Book Culture in Late Imperial China* (Berkeley, CA: University of California Press, 2005), pp. 3–55.

49. 다음을 볼 것. *The International Dunhuang Project*, co-hosted by the British Library: http://idp.bl.uk/.

50. 권위를 인정받은 최근의 관점이 궁금하다면 다음을 볼 것. Joseph P. McDermott and Peter Burke (eds.), *The Book Worlds of East Asia and Europe, 1450–1850: Connections and Comparisons* (Hong Kong: Hong Kong University Press, 2015). 또한 4장을 볼 것.

4장. 악마 같은 인쇄기

1. 다음에서 인용했음. Eric Marshall White, *Editio Princeps: A History of the Gutenberg Bible* (London and Turnhout: Harvey Miller, 2017), p. 23.

2. Ibid, pp. 23–24. 좀 더 개괄적 정보를 얻으려면 다음을 볼 것. Albert Kapr, *Johann Gutenberg: The Man and His Invention* (Aldershot: Scolar Press, 1996).

3. Andrew Pettegree, *The Book in the Renaissance* (London and New Haven: Yale University Press, 2010), pp. 21–62. Susan Noakes, 'The Development of the Book Market in Late Quattrocento Italy: Printers' Failures and the Role of the Middleman', *The Journal of Medieval and Renaissance Studies*, 11 (1981), pp. 23–55.

4. Mary A. Rouse and Richard H. Rouse, 'Backgrounds to print: aspects of the manuscript book in northern Europe of the fifteenth century', in their *Authentic Witnesses: Approaches to Medieval Texts and Manuscripts* (Notre Dame, IN: University of Notre Dame Press, 1991), pp. 449–466.

5. Elizabeth L. Eisenstein, *Divine Art, Infernal Machine: The Reception of Printing in the West from First Impressions to the Sense of an Ending* (Philadelphia, PA: University of Pennsylvania Press, 2011), p. 13.

6. 탁월한 사례연구는 다음을 볼 것. Paul Saenger, 'Colard Mansion and the Evolution of the Printed Book', *Library Quarterly*, 45 (1975), pp. 405–418.

7. Falk Eisermann, 'A Golden Age? Monastic Printing Houses in the Fifteenth Century', in Benito Rial Costas (ed.), *Print Culture and Peripheries in Early Modern Europe* (Leiden: Brill, 2012), pp. 37–67, here p. 41.

8. Ibid, p. 63.

9. Melissa Conway, *The Diario of the Printing Press of San Jacopo di Ripoli, 1476–1484* (Florence: Olschki, 1999), pp. 28, 56–61.

10. Eisermann, 'A Golden Age?', p. 37.

11. Lotte Hellinga, 'Book Auctions in the Fifteenth Century', in her *Incunabula in Transit: People and Trade* (Leiden and Boston: Brill, 2018), pp. 6–19, here p. 6.

12. White, *Editio Princeps*, p. 49.

13. Eisermann, 'A Golden Age?', p. 37.

14. Curt F. Bühler, *The Fifteenth-century Book: The Scribes, the Printers, the Decorators* (Philadelphia, PA: Philadelphia University Press, 1960), p. 41.

15. Hannes Kleineke, 'The Library of John Veysy (d. 1492), Fellow of Lincoln College, Oxford, and Rector of St James, Garlickhythe, London', *The Library*, 7th series, 17 (2016), pp. 399–423. Wolfgang Undorf, 'Print and Book Culture in the Danish Town of Odense', in Costas (ed.), *Print Culture and Peripheries*, pp. 227–248.

16. N. R. Ker, 'Oxford College Libraries in the Sixteenth Century', in his *Books, Collectors and Libraries: Studies in the Medieval Heritage* (London and Ronceverte: Hambledon, 1985), pp. 379–436, here p. 395.

17. Filippo de Strata, *Polemic against Printing*, ed. Martin Lowry (Birmingham: Hayloft Press, 1986).

18. 13장과 15장을 볼 것.

19. Vespasiano da Bisticci, *Renaissance Princes, Popes and Prelates*, p. 104.

20. Albinia C. de la Mare, 'Vespasiano da Bisticci as Producer of Classical Manuscripts in Fifteenthcentury Florence', in Claudine A. Chavannes-Mazel and Margaret M. Smith (eds.), *Medieval Manuscripts of the Latin Classics: Production and Use* (London: Red Gull Press, 1996), pp. 166–207, here p. 206.

21. Berthold L. Ullman and Philip A. Stadler, *The Public Library of Renaissance Florence: Niccolò Niccoli, Cosimo de' Medici and the Library of San Marco* (Padova: Editrice Antenore, 1972), pp. 46–47.

22. Marcus Tanner, *The Raven King: Matthias Corvinus and the Fate of His Lost Library* (London and New Haven: Yale University Press, 2008).

23. Hanno Wijsman, 'Philippe le Beau et les livres: rencontre entre une éoque et une personnalité', in his *Books in Transition at the Time of Philip the Fair:*

Manuscripts and Printed Books in the Late Fifteenth and Early Sixteenth Century Low Countries (Turnhout: Brepols, 2010), pp. 17–92, here pp. 88, 91.

24. Hanno Wijsman, 'Une bataille perdue d'avance ? Les manuscrits aprè l'introduction de l'imprimerie dans les anciens Pays-Bas', in his *Books in Transition*, pp. 257–272, here p. 263.

25. Hanno Wijsman, *Luxury Bound: Illustrated Manuscript Production and Noble and Princely Book Ownership in the Burgundian Netherlands (1400–1550)* (Turnhout: Brepols, 2010), pp. 337–338.

26. Marguerite Debae, *La Librairie de Marguerite d'Autriche* (Brussels: Bibliothèque royale, 1987).

27. Roger Chartier, *The Cultural Uses of Print in Early Modern France* (Princeton, NJ: Princeton University Press, 1987), p. 150.

28. Julia Boffey, *Manuscript and Print in London, c.1475–1530* (London: British Library, 2012), pp. 1–2.

29. James P. Carley (ed.), *The Libraries of King Henry VIII* (London: British Library, 2000).

30. 6장을 볼 것.

5장. 성숙기에 이르다

1. Noel L. Brann, *The Abbot Trithemius (1462–1516): The Renaissance of Monastic Humanism* (Leiden: Brill, 1981), pp. 4–53.

2. An English translation is available: Johannes Trithemius, *In Praise of Scribes*, trans Elizabeth Bryson Bongie (Vancouver: Alcuin Society, 1977).

3. USTC 749471.

4. Trithemius, *In Praise of Scribes*, p. 4.

5. Anthony Grafton, *Worlds Made by Words: Scholarship and Community in the Modern West* (Cambridge, MA: Harvard University Press, 2009), chapter 3.

6. 다음 책에 콜론의 생애가 아름답게 서술돼 있다. Edward Wilson-Lee, *The Catalogue of Shipwrecked Books: Young Columbus and the Quest for a Universal Library* (London: Harper Collins, 2018).

7. Mark P. McDonald, *Ferdinand Columbus: Renaissance Collector* (London: British Museum, 2005).

8. Klaus Wagner, 'Le commerce du livre en France au déut du XVIe sièle d'aprè

les notes manuscrites de Fernando Colomb', *Bulletin du bibliophile*, 2 (1992), pp. 305–329.

9. 국제약식서명목록(USTC)은 바르셀로나, 바야돌리드(Valladolid), 로마, 바젤과 안트베르펜에서 출판된 일곱 가지 판본을 갖고 있다. 줄리아노 다티(Giuliano Dati)가 이탈리아어로 운문화한 것도 있다. 다음을 볼 것. Martin T. Davies, *Columbus in Italy* (London: British Library, 1991).

10. Egbertus van Gulik, *Erasmus and his Books* (Toronto: University of Toronto Press, 2018).

11. Wilson-Lee, *Catalogue of Shipwrecked Books*, pp. 314–316.

12. Henry Harrisse, *Excerpta Colombiniana: Bibliographie de 400 pièces du 16e siècle; précédée d'une histoire de la Bibliothèue colombine et de son fondateur* (Paris: Welter, 1887).

13. Andrew Pettegree, *Foreign Protestant Communities in Sixteenth-century London* (Oxford: Oxford University Press, 1986).

14. 흐로닝언(Groningen)주의 대학도서관이 가장 많이 소장하고 있다.

15. Ladislaus Buzás, *German Library History, 800–1945* (Jefferson, NC: McFarland, 1986), p. 16.

6장. 종교개혁

1. Andrew Pettegree, *Brand Luther: 1517, Printing, and the Making of the Reformation* (New York: Penguin, 2015).

2. Drew B. Thomas, 'Circumventing Censorship: the Rise and Fall of Reformation Print Centres', in Alexander S. Wilkinson and Graeme J. Kemp (eds.), *Negotiating Conflict and Controversy in the Early Modern Book World* (Leiden and Boston: Brill, 2019), pp. 13–37.

3. Karl Schottenloher, 'Schicksale von Bühern und Bibliotheken im Bauernkrieg', *Zeitschrift für Bücherfreunde*, 12 (1909), pp. 396–408. Ladislaus Buzás, *German Library History, 800–1945* (Jefferson, NC: McFarland, 1986), pp. 31–85. S. K. Padover, 'German libraries in the fourteenth and fifteenth centuries', in James Westfall Thompson (ed.), *The Medieval Library* (New York, NY: Hafner, 1957), pp. 453–476, here pp. 475–476.

4. Schottenloher, 'Schicksale von Bühern', p. 399.

5. Martin Germann, 'Zwischen Konfiskation, Zerstreuung und Zerstöung:

Schicksale der Büher und Bibliotheken in der Reformationszeit in Basel, Bern und Zürich', *Zwingliana, 27* (2000), pp. 63–77, here p. 65.

6. Schottenloher, 'Schicksale von Bühern', p. 398.

7. Padover, 'German libraries', p. 476.

8. Germann, 'Zwischen Konfiskation', p. 65.

9. Ibid, p. 70.

10. 8장과 10장을 볼 것.

11. Nigel Ramsay, '"The Manuscripts Flew about Like Butterflies": The Break-up of English Libraries in the Sixteenth Century', in James Raven (ed.), *Lost Libraries: The Destruction of Great Book Collections since Antiquity* (Basingstoke: Palgrave, 2004), pp. 125–144, here p. 126.

12. Ronald Harold Fritze, '"Truth Hath Lacked Witness, Tyme Wanted Light": The Dispersal of the English Monastic Libraries and Protestant Efforts at Preservation, ca. 1535–1625', *Journal of Library History*, 18 (1983), pp. 274–291, here p. 276. Ramsay, '"The Manuscripts Flew about Like Butterflies"', p. 125.

13. Mark Purcell, *The Country House Library* (London and New Haven: Yale University Press, 2017), p. 59.

14. 12장을 볼 것.

15. Purcell, *Country House Library*, p. 76.

16. Ramsay, '"The Manuscripts Flew about Like Butterflies"', p. 129.

17. C. E. Wright, 'The Dispersal of the Monastic Libraries and the Beginnings of Anglo-Saxon Studies: Matthew Parker and His Circle', *Transactions of the Cambridge Bibliographical Society*, 1 (1951), pp. 208–237, here p. 211.

18. Ibid.

19. 다음에서 인용했음. Fritze, '"Truth Hath Lacked Witness, Tyme Wanted Light"', p. 282.

20. James P. Carley, 'The Dispersal of the Monastic Libraries and the Salvaging of the Spoils', in Elisabeth Leedham-Green and Teresa Webber (eds.), *The Cambridge History of Libraries in Britain and Ireland, vol. I: To 1640* (Cambridge: Cambridge University Press, 2006), pp. 265–291, here p. 268.

21. Wright, 'The Dispersal of the Monastic Libraries', p. 210.

22. Carley, 'The Dispersal of the Monastic Libraries', pp. 274–275.

23. 다음에서 인용했음. Ramsay, '"The Manuscripts Flew about Like Butterflies"', p. 131.

24. James P. Carley (ed.), *The Libraries of King Henry VIII* (London: British Library, 2000), p. lxxvii.

25. Sarah Gray and Chris Baggs, 'The English Parish Library: A Celebration of Diversity', *Libraries & Culture*, 35 (2000), pp. 414–433, p. 416.

26. 다음에서 인용했음. Ramsay, '"The Manuscripts Flew about Like Butterflies"', p. 133.

27. Kristian Jensen, 'Universities and Colleges', in Leedham-Green and Webber, *The Cambridge History of Libraries in Britain and Ireland*, pp. 345–362, here p. 350.

28. J. C. T. Oates, *Cambridge University Library, a History: From the Beginnings to the Copyright Act of Queen Anne* (Cambridge: Cambridge University Press, 1986), p. 70.

29. N. R. Ker, 'Oxford College Libraries in the Sixteenth Century', in his *Books, Collectors and Libraries: Studies in the Medieval Heritage*, ed. Andrew G. Watson (London and Ronceverte: Hambledon, 1985), pp. 379–436, here p. 389.

30. 8장을 볼 것.

31. 다음에서 인용했음. Renaud Adam, 'The profession of printer in the Southern Netherlands before the Reformation: Considerations on professional, religious and state legislations (1473–1520)', in Violet Soen, Dries Vanysacker and Wim François (eds.), *Church, Censorship and Reform in the Early Modern Habsburg Netherlands* (Turnhout: Brepols, 2017), pp. 13–25, here p. 13.

32. Grantley McDonald, '"Burned to Dust": Censorship and repression of theological literature in the Habsburg Netherlands during the 1520s', in ibid, pp. 27–45, here pp. 29–31.

33. Pierre Delsaerdt, 'A Bookshop for a New Age: The Inventory of the Bookshop of the Louvain Bookseller Hieronymus Cloet, 1543', in Lotte Hellinga, et al. (eds.), *The Bookshop of the World: The Role of the Low Countries in the Book-Trade, 1473–1941* ('t Goy-Houten: Hes & De Graaf, 2001), pp. 75–86.

34. César Manrique Figueroa, 'Sixteenth-century Spanish Editions Printed in Antwerp Facing Censorship in the Hispanic World: The Case of the

Antwerp Printers Nutius and Steelsius', in Soen, Vanysacker and François, *Church, Censorship and Reform*, pp. 107–121, here pp. 116–118. 좀 더 개괄적 정보를 얻으려면 다음을 볼 것. Clive Griffin, *Journeymen-Printers, Heresy, and the Inquisition in Sixteenth-century Spain* (Oxford: Oxford University Press, 2005).

35. Federico Barbierato, *The Inquisitor in the Hat Shop: Inquisition, Forbidden Books and Unbelief in Early Modern Venice* (Farnham: Ashgate, 2012), p. 59.

36. George Haven Putnam, *The Censorship of the Church of Rome and its Influence upon the Production and Distribution of Literature* (2 vols., New York, NY: Benjamin Blom, 1967). Jesús Martínez de Bujanda, Francis M. Higman and James K. Farge (eds.), *Index de l'Universitéde Paris* (Geneva: Droz, 1985), 그리고 다른 일련의 현대판 16세기의 금서목록을 참고할 것.

37. Paul F. Grendler and Marcella Grendler, 'The Survival of Erasmus in Italy', *Erasmus in English*, 8 (1976), pp. 2–22.

38. 이탈리아에서 RICI [*Ricerca sull'Inchiesta della Congregazione dell'Indice dei libri proibiti*, 교황청 성성(聖性)의 금서 조사에 관한 연구] 프로젝트를 통해 이런 조사를 기록하는 작업을 현재 진행 중이다.

39. Idalia García Aguilar, 'Before We are Condemned: Inquisitorial Fears and Private Libraries of New Spain', in Natalia Maillard Ávarez (ed.), *Books in the Catholic World during the Early Modern Period* (Leiden: Brill, 2014), pp. 171–190.

40. Paul F. Grendler, *The Roman Inquisition and the Venetian Press* (Princeton, NJ: Princeton University Press, 1977).

41. Ian Maclean, *Episodes in the Life of the Early Modern Learned Book* (Leiden: Brill, 2020), chapters 1 and 2.

42. Roger Kuin, 'Private library as public danger: the case of Duplessis-Mornay', in Andrew Pettegree, Paul Nelles and Philip Conner (eds.), *The Sixteenth-century French Religious Book* (Aldershot: Ashgate, 2001), pp. 319–357, here p. 325.

43. 상세한 사례연구가 궁금하다면 다음을 볼 것. Barbierato, *The Inquisitor in the Hat Shop*, pp. 295–334.

7장. 전문가들

1. Ann Blair, *Too Much to Know: Managing Scholarly Information before the Modern Age* (London and New Haven: Yale University Press, 2010). R. J. W. Evans and Alexander Marr (eds.), *Curiosity and Wonder from the Renaissance to the Enlightenment* (Aldershot: Ashgate, 2006).

2. David Rundle, 'English Books and the Continent', in Alexandra Gillespie and Daniel Wakelin (eds.), *The Production of Books in England, 1350–1500* (Cambridge: Cambridge University Press, 2011), pp. 276–291.

3. R. J. Fehrenbach and E. S. Leedham-Green, *Private Libraries in Renaissance England: A Collection and Catalogue of Tudor and Early Stuart Book-Lists* (9 vols., Binghamton, N.Y: Medieval & Renaissance Texts & Studies, 1992–), III, pp. 36–44. E. S. Leedham-Green, *Books in Cambridge Inventories: Book Lists from Vice-Chancellor's Court Probate Inventories in the Tudor and Stuart Periods* (2 vols., Cambridge: Cambridge University Press, 1986), I, pp. 492–508; II, pp. 839–842.

4. Leedham-Green, *Cambridge Inventories*, I, pp. 508–522; *Private Libraries*, IX.

5. Leedham-Green, *Cambridge Inventories*, I, pp. 102–104, II, p. 316.

6. Andrea Finkelstein, 'Gerard de Malynes and Edward Misselden: The Learned Library of the Seventeenth-Century Merchant', *Book History*, 3 (2000), pp. 1–20.

7. Andrew Pettegree and Arthur der Weduwen, *The Bookshop of the World: Making and Trading Books in the Dutch Golden Age* (London and New Haven: Yale University Press, 2019).

8. 그리고는 이따금 자신들의 가방을 두고 내리기도 했다. 깜빡하고 두고 내린 온갖 귀중품에 대해서는 다음을 볼 것. Arthur der Weduwen and Andrew Pettegree, *The Dutch Republic and the Birth of Modern Advertising* (Leiden: Brill, 2020), pp. 176–177.

9. Pettegree and der Weduwen, *Bookshop of the World*, p. 305. 또한 다음을 볼 것. William Bouwsma, 'Lawyers and Early Modern Culture', *American Historical Review*, 78 (1973), pp. 303–327.

10. Norbert Furrer, *Des Burgers Bibliothek. Personliche Buchbestände in der stadt Bern des 17. Jahrhunderts* (Zurich: Chronos Verlag, 2018).

11. 초기 경매 과정의 실례가 궁금하다면 다음을 보라. Lotte Hellinga, 'Book

Auctions in the Fifteenth Century', in her *Incunabula in Transit: People and Trade* (Leiden: Brill, 2018), pp. 6–19.

12. 장서 목록이 어떤 식으로 해외까지 배포될 수 있었는지 궁금하다면 다음을 보라. Arthur der Weduwen and Andrew Pettegree, *News, Business and Public Information: Advertisements and Announcements in Dutch and Flemish Newspapers, 1620–1675* (Leiden: Brill, 2020), pp. 616–617.

13. 실례가 궁금하다면 다음을 보라. Forrest C. Strickland, 'The Devotion of Collecting: Ministers and the Culture of Print in the Seventeenth-Century Dutch Republic' (PhD thesis, University of St Andrews, 2019), p. 76.

14. 1681년에 다니엘 엘제비어(Daniel Elzevier)가 죽었을 때 그에게 빚졌던 이 엄청난 서적상들의 목록을 확인하고 싶다면 B. P. M. 동엘만스(B. P. M. Dongelmans) 박사가 재판(再版)한 'Elzevier addenda et corrigenda'를 볼 것. 그리고 B. P. M. 동엘만스 박사와 두 명의 다른 저자가 재판한 다음을 참고할 것. *Boekverkopers van Europa* (Zutphen: Walburg Pers, 2000), pp. 53–8.

15. 12장을 볼 것.

16. *Bewys dat het een predicant met zyn huysvrouw alleen niet mogelijck en is op vijfhondert guld eerlijck te leven* [한 명의 성직자와 그의 아내가 1년에 500길더만으로는 생계유지가 불가능하다는 증거] (Delft: Pieter de Menagie, 1658), USTC 1839412.

17. Hellinga, 'Book Auctions in the Fifteenth Century', pp. 10, 14–17, 18–19.

18. Urs B. Leu, and Sandra Weidmann, *Huldrych Zwingli's Private Library* (Leiden: Brill, 2019). 루터의 저작은 일련번호 A120–A144이다.

19. Urs B. Leu, Raffael Keller and Sandra Weidmann, *Conrad Gessner's Private Library* (Leiden and Boston: Brill, 2008).

20. Strickland, 'The Devotion of Collecting'.

21. Ibid, pp. 65–66.

22. Henriëtte A. Bosman-Jelgersma, 'De inventaris van een Leidse apotheek uit het jaar 1587', *Leids Jaarboekje*, 86 (1994), pp. 51–68, here pp. 54–55.

23. Caroline Duroselle-Melish and David A. Lines, 'The Library of Ulisse Aldrovandi (†1605): Acquiring and Organizing Books in Sixteenth-century Bologna', *The Library*, 7th series, 16 (2015), pp. 133–161. Angela Nuovo, 'Private Libraries in Sixteenth-Century Italy', in Bettina Wagner and Marcia

Reed (eds.), *Early Printed Books as Material Objects* (Berlin and New York: De Gruyter Saur, 2010), pp. 231–242.

24. Dresden, Sächsisches Hauptstaatsarchiv, Bestand 10088 Oberkonsistorium, Loc. 1979, fol. 1015r. 우리 저자들은 자료 제공에 협조해 주신 세인트앤드루스대학교의 브리짓 힐(Bridget Heal) 교수에게 다시 감사를 전합니다.

25. Lisa T. Sarasohn, 'Thomas Hobbes and the Duke of Newcastle: A Study in the Mutuality of Patronage before the Establishment of the Royal Society', *Isis*, 90 (1999), pp. 715–37. Mark Purcell, *The Country House Library* (London and New Haven: Yale University Press, 2017), pp. 89–90.

26. John Harrison and Peter Laslett, *The Library of John Locke*, 2nd edn (Oxford, Clarendon Press, 1971).

27. Marcella Grendler, 'A Greek Collection in Padua: The Library of Gian Vincenzo Pinelli (1535–1601)', *Renaissance Quarterly*, 33 (1980), pp. 386–416. Idem, 'Book Collecting in Counter-Reformation Italy: The Library of Gian Vincenzo Pinelli (1535–1601)', *Journal of Library History*, 16 (1981), pp. 144–151.

28. Paulo Gualdo, *Vita Joannis Vincentii Pinelli, Patricii Genuensis: In qua studiosis bonarum artium, proponitur typus viri probi et eruditi* (Augsburg: Markus Welser, 1607). USTC 2040570.

29. 자세한 이야기가 궁금하다면 다음을 볼 것. Anthony Hobson, 'A Sale by Candle in 1608', *The Library*, 5th series, 26 (1971), pp. 215–233. 또한 다음을 볼 것. Angela Nuovo, 'The Creation and Dispersal of the Library of Gian Vincenzo Pinelli', in Giles Mandelbrote, et al. (eds.), *Books on the Move: Tracking Copies through Collections and the Book Trade* (New Castle, DE: Oak Knoll Press, 2007), pp. 39–68.

30. 10장을 볼 것.

31. Duroselle-Melish and Lines, 'The Library of Ulisse Aldrovandi'.

32. Geoffrey Davenport et al (eds.), *The Royal College of Physicians and its Collections* (London: James & James, 2001).

33. *Critical Review*, 55 (1783), pp. 391–392. Harrison and Laslett, *The Library of John Locke*.

34. Jan Pirozynski, 'Royal Book Collections in Poland during the Renaissance',

Libraries & Culture, 24 (1989), pp. 21–32. Peter H. Reid, 'Patriots and Rogues: Some Scottish Lairds and Their Libraries', Library & Information History, 35 (2019), pp. 1–20.

35. 귀족들의 수집에 관한 명확한 전모가 궁금하다면 다음을 볼 것. Purcell, The Country House Library. 또한 12장을 볼 것.

8장. 무익한 책과 하찮은 책

1. Mary Clapinson, A Brief History of the Bodleian Library (Oxford: The Bodleian Library, 2015), p. 7.

2. Ian Philip, The Bodleian Library in the Seventeenth and Eighteenth Centuries (Oxford: Clarendon Press, 1983), pp. 1–22.

3. 다음에서 인용했음. ibid, p. 3.

4. J. Dirks, 'Aanteekeningen van Z. C. von Uffenbach gedurende zijn verblijf in Friesland in 1710', De Vrije Fries, 6 (1853), pp. 305–390, here p. 344.

5. Clapinson, A Brief History, p. 32.

6. Clapinson, A Brief History, p. 14.

7. 다음에서 인용했음. Anna E. C. Simoni, 'The librarian's cri de coeur: rules for readers (1711)', Quaerendo, 32 (2002), pp. 199–203.

8. 하버드대학교 도서관 화재에 대해서는 9장을 볼 것.

9. Richard W. Clement, 'Librarianship and Polemics: The Career of Thomas James (1572–1629)', Library & Culture, 26 (1991), pp. 269–282.

10. 지금은 부다페스트에 있는 헝가리 국립도서관에 보존돼 있다. 도서신청번호는 627.947이다.

11. Carolyn O. Frost, 'The Bodleian Catalogs of 1674 and 1738: An Examination in the Light of Modern Cataloging Theory', Library Quarterly, 46 (1976), pp. 248–270.

12. 마자랭 도서관에 관해서는 11장을 볼 것.

13. John Harrison and Peter Laslett, The Library of John Locke, 2nd edn (Oxford: Clarendon Press, 1971).

14. Elaine Gilboy, 'Les exemplaires interfolié du catalogue de la Bodléenne', in Frééic Barbier, Thierry Dubois and Yann Sordet (eds.), De l'argile au nuage, une archélogie des catalogues (Paris: Éditions des Cendres, 2015), pp. 274–280.

15. John Warwick Montgomery, A Seventeenth-century View of European Libraries:

Lomeier's De Bibliothecis, Chapter X (Berkeley, CA: University of California Press, 1962), p. 51.

16. 9장을 볼 것.

17. 10장을 볼 것.

18. Jens Bruning and Ulrike Gleixner (eds.), *Das Athen der Welfen: Die Reformuniversität Helmstedt, 1576–1810* (Wiesbaden: Harrassowitz, 2010), pp. 248–283.

19. Thomas Hendrickson, *Ancient Libraries and Renaissance Humanism: The 'De Bibliothecis' of Justus Lipsius* (Leiden: Brill, 2017).

20. Christian Coppens, 'Auspicia bibliothecae: donators at the foundation of the Central Library in Louvain (1636–9)', *Quaerendo*, 34 (2004), pp. 169–210.

21. Clapinson, *A Brief History*, p. 9.

22. David McKitterick, 'History of the Library', in Peter Fox (ed.), *Cambridge University Library: The Great Collections* (Cambridge: Cambridge University Press, 1998), pp. 5–32, here p. 15. Jayne Ringrose, 'The Royal Library: John Moore and his books', in the same, pp. 78–89.

23. Ringrose, 'The Royal Library', p. 84.

24. P. C. Molhuysen, *Bronnen tot de geschiedenis der Leidsche universiteit 1574–1811* (7 vols., Den Haag: Martinus Nijhoff, 1913–24), II, p. 59.

25. P. G. Hoftijzer, 'A Study Tour into the Low Countries and the German States: William Nicolson's *Iter Hollandicum and Iter Germanicum*, 1678–1679', *Lias*, 15 (1988), pp. 73–128, here p. 93.

26. E. Hulshoff Pol, 'What about the library? Travellers' comments on the Leiden Library in the 17th and 18th centuries', *Quaerendo*, 5 (1975), pp. 39–51, especially pp. 44, 46–47.

27. 사례가 궁금하다면 다음을 볼 것. J. Vallinkoski, *The History of the University Library at Turku. I, 1640–1722* (Helsinki: University Library at Helsinki, 1948), p. 119.

28. O. S. Lankhorst, 'De Bibliotheek van de Gelderse Academie te Harderwijk – thans te Deventer', in J. A. H. Bots, et al. (eds.), *Het Gelders Athene. Bijdragen tot de geschiedenis van de Gelderse universiteit in Harderwijk (1648–1811)* (Hilversum: Verloren, 2000), pp. 95–118, here p. 101.

29. 정확한 수치를 알고 싶다면 다음을 볼 것. Arvo Tering, 'The Tartu

University Library and Its Use at the End of the Seventeenth and the
Beginning of the Eighteenth Century', *Libraries & Culture*, 28 (1993),
pp. 44–54 and Paul Raabe, 'Bibliothekskataloge als buchgeschichtliche
Quellen. Bemerkungen üer gedruckte kataloge öffentlicher Bibliotheken in der
frühen Neuzeit', in Reinhard Wittmann (ed.), *Bücherkataloge als
buchgeschichtliche Quellen in der frühen Neuzeit* (Wiesbaden: Harrassowitz,
1984), pp. 275–297, here pp. 295–297.

30. Robert S. Freeman, 'University Library of Tüingen', in David H. Stam (ed.),
International Dictionary of Library Histories (2 vols., Chicago and London:
Fitzroy Dearborn, 2001), pp. 793–795.

31. Manfred Komorowski, 'Bibliotheken', in Ulrich Rasche (ed.), *Quellen zur
frühneuzeitlichen Universitätsgeschichte* (Wiesbaden: Harrassowitz, 2011),
pp. 55–81, here pp. 58–59.

32. Zacharias Conrad von Uffenbach, *Merkwürdige Reisen durch Niedersachsen
Holland und Engelland, Zweyter Theil* (Ulm: Johann Friederich Baum, 1753),
II, p. 249. Albrecht von Haller, *Tagebücher seiner Reisen nach Deutschland,
Holland und England 1723–1727*, ed. Ludwig Hirzel (Leipzig: Hirzel, 1883),
p. 94. 참고 자료를 제공해 준 야코프 판슬라위스에게 감사드린다.

33. Vallinkoski, *History of the University Library at Turku*, p. 44.

34. 11장을 볼 것.

35. John Dury, *The Reformed Librarie-Keeper* (London: William Du-Gard, 1650),
p. 16. 좀 더 개략적인 것이 궁금하다면 다음을 볼 것. Catherine J. Minter,
'John Dury's *Reformed Librarie-Keeper*: Information and Its Intellectual
Contexts in Seventeenth-century England', *Library & Information History*, 31
(2015), pp. 18–34.

36. 다음에서 인용했음. Jacob van Sluis, *The Library of Franeker University in
Context, 1585–1843* (Leiden: Brill, 2020), pp. 217–218.

37. Ibid, pp. 185–90.

38. Tering, 'The Tartu University Library', pp. 44–54.

39. Andrew Pettegree, 'The Dutch Baltic: The Dutch book trade and the Building
of Libraries in the Baltic and Central Europe during the Dutch Golden Age',
in Arthur der Weduwen, Andrew Pettegree and Graeme Kemp (eds.), *Book
Trade Catalogues in Early Modern Europe* (Leiden: Brill, 2021), pp. 286–316.

40. McKitterick, 'History of the Library', p. 24.

41. Kate Loveman, *Samuel Pepys and his Books: Reading, Newsgathering and Sociability, 1660–1703* (Oxford: Oxford University Press, 2015), p. 245.

42. Nicolas K. Kiessling, The Library of Anthony Wood (Oxford: Oxford Bibliographical Society, 2002).

43. Ibid, pp. xv–xx.

9장. 선교의 장

1. Ian Morrison, 'The History of the Book in Australia', in Michael F. Suarez and H. R Woudhuysen (eds.), *The Oxford Companion to the Book* (Oxford: Oxford University Press, 2010), pp. 394–402, also now available as *The Book: A Global History* (Oxford: Oxford University Press, 2013).

2. 다음에서 인용했음. Lucien X. Polastron, *Books on Fire: The Destruction of Libraries throughout History* (Rochester, VT: Inner Traditions, 2004), p. 126. Michael Arbagi, 'The Catholic Church and the Preservation of Mesoamerican Archives: An Assessment', *Archival Issues*, 33 (2011), pp. 112–221.

3. Andrés de Olmos, *Arte de la lengua mexicana* (Mexico City: s.n., [1547]). USTC 351748. Alonso de Molina, *Aquí comiença un vocabulario en la lengua castellana y mexicana* (Mexico City: Joan Pablos, 1555). USTC 344084. Arbagi, 'Catholic Church', p. 114.

4. Hortensia Calvo, 'The Politics of Print: The Historiography of the Book in Early Spanish America', *Book History*, 6 (2003), pp. 277–305, here p. 279.

5. Julie Greer Johnson, *The Book in the Americas: The Role of Books and Printing in the Development of Culture and Society in Colonial Latin America* (Providence, RI: John Carter Brown Library, 1988).

6. Magdalena Chocano Mena, 'Colonial Printing and Metropolitan Books: Printed Texts and the Shaping of Scholarly Culture in New Spain, 1539–1700', *Colonial Latin American Historical Review*, 6 (1997), pp. 69–90. Hensley C. Woodbridge and Lawrence S. Thompson, *Printing in Colonial Spanish America* (Troy, NY: Whitson, 1976).

7. Antonio Rodriguez-Buckingham, 'Monastic Libraries and Early Printing in Sixteenth-century Spanish America', *Libraries & Culture*, 24 (1989), pp. 33–56, here p. 52. Valentina Sebastiani, *Johann Froben, Printer of Basel: A Biographical Profile and Catalogue of His Editions* (Leiden: Brill, 2018).

8. 멕시코시티의 책 시장에서도 비슷한 역할을 했던 인쇄기에 대해서는 다음을 볼 것. Pedro Guibovich, 'The Printing Press in Colonial Peru: Production Process and Literary Categories in Lima, 1584–1699', *Colonial Latin American Historical Review*, 10 (2001), pp. 167–188.

9. Teodoro Hampe-Martínez, 'The Diffusion of Books and Ideas in Colonial Peru: A Study of Private Libraries in the Sixteenth and Seventeenth Centuries', *The Hispanic American Historical Review*, 73 (1993), pp. 211–233.

10. Allan P. Farrell, *The Jesuit Code of Liberal Education* (Milwaukee, WI: Bruce, 1939).

11. 다음에서 인용했음. Mark L. Grover, 'The Book and the Conquest: Jesuit Libraries in Colonial Brazil', *Libraries & Culture*, 28 (1993), pp. 266–283, p. 268. Brendan Connolly, 'Jesuit Library Beginnings', *Library Quarterly*, 30 (1960), pp. 243–252.

12. Grover, 'The Book and the Conquest', p. 271.

13. Michiel van Groesen, 'The Printed Book in the Dutch Atlantic World', in his *Imagining the Americas in Print: Books, Maps and Encounters in the Atlantic World* (Leiden: Brill, 2019), pp. 164–180, here p. 173.

14. 다음에서 인용했음. Louis B. Wright, 'The Purposeful Reading of Our Colonial Ancestors', *ELH: A Journal of English Literary History*, 4 (1937), pp. 85–111, here p. 91.

15. Jeremy Dupertuis Bangs, *Plymouth Colony's Private Libraries* (Leiden: American Pilgrim Museum, 2016).

16. Rendel Harris and Stephen K. Jones, *The Pilgrim Press: A Bibliographical and Historical Memorial of the Books Printed at Leyden by the Pilgrim Fathers* (Nieuwkoop: De Graaf, 1987).

17. Bangs, *Private Libraries*, p. 218.

18. 총 418권이 나왔는데 그중에 84권만이 일일이 설명이 달려 있었다.

19. David Cressy, 'Books as Totems in Seventeenth-century England and New England', *Journal of Library History*, 21 (1986), pp. 92–106.

20. Joe W. Kraus, 'Private Libraries in Colonial America', *Journal of Library History*, 9 (1974), pp. 31–53, here p. 31.

21. W. H. Bond and Hugh Amory, *The Printed Catalogues of the Harvard College Library, 1723–1790* (Boston: Colonial Society of Massachusetts, 1996).

22. 토머스 홀리스가 런던의 뉴잉글랜드 커피점에서 이런 대화를 듣고는 다음 문헌에 기록한 것이다. Bond and Amory, *Printed Catalogues*, p. xxx.

23. Bond and Amory, *Printed Catalogues*, p. xv.

24. 1578년에서 1621년 사이에《Lettere del Giapone》혹은《Litterae Japonicae》은 거의 30판을 거듭했다. 주로 이탈리아에서 출판했고 네덜란드 남부와 프랑스에서도 출판이 됐고, 여러 언어로 번역도 됐다. 이 저널은 흔히 '일본에서 보내는 연례 소식'으로 불렸는데 일본에서 예수회 선교사들이 만들었다. 선교사들은 일본뿐만 아니라 중국과 동아시아의 다른 나라들에 대해서도 언급했다. 개별적인 발행자료는 USTC(Universal Short Title Catalogue: 인쇄술 발명 이후부터 16세기 끝날 때까지 유럽에서 출간된 모든 서적의 표지 안쪽 도서 정보 데이터베이스―옮긴이)에 있다. 더 자세한 사정을 알고 싶다면 다음을 볼 것. Ronnie Po-chia Hsia (ed.), *A Companion to Early Modern Catholic Global Missions* (Leiden: Brill, 2018).

25. 다음에서 인용했음. Paul Begheyn, *Jesuit Books in the Dutch Republic and its Generality Lands, 1567–1773* (Leiden: Brill, 2014), p. 17.

26. Emma Hagström Molin, 'To Place in a Chest: On the Cultural Looting of Gustavus Adolphus and the Creation of Uppsala University Library in the Seventeenth Century', *Barok*, 44 (2016), pp. 135–148, here pp. 142–145.

27. Emma Hagström Molin, 'The Materiality of War Booty Books: The Case of Strägnä Cathedral Library', in Anna Kälé (ed.), *Making Cultural History: New Perspectives on Western Heritage* (Lund: Nordic Academic Press, 2013), pp. 131–140.

28. Molin, 'Materiality of War Booty Books', p. 131.

29. Molin, 'To Place in a Chest'. Idem, 'Spoils of Knowledge: Looted Books in Uppsala University Library in the Seventeenth Century', in Gerhild Williams, et al. (eds.), *Rethinking Europe: War and Peace in the Early Modern German Lands* (Leiden: Brill, 2019). 또한 같은 저자의 출간을 앞두고 있는 다음의 책을 볼 것. *Plundered Books and Documents in Seventeenth-century Europe* (Leiden: Brill, 2022).

30. Józef Trypućko, *The Catalogue of the Book Collection of the Jesuit College in Braniewo Held in the University Library in Uppsala* (3 vols., Warsaw: Biblioteka Narodowa/Uppsala: Universitetsbibliotek, 2007). 리가 장서 목록은 2021년 출간될 예정이다.

31. Jan Pirozynski, 'Royal Book Collections in Poland during the Renaissance', *Libraries & Culture*, 24 (1989), pp. 21–32, here pp. 25, 27.

32. Alma Braziuniene, '*Bibliotheca Sapiehana* as a mirror of European culture of the Grand Duchy of Lithuania', in Ausra Rinkunaite (ed.), *Bibliotheca Sapiehana. Vilniaus universiteto bibliotekos rinkinys katalogas* (Vilnius: Lietuviu literaturos ir tautosakos institutas, 2010).

33. 그 장서 목록은 현재 빌뉴스의 대학도서관이 보유한 필사본이다. 다음을 볼 것. http://www.virtus.mb.vu.lt/en/.

34. H. Oldenhof, 'Bibliotheek Jezuïtenstatie Leeuwarden', in Jacob van Sluis (ed.), *PBF. De Provinsjale Biblioteek fan Fryslân, 150 jaar geschiedenis in collecties* (Leeuwarden: Tresoar, 2002), pp. 75–80.

35. 유용한 목록을 확인하고 싶다면 다음을 볼 것. Begheyn, *Jesuit Books in the Dutch Republic*, pp. 10–12.

36. Hannah Thomas, '"Books Which are Necessary for Them": Reconstructing a Jesuit Missionary Library in Wales and the English Borderlands, ca. 1600–1679', in Teresa Bela et al. (eds.), *Publishing Subversive Texts in Elizabethan England and the Polish-Lithuanian Commonwealth* (Leiden: Brill, 2016), pp. 110–128. Hendrik Dijkgraaf, *The Library of a Jesuit Community at Holbeck, Nottinghamshire (1679)* (Cambridge: LP Publications, 2003).

37. Jill Bepler, '*Vicissitudo Temporum*: Some Sidelights on Book Collecting in the Thirty Years' War', *Sixteenth Century Journal*, 32 (2001), pp. 953–968.

10장. 원대한 계획

1. 챕터 11을 볼 것.

2. 챕터 2를 볼 것.

3. Ladislaus Buzás, *German Library History, 800–1945* (Jefferson, NC: McFarland, 1986), pp. 97–100.

4. Ibid, p. 98.

5. Theodoor Sevens, 'Bibliotheken uit vroeger tijd. I: Eene openbare Bibliotheek te Kortrijk in de 16ᵉ eeuw', *Tijdschrift voor Boek- en Bibliotheekwezen*, 1 (1903), pp. 196–198.

6. Buzás, *German Library History*, pp. 208, 215.

7. 챕터 6을 볼 것.

8. Christian Scheidegger, 'Buchgeschenke, Patronage und protestantische

Allianzen: Die Stadtbibliothek Zürich und ihre Donatoren im 17. Jahrhundert', *Zwingliana*, 44 (2017), pp. 463–499.

9. Elisabeth Landolt, *Kabinettstücke der Amerbach im Historischen Museum Basel* (Basel: Historisches Museum, 1984).

10. Robert Zepf (ed.), *Historische Kirchenbibliotheken in Mecklenburg-Vorpommern* (Rostock: Universitätsbibliothek Rostock, 2019). Renate Stier-Meinhof, 'Die Geschichte der Bibliothek der St. Katharinenkirche in der Neuen Stadt Salzwedel', in Uwe Czubatynski, Adolf Laminski and Konrad von Rabenau (eds.), *Kirchenbibliotheken als Forschungsaufgabe* (Neustadt an der Aisch: Degener, 1992), pp. 47–68. Joachim Stüben and Falk Eisermann (eds.), *Rundblicke: Kirchenbibliotheken und Reformation im kulturellen Kontext* (Schwerin: Thomas Helms, 2019).

11. 다음에 이어지는 내용은 대체로 다음의 에세이를 참고한 것이다. Ad Leerintveld and Jan Bedaux (eds.), *Historische Stadsbibliotheken in Nederland* (Zutphen: Walburg Pers, 2016).

12. J. W. E. Klein, *Geen vrouwen ofte kinderen, maer alleenlijk eerbare luijden: 400 jaar Goudse librije, 1594–1994* (Delft: Eburon, 1994), p. 34.

13. John Blatchly, *The Town Library of Ipswich, Provided for the Use of the Town Preachers in 1599: A History and Catalogue* (Woodbridge: Boydell, 1989).

14. John Fitch et al., *Suffolk Parochial Libraries: A Catalogue* (London: Mansell, 1977).

15. Ibid, p. xii.

16. 다음에서 인용했음. Thomas Kelly, *Early Public Libraries: A History of Public Libraries in Great Britain before 1850* (London: The Library Association, 1966), p. 69.

17. Ibid, p. 76.

18. E. S. de Beer (ed.), *The Diary of John Evelyn*, IV (Oxford: Clarendon Press, 1955), pp. 367–368.

19. W. J. Petchey, *The Intentions of Thomas Plume* (Maldon: Trustees of the Plume Library, 2004).

20. John Glenn and David Walsh, *Catalogue of the Francis Trigge Chained Library* (Cambridge: Brewer, 1988).

21. Esther Mourits, *Een kamer gevuld met de mooiste boeken: De bibliotheek van Johannes Thysius (1622–1653)* (Nijmegen: Vantilt, 2016).

22. Matthew Yeo, *The Acquisition of Books by Chetham's Library, 1655–1700* (Leiden: Brill, 2011). Kelly, *Early Public Libraries*, p. 77.

23. James Kirkwood, *An overture for founding and maintaining of bibliothecks in every paroch throughout this kingdom* (S.I.: s.n., 1699), pp. 14–15.

24. James Kirkwood, *A copy of a letter anent a project, for erecting a library in every presbytery, or at least county, in the Highlands* (Edinburgh: s.n., 1702).

25. Keith Manley, 'They Never Expected the Spanish Inquisition! James Kirkwood and Scottish Parochial Libraries', in Caroline Archer and Lisa Peters (eds.), *Religion and the Book Trade* (Newcastle-upon-Tyne: Cambridge Scholars, 2015), pp. 83–98, here pp. 90–91.

26. Ibid, pp. 96–97.

27. Paul Kaufman, 'Innerpeffray: Reading for all the People', in his *Libraries and Their Users* (London: Library Association, 1969), pp. 153–162.

28. William D. Houlette, 'Parish Libraries and the Work of the Reverend Thomas Bray', *Library Quarterly*, 4 (1934), pp. 588–609. Samuel Clyde McCulloch, 'Dr. Thomas Bray's Commissary Work in London, 1696–1699', *William and Mary Quarterly*, 2 (1945), pp. 333–348.

29. Sarah Gray and Chris Baggs, 'The English Parish Library: A Celebration of Diversity', *Libraries & Culture*, 35 (2000), pp. 414–433. David Allan, *A Nation of Readers: The Lending Library in Georgian England* (London: British Library, 2008), p. 167.

30. Allan, *Nation of Readers*, p. 172.

31. Fitch, *Suffolk Parochial Libraries*, p. xv.

32. Gray and Baggs, 'English Parish Library', pp. 423–426.

33. Charles T. Laugher, *Thomas Bray's Grand Design: Libraries of the Church of England in America, 1695–1785* (Chicago, IL: American Library Association, 1973).

34. Laugher, *Thomas Bray's Grand Design*, pp. 35, 40.

11장. 추기경의 실수

1. 좋은 사례 연구를 위해서라면 다음을 볼 것. Erik Thomson, 'Commerce, Law and Erudite Culture: The Mechanics of Théodore Godefroy's Service to Cardinal Richelieu', *Journal of the History of Ideas*, 68 (2007), pp. 407–427.

2. Jeremy Lawrance, Oliver Noble Wood and Jeremy Roe (eds.), *Poder y saber. Bibliotecas y bibliofilia en la época del conde-duque de Olivares* (Madrid: Centro de Estudios Europa Hispánica, 2011).

3. Jacqueline Artier, 'La bibliothèue du Cardinal de Richelieu', in Claude Jolly (ed.), *Histoire des bibliothèques françaises, II: Les bibliothèques sous l'Ancien Réime, 1530–1789* (Paris: Electre, 2008), pp. 158–166.

4. 현대 영어로 된 번역을 원한다면 다음을 볼 것. Gabriel Naudé, *Advice on Establishing a Library*, ed. Archer Taylor (Berkeley, CA: University of California Press, 1950). 노데에 관한 것이라면 다음을 볼 것. Jack A. Clarke, 'Gabriel Naudéand the Foundations of the Scholarly Library', *Library Quarterly*, 39 (1969), pp. 331–343.

5. Yann Sordet, 'Reconstructing Mazarin's Library / Libraries in Time and Space', *Quaerendo*, 46 (2016), pp. 151–164.

6. Clarke, 'Gabriel Naudé', p. 338.

7. Gabriel Naudé, *News from France. Or, a description of the library of Cardinall Mazarini: before it was utterly ruined* (London: Timothy Garthwait, 1652).

8. 12장을 볼 것.

9. E. Stewart Saunders, 'Public Administration and the Library of Jean-Baptiste Colbert', *Libraries & Culture*, 26 (1991), pp. 283–300, here p. 287. Sordet, 'Reconstructing Mazarin's Library', p. 153.

10. E. Stewart Saunders, 'Politics and Scholarship in Seventeenth-century France: The Library of Nicolas Fouquet and the College Royal', *Journal of Library History*, 20 (1985), pp. 1–24.

11. Jacob Soll, *The Information Master: Jean-Baptiste Colbert's Secret State Intelligence System* (Ann Arbor, MI: University of Michigan Press, 2009).

12. Naudé, *Advice*, p. 11.

13. Heiko Droste, 'Diplomacy as Means of Cultural Transfer in Early Modern Times – the Swedish Evidence', *Scandinavian Journal of History*, 31 (2006), pp. 144–150. Marika Keblusek and Badeloch Vera Noldus (eds.), *Double Agents: Cultural and Political Brokerage in Early Modern Europe* (Leiden: Brill, 2011).

14. John Warwick Montgomery, *The Libraries of France at the Ascendency of Mazarin: Louis Jacob's Traictédes plus belles Bibliothèues* (Bonn: Verlag für Kultur und Wissenschaft, 2015).

15. Ibid, p. 35.

16. Donna Bohanan, 'The Education of Nobles in Seventeenth-Century Aix-en-Provence', *Journal of Social History*, 20 (1987), pp. 757–764.

17. John Warwick Montgomery, *A Seventeenth-century View of European Libraries: Lomeier's De Bibliothecis, Chapter X* (Berkeley, CA: University of California Press, 1962).

18. Giulia Martina Weston, 'Universal Knowledge and Self-Fashioning: Cardinal Bernardino Spada's Collection of Books', in Annika Bautz and James Gregory (eds.), *Libraries, Books, and Collectors of Texts, 1600–1900* (Abingdon: Routledge, 2018), pp. 28–47. Margaret Daly Davis, 'Giovan Pietro Bellori and the *Nota delli musei, librerie, galerie, et ornamenti di statue e pitture ne' palazzi, nelle case, e ne' giardini di Roma* (1664): 현대의 도서관과 고대의 그림에 대해서는 다음을 참고할 것. Seicento Rome', *Zeitschrift für Kunstgeschichte*, 68 (2005), pp. 191–233.

19. Peter Rietbergen, 'Lucas Holste (1596–661), Scholar and Librarian, or: the Power of Books and Libraries', in his *Power and Religion in Baroque Rome: Barberini Cultural Politics* (Leiden: Brill, 2006), pp. 256–295.

20. Herman de la Fontaine Verwey, 'Adriaan Pauw en zijn bibliotheek', in his *Uit de Wereld van het Boek*, IV ('t Goy: HES, 1997), pp. 183–196.

21. Helwig Schmidt-Glintzer (ed.), *A Treasure House of Books: The Library of Duke August of Brunswick-Wolfenbüttel* (Wiesbaden: Harrassowitz, 1998).

22. 다음에서 인용했음. Margaret Connolly, 'A Plague of Books: The Dispersal and Disappearance of the Diocesan Libraries of the Church of Ireland', in James Raven (ed.), *Lost Libraries: The Destruction of Great Book Collections since Antiquity* (Basingstoke: Palgrave, 2004), pp. 197–218, here p. 209.

23. Peter J. A. N. Rietbergen, 'Founding a University Library: Pope Alexander VII (1655–1667) and the Alessandrina', *Journal of Library History*, 22 (1987), pp. 190–205, here p. 192.

24. Mathilde V. Rovelstad, 'Claude Clement's Pictorial Catalog: A Seventeenth-century Proposal for Physical Access and Literature Evaluation', *Library Quarterly*, 61 (1991), pp. 174–187. Idem, 'Two Seventeenth-century Library Handbooks, Two Different Library Theories', *Libraries & Culture*, 35 (2000), pp. 540–556.

25. Frédéric Barbier, István Monok and Andrea De Pasquale (eds.), *Bibliothèques décors (XVIIe–XIXe siècle)* (Paris: Éditions des Cendres, 2016). André Masson, *Le Décor des Bibliothèques du Moyen Age à la Révolution* (Geneva and Paris: Droz, 1972).

26. Guy le Thiec, 'Dialoguer avec des hommes illustres. Le rôe des portraits dans les déors de bibliothèques (fin XVe–début XVIIe siècle)', *Revue française d'histoire du livre*, 130 (2009), pp. 7–52, here p. 22.

27. Eric Garberson, *Eighteenth-century Monastic Libraries in Southern Germany and Austria: Architecture and Decorations* (Baden-Baden: Valentin Koerner, 1998). Rolf Achilles, 'Baroque Monastic Library Architecture', *Journal of Library History*, 11 (1976), pp. 249–255.

28. 6장을 볼 것.

29. Garberson, *Eighteenth-century Monastic Libraries*, p. 12.

30. Ibid, p. 104.

31. Ibid, pp. 86–87.

32. Wolf-Dieter Otte, 'The Unknown Collector: Duke August and his Cabinet of Art and Curiosities', in Schmidt-Glintzer (ed.), *A Treasure House of Books*, pp. 173–192, here pp. 187–188.

33. Angela Delaforce, *The Lost Library of the King of Portugal* (London: Ad Ilissvm, 2019), p. 23.

34. Ibid, pp. 59–60.

12장. 고서 수집가들

1. Lotte Hellinga and Margaret Nickson, 'An Early-Eighteenth-Century Sale of Mainz Incunabula by the Frankfurt Dominicans', in Lotte Hellinga, *Incunabula in Transit: People and Trade* (Leiden: Brill, 2018), pp. 353–360.

2. Daniel Bellingradt, 'Book Lotteries as Sale Events for Slow-Sellers: The Case of Amsterdam in the Late Eighteenth Century', in Shanti Graheli (ed.), *Buying and Selling: The Business of Books in Early Modern Europe* (Leiden: Brill, 2019), pp. 154–177.

3. Herman de la Fontaine Verwey, 'Grolier-banden in Nederland', in his *Uit de Wereld van het Boek*, IV ('t Goy: HES uitgevers, 1997), pp. 155–182, here pp. 158–159.

4. 이 이야기는 하스파르 파헬(Gaspar Fagel)의 경매(1689)와 아드리안 스마우트(Adriaen Smout, 1646)의 장서 경매 사례를 참고한 것이다. 두 경우 모두 Brill's *Book Sales Catalogues Online*에서 얻었다.

5. Kristian Jensen, *Revolution and the Antiquarian Book: Reshaping the Past, 1780–1815* (Cambridge: Cambridge University Press, 2011), pp. 79–80.

6. 식스투스의 이야기는 다음을 참고할 것. Herman de la Fontaine Verwey, 'The history of the Amsterdam Caesar codex', *Quaerendo*, 9 (1979), pp. 179–207.

7. 경매로 팔린 책의 목록은 다음을 참고할 것. *Catalogus Bibliothecae Viri Clarissimi, D. Suffridi Sixtini J. V. D.* (Amsterdam: Johannes Colom, 1650).

8. De La Fontaine Verwey, 'The history of the Amsterdam Caesar codex', p. 188.

9. F. F. Blok, *Isaac Vossius and his Circle: His Life until his Farewell to Queen Christina of Sweden, 1618–1655* (Groningen: Egbert Forsten, 2000), p. 339.

10. 그것은 지금 암스테르담 사본(Codex Amstelodamensis 73)으로 기록되어 암스테르담의 대학도서관에 보관돼 있다.

11. Jos van Heel, 'Gisbertus Voetius on the Necessity of Locating, Collecting and Preserving Early Printed Books', *Quaerendo*, 39 (2009), pp. 45–56, here p. 56.

12. Blok, *Isaac Vossius*, p. 329.

13. Ibid, p. 356.

14. Ibid, p. 453.

15. Astrid C. Balsem, 'Collecting the Ultimate Scholar's Library: The *Bibliotheca Vossiana*', in Eric Jorink and Dirk van Miert (eds.), *Isaac Vossius (1618–1689): Between Science and Scholarship* (Leiden: Brill, 2012), pp. 281–309.

16. Christiane Berkvens-Stevelinck, *Magna Commoditas: Leiden University's Great Asset* (Leiden: Leiden University Press, 2012), pp. 102–109.

17. 다음에서 인용했음. Ian Maclean, 'Andreas Fries (Frisius) of Amsterdam and the search for a niche market, 1664–1675', in his *Episodes in the Life of the Early Modern Learned Book* (Leiden: Brill, 2020), chapter 5.

18. Mary Clapinson, *A Brief History of the Bodleian Library* (Oxford: The Bodleian Library, 2015), pp. 31, 118–119. 또한 14장을 볼 것.

19. Andrew Pettegree and Arthur der Weduwen, *The Bookshop of the World. Making and Trading Books in the Dutch Golden Age* (London: Yale University Press, 2019), chapters 1 and 11.

20. *Bibliotheca Hulsiana* (The Hague: Johannes Swart and Pieter de Hondt, 1730).

21. *The Tatler*, No. 158. Thursday 13 April 1710.

22. 다음에서 인용했음. Jensen, *Revolution and the Antiquarian Book*, p. 117.

23. Theodor Harmsen, *Antiquarianism in the Augustan Age: Thomas Hearne, 1678–1735* (Bern: Peter Lang, 2000).

24. Cornelius à Beughem, *Incunabula typographiae* (Amsterdam: Joannes Wolters, 1688).

25. Otto Lankhorst, 'Dutch auctions in the seventeenth and eighteenth centuries', in Robin Myers, Michael Harris and Giles Mandelbrote (eds.), *Under the Hammer: Book Auctions since the Seventeenth Century* (New Castle, DE: Oak Knoll Press, 2001), pp. 65–87, p. 76. *Bibliotheca universalis vetus et nova* (The Hague: Pierre Gosse, 1740).

26. Christiane Berkvens-Stevelinck, '"Rarus, rarior, rarissimus" ou de la qualification exagéé des livres dans les catalogues de vente', in J. van Borm and L. Simons (eds.), *Het oude en het nieuwe boek: De oude en de nieuwe bibliotheek* (Kapellen: DNB/Pelckmans, 1988), pp. 235–240.

27. Balsem, 'Collecting the Ultimate Scholar's Library', p. 281.

28. Herman de la Fontaine Verwey, 'Pieter van Damme, de eerste Nederlandse antiquaar', in his *Uit de Wereld van het Boek*, IV ('t Goy: HES uitgevers, 1997), pp. 197–220, here pp. 197, 203.

29. Lotte Hellinga, 'Buying Incunabula in Venice and Milan: The Bibliotheca Smithiana', in her *Incunabula in Transit*, pp. 370–392.

30. Anthony Hobson, *Great Libraries* (London: Weidenfeld & Nicolson, 1970), p. 15.

31. Friedrich Buchmayr, 'Secularization and Monastic Libraries in Austria', in James Raven (ed.), *Lost Libraries: The Destruction of Great Book Collections since Antiquity* (Basingstoke: Palgrave, 2004), pp. 145–162. Derek Beales, 'Joseph II and the Monasteries of Austria and Hungary', in N. Aston (ed.), *Religious Change in Europe, 1650–1914* (Oxford: Oxford University Press, 1997), pp. 161–184.

32. Buchmayr, 'Secularization and Monastic Libraries in Austria', p. 151.

33. Ibid, p. 156.

34. Ibid, p. 146.

35. Jensen, Revolution and the Antiquarian Book, pp. 58–59.

36. Andrew Pettegree, 'Rare Books and Revolutionaries: The French Bibliothèues Municipales', in his *The French Book and the European Book World* (Leiden: Brill, 2007), pp. 1–16.

37. Pierre Riberette, *Les Bibliothèques françaises pendant la révolution (1789–1795)* (Paris: Bibliothèque Nationale, 1970), pp. 10–11, 40.

38. Pettegree, 'Rare Books and Revolutionaries', p. 7.

39. 15장을 볼 것.

40. Anthony Hobson, 'Appropriations from foreign libraries during the French Revolution and Empire', *Bulletin du bibliophile*, 2 (1989), pp. 255–272, here p. 257.

41. Hobson, 'Appropriations from foreign libraries', p. 269. Jensen, *Revolution and the Antiquarian Book*, p. 11.

42. 다음에서 인용했음. Mark Purcell, *The Country House Library* (London and New Haven: Yale University Press, 2017), pp. 100–101.

43. Jensen, *Revolution and the Antiquarian Book*, p. 130.

44. 다음에서 인용했음. Shayne Husbands, 'The Roxburghe Club: Consumption, Obsession and the Passion for Print', in Emma Cayley and Susan Powell (eds.), *Manuscripts and Printed Books in Europe, 1350–1550: Packaging, Presentation and Consumption* (Liverpool: Liverpool University Press, 2013), pp. 120–132, here p. 122. 또한 같은 저자의 다음 저서를 볼 것. *The Early Roxburghe Club, 1812–1835: Book Club Pioneers and the Advancement of English Literature* (London: Anthem Press, 2017).

45. E. J. O'Dwyer, *Thomas Frognall Dibdin: Bibliographer and Bibliomaniac Extraordinary, 1776–1847* (Pinner: Private Libraries Association, 1967). 좀 더 최근 자료로는 다음을 볼 것. John A. Sibbald, 'Book Bitch to the Rich – the Strife and Times of the Revd. Dr. Thomas Frognall Dibdin (1776–1847)', in Shanti Graheli (ed.), *Buying and Selling: The Business of Books in Early Modern Europe* (Leiden: Brill, 2019), pp. 489–521.

46. Jensen, *Revolution and the Antiquarian Book*, p. 186.

47. Owen Chadwick, 'The Acton Library', in Peter Fox (ed.), *Cambridge University Library: The Great Collections* (Cambridge: Cambridge University Press, 1998), pp. 136–152, p. 139.

13장. 대여도서관 전성시대

1. Margaret Barton Korty, 'Benjamin Franklin and Eighteenth-century American Libraries', *Transactions of the American Philosophical Society*, 55 (1965), pp. 1–83.

2. 소설 주제의 분화에 대해서 더 궁금하다면 다음을 볼 것. Ronald F. Batty, *How to Run a Twopenny Library* (London: John Gifford, 1938).

3. 14장을 볼 것.

4. Richard D. Altick, *The English Common Reader: A Social History of the Mass Reading Public, 1800–1900* (Chicago: University of Chicago Press, 1957; 2nd edn, Columbus, OH: Ohio State University Press, 1998).

5. Robert K. Webb, *The British Working Class Reader, 1790–1848: Literacy and Social Tension* (London: Allen & Unwin, 1955). Louis James, *Fiction for the Working Man, 1830–1850* (Oxford: Oxford University Press, 1963).

6. J. H. Shera, *Foundations of the Public Library: The Origins of the Public Library Movement in New England 1629–1855* (Chicago, IL: University of Chicago Press, 1949), pp. 32–33.

7. Mark Towsey and Kyle B. Roberts (eds.), *Before the Public Library: Reading, Community and Identity in the Atlantic World, 1650–1850* (Leiden: Brill, 2018).

8. Michael A. Baenen, 'A Great and Natural Enemy of Democracy? Politics and Culture in the Antebellum Portsmouth Athenaeum', in Thomas Augst and Kenneth Carpenter (eds.), *Institutions of Reading: The Social Life of Libraries in the United States* (Amherst, MA: University of Massachusetts Press, 2007), pp. 73–98.

9. Shera, *Foundations*, p. 73.

10. Korty, 'Benjamin Franklin', p. 24. James Raven, *London Booksellers and American Customers: Transatlantic Literary Community and the Charleston Library Society, 1748–1811* (Columbia, SC.: University of South Carolina Press, 2002).

11. Markman Ellis, 'Coffee-House Libraries in Mid-Eighteenth-century London', *The Library*, 7th series, 10 (2009), pp. 3–40. Hyder Abbas, '"A fund of entertaining and useful information": Coffee Houses, Early Public Libraries, and the Print Trade in Eighteenth-century Dublin', *Library & Information History*, 30 (2014), pp. 41–61.

12. David Allan, *A Nation of Readers: The Lending Library in Georgian England* (London: British Library, 2008), pp. 24–61.

13. Allan, *Nation of Readers*, p. 71.

14. Harry Earl Whitmore, 'The "Cabinet De Lecture" in France, 1800–1850', *Library Quarterly*, 48 (1978), pp. 20–35, here pp. 27–28.

15. James Smith Allen, 'The "Cabinets de Lecture" in Paris, 1800–1850', *The Journal of Library History*, 16 (1981), pp. 199–209, here p. 201.

16. 15장을 볼 것.

17. Charles F. Gosnell and Géza Schütz, 'Goethe the Librarian', *Library Quarterly*, 2 (1932), pp. 367–374.

18. Uwe Puschner, 'Lesegesellschaften', in Bernd Söemann (ed.), *Kommunikation und Medien in Preussen vom 16. Bis zum 19. Jahrhundert* (Stuttgart: Franz Steiner, 2002), pp. 194–205.

19. Alberto Martino, *Die Deutsche Leihbibliothek* (Wiesbaden: Harrassowitz, 1990). Georg Jäger, Alberto Martino and Reinhard Wittmann, *Die Leihbibliothek der Goetheziet* (Hildesheim: Gerstenberg, 1979).

20. Jäger, Martino and Wittmann, *Die Leihbibliothek der Goetheziet*, pp. 383–384.

21. K. A. Manley, *Books, Borrowers and Shareholders: Scottish Circulating and Subscription Libraries before 1825* (Edinburgh: Edinburgh Bibliographical Society, 2012), pp. 9–10.

22. James Raven, 'The Noble Brothers and Popular Publishing', *The Library*, 6th series, 12 (1990), pp. 293–345, here p. 303.

23. Hilda M. Hamlyn, 'Eighteenth-century Circulating Libraries in England', *The Library*, 5th series (1946–1947), pp. 197–222, here p. 204.

24. Raven, 'Noble Brothers', p. 308.

25. Allan, *Nation of Readers*, p. 134.

26. Raven, 'Noble Brothers', p. 308.

27. Maria Edgeworth, *Letters for Literary Ladies* (London: J. M. Dent, 1993), p. 15.

28. Norbert Schürer, 'Four Catalogues of the Lowndes Circulating Library, 1755–66', *Papers of the Bibliographical Society of America*, 101 (2007), pp. 327–357.

29. Manley, *Books, Borrowers and Shareholders*, pp. 2–3.

30. Allan, *Nation of Readers*, p. 124.

31. Ibid, p. 105.

32. Hamlyn, 'Eighteenth-century Circulating Libraries', pp. 220–221.

33. Schürer, 'Four Catalogues', p. 344.

34. Hamlyn, 'Eighteenth-century Circulating Libraries', p. 215.

35. Jan Fergus, 'Eighteenth-century Readers in Provincial England: The Customers of Samuel Clay's Circulating Library and Bookshop in Warwick, 1770–72', *Papers of the Bibliographical Society of America*, 78 (1984), pp. 155–213. 또한 같은 작가의 다음을 볼 것. *Provincial Readers in Eighteenth-century England* (Oxford: Oxford University Press, 2007).

36. David Kaser, *A Book for a Sixpence: The Circulating Library in America* (Pittsburgh, PA: Phi Beta Mu, 1980).

37. Guinevere L. Griest, *Mudie's Circulating Library and the Victorian Novel* (London: David & Charles, 1970).

38. Guinevere L. Griest, 'A Victorian Leviathan: Mudie's Select Library', *Nineteenth-Century Fiction*, 20 (1965), pp. 103–126, here pp. 108, 113.

39. Charles Wilson, *First with the News: The History of W. H. Smith, 1792–1972* (London: Jonathan Cape, 1985).

40. 설리번은 이를 부인했으나, 디즈레일리는 자기 장관을 '피나포어 스미스'라고 불렀다.

41. George Moore, 'A New Censorship of Literature', *Pall Mall Gazette*, 10 December 1884. 도서 검열을 두고 벌어진 불화는 *Literature at Nurse* 라는 팸플릿에서 재연됐다. 다음을 볼 것. Pierre Coustillas (ed.), George Moore, *Literature at Nurse: A Polemic on Victorian Censorship* (Brighton: EER, 2017).

42. Griest, *Mudie's Circulating Library*, pp. 75, 83.

43. Ibid, p. 61.

14장. 제국 건설

1. J. E. Traue, 'The Public Library Explosion in Colonial New Zealand', *Libraries & the Cultural Record*, 42 (2007), pp. 151–164, here p. 154.

2. 9장을 볼 것.

3. Adrien Delmas, '*Artem Quaevis Terra Alit*: Books in the Cape Colony during the Seventeenth and Eighteenth Centuries', in Natalia Maillard Ávarez (ed.), *Books in the Catholic World during the Early Modern Period* (Leiden: Brill, 2014), pp. 191–214, here p. 203.

4. William St Clair, *The Grand Slave Emporium: Cape Coast Castle and the British Slave Trade* (London: Profile, 2007), pp. 67–68.

5. Katharine Gerbner, *Christian Slavery: Conversion and Race in the Protestant Atlantic World* (Philadelphia, PA: University of Pennsylvania Press, 2018).

6. Archie Dick, *The Hidden History of South Africa's Books and Reading Cultures* (Toronto: University of Toronto Press, 2012), pp. 12–53.

7. Alan G. Cobley, 'Literacy, Libraries, and Consciousness: The Provision of Library Services for Blacks in South Africa in the Pre-Apartheid Era', *Libraries & Culture*, 32 (1997), pp. 57–80.

8. Elizabeth B. Fitzpatrick, 'The Public Library as Instrument of Colonialism: The Case of the Netherlands East Indies', *Libraries & the Cultural Record*, 43 (2008), pp. 270–285.

9. Kalpana Dasgupta, 'How Learned Were the Mughals: Reflections on Muslim Libraries in India', *The Journal of Library History*, 10 (1975), pp. 241–254. A. K. Ohdedar, *The Growth of the Library in Modern India, 1498–1836* (Calcutta: World Press, 1966).

10. 다음에서 인용했음. *The Growth of the Library in Modern India*, p. 10.

11. Sharon Murphy, 'Imperial Reading? The East India Company's Lending Libraries for Soldiers, c. 1819–1834', *Book History*, 12 (2009), pp. 74–99. Idem, *The British Soldier and his Libraries, c. 1822–1901* (London: Palgrave Macmillan, 2016).

12. Murphy, 'Imperial Reading?', p. 78.

13. Sharon Murphy, 'Libraries, Schoolrooms, and Mud Gadowns: Formal Scenes of Reading at East India Company Stations in India, c. 1819–1835', *Journal of the Royal Asiatic Society*, 21 (2011), pp. 459–467, here p. 459.

14. Murphy, 'Imperial Reading?', p. 76.

15. Dora Lockyer, 'The Provision of Books and Libraries by the East India Company in India, 1611–1858' (PhD thesis, Fellowship of the Library Association, 1977), pp. 183–188. Priya Joshi, *In Another Country: Colonialism, Culture, and the English Novel in India* (New York, NY: Columbia University Press, 2002), p. 39.

16. Ohdedar, *The Growth of the Library in Modern India*, p. 57.

17. 다음에서 인용했음. ibid, pp. 117–120.

18. Ibid, p. 141.

19. Joshi, *In Another Country*, p. 56.

20. Lara Atkin, et al., *Early Public Libraries and Colonial Citizenship in the British Southern Hemisphere* (London: Palgrave Macmillan, 2019).

21. Ibid, p. 9.

22. Lorne D. Bruce, 'Subscription Libraries for the Public in Canadian Colonies, 1775–1850', *Library & Information History*, 34 (2018), pp. 40–63, here pp. 53–54.

23. Heather Dean, '"The persuasion of books": The Significance of Libraries in Colonial British Columbia', *Libraries & the Cultural Record*, 46 (2011), pp. 50–72.

24. 다음에서 인용했음. Bruce, 'Subscription Libraries', p. 52.

25. Traue, 'The Public Library Explosion', p. 160.

26. Atkin, *Early Public Libraries*, pp. 82–87.

27. Paul Eggert, 'Robbery Under Arms: The Colonial Market, Imperial Publishers and the Demise of the Three-Decker Novel', *Book History*, 6 (2003), pp. 127–146, here p. 135.

28. 이것과 관련된 탁월한 논의는 다음을 볼 것. Joshi, *In Another Country*, pp. 93–138.

29. 다음 글에서 인용한 것이다. H. B. Vogel, *A Maori Maid* (London: Macmillan, 1898).

30. Joshi, *In Another Country*, p. 47.

31. P. R. Harris, *A History of the British Museum Library, 1753–1973* (London: British Library, 1998). Giles Mandelbrote and Barry Taylor, *Libraries within the Library: The Origins of the British Library's Printed Collections* (London: British Library, 2009).

32. 또한 11장을 볼 것.

33. James Delbourgo, *Collecting the World: The Life and Curiosity of Hans Sloane* (London: Allen Lane, 2017), p. xxv.

34. Arundell Esdaile, *National Libraries of the World: Their History, Administration and Public Services*, 2nd edn (London: Library Association, 1957). Ian R. Willison, 'The National Library in Historical Perspective', *Libraries & Culture*, 24 (1989), pp. 75–95.

35. Harris, *A History of the British Museum Library*, pp. 15, 20.

36. Paul M. Priebe, 'From Bibliothèue du Roi to Bibliothèue Nationale: The Creation of a State Library, 1789–1793', *The Journal of Library History*, 17 (1982), pp. 389–408, here p. 394.

37. Esdaile, *National Libraries*, p. 185.

38. Elizabeth A. Dean, 'The Organization of Italian Libraries from the Unification until 1940', *Library Quarterly*, 53 (1983), pp. 399–419.

39. Mary Stuart, *Aristocrat-Librarian in Service to the Tsar: Aleksei Nikolaevich Olenin and the Imperial Public Library* (Boulder, CO: East European Monographs, 1986).

40. Mary Stuart, 'Creating Culture: The Rossica Collection of the Imperial Public Library and the Construction of National Identity', *Libraries & Culture*, 30 (1995), pp. 1–25, here pp. 1–5.

41. Edward Edwards가 도움이 될 만한 대략적인 개요를 제공하고 있다. 'A Statistical View of the Principal Public Libraries in Europe and the United States of North America', *Journal of the Statistical Society of London*, 11 (1848), pp. 250–281.

42. Harris, *A History of the British Museum Library*, p. 104. Willison, 'The National Library', p. 75.

43. James P. Niessen, 'Museums, Nationality, and Public Research Libraries in Nineteenth-century Transylvania', *Libraries & the Cultural Record*, 41 (2006), pp. 298–336.

44. 다음에서 인용했음. Harris, *A History of the British Museum Library*, p. 133.

45. 12장을 볼 것.

46. Stuart, *Aristocrat-Librarian*, pp. 37–62.

47. Esdaile, *National Libraries*, p. 98.

48. Delbourgo, *Collecting the World*, pp. 333, 337.

49. Harris, *A History of the British Museum Library*, p. 147.

50. Esdaile, *National Libraries*, p. 327.

51. Harris, *A History of the British Museum Library*, p. 180.

52. Ibid, pp. 187–190.

53. Ibid, pp. 84, 322, 389–390.

54. Stuart, *Aristocrat-Librarian*, pp. 90–95.

55. Mary Stuart, 'The Crimes of Dr Pichler: A Scholar-Biblioklept in Imperial Russia and his European Predecessors', *Libraries & Culture*, 23 (1988), pp. 401–426.

56. Esdaile, *National Libraries*, p. 346.

57. Carl Ostrowski, 'James Alfred Pearce and the Question of a National Library in Antebellum America', *Libraries & Culture*, 35 (2000), pp. 255–277, here pp. 267–268.

58. John Y. Cole, 'The Library of Congress Becomes a World Library, 1815–2005', *Libraries & Culture*, 40 (2005), pp. 385–398.

59. Albert L. Hurtado, 'Professors and Tycoons: The Creation of Great Research Libraries in the American West', *Western Historical Quarterly*, 41 (2010), pp. 149–169. 뉴베리 도서관에 대해서는 다음을 볼 것. Paul Finkelman, 'Class and Culture in Late Nineteenth-century Chicago: The Founding of the Newberry Library', *American Studies*, 16 (1975), pp. 5–22.

60. Stephen H. Grant, *Collecting Shakespeare: The Story of Henry and Emily Folger* (Baltimore, MD: Johns Hopkins University Press, 2014), p. 156.

61. Donald C. Dickinson, *Henry E. Huntington's Library of Libraries* (San Marino, CA: Huntington Library, 1995).

62. Grant, *Collecting Shakespeare*. Andrea Mays, *The Millionaire and the Bard: Henry Folger's Obsessive Hunt for Shakespeare's First Folio* (New York, NY: Simon & Schuster, 2015).

63. Grant, *Collecting Shakespeare*, p. xii.

64. Ibid, p. 120.

15장. 근무 중 독서

1. David Nasaw, *Andrew Carnegie* (London: Penguin, 2006).

2. John Minto, *A History of the Public Library Movement in Great Britain and Ireland* (London: George Allen & Unwin, 1932).

3. Edward Edwards, 'A Statistical View of the Principal Public Libraries in Europe and the United States of North America', *Journal of the Statistical Society of London*, 11 (1848), pp. 250–281.

4. Stanley M. Max, 'Tory Reaction to the Public Libraries Bill, 1850', *Journal of Library History*, 19 (1984), pp. 504–524.

5. 'The Manchester Free Library', *The Spectator*, 12 November 1853.

6. Ken Severn, *The Halfpenny Rate: A Brief History of Lambeth Libraries* (London: Lambeth Archives, 2006).

7. H. E. Meller, *Leisure and the Changing City, 1870–1914* (London: Routledge, 1976).

8. Linda Jean Parr, 'The History of Libraries in Halifax and Huddersfield from the Mid-Sixteenth Century to the Coming of the Public Libraries' (PhD thesis, University College London, 2003).

9. 9장을 볼 것.

10. J. H. Shera, *Foundations of the Public Library: The Origins of the Public Library Movement in New England 1629–1855* (Chicago, IL: University of Chicago Press, 1949).

11. Susan Orlean, *The Library Book* (London: Atlantic Books, 2018), pp. 177–178.

12. Harold M. Otness, 'Baedeker's One-Star American Libraries', *Journal of Library History*, 12 (1977), pp. 222–234.

13. Tom Glynn, *Reading Publics: New York City's Public Libraries, 1754–1911* (New York, NY: Fordham University Press, 2015), p. 2.

14. Ibid, pp. 17–42.

15. William J. Rhees, *Manual of Public Libraries, Institutions and Societies in the United States and British Provinces of North America* (Philadelphia, PA: J. B. Lippincott, 1889).

16. Richard D. Altick, *The English Common Reader: A Social History of the Mass Reading Public* (Chicago, IL: University of Chicago Press, 1957; 2nd edn, Columbus, OH: Ohio State University Press, 1998), p. 192. Edward Royle, 'Mechanics' Institutes and the Working Classes, 1840–1860', *Historical Journal*, 14 (1971), pp. 305–321.

17. Altick, *The English Common Reader*, p. 192.

18. Chris Baggs, '"The Whole Tragedy of Leisure in Penury": The South Wales Miners' Institute Libraries during the Great Depression', *Libraries & Culture*, 39 (2004), pp. 115–136. 또한 같은 저자의 다음도 볼 것. 'The Miners' Institute libraries of south Wales 1875–1939', in Philip Henry Jones, et al. (eds.), *A Nation and Its Books: A History of the Book in Wales* (Aberystwyth: National Library of Wales, 1998), 그리고 이것도 볼 것. 'How Well Read

Was My Valley? Reading, Popular Fiction, and the Miners of South Wales, 1875–1939', *Book History*, 4 (2001), pp. 277–301.

19. John Phillip Short, 'Everyman's Colonial Library: Imperialism and Working-Class Readers in Leipzig, 1890–1914', *German History*, 21 (2003), pp. 445–475. Hans-Josef Steinberg and Nicholas Jacobs, 'Workers' Libraries in Germany before 1914', *History Workshop*, 1 (1976), pp. 166–180.

20. Steinberg and Jacobs, 'Workers' Libraries', pp. 172–173.

21. Ronald A. Fullerton, 'Creating a Mass Book Market in Germany: The Story of the "Colporteur Novel", 1870–1890', *Journal of Social History*, 10 (1977), pp. 265–283.

22. Short, 'Everyman's Colonial Library', pp. 452–453.

23. Steinberg and Jacobs, 'Workers' Libraries', p. 177.

24. J. L. A. Bailly, *Notices historiques sur les bibliothèques anciennes et modernes* (Paris: Rousselon, 1828).

25. Barbara McCrimmon, 'The Libri Case', *Journal of Library History*, 1 (1966), pp. 7–32. P. Alessandra Maccioni Ruju and Marco Mostert, *The Life and Times of Guglielmo Libri (1802–1869)* (Hilversum: Verloren, 1995).

26. Graham Keith Barnett, 'The History of Public Libraries in France from the Revolution to 1939' (PhD thesis, Fellowship of the Library Association, 1973).

27. Nasaw, *Carnegie*, pp. 193, 204.

28. Nasaw, *Carnegie*, p. 607.

29. George S. Bobinski, 'Carnegie Libraries: Their History and Impact on American Public Library Development', *American Library Association Bulletin*, 62 (1968), pp. 1361–1367.

30. Daniel F. Ring, 'Carnegie Libraries as Symbols for an Age: Montana as a Test Case', *Libraries & Culture*, 27 (1992), pp. 1–19, here p. 7. 지역 자선의 예를 보려면 같은 저자의 다음도 볼 것. 'Men of Energy and Snap: The Origins and Early Years of the Billings Public Library', *Libraries & Culture*, 36 (2001), pp. 397–412.

31. Abigail A. Van Slyck, *Free to All: Carnegie Libraries & American Culture, 1890–1920* (Chicago, IL: University of Chicago Press, 1995), pp. 35–40.

32. Karl Baedeker, *The United States, with excursions to Mexico, Cuba, Porto Rico and Alaska* (Leipzig: Karl Baedeker, 1909), p. 25.

33. Glynn, *Reading Publics*, p. 5.

34. Lee Erickson, 'The Economy of Novel Reading: Jane Austen and the Circulating Library', *Studies in English Literature, 1500–1900*, 30 (1990), pp. 573–590.

35. Quoted in Arthur P. Young, *Books for Sammies: The American Library Association and World War I* (Pittsburgh, PA: Beta Phi Mu, 1981), p. 10.

36. Altick, *The English Common Reader*, p. 231.

37. Evelyn Geller, *Forbidden Books in American Public Libraries, 1876–1939* (Westport, CT: Greenwood, 1984), pp. 54–55. Esther Jane Carrier, *Fiction in Public Libraries 1876–1900* (New York, NY: Scarecrow Press, 1965).

38. Robert Snape, *Leisure and the Rise of the Public Library* (London: The Library Association, 1995), pp. 56–57.

39. Geller, *Forbidden Books*, p. 84.

40. Orlean, *The Library Book*, pp. 130–132, 141–144.

41. Geller, *Forbidden Books*, pp. 42–3. 또한 이것도 볼 것. Charles Johanningsmeier, 'Welcome Guests or Representatives of the "Mal-Odorous Class"? Periodicals and Their Readers in American Public Libraries, 1876–1914', *Libraries & Culture*, 39 (2004), pp. 260–292.

16장. 20세기에서 살아남기

1. Erik Kirschbaum, *Burning Beethoven: The Eradication of German Culture in the United States during World War I* (New York, NY: Berlinica, 2015).

2. Susan Orlean, *The Library Book* (London: Atlantic Books, 2018), p. 176. Wayne Wiegand, *"An Active Instrument for Propaganda": The American Public Library during World War I* (New York, NY: Greenwood, 1989).

3. Arthur P. Young, *Books for Sammies: The American Library Association and World War I* (Pittsburgh, PA: Beta Phi Mu, 1981).

4. Orlean, *The Library Book*, p. 202.

5. Margaret F. Stieg, 'The Second World War and the Public Libraries of Nazi Germany', *Journal of Contemporary History*, 27 (1992), pp. 23–40. 또한 같은 작가의 이 책도 참고할 것. *Public Libraries in Nazi Germany* (Tuscaloosa, AL: University of Alabama Press, 1992).

6. 『서부전선 이상없다(All Quiet on the Western Front)』는 제1차세계대전에

관한 가장 유명한 반전소설이었다. 그 전쟁에서 훈장까지 받은 역전의
용사 히틀러가 이 책을 증오했던 것은 지극히 당연했다.

7. Pamela Spence Richards, 'German Libraries and Scientific and Technical
   Information in Nazi Germany', *Library Quarterly*, 55 (1985), pp. 151–173.
   Idem, 'Aslib at War: The Brief but Intrepid Career of a Library Organization
   as a Hub of Allied Scientific Intelligence 1942–1945', *Journal of Education for
   Library and Information Science*, 29 (1989), pp. 279–296.

8. Stieg, 'Second World War', p. 27.

9. Wayne Wiegand, 'In Service to the State: Wisconsin Public Libraries during
   World War I', *Wisconsin Magazine of History*, 72 (1989), pp. 199–224. Daniel
   F. Ring, 'Fighting for Their Hearts and Minds: William Howard Brett, the
   Cleveland Public Library, and World War I', *Journal of Library History*, 18
   (1983), pp. 1–20.

10. Graham Keith Barnett, 'The History of Public Libraries in France from the
    Revolution to 1939' (PhD thesis, Fellowship of the Library Association,
    1973), pp. 352–353.

11. Sarah Wentzel, 'National and University Library of Strasbourg', in David H.
    Stam (ed.), *International Dictionary of Library Histories* (2 vols., Chicago and
    London: Fitzroy Dearborn, 2001), pp. 459–461.

12. Barnett, 'Public Libraries', pp. 353–354, 603–604.

13. Ibid.

14. Margaret E. Parks, 'Catholic University of Louvain Library', in Stam,
    International Dictionary of Library Histories, pp. 244–247.

15. Chris Coppens, Mark Derez and Jan Roegiers (eds.), *Leuven University
    Library, 1425–2000* (Leuven: Leuven University Press, 2005), pp. 196–298.

16. 루뱅대학교에 가해진 최종적인 야만적 가해는 벨기에가 정치적
    이해타산에 급급해 분열했기 때문이라는 점은 분명히 하고 싶다.
    1968년에 루뱅대학교는 네덜란드어권 주민과 프랑스어권 주민의
    갈등으로 둘로 쪼개졌고 프랑스어권의 루뱅 가톨릭대학교는
    루뱅라뇌브로 교정을 옮겼다. 도서관도 간단하지만 극히 편의적인 방식을
    동원해 분리했다. 도서 분류 번호가 홀수인 것은 루뱅에 남았고 짝수인
    것은 루뱅라뇌브로 갔다. 두 곳 모두 각각 80만 권을 챙겼다.

17. 전쟁 기간 전체로 보면 프랑스의 지역도서관의 피해는 대략 200만 권에

달했다. Hilda Urén Stubbings, *Blitzkrieg and Books: British and European Libraries as Casualties of World War II* (Bloomington, IN: Rubena Press, 1993), pp. 235–269. Martine Poulain, *Livres pillés, lectures surveillées: Les bibliothèques françaises sous l'Occupation* (Paris: Gallimard, 2008).

18. Donal Sheehan, 'The Manchester Literary and Philosophical Society', *Isis*, 33 (1941), pp. 519–523. Stubbings, *Blitzkrieg*, pp. 313–315.

19. Valerie Holman, *Book Publishing in England, 1939–1945* (London: British Library, 2008), p. 30.

20. Henry Irving, '"Propaganda bestsellers": British Official War Books, 1941–1946', in Cynthia Johnston (ed.), *The Concept of the Book: The Production, Progression and Dissemination of Information* (London: Institute of English Studies, 2019), pp. 125–146.

21. Stubbings, *Blitzkrieg*, p. 320.

22. Dale C. Russell, '"Our Special Province": Providing a Library Service for London's Public Shelters, 1940–1942', *Library History*, 13 (1997), pp. 3–15. Stubbings, *Blitzkrieg*, p. 309.

23. Anders Rydell, *The Book Thieves: The Nazi Looting of Europe's Libraries and the Race to Return a Literary Inheritance* (New York, NY: Viking, 2015), pp. 86–87.

24. Marek Sroka, 'The Destruction of Jewish Libraries and Archives in Cracow during World War II', *Libraries & Culture*, 38 (2003), pp. 147–165.

25. Jacqueline Borin, 'Embers of the Soul: The Destruction of Jewish Books and Libraries in Poland during World War II', *Libraries & Culture*, 28 (1993), pp. 445–460.

26. Rydell, *Book Thieves*, p. 199.

27. Ibid, p. 197.

28. Borin, 'Embers', pp. 452–453.

29. Rydell, *Book Thieves*, p. 215.

30. Ernst Piper, *Alfred Rosenberg: Hitlers Chefideologe* (Munich: Karl Blessing, 2005).

31. Donald E. Collins and Herbert P. Rothfeder, 'The Einsatzstab Reichsleiter Rosenberg and the Looting of Jewish and Masonic Libraries during World War II', *Journal of Library History*, 18 (1983), pp. 21–36, here p. 23.

32. Patricia Kennedy Grimsted, *The Odyssey of the Turgenev Library from Paris, 1940–2002: Books as Victims and Trophies of War* (Amsterdam: IISH, 2003).

33. Patricia Kennedy Grimsted, *Library Plunder in France by the Einsatzstab Reichsleiter Rosenberg: Ten ERR Seizure Lists of Confiscated French Libraries* (Amsterdam: IISH, 2017).

34. Reinhard Bollmus, *Das Amt Rosenberg und seine Gegner: Studien zum Machtkampf im nationalsozialistischen Herrschaftssystem* (Munich: Oldenbourg, 2006).

35. Poulain, *Livres pillés*. Patricia Kennedy Grimsted, 'Roads to Ratibor: Library and Archival Plunder by the Einsatzstab Reichsleiter Rosenberg', *Holocaust Genocide Studies*, 19 (2005), pp. 390–458.

36. David E. Fishman, *The Book Smugglers: Partisans, Poets and the Race to Save Jewish Treasures from the Nazis* (Lebanon, NH: ForeEdge, 2017).

37. Dov Schidorsky, 'Confiscation of Libraries and Assignments to Forced Labour: Two Documents of the Holocaust', *Libraries & Culture*, 33 (1998), pp. 347–388.

38. Poulain, *Livres pillés*.

39. Joshua Starr, 'Jewish Cultural Property under Nazi Control', *Jewish Social Studies*, 12 (1950), pp. 27–48, here p. 34. Cornelia Briel, *Beschlagnahmt, Erpresst, Erbeutet. NS-Raubgut, Reichstauschstelle und Preussische Staatsbibliothek zwischen 1933 und 1945* (Berlin: Akademie Verlag, 2013).

40. Marta L. Dosa, *Libraries in the Political Scene* (Westport, CT: Greenwood, 1974), pp. 84–87.

41. Jan L. Alessandrini, 'Lost Books of "Operation Gomorrah": Rescue, Reconstruction and Restitution at Hamburg's Library in the Second World War', in Flavia Bruni and Andrew Pettegree (eds.), *Lost Books: Reconstructing the Print World of Pre-Industrial Europe* (Leiden: Brill, 2016), pp. 441–461.

42. Rydell, *Book Thieves*, p. 20.

43. Ibid, pp. 51–56.

44. Dosa, *Libraries in the Political Scene*, p. 94.

45. Nicola Schneider, 'The Losses of the Music Collection of the Hessische Landesbibliothek in Darmstadt in 1944', in Anja-Silvia Goeing, Anthony T. Grafton and Paul Michel (eds.), *Collectors' Knowledge: What is Kept, What is Discarded* (Leiden: Brill, 2013), pp. 381–412.

46. Werner Schocow, *Bücherschicksale: die Verlagerungsgeschichte der Preussischen Staatsbibliothek; Auslagerung, Zerstörung, Rückführung* (Berlin: de Gruyter, 2003).

47. Grimsted, 'Roads to Ratibor'.

48. Patricia Kennedy Grimsted, 'The Road to Minsk for Western "Trophy" Books: Twice Plundered but Not Yet "Home from the War"', *Libraries & Culture*, 39 (2004), pp. 351–404.

49. Patricia Kennedy Grimsted, 'Tracing Trophy Books in Russia', *Solanus*, 19 (2005), pp. 131–145.

50. Rydell, *Book Thieves*, p. 272. Robert G. Waite, 'Returning Jewish Cultural Property: The Handling of Books Looted by the Nazis in the American Zone of Occupation, 1945 to 1952', *Libraries & Culture*, 37 (2002), pp. 213–228.

51. Grimsted, *The Odyssey of the Turgenev Library*.

52. Margaret Stieg Dalton, 'The Postwar Purge of German Public Libraries, Democracy and the American Reaction', *Libraries & Culture*, 28 (1993), pp. 143–164.

53. Alex Boodrookas, 'Total Literature, Total War: Foreign Aid, Area Studies, and the Weaponization of US Research Libraries', *Diplomatic History*, 43 (2019), pp. 332–352.

54. Miriam Intrator, *Books Across Borders: UNESCO and the Politics of Postwar Cultural Reconstruction, 1945–1951* (London: Palgrave Macmillan, 2019), p. 140.

55. Ibid, p. 62.

56. W. C. Berwick Sayers, 'Britain's Libraries and the War', *Library Quarterly*, 14 (1944), pp. 95–99. Henry Irving, 'Paper Salvage in Britain during the Second World War', *Historical Research*, 89 (2016), pp. 373–393. 세이어스(Sayers)는 후속 저술에서와 마찬가지로 그 숫자를 6억 권이라고 밝혔다. 하지만 이런 엄청난 수치는 지나치게 비현실적이다.

57. Peter Thorsheim, 'Salvage and Destruction: The Recycling of Books and Manuscripts in Great Britain during the Second World War', *Contemporary European History*, 22 (2013), pp. 431–452, here p. 448.

17장. 현대성과 씨름하기

1. Warren Susman, 'Communication and Culture', in Catherine L. Covert and John D. Stevens (eds.), *Mass Media Between the Wars: Perceptions of Cultural Tension, 1918–1941* (Syracuse, NY: Syracuse University Press, 1984), p. xxiv.

2. I an McIntyre, *The Expense of Glory: A Life of John Reith* (London: Harper Collins, 1993).

3. Covert and Stevens, *Mass Media*, p. 209.

4. James D. Hart, *The Popular Book: A History of America's Literary Taste* (New York, NY: Oxford University Press, 1950), p. 228.

5. A lice Goldfarb Marquis, *Hopes and Ashes: The Birth of Modern Times* (New York, NY: Free Press, 1986).

6. Ibid, pp. 63–4.

7. For journalists as authors of 'dime novels' see Michael Denning, *Mechanic Accents: Dime Novels and Working-Class Culture in America* (London: Verso, 1987), pp. 18–24.

8. Tanya Gold, 'The Outsiders', *The Spectator*, 14 November 2020, pp. 50–51.

9. Marquis, *Hope and Ashes*, p. 86.

10. Covert and Stevens, *Mass Media*, p. xiii.

11. A listair Black, *The Public Library in Britain, 1914–2000* (London: British Library, 2000).

12. Patrick Leary, *The Punch Brotherhood: Table Talk and Print Culture in Mid-Victorian London* (London: British Library, 2010). Frank E. Huggett, *Victorian England as Seen by Punch* (London: Book Club Associates, 1978).

13. Chris Baggs, '"In the Separate Reading Room for Ladies Are Provided Those Publications Specially Interesting to Them": Ladies' Reading Rooms and British Public Libraries 1850–1914', *Victorian Periodicals Review*, 38 (2005), pp. 280–306, here p. 281.

14. Marquis, *Hope and Ashes*, pp. 124, 127.

15. Hart, *Popular Book*, pp. 236, 261–3.

16. Ibid, pp. 219, 256, 261–3.

17. Ibid, p. 273. Megan Benton, '"Too Many Books": Book Ownership and Cultural Identity in the 1920s', *American Quarterly*, 49 (1997), pp. 268–297.

18. Janice A. Radway, *A Feeling for Books: The Book-of the-Month Club, Literary*

Taste and Middle-Class Desire (Chapel Hill, NC: University of North Carolina Press, 1997). Hart, Popular Book, p. 273.

19. Hart, *Popular Book*, pp. 237, 286.

20. Christopher Hilliard, 'The Twopenny Library: The Book Trade, Working-Class Readers and "Middlebrow" Novels in Britain, 1930–42', *Twentieth Century British History*, 25 (2014), pp. 199–220.

21. R onald Barker, 'Book Distribution in the United Kingdom', *ALA Bulletin*, 57 (June 1963), pp. 523–7.

22. John Sutherland, *Reading the Decades: Fifty Years of the Nation's Bestselling Books* (London: BBC, 2002).

23. Joanne E. Passet, 'Reaching the Rural Reader: Traveling Libraries in America, 1892–1920', *Libraries & Culture*, 26 (1991), pp. 100–118, here p. 103.

24. Lisa Lindell, 'Bringing Books to a "Book-Hungry Land": Print Culture on the Dakota Prairie', *Book History*, 7 (2004), pp. 215–38.

25. Wayne Wiegand, *Irrepressible Reformer: A Biography of Melvil Dewey* (Chicago, IL: American Library Association, 1996).

26. Passet, 'Reaching the Rural Reader', p. 105.

27. Jennifer Cummings, '"How Can we Fail?" The Texas State Library's Travelling Libraries and Bookmobiles, 1916–1966', *Libraries & the Cultural Record*, 44 (2009), pp. 299–325, here, p. 301.

28. Passet, 'Reaching the Rural Reader', p. 111.

29. Susan Orlean, *The Library Book* (London: Atlantic Books, 2018), p. 195. Tanya Ducker Finchum and Allen Finchum, 'Not Gone with the Wind: Libraries in Oklahoma in the 1930s', *Libraries & the Cultural Record*, 46 (2011), pp. 276–294.

30. Deanna B. Marcum, 'The Rural Public Library in America at the Turn of the Century', *Libraries & Culture*, 26 (1991), pp. 87–99.

31. As one of the present authors can attest from rural Shropshire in the early 1960s.

32. Cummings, '"How Can we Fail?"', p. 312.

33. Male adults accounted for only 2 per cent of borrowings. Christine Pawley, *Reading Places: Literacy, Democracy and the Public Library in Cold War America* (Amherst, MA: University of Massachusetts Press, 2010), p. 121.

34. Ralph A. Wagner, 'Not Recommended: A List for Catholic High School Libraries, 1942', *Libraries & Culture*, 30 (1995), pp. 170–198.

35. https://www.pewtrusts.org/en/research-and-analysis/blogs/ stateline/2018/03/28/yesbookmobiles-are-still-a-thing-we-checked.

36. Dane M. Ward, 'The Changing Role of Mobile Libraries in Africa', *International Information and Library Review*, 28 (1996), pp. 121–133.

37. https://www.aljazeera.com/features/2018/4/23/ for-the-love-of-books-mobile-libraries-aroundthe-world.

38. Ellis Alec, *Library Services for Young People in England and Wales, 1830–1970* (Oxford: Pergamon Press, 1971).

39. Ibid, p. 28.

40. F. J. Harvey Darton, *Children's Books in England: Five Centuries of Social Life* (London: British Library, 1999). Michael Denning, *Mechanical Accents: Dime Novels and Working-Class Culture in America* (London: Verso, 1987).

41. Jon Savage, *Teenage: The Creation of Youth Culture* (London: Pimlico, 2008).

42. Ibid, pp. 141–142.

43. Ibid, p. 301.

44. Ibid, pp. 353–4. Cynthia L. White, *Women's Magazines, 1693–1968* (London: Michael Joseph, 1970).

45. Thelma McCormack, '*The Intelligent Woman's Guide to Socialism and Capitalism* by George Bernard Shaw', *American Journal of Sociology*, 91 (1985), pp. 209–211.

46. Baggs, 'Separate Reading Room', p. 282.

47. Ibid, pp. 286–7.

48. Sterling Joseph Coleman, '"Eminently Suited to Girls and Women": The Numerical Feminization of Public Librarianship in England, 1914–1931', *Library & Information History*, 30 (2014), pp. 195–209.

49. Ibid, p. 201.

50. Esther Jane Carrier, *Fiction in Public Libraries 1900–1950* (Littleton, CO: Libraries Unlimited, 1985).

51. Evelyn Geller, *Forbidden Books in American Public Libraries, 1876–1939* (Westport, CT: Greenwood, 1984), pp. 54–56, 93–97, 105–108.

52. Joseph McAleer, *Popular Reading and Publishing in Britain, 1914–1950*

(Oxford: Oxford University Press, 1992), pp. 100–132. Idem, *Passion's Fortune: The Story of Mills & Boon* (Oxford: Oxford University Press, 1999).

53. McAleer, *Popular Reading*, p. 106.

54. 13장을 볼 것.

55. Nicola Wilson, 'Boots Book-lovers' Library and the Novel: The Impact of a Circulating Library Market on Twentieth-century Fiction', *Information & Culture*, 49 (2014), pp. 427–449.

56. McAleer, *Popular Reading*, p. 114.

57. Janice A. Radway, *Reading the Romance: Women, Patriarchy and Popular Literature* (Chapel Hill, NC: University of North Carolina Press, 1984), p. 20.

58. http://publiclibrariesonline.org/2013/05/ promoting-romance-novels-in-american-publiclibraries/.

59. 잉글랜드와 스코틀랜드 분관 도서관의 직원들과 대화에서 발췌한 것이다.

18장. 도서관, 책 그리고 정치

1. Robert Darnton, 'Censorship, a Comparative View: France 1789 – East Germany 1989', *Representations*, 49 (1995), pp. 40–60, here p. 40.

2. Emily Drabinski, 'Librarians and the Patriot Act', *The Radical Teacher*, 77 (2006), pp. 12–14.

3. Gladys Spencer, *The Chicago Public Library: Origins and Backgrounds* (Boston, MA: Gregg Press, 1972).

4. Spencer, *Chicago Public Library*, p. 344. Constance J. Gordon, 'Cultural Record Keepers: The English Book Donation, Chicago Public Library', *Libraries & the Cultural Record*, 44 (2009), pp. 371–374.

5. Dennis Thompson, 'The Private Wars of Chicago's Big Bill Thompson', *Journal of Library History*, 15 (1980), pp. 261–280.

6. Joyce M. Latham, 'Wheat and Chaff: Carl Roden, Abe Korman and the Definitions of Intellectual Freedom in the Chicago Public Library', *Libraries & the Cultural Record*, 44 (2009), pp. 279–298.

7. Thompson, 'Big Bill', p. 273.

8. Louise S. Robbins, *The Dismissal of Miss Ruth Brown: Civil Rights, Censorship and the American Library* (Norman, OK: University of Oklahoma Press, 2000).

9. Christine Pawley, *Reading Places: Literacy, Democracy and the Public Library in Cold War America* (Amherst, MA: University of Massachusetts Press, 2010). Lisle A. Rose, *The Cold War Comes to Main Street: America in 1950* (Lawrence, KS: University Press of Kansas, 1999).

10. Louise S. Robbins, *Censorship and the American Library: The American Library Association's Response to Threats to Intellectual Freedom, 1939–1969* (Westport, CT: Greenwood, 1996), p. 37. Idem, 'After Brave Words, Silence: American Librarianship Responds to Cold War Loyalty Programs, 1947–1957', *Libraries & Culture*, 30 (1995), pp. 345–365.

11. Robbins, *Censorship*, pp. 71, 74.

12. Ibid, p. 122.

13. Christopher Hilliard, '"Is It a Book That You Would Even Wish Your Wife or Your Servants to Read?" Obscenity Law and the Politics of Reading in Modern England', *American Historical Review*, 118 (2013), pp. 653–678. H. Montgomery Hyde, *The Lady Chatterley's Lover Trial* (London: Bodley Head, 1990).

14. 이 책이 애초부터 D. H. 로런스를 폄하하려는 의도로 쓰인 것인지는 명확하지 않지만, 그 의도와는 무관하게 그런 결과를 낳았다. Faye Hammill, 'Cold Comfort Farm, D. H. Lawrence, and English Literary Culture Between the Wars', *Modern Fiction Studies*, 47 (2001), pp. 831–854.

15. Michael Fultz, 'Black Public Libraries in the South in the Era of De Jure Segregation', *Libraries & the Cultural Record*, 41 (2006), pp. 337–359. Stephen Cresswell, 'The Last Days of Jim Crow in Southern Libraries', *Libraries & Culture*, 31 (1996), pp. 557–572.

16. 차별 철폐의 지난하지만 아름다운 과정은 다음의 책을 참고할 것. Shirley Wiegand and Wayne Wiegand, *The Desegregation of Public Libraries in the Jim Crow South: Civil Rights and Local Activism* (Baton Rouge, LA: LSU Press, 2018).

17. Robbins, *Censorship*, p. 107. Wayne Wiegand, '"Any Ideas?": The American Library Association and the Desegregation of Public Libraries in the American South', *Libraries: Culture, History, and Society*, 1 (2017), pp. 1–22.

18. Eric L. Motley, *Madison Park: A Place of Hope* (Grand Rapids, MI: Zondervan, 2017), pp. 129–136.

19. Melville J. Ruggles and Raynard Coe Swank, *Soviet libraries and librarianship; report of the visit of the delegation of U.S. librarians to the Soviet Union, May–June, 1961, under the U.S.–Soviet cultural exchange agreement* (Chicago, IL: American Library Association, 1962). Rutherford D. Rogers, 'Yes, Ivan Reads: A First Report of the American Library Mission to Russia', *American Library Association Bulletin*, 55 (1961), pp. 621–624.

20. Jenny Brine, 'The Soviet Reader, the Book Shortage and the Public Library', *Solanus*, 2 (1988), pp. 39–57.

21. 다음에서 인용했다. Jennifer Jane Brine, 'Adult readers in the Soviet Union' (PhD thesis, University of Birmingham, 1986), p. 8. http://etheses.bham. ac.uk/1398/.

22. Ralph A. Leal, 'Libraries in the U.S.S.R', unpublished survey accessible at https://files.eric.ed.gov/fulltext/ED098959.pdf (last accessed 27 July 2020), p. 6.

23. Ibid, p. 12.

24. L. I. Vladimirov, 'The Accomplishments of University Libraries in the Soviet Union', *Library Trends*, 4 (1964), pp. 558–582. Ilkka Mäkinen, 'Libraries in Hell: Cultural Activities in Soviet Prisons and Labor Camps from the 1930s to the 1950s', *Libraries & Culture*, 28 (1993), pp. 117–142.

25. Andrei Rogachevskii, 'Homo Sovieticus in the Library', *Europe-Asia Studies*, 54 (2002), pp. 975–988. Boris Korsch, 'The Role of Readers' Cards in Soviet Libraries, *Journal of Library History*, 13 (1978), pp. 282–297.

26. Boris Korsch, 'Soviet Librarianship under Gorbachev: Change and Continuity', *Solanus*, 4 (1990), pp. 24–49.

27. Marek Sroka, 'The Stalinization of Libraries in Poland, 1945–1953', *Library History*, 16 (2000), pp. 105–125.

28. Idem, '"Forsaken and Abandoned": The Nationalization and Salvage of Deserted, Displaced, and Private Library Collections in Poland, 1945–1948', *Library & Information History*, 28 (2012), pp. 272–288.

29. Sroka, 'Stalinization', pp. 113, 117.

30. Jiřina Šmejkalová, *Cold War Books in the 'Other Europe' and What Came After* (Leiden: Brill, 2011), p. 115.

31. Ibid, pp. 161, 196–198.

32. Ibid, p. 324.

33. 이들 동유럽국가와 발트해 지역의 나라들은 유럽의회의 로비 단체인 Public Libraries 2030에서 제공된 데이터에서 1~8위를 싹쓸이했다. https://publiclibraries2030.eu/resources/eu-library-factsheets/.

34. Kathleen A. Smith, 'Collection Development in Public and University Libraries of the Former German Democratic Republic since German Unification', *Libraries & Culture*, 36 (2001), pp. 413–431.

35. 1991년에 한 작가가 직접 경험한 목격담이다.

36. Smith, 'Collection Development', p. 422.

37. Priya Joshi, *In Another Country: Colonialism, Culture, and the English Novel in India* (New York, NY: Columbia University Press, 2002). Robert Darnton, *Censors at Work: How States Shaped Literature* (London: British Library, 2014).

38. Jashu Patel and Krishan Kumar, *Libraries and Librarianship in India* (Westport, CT: Greenwood, 2001), p. 52.

39. Ibid, p. 91.

40. Zahid Ashraf Wani, 'Development of Public Libraries in India', *Library Philosophy and Practice* (ejournal, 2008).

41. A. Dirk Moses and Lasse Heerten, *Postcolonial Conflict and the Question of Genocide: The Nigeria-Biafra War, 1967–1970* (London: Routledge, 2017). Chinua Achebe, *There Was a Country: A Personal History of Biafra* (London: Allen Lane, 2012).

42. Helen Jarvis, 'The National Library of Cambodia: Surviving for Seventy Years', *Libraries & Culture*, 30 (1995), pp. 391–408.

43. Mary Niles Maack, 'Books and Libraries as Instruments of Cultural Diplomacy in Francophone Africa during the Cold War', *Libraries & Culture*, 36 (2001), pp. 58–86.

44. Allan Horton, *'Libraries are great mate!' But they could be greater. A report to the nation on Public Libraries in Australia* (Melbourne: Australian Library Promotional Council, 1976).

45. Nicholson Baker, *Double Fold: Libraries and the Assault on Paper* (New York, NY: Random House, 2001).

46. Nicholas Basbanes, 'Once and Future Library', in his *Patience and Fortitude* (New York, NY: Harper Collins, 2001), pp. 386–424.

47. Basbanes, *Patience and Fortitude*, p. 401.

48. https://publiclibraries2030.eu/wp-content/uploads/2019/12/France-2019.pdf.

에필로그: 책 없이도 독서가 가능한가?

1. https://www.gatesfoundation.org/what-we-do/global-development/global-libraries.

2. Brad Stone, *The Everything Store: Jeff Bezos and the Age of Amazon* (New York, NY: Little, Brown, 2013), p. 302.

3. Robert Darnton, *The Case for Books: Past, Present, and Future* (New York: Public Affairs, 2009), pp. 3–64.

4. Rana Foroohar, *Don't Be Evil: The Case Against Big Tech* (London: Allen Lane, 2019), p. 28.

5. Maryanne Wolf, *Reader, Come Home: The Reading Brain in a Digital World* (New York, NY: Harper, 2018).

6. Susan Orlean, *The Library Book* (London: Atlantic Books, 2018).

7. UNESCO report: 'Lost memory: libraries and archives destroyed in the twentieth century' (1996).

8. https://www.betterworldbooks.com/.

9. Orlean, *Library Book*, p. 87.

10. https://www.nytimes.com/2013/1/30/books/unraveling-huge-thefts-from-girolamini-library-innaples.html.

11. https://www.latimes.com/archives/la-xpm-2000-feb-20-mn-762-story.html. Owen Gingerich, *The Book Nobody Read: Chasing the Revolutions of Nicolas Copernicus* (London: Heinemann, 2004), pp. 220–238.

12. 열렬한 호소(cri de coeur)에 대해서는 다음을 볼 것. William H. Wisner, *Whither the Postmodern Library? Libraries, Technology, and Education in the Information Age* (Jefferson, NC: McFarland, 2000).

13. Nicholas Basbanes, *Patience and Fortitude* (New York, NY: Harper Collins, 2001), p. 405.

14. 소위 '아라파투스반더우드(apparatus Van der Woude)'(1800년까지 있었던 네덜란드공화국의 학문적 연설과 논쟁에 관한 장서 목록—옮긴이)에 대한 우리의 연구는 다음을 볼 것. Andrew Pettegree and Arthur der Weduwen, 'What was published in the seventeenth-century Dutch Republic?', *Livre. Revue Historique* (2018), pp. 1–22.

15. Brian Dumaine, *Bezonomics: How Amazon Is Changing Our Lives and What the World's Best Companies Are Learning from It* (London: Simon & Schuster, 2020), p. 238.

16. Orlean, *Library Book*, p. 39.

17. Dumaine, *Bezonomics*, p. 110.

18. Ibid, p. 91.

19. https://librarymap.ifla.org/.

20. https://www.nypl.org/about/locations/53rd-street.

21. Orlean, *Library Book*, p. 157.

22. https://rossdawson.com/wp-content/uploads/2007/10/extinction_timeline.pdf.

23. "전자책 단말기가 빠른 속도로 사양화되고 있다", 2019년 11월 11일.
    https://justpublishingadvice.com/the-e-reader-device-is-dying-a-rapid-death/.

24. Richard Watson, *Future Files: A Brief History of the Next 50 Years*, 3rd edn
    (London: Nicholas Brealey, 2012).

25. Dumaine, *Bezonomics*, p. 39.

26. https://bexarbibliotech.org/. https://www.youtube.com/watch?v=QtvytxreYlc.

참고 문헌

프롤로그: 폐허를 딛고 재건하다

Buzás, Ladislaus, *German Library History, 800–1945* (Jefferson, NC: McFarland, 1986).

Crawford, Alice (ed.), *The Meaning of the Library: A Cultural History* (Princeton and Oxford: Princeton University Press, 2015).

Harris, Michael H., *History of Libraries in the Western World*, 4th edn (Metuchen, NJ: Scarecrow Press, 1995).

Hoare, Peter (ed.), *The Cambridge History of Libraries in Britain and Ireland* (3 vols., Cambridge: Cambridge University Press, 2006).

Hobson, Anthony, *Great Libraries* (London: Weidenfeld & Nicolson, 1970).

The Library Book (London: Profile, 2012).

Raven, James (ed.), *Lost Libraries: The Destruction of Great Book Collections since Antiquity* (Basingstoke: Palgrave, 2004).

Stam, David H. (ed.), *International Dictionary of Library Histories* (2 vols., Chicago and London: Fitz.roy Dearborn, 2001).

Wiegand, Wayne A., and Donald G. Davis Jr. (eds.), *Encyclopedia of Library History* (New York and London: Garland, 1994).

1장. 두루마리의 운명

Black, Jeremy, 'Lost Libraries of Ancient Mesopotamia', in James Raven (ed.), *Lost Libraries: The Destruction of Great Book Collections since Antiquity* (Basingstoke: Palgrave, 2004), pp. 41–57.

Boyd, Clarence Eugene, *Public Libraries and Literary Culture in Ancient Rome* (Chicago, IL: University of Chicago Press, 1915).

Bruce, Lorne, 'Palace and Villa Libraries from Augustus to Hadrian', *Journal of Library History*, 21 (1986), pp. 510–552.

Butler, Beverley, *Return to Alexandria: An Ethnography of Cultural Heritage, Revivalism and Museum Memory* (Walnut Creek, CA: Left Coast Press, 2007).

Casson, Lionel, *Libraries in the Ancient World* (London and New Haven: Yale University Press, 2001).

Dix, T. Keith, '"Public Libraries" in Ancient Rome: Ideology and Reality', *Libraries & Culture*, 29 (1994), pp. 282–296.

Dix, T. Keith, 'Pliny's Library at Comum', in *Libraries & Culture*, 31 (1996), pp. 85–102.

Dix, T. Keith, '"Beware of Promising Your Library to Anyone": Assembling a Private Library at Rome', in König, *Ancient Libraries*, pp. 209–234.

Dix, T. Keith, and George W. Houston, 'Public Libraries in the City of Rome: from the Augustan Age to the time of Diocletian', *Melanges de l'Ecole de Rome. Antiquité*, 118 (2006), pp. 671–717.

El-Abbadi, Mostafa, and Omnia Fathallah (eds.), *What Happened to the Ancient Library of Alexandria?* (Leiden: Brill, 2008).

Hanson, Carl A., 'Were There Libraries in Roman Spain?', *Libraries & Culture*, 24 (1989), pp. 198–216.

Harris, William V., *Ancient Literacy* (Cambridge, MA: Harvard University Press, 1989).

Hendrickson, Thomas, *Ancient Libraries and Renaissance Humanism: The 'De Bibliothecis' of Justus Lipsius* (Leiden: Brill, 2017).

Houston, George W., *Inside Roman Libraries: Book Collections and Their Management in Antiquity* (Chapel Hill, NC: University of North Carolina Press, 2014).

Johnson, William A., 'Libraries and Reading Culture in the High Empire', in König, *Ancient Libraries*, pp. 347–363.

König, Jason, Katerina Oikonomopoulou and Greg Woolf (eds.), *Ancient Libraries* (Cambridge: Cambridge University Press, 2013).

Lewis, Bernard, 'The Arab Destruction of the Library of Alexandria: Anatomy of a Myth', in Mostafa El-Abbadi and Omnia Fathallah (eds.), *What Happened to the Ancient Library of Alexandria?* (Leiden: Brill, 2008), pp. 213–217.

MacLeod, Roy (ed.), *The Library of Alexandria: Centre of Learning in the Ancient World* (London and New York: I. B. Tauris, 2000).

Marshall, Anthony J., 'Library Resources and Creative Writing at Rome', *Phoenix*, 30 (1976), pp. 252–264.

Martínez, Victor M., and Megan Finn Senseney, 'The Professional and His Books: Special Libraries in the Ancient World', in König, *Ancient Libraries*, pp. 401–417.

Mattern, Susan P., *The Prince of Medicine: Galen in the Roman Empire* (Oxford: Oxford University Press, 2013).

Nutton, Vivian, 'Galen's Library', in Christopher Gill, Tim Whitmarsh and John Wilkins (eds.), *Galen and the World of Knowledge* (Cambridge: Cambridge University Press, 2009).

Parsons, Edward Alexander, *The Alexandrian Library, Glory of the Hellenic World: Its Rise, Antiquities and Destruction* (Amsterdam: Elsevier, 1952).

Pinner, H. L., *The World of Books in Classical Antiquity* (Leiden: Sijthoff, 1958).

Posner, Ernst, *Archives in the Ancient World* (Cambridge, MA: Harvard University Press, 1972).

Reichmann, Felix, 'The Book Trade at the Time of the Roman Empire', *Library Quarterly*, 8 (1938), pp. 40–76.

Sider, Sandra, 'Herculaneum's Library in 79 ad: The Villa of the Papyri', *Libraries & Culture*, 25 (1990), pp. 534–542.

White, P., 'Bookshops in the Literary Culture of Rome', in William A. Johnson and Holt N. Parker (eds.), *Ancient Literacies: The Culture of Reading in Greece and Rome* (Oxford: Oxford University Press, 2009).

Woolf, Greg, 'Introduction: Approaching the Ancient Library', in König, *Ancient Libraries*, pp. 1–20.

2장. 안식처

Barton, John, *A History of the Bible: The Book and Its Faiths* (London: Allen Lane, 2019).

Beddie, James Stuart, 'The Ancient Classics in the Mediaeval Libraries', *Speculum*, 5(1930), pp. 3–20.

Berthoud, J., 'The Italian Renaissance Library', *Theoria: A Journal of Social and Political Theory*, 26 (1966), pp. 61–80.

Bischoff, Bernhard, *Manuscripts and Libraries in the Age of Charlemagne* (Cambridge: Cambridge University Press, 1994).

Brett, Edward T., 'The Dominican Library in the Thirteenth Century', *The Journal of Library History*, 15 (1980), pp. 303–308.

Bullough, Donald, 'Charlemagne's court library revisited', *Early Medieval Europe*, 12 (2003), pp. 339–63.

Christ, Karl, *The Handbook of Medieval Library History*, ed. and trans. Theophil M. Otto (Metuchen, NJ: The Scarecrow Press, 1984).

Clark, John Willis, *The Care of Books: An Essay on the Development of Libraries and Their Fittings, from the Earliest Times to the End of the Eighteenth Century* (Cambridge: Cambridge University Press, 1901).

Cleaver, Laura, 'The circulation of history books in twelfth-century Normandy', in Cynthia Johnston (ed.), *The Concept of the Book: The Production, Progression and Dissemination of Information* (London: Institute of English Studies, 2019), pp. 57–78.

Cyrus, Cynthia J., *The Scribes for Women's Convents in Late Medieval Germany* (Toronto: University of Toronto Press, 2009).

Duft, Johannes, *The Abbey Library of Saint Gall* (St Gallen: Verlag am Klosterhof, 1985).

Dunning, Andrew N. J., 'John Lakenheath's Rearrangement of the Archives of Bury St Edmunds Abbey, c. 1380', *The Library*, 19 (2018), pp. 63–68.

Fox, Yaniv, *Power and Religion in Merovingian Gaul: Columbanian Monasticism and the Frankish Elites* (London and New Haven: Yale University Press, 2014).

Given-Wilson, Christopher, *Chronicles: The Writing of History in Medieval England* (London: Hambledon, 2004).

Goodhart Gordan, Phyllis, *Two Renaissance Book Collectors: The Letters of Poggius Bracciolini to Nicolaus de Niccolis* (New York: Columbia University Press, 1974).

Hamel, Christopher de, *A History of Illuminated Manuscripts*, 2nd edn (London, Phaidon, 1994).

Hammer, Jacob, 'Cassiodorus, the Savior of Western Civilization', *Bulletin of the Polish Institute of Arts and Sciences in America*, 3 (1945), pp. 369–384.

Hobson, Anthony, *Great Libraries* (London: Weidenfeld & Nicolson, 1970).

Humphreys, K. W., 'The Effects of Thirteenth-century Cultural Changes on Libraries', *Libraries & Culture*, 24 (1989), pp. 5–20.

Ker, N. R., *Medieval Libraries of Great Britain*, 2nd edn (London: Royal Historical Society, 1964).

Ker, N. R., Books, *Collectors and Libraries: Studies in the Medieval Heritage*, ed. Andrew G. Watson (London and Ronceverte: Hambledon, 1985).

Kibre, Pearl, *The Library of Pico della Mirandola* (New York, NY: Columbia University Press, 1936).

Labowsky, Lotte, *Bessarion's Library and the Biblioteca Marciana: Six Early Inventories* (Rome: Edizioni di storia e letteratura, 1979).

Martin, Henri-Jean, and Roger Chartier, *Histoire de l'edition francaise. Le livre conquerant. Du Moyen Age au milieu du XVIIe siecle* (Paris: Promodis, 1982).

McKitterick, Rosamond, *The Carolingians and the Written Word* (Cambridge: Cambridge University Press, 1989).

McKitterick, Rosamond, *Charlemagne: The Formation of a European Identity* (Cambridge: Cambridge University Press, 2008).

Meeder, Sven, *The Irish Scholarly Presence at St. Gall: Networks of Knowledge in the Early Middle Ages* (London: Bloomsbury, 2018).

Padover, S. K., 'German libraries in the fourteenth and fifteenth centuries', in James Westfall Thompson (ed.), *The Medieval Library* (New York: Hafner, 1957), pp. 453–476.

Papahagi, Adrian, 'Lost Libraries and Surviving Manuscripts: The Case of Medieval Transylvania', *Library & Information History*, 31 (2015), pp. 35–53.

Peterson, Herman A., 'The Genesis of Monastic Libraries', *Libraries & the Cultural Record*, 45 (2010), pp. 320–332.

Petroski, Henry, *The Book on the Bookshelf* (New York: Knopf, 1999).

Reynolds, L. D., and N. G. Wilson, *Scribes and Scholars: A Guide to the Transmission of Greek and Latin Literature* (Oxford: Oxford University Press, 1968).

Rios, Dom Romanus, 'Monte Cassino, 529–1944', *Bulletin of the John Rylands Library*, 29 (1945), pp. 49–68.

Robothan, Dorothy M., 'Libraries of the Italian Renaissance', in James Westfall Thompson (ed.), *The Medieval Library* (New York: Hafner, 1957), pp. 509–588.

Rouse, Richard H., 'The early library of the Sorbonne', *Scriptorium*, 21 (1967), pp. 42–71.

Schlotheuber, Eva, and John T. McQuillen, 'Books and Libraries within Monasteries', in *The Cambridge History of Medieval Monasticism in the Latin West* (Cambridge: Cambridge University Press, 2020), pp. 975–997.

Staikos, K. Sp., *The Architecture of Libraries in Western Civilization: From the Minoan Era to Michelangelo* (New Castle, DE: Oak Knoll Press, 2017).

Streeter, Burnett Hillman, *The Chained Library: A Survey of Four Centuries in the Evolution of the English Library* (London: Macmillan, 1931).

Thompson, James Westfall, *The Medieval Library* (New York: Hafner, 1957).

Thornton, Dora, *The Scholar in His Study: Ownership and Experience in Renaissance Italy* (London and New Haven: Yale University Press, 1997).

Ullman, Berthold Louis, *The Humanism of Coluccio Salutati* (Padua: Antenore, 1963).

Venarde, Bruce L. (ed.), *The Rule of Saint Benedict* (Cambridge, MA: Harvard University Press, 2011).

Ward, J. O., 'Alexandria and Its Medieval Legacy: The Book, the Monk and the Rose', in Roy MacLeod (ed.), *The Library of Alexandria: Centre of Learning in the Ancient World* (London and New York: I. B. Tauris, 2000), pp. 163–179.

3장. 작은 원숭이들과 금박 글자

Alexander, J. J. G. (ed.), *The Painted Page: Italian Renaissance Book Illustration, 1450–1550* (London: Prestel, 1994).

Baswell, Christopher (ed.), *Medieval Manuscripts, Their Makers and Users: a special issue of Viator in honor of Richard and Mary Rouse* (Turnhout: Brepols, 2011).

BenAicha, Hedi, 'The Mosques as Libraries in Islamic Civilization, 700–1400 ad', *Journal of Library History*, 21 (1986), pp. 252–260.

Berthoud, J., 'The Italian Renaissance Library', *Theoria: A Journal of Social and Political Theory*, 26 (1966), pp. 61–80.

Bisticci, Vespasiano di, *Renaissance Princes, Popes and Prelates: The Vespasiano Memoirs – Lives of Illustrious Men of the XVth Century*, trans. William George and Emily Waters (New York, NY: Harper & Row, 1963).

Brokaw, C. J., 'On the history of the book in China', in C. J. Brokaw and Kai-wing Chow (eds.), *Printing and Book Culture in Late Imperial China* (Berkeley, CA: University of California Press, 2005), pp. 3–55.

Brown, Cynthia J., *The Queen's Library: Image-Making at the Court of Anne of Brittany, 1477–1514* (Philadelphia, PA: University of Pennsylvania Press, 2011).

Brown, Cynthia J. (ed.), *The Cultural and Political Legacy of Anne de Bretagne: Negotiating Convention in Books and Documents* (Woodbridge: Boydell and Brewer, 2010).

Bühler, Curt F., *The Fifteenth-century Book: The Scribes, the Printers, the Decorators* (Philadelphia, PA: Philadelphia University Press, 1960).

Buringh, Eltjo, *Medieval Manuscript Production in the Latin West* (Leiden: Brill, 2010).

Buringh, Eltjo, and Jan Luiten Van Zanden, 'Charting the "Rise of the West": Manuscripts and Printed Books in Europe, a Long-Term Perspective from the Sixth through Eighteenth Centuries', *Journal of Economic History*, 69 (2009), pp. 409–445.

Carley, James P. (ed.), *The Libraries of King Henry VIII* (London: British Library, 2000).

Cayley, Emma, and Susan Powell (eds.), *Manuscripts and Printed Books in Europe, 1350–1550: Packaging, Presentation and Consumption* (Liverpool: Liverpool University Press, 2013).

Chow, Kai-wing, Publishing, *Culture and Power in Early Modern China* (Stanford, CA: Stanford University Press, 2004).

Croenen, Godfried, and Peter Ainsworth (eds.), *Patrons, Authors and Workshops: Books and Book Production in Paris around 1400* (Louvain: Peeters, 2006).

Dasgupta, Kalpana, 'How Learned Were the Mughals: Reflections on Muslim Libraries in India', *Journal of Library History*, 10 (1975), pp. 241–254.

De la Mare, Albinia C., 'Vespasiano da Bisticci, Historian and Bookseller' (PhD thesis, London University, 1966).

De la Mare, Albinia C., 'New Research on Humanistic Scribes in Florence', in A. Garzelli (ed.), *Miniatura fiorentina del Rinascimento 1440–1525, un primo censimento* (Florence: Giunta Regionale Toscana, 1985), I, pp. 393–600.

De la Mare, Albinia C., 'Vespasiano da Bisticci as Producer of Classical Manuscripts in Fifteenth-century Florence', in Claudine A. Chavannes-Mazel and Margaret M. Smith (eds.), *Medieval Manuscripts of the Latin Classics: Production and Use* (London: Red Gull Press, 1996), pp. 166–207.

Dogaer, Georges, and Marguerite Debae, *La Librairie de Philippe le Bon* (Brussels: Bibliotheque royale, 1967).

Duffy, Eamon, *Marking the Hours: English People and their Prayers, 1240–1570* (London and New Haven: Yale University Press, 2006).

Elayyan, Ribhi Mustafa, 'The History of the Arabic-Islamic Libraries: 7th to 14th Centuries', *International Library Review*, 22 (1990), pp. 119–135.

Green, Arnold H., 'The History of Libraries in the Arab World: A Diffusionist Model', *Libraries & Culture*, 23 (1988), pp. 454–473.

Hamel, Christopher de, *Meetings with Remarkable Manuscripts* (London: Allen Lane, 2016).

Hunt, R. W., and A. C. de la Mare, *Duke Humfrey and English Humanism in the Fifteenth Century* (Oxford: Bodleian Library, 1970).

Hunwick, John O., *The Hidden Treasures of Timbuktu: Historic City of Islamic Africa* (London: Thames & Hudson, 2008).

Kibre, Pearl, 'The Intellectual Interests Reflected in Libraries of the Fourteenth and Fifteenth Centuries', *Journal of the History of Ideas*, 7 (1946), pp. 257–297.

King, Ross, *The Bookseller of Florence* (London: Chatto & Windus, 2021).

Kornicki, Peter, *The Book in Japan: A Cultural History from the Beginnings to the*

Nineteenth Century (Honolulu: University of Hawai'i Press, 2001), pp. 363–412.

Kurlansky, Mark, *Paper: Paging through History* (New York: W. W. Norton, 2016).

McDermott, Joseph P., and Peter Burke (eds.), *The Book Worlds of East Asia and Europe, 1450–1850: Connections and Comparisons* (Hong Kong: Hong Kong University Press, 2015).

McKendrick, S., 'Lodewijk van Gruuthuse en de librije van Edward IV', in M. P. J. Martens (ed.), *Lodewijk van Gruuthuse. Mecenas en Europees Diplomaat ca. 1427–1492* (Bruges: Stiching Kuntsboek, 1992), pp. 153–159.

Mitchell, R. J., 'A Renaissance Library: The Collection of John Tiptoft, Earl of Worcester', *The Library*, 4th series, 18 (1937), pp. 67–83.

Neng-fu, Kuang, 'Chinese Library Science in the Twelfth Century', *Libraries & Culture*, 26 (1991), pp. 357–371.

Oostrom, Frits Pieter van, *Court and Culture: Dutch Literature, 1350–1450* (Berkeley, CA: University of California Press, 1992).

Overty, Joanne Filippone, 'The Cost of Doing Scribal Business: Prices of Manuscript Books in England, 1300–1483', *Book History*, 11 (2008), pp. 1–32.

Papahagi, Adrian, 'The Library of Petrus Gotfart de Corona, Rector of the University of Vienna in 1473', *The Library*, 7th series, 20 (2019), pp. 29–46.

Pedersen, Johannes, *The Arabic Book* (Princeton: Princeton University Press, 1984).

Petrina, Alessandra, *Cultural Politics in Fifteenth-century England: The Case of Humphrey, Duke of Gloucester* (Leiden: Brill, 2004).

Pollard, Graham, 'The pecia system in the medieval universities', in M. B. Parkes and Andrew G. Watson (eds.), *Medieval Scribes, Manuscripts and Libraries: Essays Presented to N. R. Ker* (London: Scolar Press, 1978), pp. 145–161.

Rouse, Mary A., and Richard H. Rouse, *Cartolai, Illuminators, and Printers in Fifteenth-century Italy: The Evidence of the Ripoli Press* (Los Angeles, LA: UCLA, 1988).

Rouse, Richard H., and Mary A. Rouse, 'The Commercial Production of Manuscript Books in Late-Thirteenth-century and Early-Fourteenth-century Paris', in Linda L. Brownrigg (ed.), *Medieval Book Production: Assessing the Evidence* (London: Red Gull Press, 1990), pp. 103–115.

Rouse, Richard H., and Mary A. Rouse, *Manuscripts and Their Makers: Commercial Book Producers in Medieval Paris, 1200–1500* (London: Harvey Miller, 2000).

Rundle, David, 'A Renaissance Bishop and His Books: A Preliminary Survey of the Manuscript Collection of Pietro Del Monte (c. 1400–57)', *Papers of the British School at Rome*, 69 (2001), pp. 245–272.

Singleton, Brent D., 'African Bibliophiles: Books and Libraries in Medieval Timbuktu', *Libraries & Culture*, 39 (2004), pp. 1–12.

Staikos, K. Sp., *The Architecture of Libraries in Western Civilization: From the Minoan Era to Michelangelo* (New Castle, DE: Oak Knoll Press, 2017)

Taylor, Andrew, 'Manual to Miscellany: Stages in the Commercial Copying of Vernacular Literature in England', *The Yearbook of English Studies*, 33 (2003), pp. 1–17.

Thornton, Dora, *The Scholar in His Study: Ownership and Experience in Renaissance Italy* (London and New Haven: Yale University Press, 1997).

Ullman, Berthold L., and Philip A. Stadler, *The Public Library of Renaissance Florence: Niccolo Niccoli, Cosimo de' Medici and the Library of San Marco* (Padova: Editrice Antenore, 1972).

Weichselbaumer, Nikolaus, '"Quod Exemplaria vera habeant et correcta": Concerning the Distribution and Purpose of the Pecia System', in Richard Kirwan and Sophie Mullins (eds.), *Specialist Markets in the Early Modern Book World* (Leiden: Brill, 2015), pp. 331–350.

Wieck, Roger S., *Time Sanctified: The Book of Hours in Medieval Art and Life* (New York, NY: George Braziller, 2001).

Wijsman, Hanno, *Handschriften voor het hertogdom. De mooiste verluchte manuscripten van Brabantse hertogen, edellieden, kloosterlingen en stedelingen* (Alphen: Veerhuis, 2006).

Wijsman, Hanno, *Luxury Bound: Illustrated Manuscript Production and Noble and Princely Book Ownership in the Burgundian Netherlands (1400–1550)* (Turnhout: Brepols, 2010).

Woods, Marjorie Curry, *Weeping for Dido: The Classics in the Medieval Classroom* (Princeton, NJ: Princeton University Press, 2019).

4장. 악마 같은 인쇄기

Berkovits, Ilona, *Illuminated Manuscripts from the Library of Matthias Corvinus* (Budapest: Corvina Press, 1964)

Birrell, T. A., *English Monarchs and Their Books: From Henry VII to Charles II* (London: British Library, 1987).

Boffey, Julia, *Manuscript and Print in London, c. 1475–1530* (London: British Library, 2012).

Booton, Diane E., *Manuscripts, Market and the Transition to Print in Late Medieval Brittany* (Farnham: Ashgate, 2009).

Bühler, Curt F., *The Fifteenth-century Book: The Scribes, the Printers, the Decorators* (Philadelphia, PA: Philadelphia University Press, 1960).

Carley, James P. (ed.), *The Libraries of King Henry VIII* (London: British Library, 2000).

Chartier, Roger, *The Cultural Uses of Print in Early Modern France* (Princeton, NJ: Princeton University Press, 1987).

Conway, Melissa, *The Diario of the Printing Press of San Jacopo di Ripoli, 1476–1484: Commentary and Transcription* (Florence: Olschki, 1999).

Cox-Rearick, J., *The Collection of Francis I: Royal Treasures* (New York, NY: Abrams, 1995).

Debae, Marguerite, *La Librairie de Marguerite d'Autriche* (Brussels: Bibliotheque Royale, 1987).

Eisenstein, Elizabeth L., *Divine Art, Infernal Machine: The Reception of Printing in the West from First Impressions to the Sense of an Ending* (Philadelphia: University of Pennsylvania Press, 2011).

Eisermann, Falk, 'A Golden Age? Monastic Printing Houses in the Fifteenth Century', in Benito Rial Costas (ed.), *Print Culture and Peripheries in Early Modern Europe* (Leiden: Brill, 2012), pp. 37–67.

Haemers, J., C. van Hoorebeeck and H. Wijsman (eds.), *Entre la ville, la noblesse et l'etat: Philippe de Cleves (1456–1528), homme politique et bibliophile* (Turnhout: Brepols, 2007).

Hellinga, Lotte, 'Book Auctions in the Fifteenth Century', in her *Incunabula in Transit: People and Trade* (Leiden: Brill, 2018), pp. 6–19.

Hindman, Sandra, and James Douglas Farquhar, *Pen to Press: Illustrated Manuscripts and Printed Books in the First century of Printing* (College Park: University of Maryland, 1977).

Jensen, Kristian (ed.), *Incunabula and Their Readers: Printing, Selling and Using Books in the Fifteenth Century* (London: British Library, 2003).

Kapr, Albert, *Johann Gutenberg: The Man and His Invention* (Aldershot: Scolar Press, 1996).

Ker, N. R., 'Oxford College Libraries in the Sixteenth Century', in his *Books, Collectors and Libraries: Studies in the Medieval Heritage* (London and Ronceverte: Hambledon, 1985), pp. 379–436.

Kleineke, Hannes, 'The Library of John Veysy (d. 1492), Fellow of Lincoln College, Oxford, and Rector of St James, Garlickhythe, London', *The Library*, 7th series, 17 (2016), pp. 399–423.

Lowry, Martin, 'Two great Venetian libraries in the age of Aldus Manutius', *Bulletin of the John Rylands Library*, 57 (1974–5), pp. 128–166.

Neddermeyer, Uwe, 'Why were there no riots of the scribes? First results of a quantitative analysis of the book-production in the century of Gutenberg', *Gazette du livre medieval*, 31 (1997), pp. 1–8.

Noakes, Susan, 'The development of the book market in Late Quattrocento Italy: printers' failures and the role of the middleman', *Journal of Mediaeval and Renaissance Studies*, 11 (1981), pp. 23–55.

Pettegree, Andrew, *The Book in the Renaissance* (London and New Haven: Yale University Press, 2010).

Pettegree, Andrew, 'The Renaissance Library and the Challenge of Print', in Alice Crawford (ed.), *The Meaning of the Library: A Cultural History* (Princeton: Princeton University Press, 2015), pp. 72–90.

Rouse, M. A., and R. H. Rouse, *Cartolai, Illuminators, and Printers in Fifteenthcentury Italy* (Los Angeles, CA: UCLA, 1988).

Rouse, Mary A., and Richard H. Rouse, 'Backgrounds to print: aspects of the manuscript book in northern Europe of the fifteenth century', in their *Authentic Witnesses: Approaches to Medieval Texts and Manuscripts* (Notre Dame, IN: University of Notre Dame Press, 1991), pp. 449–466.

Saenger, Paul, 'Colard Mansion and the Evolution of the Printed Book', *Library Quarterly*, 45 (1975), pp. 405–418.

Scholderer, Victor, 'The petition of Sweynheym and Pannartz to Sixtus IV', *The Library*, 3rd series, 6 (1915), pp. 186–190.

Strata, Filippo de, *Polemic against Printing*, ed. Martin Lowry (Birmingham: Hayloft Press, 1986).

Sutton, Anne F., and Livia Visser-Fuchs, *Richard III's Books: Ideals and Reality in the Life and Library of a Mediaeval Prince* (Stroud: Sutton, 1997).

Tanner, Marcus, *The Raven King: Matthias Corvinus and the Fate of His Lost Library* (London and New Haven: Yale University Press, 2008).

Tedeschi, Martha, 'Publish and Perish: The Career of Lienhart Holle in Ulm', in Sandra Hindman (ed.), *Printing the Written Word: The Social History of Books, circa 1450–1520* (Ithaca, NY: Cornell University Press, 1991), pp. 41–67.

Undorf, Wolfgang, 'Print and Book Culture in the Danish Town of Odense', in Benito Rial Costas (ed.), *Print Culture and Peripheries in Early Modern Europe* (Leiden: Brill, 2012), pp. 227–248.

White, Eric Marshall, *Editio Princeps. A History of the Gutenberg Bible* (London and Turnhout: Harvey Miller, 2017).

Wijsman, Hanno (ed.), *Books in Transition at the Time of Philip the Fair: Manuscripts and Printed Books in the Late Fifteenth and Early Sixteenth Century Low Countries* (Turnhout: Brepols, 2010).

5장. 성숙기에 이르다

Brann, Noel L., *The Abbot Trithemius (1462–1516): The Renaissance of Monastic Humanism* (Leiden: Brill, 1981).

Davies, Martin, *Columbus in Italy: An Italian Versification of the Letter on the Discovery of the New World* (London: British Library, 1991).

De Smet, Rudolf (ed.), *Les humanistes et leur bibliotheque. Humanists and their libraries* (Leuven: Peeters, 2002).

Grafton, Anthony, *Worlds made by Words: Scholarship and Community in the Modern West* (Cambridge, MA: Harvard University Press, 2009).

Gulik, Egbertus van, *Erasmus and his Books* (Toronto: University of Toronto Press, 2018).

Harrisse, Henry, *Excerpta Colombiniana: Bibliographie de 400 pieces du 16e siecle; precedee d'une histoire de la Bibliotheque colombine et de son fondateur* (Paris: Welter, 1887).

Hobson, Anthony, *Apollo and Pegasus: An Enquiry into the Formation and Dispersal of a Renaissance Library* (Amsterdam: Van Heusden, 1975).

Hobson, Anthony, *Renaissance Book Collecting: Jean Grolier and Diego Murtado de Mendoza, their Books and Bindings* (Cambridge: Cambridge University Press, 1999).

Kibre, Pearl, *The Library of Pico della Mirandola* (New York, NY: Columbia University Press, 1936).

McDonald, Mark P., *Ferdinand Columbus: Renaissance Collector* (London: British Museum, 2005).

Molino, Paola, 'World bibliographies: Libraries and the reorganization of knowledge in late Renaissance Europe', in Anthony Grafton and Gless Most (eds.), *Canonical Texts and Scholarly Practices: A Global Comparative Approach* (Cambridge: Cambridge University Press, 2016), pp. 299–322.

Pérez Fernández, José Maria and Edward Wilson-Lee, *Hernando Colon's New World of Books: Toward a Cartography of Knowledge* (London and New Haven: Yale University Press, 2020).

Sherman, William H., 'A New World of Books: Hernando Colón and the Biblioteca Colombina', in Ann Blair and Anja-Silvia Goeing (eds.), *For the*

Sake of Learning: Essays in Honor of Anthony Grafton (2 vols., Leiden: Brill, 2016), pp. 404–14.

Trithemius, Johannes, *In Praise of Scribes*, tr. Elizabeth Bryson Bongie (Vancouver: Alcuin Society, 1977).

Wagner, Klaus, 'Le commerce du livre en France au début du XVIe siecle d'apres les notes manuscrites de Fernando Colomb', *Bulletin du bibliophile*, 2 (1992), pp. 305–329.

Wilson-Lee, Edward, *The Catalogue of Shipwrecked Books: Young Columbus and the Quest for a Universal Library* (London: Harper Collins, 2018).

6장. 종교개혁

Aguilar, Idalia García, 'Before We are Condemned: Inquisitorial Fears and Private Libraries of New Spain', in Natalia Maillard Álvarez (ed.), *Books in the Catholic World during the Early Modern Period* (Leiden: Brill, 2014), pp. 171–190.

Barbierato, Federico, *The Inquisitor in the Hat Shop: Inquisition, Forbidden Books and Unbelief in Early Modern Venice* (Farnham: Ashgate, 2012).

Carley, James P., 'The Dispersal of the Monastic Libraries and the Salvaging of the Spoils', in Elisabeth Leedham-Green and Teresa Webber (eds.), *The Cambridge History of Libraries in Britain and Ireland, vol. I: To 1640* (Cambridge: Cambridge University Press, 2006), pp. 265–291.

Delsaerdt, Pierre, 'A bookshop for a new age: the inventory of the bookshop of the Louvain bookseller Hieronymus Cloet, 1543', in Lotte Hellinga, et al. (eds.), *The Bookshop of the World: The Role of the Low Countries in the Book-Trade, 1473–1941* ('t Goy-Houten: Hes & De Graaf, 2001), pp. 75–86.

Fritze, Ronald Harold, '"Hath Lacked Witness, Tyme Wanted Light": The Dispersal of the English Monastic Libraries and Protestant Efforts at Preservation, ca. 1535–1625', *Journal of Library History*, 18 (1983), pp. 274–291.

Germann, Martin, 'Zwischen Konfiskation, Zerstreuung und Zerstörung. Schicksale der Bücher und Bibliotheken in der Reformationszeit in Basel, Bern und Zürich', *Zwingliana*, 27 (2000), pp. 63–68.

Gray, Sarah, and Chris Baggs, 'The English Parish Library: A Celebration of Diversity', *Libraries & Culture*, 35 (2000), pp. 414–433.

Grendler, Paul F., *The Roman Inquisition and the Venetian Press* (Princeton, NJ: Princeton University Press, 1977).

Grendler, Paul F., 'The Destruction of Hebrew Books in Venice, 1568', *Proceedings of the American Academy for Jewish Research*, 45 (1978), pp. 103–130.

Grendler, Paul F., *Culture and Censorship in late Renaissance Italy and France* (London: Variorum, 1981).

Grendler, Paul F., and Marcella Grendler, 'The Survival of Erasmus in Italy', *Erasmus in English*, 8 (1976), pp. 2–22.

Griffin, Clive, *Journeymen-Printers, Heresy, and the Inquisition in Sixteenth-century Spain* (Oxford: Oxford University Press, 2005).

Jensen, Kristian, 'Universities and Colleges', in Elisabeth Leedham-Green and Teresa Webber (eds.), *The Cambridge History of Libraries in Britain and Ireland, vol. I: To 1640* (Cambridge: Cambridge University Press, 2006), pp. 345–362.

Ker, N. R., 'Oxford College Libraries in the Sixteenth Century', *Bodleian Library Record*, 6 (1957–61), pp. 459–513, reprinted in his *Books, Collectors and Libraries: Studies in the Medieval Heritage* (London and Ronceverte: Hambledon, 1985).

Kuin, Roger, 'Private library as public danger: the case of Duplessis-Mornay', in Andrew Pettegree, Paul Nelles and Philip Conner (eds.), *The Sixteenth-century French Religious Book* (Aldershot: Ashgate, 2001), pp. 319–357.

Leedham-Green, Elisabeth, 'University libraries and book-sellers', in Lotte Hellinga and J. B. Trapp (eds.), *The Cambridge History of the Book in Britain. III: 1400–1557* (Cambridge: Cambridge University Press, 1999), pp. 316–353.

Mattioli, Anselmo, and Sandra da Conturbia, 'The Ecclesiastical Libraries in Italy: History and Present Situation', *Libraries & Culture*, 25 (1990), pp. 312–333.

Mittler, Elmar, *Bibliotheca Palatina: Katalog zur Ausstellung von 8. Juli bis 2. November 1986* (Heidelberg: Braus, 1986).

Oates, J. C. T., *Cambridge University Library: A History from the Beginnings to the Copyright Act of Queen Anne* (Cambridge: Cambridge University Press, 1986).

Padover, S. K., 'German libraries in the fourteenth and fifteenth centuries', in James Westfall Thompson (ed.), *The Medieval Library* (New York, NY: Hafner, 1957), pp. 453–476.

Pettegree, Andrew, *Brand Luther: 1517, Printing, and the Making of the Reformation* (New York, NY: Penguin, 2015).

Purcell, Mark, *The Country House Library* (London and New Haven: Yale University Press, 2017).

Putnam, George Haven, *The Censorship of the Church of Rome and its Influence upon the Production and Distribution of Literature*, 2 vols. (New York, NY: Benjamin Blom, 1967).

Ramsay, Nigel, '"The Manuscripts Flew about Like Butterflies": The Break-up of English Libraries in the Sixteenth Century', in James Raven (ed.), *Lost Libraries: The Destruction of Great Book Collections since Antiquity* (Basingstoke: Palgrave, 2004), pp. 125–144.

Schottenloher, Karl, 'Schicksale von Büchern und Bibliotheken im Bauernkrieg', *Zeitschrift fur Bucherfreunde*, 12 (1909), pp. 396–408.

Smidt, Tom de, 'An elderly, noble lady. The old books collection in the library of the Supreme Court of the Netherlands', in J. G. B. Pikkemaat (ed.), *The Old Library of the Supreme Court of the Netherlands* (Hilversum: Verloren, 2008), pp. 39–68.

Soen, Violet, Dries Vanysacker and Wim François (eds.), *Church, Censorship and Reform in the Early Modern Habsburg Netherlands* (Turnhout: Brepols, 2017).

Thomas, Drew B., 'Circumventing Censorship: the Rise and Fall of Reformation Print Centres', in Alexander S. Wilkinson and Graeme J. Kemp (eds.), *Negotiating Conflict and Controversy in the Early Modern Book World* (Leiden: Brill, 2019), pp. 13–37.

Wright, C. E., 'The dispersal of the monastic libraries and the beginnings of Anglo-Saxon studies: Matthew Parker and his circle', *Transactions of the Cambridge Bibliographical Society*, 1 (1951), pp. 208–237.

Wright, C. E., 'The dispersal of the Libraries in the Sixteenth Century', in Francis Wormald and C. E. Wright (eds.), *The English Library before 1700* (London: Athlone Press, 1958), pp. 148–75.

7장. 전문가들

Blair, Ann, *Too Much to Know: Managing Scholarly Information before the Modern Age* (London and New Haven: Yale University Press, 2010).

Bosman-Jelgersma, Henriëtte A., 'De inventaris van een Leidse apotheek uit het jaar 1587', *Leids Jaarboekje*, 86 (1994), pp. 51–68.

Collins, Brenda, 'Family Networks and Social Connections in the Survival of a Seventeenth-century Library Collection', *Library & Information History*, 33 (2017), pp. 123–142.

Davenport, Geoffrey, et al (eds.), *The Royal College of Physicians and its Collections* (London: James & James, 2001).

Delsaerdt, Pierre, *Suam quisque bibliothecam. Boekhandel en particulier boekenbezit aan de oude Leuvense universiteit, 16de – 18de eeuw* (Leuven: Universitaire Pers Leuven, 2001).

Duroselle-Melish, Caroline, and David A. Lines, 'The Library of Ulisse Aldrovandi (†1605): Acquiring and Organizing Books in Sixteenth-century Bologna', *The Library*, 7th series, 16 (2015), pp. 134–61.

Evans, R. J. W., and Alexander Marr (eds.), *Curiosity and Wonder from the Renaissance to the Enlightenment* (Aldershot: Ashgate, 2006).

Fehrenbach, R. J., and E. S. Leedham-Green, *Private Libraries in Renaissance England: A Collection and Catalogue of Tudor and Early Stuart Book-lists* 9 vols. (Binghamton, NY: Medieval & Renaissance Texts & Studies, 1992–).

Finkelstein, Andrea, 'Gerard de Malynes and Edward Misselden: The Learned Library of the Seventeenth-century Merchant', *Book History*, 3 (2000), pp. 1–20.

Furrer, Norbert, *Des Burgers Bibliothek. Personliche Buchbestande in der stadt Bern des 17. Jahrhunderts* (Zurich: Chronos Verlag, 2018).

Grendler, Marcella, 'A Greek collection in Padua: the library of Gian Vincenzo Pinelli (1535–1601)', *Renaissance Quarterly*, 33 (1980), pp. 386–416.

Grendler, Marcella, 'Book Collecting in Counter-Reformation Italy: The Library of Gian Vincenzo Pinelli (1535–1601)', *Journal of Library History*, 16 (1981), pp. 144–151.

Harrison, John, and Peter Laslett, *The Library of John Locke* 2nd edn (Oxford: Clarendon Press, 1971).

Hellinga, Lotte, 'Book Auctions in the Fifteenth Century', in her *Incunabula in Transit: People and Trade* (Leiden: Brill, 2018), pp. 6–19.

Hobson, Anthony, 'A sale by candle in 1608', *The Library*, 5th series, 26 (1971), pp. 215–233.

Lankhorst, Otto, 'Dutch auctions in the seventeenth and eighteenth centuries', in Robin Myers, Michael Harris and Giles Mandelbrote (eds.), *Under the Hammer: Book Auctions since the Seventeenth Century* (New Castle, DE: Oak Knoll Press, 2001), pp. 65–87.

Leedham-Green, E. S., *Books in Cambridge Inventories: Book Lists from Vice-Chancellor's Court Probate Inventories in the Tudor and Stuart Periods*, 2 vols. (Cambridge: Cambridge University Press, 1986).

Leu, Urs B., Raffael Keller and Sandra Weidmann, *Conrad Gessner's Private Library* (Leiden: Brill, 2008).

Leu, Urs B., and Sandra Weidmann, *Huldrych Zwingli's Private Library* (Leiden: Brill, 2019).

Martin, Henri-Jean, *The French Book: Religion, Absolutism and Readership* (Baltimore, MD: Johns Hopkins University Press, 1996).

Niedzwiedz, Jakub, 'The use of books in 16th-century Vilnius', *Terminus*, 15 (2013), pp. 167–184.

Nuovo, Angela, 'Gian Vincenzo Pinelli's collection of catalogues of private libraries in sixteenth-century Europe', *Gutenberg Jahrbuch* (2007), pp. 129–144.

Nuovo, Angela, 'The Creation and Dispersal of the Library of Gian Vincenzo Pinelli', in Giles Mandelbrote, et al. (eds.), *Books on the Move: Tracking Copies through Collections and the Book Trade* (New Castle, DE: Oak Knoll Press, 2007), pp. 39–68.

Nuovo, Angela, 'Private Libraries in Sixteenth-century Italy', in Bettina Wagner and Marcia Reed (eds.), *Early Printed Books as Material Objects* (Berlin and New York: De Gruyter Saur, 2010), pp. 231–242.

Pearson, David, 'Patterns of Book Ownership in Late Seventeenth-century England', *The Library*, 11 (2010), pp. 139–167.

Pettegree, Andrew, and Arthur der Weduwen, *The Bookshop of the World: Making and Trading Books in the Dutch Golden Age* (London and New Haven: Yale University Press, 2019).

Pirozynski, Jan, 'Royal Book Collections in Poland during the Renaissance', *Libraries & Culture*, 24 (1989), pp. 21–32.

Pollard, Graham, and Albert Ehrman, *The Distribution of Books by Catalogue from the Invention of Printing to AD 1800* (Cambridge: Roxburghe Club, 1965).

Purcell, Mark, *The Country House Library* (London and New Haven: Yale University Press, 2017).

Reid, Peter H., 'Patriots and Rogues: Some Scottish Lairds and Their Libraries', *Library & Information History*, 35 (2019), pp. 1–20.

Selm, Bert van, 'The introduction of the printed book auction catalogue', *Quaerendo*, 15 (1985), pp. 16–53, 115–149.

Sibbald, John A., 'The Heinsiana – almost a seventeenth-century universal short title catalogue', in Malcolm Walsby and Natasha Constantinidou (eds.), *Documenting the Early Modern Book World: Inventories and Catalogues in Manuscript and Print* (Leiden: Brill, 2013), pp. 141–159.

Strickland, Forrest C., 'The Devotion of Collecting: Ministers and the Culture of Print in the Seventeenth-century Dutch Republic' (PhD thesis, University of St Andrews, 2019).

Weduwen, Arthur der, and Andrew Pettegree, *The Dutch Republic and the Birth of Modern Advertising* (Leiden: Brill, 2020).

Weduwen, Arthur der, and Andrew Pettegree, *News, Business and Public Information: Advertisements and Announcements in Dutch and Flemish Newspapers, 1620–1675* (Leiden: Brill, 2020).

8장. 무익한 책과 하찮은 책

Adams, R. J., 'Building a Library without Walls: the Early Years of the Bodleian Library', in A. Bautz and I. Gregory (eds.), *Libraries, Books, and Collectors of Texts, 1600–1900* (London: Routledge, 2018).

Beddard, R. A., 'The Official Inauguration of the Bodleian Library on 8 November 1602', *The Library*, 3 (2002), pp. 255–283.

Berkvens-Stevelinck, Christiane, *Magna Commoditas: Leiden University's Great Asset* (Leiden: Leiden University Press, 2012).

Clapinson, Mary, 'The Bodleian Library and its Readers, 1602–1652', *Bodleian Library Record*, 19 (2006), pp. 30–46.

Clapinson, Mary, *A Brief History of the Bodleian Library* (Oxford: Bodleian Library, 2015).

Clement, Richard W., 'Librarianship and Polemics: the career of Thomas James (1572–1629)', *Library & Culture*, 26 (1991), pp. 269–282.

Coppens, Chris, 'Auspicia bibliothecae: donators at the foundation of the Central Library in Louvain (1636–9)', *Quaerendo*, 34 (2004), pp. 169–210.

Coppens, Chris, Mark Derez and Jan Roegiers, *Leuven University Library, 1425–2000* (Leuven: Leuven University Press, 2005).

Finlayson, C. P., and S. M. Simpson, 'The History of the Library, 1580–1710', in Jean R. Guild and Alexander Law (eds.), *Edinburgh University Library, 1580–1980: A Collection of Historical Essays* (Edinburgh: Edinburgh University Library, 1982), pp. 45–47.

Fox, Peter (ed.), *Cambridge University Library: The Great Collections* (Cambridge: Cambridge University Press, 1998).

Frost, Carolyn O., 'The Bodleian Catalogs of 1674 and 1738: An Examination in the Light of Modern Cataloging Theory', *Library Quarterly*, 46 (1976), pp. 248–270.

Gilboy, Elaine, 'Les exemplaires interfoliés du catalogue de la Bodléienne', in Frédéric Barbier, Thierry Dubois and Yann Sordet (eds.), *De l'argile au nuage, une archeologie des catalogues* (Paris: Éditions des Cendres, 2015), pp. 274–280.

Hamilton, Tom, *Pierre de l'Estoile and his World in the Wars of Religion* (Oxford: Oxford University Press, 2017).

Hampshire, Gwen, *The Bodleian Library Account Book, 1613–1646* (Oxford: Oxford Bibliographical Society, 1983).

Harrison, John, and Peter Laslett, *The Library of John Locke*, 2nd edn (Oxford: Clarendon Press, 1971).

Hendrickson, Thomas, *Ancient Libraries and Renaissance Humanism: The 'De Bibliothecis' of Justus Lipsius* (Leiden: Brill, 2017).

Hulshoff Pol, E., 'What about the library? Travellers' comments on the Leiden Library in the 17th and 18th centuries', *Quaerendo*, 5 (1975), pp. 39–51.

Kiessling, Nicolas K., *The Library of Anthony Wood* (Oxford: Oxford Bibliographical Society, 2002).

Komorowski, Manfred, 'Bibliotheken', in Ulrich Rasche (ed.), *Quellen zur fruhneuzeitlichen Universitatsgeschichte* (Wiesbaden: Harrassowitz, 2011), pp. 55–81.

Lankhorst, O. S., 'De Bibliotheek van de Gelderse Academie te Harderwijk – thans te Deventer', in J. A. H. Bots, et al. (eds.), *Het Gelders Athene. Bijdragen tot de geschiedenis van de Gelderse universiteit in Harderwijk (1648–1811)* (Hilversum: Verloren, 2000), pp. 95–118.

Loveman, Kate, *Samuel Pepys and his Books: Reading, Newsgathering and Sociability, 1660–1703* (Oxford: Oxford University Press, 2015).

Lunsingh-Scheurleer, Th.H., et al. (eds.), *Leiden University in the Seventeenth Century: An Exchange of Learning* (Leiden: Universitaire Pers Leiden, 1975).

Miert, Dirk van, *Humanism in an Age of Science: The Amsterdam Athenaeum in the Golden Age, 1632–1704* (Leiden: Brill, 2009).

Minter, Catherine J., 'John Dury's Reformed Librarie-Keeper: Information and its Intellectual Contexts in Seventeenth-century England', *Library & Information History*, 31 (2015), pp. 18–34.

Nowak, Maria J., 'The History of the Jagiellonian Library', *Libraries & Culture*, 32 (1997), pp. 94–106.

Oates, J. C. T., *Cambridge University Library: A History from the Beginnings to the Copyright Act of Queen Anne* (Cambridge: Cambridge University Press, 1986).

Pettegree, Andrew (ed.), *Broadsheets: Single-Sheet Publishing in the First Age of Print* (Leiden: Brill, 2017).

Pettegree, Andrew, 'The Dutch Baltic: The Dutch book trade and the Building of Libraries in the Baltic and Central Europe during the Dutch Golden Age', in Arthur der Weduwen, Andrew Pettegree and Graeme Kemp (eds.), *Book Trade Catalogues in Early Modern Europe* (Leiden: Brill, 2021), pp. 286–316.

Philip, Ian, *The Bodleian Library in the Seventeenth and Eighteenth Centuries* (Oxford: Clarendon Press, 1983).

Raabe, Paul, 'Bibliothekskataloge als buchgeschichtliche Quellen. Bermerkungen über gedruckte kataloge öffentlicher Bibliotheken in der frühen Neuzeit', in Reinhard Wittmann (ed.), *Bücherkataloge als buchgeschichtliche Quellen in der fruhen Neuzeit* (Wiesbaden: Harrassowitz, 1984), pp. 275–297.

Simoni, Anna E. C., 'The librarian's cri de coeur: rules for readers (1711)', *Quaerendo*, 32 (2002), pp. 199–203.

Sluis, Jacob van, *The Library of Franeker University in Context, 1585–1843* (Leiden: Brill, 2020).

Tering, Arvo, 'The Tartu University Library and Its Use at the End of the Seventeenth and the Beginning of the Eighteenth Century', *Libraries & Culture*, 28 (1993), pp. 44–54.

Tomalin, Claire, *Samuel Pepys: The Unequalled Self* (London: Viking, 2002).

Vallinkoski, J., *The History of the University Library at Turku. I, 1640–1722* (Helsinki: University Library at Helsinki, 1948).

9장. 선교의 장

Amory, Hugh, and David D. Hall, *A History of the Book in America. I; The Colonial Book in the Atlantic World* (Cambridge: Cambridge University Press, 2000).

Bangs, Jeremy Dupertuis, *Plymouth Colony's Private Libraries* (Leiden: American Pilgrim Museum, 2016).

Begheyn, Paul, *Jesuit Books in the Dutch Republic and its Generality Lands, 1567–1773* (Leiden: Brill, 2014).

Bepler, Jill, 'Vicissitudo Temporum: Some Sidelights on Book Collecting in the Thirty Years' War', *Sixteenth Century Journal*, 32 (2001), pp. 953–968.

Bond, W. H., and Hugh Amory, *The Printed Catalogues of the Harvard College Library, 1723–1790* (Boston, MA: Colonial Society of Massachusetts, 1996).

Bordsen, Alice L., 'Scottish Attitudes Reflected in the Library History of North Carolina', *Libraries & Culture*, 27 (1992), pp. 121–142.

Braziuniene, Alma, 'Bibliotheca Sapiehana as a mirror of European culture of the Grand Duchy of Lithuania', in Ausra Rinkunaite (ed.), *Bibliotheca Sapiehana. Vilniaus universiteto bibliotekos rinkinys katalogas* (Vilnius: Lietuviu literaturos ir tautosakos institutas, 2010), pp. vii–xliii.

Calvo, Hortensia, 'The Politics of Print: the historiography of the book in early Spanish America', *Book History*, 6 (2003), pp. 277–305.

Connolly, Brendan, 'Jesuit Library Beginnings', *Library Quarterly*, 30 (1960), pp. 243–252.

Cressy, David, 'Books as Totems in Seventeenth-century England and New England', *Journal of Library History*, 21 (1986), pp. 92–106.

Diehl, Katharine Smith, *Printers and Printing in the East Indies to 1850. I. Batavia* (New Rochelle, NY: Aristide D. Cararzas, 1990).

Dijkgraaf, Hendrik, *The Library of a Jesuit Community at Holbeck, Nottinghamshire* (1679) (Cambridge: LP Publications, 2003).

Farrell, Allan P., *The Jesuit Code of Liberal Education* (Milwaukee, WI: Bruce, 1939).

Ferch, David L., '"Good Books are a Very Great Mercy to the World": Persecution, Private Libraries, and the Printed Word in the Early Development of the Dissenting Academies, 1663–1730', *Journal of Library History*, 21 (1986), pp. 350–361.

Finlayson, C. P., and S. M. Simpson, 'The History of the Library, 1580–1710', in Jean R. Guild and Alexander Law (eds.), *Edinburgh University Library, 1580–1980: A Collection of Historical Essays* (Edinburgh: Edinburgh University Library, 1982), pp. 43–54.

Groesen, Michiel van, 'The Printed Book in the Dutch Atlantic World', in his *Imagining the Americas in Print: Books, Maps and Encounters in the Atlantic World* (Leiden: Brill, 2019), pp. 164–180.

Grover, Mark L., 'The Book and the Conquest: Jesuit Libraries in Colonial Brazil', *Libraries & Culture*, 28 (1993), pp. 266–283.

Guibovich, Pedro, 'The Printing Press in Colonial Peru: Production Process and Literary Categories in Lima, 1584–1699', *Colonial Latin American Historical Review*, 10 (2001), pp. 167–188.

Hampe-Martínez, Teodoro, 'The Diffusion of Books and Ideas in Colonial Peru: A Study of Private Libraries in the Sixteenth and Seventeenth Centuries', *The Hispanic American Historical Review*, 73 (1993), pp. 211–133.

Hannesdottir, Sigrun Klara, 'Books and Reading in Iceland in a Historical Perspective', *Libraries & Culture*, 28 (1993), pp. 13–21.

Harris, Rendel, and Stephen K. Jones, *The Pilgrim Press: A Bibliographical and Historical Memorial of the Books Printed at Leyden by the Pilgrim Fathers* (Nieuwkoop: De Graaf, 1987).

Johnson, Julie Greer, *The Book in the Americas: The Role of Books and Printing in the Development of Culture and Society in Colonial Latin America* (Providence, RI: John Carter Brown Library, 1988).

Kraus, Joe W., 'Private Libraries in Colonial America', *Journal of Library History*, 9 (1974), pp. 31–53.

Mena, Magdalena Chocano, 'Colonial Printing and Metropolitan Books: Printed Texts and the Shaping of Scholarly Culture in New Spain, 1539–1700', *Colonial Latin American Historical Review*, 6 (1997), pp. 69–90.

Molin, Emma Hagström, 'The Materiality of War Booty Books: The Case of Strängnäs Cathedral Library', in Anna Källén (ed.), *Making Cultural History: New Perspectives on Western Heritage* (Lund: Nordic Academic Press, 2013), pp. 131–140.

Molin, Emma Hagström, 'To Place in a Chest: On the Cultural Looting of Gustavus Adolphus and the Creation of Uppsala University Library in the Seventeenth Century', *Barok*, 44 (2016), pp. 135–148.

Molin, Emma Hagström, 'Spoils of Knowledge: Looted Books in Uppsala University Library in the Seventeenth Century', in Gerhild Williams, et al. (eds.), *Rethinking Europe: War and Peace in the Early Modern German Lands* (Leiden: Brill, 2019).

Morrison, Ian, 'The History of the Book in Australia', in Michael F. Suarez and H. R. Woudhuysen (eds.), *The Oxford Companion to the Book* (Oxford: Oxford University Press, 2010), pp. 394–402.

Oldenhof, H., 'Bibliotheek Jezuietenstatie Leeuwarden', in Jacob van Sluis (ed.), *PBF. De Provinsjale Biblioteek fan Fryslan, 150 jaar geschiedenis in collecties* (Leeuwarden: Tresoar, 2002), pp. 75–80.

Pirozynski, Jan, 'Royal Book Collections in Poland during the Renaissance', *Libraries & Culture*, 24 (1989), pp. 21–32.

Rodriguez-Buckingham, Antonio, 'Monastic Libraries and Early Printing in Sixteenth-century Spanish America', *Libraries & Culture*, 24 (1989), pp. 33–56.

Shera, J. H., *Foundations of the Public Library: The Origins of the Public Library Movement in New England 1629–1855* (Chicago, IL: University of Chicago Press, 1949).

Thomas, Hannah, '"Books Which are Necessary for Them": Reconstructing a Jesuit Missionary Library in Wales and the English Borderlands, ca. 1600–1679', in Teresa Bela, et al. (eds.), *Publishing Subversive Texts in Elizabethan England and the Polish-Lithuanian Commonwealth* (Leiden: Brill, 2016), pp. 110–128.

Trypucko, Josef, *The Catalogue of the Book Collection of the Jesuit College in Braniewo held in the University Library in Uppsala* (3 vols., Uppsala: Universitetsbibliotek, 2007).

Wilkie, Everett C., '"Une Bibliotheque Bien Fournie": The Earliest Known Caribbean Library', *Libraries & Culture*, 25 (1990), pp. 171–193.

Woodbridge, Hensley C., and Lawrence S. Thompson, *Printing in Colonial Spanish America* (Troy, NY: Whitson, 1976).

Wright, Louis B., 'The purposeful reading of our Colonial Ancestors', *ELH*, 4 (1937), pp. 85–111.

10장. 원대한 계획

Biemans, Jos A. A. M., *Boeken voor de geleerde burgerij. De stadsbibliotheek van Amsterdam tot 1632* (Nijmegen: Vantilt, 2019).

Blatchly, John, *The Town Library of Ipswich, Provided for the Use of the Town Preachers in 1599: A History and Catalogue* (Woodbridge: Boydell, 1989).

Comerford, Kathleen M., 'What Did Early Modern Priests Read? The Library of the Seminary of Fiesole, 1646–1721', *Libraries & Culture*, 34 (1999), pp. 203–221.

Dondi, Christina, and Maria Alessandra Panzanelli Fratoni, 'Researching the Origin of Perugia's Public Library (1582/1623) before and after Material Evidence in Incunabula', *Quaerendo*, 46 (2016), pp. 129–150.

Fitch, John, et al., *Suffolk Parochial Libraries: A Catalogue* (London: Mansell, 1977).

Fontaine Verwey, Herman de la, 'The City Library of Amsterdam in the Nieuwe Kerk, 1578–1632', *Quaerendo*, 14 (1984), pp. 163–205.

Glenn, John, and David Walsh, *Catalogue of the Francis Trigge Chained Library, St Wulfram's Church, Grantham* (Cambridge: Brewer, 1988).

Gray, Sarah, and Chris Baggs, 'The English Parish Library: A Celebration of Diversity', *Libraries & Culture*, 35 (2000), pp. 414–433.

Houlette, William D., 'Parish Libraries and the Work of the Reverend Thomas Bray', *Library Quarterly*, 4 (1934), pp. 588–609.

Kaufman, Paul, 'Innerpeffray: Reading for all the People', in his *Libraries and Their Users* (London: Library Association, 1969).

Kelly, Thomas, *Early Public Libraries: A History of Public Libraries in Great Britain before 1850* (London: Library Association, 1966).

Klein, J. W. E., *Geen vrouwen ofte kinderen, maer alleenlijk eerbare luijden. 400 jaar Goudse librije, 1594–1994* (Delft: Eburon, 1994).

Landolt, Elisabeth, *Kabinettstucke der Amerbach im Historischen Museum Basel* (Basel: Historisches Museum, 1984).

Laugher, Charles T., *Thomas Bray's Grand Design: Libraries of the Church of England in America, 1695–1785* (Chicago, IL: American Library Association, 1973).

Leerintveld, Ad, and Jan Bedaux (eds.), *Historische Stadsbibliotheken in Nederland* (Zutphen: Walburg Pers, 2016).

Manley, Keith, 'They Never Expected the Spanish Inquisition! James Kirkwood and Scottish Parochial Libraries', in Caroline Archer and Lisa Peters (eds.), *Religion and the Book Trade* (Newcastle-upon-Tyne: Cambridge Scholars, 2015), pp. 83–98.

McCulloch, Samuel Clyde, 'Dr. Thomas Bray's Commissary Work in London, 1696–1699', *William and Mary Quarterly*, 2 (1945), pp. 333–348.

Morgan, P., 'A 16th century Warwickshire Library: A Problem of Provenance', *Book Collector*, 22 (1973), pp. 337–355.

Mourits, Esther, *Een kamer gevuld met de mooiste boeken: De bibliotheek van Johannes Thysius (1622–1653)* (Nijmegen: Vantilt, 2016).

Murison, W. J., *The Public Library: Its Origins, Purpose, and Significance*, 3rd edn (London: Clive Bingley, 1988).

Petchey, W. J., *The Intentions of Thomas Plume* (Maldon: Trustees of the Plume Library, 2004).

Renting, A. D., and J. T. C. Renting-Kuijpers, *Catalogus Librije Zutphen, de kettingbibliotheek van de Walburgiskerk* (Groningen: Philip Elchers, 2008).

Roberts, Dunstan, 'The Chained Parish Library of Chirbury, with Reference to Herbert Family Provenances', *The Library*, 7th series, 19 (2018), pp. 469–483.

Scheidegger, Christian, 'Buchgeschenke, Patronage und protestantische Allianzen: Die Stadtbibliothek Zürich und ihre Donatoren im 17. Jahrhundert', *Zwingliana*, 44 (2017), pp. 463–499.

Schrijver, Emile, and Heide Warncke, *Ets Haim. The oldest Jewish library in the world* (Zutphen: Walburg Pers, 2018).

Sevens, Theodoor, 'Bibliotheken uit vroeger tijd. I: Eene openbare Bibliotheek te Kortrijk in de 16e eeuw', *Tijdschrift voor Boek-en Bibliotheekwezen*, 1 (1903), pp. 196–198.

Steiner, Bernard C., 'Rev Thomas Bray and his American Libraries', *American Historical Review*, 2 (1896), pp. 58–75.

Stier-Meinhof, Renate, 'Die Geschichte der Bibliothek der St. Katharinenkirche in der Neuen Stadt Salzwedel', in Uwe Czubatynski, Adolf Laminski and Konrad von Rabenau (eds.), *Kirchenbibliotheken als Forschungsaufgabe* (Neustadt an der Aisch: Verlag Degener, 1992), pp. 47–68.

Stüben, Joachim, and Falk Eisermann (eds.), *Rundblicke: Kirchenbibliotheken und Reformation im kulturellen Kontext* (Schwerin: Thomas Helms Verlag, 2019).

Yeo, Matthew, *The Acquisition of Books by Chetham's Library, 1655–700* (Leiden: Brill, 2011).

Zauer, Christine, 'Reformation der Bücher: Die Gründung der Stadbibliothek als Folge des Anschlusses Nürnbergs an die neue Glaubenslehre', *Mitteilungen des Vereins fur Geschichte der Stadt Nurnberg*, 104 (2017), pp. 101–136.

Zepf, Robert (ed.), *Historische Kirchenbibliotheken in Mecklenburg-Vorpommern* (Rostock: Universitätsbibliothek Rostock, 2019).

11장. 추기경의 실수

Achilles, Rolf, 'Baroque Monastic Library Architecture', *Journal of Library History*, 11 (1976), pp. 249–255.

Barbier, Frédéric, Istvan Monok and Andrea De Pasquale (eds.), *Bibliotheques decors (XVIIe–XIXe siecle)* (Paris: Éditions des Cendres, 2016).

Bultmann Lemke, Antje, 'Gabriel Naudé and the Ideal Library', *Syracuse University Library Associates Courier*, 26 (1991), pp. 27–44.

Clarke, Jack A., 'Gabriel Naudé and the Foundations of the Scholarly Library', *Library Quarterly*, 39 (1969), pp. 331–343.

Clarke, Jack A., *Gabriel Naude, 1600–1653* (Hamden, CT: Archon Books, 1970).

Davis, Margaret Daly, 'Giovan Pietro Bellori and the Nota delli musei, librerie, galerie, et ornamenti di statue e pitture ne' palazzi, nelle case, e ne' giardini di Roma (1664): Modern libraries and ancient painting in Seicento Rome', *Zeitschrift fur Kunstgeschichte*, 68 (2005), pp. 191–233.

Delaforce, Angela, *The Lost Library of the King of Portugal* (London: Ad Ilissvm, 2019).

Fontaine Verwey, Herman de la, 'Adriaan Pauw en zijn bibliotheek', in his *Uit de Wereld van het Boek*, IV ('t Goy: HE S, 1997), pp. 183–196.

Garberson, Eric, *Eighteenth-century Monastic Libraries in Southern Germany and Austria: Architecture and Decorations* (Baden-Baden: Valentin Koerner, 1998).

Jay, Emma, 'Queen Caroline's Library and its European Contexts', *Book History*, 9 (2006), pp. 31–55.

Jolly, Claude (ed.), *Histoire des bibliotheques francaises, II: Les bibliotheques sous l'Ancien Regime, 1530–1789* (Paris: Electre, 2008).

Keblusek, Marika, 'Books at the Stadholder's Court', in Marika Keblusek and Jori Zijlmans (eds.), *Princely Display: The Court of Frederik Hendrik of Orange and Amalia van Solms* (The Hague: Historical Museum, 1997), pp. 143–160.

Lawrance, Jeremy, Oliver Noble Wood and Jeremy Roe (eds.), *Poder y saber.*

Bibliotecas y bibliofilia en la epoca del conde-duque de Olivares (Madrid: Centro de Estudios Europa Hispánica, 2011).

Lindorfer, Bianca, 'Aristocratic Book Consumption in the Seventeenth Century: Austrian Aristocratic Book Collectors and the Role of Noble Networks in the Circulation of Books from Spain to Austria', in Natalia Maillard Álvarez (ed.), *Books in the Catholic World during the Early Modern Period* (Leiden: Brill, 2014), pp. 145–170.

Masson, André, *Le Decor des Bibliotheques du Moyen Age a la Revolution* (Geneva and Paris: Droz, 1972).

Minter, Catherine J., 'John Dury's Reformed Librarie-Keeper: Information and its Intellectual Contexts in Seventeenth-century England', *Library & Information History*, 31 (2015), pp. 18–34.

Molino, Paola, *L'impero di carta. Storia di una biblioteca e di un bibliotecario (Vienna, 1575–1608)* (Rome: Viella, 2017).

Montgomery, John Warwick, *A Seventeenth-Century View of European Libraries: Lomeier's De Bibliothecis, Chapter X* (Berkeley, CA: University of California Press, 1962).

Montgomery, John Warwick, *The Libraries of France at the Ascendency of Mazarin: Louis Jacob's Traicte des plus belles Bibliotheques* (Bonn: Verlag für Kultur und Wissenschaft, 2015).

Naudé, Gabriel, *Advice on Establishing a Library, ed. Archer Taylor* (Berkeley, CA: University of California Press, 1950).

Nelles, Paul, *The Public Library and Late Humanist Scholarship in Early Modern Europe: Antiquarianism and Encyclopaedism* (Ann Arbor, MI: University Microfilms, 1994).

Pirozynski, Jan, 'Royal Book Collections in Poland during the Renaissance', *Libraries & Culture*, 24 (1989), pp. 21–32.

Rietbergen, Peter J. A. N., 'Founding a University Library: Pope Alexander VII (1655–1667) and the Alessandrina', *Journal of Library History*, 22 (1987), pp. 190–205.

Rietbergen, Peter, 'Lucas Holste (1596–1661), Scholar and Librarian, or: the Power of Books and Libraries', in his *Power and Religion in Baroque Rome: Barberini Cultural Politics* (Leiden: Brill, 2006), pp. 256–295.

Rovelstad, Mathilde V., 'Claude Clement's Pictorial Catalog: A Seventeenth-century Proposal for Physical Access and Literature Evaluation', *Library Quarterly*, 61 (1991), pp. 174–187.

Rovelstad, Mathilde V., 'Two Seventeenth-century Library Handbooks, Two Different Library Theories', *Libraries & Culture*, 35 (2000), pp. 540–556.

Saunders, E. Stewart, 'Politics and Scholarship in Seventeenth-century France: The Library of Nicolas Fouquet and the College Royal', *Journal of Library History*, 20 (1985), pp. 1–24.

Saunders, E. Stewart, 'Public Administration and the Library of Jean-Baptiste Colbert', *Libraries & Culture*, 26 (1991), pp. 283–300.

Schmidt-Glintzer, Helwig (ed.), *A Treasure House of Books: The Library of Duke August of Brunswick-Wolfenbuttel* (Wiesbaden: Harrassowitz, 1998).

Soll, Jacob, *The Information Master: Jean-Baptiste Colbert's Secret State Intelligence System* (Ann Arbor, MI: University of Michigan Press, 2009).

Sordet, Yann, 'Reconstructing Mazarin's Library / Libraries in Time and Space', *Quaerendo*, 46 (2016), pp. 151–164.

Thiec, Guy le, 'Dialoguer avec des hommes illustres. Le rôle des portraits dans les décors de bibliotheques (fin XVe – début XVII e siecle)', *Revue francaise d'histoire du livre*, 130 (2009), pp. 7–52.

Weston, Giulia Martina, 'Universal Knowledge and Self-Fashioning. Cardinal Bernardino Spada's Collection of Books', in Annika Bautz and James Gregory (eds.), *Libraries, Books, and Collectors of Texts, 1600–1900* (New York and Abingdon: Routledge, 2018), pp. 28–47.

12장. 고서 수집가들

Balsem, Astrid C., 'Collecting the Ultimate Scholar's Library: the *Bibliotheca Vossiana*', in Eric Jorink and Dirk van Miert (eds.), *Isaac Vossius (1618–1689) between Science and Scholarship* (Leiden: Brill, 2012), pp. 281–309.

Bellingradt, Daniel, 'Book Lotteries as Sale Events for Slow-Sellers: the Case of Amsterdam in the Late Eighteenth Century', in Shanti Graheli (ed.), *Buying and Selling: The Business of Books in Early Modern Europe* (Leiden: Brill, 2019), pp. 154–77.

Berkvens-Stevelinck, Christiane, '"Rarus, rarior, rarissimus" ou de la qualification exagérée des livres dans les catalogues de vente', in J. van Borm and L. Simons (eds.), *Het oude en het nieuwe boek: De oude en de nieuwe bibliotheek* (Kapellen: DNB/Pelckmans, 1988), pp. 235–240.

Berkvens-Stevelinck, Christiane, *Magna Commoditas: Leiden University's Great Asset* (Leiden: Leiden University Press, 2012).

Blok, F. F., *Isaac Vossius and his Circle: His Life until his Farewell to Queen Christina of Sweden 1618–1655* (Groningen: Egbert Forsten, 2000).

Buchmayr, Friedrich, 'Secularization and Monastic Libraries in Austria', in James Raven (ed.), *Lost Libraries: The Destruction of Great Book Collections since Antiquity* (Basingstoke: Palgrave, 2004), pp. 145–162.

Davies, David W., *The World of the Elzeviers* (Leiden: Nijhoff, 1954).

Dibdin, Thomas Frognall, *The Bibliomania or Book-Madness* (Richmond: Tiger of the Stripe, 2007).

Fontaine Verwey, Herman de la, 'The history of the Amsterdam Caesar codex', *Quaerendo*, 9 (1979), pp. 179–207.

Fontaine Verwey, Herman de la, 'Grolier-banden in Nederland', in his *Uit de Wereld van het Boek*, IV ('t Goy: HE S, 1997), pp. 155–182.

Fontaine Verwey, Herman de la, 'Pieter van Damme, de eerste Nederlandse antiquaar', in his *Uit de Wereld van het Boek*, IV ('t Goy: HE S, 1997), pp. 197–220.

Gatch, Milton M., 'John Bagford, bookseller and antiquary', *British Library Journal*, 12 (1986), pp. 150–171.

Harmsen, Theodor, *Antiquarianism in the Augustan Age: Thomas Herne, 1678–1735* (Bern: Peter Lang, 2000).

Hartz, S. L., *The Elseviers and their contemporaries: an illustrated commentary* (Amsterdam: Elsevier, 1955).

Heel, Jos van, 'Gisbertus Voetius on the Necessity of Locating, Collecting and Preserving Early Printed Books', *Quaerendo*, 39 (2009), pp. 45–56.

Hellinga, Lotte, *Caxton in Focus: The Beginnings of Printing in England* (London: British Library, 1982).

Hellinga, Lotte, *Incunabula in Transit: People and Trade* (Leiden: Brill, 2018).

Hobson, Anthony, 'Appropriations from foreign libraries during the French Revolution and Empire', *Bulletin du bibliophile*, 2 (1989), pp. 255–272.

Husbands, Shayne, 'The Roxburghe Club: Consumption, Obsession and the Passion for Print', in Emma Cayley and Susan Powell (eds.), *Manuscripts and Printed Books in Europe, 1350–1550: Packaging, Presentation and Consumption* (Liverpool: Liverpool University Press, 2013), pp. 120–132.

Husbands, Shayne, *The Early Roxburghe Club, 1812–1835: Book Club Pioneers and the Advancement of English Literature* (London: Anthem Press, 2017).

Jensen, Kristian, *Revolution and the Antiquarian Book* (Cambridge: Cambridge University Press, 2011).

Korsten, Frans, 'The Elzeviers and England', in Lotte Hellinga et al. (eds.), *The Bookshop of the World: The Role of the Low Countries in the Book-Trade, 1473–1941* ('t Goy-Houten: Hes & De Graaf, 2001), pp. 131–143.

Kraye, Jill, and Paolo Sachet (eds.), *The Afterlife of Aldus: Posthumous Fame, Collectors and the Book Trade* (London: Warburg Institute, 2018).

Lankhorst, Otto, 'Dutch auctions in the seventeenth and eighteenth centuries', in Robin Myers, Michael Harris and Giles Mandelbrote (eds.), *Under the Hammer: Book Auctions since the Seventeenth Century* (New Castle, DE: Oak Knoll Press, 2001), pp. 65–87.

Maclean, Ian, *Episodes in the Life of the Early Modern Learned Book* (Leiden: Brill, 2020).

McKitterick, David, *The Invention of Rare Books: Private Interest and Public Memory, 1600–1840* (Cambridge: Cambridge University Press, 2018).

Morrison, Stuart, 'Records of a Bibliophile: the catalogues of Consul Joseph Smith and Some Aspects of his Collecting', *The Book Collector*, 43 (1994), pp. 27–58.

O'Dwyer, E. J., *Thomas Frognall Dibdin: Bibliographer and Bibliomaniac Extraordinary, 1776–1847* (Pinner: Private Libraries Association, 1967).

Pettegree, Andrew, 'Rare Books and Revolutionaries: The French Bibliotheques Municipales', in his *The French Book and the European Book World* (Leiden: Brill, 2007), pp. 1–16.

Potten, Edward, 'Beyond Bibliophilia: Contextualizing Private Libraries in the Nineteenth Century', *Library & Information History*, 31 (2015), pp. 73–94.

Purcell, Mark, *The Country House Library* (London and New Haven: Yale University Press, 2017).

Ramsay, Nigel, 'English Book Collectors and the Salerooms in the Eighteenth Century', in Robin Myers, Michael Harris and Giles Mandelbrote (eds.), *Under the Hammer: Book Auctions since the Seventeenth Century* (New Castle, DE: Oak Knoll Press, 2001), pp. 89–110.

Riberette, Pierre, *Les Bibliotheques Francaises pendant la Revolution (1789–1795)* (Paris: Bibliotheque Nationale, 1970).

Ricci, Seymour de, *The Book Collector's Guide* (Philadelphia and New York: Rosenbach, 1921).

Ricci, Seymour de, *English Collectors of Books and Manuscripts, 1530–1930* (New York: Burt Franklin, 1969).

Swift, Katherine, 'Poggio's Quintilian and the Fate of the Sunderland Manuscripts', *Quaerendo*, 13 (1983), pp. 224–238.

Swift, Katherine, 'Dutch Penetration of the London market for books, c. 1690–1730', in C. Berkvens-Stevelinck, et al. (eds.), *Le Magasin de l'Univers: The Dutch Republic as the Centre of the European Book Trade* (Leiden: Brill, 1992), pp. 265–279.

West, Susie, 'An architectural typology for the early modern country house library 1660–1720', *The Library*, 7th series, 14 (2013), pp. 441–464.

Williams, Kelsey Jackson, *The Antiquary: John Aubrey's Historical Scholarship* (Oxford: Oxford University Press, 2016).

13장. 대여도서관 전성시대

Abbas, Hyder, '"A fund of entertaining and useful information": Coffee Houses, Early Public Libraries, and the Print Trade in Eighteenth-century Dublin', *Library & Information History*, 30 (2014), pp. 41–61.

Allan, David, 'Provincial Readers and Book Culture in the Scottish Enlightenment: The Perth Library, 1784–c. 1800', *The Library*, 3 (2002), pp. 367–389.

Allan, David, *A Nation of Readers: The Lending Library in Georgian England* (London: British Library, 2008).

Allen, James Smith, 'The "Cabinets de Lecture" in Paris, 1800–1850', *Journal of Library History*, 16 (1981), pp. 199–209.

Altick, Richard D., *The English Common Reader: A Social History of the Mass Reading Public* (Chicago, IL: University of Chicago Press, 1957; 2nd edn, Columbus, OH: Ohio State University Press, 1998).

Baenen, Michael A., 'A Great and Natural Enemy of Democracy? Politics and Culture in the Antebellum Portsmouth Athenaeum', in Thomas Augst and Kenneth Carpenter (eds.), *Institutions of Reading: The Social Life of Libraries in the United States* (Amherst, MA: University of Massachusetts Press, 2007), pp. 73–98.

Carpenter, Kenneth E., 'Libraries', in Robert A. Gross and Mary Kelley (eds.), *History of the Book in America*, 2 (Chapel Hill, NC: University of North Carolina Press, 2010), pp. 273–285.

Coulton, Richard, Matthew Mauger and Christopher Reid, *Stealing Books in Eighteenth-century London* (London: Palgrave Macmillan, 2016).

Coustillas, Pierre (ed.), *George Moore, Literature at Nurse: A Polemic on Victorian Censorship* (Brighton: EER , 2017).

Ellis, Markman, 'Coffee-House Libraries in Mid-Eighteenth-century London', *The Library*, 7th series, 10 (2009), pp. 3–40.

Erickson, Lee, 'The Economy of Novel Reading: Jane Austen and the Circulating Library', *Studies in English Literature, 1500–1900*, 30 (1990), pp. 573–590.

Falconer, Graham, 'New light on the Bibliotheque Cardinal', *Nineteenth-century French Studies*, 41 (2013), pp. 292–304.

Fergus, Jan, 'Eighteenth-century Readers in Provincial England: The Customers of Samuel Clay's Circulating Library and Bookshop in Warwick, 1770–72', *Papers of the Bibliographical Society of America*, 78 (1984), pp. 155–213.

Fergus, Jan, *Provincial Readers in Eighteenth-century England* (Oxford: Oxford University Press, 2007).

Furlong, Jennifer, 'Libraries, Booksellers, and Readers: Changing Tastes at the New York Society Library in the Long Eighteenth Century', *Library & Information History*, 31 (2015), pp. 198–212.

Furrer, Norbert, *Des Burgers Buch. Stadtberner Privatbibliotheken im 18. Jahrhundert* (Zurich: Chronos Verlag, 2012).

Glynn, Tom, 'The New York Society Library: Books, Authority, and Publics in Colonial and Early Republican New York', *Libraries & Culture*, 40 (2005), pp. 493–529.

Gosnell, Charles F., and Géza Schütz, 'Goethe the Librarian', *Library Quarterly*, 2 (1932), pp. 367–74.

Grenby, M. O., 'Adults Only? Children and Children's Books in British Circulating Libraries, 1748–1848', *Book History*, 5 (2002), pp. 19–38.

Griest, Guinevere L., 'A Victorian Leviathan: Mudie's Select Library', *Nineteenth-Century Fiction*, 20 (1965), pp. 103–126.

Griest, Guinevere L., *Mudie's Circulating Library and the Victorian Novel* (London: David & Charles, 1970).

Hamlyn, Hilda M., 'Eighteenth-century circulating libraries in England', *The Library*, 5th series, 1 (1946–7), pp. 197–222.

Jacobs, Edward H., 'Eighteenth-century British Circulating Libraries and Cultural Book History', *Book History*, 6 (2003), pp. 1–22.

Jäger, Georg, *Alberto Martino and Reinhard Wittmann, Die Leihbibliothek der Goetheziet* (Hildesheim: Gerstenberg, 1979).

James, Louis, *Fiction for the Working Man* (Oxford: Oxford University Press, 1963).

Kaser, David, *A Book for a Sixpence: The Circulating Library in America* (Pittsburgh, PA: Phi Beta Mu, 1980).

Kaufman, Paul, *Circulating Libraries and Book Clubs in the Eighteenth Century* (Philadelphia, PA: American Philosophical Society, 1961).

Kaufman, Paul, 'The Community Library: a chapter in English Social History', *Transactions of the American Philosophical Society*, 57 (1967), reprinted in his *Libraries and Their Users* (London: Library Association, 1969), pp. 188–222.

Korty, Margaret Barton, 'Benjamin Franklin and Eighteenth Century American

Libraries', *Transactions of the American Philosophical Society*, 55 (1965), pp. 1–83.

Kraus, Joe W., 'Private Libraries in Colonial America', *The Journal of Library History*, 9 (1974), pp. 31–53.

Lewis, John Frederick, *History of the Apprentices' Library of Philadelphia, 1820–920: The Oldest free Circulating Library in America* (Philadelphia, PA: Apprentices' Library Company, 1924).

Manley, K. A., Books, *Borrowers and Shareholders: Scottish circulating and subscription libraries before 1825: a survey and listing* (Edinburgh: Edinburgh Bibliographical Society, 2012).

Manley, K. A., *Irish Reading Societies and Circulating Libraries founded before 1825: Useful Knowledge and Agreeable Entertainment* (Dublin: Four Courts Press, 2018).

Manley, K. A., 'Booksellers, peruke-makers, and rabbit-merchants: the growth of circulating libraries in the eighteenth century', in Robyn Myers, Michael Harris and Giles Mandelbrote (eds.), *Libraries and the Book Trade* (New Castle, DE: Oak Knoll Press, 2000), pp. 29–50.

Martino, Alberto, *Die Deutsche Leihbibliothek* (Wiesbaden: Harrassowitz, 1990).

McKitterick, David, *Print, Manuscript and the Search for Order, 1450–1830* (Cambridge: Cambridge University Press, 2005).

McMullen, Haynes, *American Libraries before 1876* (Westport, CT: Greenwood, 2000).

Moore, Sean D., S*lavery and the Making of Early American Libraries: British Literature, Political Thought and the Transatlantic Book Trade, 1731–1814* (Oxford: Oxford University Press, 2019).

Olsen, Mark, and Louis-Georges Harvey, 'Reading in Revolutionary Times: Book Borrowing from the Harvard College Library, 1773–1782', *Harvard Library Bulletin*, 4 (1993), pp. 57–72.

Peterson, C. E., 'The Library Hall: Home of the Library Company of Philadelphia, 1790–1880', *Proceedings of the American Philosophical Society*, 95 (1951), pp. 266–285.

Puschner, Uwe, 'Lesegesellschaften', in Bernd Sösemann (ed.), *Kommunikation und Medien in Preussen vom 16. Bis zum 19. Jahrhundert* (Stuttgart: Franz Steiner, 2002), pp. 194–205.

Raven, James, 'The Noble Brothers and popular publishing', *The Library*, 6th series, 12 (1990), pp. 293–345.

Raven, James, 'Libraries for Sociability: the advance of the subscription library', in *Cambridge History of Libraries in Britain and Ireland*, II, pp. 241–63.

Raven, James, 'From promotion to proscription: arrangements for reading and eighteenth-century libraries', in Raven, Helen Small and Naomi Tadmor (eds.), *The Practice and Representation of Reading in England* (Cambridge: Cambridge University Press, 1996), pp. 175–201.

Raven, James, *London Booksellers and American Customers: Transatlantic Literary Community and the Charleston Library Society, 1748–1811* (Columbia, SC.: University of South Carolina Press, 2002).

Raven, James, *The Business of Books: Booksellers and the English Book Trade, 1450–1850* (London and New Haven: Yale University Press, 2007).

Schürer, Norbert, 'Four Catalogues of the Lowndes Circulating Library, 1755–66', *Proceedings of the Bibliographical Society of America*, 101 (2007), pp. 327–357.

Shera, J. H., *Foundations of the Public Library: The Origins of the Public Library Movement in New England 1629–1855* (Chicago, IL: University of Chicago Press, 1949).

St Clair, William, *The Reading Nation in the Romantic Period* (Cambridge: Cambridge University Press, 2004).

Stiffler, Stuart A., 'Books and Reading in the Connecticut Western Reserve: The Small-Settlement Social Library, 1800–1860', *Libraries & the Cultural Record*, 46 (2011), pp. 388–411.

Taylor, John Tinnon, *Early Opposition to the English Novel: The Popular Reaction from 1760 to 1830* (New York, NY: King's Crown Press, 1943).

Towsey, Mark, and Kyle B. Roberts, *Before the Public Library: Reading, Community and Identity in the Atlantic World, 1650–1850* (Leiden: Brill, 2018).

Webb, Robert K., *The British Working Class Reader, 1790–1848: Literacy and Social Tension* (London: Allen & Unwin, 1955).

Whitmore, Harry Earl, 'The "Cabinet de Lecture" in France, 1800–1850', *Library Quarterly*, 48 (1978), pp. 20–35.

Williams, Abigail, *The Social Life of Books: Reading Together in the Eighteenthcentury Home* (London and New Haven: Yale University Press, 2017).

Wilson, Charles, *First with the News: The History of W. H. Smith, 1792–1972* (London: Jonathan Cape, 1985).

Wolf, Edwin, 'The First Books and Printed Catalogues of the Library Company of Philadelphia', *Pennsylvania Magazine of History and Biography*, 78 (1954), pp. 45–70.

Wolf, Edwin, *'At the Instance of Benjamin Franklin': A Brief History of the Library Company of Philadelphia, 1731–1976* (Philadelphia, PA: Library Company of Philadelphia, 1976).

14장. 제국 건설

Arduini, Franca, 'The Two National Central Libraries of Florence and Rome', *Libraries & Culture*, 25 (1990), pp. 383–405.

Atkin, Lara, et al., *Early Public Libraries and Colonial Citizenship in the British Southern Hemisphere* (London: Palgrave Macmillan, 2019).

Bruce, Lorne D., 'Subscription Libraries for the Public in Canadian Colonies, 1775–1850', *Library & Information History*, 34 (2018), pp. 40–63.

Cobley, Alan G., 'Literacy, Libraries, and Consciousness: The Provision of Library Services for Blacks in South Africa in the Pre-Apartheid Era', *Libraries & Culture*, 32 (1997), pp. 57–80.

Cole, John Y., 'The Library of Congress Becomes a World Library, 1815–2005', *Libraries & Culture*, 40 (2005), pp. 385–98.

Dasgupta, Kalpana, 'How Learned Were the Mughals: Reflections on Muslim Libraries in India', *Journal of Library History*, 10 (1975), pp. 241–254.

Davis, Donald G., 'The Status of Library History in India: A report of an informal survey and a selective bibliographic essay', *Libraries & Culture*, 25 (1990), pp. 575–589.

Dean, Elizabeth A., 'The Organization of Italian Libraries from the Unification until 1940', *Library Quarterly*, 53 (1983), pp. 399–419.

Dean, Heather, '"The persuasion of books": The Significance of Libraries in Colonial British Columbia', *Libraries & the Cultural Record*, 46 (2011), pp. 50–72.

Delbourgo, James, *Collecting the World: The Life and Curiosity of Hans Sloane* (London: Allen Lane, 2017).

Delmas, Adrien, 'Artem Quaevis Terra Alit: Books in the Cape Colony during the seventeenth and eighteenth centuries', in Natalia Maillard Álvarez (ed.), *Books in the Catholic World during the Early Modern Period* (Leiden: Brill, 2014), pp. 191–214.

Dick, Archie, *The Hidden History of South Africa's Books and Reading Cultures* (Toronto: University of Toronto Press, 2012).

Dickinson, Donald C., *Henry E. Huntington's Library of Libraries* (San Marino, CA: Huntington Library, 1995).

Edwards, Edward, 'A Statistical View of the Principal Public Libraries in Europe and the United States of North America', *Journal of the Statistical Society of London*, 11 (1848), pp. 250–281.

Eggert, Paul, 'Robbery Under Arms: The Colonial Market, Imperial Publishers and the Demise of the Three-Decker Novel', *Book History*, 6 (2003), pp. 127–146.

Esdaile, Arundell, *National Libraries of the World: Their History, Administration and Public Services* (London: Grafton & Co., 1934).

Finkelman, Paul, 'Class and Culture in late nineteenth-century Chicago: the Founding of the Newberry Library', *American Studies*, 16 (1975), pp. 5–22.

Fitzpatrick, Elizabeth B., 'The Public Library as Instrument of Colonialism: The Case of the Netherlands East Indies', *Libraries & the Cultural Record*, 43 (2008), pp. 270–85.

Ghosh, Anindita, *Power in Print: Popular Publishing and the Politics of Language and Culture in a Colonial Society, 1778–1905* (New Delhi: Oxford University Press, 2006).

Grant, Stephen H., *Collecting Shakespeare: The Story of Henry and Emily Folger* (Baltimore, MD: Johns Hopkins University Press, 2014).

Harris, P. R., *A History of the British Museum Library, 1753–1973* (London: British Library, 1998).

Hopkins, Judith, 'The 1791 Cataloguing Code and the Origins of the Card Catalog', *Libraries & Culture*, 27 (1992), pp. 378–404.

Hurtado, Albert L., 'Professors and Tycoons: The Creation of Great Research Libraries in the American West', *Western Historical Quarterly*, 41 (2010), pp. 149–169.

Joshi, Priya, *In Another Country: Colonialism, Culture and the English Novel in India* (New York, NY: Columbia University Press, 2002).

Liebich, Susann, 'A Sea of Fiction: The Libraries of Trans-Pacific Steamships at the Turn of the Twentieth Century', *The Library*, 7th series, 20 (2019), pp. 3–28.

Lindell, Lisa, 'Bringing Books to a "Book-Hungry Land": Print Culture on the Dakota Prairie', *Book History*, 7 (2004), pp. 215–238.

Lockyer, Dora, *The provision of books and libraries by the East India Company in India, 1611–1858* (PhD thesis, Fellowship of the Library Association, 1977).

Mandelbrote, Giles, and Barry Taylor, *Libraries within the Library: The Origins of the British Library's Printed Collections* (London: British Library, 2009).

Matveeva, Irina G., 'Immigration and the Book: Foreigners as the Founders of the First Libraries in Russia', *Libraries & Culture*, 33 (1998), pp. 62–68.

Mays, Andrea, *The Millionaire and the Bard: Henry Folger's Obsessive Hunt for Shakespeare's First Folio* (New York, NY: Simon & Schuster, 2015).

Misra, Jagdish, *Histories of Libraries and Librarianship in Modern India since 1850* (Delhi: Atma Ram, 1979).

Murphy, Sharon, 'Imperial Reading? The East India Company's Lending Libraries for Soldiers, c. 1819–1834', *Book History*, 12 (2009), pp. 74–99.

Murphy, Sharon, 'Libraries, Schoolrooms, and Mud Gadowns: Formal Scenes of Reading at East India Company Stations in India, c. 1819–1835', *Journal of the Royal Asiatic Society*, 21 (2011), pp. 459–467.

Murphy, Sharon, *The British Soldier and his Libraries*, c. 1822–1901 (London: Palgrave Macmillan, 2016).

Niessen, James P., 'Museums, Nationality, and Public Research Libraries in Nineteenth-century Transylvania', *Libraries & the Cultural Record*, 41 (2006), pp. 298–336.

Ohdedar, A. K., *The Growth of the Library in Modern India, 1498–1836* (Calcutta: World Press, 1966).

Ostrowski, Carl, 'James Alfred Pearce and the Question of a National Library in Antebellum America', *Libraries & Culture*, 35 (2000), pp. 255–277.

Patel, Jashu, and Krishan Kumar, *Libraries and Librarianship in India* (Westport, CT: Greenwood, 2001).

Priebe, Paul M., 'From Bibliotheque du Roi to Bibliotheque Nationale: The Creation of a State Library, 1789–1793', *Journal of Library History*, 17 (1982), pp. 389–408.

Rose, Jonathan, 'The Global Common Reader', in Martin Hewitt (ed.), *The Victorian World* (London: Routledge, 2012), pp. 555–68.

Stuart, Mary, *Aristocrat-Librarian in Service to the Tsar: Aleksei Nikolaevich Olenin and the Imperial Public Library* (Boulder, CO: East European Monographs, 1986).

Stuart, Mary, 'Creating Culture: The Rossica Collection of the Imperial Public Library and the Construction of National Identity', *Libraries & Culture*, 30 (1995), pp. 1–25.

Sutherland, John, 'Literature and the Library in the Nineteenth Century', in Alice Crawford (ed.), *The Meaning of the Library: A Cultural History* (Princeton: Princeton University Press, 2015), pp. 124–150.

Traue, J. E., 'The Public Library Explosion in Colonial New Zealand', *Libraries & the Cultural Record*, 42 (2007), pp. 151–164.

Willison, Ian R., 'The National Library in Historical Perspective', *Libraries &
Culture*, 24 (1989), pp. 75–95.

15장. 근무 중 독서

Altick, Richard D., *The English Common Reader: A Social History of the Mass
Reading Public* (Chicago, IL: University of Chicago Press, 1957; 2nd edn,
Columbus, OH: Ohio State University Press, 1998).

Baggs, Chris, 'The Miners' Institute Libraries of South Wales, 1875–1939', in
Philip Henry Jones et al. (eds.), *A Nation and Its Books: A History of the Book
in Wales* (Aberystwyth: National Library of Wales, 1998).

Baggs, Chris, 'How Well Read Was My Valley? Reading, Popular Fiction, and the
Miners of South Wales, 1875–1939', *Book History*, 4 (2001), pp. 277–301.

Baggs, Chris, '"The Whole Tragedy of Leisure in Penury": The South Wales
Miners' Institute Libraries during the Great Depression', *Libraries & Culture*,
39 (2004), pp. 115–36.

Baggs, Chris, '"In the Separate Reading Room for Ladies Are Provided Those
Publications Specially Interesting to Them": Ladies' Reading Rooms and
British Public Libraries 1850–1914', *Victorian Periodicals Review*, 38 (2005),
pp. 280–306.

Barnett, Graham Keith, 'The History of Public Libraries in France from the
Revolution to 1939' (PhD thesis, Fellowship of the Library Association,
1973).

Black, Alistair, 'Libraries for the Many: The Philosophical Roots of the Early
Public Library Movement', *Library History*, 9 (1991), pp. 27–36.

Black, Alistair, *A New History of the English Public Library: Social and Intellectual
Contexts, 1850–1914* (London: Leicester University Press, 1996).

Bobinski, George S., 'Carnegie Libraries: their history and impact on American
Public Library Development', *American Library Association Bulletin*, 62 (1968),
pp. 1361–1367.

Brantlinger, Patrick, 'The Case of the Poisonous Book: Mass Literacy as threat in
Nineteenth-century British Fiction', *Victorian Review*, 20 (1994), pp. 117–133.

Brantlinger, Patrick, *The Reading Lesson: The Threat of Mass Literacy in
Nineteenthcentury British Fiction* (Purdue: India University Press, 1998).

Brantlinger, Patrick, *Bread and Circuses: Theories of Mass Culture as Social Decay*
(Cornell, NY: Cornell University Press, 2016).

Carrier, Esther Jane, *Fiction in Public Libraries 1876–1900* (New York, NY:
Scarecrow Press, 1965).

Ditzion, Sidney, *Arsenals of a Democratic Culture: A Social History of the American Public Library Movement in New England and the Middle States from 1850 to 1900* (Chicago, IL: American Library Association, 1947).

Eddy, Jacalyn, '"We have become Tender-Hearted": The Language of Gender in the Public Library, 1880–1920', *American Studies*, 42 (2001), pp. 155–172.

Edwards, Edward, 'A Statistical View of the Principal Public Libraries in Europe and the United States of North America', *Journal of the Statistical Society of London*, 11 (1848), pp. 250–281.

Erickson, Lee, 'The Economy of Novel Reading: Jane Austen and the Circulating Library', *Studies in English Literature, 1500–1900*, 30 (1990), pp. 573–590.

Flint, Kate, *The Woman Reader* (Oxford: Clarendon Press, 1993).

Fullerton, Ronald A., 'Creating a Mass Book Market in Germany: The Story of the "Colporteur Novel", 1870–1890', *Journal of Social History*, 10 (1977), pp. 265–283.

Geller, Evelyn, *Forbidden Books in American Public Libraries, 1876–1939* (Westport, CT: Greenwood, 1984).

Glynn, Tom, *Reading Publics: New York City's Public Libraries, 1754–1911* (New York, NY: Fordham University Press, 2015).

Harris, Michael H., 'The Emergence of the American Public Library: a revisionist interpretation of history', *Library Journal*, 98 (1973), pp. 2509–2514.

Hildenbrand, Suzanne, 'Revision versus Reality: Women in the History of the Public Library Movement, 1876–1920', in Kathleen M. Heim (ed.), *The Status of Women in Librarianship: Historical, Sociological, and Economic Issues* (New York, NY: Neal-Schuman, 1983), pp. 7–27.

Johanningsmeier, Charles, 'Welcome Guests or Representatives of the "Mal-Odorous Class"? Periodicals and Their Readers in American Public Libraries, 1876–1914', *Libraries & Culture*, 39 (2004), pp. 260–292.

Kaufman, Paul, *Libraries and Their Users* (London: Library Association, 1969).

Kelly, Thomas, *Books for the People: An Illustrated History of the British Public Library* (London: Andre Deutsch, 1977).

Kevane, Michael, 'The Development of Public Libraries in the United States, 1870–1930: A Quantitative Assessment', *Information & Culture: A Journal of History*, 49 (2014), pp. 117–144.

Lakmaker, Joosje, and Elke Veldkamp, *Amsterdammers en hun bibliotheek. OBA 1919–2019* (Amsterdam: Wereldbibliotheek, 2019).

Levine, Lawrence W., Highbrow, *Lowbrow: The Emergence of Cultural Hierarchy in America* (Cambridge, MA: Harvard University Press, 1988).

'The Manchester Free Library', *Spectator*, 12 November 1853, pp. 30–31.

Manley, K. A., 'Rural Reading in Northwest England: The Sedbergh Book Club, 1728–1928', *Book History*, 2 (1999), pp. 78–95.

Max, Stanley M., 'Tory Reaction to the Public Libraries Bill, 1850', *Journal of Library History*, 19 (1984), pp. 504–524.

McCrimmon, Barbara, 'The Libri Case', *Journal of Library History*, 1 (1966), pp. 7–32.

Meller, H. E., *Leisure and the Changing City, 1870–1914* (London: Routledge, 1976).

Minto, John, *A History of the Public Library Movement in Great Britain and Ireland* (London: George Allen & Unwin, 1932).

Nasaw, David, *Andrew Carnegie* (London: Penguin, 2006).

Oehlerts, Donald, *Books and Blueprints: Building America's Public Libraries* (Westport, CT: Greenwood, 1991).

Orlean, Susan, *The Library Book* (London: Atlantic Books, 2018).

Otness, Harold M., 'Baedeker's One-Star American Libraries', *Journal of Library History*, 12 (1977), pp. 222–234.

Passet, Joanne E., 'Men in a Feminized Profession: The Male Librarian, 1887–1921', *Libraries & Culture*, 28 (1993), pp. 385–402.

Pettegree, Andrew, 'Rare Books and Revolutionaries: The French Bibliotheques Municipales', in his *The French Book and the European Book World* (Leiden: Brill, 2007), pp. 1–16.

Rhees, William J., *Manual of Public Libraries, Institutions and Societies in the United States and British Provinces of North America* (Philadelphia, PA: J. B. Lippincott, 1889).

Ring, Daniel F., 'Carnegie Libraries as Symbols for an Age: Montana as a Test Case', *Libraries & Culture*, 27 (1992), pp. 1–19.

Ring, Daniel F., 'Men of Energy and Snap: The Origins and Early Years of the Billings Public Library', *Libraries & Culture*, 36 (2001), pp. 397–412.

Robson, Ann, 'The Intellectual Background of the Public Library Movement in Britain', *Journal of Library History*, 11 (1976), pp. 187–205.

Royle, Edward, 'Mechanics' Institutes and the Working Classes, 1840–1860', *Historical Journal*, 14 (1971), pp. 305–321.

Ruju, P. Alessandra Maccioni, and Marco Mostert, *The Life and Times of Guglielmo Libri (1802–1869)* (Hilversum: Verloren, 1995).

Sandal, Ennio, 'The Endowed Municipal Public Libraries', *Libraries & Culture*, 25 (1990), pp. 358–371.

Schidorsky, Dov, 'The Origins of Jewish Workers' Libraries in Palestine, 1880–
1920', *Libraries & Culture*, 23 (1988), pp. 39–60.

Schidorsky, Dov, 'The Municipal Libraries of Tel Aviv during the British Mandate,
1920–1948', *Libraries & Culture*, 31 (1996), pp. 540–56.

Severn, Ken, *The Halfpenny Rate: A Brief History of Lambeth Libraries* (London:
Lambeth Archives, 2006).

Shera, Jesse, *Foundations of the Public Library: The Origins of the Public Library
Movement in New England 1629–1855* (Chicago, IL: University of Chicago
Press, 1949).

Short, Hohn Phillip, 'Everyman's Colonial Library: Imperialism and Working-Class
Readers in Leipzig', *German History*, 21 (2003), pp. 445–475.

Snape, Robert, *Leisure and the Rise of the Public Library* (London: The Library
Association, 1995).

Some Impressions of the Public Library System of the United States of America
(Edinburgh: Constable, 1927).

Stauffer, Suzanne M., 'In Their Own Image: The Public Library Collection as a
Reflection of its Donors', *Libraries & the Cultural Record*, 42 (2007), pp. 387–
408.

Steinberg, Hans-Josef, and Nicholas Jacobs, 'Workers' Libraries in Germany before
1914', *History Workshop*, 1 (1976), pp. 166–180.

Stielow, Frederick J., 'Censorship in the Early Professionalization of American
Libraries, 1876 to 1929', *Journal of Library History*, 18 (1983), pp. 37–54.

Thompson, Alastair R., 'The Use of Libraries by the Working Class in Scotland in
the Early Nineteenth Century', *Scottish Historical Review*, 42 (1963), pp. 21–
29.

Valentine, Patrick M., 'Steel, Cotton, and Tobacco: Philanthropy and Public
Libraries in North Carolina, 1900–1940', *Libraries & Culture*, 31 (1996),
pp. 272–298.

Van Slyck, Abigail A., *Free to All: Carnegie Libraries & American Culture, 1890–
1920* (Chicago, IL: University of Chicago Press, 1995).

Van Slyck, Abigail A., '"The Utmost Amount of Effectiv [sic] Accommodation":
Andrew Carnegie and the Reform of the American Library', *Journal of the
Society of Architectural Historians*, 50 (1991), pp. 359–383.

Vincent, David, *Literacy and Popular Culture, England 1750–1914* (Cambridge:
Cambridge University Press, 1989).

Vincent, David, *The Rise of Mass Literacy: Reading and Writing in Modern England*
(Cambridge: Cambridge University Press, 2000).

Webb, Robert K., 'Working Class Readers in Early Victorian England', *English Historical Review*, 65 (1950), pp. 333–351.

Webb, Robert K., *The British Working Class Reader, 1790–1848: Literacy and Social Tension* (London: Allen & Unwin, 1955).

Young, Arthur P., *Books for Sammies: The American Library Association and World War I* (Pittsburgh, PA: Beta Phi Mu, 1981).

16장. 20세기에서 살아남기

Alessandrini, Jan L., 'Lost Books of "Operation Gomorrah": Rescue, Reconstruction and Restitution at Hamburg's Library in the Second World War', in Flavia Bruni and Andrew Pettegree (eds.), *Lost Books: Reconstructing the Print World of Pre-Industrial Europe* (Leiden: Brill, 2016), pp. 441–61.

Baez, Fernando, *A Universal History of the Destruction of Books: From Ancient Sumer to Modern-day Iraq* (London: Atlas, 2008).

Barnett, Graham Keith, 'The History of Public Libraries in France from the Revolution to 1939' (PhD thesis, Fellowship of the Library Association, 1973).

Beal, Peter, 'Lost: the destruction, dispersal and rediscovery of manuscripts', in Giles Mandelbrote et al. (eds.), *Books on the Move: Tracking Copies through Collections and the Book Trade* (New Castle, DE: Oak Knoll Press, 2007), pp. 1–16.

Bevan, Robert, *The Destruction of Memory: Architecture at War* (London: Reaktion, 2006).

Bollmus, Reinhard, *Das Amt Rosenberg und seine Gegner: Studien zur Machtkampt in nationalsozialistische Herrschaftsystem* (Munich: Oldenbourg, 2006).

Boodrookas, Alex, 'Total Literature, Total War: Foreign Aid, Area Studies, and the Weaponization of US Research Libraries', *Diplomatic History*, 43 (2019), pp. 332–352.

Borin, Jacqueline, 'Embers of the Soul: The Destruction of Jewish Books and Libraries in Poland during World War II', *Libraries & Culture*, 28 (1993), pp. 445–460.

Briel, Cornelia, *Beschlagnahmt, Erpresst, Erebeutet. NS-Raubgut, Reichstauchstelle und Preussische Staatsbibliothek zwischen 1933 und 1945* (Berlin: Akademie Verlag, 2013).

Bruni, Flavia, 'All is not lost. Italian Archives and Libraries in the Second World War', in Flavia Bruni and Andrew Pettegree (eds.), *Lost Books: Reconstructing the Print World of Pre-Industrial Europe* (Leiden: Brill, 2016), pp. 469–487.

Chamberlain, Russell, *Loot: the Heritage of Plunder* (New York, NY: Facts on File, 1983).

Collins, Donald E., and Herbert P. Rothfeder, 'The Einsatzstab Reichsleiter Rosenberg and the Looting of Jewish and Masonic Libraries during World War II', *Journal of Library History*, 18 (1983), pp. 21–36.

Coppens, Chris, Mark Derez and Jan Roegiers, *Leuven University Library, 1425–2000* (Leuven: Leuven University Press, 2005).

Dosa, Marta L., *Libraries in the Political Scene* (Westport, CT: Greenwood, 1974).

Fishman, David E., *The Book Smugglers: Partisans, Poets and the Race to Save Jewish Treasures from the Nazis* (Lebanon, NH: ForeEdge, 2017).

Grimsted, Patricia Kennedy, *The Odyssey of the Turgenev Library from Paris, 1940–2002: Books as Victims and Trophies of War* (Amsterdam: II SH, 2003).

Grimsted, Patricia Kennedy, 'The Road to Minsk for Western "Trophy" Books: Twice Plundered but Not Yet "Home from the War"', *Libraries & Culture*, 39 (2004), pp. 351–404.

Grimsted, Patricia Kennedy, 'Roads to Ratibor: Library and Archival Plunder by the Einsatzstab Reichsleiter Rosenberg', *Holocaust Genocide Studies*, 19 (2005), pp. 390–458.

Grimsted, Patricia Kennedy, 'Tracing Trophy Books in Russia', *Solanus*, 19 (2005), pp. 131–145.

Grimsted, Patricia Kennedy, *Library Plunder in France by the Einsatzstab Reichsleiter Rosenberg: Ten ERR Seizure Lists of Confiscated French Libraries* (Amsterdam: II SH, 2017).

Hill, Leonidas E., 'The Nazi attack on "Un-German" literature, 1933–1945', in Jonathan Rose (ed.), *The Holocaust and the Book* (Amherst, MA: University of Massachusetts Press, 2001), pp. 9–46.

Holman, Valerie, *Book Publishing in England, 1939–1945* (London: British Library, 2008).

Intrator, Miriam, *Books Across Borders: UNESCO and the Politics of Postwar Cultural Reconstruction, 1945–1951* (London: Palgrave Macmillan, 2019).

Irving, Henry, 'Paper salvage in Britain during the Second World War', *Historical Research*, 89 (2016), pp. 373–393.

Irving, Henry, '"Propaganda bestsellers": British Official War Books, 1941–1946', in Cynthia Johnston (ed.), *The Concept of the Book: The Production, Progressionand Dissemination of Information* (London: Institute of English Studies, 2019), pp. 125–46.

Kirschbaum, Erik, *Burning Beethoven: The Eradication of German Culture in the United States during World War I* (New York, NY: Berlinica, 2015).

Knuth, Rebecca, *Libricide: The Regime-Sponsored Destruction of Books and Libraries in the Twentieth Century* (Westport, CT: Praeger, 2003).

Knuth, Rebecca, *Burning Books and Leveling Libraries: Extremist Violence and Cultural Destruction* (Westport, CT: Praeger, 2006).

Loss, Christopher L., 'Reading between Enemy Lines: Armed Services Editions and World War II ', *Journal of Military History*, 67 (2003), pp. 811–834.

Nastulczyk, Tomasz, 'Two Centuries of Looting and the Grand Nazi Book Burning: The Dispersed and Destroyed Libraries of the Polish-Lithuanian Commonwealth', in Flavia Bruni and Andrew Pettegree (eds.), *Lost Books: Reconstructing the Print World of Pre-Industrial Europe* (Leiden: Brill, 2016), pp. 462–468.

Orlean, Susan, *The Library Book* (London: Atlantic Books, 2018).

Ovenden, Richard, *Burning the Books: A History of Knowledge Under Attack* (London: John Murray, 2020).

Piper, Ernst, *Alfred Rosenberg: Hitlers Chefideologe* (Munich: Karl Blessing, 2005).

Polastron, Lucien X., *Books on Fire: The Destruction of Libraries Throughout History* (Rochester, VT: Inner Traditions, 2007).

Poulain, Martine, *Livres pilles, lectures surveillees: les bibliotheques francaises sous l'occupation* (Paris: Gallimard, 2008).

Richards, Pamela Spence, 'German Libraries and Scientific and Technical Information in Nazi Germany', *Library Quarterly*, 55 (1985), pp. 151–173.

Richards, Pamela Spence, 'Aslib at War: The Brief but Intrepid Career of a Library Organization as a Hub of Allied Scientific Intelligence 1942–1945', *Journal of Education for Library and Information Science*, 29 (1989), pp. 279–296.

Ring, Daniel F., 'Fighting for Their Hearts and Minds: William Howard Brett, the Cleveland Public Library, and World War I', *Journal of Library History*, 18 (1983), pp. 1–20.

Russell, Dale C., '"Our Special Province": Providing a Library Service for London's Public Shelters, 1940–1942', *Library History*, 13 (1997), pp. 3–15.

Rydell, Anders, *The Book Thieves: The Nazi Looting of Europe's Libraries and the Race to Return a Literary Inheritance* (New York, NY: Viking, 2015).

Sayers, W. C. Berwick, 'Britain's Libraries and the War', *Library Quarterly*, 14 (1944), pp. 95–9.

Schidorsky, Dov, 'Confiscation of Libraries and Assignments to Forced Labour:

Two Documents of the Holocaust', *Libraries & Culture*, 33 (1998), pp. 347–388.

Schliebs, Siegfried, 'Verboten, verbrannt verfolgt ... Wolfgang Herrmann und seine "Schwarze Liste. Schöne Literatur" vom Mai 1933 – Der Fall des Volksbibliothekars Dr. Wolfgang Hermann', in Hermann Haarmann, Walter Huder and Klaus Siebenhaar (eds.), *"Das war ein Vorspiel nur" – Bucherverbrennung Deutschland 1933: Voraussetzungen und Folgen* (Berlin and Vienna: Medusa Verlagsgesellschaft, 1983), pp. 442–444.

Schneider, Nicola, 'The Losses of the Music Collection of the Hessische Landesbibliothek in Darmstadt in 1944', in Anja-Silvia Goeing, Anthony T. Grafton and Paul Michel (eds.), *Collectors' Knowledge: What is Kept, What is Discarded* (Leiden: Brill, 2013), pp. 381–412.

Schocow, Werner, *Bucherschicksale: die Verlagerungsgeschichte der Preussischen Staatsbibliothek; Auslagerung, Zerstorung, Ruckfuhrung* (Berlin: de Gruyter, 2003).

Sheehan, Donal, 'The Manchester Literary and Philosophical Society', *Isis*, 33 (1941), pp. 519–523.

Sroka, Marek, 'The Destruction of Jewish Libraries and Archives in Cracow duringWorld War II ', *Libraries & Culture*, 38 (2003), pp. 147–165.

Starr, Joshua, 'Jewish Cultural Property under Nazi Control', *Jewish Social Studies*, 12 (1950), pp. 27–48.

Stieg, Margaret F., *Public Libraries in Nazi Germany* (Tuscaloosa, AL: University of Alabama Press, 1992).

Stieg, Margaret F., 'The Second World War and the Public Libraries of Nazi Germany', *Journal of Contemporary History*, 27 (1992), pp. 23–40.

Stieg Dalton, Margaret, 'The Postwar Purge of German Public Libraries, Democracy and the American Reaction', *Libraries & Culture*, 28 (1993), pp. 143–164.

Stubbings, Hilda Uren, *Blitzkrieg and Books: British and European Libraries as Casualties of World War II* (Bloomington, IN: Rubena Press, 1993).

Thorsheim, Peter, 'Salvage and Destruction: The Recycling of Books and Manuscripts in Great Britain during the Second World War', *Contemporary European History*, 22 (2013), pp. 431–452.

Travis, Trysh, 'Books as Weapons and "The Smart Man's Peace": The Work of the Council on Books in Wartime', *Princeton University Library Chronicle*, 60 (1999), pp. 353–399.

Waite, Robert G., 'Returning Jewish Cultural Property: The Handling of Books Looted by the Nazis in the American Zone of Occupation, 1945 to 1952', *Libraries & Culture*, 37 (2002), pp. 213–228.

Wiegand, Wayne, *"An Active Instrument for Propaganda": the American Public Library during World War I* (New York, NY: Greenwood, 1989).

Wiegand, Wayne, 'In Service to the State: Wisconsin Public Libraries during World War I', *Wisconsin Magazine of History*, 72 (1989), pp. 199–224.

Young, Arthur P., *Books for Sammies: The American Library Association and World War I* (Pittsburgh, PA: Beta Phi Mu, 1981).

17장. 현대성과 씨름하기

Augst, Thomas, 'American Libraries and Agencies of Culture', *American Studies*, 42 (2001), pp. 5–22.

Augst, Thomas, and Kenneth Carpenter, *Institutions of Reading: The Social Life of Libraries in the United States* (Amherst, MA: University of Massachusetts Press, 2007).

Baggs, Chris, '"In the Separate Reading Room for Ladies Are Provided Those Publications Specially Interesting to Them": Ladies' Reading Rooms and British Public Libraries 1850–1914', *Victorian Periodicals Review*, 38 (2005), pp. 280–306.

Benton, Megan, '"Too Many Books": Book Ownership and Cultural Identity in the 1920s', *American Quarterly*, 49 (1997), pp. 268–297.

Black, Alistair, *The Public Library in Britain, 1914–2000* (London: British Library, 2000).

Carrier, Esther Jane, *Fiction in Public Libraries 1900–1950* (Littleton, CO: Libraries Unlimited, 1985).

Coleman, Sterling Joseph, '"Eminently Suited to Girls and Women": The Numerical Feminization of Public Librarianship in England, 1914–1931', *Library & Information History*, 30 (2014), pp. 195–209.

Cummings, Jennifer, '"How can we Fail?" The Texas State Library's Traveling Libraries and Bookmobiles, 1916–1966', *Libraries & the Cultural Record*, 44 (2009), pp. 299–325.

Denning, Michael, *Mechanical Accents: Dime Novels and Working-Class Culture in America* (London: Verso, 1987).

Dugan, Sally, 'Boots Book-Lovers' Library: Domesticating the Exotic and Building provincial Library Taste', in Nicola Wilson (ed.), *The Book World: Selling and Distributing British Literature* (Leiden: Brill, 2016), pp. 153–70.

Ellis, Alec, *Library Services for Young People in England and Wales, 1830–1970* (Oxford: Pergamon Press, 1971).

Ellsworth, Ralph E., 'Library Architecture and Buildings', *Library Quarterly*, 25 (1955), pp. 66–75.

Escarpit, Robert, *The Book Revolution* (London: Harrap, 1966).

Finchum, Tanya Ducker, and Allen Finchum, 'Not Gone with the Wind: Libraries in Oklahoma in the 1930s', *Libraries & the Cultural Record*, 46 (2011), pp. 276–294.

Geller, Evelyn, *Forbidden Books in American Public Libraries, 1876–1939* (Westport, CT: Greenwood, 1970).

Hart, James D., *The Popular Book: A History of America's Literary Taste* (New York, NY: Oxford University Press, 1950).

Harvey Darton, F. J., *Children's Books in England: Five Centuries of Social Life* (London: British Library, 1999).

Hilliard, Christopher, 'The Twopenny Library: The Book Trade, Working Class Readers and "Middlebrow" Novels in Britain, 1930–42', *Twentieth Century British History*, 25 (2014), pp. 199–220.

Huggett, Frank E., *Victorian England as Seen by Punch* (London: Book Club Associates, 1978).

Leary, Patrick, *The Punch Brotherhood: Table Talk and Print Culture in Mid-Victorian London* (London: British Library, 2010).

Lindell, Lisa, 'Bringing Books to a "Book-Hungry Land": Print Culture on the Dakota Prairie', *Book History*, 7 (2004), pp. 215–239.

Marcum, Deanna B., 'The Rural Public Library in America at the Turn of the Century', *Libraries & Culture*, 26 (1991), pp. 87–99.

Marquis, Alice Goldfarb, *Hope and Ashes: The Birth of Modern Times* (New York: Free Press, 1986).

McAleer, Joseph, *Popular Reading and Publishing in Britain, 1914–1950* (Oxford: Oxford University Press, 1992).

McAleer, Joseph, *Passion's Fortune: The Story of Mills & Boon* (Oxford: Oxford University Press, 1999).

McCormack, Thelma, 'The Intelligent Woman's Guide to Socialism and Capitalism by George Bernard Shaw', *American Journal of Sociology*, 91 (1985), pp. 209–11.

McIntyre, Ian, *The Expense of Glory: A Life of John Reith* (London: Harper Collins, 1993).

Orlean, Susan, *The Library Book* (London: Atlantic Books, 2018).

Passet, Joanne E., 'Reaching the Rural Reader: Traveling Libraries in America, 1892–1920', *Libraries & Culture*, 26 (1991), pp. 100–118.

Pawley, Christine, *Reading Places: Literacy, Democracy and the Public Library in Cold War America* (Amherst, MA: University of Massachusetts Press, 2010).

Radway, Janice A., *Reading the Romance: Women, Patriarchy and Popular Literature* (Chapel Hill, NC: University of North Carolina Press, 1984).

Radway, Janice A., *A Feeling for Books: The Book-of-the-Month Club, Literary Taste and Middle-Class Desire* (Chapel Hill, NC: University of North Carolina Press, 1997).

Savage, Jon, *Teenage: The Creation of Youth Culture* (London: Pimlico, 2008).

Susman, Warren, 'Communication and Culture', in Catherine L. Covert and John D. Stevens (eds.), *Mass Media Between the Wars: Perceptions of Cultural Tension, 1918–1941* (Syracuse, NY: Syracuse University Press, 1984).

Sutherland, John, *Reading the Decades: Fifty Years of the Nation's Bestselling Books* (London: BBC, 2002).

Valentine, Jolie, 'Our Community, Our Library: Women, Schools and Popular Culture in the Public Library Movement', *Public Library Quarterly*, 24 (2005), pp. 45–79.

Vincent, Ida, 'Public Libraries in New South Wales, 1935–1980: A Study in the Origins, Transformation, and Multiplication of Organizational Goals', *Library Quarterly*, 51 (1981), pp. 363–379.

Wagner, Ralph A., 'Not Recommended: A List for Catholic High School Libraries, 1942', *Libraries & Culture*, 30 (1995), pp. 170–198.

Ward, Dane M., 'The Changing Role of Mobile Libraries in Africa', *International Information and Library Review*, 28 (1996), pp. 121–133.

White, Cynthia L., *Women's Magazines, 1693–1968* (London: Michael Joseph, 1970).

Wiegand, Wayne, *Irrepressible Reformer: A Biography of Melvil Dewey* (Chicago, IL: American Library Association, 1996).

Wiegand, Wayne, *Main Street Public Library: Community Places and Reading Spaces in the Rural Heartland, 1876–1956* (Iowa City, IA: University of Iowa Press, 2011).

Wiegand, Wayne, *Part of Our Lives: A People's History of the American Public Library* (New York: Oxford University Press, 2015).

Wilson, Nicola, 'Boots Book-lovers' Library and the Novel: The Impact of a

Circulating Library Market on Twentieth-century Fiction', *Information & Culture*, 49 (2014), pp. 427–49.

Winter, Jackie, *Lipsticks and Library Books: The Story of Boots Booklovers Library* (Dorset: Chantries Press, 2016).

18장. 도서관, 책 그리고 정치

Baker, Nicholson, *Double Fold: Libraries and the Assault on Paper* (New York, NY: Random House, 2001).

Basbanes, Nicholas, 'Once and Future Library', in his *Patience and Fortitude* (New York, NY: Harper Collins, 2001), pp. 386–424.

Brine, Jennifer Jane, 'Adult readers in the Soviet Union' (PhD thesis, University of Birmingham, 1986).

Brine, Jenny, 'The Soviet reader, the book shortage and the public library', *Solanus*, 2 (1988), pp. 39–57.

Cresswell, Stephen, 'The Last Days of Jim Crow in Southern Libraries', *Libraries & Culture*, 31 (1996), pp. 557–572.

Darnton, Robert, 'Censorship, a Comparative View: France 1789 – East Germany 1989', *Representations*, 49 (1995), pp. 40–60.

Darnton, Robert, *Censors at Work: How States Shaped Literature* (London: British Library, 2014).

Drabinski, Emily, 'Librarians and the Patriot Act', *The Radical Teacher*, 77 (2006), pp. 12–14.

Fultz, Michael, 'Black Public Libraries in the South in the Era of De Jure Segregation', *Libraries & the Cultural Record*, 41 (2006), pp. 337–359.

Gordon, Constance J., 'Cultural Record Keepers: The English Book Donation, Chicago Public Library', *Libraries & the Cultural Record*, 44 (2009), pp. 371–374.

Hammill, Faye, 'Cold Comfort Farm, D. H. Lawrence, and English Literary Culture Between the Wars', *Modern Fiction Studies*, 47 (2001), pp. 831–854.

Hilliard, Christopher, '"Is It a Book That You Would Even Wish Your Wife or Your Servants to Read?" Obscenity Law and the Politics of Reading in Modern England', *American Historical Review*, 118 (2013), pp. 653–678.

Horton, Allan, *'Libraries are great mate!' But they could be greater. A report to the nation on Public Libraries in Australia* (Melbourne: Australian Library Promotional Council, 1976).

Hyde, H. Montgomery, *The Lady Chatterley's Lover Trial* (London: Bodley Head, 1990).

Jarvis, Helen, 'The National Library of Cambodia: Surviving for Seventy Years', *Libraries & Culture*, 30 (1995), pp. 391–408.

Joshi, Priya, *In Another Country: Colonialism, Culture and the English Novel in India* (New York, NY: Columbia University Press, 2002).

Korsch, Boris, 'The Role of Readers' Cards in Soviet Libraries, *Journal of Library History*, 13 (1978), pp. 282–297.

Korsch, Boris, 'Soviet Librarianship under Gorbachev: Change and Continuity', Solanus, 4 (1990), pp. 24–45.

Latham, Joyce M., 'Wheat and Chaff: Carl Roden, Abe Korman and the Definitions of Intellectual Freedom in the Chicago Public Library', *Libraries & the Cultural Record*, 44 (2009), pp. 279–298.

Laugesen, Amanda, 'UNESCO and the Globalization of the Public Library Idea, 1948 to 1965', *Library & Information History*, 30 (2014), pp. 1–19.

Leal, Ralph A., 'Libraries in the U.S.S.R', unpublished survey accessible at https://files.eric.ed.gov/fulltext/ED098959.pdf (last accessed 27 July 2020).

Maack, Mary Niles, 'Books and Libraries as Instruments of Cultural Diplomacy in Francophone Africa during the Cold War', *Libraries & Culture*, 36 (2001), pp. 58–86.

Mäkinen, Ilkka, 'Libraries in Hell: Cultural Activities in Soviet Prisons and Labor Camps from the 1930s to the 1950s', *Libraries & Culture*, 28 (1993), pp. 117–142.

Motley, Eric L., *Madison Park: A Place of Hope* (Grand Rapids, MI: Zondervan, 2017).

Patel, Jashu, and Krishan Kumar, *Libraries and Librarianship in India* (Westport, CT: Greenwood, 2001).

Pawley, Christine, 'Blood and Thunder on the Bookmobile: American Public Libraries and the Construction of "the Reader", 1950–1995', in Thomas Augst and Kenneth Carpenter (eds.), *Institutions of Reading: The Social Life of Libraries in the United States* (Amherst, MA: University of Massachusetts Press, 2007), pp. 264–282.

Pawley, Christine, *Reading Places: Literacy, Democracy and the Public Library in Cold War America* (Amherst, MA: University of Massachusetts Press, 2010).

Pawley, Christine, and Louise S. Robbins, *Libraries and the Reading Public in Twentieth-Century America* (Madison, WI: University of Wisconsin Press, 2013).

Robbins, Louise S., 'Segregating Propaganda in American Libraries: Ralph Ulveling

Confronts the Intellectual Freedom Committee', *Library Quarterly*, 63 (1993), pp. 143–165.

Robbins, Louise S., 'After Brave Words, Silence: American Librarianship Responds to Cold War Loyalty Programs, 1947–1957', *Libraries & Culture*, 30 (1995), pp. 345–365.

Robbins, Louise S., *Censorship and the American Library: The American Library Association's Response to Threats to Intellectual Freedom, 1939–1969* (Westport, CT: Greenwood, 1996).

Robbins, Louise S., *The Dismissal of Miss Ruth Brown: Civil Rights, Censorship and the American Library* (Norman, OK: University of Oklahoma Press, 2000).

Rogachevskii, Andrei, 'Homo Sovieticus in the Library', *Europe-Asia Studies*, 54 (2002), pp. 975–988.

Rogers, Rutherford D., 'Yes, Ivan Reads: A First Report of the American Library Mission to Russia', *American Library Association Bulletin*, 55 (1961), pp. 621–4.

Rose, Lisle A., *The Cold War Comes to Main Street: America in 1950* (Lawrence, KS: University Press of Kansas, 1999).

Ruggles, Melville J., and Raynard Coe Swank, *Soviet libraries and librarianship; report of the visit of the delegation of U.S. librarians to the Soviet Union, May–June, 1961, under the U.S.–Soviet cultural exchange agreement* (Chicago, IL: American Library Association, 1962).

Šmejkalová, Jiřina, *Cold War Books in the 'Other Europe' and What Came After* (Leiden: Brill, 2011).

Smith, Kathleen A., 'Collection development in Public and University Libraries of the former Democratic Republic since German Unification', *Libraries & Culture*, 36 (2001), pp. 413–31.

Spencer, Gladys, *The Chicago Public Library: Origins and Backgrounds* (Boston, MA: Gregg Press, 1972).

Sroka, Marek, 'The Stalinization of Libraries in Poland, 1945–1953', *Library History*, 16 (2000), pp. 105–125.

Sroka, Marek, '"Forsaken and Abandoned": The Nationalization and Salvage of Deserted, Displaced, and Private Library Collections in Poland, 1945–1948', *Library & Information History*, 28 (2012), pp. 272–288.

Thompson, Dennis, 'The Private Wars of Chicago's Big Bill Thompson', *Journal of Library History*, 15 (1980), pp. 261–280.

Vladimirov, L. I., 'The Accomplishments of University Libraries in the Soviet Union', *Library Trends*, 4 (1964), pp. 558–582.

Wagner, Ralph D., 'Not Recommended: A List for Catholic High School Libraries, 1942', *Libraries & Culture*, 30 (1995), pp. 170–198.

Wani, Zahid Ashraf, 'Development of Public Libraries in India', *Library Philosophy and Practice* (ejournal, 2008).

Wiegand, Shirley, and Wayne Wiegand, *The Desegregation of Public Libraries in the Jim Crow South: Civil Rights and Local Activism* (Baton Rouge, LA: LSU Press, 2018).

Wiegand, Wayne, '"Any Ideas?": The American Library Association and the Desegregation of Public Libraries in the American South', *Libraries: Culture, History, and Society*, 1 (2017), pp. 1–22.

에필로그: 책 없이도 독서가 가능한가?

Ari, Amro, 'Power, Rebirth and Scandal: A Decade of the Bibliotheca Alexandria', *Jadaliyya*, October 2012, https://www.jadaliyya.com/Details/27221.

Basbanes, Nicholas, *Patience and Fortitude* (New York, NY: Harper Collins, 2001).

Bhaskar, Michael, *The Content Machine: Towards a Theory of Publishing from the Printing Press to the Digital Network* (London: Anthem, 2013).

Bhaskar, Michael, *Curation: The Power of Selection in a World of Excess* (London: Piatkus, 2016).

Blummer, Barbara, 'E-Books Revisited: The Adoption of Electronic Books by Special, Academic and Public Libraries', *Internet Reference Services Quarterly*, 11 (2006), pp. 1–13.

Bracken, Simon, 'Beyond the Book: A Whole New Chapter in the Role of Public Libraries', *Irish Times*, 6 June 2016, https://www.irishtimes.com/business/beyond-the-book-a-whole-new-chapter-in-the-role-of-public-libraries-1.2671826.

Buschman, John, 'On Libraries and the Public Sphere', *Library Philosophy and Practice*, 11 (2005), pp. 1–8.

Butler, Beverley, *Return to Alexandria: An Ethnography of Cultural Heritage, Revivalism and Museum History* (London: Routledge, 2007).

Chepesiuk, Ron, 'Dream in the Desert: Alexandria's Library Rises Again', *American Libraries*, 31 (2000), pp. 70–73.

Darnton, Robert, 'The Library in the New Age', *New York Review of Books*, 12 June 2008.

Darnton, Robert, *The Case for Books: Past, Present and Future* (New York, NY: Public Affairs, 2009).

Dumaine, Brian, *Bezonomics: How Amazon Is Changing Our Lives and What the World's Best Companies Are Learning from It* (London: Simon and Schuster, 2020).

Eisenstein, Elizabeth L., *Divine Art, Infernal Machine: The Reception of Printing in the West from First Impressions to the Sense of an Ending* (Philadelphia: University of Pennsylvania Press, 2011).

English, Charlie, *The Book Smugglers of Timbuktu* (London: William Collins, 2017).

EU Libraries factsheet, https://publiclibraries2030.eu/resources/eu-libraryfactsheets/.

Foroohar, Rana, *Don't Be Evil: The Case Against Big Tech* (London: Allen Lane, 2019).

Higginbotham, Barbra Buckner, 'The "Brittle Books Problem": A Turn-of-thecentury Perspective', *Libraries & Culture*, 25 (1990), pp. 496–512.

Kiernan, Anna, 'The Growth of Reading Groups as a Female Leisure Pursuit: Cultural Democracy or Dumbing Down', in DeNel Rehberg Sedo (ed.), *Reading Communities from Salons to Cyberspace* (London: Palgrave Macmillan, 2011), pp. 123–39.

Kiernan, Anna, 'Futurebook Critics and Cultural Curators in a Socially Networked Age', in Robert Barry, Houman Barekat and David Winter (eds.), *The Digital Critic: Literary Culture Online* (New York: OR Books, 2017).

Linehan, Hugh, 'Culture Shock: Shh … something strange is going on in the Library', *Irish Times*, 27 May 2016, https://www.irishtimes.com/culture/culture-shock-shh-something-strange-is-going-on-in-the-library-1.2663260.

Marcum, Deanna, 'Archives, Libraries, Museums: Coming Back Together?', *Information & Culture*, 49 (2014), pp. 74–89.

Nunberg, Geoffrey (ed.), *The Future of the Book* (Berkeley, CA: University of California Press, 1996).

Orlean, Susan, *The Library Book* (London: Atlantic Books, 2018).

Rabina, Debbie, and Lisa Peet, 'Meeting a Composite of User Needs amidst Change and Controversy: The Case of the New York Public Library', *Reference and User Services Quarterly*, 54 (2014), pp. 52–59.

Schnapp, Jeffrey, and Matthew Battles, *The Library Beyond the Book* (Cambridge, MA: Harvard University Press, 2014).

Schwartz, 'Rebirth of a Notion', *Wilson Quarterly*, 26 (2002), pp. 20–29.

Seed, Robert S., 'Impact of Remote Library Storage on Information Consumers: "Sophie's Choice?"', *Collection Building*, 19 (2000), pp. 105–109.

Sherman, Scott, *Patience and Fortitude: Power, Real Estate, and the Fight to Save a Public Library* (Brooklyn and London: Melville House, 2015).

Somers, James, 'Torching the Modern-Day Library of Alexandria', *The Atlantic*, April 2017, https://www.theatlantic.com/technology/archive/2017/04/the-tragedy-of-google-books/523320/.

'The State of America's Libraries, 2011', *American Libraries*, Digital Supplement (2011), pp. i–vi, 1–61.

Stone, Brad, *The Everything Store: Jeff Bezos and the Age of Amazon* (New York, NY: Little, Brown, 2013).

Striphas, Ted, *The Late Age of Print: Everyday Book Culture from Consumerism to Control* (New York, NY: Columbia University Press, 2009).

Watson, Richard, *Future Files: A History of the Next 50 Years* (London: Nicholas Brealey, 2009).

Watson, Richard, *Extinction Timeline*, https://www.rossdawsonblog.com/extinction_timeline.pdf.

Weiss, Laura, *Buildings, Books and Bytes: Libraries and Communities in the Digital Age* (Washington, DC: Benton Foundation, 1996).

Wenzel, Sarah G., 'From Revolution to Evolution: The Transformation of the Bibliotheque Nationale into the Bibliotheque Nationale de France, through the Lens of Popular and Professional Reports', *Library Quarterly*, 69 (1999), pp. 324–38.

Wilkin, John P., 'Meanings of the Library Today', in Alice Crawford (ed.), *The Meaning of the Library: A Cultural History* (Princeton: Princeton University Press, 2015), pp. 236–53.

Wisner, William H., *Whither the Postmodern Library? Libraries, Technology, and Education in the Information Age* (Jefferson, NC: McFarland , 2000).

Wolf, Maryanne, *Reader, Come Home: The Reading Brain in a Digital World* (New York, NY: Harper, 2018).

도판 목록

섹션 1 출처

1. 2018년 찍은 알렉산드리아 도서관 내부 전경. Wikimedia Commons, © Cecioka.

2. 로마시대에 세워진 에페수스(Ephesus) 소재 켈수스 도서관(Celsus Library, Wikimedia Commons), © Benh Lieu Song.

3. 아르마리움 앞에 앉아 있는 필경사 에즈라(Ezra)를 묘사한 채식화로, 8세기 초에 만들어진 『아미아티누스 코덱스(Codex Amiatinus)』에 실려 있다. Florence, Biblioteca Medicea Laurenziana, MS Amiatinus 1 / Wikimedia Commons.

4. 1478~1480년경 브뤼주에서 필사된 에드워드 4세의 장서 『역사의 거울(Miroir historial)』에 실린 뱅상 드 보베의 채식 초상화. © British Library Board: Royal MS 14 E I vol. 1.

5. 15세기 무렵 프랑스에서 필사된 기도서. Ville de Nantes, Bibliothèque municipale: ms22.

6. 우르비노 공작 페데리코와 그의 아들 귀도발도(Guidobaldo)의 초상화(1475년경). Wikimedia Commons, © Galleria nazionale delle Marche, Urbino / VIRan.

7. 파르미자니노(Parmigianino), 〈어느 장서가의 초상(Portrait of a Collector)〉(1523년경). Heritage Images/Hulton Archive/Getty Images.

8. 크벤틴 마치스(Quentin Matsys), 〈로테르담의 에라스무스(Erasmus of Rotterdam)〉(1517). Imagno/Hulton Archive/Getty Images.

9. 리비히(Liebig)라는 독일 식품가공 회사에서 발행한 쇠고기 진액 광고 카드(1912). 뜨내기 책 장수 이야기를 삽화로 넣은 게 눈길을 끈다. Culture Club/Hulton Archive/Getty Images.
10. 험프리 공작의 서재 내부. Wikimedia Commons, © Diliff.
11. 18세기 유럽 최대의 공공도서관으로 꼽히던 괴팅겐대학교 도서관(1742~1801년경). Rijksmuseum, Amsterdam: RP-P-2015-26-1573.
12. 1673년에 설립된 페루 리마의 산프란시스코 수도원 도서관. De Agostini Picture Library/De Agostini/Getty Images.

섹션 2 출처
1. 『코덱스 카이사레우스(Codex Caesareus)』에 있는 마르코 복음 이야기를 묘사한 채식화(1050년경). Uppsala university library: C 93.
2. 아드몬트 수도원(Admont Abbey) 도서관의 중앙홀. Wikimedia Commons, © Jorge Royan.
3. 토머스 롤런즌(Thomas Rowlandson), 〈책 경매(A Book Auction)〉 (1810년경). Print Collector/Hulton Fine Art Collection/Getty Images.
4. 〈앎을 구하는 미녀(Beauty in Search of Knowledge)〉(London: Robert and John Bennett Sayer, 1782). Rijksmuseum, Amsterdam: RP-P-2015-26-946; 〈대여도서관 풍경(The Circulating Library)〉 (London: Laurie & Whittle, 1804). Rijksmuseum, Amsterdam: RP-P-2015-26-1356.
5. 〈런던 영국박물관 서가〉(Leipzig: Johann Jacob Weber, 1869). Rijksmuseum, Amsterdam: RP-P-2015-26-1362; Fortunino Matania, 〈런던 영국박물관 열람실〉(1907). DEA/Biblioteca Ambrosiana/De Agostini/Getty Images.
6. 위: W. H. 시먼즈(Symonds)가 제출한 뉴욕 공공도서관 설계도(1897). Library of Congress, Washington DC: LC-DIG-ds-06530; 아래: 이스트 42번가와 5번가의 교차로를 가로질러 보이는 뉴욕 공공도서관(1915). Library of Congress, Washington DC: LC-USZ62-133258.
7. 쿠르트 분덜리히(Curt Wunderlich), 『제국주의자 영국의 강도질과 배신(Das Empire. Britischer Raub und Verrat)』(Berlin: Ernst Staneck Verlag, 1941). Private Collection, Andrew Pettegree.
8. 밀스앤드분이 1977년, 1983년과 1989년에 각각 출간한 로맨스 소설 세 권. Private Collection, Andrew Pettegree.
9. 〈독서는 인간의 의무〉. 세르게이 이바노비치 이바노프(Sergei Ivanovich

Ivanov)가 1919년경 상트페테르부르크에서 제작한 공산당 포스터. Poster Plakat.com, PP 764.

10. 2009년에 찍은 샌프란시스코 공공도서관 본관 아트리움의 모습이다. Wikimedia Commons, © Joe Mabel.

11. 소방차가 1986년 로스앤젤레스 중앙도서관을 삼킨 불과 싸우고 있다. Ben Martin/Archive Photos/Getty Images.

흑백 도판

1. 제임스 길레이의 〈놀라운 이야기!〉(1802). Library of Congress, Washington DC: LC-USZ62-139066.

2. 1130년경 누르시아의 성 베네딕트가 자신이 만든 『규칙』을 제자들에게 건네주는 모습을 묘사한 채식화. © British Library Board: Add MS 16979.

3. 9세기 초 장크트갈렌 수도원의 설계도. Stiftsbibliothek Sankt Gallen, Ms 1092.

4. 헤리퍼드 성당도서관에 있는, 쇠사슬을 채워 독서대에 고정한 책들. Epics/Hulton Archive/Getty Images.

5. 미켈로초가 설계한 피렌체 산마르코 도서관의 내부. Leemage/Universal Images Group/Getty Images.

6. 구약성서 외경 중 하나인 「집회서」 43장 25절부터 45장 2절까지를 보여주는 구텐베르크 성경의 왼쪽 페이지. Wikimedia Commons / Miami University Libraries.

7. 쿤라트 데커(Coenraet Decker)의 〈네덜란드 도시 델프트 근처의 폐허가 된 코닝스벨트 수도원의 모습(View of the Ruins of the Cloister Koningsveld, near Delft)〉(1680). Rijksmuseum, Amsterdam: RP-P-1905-5697.

8. 『금서목록(Index Librorum Prohibitorum)』(1758)의 권두 그림. Library of Congress: LCUSZ62-95166.

9. 헨드릭 바리(Hendrik Bary)가 그린 네덜란드의 성직자이자 신학자인 야코부스 타우리누스의 초상화. Rijksmuseum, Amsterdam: RP-P-1894-A-18220.

10. 『파울 요한 레세니의 다양하고 빼어난 도서 장서 목록(Catalogus variorum et insignium librorum Pauli Johan: Resenii)』(코펜하겐: 헨리시 고디아니(Henrici Gödiani) 출판, 1661). Det Kongelige Biblioteket, Copenhagen.

11. 빌럼 이사크 판스바넨뷔르흐(Willem Isaacsz van Swanenburg)의 〈레이던대학교 도서관(Bibliotheek van de Universiteit van Leiden)〉(1610). Rijksmuseum, Amsterdam: RP-P-1893-A-18092.

12. 퍼스셔의 이너퍼프레이 공공대출도서관. Wikimedia Commons, © Tom Parnell.

13. 복음전파회(SPG)의 장서표(1704). Free Library of Philadelphia, Rare Book Department, bkp00006: https://libwww.freelibrary.org/digital/item/55446.

14. 클로드 멜랑(Claude Mellan), 〈가브리엘 노데(Gabriel Naude)〉(1650년경). National Gallery of Art, Washington DC: 1991.164.15 / Wikimedia Commons.

15. 콘라드 부노(Conrad Buno), 〈서재에서 자세를 취한 브라운슈바이크 뤼네부르크의 아우구스트 대공(Duke Augustus the Younger of Braunschweig-Luneburg in his library)〉(1650). Wikimedia Commons.

16. 맨체스터시 포르티코 도서관의 열람실(2016). Wikimedia Commons, © Michael D. Beckwith.

17. 로버트 루이스 스티븐슨(Robert Louis Stevenson)의 『그의 가족과 친구들의 편지(Letters to his Family and Friends)』 1권(런던: 메수언 출판, 1900년)에 붙은 전형적인 무디 도서관의 라벨. Private Collection, Andrew Pettegree.

18. 미국 의회도서관(1902). Library of Congress: LC-DIG-det-4a09422.

19. 폴저 셰익스피어 도서관의 열람실. Folger Shakespeare Library Digital Image Collection.

20. 책을 읽는 앤드루 카네기(1913). Library of Congress, Washington DC: LC-USZ62-58581.

21. 텍사스주 포트워스 소재 카네기 도서관의 평면도(1900년경). Library of Congress, Washington DC: LC-DIG-ppmsca-15365.

22. 1902년에 설립된 브라이언 소재 카네기 공공도서관(2014). 텍사스주에 최초로 세워진 도서관 서른두 곳 중에서 아직도 운영 중인 열세 곳 중 하나다. Library of Congress, Washington DC: LCDIG-highsm-29724.

23. 텍사스주 퀠리필드 도서관이 운영하는 트럭에서 책을 받는 미군 병사들(1917년경). Library of Congress, Washington DC: LC-USZ62-105281.

24. 폐허가 된 미델뷔르흐 도서관(1940). Rijksdienst voor het Cultureel Erfgoed, Amersfoort: OF-01450.

25. 독일군의 소이탄 폭격을 받은 런던 켄싱턴 지구의 홀란드하우스도서관(1940). Central Press/Stringer/Hulton Archive/Getty Images.

26. 1930년 뉴욕주 톰킨스에 나타난 이동도서관에서 시골 초등학생들이 책을 보고 있다. PhotoQuest/Archive Photos/Getty Images.

27. 네 명의 짐말 사서가 애팔래치아산맥 오지로 책을 전할 채비를 끝낸 모습(1937). University of Kentucky Libraries.

28. 뉴욕주 버펄로시 공립도서관의 어린이 열람실(1900년경). Library of Congress, Washington DC: LC-DIG-ds-06507.

29. 1871년 시카고 대화재 후 영국이 기증한 책의 장서표. Chicago Public Library Archives: DA559.A1G7 1868.

찾아보기

밑줄 처리한 표제어는 역자가 추가한 항목이다.

지은이 앤드루 페테그리(Andrew Pettegree)
영국 세인트앤드루스대학교 역사학 교수로 종교 난민 공동체 등 근대 유럽 종교개혁의 여러 측면을 연구해 왔다. 전문 연구 분야는 '커뮤니케이션의 역사'로, 책과 미디어 환경 변화를 분석하며 분야 권위자로서 활동하고 있다.

2011년부터는 인쇄술 초기인 1600년 이전에 출판된 유럽의 출판물을 조사한 국제약식서명목록(Universal Short Title Catalogue, USTC)의 창립위원으로서 프로젝트를 이끌었다. 이 단체에서 저자는 20년 동안 인쇄술 초기에 발행된 유럽의 인쇄물에 대한 연구를 총괄해 왔으며, 현재 1650년대까지 확장해 현존하는 사본 400만 부 소재지와 저작물 75만 건에 대한 데이터를 제공한다.(www.ustc.ac.uk)

옥스퍼드대학교 올소울스칼리지, 레이든대학교 스칼리제르연구소, 토론토대학교 빅토리아칼리지 방문교수, 영국 왕립역사학회 부회장을 지냈다.

2010년에 출간한 『르네상스 시대의 책(The Book in the Renaissance)』에서 초기 인쇄술이 유럽 사회에 정치경제적으로 미친 영향을 이해하기 위해서는 책뿐만 아니라 논쟁적 이슈를 다룬 팸플릿, 광고지를 분석해야 한다는 제안으로 르네상스기 출판업자가 활동했던 긴장된 정치적 상황을 심도 있게 분석했다. 《뉴욕타임스》 주목 도서, 《초이스》 우수 학술서로 선정되었고, 미국 르네상스학회의 필리스굿하트고던(Phyllis Goodhart Gordan)도서상을 수상했다. 당시 문화 혁명 위기와 변화에 관한 연대기를 새로운 관점에서 날카롭게 조명했다는 평을 받았다.

2014년에 출간한 『뉴스의 탄생』에서는 일간신문이 뉴스 전달의 중심 매체로 등장하기 직전인 14~18세기 동안 10여 개국에서 펼쳐진 뉴스의 진화 양상을 전방위적으로 추적했다. 공동체 인식의 변화와 함께 상업 뉴스가 발전해 온 과정을 문화사적으로 분석한 연구로 인정받아 하버드대학교 골드스미스상을 수상했다.

지은이 아르트휘르 데르베뒤언(Arthur der Weduwen)

세인트앤드루스대학교 영국학술원 박사후연구원이자 앤드루 페테그리가
창립한 USTC의 부소장이다. 세인트앤드루스대학교에서 박사학위를
받았으며, 영국 왕립역사학회의 펠로 연구원으로 선출됐다. 주로 '미디어의
역사'를 연구했으며, 2017년 출간한 저서 『17세기 네덜란드와 플랑드르
신문, 1618-1700(Dutch and Flemish Newspapers of the Seventeenth Century,
1618-1700)』은 저지대 국가의 초기 신문에 대한 최초의 학술적 연구이다.
근대 초기 유럽에서 가장 발전된 정치문화 중 하나인 뉴스 시장을
면밀히 분석했다는 점에서 학계에서 높은 평가를 받으며, 도서사 분야
네덜란드 최고 권위의 멘노헤르츠버거상(Menno Hertzberger Prize)을 수상했다.
　　이 외 저서로 『네덜란드공화국과 현대 광고의 탄생(The Dutch Republic
and the Birth of Modern Advertising)』이 있다.

이 책 『도서관의 역사』에서 두 저자는 때로는 경탄의 대상이었고 때로는
수탈의 대상이었던 도서관이 어떻게 시대적·문화적 흐름에 적응하며
발전해 왔는지를 방대한 자료를 통해 흥미롭게 풀어냈다. 이 외 『세계의
서점(The Bookshop of the World)』을 공동집필했다.

옮긴이 배동근

영어 전문 번역가. 영화 번역과 방송 번역을 했고 학원에서 영어를 가르치다가
지금은 책을 번역한다. 리베카 긱스의 『고래가 가는 곳』을 옮겼고,
이 책으로 제62회 한국출판문화상 번역 부문 후보에 올랐다. 역서로 데니스
덩컨의 『인덱스』, 니클라스 브렌보르의 『해파리의 시간은 거꾸로 간다』,
나오미 배런의 『쓰기의 미래』가 있다.

옮긴이·해제 장은수

읽기 중독자, 출판평론가, 편집문화실험실 대표. 서울대학교 국어국문학과를
졸업하고, 민음사에서 책을 편집하며, 대표이사를 역임했다. 현재 읽기와 쓰기,
출판과 미디어 등의 주제에 대한 생각의 도구들을 개발하며 학생을 가르치고
있다. 저서로 『출판의 미래』『같이 읽고 함께 살다』 등이 있고, 역서로 로이스
로리의 『기억 전달자』, 앤서니 브라운의 『고릴라』가 있다.

036 Philos

도서관의 역사

1판 1쇄 인쇄 2025년 2월 25일 1판 1쇄 발행 2025년 3월 19일

지은이 앤드루 페테그리·아르트휘르 데르베뒤언
옮긴이 배동근·장은수
해제 장은수
펴낸이 김영곤
펴낸곳 (주)북이십일 아르테

책임편집 김지영 오순아
기획편집 장미희 최윤지
디자인 전용완
마케팅 남정한 나은경 최명열 한경화 권채영
영업 변유경 한충희 장철용 강경남 황성진 김도연
해외기획 최연순 소은선 홍희정
제작 이영민 권경민

출판등록 2000년 5월 6일 제406-2003-061호
주소 (10881) 경기도 파주시 회동길 201(문발동)
대표전화 031-955-2100 팩스 031-955-2151 이메일 book21@book21.co.kr

ISBN 979-11-7357-087-2 (03900)

(주)북이십일 경계를 허무는 콘텐츠 리더
북이십일 채널에서 도서 정보와 다양한 영상 자료, 이벤트를 만나세요!

인스타그램	유튜브	
instagram.com/21_arte	www.youtube.com/@sgmk	
instagram.com/jiinpill21	www.youtube.com/@book21pub	

페이스북	포스트	홈페이지
facebook.com/21arte	post.naver.com/staubin	arte.book21.com
facebook.com/jiinpill21	post.naver.com/21c_editors	book21.com

인류 문명의 탄생과 함께 시작된 영속적인 현상이자 대상인 도서관의 역사를 방대한 연구 자료를 바탕으로 흡인력 있게 설명한다.
— 리처드 오벤든(Richard Ovenden), 옥스퍼드대학교 보들리 도서관 관장

도서관이란 무엇인가? 개인의 부와 권력을 과시하는 수단인가, 아니면 신에 대한 겸손한 헌신의 표현인가? 지역사회를 위한 자원인가, 아니면 세금 낭비에 불과한가? 이 책은 도서관의 역사 속에 담겨 있는 풍요로운 이야기를 우리의 서가에 올려놓으며 책과 도서관에 얽힌 흥미진진한 역사 속으로 우리를 안내한다. 상상, 그 이상이다.
— 주디스 플랜더스(Judith Flanders), 『모든 것을 위한 장소(A Place for Everything)』 저자

도서관이 인류 문화의 모든 측면에서 얼마나 중심적인 역할을 해 왔는지를 포괄적인 시각에서 생생하게 그려 낸다. 그 어느 때보다 도서관과 사서의 역할이 극적으로 변화하고 있는 이 시기에, 시대와 문화에 따라 다양한 형태로 진화해 온 도서관에 관한 이야기는 책과 정보, 그리고 도서관에 대한 새로운 시각과 영감을 선사해 준다.
— 리아 프라이스(Leah Price), 『책에 대해 이야기할 때 우리가 나누는 것들(What We Talk About When We Talk About Books)』 저자

도서관이 얼마나 창의적으로 그 시대의 사회와 문화에 적응했는지를 방대한 자료를 바탕으로 증명한다. 이 책을 따라가다 보면 미래에도 도서관에 대한 흥미로운 이야기가 계속되리라는 사실을 확신하게 된다.
— 《파이낸셜타임스(Financial Times)》

도서관의 역사는 허구보다 진실이 훨씬 흥미진진하다는 사실을 입증한다. 이 책은 2000년 전 알렉산드리아 도서관이 설립된 이래 끊임없이 반복된 도서관의 탄생과 파괴, 그리고 재건의 과정 속에 감춰진 카리스마 넘치는 인물들과 그들에 관한 놀라운 이야기들이 가득하다.
— 《더타임스(The Times)》

진지한 독자들이 알고 싶어 하는 매력적이고 야심 찬 학술 작품.
— 《워싱턴포스트(The Washington Post)》

아시리아 제국의 쐐기문자 점토판에서 구글의 검색엔진 시대까지, 도서관의 탄생과 진화에 관한 압도적 서사.
— 《북리스트(Booklist)》

권위 있는 저자들이 생동감 넘치게 쓴 도서관의 문화사에 관한 이 책은 서지학자, 애서가 들을 위한 유익하고도 흥미로운 사실로 가득하다.
— 《커커스리뷰(Kirkus Reviews)》

위대한 개인 수집가와 수도원 도서관에 대한 매혹적인 이야기뿐만 아니라, 시민의
삶에서 도서관이 실질적으로 그리고 이론적으로 어떤 역할을 했는지를 깊이 있게 탐구한다.
— 《뉴크라이터리언(The New Criterion)》

놀랍고도 경이로운 도서관의 역사를 한눈에 보여 준다. 고대 세계부터 현대의 도서관까지,
도서관의 역사를 흥미진진하게 구성하고 꼼꼼하게 기록한 이 책은 모든 애서가에게
완벽한 선물이 될 것이다.
— 《선데이타임스(Sunday Times)》

책이 존재하는 곳이라면 어디든 도서관이 존재해 왔고, 앞으로도 그럴 것이다. 마치
옛날이야기를 읽는 것처럼 쉽고도 명쾌한 문체로 쓰인 이 책은 세상의 모든 도서관을 위한
이야기라 할 만하다.
— 《더헤럴드(The Herald)》

도서관의 기원에서 현대에 이르기까지, 시대의 흐름에 따라 변화해 온 다양한 형태의
도서관에 대한 훌륭한 연구서이다.
— 《코멘터리(Commentary)》

아시리아 제국부터 디지털 시대에 이르기까지, 도서관의 역사는 그 자체로 훌륭한
지식의 모음이다. 도서관에 관한 매혹적인 이야기로 가득 차 있는 이 책은 궁극적으로는
책과 도서관에 대한 낙관주의로 가득 차 있다.
— 《뉴스테이츠맨(New Statesman)》

엄격하면서도 매혹적인 역사.
— 《스펙테이터(The Spectator)》

대단히 연구가 잘된 포괄적인 학술서.
— 《더태블릿(The Tablet)》

대학도서관의 과거와 미래에 대한 놀라운 통찰을 제공한다.
— 《타임스고등교육(Times Higher Education)》

모든 애서가, 도서관이 살아남고 발전하기를 바라는 이들을 위한 매혹적인 책.
— 《라이브러리저널(Library Journal)》

도서관의 진화에 대한 유려한 심층 탐구. 애서가의 필독서!
— 《퍼블리셔스마켓플레이스(Publishers Marketplace)》

알렉산드리아에서부터 구글의 시대까지 도서관의 특별한 이야기를 광범위하고
매혹적인 이야기로서 다룬다.
— 《아이리시이그재미너(Irish Examiner)》